# Geschichte der Stadt Ratibor, 1861 – Primary Source Edition

Augustin Weltzel

# Geschichte

der

# Stadt Ratibor

von

## Augustin Weltzel,

Pfarrer in Tworkau, der Gesellschaft für vaterländische Cultur,
des Vereins für Geschichte und Alterthum Schlesiens, sowie
der Gesellschaft für Geschichte und Alterthumskunde
Pommerns ordentlichem Mitgliede.

Ratibor, 1861.

Im Selbstverlage des Verfassers und in Commission bei A. Müller.

# Vorwort.

---

Nachdem ich während meines langjährigen Aufenthaltes in Pommern mich besonders mit norddeutscher Spezialgeschichte beschäftigt, stellte ich mir, in die Heimat zurückgekehrt, die Aufgabe, in den Mußestunden denjenigen Theil des Vaterlandes kennen zu lernen, der mir jetzt näher stand und der von den Historikern am wenigsten cultivirt worden. Es mußte bei den Forschungen überall auf Urkunden zurückgegangen werden, da die Chronisten über Oberschlesien nur sehr dürftige Ausbeute gewähren. Gesteht doch ein Historiograph am Hofe Herzog Ludwig I. von Brieg im 14. Jahrhunderte in seiner Geschichte Polens und Schlesiens selbst ein, daß er nicht im Stande sei, über unsere Gegend etwas Genügendes zu leisten. Nachdem er nämlich mehre Herzogthümer behandelt, bekennt er (Ratibor ganz übergehend) ziemlich naiv: Jetzt sollte ich von den Herzogen Oppelns die Aufeinanderfolge und Thaten beschreiben, da ich aber über sie nichts zuverlässiges finden konnte, so übergehe ich sie für jetzt (leider für immer!) und wende mich zu den Fürsten Großpolens (Stenzel's Script. Rer. Sil. I, 152). Hätte er doch wenigstens von denjenigen benachbarten Fürsten, die seine Zeitgenossen waren, Mittheilungen gemacht!

Solche Lückenhaftigkeit und mancher dunkle und schwierige Punkt, der bisher noch nicht aufgehellt und befriedigend gelöst worden, spornte mich zu sorgfältigem Quellenstudium an. Als Ausgangspunkt wählte ich Ratibor, welches neben Teschen die

*

Residenz der ersten oberschlesischen Herzoge war und nächst Neisse die reichste Geschichte hat. Vieles ist bereits zu Tage gefördert, wie die topographische Literatur am Schlusse dieses Werkes nachweiset, aber mehr noch liegt ungedruckt in den Archiven. Die Stadt selbst besitzt außer 2 Pergamentheften beglaubigter Copien an 50 Originalurkunden. Die Dokumente des Collegiatstiftes, ein Pergamentcodex und ein Papierquartant die Kreuzherrenstifte Schlesiens betreffend und mehre Schriftstücke aus den Klöstern Ratibors befinden sich im Provinzialarchive, wo auch die reichen Aktensammlungen aus dem Archive der ehemaligen Breslauer Kammer aufgestapelt sind. Einige das Dominikanerkloster berührende Manuscripte bewahrt die Universitätsbibliothek. Das Archiv zu Fürstenstein birgt in seiner Manuscriptensammlung Nr. 215 aus der Roppanschen Hinterlassenschaft eine für unsere Gegend wichtige Chronik aus dem Jahre 1583. Das Registrum s. Wenceslai in Brünn (ein Codex von fast 700 Blättern) ist in Bezug auf die Lehnsverhältnisse die ergiebigste Fundgrube. Das Kirchenarchiv des ehemaligen Collegiatstiftes zu Ratibor enthält außer einem Copiarium sämmtlicher Urkunden die Originalmatrikel in 2 Foliobänden, in welcher alle bei den Generalkapiteln gepflogenen Verhandlungen verzeichnet sind. In diesen Kapitelsakten ist S. 39 bis 43 ein kostbarer Schatz verborgen, nämlich eine Chronik dieser Gegend vom Jahre 1300 bis 1519, die als einziges Denkmal oberschlesischer Geschichte aus dem Mittelalter dasteht. Die Registratur der herzoglichen Kammer besitzt Mancherlei über das Jungfrauen= und Kreuzherrenstift und das mit letzterem verbundene Hospital. Die Magistratsregistratur endlich ist sehr reichhaltig, da sämmliche Aktenstücke aus der Zeit preußischer Herrschaft aufbewahrt sind. Fürwahr reiches Material zum Weiterbau auf dem von Stenzel in seiner Geschichte Schlesiens bereits gelegten Fundamente!

Mitten in meinen Forschungen erhielt ich vom Magistrat zu Ratibor im Mai 1859 den ehrenvollen Auftrag, die Stadtchronik zu schreiben. Die Königliche Regierung zu Oppeln hatte nämlich in Folge eines die Aufbewahrung wichtiger Akten und Urkunden betreffenden Ministerialerlasses unter dem 19. April an alle Magistrate nähere Bestimmungen über die Archivalien ertheilt und bei dieser Gelegenheit auf Anregung des für Förderung oberschlesischer Geschichte thätigen Präsidenten Dr. von Viebahn den Wunsch ausgesprochen, jede Stadt möge ein Lokalgeschichtswerk ausarbeiten lassen und durch den Druck dem größeren Publikum zugänglich machen. Ein Schema war beigefügt. Da aber die einfache Aufzählung von Stadtbegebenheiten den Leser ermüdet hätte und die Geschichte eines Hauptortes sich nicht leicht trennen läßt von der des Landes, welches derselbe Fürst beherrschte, so ist namentlich in den ersten Abschnitten der Kreis weiter gezogen und die verlangte Chronik zu einer pragmatischen Darstellung geworden. Der Leser erhält dadurch ein besseres Bild der Vergangenheit und demjenigen, der über irgend einen in den ehemaligen Herzogthümern Oppeln-Ratibor gelegenen Ort zu schreiben beabsichtigt, ist ein festes und sicheres Gewebe geboten, in welches er die Lokalbegebenheiten leicht einflechten kann.

Wenn die Topographie hier statt an der Spitze erst am Ende des Werkes steht, so war die Absicht, das Besondere und Einzelne erst dem Allgemeinen und Ganzen folgen zu lassen und zugleich dem Leser im Voraus zu zeigen, unter welchen Verhältnissen und Zuständen dasjenige entstanden ist, was die Gegenwart überkommen hat. Es ist die Ortsbeschreibung nur eine nach Materien geordnete, speciell ausgeführte Zusammenstellung alles Dessen, was im geschichtlichen Theile bereits angedeutet ist.

Es gereichte mir zur großen Freude, die Geschichte einer Stadt auszuarbeiten, die eine ruhmvolle Vergangenheit hat und in fortschreitender Entwickelung begriffen, einer glänzenden Zukunft entgegengeht. Obgleich der Einwohnerzahl nach erst die vierte Stadt Oberschlesiens, überragt doch Ratibor in mancher Hinsicht jetzt schon alle übrigen Schwesterstädte. Adler und Rad, die es im Wappen führt, sind die schönsten Symbole des geistigen Aufschwunges und der gewerblichen Fortentwicklung.

All den hohen Gönnern, welche die Ausführung dieses Werkes ermöglicht und gefördert, namentlich Sr. Excellenz dem Herrn Oberpräsident Freiherr von Schleinitz, der die Benutzung des Provinzialarchives und die Ausleihung von Manuscripten aus der Königl. und Universitätsbibliothek gestattet, den durchlauchtigen Herren dem Herzoge von Ratibor und dem Fürsten von Pleß, ebenso dem Herrn Landrath von Selchow und dem Magistrate von Ratibor, die mir den Zutritt zu den Docu-mentensammlungen gewährt, ferner dem Herrn Canonikus Dr. Heide, der nicht blos das Kirchen= und Pfarrarchiv, sondern auch seine reiche Privatbibliothek mir zur Disposition gestellt, insbesondere aber dem Herrn Archivar Dr. Wattenbach, dem Centrum aller historischen Bestrebungen unserer Provinz — endlich Allen, die mich irgendwie freundlich unterstützt, spreche ich hiermit meinen ehrerbietigsten und innigsten Dank aus.

Tworkau den 25. Juli 1861.

A. Weltzel.

# Subscribenten-Verzeichniß.

⸻⬦⸻

Abendroth, Pfarrer in Gobow.

Adler L., Maurermeister in Ratibor.

Alter, Lehrer in Katscher.

Altrock, Posterpedient in Ratibor.

Baeker, Stadtrath in Breslau.

Carl Wolfgang Graf Ballestrem, Majoratsherr auf Plawniowitz ꝛc.
    in Dresden, 3 Erpl.

Bertha Gräfin Ballestrem, geb. von Leithold.

Elisabeth Gräfin Ballestrem in Dresden.

Franz Graf Ballestrem, Lieutenant und Adjutant im Schlesischen
    Kürassier-Regiment (Nr. 1.) zu Breslau.

Hedwig Gräfin Ballestrem, geb. Gräfin Saurma-Jeltsch zu Breslau.

Alexander Graf Ballestrem, Landschaftsdirector a. D., Erbherr auf
    Nicoline in Brieg.

Bardtke, Kreisgerichts-Secretair in Ratibor.

Dr. Barkow, Medicinalrath in Breslau.

Bauer, Samenhändler in Ratibor.

Bauer Anton, Oekonomie-Inspector in Ratibor.

Bažan Josef, Pfarrer in Bolatitz.

Beck, Adjuvant in Tworkau.

Benel E., Kaufmann in Ratibor.

Berczik August, Caplan in Ratibor.

Bertzik Augustin, Erzpriester in Groß-Strehlitz.

von der Berswordt, Kgl. Landrath und Landesältester auf Schwierse.

Besta, Bäckermeister in Ratibor.

Bialas, Schlossermeister in Ratibor.

Bibliothek des Königl. Appellationsgerichts Breslau.

Bibliothek des Königl. katholischen Gymnasiums in Breslau.
    „    „    „    „    Schullehrerseminars in Oberglogau.
    „    Reichsgr. Schaffgotsche Freistandesherrliche in Warmbrunn.

Böhme, Polizei-Commissar in Ratibor.

Brauns, Landrath a. D., Besitzer der Herrschaft Loslau.

Bruck, Gastwirth in Ratibor.

Brünner, Kanzleirath in Ratibor.

Bula, Pfarrer in Pyschcz.

Friedrich Graf von Burghauß, Königl. Kammerherr und General-
    Landschafts-Director von Schlesien, Majoratsherr auf
    Lasan ꝛc. in Breslau, 5 Exmpl.

Buron, Pfarrer in Groß-Peterwitz.

Czech, Lehrer

Czeppan, Kohlenhändler   } in Ratibor.

David C., Rathsherr

Fabian Burggraf von Dohna, Königl. Landrath, Erbherr der Güter
    Nieder-Küpper und Kunzendorf in Sagan.

Doms Heinrich, Kaufmann

Drewniakowski, Güter-Expedient   } in Ratibor.

Dudek, Gerbermeister

Elsler, Dompropst in Breslau.

Ender, in Ratibor.

Erber, Wirthschaftsverwalter in Roschkau.

Erlebach, Brauermeister in Tworkau.

Erner, Schornsteinfeger in Ratibor.

Dr. Fickert, Gymnasial-Director in Breslau, 3 Exmpl.

Fleischer, Pfarrer in Kranowitz.

Dr. Heinrich Förster, Fürstbischof von Breslau, 10 Exmpl.

J. A. Frank, Commercienrath in Breslau.

Franke, Schulrector in Benkowitz.

Freund L., Conditor

Freund N., Kaufmann

Friedrich, Fräulein   } in Ratibor.

Fritsch,

Fuchs, Kreisgerichts-Actuar

Fülle, Gymnasial-Oberlehrer

Gawenda, Erzpriester in Pstronzna.

von Gellhorn, Lieutenant.

Geronershausen, Kaufmann in Glogau.

Gillar Anton, Pfarrer in Köbrowitz.

Amand Graf Gaschin, von und zu Rosenberg rc., auf Polnisch-Crawarn, 5 Exmpl.

Gleich, Canonikus, fürstbischöflicher Commissar und Erzpriester in Oppeln.

Gloger, Baumeister in Kuchelna.

von Götz, Landrath in Hoyerswerda.

Goldmann S., Kaufmann in Ratibor.

Golutzki, Pfarrer in Ruderswalbe.

Gottwaldt, Disponent in Ratibor.

Gotzmann, Güter-Sequester.

Gratza, Pfarrer in Schurgast.

Grenzberger, Kaufmann und Beigeordneter
Dr. Grimm, Religionslehrer } in Ratibor.
Gromotka, Schneidermeister

Elsner von Gronow, Hauptmann auf Kalinowitz.

Grubzinski, Privat-Actuar
Carl Baron von Gruttschreiber, Kreisgerichtsrath
Günzel A., Stellmacher
Günzel Franz, Sattler } in Ratibor.
Haase Carl, Kaufmann
Hackenberg, Schuhmachermeister
Hagen, Glöckner

Hasenbeck, Pfarrer in Haatsch.

Dr. Heide, Canonikus, fürstbischöflicher Commissar und Erzpriester.

Henke F., Schulrector in Loslau.

Carl Graf Henckel von Donnersmark, freier Standesherr, Erboberland-mundschenk, Excellenz, in Breslau, 5 Exmpl.

Herdlitzka, Kassenbiener
Herrmann, Materialienverwalter
Herud, Barbier
Hiltawski, Commissionär } in Ratibor.
Höniger, Maurermeister
Hoffmann, Oberamtmann

Hoffmann, Landrath in Oppeln.

Höpkemeier, Obercontrolleur
Horzetzki, Justizrath } in Ratibor.

Eduard Graf von Hoverden, Freiherr von Plenken, Königl. Kammer-herr und Geheimer Justizrath a. D. auf Hünern.

Jaroschek, Commissar in Ratibor.

Jaroschek, Pfefferküchler  
Jaschke J. L., Gastwirth $\left.\right\}$ in Ratibor.

Idzikowski, Gymnasiallehrer in Breslau.

Jonas, Bahnhofs-Inspector  
Jonas, Landschaftssecretair $\left.\right\}$ in Ratibor.

Jonderka, Brauermeister in Jeltsch.

Jordan, Schlossermeister in Ratibor.

Joschko, Wirthschaftsverwalter in Bukau.

Jüttner Julius, Regierungs- und Schulrath in Breslau.

Kachel, Webermeister in Ratibor.

Kablubetz, Lokalist in Deutsch-Probnitz.

Kaminiarczyk, Bürger und Hausbesitzer  
Kaminski F., Kürschner $\left.\right\}$ in Ratibor.

Kapell, Oberamtmann in Tworkau.

von Keltsch, Landes-Aeltester und Kammerdirector auf Skarzine.

Kern, Rathsherr und Kaufmann in Ratibor.

Kern, Erzpriester in Pauliner Wiese.

Kerner, Werkführer  
Klamka F., Fleischermeister $\left.\right\}$ in Ratibor.  
Klemann, Strafanstalts-Geistlicher

Klopsch, Domcapitular in Breslau.

Kneusel, Rechtsanwalt in Ratibor.

Knoblich, Kanzlist der fürstbischöfl. Geheimen Kanzlei in Breslau.

Kokorski, Pfarrer in Lubom.

Konsalik A., Kürschnermeister in Ratibor.

Siegfried Graf Kospoth, Rittmeister, Erbherr auf Buhrau.

Koschatzki, Oberamtmannn  
Koschützki, Mechanikus $\left.\right\}$ in Ratibor.  
Kowalik, Schwarzfärber

Kowalik, Seifensieder in Loslau.

Krömer, Bäckermeister in Ratibor.

Krause, Erzpriester in Slawikau, 5 Exmpl.

Krause, Rentmeister in Tworkau.

Kranczyczek, Kaplan in Rudnik.

Krüger, Zinngießer  
Krzywniak, Kreisgerichts-Kanzlist  
Kubelko, Kanzlist $\left.\right\}$ in Ratibor.  
Kunze, Partikulier  
Lachmann B., Schmiedemeister

Lachmann Johann, Schmiedemeister  
Lange, Kaufmann  
Lange, Assistent        } in Ratibor.  
Dr. Langer, praktischer Arzt  
Lapczinski, Bäckerwittwe  

Lindner, Wirthschafts-Inspector in Gnichwitz.  

Lönert, Drechsler       } in Ratibor.  
Lokotsch, Destillateur  

Ludewig, Obermeister der Bäcker-Innung in Breslau.  

Lustig S., Kaufmann und Gastwirth in Brunken.  

von Maaßen, Provinzialsteuer-Director in Breslau.  

Mader, Kaufmann in Loslau.  

Magistrat in Ratibor, 20 Exmpl.  

Magistrat in Loslau.  

Marcinek, Pfarrer in Benkowitz.  

Martin, Schlosser.  

Matzdorf, Kaufmann.  

Mens, Major a. D. in Ratibor.  

Menzig, Schlosser.  

Mickch Ph., Uhrmacher in Ratibor.  

Dr. Mitteltorf, Medicinalrath in Breslau.  

Dr. von Möller, Appellationsgerichts-Chefpräsident in Breslau.  

Mohr, Pfarrer in Janowitz.  

Mohr A., Bäckermeister in Ratibor.  

Morawe, Pfarrer und Actuar. Circuli in Ostrog.  

Moritz, Fleischermeister  
Mrozek, Landschafts-Cassen-Buchhalter       } in Ratibor.  
Mucha, Appellationsgerichts-Secretair  

Mücke, Pfarrer in Klutschau.  

Muras, Pfarrer in Pogrzebin.  

Muthwill, Rechtsanwalt und Notar in Loslau.  

Neugebauer, Kreisgerichts-Secretair in Ratibor.  

Neumann Carl Friedrich, Justizrath in Grünberg.  

Neumann, Caplan in Altendorf.  

Niepelt, Kaufmann  
Nietsch II., Böttchermeister  
Oesterreich, Apotheker       } in Ratibor.  
Oppawski, Bäckermeister  
v. Paczeński, Rittmeister

Palitza Leopold, Lokalist in Gammau.

Palitza Carl, Caplan in Ostrog.

Palleta, Kürschnermeister in Ratibor.

Pape, Appellations-Gerichts-Rath in Ratibor.

Dr. Patzak, practischer Arzt in Breslau.

Pauli August, Oberamtmann in Jeltsch.

Pauli Carl, Amtmann in Beckern.

Pawlik J., Gastwirth in Schloß-Ratibor.

Pawlik, Bäckermeister in Ratibor.

Fabian Graf Pfeil, Landesältester, Erbherr auf Wildschütz.

Wilhelm Graf Pfeil, Landesältester, Erbherr auf Thomnitz.

Pförtner, Müllermeister in Jeltsch.

Pinko, Landschafts-Calculator in Ratibor.

Hans Heinrich XI., Fürst von Pleß, Graf von Hochberg, Freiherr
        zu Fürstenstein ꝛc., 5 Exmpl.

Polko, Kaufmann in Ratibor.

Polomski, Regierungs- und Schulrath in Oppeln.

Porsch, Schulen-Inspector und Curat in Oppeln.

Potyka, Erzpriester in Lissek.

Friedrich Wilhelm Graf Praschma, Erbherr der Herrschaft Falkenberg.

von Prittwitz, Landrath in Ohlau.

von Prittwitz, Regierungspräsident in Breslau.

Proksch, Schulrector in Tworkau.

Carl Graf Pückler, Königl. Kammerherr und Landesältester auf Ober-
        Weistritz.

Purschke, Pfarrer in Woinowitz.

Pyrkosch Th., Partikulier

Quaschinski, Maurermeister } in Ratibor.

Quaschinski A., Posamentier

Victor Herzog von Ratibor, Fürst von Corvey, Prinz zu Hohenlohe-
        Waldenburg-Schillingsfürst, Generalmajor ꝛc., auf Rauden,
        10 Exmpl.

Reinhold, Kreisgerichtsrath und Hauptmann in Ratibor.

Andreas Graf Renard, k. k. Kämmerer, wirklicher Geheimer Rath,
        Excellenz, in Groß-Strehlitz, 5 Exmpl.

Richter, Pfarrer in Lubowitz.

Riedel Carl, Brauermeister in Laskowitz.

Riemer, Landschafts-Rechnungsrath in Ratibor.

Rimel Valentin, Caplan in Nicolai.

Ring Heimann, Kaufmann in Ratibor.

von Rother, Amtsrath auf Rogau.

Rother, Lokalist in Buslawitz.

Ruffer, Geheimer Commercienrath in Breslau, 2 Exmpl.

Russek, Pfarrer in Rachowitz.

Russek, Gastwirth in Ratibor.

Sabisch, Schornsteinfegermeister in Ratibor.

Erdmann Graf Sandreczki und Sandraschütz, Königlicher Kammerherr, Erblandesmarschall, Landesältester, Excellenz, auf Lan-
genbielau, 3 Exmpl.

Dr. Sauer, Domkapitular in Breslau.

Johann Gustav Graf Saurma = Jeltsch, auf Jeltsch und Tworkau,
10 Exmpl.

Moritz Graf Saurma = Jeltsch, Königl. Preußischer Kammerherr auf
Laskowitz rc., in Breslau.

Johann Gustav Graf Saurma=Jeltsch, auf Gnichwitz, 5 Exmpl.

Anna Gräfin Saurma=Jeltsch, geb. Gräfin Ballestrem zu Gnichwitz.

Carl Graf Saurma=Jeltsch, auf Beckern in Jeltsch, 2 Exmpl.

Hedwig Gräfin Saurma=Jeltsch, geb. Gräfin Schaffgotsch in Jeltsch.

Gotthard Graf Saurma=Jeltsch auf Kattern in Stuttgart.

Maria Rosa Gräfin Saurma=Jeltsch, geb. Dreyfus in Stuttgart.

Schäfer, Kreisgerichts=Rath in Loslau.

Schäfer, Regens im Alumnate zu Breslau.

Schäfer, Glöckner in Ratibor.

Leopold Graf Schaffgotsch, Königl. Kammerherr, Freier Standesherr
und Erblandhofmeister im Herzogthum Schlesien rc., Excellenz, in Warmbrunn, 30 Exmpl.

Hans Ulrich Graf Schaffgotsch, Erbherr auf Koppitz, 10 Exmpl.

Scharek A., Kürschner  
Scharek B., Kürschner  } in Ratibor.  
Anna Schiebek, Fräulein

Schebera, Pfarrer in Rogau.

Schiwon Michael, Schlossermeister in Ratibor.

Hans Eduard Freiherr von Schleinitz, wirklicher Geheimer Rath und
Oberpräsident in Breslau, Excellenz.

Schleinig, Herzogl. Verwalter  
Schlenska, Schlosser  
Schlesinger, Kaufmann  } in Ratibor.  
Schlieben, Kunstgärtner

Schloms, Erzpriester in Gnichwitz, 3 Exmpl.

Dr. Schnurfeil, Bürgermeister in Oberglogau.

Schöbon, Pfarrer in Krzizanowitz.

Schreiber, Schieferdecker }
Schreier, Rector } in Ratibor.

Schreyer, Pfarrer in Polnisch-Krawarn.

Schroll Friedrich, Buchhändler in Hamburg.

Schroll Wilhelm, Herzoglicher Gestüts-Verwalter in Adamowitz.

Schübel, Gutspächter.

Schück, Appellations-Gerichts-Kanzlist in Ratibor.

Schwarzer, Cooperator in Kranowitz.

Schwenzner, Erbrichter in Thröm.

Seidel, Zimmermeister
Eugen von Selchow auf Ponientschütz, Landrath } in Ratibor.
Semprich, Bürgermeister

Sgaslik, Pfarrer in Sohrau.

Siekiera B., Pfarrer und Act. Circ. in Ober-Jastrzemb.

Siemko, Curatus }
Simon, Referendar } in Ratibor.

Skwara, Pfarrer in Pschow.

Sobel, Pfarrer in Mschanna.

Sorge, Maschinist
Speil, Kaufmann } in Ratibor.
Spiegel, Posthalter
Staniczek, Kunstgärtner

Stanischek, Rentmeister in Jeltsch.

Starke, Baumeister in Ratibor.

Steinberg, Geheimer Bergrath in Breslau.

Stenzel Josef, Hutmachermeister.

Sterz, Cooperator in Hatsch.

Stiller, Gutsbesitzer in Hohendorf.

Stock, Postsecretair in Ratibor.

Streit, Adjuvant in Lissek.

Strzybny Th., Kreisgerichts-Rath
Strzybny Herrmann, Secretair an der Wilhelmsbahn } in Ratibor.

Strzybny Wilhelm, Schuleninspector und Pfarrer in Altendorf.

Swiętek Leopold, Lokalist in Lissek.

Swoboda, Lokalist in Szczepankowitz.

Tatzel, Caplan in Loslau.

Tauber, Kaufmann
Thamm, Apotheker
Adolf von Tieschowitz auf Brzezinka, Landschaftsdirector
Toll, Stadt=Registrator
Traube, Kaufmann
Trautmann Mathilde, Schulvorsteherin
Tworby J., Kaufmann

} in Ratibor.

Dr. Georg von Viebahn, Regierungspräsident in Oppeln, 2 Exmpl.
Vogt, Pfarrer und Act. Circ. in Markowitz.
Wallaschek, Buchhalter
Wanke, Zimmermeister

} in Ratibor.

Wawreczko, Pfarrer in Tarnowitz.
Wehber, Tischlermeister
Weiß Anton, Kaufmann

} in Ratibor.

Bernhard Baron von Welczek, Landesältester auf Laband.
Weltzel, Amtmann in Zindel.
von Wiese, Justizrath und General=Director in Ratibor.
Wintzek, Gastwirth in Ratibor.
Wittek, Pfarrer in Pawlau.
Wlodarski Adrian, Weihbischof in Breslau.
Wollmann, Oeconomie=Director in Loslau.
von Wrochem, Landesältester auf Czerwentzütz, 2 Exmpl.
H. von Wrochem, Kreisdeputirter und Landesältester auf Radoschau.
Wrzobek, Caplan in Oppeln.
Ludwig Graf York von Wartenberg, Landesältester, Majoratsherr ꝛc.
     in Klein=Oels, 2 Exmpl.
Zaruba, Organist in Ostrog.
Eduard Graf=Zedlitz=Trützschler von Falkenstein, Freiherr von Wilkau,
     Regierungs=Chef=Präsident in Liegnitz, 2 Exmpl.
Agnes Gräfin Zieten, geb. Gräfin zur Lippe=Bisterfeld in Breslau,
     2 Exmpl.
Zimare, Waldbereiter in Jeltsch.
Zwierzyna, Bäckermeister in Ratibor.
Zwonitzek, Wirthschaftsverwalter in Kuchelna.

# Inhalts-Verzeichniß.

---

# Einleitung.

Von dem Schauplatze der nachfolgenden Geschichte ist aus den ersten Jahrhunderten der christlichen Zeitrechnung weiter nichts Sicheres auszumitteln, als daß Oberschlesien von dem Volksstamme der Lygier bewohnt war. Römische Münzen aus dem 2. Jahrhunderte, welche bei Bieskau aufgefunden worden,[1] und Urnen, welche in der Gegend von Mosurau, Miestitz und in Ratibor selbst ausgegraben worden,[2] lassen auf eine starke Bevölkerung der Gegend schließen.

Nach der Einwanderung von Slaven nahmen Chrowaten ihre Stelle ein und unsere Gegend gehörte zum großmährischen Reiche, dessen Hauptstadt Crakau wurde und das unter Swatopluk (870 bis 894) den Höhepunkt seiner Macht erreichte.

Im zehnten Jahrhunderte dehnten die böhmischen Herzoge ihre Herrschaft über Mähren und Schlesien aus. Bei Errichtung des Bisthum Prag wurde auch unsere Gegend zur Prager Diöcese geschlagen.[3] Der hl. Abalbert gab sein Bisthum in Prag auf und zog als apostolischer Missionar über Ungarn, Crakau, Teschen und Oppeln nach Gnesen.

Oberschlesien verdankt mithin die Einführung des Christenthums nicht dem 966 getauften Herzog Miesko von Polen, der 992 starb (aus dem einfachen Grunde, weil es nicht unter dessen Scepter stand), sondern entweder den Mähren, bei denen der

[1] Linge's Schulschriften, (Ratibor 1824.) Seite 55.
[2] Programm des Rat. Gymnasiums 1830.
[3] Cosmae Prag. Chron. in Script. Rer. Boh. I, p. 168.

1

christliche Glaube schon in der Mitte des 9. Jahrhundertes Wur=
zel faßte und durch die Pflege der beiden Glaubensboten Cyril=
lus und Methodius kräftig emporwuchs, oder den Böhmen, bei
denen ernach kurzer Verfolgung sich für immer siegreich behauptete.

Erst unter dem tapferen Polenherzoge Boleslaus Chrobry,
der im März 1003 in den Besitz Böhmens gelangte, fiel Cra=
kau und Schlesien an Polen. Aber König Heinrich II. ver=
jagte Boleslaus bald wieder aus Böhmen und der kühne Herzog
Brzetislav von Böhmen gewann, als Bundesgenosse Kaiser Con=
rad II. Mähren wieder, gründete an der Gränze Polens die Fe=
stung Grätz (die Zinna bildete schon damals die Nordgränze
Mährens gegen Polen), eroberte 1039 Breslau, Crakau und
Gnesen,[1] behauptete Schlesien mehre Jahre und überließ es am
Ende seines Lebens in einer Fürstenversammlung zu Quedlinburg
vor Kaiser Heinrich III. (Pfingsten 1054) gegen einen von Po=
len zu zahlenden Tribut an Kasimir von Polen.[2]

Unter dem weisen und milden Fürsten Kasimir erhielt die
Kirche einen festeren Grund. Der von ihm versprochene Tribut,
der in 30 Mark Gold und 300 Mark Silber bestand, scheint
später nicht gezahlt worden zu sein, denn die Czechen verheerten
1093 Schlesien, zerstörten die polnische Festung Wartha und
bauten die Burg Kamenz.[3] Boriwoj, der Bruder Brzetis=
lab II., nahm 1103 Ratibor ein und drang bis Reczen bei
Brieg.[4]

Es ist dies das erste Mal, daß unser Ort in der Geschichte
auftaucht.

Die Lage war zu einer Ansiedelung sehr geeignet, die Wäl=
der luden zur Jagd, die Gewässer zur Fischerei, die herrlichen
Wiesenniederungen zur Viehzucht ein.

[1] Cosmas l. c. p. 109—112.
[2] Annales Altahenses und Cosmas Chronicon Bohemorum zu
dem genannten Jahre.
[3] Cosmas l. c. p. 202.
[4] Stenzel, Geschichte Schlesiens (Breslau 1853). S. 21.

In den Wäldern gab es, außer dem jetzigen Wilde, Bären, Wölfe, Elenhirsche, Auerochsen, Falken und viele wilde Bienen; die Flüsse waren damals sehr fischreich, an ihren Ufern führte der kunstfertige und gesellige Biber seine zweistöckigen Gebäude auf. In dem fruchtbaren Oberthale bot die 4 Meilen lange und ½ Meile breite Wiesenflur reiche Nahrung für die Herden.

Wahrscheinlich war es ein Ratibor, der unsere Stadt gründete.

Der Name Ratibor begegnet uns in der slavischen Ge= schichte wiederholt als Personen= und Ortsbezeichnung. In mähri= schen und böhmischen Urkunden werden bis in die Mitte des 13. Jahrhundertes an 20 Personen genannt, welche Ratibor heißen und meist dem Ritterstande angehören.[1] Wir wollen nur einige hervorheben, welche zuerst vorkommen.

In dem von Wratislav 1088 ausgestellten Fundationsbriefe der Collegiatkirche zu Wischehrad wird ein Ratibor genannt.[2] Unter den edlen Böhmen, welche, um die Gränzen Meissens ge= gen die Sachsen zu schützen, einen Streifzug gegen letztere unter= nahmen, fiel 1090 Ratibor, der Schwiegersohn des Zupan (Graf) Alexius.[3]

Als König Wladislav von Böhmen 1169 den Johannitern einige Dörfer schenkte und Herzog Wenzeslaus von Mähren 1174 dem Kloster Rajgrad eine Schenkung bestätigte, erscheint je ein Ratibor unter den Zeugen.[4]

Bekannter noch ist Fürst Ratibor von Pommern, der vom hl. Otto getauft die ersten beiden pommerschen Klöster, Stolpe an der Peene und Grobe auf der Insel Usedom, erbaute und in

---

[1] Erben, Regesta dipl. Bohemiæ et Moraviæ (Pragæ 1855) I, 682.

[2] A. Boczek, Codex diplomaticus et epistolaris Moraviæ (Olómatii 1836) vol. 1. pag. 181.

[3] Palacki, Geschichte Böhmens (Prag 1836) I. B. S. 323.

[4] Boczek, l. c. I, 284 und 288.

dem erstgenannten 1152 begraben wurde.[1]) Das benachbarte alte Kirchdorf Rathebur führt von diesem Fürsten seinen Namen.

Aus einem Schreiben Papst Alexander **IV.** vom 9. April 1257 ergibt sich, daß ein Breslauer Geistlicher Namens Ratibor die durch den Tod des Magister Coffinus erledigte Pfründe an der Cathedrale zu Breslau beanspruchte.[2])

Von Ortschaften gleichen Namens sind hervorzuheben:

1. Ratibor, Dorf, Hradischer Kreis,
2. Ratiborice, Dorf, Znaimer Kreis, beide in Mähren,
3. Klein=Ratibor oder Ratiborschitz, (**Ratiborice**) Berg= städtel in Böhmen,
4. Radibor, Dorf in der Lausitz.

König Wenzel gründete (Mai 1306) das Kloster Königs= thron bei dem Zusammenfluß der Wässer Ratibor und Bawa.[3])

Martin Gallus, der älteste Geschichtschreiber Polens, der eine Biographie des zu seiner Zeit lebenden Herzog Boleslaus Krummaul schrieb, erwähnt mehrmals unsere Stadt. Er sagt zum Jahre 1106: Boleslaus wollte Kosel haben und sendete einige bewährte Krieger nach Ratibor, die von hier aus ver= suchen sollten, es einzunehmen.[4])

Ehe Swatopluk von Böhmen dem König Heinrich **V.** zu Hilfe gegen Ungarn zog, sicherte er die Gränzen gegen Polen, indem er ein Heer unter Führung der Grafen Wacek und Mu= tina in unserer Gegend aufstellte. König Koloman von Ungarn aber, sich von den Czechen bedroht sehend, bat den ihm befreun= deten Polenherzog, diese durch einen Einfall in ihr Land von Ungarn abzulenken. Boleslaus brach daher im September 1108

---

[1]) Hist. episcop. Caminensis in Joh. Pet. Ludewig's Script. rer. Germanicarum (Frankfurt und Leipzig 1718) v. II. p. 576.

[2]) Röpell, Zeitschrift des Vereins für Geschichte und Alterthum Schlesiens (Bresl. 1856) I, S. 191.

[3]) Boczek, Cod. dipl. Morav. V. 204.

[4]) Martin Gallus II. 45. in Pertz Monum. Germaniæ histor. IX.

gegen Böhmen auf, schlug das aufgestellte Heer in die Flucht, eroberte die Gränzfeste Ratibor, drang verheerend weiter vor, kehrte aber bald wieder zurück. Der Zweck war erreicht, Swatopluk ließ von dem Angriff auf Ungarn ab und eilte heim, um sein eignes Land zu vertheidigen.[1]

Von den Söhnen Boleslaus III. erhielt der älteste, Namens Wladislav, 1139 Kleinpolen (Crakau) und Schlesien. Dieser hatte Agnes, die schöne aber herrschsüchtige Tochter Herzog Leopold des Heiligen von Oesterreich zur Gattin und strebte von dieser veranlaßt nach der Alleinherrschaft von ganz Polen. Dadurch kam es zum innern Kriege, und Wladislav floh nach verlorener Schlacht über Ungarn nach Deutschland.

Der polnische Chronist Bischof Bogufal von Posen, der eine Geschichte Polens bis zum Jahre 1229 schrieb, erzählt, daß der vertriebene Fürst sich hierauf in Ratibor, der sehr befestigten Stadt niedergelassen[2] und von da aus den ihm verwandten König Conrad III. um Unterstützung gebeten habe. Die Vermittlung dieses Schwagers, wie auch des Kaiser Friedrich I. war für den Vertriebenen wenig erfolgreich. Wladislav erhielt mit seiner Familie nur einen Wohnsitz in Altenburg, wo er 1162 starb.

---

[1] Martin Gallus II. 46.

[2] v. Sommersberg, Silesiacarum rerum Scriptores (Leipzig 1729) Band II. Seite 43.

# *I.* Abschnitt.
## Ratibor unter eigenen Herzogen.

---

## Miesco I. von 1163 bis 1211.

Die drei Söhne des in der Verbannung gestorbenen Herzog Wladislav von Schlesien: Boleslaus, Miesco und Conrad erhielten Schlesien als Erbtheil und regierten selbständig d. h. unabhängig von Polen und Deutschland; nur einige Burgen hatte sich der Oheim Boleslaus vorbehalten.

Das Gebiet von Ratibor bis Teschen war dem Miesco, das von Oppeln bis Glogau dem Boleslaus zugefallen, Conrad, für den geistlichen Stand bestimmt, lag in Fulda den Studien ob.[1]  Miesco residirte meist in Teschen.

Nach der Analogie andrer Städte war die Burg Ratibor eher, als die Stadt vorhanden.  Indeß ist es auffallend, daß in der Bisthumsurkunde vom J. 1154, in welcher an 20 Kastellaneien aufgezählt werden, die Burg Ratibor fehlt.[2]  Es ist daher möglich, daß erst Miesco gegenüber der Stadt auf dem rechten Oderufer seine Residenz erbaute.  Der Ort war zu einer Veste sehr geeignet, da der Mühlgraben (ein Oderarm) ihn zu einer Insel machte.  Burgen wurden anfänglich nicht auf Berggipfeln aufgeführt, sondern meist auf Landzungen, welche von drei Seiten durch Wasser oder tiefe Einschnitte geschützt waren und

---

[1]  Bogusal bei Sommersberg II, 43.
[2]  Röpell, Zeitschrift für Schlesien.  II. Band 192.

auf der vierten mit dem Festlande oder der Ebene zusammenhingen. Nur auf dieser vierten Seite bedurfte es künstlicher Mittel zur Sicherung, wozu ein bloßer Graben mit einer Zugbrücke schon hinreichte. Die Stadt selbst war anfangs wenig geschützt, weil ihr Gebiet nur durch Pfähle, Stricke oder Ketten begränzt war. Hier wohnten Adel und Gesinde, Ackerbürger, Handwerker und Handelsleute. Hier hielt man Märkte, hieher flüchtete sich zur Zeit der Gefahr die umwohnende Bevölkerung. Aber an ein freies, geregeltes Gemeinwesen, an Innungen und Zünfte war damals noch nicht zu denken.

Die Burg diente zum Waffenplatz und zur Verwaltung der herzoglichen Gefälle. Dort wohnte der Kastellan mit seiner Mannschaft und den Kammerbeamten. Diese erhoben die Geld= und Getreideabgaben, pfändeten die Säumigen, luden die Parteien vor das Gericht des Burggrafen und führten nach gesprochenem Urtheile den rechtmäßigen Besitzer in sein Eigenthum. Die Schlüsselträger erhoben die Zölle, bestätigten Käufe und Verkäufe mit ihrem Amtssiegel (2 Schlüssel) und führten die Kasse. Der Hofrichter hatte die Justizpflege, Landeshoheitssachen standen unter dem Palatin, der den obersten Gerichtshof verwaltete. Der Oberkämmerer hatte für die fürstlichen Bedürfnisse auf den Reisen zu sorgen, der Obertruchseß übergab bei feierlichen Gelegenheiten die erste Schüssel dem Fürsten, der Obermundschenk den Becher. Der Hofkanzler mußte ein wissenschaftlich gebildeter Mann sein, da er die Steuern und Dienste veranschlagte, die Ausfertigung der Schriftstücke bewirkte. Der Marschall führte die Aufsicht über die Pferde, der Jägermeister über den Wald. Jeder der genannten Würdenträger hatte seine Unterbeamten; doch waren die Stellen nicht immer besetzt. Die Genannten hatten ihren Antheil an den Einnahmen und Hebungen, denen sie vorstanden, oder erhielten Grundstücke. Aber Niemand wurde lebenslänglich gewählt, noch waren die Würden erblich. Das Amt der Kastellane, Tribune, Palatine und

Schlüsselträger war örtlich. Dieser Hofstaat war der Pracht des deutschen Kaiserhofes nachgebildet und verminderte sich in späterer Zeit. Kastellane werden außer Ratibor, in Cosel, Grendzin, Oppeln, Rosenberg, Beuthen, Nikolai, Pleß, Tost und Teschen erwähnt.

Bei dem Adel gab es damals noch keine Rangabstufung. Der Titel Graf bezeichnete nur die Beamtenwürde und war eben so wenig erblich, wie diese; der Titel Baron bezeichnete die übrigen Vornehmen und Großen, die Stände. Familienna= men gab es damals noch nicht, man begnügte sich mit dem ein= fachen Taufnamen; bedurfte es einer größeren Bestimmtheit zur Bezeichnung, so fügte man den Namen des Vaters hinzu, wie diese Sitte heut noch in Rußland herrscht, obgleich auch dort die Familiennamen längst eingeführt sind. [1]

Urkunden von Miesco sind nicht mehr vorhanden, was wir von ihm wissen, verdanken wir den ältesten polnischen Chro= nisten.

Die Gränzen seines Gebietes nach Süden und Osten haben sich genau in der Diöcesaneintheilung erhalten; wie Trop= pau und Leobschütz nie zum Sprengel des Breslauer Bisthums gehörten, die Dekanate Pleß und Beuthen erst 1821 von der Diöcese Crakau abgetrennt wurden, so standen sie auch damals nicht unter der Herrschaft Miesco's. Die Umgegend von Kat= scher war Eigenthum des Bisthum Olmütz. [2]

Die regierenden Herzoge Schlesiens wollten ihr Land ebenso unabhängig vom Großfürsten besitzen, wie die übrigen Herzoge Polens, bemächtigten sich also aller Burgen, die Boleslaus der Krause noch besetzt gehalten und befestigten sie. In dem 1169 geschlossenen Frieden erhielten sie ihre Länder ohne Vorbehalt.

---

[1] Stenzel, Beiträge zur Gesch. des alten schl. Adels (Breslau 1841). im Jahresbericht der Ges. für vat. Kultur. Seite 134 ff.

[2] Schriften der historisch=statistischen Section. (Brünn 1853) 5. H. S. 38. flg.

Damals trat Boleslaus Oppeln an seinen Sohn erster Ehe, Jaroslav, ab.

Nach Boleslaus IV. Tode 1173 wurde dessen Bruder, Miecislav der Alte, Großfürst. Er machte sich aber durch seine Grausamkeit so verhaßt, daß die Polen ihn 1177 vertrieben und Kasimir den Gerechten als Großfürsten annahmen. Der landesflüchtige Miecislav fand mit seiner Gattin und drei Söhnen eine Zufluchtsstätte bei seinem Namensvetter in Ratibor, wo er eine günstige Zeit zur Rückkehr abwartete.[1]) So hatte die Stadt bereits zum zweiten Male Gelegenheit, einen entthronten Piasten in sich aufzunehmen. Unser Herzog, der den Vertriebenen schützte, verweigerte Kasimir die Anerkennung.

Damals war zwischen Miesco und Boleslaus ein unerquicklicher Bruderzwist ausgebrochen. Miesco, bei der Ländertheilung übervortheilt, überzog den Bruder mit Krieg und vertrieb ihn aus Schlesien. Da trat Kasimir, der regierende Fürst Polens, als Vermittler und Schiedsrichter auf und versöhnte großmüthig die beiden Brüder, indem er unserem Herzoge vom Crakauer Gebiete Auschwitz, Beuthen (Zator, Siewierz und Pleß) überließ, dem Conrad Glogau und dem Boleslaus Breslau zutheilte.[2])

Bogufal, Dlugoß und Kromer erzählen, daß Kasimir diese Schenkung in froher Laune bei einem Familienfeste gemacht, nämlich bei der Taufe des Sohnes unseres Herzogs, dem er als Pathe zugleich seinen Namen verlieh.

In dankbarer Gesinnung begleitete Miesco im J. 1192 den Großfürsten Kasimir auf dem Feldzuge gegen die heidnischen Nachbarn im Osten (Jaczwigen).[3])

---

[1]) Bogufal chron. bei Sommersberg Sil. rerum scriptor. II. 45. und Vinc. Kadlubkonis hist. pol. lib. IV. bei Dlugosz II. 776.

[2]) Bogufal Chronicon bei Sommersberg II. 46.

[3]) Dlugosz hist. pol. I. 564 nach Kadlubek hist. pol. lib. IV. cap. 19.

Zwei Jahre später starb Kasimir und es entbrannte zwischen seinem Sohne Lessek dem Weißen und dem früheren Oberregenten Miecislav dem Alten ein neuer Streit um das Seniorat. Unser Herzog trat auf die Seite des (berechtigten) älteren Fürsten. An dem Flusse Mozgawa, unfern dem Cistercienserkloster Andrzejow, kam es 1195 zum blutigen Kampfe. Aber unser Herzog und sein Neffe Jaroslav langten mit ihren Kriegshaufen zu spät an und kehrten nach unbedeutendem Gefechte in die Heimat zurück.[1]

Jaroslav trat hierauf in den geistlichen Stand, wurde Domherr und 1198 Bischof von Breslau, indem er Neisse für das Bisthum, Oppeln für seine Verwandten bestimmte. Dem Kloster Pforta schenkte er an der mährischen Gränze zwischen den Flüssen Hotzenplotz und Straduna 1000 Huben Landes mit allen Zehnten zwischen diesen Flüssen bis an ihre Mündung in die Oder zur Gründung eines Klosters. Dieses wüste Land, anfangs Jeroslave genannt, kam später an das Stift Leubus, welches daselbst die Propstei Kasimir gründete.[2]

Jaroslav starb den 22. Februar 1201, sein Vater Boleslaus folgte ihm im Tode bald nach und unser Herzog erhielt Oppeln. Seitdem ist die Eintheilung des Landes in Ober- und Niederschlesien geblieben.

Mit dem zweiten Neffen, dem tapferen und frommen Herzoge Heinrich I. schloß er 1202 einen Vertrag, in welchem er sich für 1000 Mark Silber mit den ihm zugetheilten Burgen und Ländern begnügte. Papst Innocenz III. bestätigte am 26. November 1202 diesen Vertrag.[3]

Nach dem Zeugnisse des Dlugoß war Miesco von hohem Wuchse, sehr behend und ein tüchtiger Fechter. Als er sich in

[1] Kadlubek, hist. pol. lib. IV, cap. 23. Chronic Polonorum in Stenzels script rer. sil. (Bresl. 1834) Band I. 19.
[2] Boczek, Cod. dipl. Mor. II, 10.
[3] Ledebur's Archiv für die Geschichtskunde des Preußischen Staates. Band 8, 362.

seiner Jugend an den Höfen Conrad III. und Friedrich I. auf=
hielt, bewunderte man seine Geschicklichkeit im Zweikampfe, wie im
Ritterspiele.

Aber er war nicht blos ein Kriegsheld, der seinen schmalen
Landstrich zu einem ansehnlichen Herzogthume erweiterte, sondern
er sorgte auch für sein Land durch kirchliche Stiftungen, um gei=
stige Bildung zu fördern. Schon Bischof Zyroslaus (1170 bis
1180) consecrirte die S. Marienkirche in Rybnik und verlieh
ihr den ihm zustehenden Zehnten von Rybnik, Smolna, Zelasug
und Knieznitz.[1]) Mit seiner Gattin Ludmilla, deren Abkunft
unbekannt ist, stiftete Miesco 1196 ein Jungfrauenkloster in
Rybnik, das später nach Czarnowanz verlegt wurde.[2])

Unter Miesco wurde 1205 die Marienpfarrkirche in
Ratibor, deren Presbyterium noch aus jener Zeit stammt, massiv
aufgeführt. Wahrscheinlich stand an derselben Stelle schon früher
eine hölzerne Kirche.

Auch soll schon Miesco kurz vor seinem Tode den Benedikti=
nern aus dem Kloster Tiniec bei Crakau die Muttergotteskirche in
Teschen gegeben haben mit der Bestimmung, daß dort die her=
zogliche Gruft sei.[3])

Herzog Miesco starb am 16. Mai 1211, seine Gattin Lud=
milla, mit der er einen Sohn, Casimir, erzeugt hatte, folgte ihm
bereits am 19. Septb. desselben Jahres im Tode nach.

## Casimir von 1211 bis 1230.

Nach Miesco's Tode folgte dessen einziger Sohn Casimir,
der bei der Uebernahme der Regierung 32 Jahre zählte. Dieser
vermählte sich mit Viola, einer bulgarischen Prinzessin. Hatte
Miesco die meiste Zeit in ritterlichen Kämpfen zugebracht, so ge=
noß während der 20 jährigen Herrschaft Casimirs Oberschlesien

---

[1]) Wattenbach, Codex diplom. Silesiæ (Bresl. 1857). I, 1.
[2]) K. G. Hoffmanns Gesch. v. Schlesien. I, 301.
[3]) Reginald Kneifel's Topographie des k. k. Antheils von Schle=
sien. (Brünn 1804). II, 104.

eines wohlthätigen Friedens. Die Cultur des Bodens und die Veredelung der Unterthanen machte unter ihm durch Einführung des deutschen Rechtes bedeutende Fortschritte.

Wir werden die Verdienste des Landesfürsten um so mehr würdigen, je deutlicher wir uns den kläglichen Zustand vorführen, in welchem die Städte und Dörfer von ganz Schlesien bis zum Anfange des 13. Jahrhundertes schmachteten. Stenzel, der in seiner Vorrede zur Urkundensammlung die polnische Dienstbarkeit ausführlich schildert, faßt in seiner Geschichte Schlesiens die Verpflichtungen der Unterthanen kurz zusammen:

„Die Leistungen bestanden in Lieferungen von Ochsen, Kühen, Schweinen, Schafen und Lämmern und Ehrungen, nämlich Käse und Eier, Hühner und Schinken (naraz). Ferner mußten die Unterthanen für den Fürsten und dessen Gefolge und deren Bedürfnisse auf den Reisen Fuhren mit Vorspann geben (powoz), sie mußten Pferde stellen für des Fürsten reitende Diener, welche abgeschickt wurden, um dessen Botschaften oder Befehle zu überbringen (podwoda), sie mußten dem Fürsten Geleit geben, zu Wasser und zu Lande, von einem Orte zum andern, und ihnen übergebenes Wild, Fische, Waizenbrot, Wein ꝛc., so wie Verbrecher, welche fortgeschaft werden sollten, abliefern und Alles auch über Flüsse setzen (prewod).

Ferner mußten sie den Fürsten, so wie den fürstlichen Beamten Herberge geben d. h. für deren Nachtlager und dort für Unterhalt und Pferdefutter sorgen (stan). Ebenso mußten sie den fürstlichen Jägern und Vogelstellern, Hundewärtern und Jagdhunden Herberge und Unterhalt geben (psare). Auch zu Pflugdiensten, zum Gras- und Kornmähen und Holzschlagen waren die polnischen Bauern verpflichtet. Von den meisten dieser Lasten wurden die Unterthanen kirchlicher Körperschaften und die Deutschen befreit. Am längsten hielt sich das Herbergsrecht."[1]

[1] Geschichte Schlesiens von G. A. Stenzel. (Breslau 1853). B. I. S. 148.

Zwar leistete nach deutschem Rechte der Unterthan seinem Herrn auch noch Dienste, aber dieselben waren mäßig und genau bestimmt, ebenso wie die Abgaben, die er entrichtete. Jetzt hatte Jeder Aussicht, durch Fleiß und Sparsamkeit sein Eigenthum zu vermehren und zu verbessern, die Früchte seiner Anstrengung mit den Seinigen zu genießen. Wie sehr mußte dieses Bewußtsein den Geist erheben und zur Thätigkeit anspornen.

Nach deutschem Rechte wurden nicht blos neue Ortschaften angelegt, sondern auch bereits bestehende nach demselben eingerichtet; selbst Dörfer mit rein slawischer Bevölkerung wurden damit bewidmet.

War ein Ort anzulegen, so bestimmte der Grundherr eine gewisse Anzahl von Hufen, übertrug die Ausführung einem Ritter, der in den Dörfern den Titel Schulz, in den Städten den Namen Vogt erhielt. Die mit deutschem Rechte bewidmeten Städte wurden von der Gerichtsbarkeit der Kastellane und andrer fürstlichen Beamten ausgenommen. Der Stadtvogt hatte die niedere Gerichtsbarkeit und bezog den dritten Theil der Strafgefälle, der Magistrat hatte die Handhabung der Polizeiverwaltung und des Communalwesens. Crimminalverbrechen geringeren Grades gehörten zur Polizei, Sachen von größerer Wichtigkeit waren dem herzoglichen Hofgerichte vorbehalten. Der Stadtvogt hatte ein Freihaus, einen Antheil an den Fleisch-, Brod- und Schuhbänken, an den Tuchkammern, Kramladen und dem Marktzoll; an Grundstücken besaß er einen Theil des Stadtackers und Gärten frei von Abgaben; von den zur Stadt geschlagenen Dörfern hatte er (in Oberschlesien) die sechste Hufe frei. Er sammelte den Grundzins und führte ihn der Herrschaft ab.

Die Einnahme der Herzoge bestand in dem Ertrage ihrer Güter und in den Rechten über ihre Unterthanen.

Der Herzog hatte das Obereigenthum über alle Metalle und erhielt einen Theil des Gewinnes, für die Benutzung der Forsten und Wiesen erhielt er einen Zins. Einträglich war das Regale

der Gewässer, der Zölle, des Salzverkaufes und der Gerichts=
barkeit.

Einzelne Orte oder Corporationen wurden von gewissen
Abgaben befreit. Solche Schenkungen schlugen zum Vortheile des
Fürsten aus, weil durch das Aufblühen des Landes und den er=
höhten Verkehr andere und bessere Einkünfte an die Stelle traten.
Viele Privilegien wurden den gewerbskundigen und arbeitsfleißi=
gen Colonisten verliehen, wodurch das durch die deutschen, böhmi=
schen und polnischen Kriege verheerte Land cultivirt wurde.

Die Aussetzung der Ortschaften nach deutschem Rechte ge=
schah aber weder überall, noch gleichzeitig, sondern zog sich durch
einige Jahrhunderte hin und erscheint immer als besondere Ver=
günstigung. An Germanisirung im späteren Sinne ist dabei noch
nicht zu denken, da das deutsche Recht nur die Gerichtsverfassung,
nicht aber die Sprache änderte. Wo sich deutsche Colonisten an=
siedelten, wie beispielsweise in Kostenthal bei Kosel (1225), be=
haupteten sie auch ihre Muttersprache.

Für die Regierungszeit Casimirs sind uns schon die un=
entbehrlichen Grundlagen wahrer Geschichte, nämlich Urkunden
geboten; sie geben uns ein erfreuliches Bild von dem Auf=
schwunge Oberschlesiens. Casimir ertheilte im J. 1217 auf den
Rath des Bischof Laurentius und seiner Barone dem Hofkap=
plan Sebastian und dessen Bruder Graf Gregor ihrer getreuen
Dienste wegen für das ihnen erblich verliehene Dorf Leschnitz
Freiheit in derselben Form, nach welcher der Herzog früher schon
die Gäste in Oppeln und in Ratibor angesetzt hatte und schenkte
ihnen noch dazu Milowanow und Virh.[1])

Es geht daraus hervor, daß Ratibor und Oppeln damals
schon deutsches Recht hatten.

Graf Stoignew, Kastellan von Ratibor, schenkte 1221
seine Güter Bognowe und Wrocina an das Cistercienserkloster

---

[1]) Lorenz, Privilegienbuch vom J. 1655. Fol. 280.

Leubus, weil sein Vetter Dirslcraj ihn gezwungen hatte, wegen des Erbes Mackau zu schwören.[1]  [1230 werden die beiden Dörfer Bogunow und Bezurocona genannt.][2]  Derselbe Castellan schenkte in demselben Jahre dem Abte Günther von Leubus das Dorf Kostenthal, dessen Gränzen unser Herzog in eigener Person zur sicheru Feststellung umging.

Casimir und Bischof Laurentius gingen in ihren humanen Bestrebungen Hand in Hand.  Der Herzog nennt den Kirchenfürsten wiederholt seinen geliebten Freund und ehrwürdigen Vater.  Um ihm einen Beweis seiner Hochachtung zu geben, ertheilte Casimir 1222 die Freiheit, daß der Domkirche gehörige Gebiet von Ujest mit deutschen Colonisten nach deutschem oder anderem Rechte auszusetzen.  Auch das Recht zum Fischfange, die Mühlenbauten und Nutzung der Gewässer sollen dem Bischofe angehören, nur den Biberfang und das Münzrecht behält sich der Herzog vor.  Der Bischof solle freie Gerichtsbarkeit über den Halt haben, nur sollen die Einwohner dieses Landgebietes in dem Falle, wenn ein Heer zu einem Kriege innerhalb des Landes aufgeboten wird, sich zu des Herzogs Fahne stellen: erstreckt sich aber der Zug über die Landesgränze hinaus, dann sollen sie auf eigene Kosten 3 gewaffnete Männer zum Schutze in eines der herzoglichen Schlösser schicken.  Von dieser Verpflichtung seien die Einsassen jedoch die ersten 5 Jahre frei.  Wenn ein herzoglicher Unterthan, er sei Pole oder Deutscher, ein Verbrechen begehe, so gehören $\frac{2}{3}$ des Strafgeldes dem Herzoge, $\frac{1}{3}$ dem Richter.[3]

Der Bischof wohnte öfters in Ujest, um durch seine persönliche Gegenwart auf das Gedeihen der jungen Pflanzung einzuwirken; von hier aus besuchte er oft seinen Freund Casimir, weihte viele neugegründete Kirchen ein und dotirte sie mit den

[1]  Cop. Leubus fol. 18, 43, 44.
[2]  Büsching, Urkunden pag. 108.
[3]  Tschoppe's und Stenzel's Urkundensamml. (Hamburg 1832) S. 280.

ihm zustehenden Zehnten. Durch sein Beispiel förderte er die Freigebigkeit des Adels. Am 25. Mai 1223 gründete er in Ujest einen Markt und in der Umgegend Dörfer nach deutschem Rechte, wie es Neumarkt hatte.[1]

In der Nähe Ratibors consecrirte er 1223 die Kirche zu Slawikau. Besitzer des Dorfes war Graf Werner.[2] Der Pfarrei Matzkirch, welches Dorf dem Graf Andreas gehörte, schenkte er die Zehnten von Autischkau, Gogolin, und Dombowa-Wodka (Hochkretscham). Ferner consecrirte er am 19. November 1223 die Kirche zu Mackau und schenkte ihr den Decem der Burg Mackau, von Gammau und Bogdanow; außerdem schenkte er auf Casimirs Bitte und mit Bewilligung des Domkapitels den geistlichen Jungfrauen bei der Salvatorkirche in Rybnik am 25. Mai 1223 den Zehnten und die Hälfte des Neubruchzehnten in der Kastellanei Teschen und fügte ⅔ der Zehnten von Crawarn, Mackau und Lichan hinzu. Auch verlieh er der Kirche zu Schurgast bei Einweihung derselben gewisse Zehnten wegen des dort befindlichen Hospitales.[3]

Zur Parochie Kasimir bestimmte der Bischof am 8. September 1223 die Dörfer Grauden, Schmitsch, Karchwitz, Kostenthal, Koske, Trawnik, Twardawa, Schwesterwitz und Nimsdorf.[4] Aus all den genannten Orten bildeten sich später vier selbständige Pfarreien.

Im nächsten Jahre schenkte Seteh, Besitzer von Mackau und Ritter des Spitals zu Jerusalem, mit Zustimmung seines Halbbruders, Mackau dem Orden, was Herzog Casimir zu Falkenberg bestätigte.[5] (Es wurde ein Hospital angelegt und Miesco II. ertheilte am 27. August 1240 in Ratibor anwesend

---

[1] Tzschoppe's und Stenzels Urkundensammlung. S. 282.
[2] Wattenbach, Cod. dipl. Sil. II, 1.
[3] Wattenbach l. c. I, 2.
[4] Urkunden des Kloster Leubus Cop. fol. 17.
[5] Stenzel, Jahresbericht der Schl. Gesellschaft. 1837. Seite 122.

dem Orte Marktrecht. Dieser hob sich auch bald als Sitz eines Comthurs der Johanniter und wurde bei Anlegung anderer Dörfer nach deutschem Rechte als Muster genommen.) Die Johanniter besaßen bereits 1183 Besitzungen in der Nähe, (an der Pfinna), nämlich in Gröbnig und Hohndorf.[1]

Ende November 1225 gewährte Casimir dem Stifte Leubus für dessen deutsche Colonisten in Kostenthal die Rechte seiner eigenen Colonisten in Zülz. Die Urkunde darüber ist zu Oppeln am 15. Febr. 1226 ausgestellt.[2] Demselben Kloster schenkte er 1226 die Kirche zu Kasimir nebst dem dazu gehörigen Grund und Boden (der an die Thalschlucht gränzt, welche die Kirche von dem genannten Dorfe trennt, zwischen der Stradune und Hotzenplotz), den er durch seine Grafen Roffer und Stefan hatte umgehen lassen.[3]

Einen andern Beweis des Vertrauens, welches der Herzog unserem Bischofe schenkte, ist, daß er ihn in einer fraglichen Sache zum Schiedsrichter wählte. Casimir war nämlich über die alte Taxe seiner Zölle in Rosenberg und Siewierz im Zweifel und wendete sich an Laurentius mit der Bitte, die Sache festzustellen. Dieser ließ bei Gelegenheit der Consecration der Kirche zu Rosenberg 1226 alte Leute kommen, befragte sie genau, ließ dann ihre Aussagen beschwören, und gab ein Mandat, in welchem die Zollsätze festgestellt wurden. Diese Urkunde gibt einigen Aufschluß über den Handelsverkehr und das Münzwesen damaliger Zeit. Wir erfahren, daß die Handelsstraße von Mähren durch Rosenberg nach Cujavien ging, leere Wagen zahlten 1 Stein Salz, rückfahrende, wenn sie Häringe brachten, 30 Stück derselben, wenn andre Waaren ½ Scot d. h. den 48. Theil einer Mark, von Weibern und Knechten (wahrscheinlich waren diese

---

[1]) Boczek, Cod. dipl. Moraviæ I, 307 und Dobner Monum. hist. Bœm. (Prag 1779) IV, 245.

[2]) Büsching's Urkunden des Kloster Leubus p. 91.

[3]) Büsching, l. c. p. 45, 90.

2

heidnische Kriegsgefangene), die zum Verkauf gebracht wurden, 1 Scot, ebenso viel von einem Juden, auch wenn er nicht zum Verkauf geführt wurde. Führten Reiter oder Fußgänger Waaren bei sich, so zahlten sie 2 Oppelner Pfenninge. Geistliche, Ritter und Gesandte waren frei, ebenso die Zöllner und Münzer des Landes. In Siewierz gab man bei Bleifuhren für ein Pferd 1 Scot. Zuwiderhandelnde verfielen in eine Strafe von 4 Mark.[1]

Casimir, der in Oppeln residirte, verlegte 1228 das von seiner Mutter Ludmilla in Rybnik gestiftete Nonnenkloster an die Ufer der Malapane nach Czarnowanz und vermehrte dessen Besitzungen. Er befreite die Stiftsunterthanen vom Burgbau, der Heerfahrt und allen Diensten und Lasten des polnischen Rechtes, und verordnete, daß die Insassen der Dörfer unter der Gerichtsbarkeit des Klosterprobstes stehen sollten; nur wenn der Feind plötzlich ins Land einfiele, sollten sie zur Vertheidigung des Landes dienen.[2] Am 1. August 1228 war der Herzog in Rybnik und beschloß auf den Rath der Stände, das Schloß Oppeln mit einer Mauer zu umgeben. Zur Ausführung des Baues verlieh er Falkenberg und Czeladz.[3]

Das ist die letzte Urkunde, die uns von dem Herzoge bekannt ist. Er starb laut Nekrolog des Kloster Czarnowanz, wo er seine Ruhestätte fand, am 13. Mai, wahrscheinlich im Jahre 1229 oder 1230, denn im letztgenannten Jahre erscheint Viola schon als Wittwe, wie wir bald hören werden. Sie lebte noch sehr lange, denn in der Stiftungsurkunde des Dominikanerklosters zu Ratibor 1258 geschieht ihrer als einer Lebenden noch Erwähnung.

Da die beiden Söhne Miesco und Wladislav noch unmündig waren, führte Herzog Heinrich der Bärtige von Niederschlesien die Vormundschaft.

[1] Röpell, Zeitschrift für Schlesien II, 194.
[2] Wattenbach, Codex dipl. Sil. I, 3.
[3] Raczyński, Cod. dipl. Polon. III, 13.

Gleichwie das Cistercienserkloster Lehnin in Folge eines Traumgesichtes gegründet wurde, welches Markgraf Otto von Brandenburg im April 1180 während eines kurzen Schlummers nach einer Jagd in wildreichen Forsten südöstlich seiner Residenz hatte,[1] gleichwie das Cistercienserkloster Rauden seinen Ursprung der Auffindung einer Quelle verdankt, bei welcher sich Herzog Wladislav, nachdem er sich in der Wildniß während einer Jagd verirrt hatte, mit seinem Gefolge wieder zusammenfand,[2] so knüpft die Ueberlieferung die Gründung der Cistercienserabtei Orlau gleichfalls an ein denkwürdiges Ereigniß, das während einer Jagd stattfand. Als nämlich Herzog Miesco, von seiner Gemahlin begleitet, in den dichten Wäldern bei seiner Residenz Teschen sich mit dem edlen Waidwerke erfreute, erblickte die Herzogin, wie ein mit Beute beladener Adler von besonderer Größe von der Höhe eines Baumes seinen Raub herabfallen ließ. Erschrocken darüber gebar sie auf der Stelle einen Sohn, der Casimir getauft wurde. Zur Erinnerung an den Adler und die glückliche Entbindung ließen die Eltern eine Kapelle an demselben Orte bauen, den Wald zum Theil lichten und Häuser anlegen. Das Dorf selbst nannten sie mit Anspielung auf den Adler Orloba d. h. Adlers-. Um seiner Geburtsstätte sich dankbar zu erweisen, stattete Casimir das Benedictinerkloster zu Teschen mit Orlau und andern Dörfern aus, was Papst Gregor IX. 26. Mai 1229 bestätigte. In dieser zu Perusium ausgestellten Confirmationsurkunde werden als Besitzungen des S. Petriklosters in Tiniec namentlich aufgeführt:

1. Orlau, Dombrau, Koczebenz, Tierlitzko (sämmtlich bei Teschen); Groß-Gorzitz, Uchilsko (bei Loslau), Ostrau, Wirzbitz, Zablat, Zuckau, Lazy (bei Teschen), Golkowitz (bei Loslau);
2. der Decem von den Ackerloosen in Kosel, die zur Castella-

---

[1] Pulkava in Dobner's Monum. III. ad annum 1180.

[2] Eunomia, Zeitschrift für Vaterlandskunde, Unterhaltung und Gemeinwohl, 2. Jahrg. (Ratibor 1833), № 57.

2 *

nei Ratibor gehören nach Rybnik zu, welche Bischof Lau=
rentius dem Kloster Tiniec verliehen.

3. 2 Krüge und das Marktrecht in Beuthen.[1]

An der Oppa lag ein Bezirk, welcher den Namen Golesisco
(Holachlz) führte und zwischen den Gränzen der Olmützer und
Breslauer Diöcese lag. Die Dörfer Bogdanowe und Levlz be=
fanden sich in dem Districte, der von jedem der beiden Bischofe
beansprucht wurde. Papst Gregor gab unter demselben Datum
(26. Mai) dem Crakauer Bischofe den Auftrag, die Streitsache
wegen der Diöcesangränzen beizulegen.[2]

Viola befreite 1230 das Dorf Nepten, welches dem Vin=
cenzstifte zu Breslau gehörte, von allen landesherrlichen polnischen
Lasten, damit das Andenken ihres verstorbenen Gatten daselbst
gefeiert werde. Das Stift legte in jener Gegend mehre Dörfer
an.[3]

In Polen war durch die Uneinigkeit der Theilfürsten fort=
während Unruhe. Wladislav Dünnbein, von seinem Neffen
Wladislaus Odonicz aus dem Lande gejagt, entfloh nach
Ratibor, welcher Ort schon zweien seiner Vorgänger Auf=
nahme gewährt. Von hier aus machte er Versuche zur Wieder=
gewinnung seines Besitzes, sammelte einen Kriegshaufen und be=
lagerte 1231 Gnesen; doch starb er noch in dem genannten Jahre und
Wladislav Odonicz wird Herr von Großpolen.[4] Der greise
Papst Gregor IX., dem es unter seinen schweren Hirtensorgen am
Herzen lag, Bedrückungen der Wittwen vorzubeugen, trug am
23. December 1233 dem Erzbischofe von Prag, den Bischöfen
von Breslau und Olmütz auf, Viola die herzogliche Wittwe

---

[1] Boczek, Cod. dipl. Moraviæ II, p. 214.

[2] Boczek, l. c. II, p. 215—217.

[3] Tzschoppe und Stenzel's Urkundensammlung zur Geschichte
des Ursprungs der Städte (Hamburg 1832). S. 308 Anmerkung.

[4] Bogufal in Sommersberg II, 58 und 91.

von Oppeln und ihre Söhne, welche der Kirche ergeben sind, gegen Beeinträchtigungen der Güter, die sie rechtlich besitzen, zu schützen.[1])

Als Herzog Heinrich im J. 1234 von Crakau, wo er mit Conrad von Masovien wegen des Friedensschlusses Unterhandlungen gepflogen, zurückreiste und in Czarnowanz einkehrte, bestätigte er als Vormund der Casimirschen Prinzen mit Bewilligung der Barone des Herzogthum Oppeln die Besitzungen des Prämonstratensernonnenklosters und gab seinem Mündel Wladislav, weil dieser ihm im Kriege gegen die Polen Beistand geleistet, Kalisch und Wielun. Auf dem Siegel, das Viola an die Urkunde hing, ist sie thronend zwischen ihren beiden Söhnen dargestellt.[2])

Die Herzogin gewährte 1235 dem Bischof Thomas I. für dessen ihr und ihren Kindern bei der Führung ihrer Geschäfte erwiesenen Dienste die Freiheit von Ujest für das Dorf Klutschau, welches der Oppelner Kanzler Sebastian der Kirche geschenkt.[3])

In der Collegiatkirche des hl. Johannes zu Ohnachau schenkte 1235 Graf Zbroslav, Castellan von Oppeln, dem Bisthume sein Erbtheil Steinau, das er von Herzog Casimir erhalten, ohne alle Einschränkung mit allen Nutzungen zu einem ewigen Besitzthum. Unter den Zeugen befand sich der Stadtvogt Colinus von Ratibor, ein neuer Beweis, daß unsre Stadt bereits deutsches Recht hatte.[4])

## Miesco II. von 1239 bis 1246.

Nachdem der Vormund Heinrich der Bärtige am 12. April 1238 gestorben, übernahm Miesco II., wenn dieses nicht

---

[1]) Boczek, Codex diplom. et epist. Moraviae tom. II, p. 259.
[2]) Wattenbach, Cod. dipl. Sil. I, 4.
[3]) Lib. nig. 412.
[4]) Stenzels Urkundensammlung S. 300.

ein Jahr später geschehen sein sollte, die Zügel der Regierung.
Sein Bruder Wladislav behielt Kalisch und Ruda, denn
im J. 1238 stellt Viola als Herzogin von Kalisch und Ruda
mit ihrem Sohne, dem Herzog Wladislav, zu Bobrank eine
Urkunde aus und auch 1243 nennt sich Wladislav Herzog von
Kalisch.[1]) Herzog Miesco II. gestattete am 19. Februar 1239
dem Bischof Thomas I. von Breslau, Deutsche in Klutschau
(bei Ujest und Groß-Strehlitz) mit denselben Freiheiten anzusetzen,
welche sein Vater für Ujest ertheilt hatte.[2]) Dem letzten Willen
seines Vaters zufolge, so wie mit Genehmigung seiner Mutter
Viola und seines jüngeren Bruder Wladislav, schenkte er zu
Ratibor am 24. September 1239 dem Hospitale zum hl. Geist
in Breslau das Dorf Croschina oder Wigandsdorf bei Schurgast.[3]) Als er zu Kosel in demselben Jahre dem Orden der
S. Johanniter in Gröbnig und Mackau die, vom Grafen
Goßlav (vom Vorwerk Jeblownik) geschenkten Ackerstücke bestätigte,
war Semisan, Castellan von Ratibor, gegenwärtig.[4])

Am 25. Mai 1240 war der Herzog selbst in Mackau und
verlieh den Kreuzherren, welche ihn in ihre Bruderschaft aufgenommen, das Recht, ihre Besitzungen Mackau, Repten und Blottnitz nach Neumarkter Recht auszusetzen.[5])

Unter den Freiheiten, welche Miesco dem Bischofe Thomas
für die Besitzungen in Ujest, Kostenthal und Steinau 1241 gab,
sind folgende hervorzuheben: Wenn eine Expedition über die Landesgränze zu unternehmen ist, so brauchen die Leute der genannten
Orte nicht daran Theil nehmen, sondern Ujest nur vier, Steinau
und Kostenthal je drei Gewaffnete auf eigene Kosten zum Schutze
irgend eines Schlosses stellen. Auch für den Fall, daß eine allge-

---

[1]) Stenzel, Urkundensmml. S. 306.
[2]) Lib. nig. 412.
[3]) Sommersberg, Siles. rer. script. I, 675.
[4]) Boczek, Cod. dipl. Morav. II, 364.
[5]) Ex cod. Bibl. Magdal. Wratisl.

meine Collekte für den Herzog ausgeschrieben würde, sollten sie davon frei sein. Wenn endlich in seinem Herzogthume Gold- oder Silbergruben, oder Adern eines anderen Metalls entdeckt werden, soll der zehnte Theil dem Bischofe gehören. [1])

Wir kommen jetzt zu einem der denkwürdigsten Ereignisse der vaterländischen Geschichte, nämlich zum Einfall der Mongolen in das eben aufblühende Schlesien.

Die Mongolen, ein Nomadenvolk des mittleren Asiens, zeigen schon durch ihr Aeußeres ihre Rohheit und Brutalität. Sie sind breitschulterig, haben eine schmutzig gelbe Gesichtsfarbe, platte Nasen, aufgeworfene Lippen, hervorstehende Backenknochen und kleine langgeschlitzte Augen. Diese eroberungs- und beutesüchtigen Horden dehnten damals ihre Raubzüge nach dem Abendlande aus, flogen auf ihren Pferden pfeilschnell dahin, verbrannten und zerstörten die Städte, durch welche sie kamen, und hieben Alles ohne Erbarmen nieder.

Im December 1240 zogen sie über Moskau und Kiew gen Polen und Ungarn. Während Batu mit dem einen Heere in Ungarn eindrang, eroberte der andere Theil Sandomir und rückte über die rauchenden Trümmer Crakau's nach Schlesien vor. Daß sie bei Ratibor über die Oder gesetzt, ist allgemein bekannt.

Nähere glaubwürdige Ueberlieferungen fehlen, sind jedoch noch vor 50 Jahren vorhanden gewesen. Carl Gromann, der vom 5. April 1806 bis 28. Jan. 1813 Kaplan in Tworkau war, sich mit historischen Studien viel beschäftigte und seine Forschungen im Oberschlesischen Anzeiger (J. 1810 und 1811) veröffentlichte, muß noch nähere Quellen über die Ereignisse in Ratibor in Händen gehabt haben, wie der Leser aus folgender Darstellung leicht erkennen kann.

„Kaum war die Hauptmacht der Tataren in Polen einge- brochen, als eine Abtheilung derselben in den ersten Tagen des

---

[1]) Stenzel's Urkunden zur Geschichte des Bisthums Breslau (Breslau 1845) S. 5.

Januar 1241 anch schon vor Ratibor erschien und der Stadt kaum Zeit ließ, ihre Thore zu sperren. Die Mongolen lagerten sich um Stadt und Schloß, verbrannten die Dörfer und Vorstädte und warfen auch in die Stadt oft Feuer. Des Nachts fielen sie mit entsetzlichem Geheul die Verpallisadirung, aber immer fruchtlos und zu eignem Schaden, an. So wehrte man den gewaltsamen Eindrang in die Stadt, als den minder schrecklichen Feind ab, während der Hunger, dieser unbesiegbare Feind, im Innern seine Schrecknisse verbreitete. Die Stadt war unversehens belagert worden und es gab in derselben außer dem zusammengetriebenen Landvolke, das einiges Vieh mit eingetrieben hatte, keine Vorräthe darin, und von außen waren weder Waffen noch Lebensmittel zu erwarten, denn die Oberschlesier waren nicht unter den Fahnen, der Herzog in Polen.

Weinend und die Hände ringend zogen Weiber und Kinder auf den Straßen umher, und die Nacht, sagt ein altes Blatt, war die schrecklichste; denn in ihrer Stille vernahm man die Klagen der Verzweiflung am stärksten. Der Zustand der Stadt war namenloses Elend. Da verließen die wilden Feinde früh den 16. Januar in der Eile, mit Hinterlassung einiger Kranken und vieler Geräthschaften, die Stadt und Gegend und flohen, wie von einem panischen Schrecken getrieben, den Wäldern jenseits der Oder zu, aus denen sie hervorgedrungen waren.

Das Elend hatte in Ratibor nie diesen Grad erreicht, folglich war wol auch in dieser Stadt die Freude nie größer, als an diesem Tage. Einmüthig beschlossen die Bewohner der Stadt, diesen Tag jedes Jahr als einen Festtag, verherrlicht durch eine öffentliche Procession, zu feiern und so dem Himmel für die Erlösung aus dem schrecklichen Zustande, noch in den Gebeten der Nachkommen zu danken.[1]

---

[1] Gromann macht hiebei folgende Bemerkung: „Durch 500 Jahre haben die Ratiborer bis auf den heutigen Tag dieses Gelübde ihrer Vorfahren in Ehren gehalten und erfüllt. Möchten sie auch in Zu-

Das Frohlocken der Ratiborer währte jedoch nicht lange. Schon im März 1241 erschien ein Schwarm von Tataren wieder im Angesichte der Stadt. Nun hatte aber auch schon Mleoco II. ein Heer beisammen, mit dessen größerem Theile er sich hinter der Stadt hielt. Stadt und Schloß waren wohl besetzt, die Brücken abgebrannt. Tataren setzten über die Oder, unbekümmert um die Ratiborer, die einige der Wagehälse mit Pfeilen erschossen, andre mit Spießen und Lanzen in den Fluß zurückwarfen, wenn sie eben aussteigen wollten. Da sie in allen Gegenden um die Stadt herum über die Oder setzten, vermehrte sich ihre Zahl am linken Ufer gar bald. Nun fiel aber der Herzog über sie her, während auch die Schloßbesatzung einen Ausfall machte. Die asiatischen Gäste nahmen die Flucht und hinterließen nur in der Gegend um die Stadt 471 Todte und einige Verwundete. Von letzteren sollen einige in Ratibor geblieben sein und sich in der Stadt ansäßig gemacht haben. Noch im J. 1391 sollen sich Abkömmlinge von ihnen jenseits der Oderbrücke vorgefunden haben. Wäre der Herzog mit dem größ-

---

kunft sich nicht schämen, den 16. Januar stets feierlich zu begehen und so den Glauben bewähren und in ihren Kindern stärken: Gott könne und wolle auch durch Fügungen, die unserem Auge außerordentlich und unbegreiflich vorkommen, Menschen zuweilen retten und erhalten. In der Stadt geht eine alte Sage, als habe der hl. Marcell, der den Tataren drohend in den Wolken erschienen sei, sie in die Flucht getrieben. Einst glaubte ich, diese Sage sei so alt, als die Thatsache selbst, aber ich habe mich überzeugt, diese Sage sei mehr als 200 Jahre später in Umlauf gekommen. Die ältesten zwei Nachrichten besagen weiter nichts, als daß die Stadt am Tage des h. Marcellus von ihren Feinden unvermuthet sei verlassen worden. Dies hat also die Ratiborer Bürger veranlaßt, den 16. Jan. als ein Volksfest zu feiern, das die Nachkommen an die Freude ihrer Vorfahren und zu Dankgebeten ermuntern sollte. Später, als man schon vergessen hatte, Ratibor sei am Marcellitage großem Elende entrissen worden, entstand die Sage: der hl. Marcell habe die Stadt befreit. So unterschiebt der Mensch, der nach dem Warum und Wie der Erscheinungen forscht, wenn er den wahren Grund vergißt, oder gar nicht kennt, der Sache einen selbst erfundenen, um doch einen zu haben. Von Marcellus mußte die Stadt befreit worden sein, dachte man, da man den Tag dieses Heiligen so in Ehren hielt."

ten Theile der Mannschaft auf dem rechten Ufer gewesen, so
würden die Mongolen einen größeren Verlust erlitten haben.

Die verfolgten Tataren zogen sich gegen Crakau hin, wo
ihre Hauptmacht stand, die eben im Begriff war, den vereinigten
Polen eine Schlacht zu liefern. Der Herzog verband sich mit
den Polen, aber die Schlacht bei Crakau (18. März) fiel unglücklich aus. Miesco zog auf Umwegen nach Ratibor, das Heer
der Tataren ihm nach. Er ermunterte die Ratiborer zur Vertheidigung der Stadt, ließ im Schlosse eine starke Besatzung und
zog nach Niederschlesien, um sich mit Heinrich **II.** zu verbinden.
Die Tataren gingen diesmal bei Ratibor vorbei, verbrannten
Breslau — nur die Burg hielt sich — gingen nach Liegnitz und
stießen am 9. April 1241 auf das christliche Heer, das eine
gänzliche Niederlage erlitt." So weit Gromann.

Kaum hatten sich die Feinde, das Schlachtfeld eilig verlas-
send, nach Mähren zurückgezogen, so kehrte Miesco in sein verö-
detes Land zurück. Wir haben davon eine zuverlässige Nachricht,
denn schon am 8. Mai 1241 stellte er in Ratibor eine Urkunde
aus. Er gab nämlich mehren Orten des Johanniterordens,
Mackau, Repten, Blottnitz und Cziffek wegen der Pflege der
Kranken und Pilger deutsches Recht, wie es Neumarkt hatte.
Außerdem gestattet er, ein **Wehr** — wahrscheinlich zu einer
Mühle — anzulegen, wogegen weder der Burggraf von Kosel,
noch andre Beamten Einspruch zu machen hätten. Endlich befreit
er die Colonisten von allen herzoglichen Leistungen. [1]

Am 25. März 1243 war der Herzog in Mechnitz bei
Kosel und befreite die Brüder des hl. Grabes zu Miechow in
den Dörfern Colini und Mechnitz von allen Lasten und
Diensten, sie durften nur unter dem Siegel des Herzogs vor sein
eignes Gericht citirt werden. Auch verlieh er ihnen ein Schiff
mit Fährgerechtigkeit in Mechnitz. [2] An demselben Tage und

[1] Stenzel's Urkundensmml. S. 303.
[2] Kreuzstift Neisse 2. 3.

Orte verlieh auch Viola mit Einwilligung ihres Sohnes Wla=
dislaus dem Bischofe für Biskupitz bei Beuthen gewisse
Rechte. In demselben Jahre und wahrscheinlich an demselben
Tage, weil die Urkunde in Mechnitz ausgestellt ist, gibt Miesco
in Gegenwart seiner Mutter Viola, seines Bruders Wladis=
lav, der noch Herzog von Kalisch genannt wird, dem bi=
schöflischen Orte Steinau das Marktrecht und bestimmt, daß die
bischöflichen Unterthanen von den landesüblichen Lasten frei sein
sollen, mit Ausnahme der Landesvertheidigung.[1]

Bald darauf wurde unser Herzog in einen Krieg verwickelt.
Herzog Conrad von Masovien, mit dessen Tochter Judith
er vermählt war, kämpfte mit Herzog Boleslaus von Crakau,
und Miesco unterstützte mit seinem Heere den Schwiegervater.
Sie wurden aber am 25. Mai 1243 bei Suchodol geschlagen.[2]

Im nächsten Jahre verlieh der Herzog bei seiner Anwesen=
heit in Ratibor, wegen der Frömmigkeit des Abt Heinrich von
Leubus, dessen Leuten in Kasimir und andern Orten, daß sie
in Rechtsstreitigkeiten sich weder vor dem Burgvogte, noch vor
seinen Hofrichtern, sondern nur vor dem Propste zu Kasimir zu
stellen und zu verantworten brauchen.[3]

Im Jahre 1245 gab er dem Bischofe das Gut Ponischo=
witz mit völliger Freiheit zur Aussetzung nach polnischem oder
deutschem Rechte, und trennte die Unterthanen daselbst von der
Gerichtsbarkeit des Schlosses zu Tost.[4] Am 12. April 1245
war Miesco wieder in Ratibor und tauschte mit dem Cister=
cienserstift Leubus die Dörfer Gläsen und Schönau ein, welche
damals an der Gränze Mährens lagen, gegen Kasimir, Lonko=
witz und Komornik, die das Stift nach deutschem Rechte aussetzen

---

[1] Stenzel's Urkundensmml. S. 305.
[2] Długosz, histor. polon. I, 694.
[3] Büsching, Urkunden S. 168.
[4] Lib. nig. 412.

sollte; er bestimmte aber ausdrücklich, daß nach seinem Tode die erstgenannten Orte wieder an das Kloster fallen sollten. Unter den Zeugen erscheint bereits der neue Castellan von Ratibor, Namens Chotke.[1])

Gromann erzählt, daß Miesco Boleslaus dem Kahlen zum Besitz von Crakau verhelfen wollte, sich dabei durch einen Pferdesturz eine Krankheit zuzog und noch vor Beendigung der Fehde starb. Urkundlich steht fest, daß er am 29. October zu Kosel sein Testament machte. Daß er noch im Jahre 1246 gestorben sei, dafür haben wir mehre Beweise; erstens heirathet die Wittwe Judith schon 1247[2]) Heinrich III. von Breslau, dem sie Heinrich IV. (der später gegen Ratibor zog) und Hedwig gebar, und zweitens erscheint schon 1247 Wladislav als Gebieter unseres Herzogthums. Die angebliche Urkunde Miesco's aus dem Jahre 1251 ist unecht, da das Siegel des Bischof Thomas II. daran hängt, welcher doch erst später zur Regierung kam.

Miesco, umgeben von seinen Ständen und von Dominikanermönchen, vermachte auf seinem Sterbebette:

1. der S. Johanniskirche zu Breslau 2 Dörfer, nämlich Salesche bei Groß-Strehlitz und Schlawentzütz mit der Bedingung, daß die Klosterbrüder und Armen an seinem Jahrestage eine Mahlzeit erhielten und ein ewiges Licht in genannter Kirche brenne.

2. Der Kreuzkirche in Oppeln das Dorf Strelitz auf der Gola, d. h. auf Blankenfelde.

3. Dem Kloster in Czarnowanz ganz Brzezie.

4. Den Dominikanern in Ratibor, bei denen er begraben sein will, verlieh er zum Bau des Klosters und der Kirche 200 Mark Silber.

5. Den deutschen Ordensrittern 100 Mark.

---

[1]) Büsching l. c. 172 und Boczek, Cod. dipl. Morav. III, 51.
[2]) Chronica Polonorum in Stenzels Script. rer. Sil. I. 23.

6. Dem Bruder Wladislav sein ganzes Land für den Fall, daß seine Gattin Judith ohne Erben bleiben sollte.

7. Als Wittwensitz bestimmt er ihr die Burg Tost mit Zubehör; wenn sie aber heirathen wollte, sollten ihr 500 Mark Silber gezahlt werden.

8. Der Mutter verlieh er die zwei Burgen Teschen und Ratibor mit Zubehör, ausgenommen den Zins des ersten Jahres von seinem Landesantheil, den er für den Bischof und den Prior der Dominikaner bestimmte, die er zu Exekutoren des Testamentes einsetzte. [1]

Bogufal erzählt, daß Miesco, der den Brautschatz von 500 Mark Silber noch schuldete, noch vor seinem Tode den Bruder beauftragt habe, diese Summe auszuzahlen. [2]

## Wladislav von 1246 bis 1283.

Nachdem Miesco II. vom öffentlichen Schauplatze abgetreten war, wurde sein Bruder Herr von ganz Oberschlesien. Wir finden ihn auch auf dem allgemeinen und feierlichen Landtage, den Herzog Boleslaus II. auf freiem Felde bei Breslau hielt, zu welchem Arme und Reiche aus dem ganzen Lande zusammengekommen waren. [3]

Im Jahre 1247 gab er dem S. Vincenzstifte in Breslau das Recht, Repten bei Beuthen mit fremden Colonisten nach deutschem Rechte anzulegen. Er befreite es von allen Frohnfuhren. Unter den mancherlei Gerechtsamen, die er ertheilte, z. B. zur Anlegung von Krügen, Mühlen und Fischteichen, ward den

---

[1] Wattenbach, Cod. dipl. Sil. I, 6. Aus den Worten: excepto censu istius anni terræ totius partis meæ schließen Manche, daß, da Miesco hier über Nutzungen in seinem Antheile verfügt, Wladislaus den andern Theil besessen haben müsse. Doch können die Besitzungen der Mutter und Wittwe (3 Kastellaneien mit Zubehör) die nähere Bezeichnung veranlaßt haben.

[2] Sommersberg, Sil. Rer. Script. II, 64.

[3] Stenzel, lib. fundationis Heinrichau (Breslau 1854) S. 54.

Colonisten auch freies Blei zugestanden, was für die damalige
Cultur des Bergbaues spricht. Das Siegel der im Provin-
zialarchive aufbewahrten Originalurkunde zeigt den Herzog im
Harnisch; er trägt auf dem Haupte einen fast viereckigen, ge-
schlossenen Helm und reitet nach links mit eingelegter Lanze, an
der ein Fahnentuch flattert. Am linken Arme hängt ein dreieckiger
Schild, im Felde hinter dem Herzoge gewahrt man einen großen
Stern. [1]

Wladislav, der von seinem sterbenden Bruder die Pflicht
übernommen, den Brautschatz zu zahlen, wollte 1251 statt des
baaren Geldes Burg und District Ruda (später das Wielunsche
Land genannt) an Kasimir von Cujavien, den Bruder der Wittwe,
verpfänden. Ehe sich aber Kasimir in Besitz setzte, kam ihm
Przemislav von Posen und Kalisch zuvor und occupirte die
Burg. [2] Wladislav versöhnte sich jedoch mit Letzterem, nahm dessen Schwester Eufemia, mit welcher er im 4. Grade verwandt
war, als Gattin und zahlte den Brautschatz in baarem Gelde
aus. [3]

Das Wieluner Land war also unserem Wladislav entrissen.
Das ist aber nicht der einzige Tadel, der ihn trifft. Der Leser
wird aus den folgenden Begebenheiten erkennen, wie unser Herzog sein ganzes, langes Leben hindurch mit sich selbst im Widerspruche stand. Zwar edlen, frommen Sinnes war er in vielen
Stücken ein wackerer Fürst, aber es fehlte ihm Charakterfestigkeit.
Sein Land, das er doch innig liebte und dem er viel Gutes
that, mußte manches durch ihn leiden. Es war wiederholt der Schauplatz blutiger Kriege und furchtbarer Verheerungen, denn der

---

[1] Voßberg, Siegel des Mittelalters (Berlin 1853), gibt eine
Abbildung dieses Siegels und die Urkundensammlung Stenzel's enthält Seite 308 den Abdruck des Schriftstückes.

[2] Bogufal in Sommersberg Sil. rerum scriptor. II, 64.

[3] Ein Abschreiber des Bogufal las Enfenna, was später in
Susanna corrumpirt wurde, unter welchem Namen sie Sommersberg
aufführt. Die Annales Poznan. nennen sie p. 84. Effeya.

Herzog stürzte sich in muthwillige Kämpfe, verband sich mit Je=
dem, auch mit dem, der noch vor Kurzem sein Feind gewesen,
und unterlag meist, ward aber durch Schaden nicht klüger.

Zuerst nahm er Theil an dem Kriege der Ungarn gegen
Böhmen. Wir sehen ihn hier im Bunde mit Boleslaus von
Crakau, König Daniel von Rußland und Bela, gegen
Prinz Ottokar von Mähren.[1])

Ueber diesen Feldzug, den die polnischen Geschichtschreiber
nur sehr kurz berichten, haben wir in einer russischen Chronik
ausführlichere Nachrichten, die uns zugleich die damalige Art der
Kriegsführung schildern und zur Charakteristik unseres Herzoges
einen interessanten Beitrag geben.

König Bela von Ungarn wetteiferte mit dem Könige von
Böhmen um die Besitznahme des österreichischen Landes und rief
seinen Verwandten, den König Daniel von Rußland, zu Hilfe.
Während er selbst von Ungarn auf Troppau losgehend durch
Mähren zog, viele Burgen zerstörte, die Dörfer verbrannte und
ein großes Blutvergießen anrichtete, war Daniel mit seinem
Sohne Leo zu Boleslaus nach Polen gekommen, um mit diesem
vereint gleichfalls in das Troppauer Land zu bringen. Boleslaus
wollte sich am Zuge nicht betheiligen und erst durch die Worte
seiner Gemahlin Kinga (die hl. Kunigunde), welche als Tochter
des König Bela von Ungarn die Bitte des russischen Fürsten
unterstützte, ließ er sich zu der Expedition bewegen. Sie rückten
also aus Crakau aus und kamen an die Oder auf Kosel zu.
An der Psinna stieß zu ihnen Wladislav, der Sohn des Ca=
simir und Enkel des Mieczyslav mit Reitern und Fußvolk. Da=
niel und Leo berathschlagten sich hier mit Wladislav, wohin
sie zunächst ziehen sollten. Doch sagte Wladislav nicht die volle
Wahrheit und gab dem Leo und dessen Truppen, die zum Kriege

---

[1]) Dlugoss hist. pol. lib. VII, p. 733 und Continuatio Bogu-
lali bei Sommersberg II, 67.

ausgeschickt wurden, während Daniel mit den alten Bojaren und Boleslaus zurückblieben, trägerische Führer mit. Leo merkte bald den Trug der Wegweiser und hörte nicht auf sie, sondern zog in die waldigen Berge und machte große Beute.

Inzwischen begaben sich Daniel und Boleslaus gen Troppau, wohin bereits einige Polen vorausgesendet worden waren. Sobald aber letztere an die Burg gekommen, rückte Andreas mit den Czechen aus derselben, überfiel die Ankommenden und trug den Sieg davon, in dem er einige tödtete, andere gefangen nahm.

Großer Schrecken überfiel die Polen. Als nun Daniel herbei kam, sprach er zu ihnen: „Warum seid Ihr bestürzt, wisset Ihr nicht, daß kein Krieg stattfindet, ohne daß Todte bleiben; wisset Ihr nicht, daß Ihr auf Männer und zwar auf Krieger, nicht aber auf Weiber getroffen, und wenn auch Jemand im Kampfe erschlagen wird, wen nimmt das Wunder? Andere sterben daheim ruhmlos dahin, diese aber blieben auf dem Felde der Ehre; darum stärket Eure Herzen und erhebet Eure Waffen als Krieger." So ermuthigte er sie und ging auf Troppau zu. Er bemerkte, daß die Bevölkerung der umliegenden Dörfer in großer Menge in die Burg lief, hatte aber keine Mannschaft dahin abzusenden und sagte zu Wladislav: „Gegen mich hast Du unrecht gehandelt und Dich hast Du mit ins Verderben gezogen; wäre Leo mit all meinen Leuten hier, so würden sie dem Lande durch Einnahme der Burg einen großen Schlag versetzt haben." Auf diese Weise bedauerte er, seinen Sohn und das Kriegsvolk fortgeschickt zu haben.

Doch wollte er die Burg nicht ganz aufgeben und versuchte das Häuflein Polen zu überreden, dieselbe zu stürmen. Diese aber weigerten sich dessen und blieben nur in einiger Entfernung an der Oppa stehen. Der König war niedergeschlagen, weil er nicht wußte, wo sein Sohn mit dem Kriegsvolk sei.

Am Abende kam Leo mit großer Beute an. Sofort wurde eine Berathung gehalten und beschlossen, morgen über den Fluß zu gehen und die Burg zu nehmen, außerhalb derselben aber Gehöfte, Scheuern und Alles zu verbrennen. Letzteres geschah. Boleslaus ging aber nicht mit hinüber, sondern blieb auf den Höhen. Wladislav jedoch setzte über die Oppa. Als sie an das erste Thor kamen, verbrannten sie es und gingen auf das zweite los. Aus demselben stürzten aber die Czechen heraus, erschlugen Einige und jagten die Andern in die Flucht. Vor dem Thore stand Benesch mit der Fahne.

Rings um die anderen Thore verbrannten sie die Umgegend der Burg. Als Daniel zu dem dritten Thore kam, befahl er den Seinigen, sich zusammenzuhalten und nur die Umgegend der Burg zu verbrennen. Doch einige Russen stürzten plötzlich auf die Burg los. Die Deutschen, deren Ungestüm sehend, machten einen kräftigen Ausfall, schlugen Einige im Thore nieder und liefen weiter, ohne das Thor zu schließen. Da plötzlich wurde Daniel augenkrank und erkannte nicht, was im Thore vorging; er sah seine eigenen Leute rennen, zückte sein Schwert und verfolgte sie. Die Burg wurde nicht genommen. Von Schmerz überwältigt stieg der Fürst in den Wagen und befahl seinem Sohne, die umliegenden Dörfer zu verbrennen. Man redete dem Leidenden zu, heimzukehren, doch wollte er dies nicht thun.

Nachdem man am nächsten Tage eine Versammlung gehalten, ging man plündernd und sengend die Oppa aufwärts und machte in der Nähe einer Burg Halt, welche Nasile (Nassidel) hieß und in welcher nach der Aussage Einiger polnische und russische Gefangene verwahrt wurden. Daniel rückte am nächsten Morgen mit seinem Heere auf die Burg los, deren Besatzung, die große Menge der anrückenden Schaaren erblickend, sich sofort ergab. Er befreite zuerst die Gefangenen, dann steckte er eine Fahne auf der Burg auf und hielt eine Siegesfeier. Der Besatzung gewährte er Pardon.

Nachdem er weiter gezogen, machte er in einem deutschen Dorfe wieder Halt. Als er hier vernahm, daß Benesch nach Leobschütz gegangen, rückte er mit Boleslaus auf Leobschütz los, auf dem Wege dahin sengend und plündernd. Daß diese Burg nicht genommen wurde, ward wieder der Schuld unsres Wladislab's beigemessen, der übel gehandelt, indem er die benachbarten Dörfer durch seine Leute hatte einäschern lassen. Man hatte nämlich beschlossen, die aus Tannenholz gebaute Burg anzuzünden; schon hatte man auf einem Damme einen Zugang ausgespürt, wo man Holz und Stroh hätte nahe bringen können, der Wind wehte so günstig auf die Burg zu, aber vergeblich ritten die Krieger hin und her, um etwas Brennmaterial aufzufinden. In Ermangelung dessen mußte man unverrichteter Sache abziehen. Während man Abends berieth, was weiter zu thun sei, ob man auf Hotzenplotz zugehen oder sich gegen Herbord wenden, oder heimkehren solle, sendete Herbord dem Daniel sein Schwert und erklärte seine Unterwerfung.

Die beiden Könige waren der Meinung, daß sie durch Verwüstung des Landes ihr Ziel erreicht, gingen über die Oder durch das Gebiet des Wladislab und wandten sich der Heimath zu.[1]

Bela, der Mähren von der andern Seite angegriffen, erschien am 25. Juni 1253 vor Olmütz, wo die zum Widerstande schwachen Einwohner zu Tausenden getödtet oder in die Gefangenschaft geführt wurden. Innocenz **IV.** mahnte wiederholt zum Frieden.

Als nach der Canonisation des hl. Stanislaus dessen Gebeine in Crakau am 8. Mai 1254 feierlich erhoben wurden, war auch unser Herzog gegenwärtig. Hier wurde er von Boleslaus dem Kruschen, der kurz vorher mit ihm und den Ungarn gegen Ottokar gezogen war, veranlaßt, in das zu Mähren gehörige Ge-

---

[1] Jpatyewska'sche Chronik im II. Bande der seit 1845 zu Petersburg erscheinenden Sammlung Russischer Annalisten Seite 189 und 190.

biet von Troppau einzufallen. Zu einem Streifzuge dahin fand Wladislav auch bald eine persönliche Veranlassung. Ottokar nämlich hatte nach seiner Heimkehr vom Kreuzzuge aus Preußen im Februar 1255 einen Theil des Heeres bei Troppau stehen lassen und sich nach Wien begeben, um von dort seine Gattin Margareth, die Wittwe König Heinrichs VII., nach Prag abzuholen. Das unbeschäftigte Kreuzheer verwüstete inzwischen das Gebiet von Ratibor, wofür Wladislav Vergeltungsrecht im Troppauschen übte.

Hierauf rückten die Mähren unter ihrem Feldherrn Bischof Bruno von Olmütz vor unsere Stadt, zündeten sie an und erzwangen vom Herzoge für Schonung des Schlosses eine Brandschatzung von 3000 Mark. [1]

Am 6. November 1255 verlieh Bischof Bruno seinem Truchseß Herbord von Thurm, der mit ihm Jahres vorher in Preußen gewesen, die Dörfer Gläsen und Thomnitz, welche er zum Ersatz erlittener Schäden durch einen Vergleich von Herzog Wladislav erhalten, für seine treuen Dienste gegen gedachten Herzog, ferner Roßwald, Gottfriedsdorf, Schlackau und die Hälfte der Burg Füllstein, welche immer zum Truchseßamte gehören sollte, nach dem Rechte der Magdeburger Ministerialen erblich zu besitzen. [2] Dieser Herbord, der im nächsten Jahre ganz Füllstein zu Lehen erhielt, damit er die übrigen bischöflichen Güter des Hotzenplotzer Gebietes schütze, führte von nun an seinen Namen nach dieser Burg, und blieben dessen Nachkommen, die hohe Ehrenstellen bekleideten, bis zum Ende des 16. Jahrhunderts im Besitze derselben.

Am 20. Januar 1257 war der Herzog in Himmelwitz und schenkte dem Graf Janussius, Sohn des Jaroslaus, für treue Dienste das Dorf Ponischowitz und einen Theil des zu

---

[1] Pilarz et Morawetz, Moraviæ hist. polit. et eccl. Brunæ 1785, I. p. 61.

[2] Boczek, Cod. dipl. Mor. III, 198.

Kotulin gehörigen Waldes mit der Freiheit, es nach deutschem Rechte, wie es in Neumarkt gebraucht wird, auszusetzen.[1]

Ratibor war im Sommer 1255 zerstört worden. Um einer ähnlichen Belagerung und Plünderung für die Zukunft vorzubeugen, beschloß der Herzog, die Stadt stärker zu befestigen. Zur Erweiterung und besseren Arrondirung schlug er ein bedeutendes Terrain vom platten Lande dem Stadtgebiete zu und zwar dasjenige Stück, welches bisher zum Dorfe Neugarten gehörte und heut das Neue Thor, die neue Gasse, den Neumarkt und mehre Nebenstraßen ausmacht. An Ansiedlern für diesen Raum, der wol schon von Rustikalen besetzt war, die jetzt Stadtbewohner wurden, fehlte es nicht. Aus den Niederlanden, wo Bevölkerung und Wohlstand durch langen Frieden sich vermehrt hatten, wo aber häufige Ueberschwemmungen eintraten, wanderten Tausende aus und ließen sich von der Ostsee bis zur Donau nieder. Auch in unsrer Gegend fanden sie liebevolle Aufnahme.

Gewerbtreibende Flamänder also waren es, die sich neben den bisherigen Ackerbürgern auf dem neuen Stadttheile ansiedelten, deutsche Sitten, deutsche Cultur und deutsche Sprache förderten. Die Stadtmauer, die bald darnach aufgeführt wurde, bildete gleich dem Schlosse einen Halbkreis. Damit die Stadt zureichendes Wasser habe, leitete der Herzog aus der Zinna von Benkowitz einen Kanal nach Ratibor, der Psinna genannt wurde. Aus dem Jahre 1258 wird ausdrücklich erwähnt, daß die Wasserleitung oder Mühlbache, die von Studzienna herfließt, mitten durch die Stadt bis zu dem Dominikanerkloster geht (und in die Oder mündet).[2]

Auch in kirchlicher Beziehung war der Herzog thätig.

Das Dominikanerkloster zu Oppeln stattete er am 12. August 1254 reichlich aus und erhob die Klosterkirche zur

---

[1] Lib. nig. 93.
[2] Watt. Cod. dipl. Sil. II, 107.

Pfarrkirche der Stadt.[1]) Bei seiner Anwesenheit in Czeladz am
24. Juni 1257 gestattete er dem Propst Heinrich von Miechow
in Betracht der Wohlthaten und Dienste, welche die Kreuzherren
ihm erwiesen, die Dörfer Chorzow und Belobrzeze bei Beu=
then zu deutschem Rechte auszusetzen. Unter den Zeugen der
Urkunde befindet sich der Castellan Deczko von Ratibor.[2])
42 Jahre später stifteten die Kreuzherren in Chorzow ein Hospi=
tal für Arme und Kranke, das im J. 1300 in die Crakauer
Vorstadt verlegt wurde.

Dem bereits bestehenden Dominikanerkloster zu Ratibor
stellte er am 14. April 1258 den Stiftungsbrief aus.

Am 21. October des letztgenannten Jahres gibt er zu Ra=
tibor, umgeben von seiner Gemahlin Eufemia, seinen Söhnen
Miesco, Casimir und Boleslaus und dem Bischofe Tho=
mas I. von Breslau den Besitzungen des von ihm 6 Jahre
früher gestifteten Cisterciensermönchskloster Rauden, das längere
Zeit nach seinem Stifter den Namen Wladislavia führte, die
ausgedehntesten Immunitäten. Er eximirte das Kloster von aller
Gerichtsbarkeit und stellte die Stiftsunterthanen unter seine un=
mittelbare Jurisdiction. Alle Einwohner der Stiftsdörfer, die
das Kloster schon besaß, oder durch eigenen Fleiß und Schenkun=
gen erwerben werde, sie seien nun freie Leute, oder dienende,
oder leibeigene, oder Tagelöhner, sollen weder von dem Palatin
und Burggrafen, noch von einem Richter vor Gericht gefordert
werden können, sondern nur durch den herzoglichen Kämmerer ge=
laden werden und auch nur dann, wenn dieser ein mit dem
Ringe oder Siegel des Herzogs beglaubigtes Schreiben vorzeigt.
Strafgelder fallen dem Abt zu. Die Unterthanen sollen bei dem
Bau der Burgen keine Dienste leisten, noch auch zu Feldzügen
verwendet werden. Der Abt soll zu Stanitz einen Richter über
die Dörfer setzen, der über große und kleine Strafen entscheide

---

[1]) Henelii Silesiograph renov. (Vratisl. 1704). I, 399.
[2]) Samuel Nakielski Miechovia, (Cracoviæ 1634) p. 100.

und die Strafe bestimme. Ferner schenkte der Herzog dem Abt die Benutzung der Jagd und der Gewässer.[1]

Im Jahre 1260 bestätigte Wladislav zu Ratibor in Gegenwart der Bischöfe Thomas von Breslau und Wilhelm von Lebus dem Kloster Czarnowanz die von seinem Vater Casimir vor 32 Jahren ertheilten Privilegien. [2]

Zwischen Ungarn und Böhmen brach wegen der Steiermark eine Fehde aus. Wladislaus trat dießmal auf die Seite Ottokar II. gegen den jungen König Stefan von Ungarn. Charakteristisch für jene Zeit ist, daß die Fürsten kurz vor der Schlacht am Marchfelde (12. Juli 1260) gelobten, strengere Gerechtigkeit und bessere Münze in ihren Staaten zu halten. Im Spätherbste war unser Herzog wieder in der Heimat. Er hatte früher zu seinem Vortheile die Stadt Schlawentzütz angelegt. Da dieser Ort aber dem Aufkommen Ujest's hinderlich war, so nahm er zu Gunsten des Bischofes Schlawentzütz das Stadtrecht; auch sollte die öffentliche Handelsstraße nicht wie bisher über Schlawentzütz, sondern wie ehemals über Ujest führen. Doch hielt Wladislav auf dem Schlosse Schlawentzütz oft Hof. Gleichzeitig gab er dem Bischofe für 6 Dörfer, die ihm sehr nöthig, 80 kleine Hufen bei Ponischowitz mit dem Rechte, Deutsche oder Polen daselbst anzusiedeln. Dieses geschah am 30. Novbr. 1260. [3]

Am 15. December 1260 verlieh er den bischöflichen Colonisten in Biskupitz und Ponischowitz dieselben Freiheiten, welche in allen seinen zum Bisthum Breslau gehörigen Dörfern enthalten sind. Auch wenn sich dort Blei findet, soll es dem Bischofe gehören.[4]

Am 29. Mai 1261 bezeugt Mauritius, der Prior des Hospitals zu Jerusalem, daß Johann von Czew seinem Bruder

---

[1] Cod. dipl. Sil. II, 2.
[2] Cod. dipl. Sil. I, 7.
[3] Stenzel's Urkundensmml. S. 341.
[4] Lib. nig. 98.

Friedrich in Markau 1½ Freihufen, den 6. Garten und den 3. Theil der Gerichtsgefälle verkauft habe.[1]

Der Herzog bestätigte bei seiner Anwesenheit in Czeladz im Monat October 1262, daß Paul und Bogussa, Söhne des Razlaus von Brukalicz, den Theil von Mileiowich, den sie vom Abt von Heinrichau erhalten und einige Zeit besessen, an Puzlaus, Bruder des Castellan Jaroslaus von Auschwitz, für 8 Mark verkauft, Puzlaus das Erbstück lange innegehabt, worauf es an das Kloster für 8 Mark verkauft worden.[2]

Im Jahre 1264 schenkte der Herzog den Minoriten in Oberglogau einen Platz zum Klosterbau.

Ratibor war, wie die übrigen Städte Oberschlesiens, auf Grundbesitz gestiftet worden, die Bürger waren sonach vorzugsweise Landwirthe gewesen. Nachdem jedoch rings um die Stadt Dörfer entstanden und dadurch für das Bedürfniß der Stadtbewohner an Lebensmitteln Vorsorge getroffen war, trat die Landwirthschaft allmälig in den Hintergrund und Gewerbe und Handel wurden die vorherrschende Beschäftigung der Bürger.

Um das Emporkommen der Stadt Ratibor zu fördern, verlieh Wladislav derselben die Holzgerechtsame. Da über den Sinn der Schenkungsurkunde später ein langer Streit zwischen der Schloßherrschaft und der Stadt entstand, so folgt hier die treue Uebersetzung dieses ersten Privilegiums:

„Da im Verlaufe der Jahre und bei der Aufeinanderfolge der Personen die Anordnungen der Vorfahren bisweilen untergehen und mit uns begraben werden, so sind mit vorsichtiger Unterscheidung Schriften gegeben worden, um nicht nur dem unsicheren Gedächtnisse zu Hilfe zu kommen, sondern auch die nützlichen Einrichtungen der Vorfahren treu den Nachkommen überliefern zu können.

---

[1] Das Archiv der Bresl. Kammer enthält eine Abschrift dieser bisher unbekannten Urkunde.

[2] Stenzel, Heinrichau S. 68. Doch erklärt der Herausgeber, daß diese Urkunde verdächtig.

Bekannt sei daher Allen, welche diese gegenwärtge Urkunde lesen werden, sowohl den heute als künftig Lebenden, daß Wir Wladislaus von Gottes Gnaden Herzog von Oppeln, indem Wir auf das Emporkommen Unserer Stadt Ratibor bedacht sind und auf das Fortkommen aller derer, welche in derselben wohnen, sorgfältig hinzuwirken wünschen, damit, nachdem das Gebiet ihres Territoriums erweitert worden, sie ihre Gränzen erweitern könne, ihnen, nämlich den Bewohnern des genannten Ratibors und ihren Nachkommen die Befugniß oder freie Erlaubniß gegeben haben, zu beiden Seiten der Ufer der Oder, sowohl stromauf- als abwärts, doch nur in Unseren Erbbesitzungen frei Holz zu fällen und hinwegzuführen, sowohl auf Wagen als auch zu Wasser, so viel zu ihrer Nothdurft erforderlich ist, so jedoch, daß die am Ufer liegenden Wiesen durch das Fahren des Holzes zu Wasser keinen Schaden leiden; ausgenommen ist nur das Gehölz oder der Hau der Stadt und des Schlosses, welcher gewöhnlich **Paseka** genannt wird.[1]

Desgleichen haben Wir den obengenannten Einwohnern gewährt, daß alle Diejenigen, welche in dem, vor der oft genannten Stadt Ratibor gelegenen Dorfe Ackerstücke oder Vorwerke besitzen, Holz für ihre Bedürfnisse holen können nach der obenerwähnten Art; Diejenigen aber, die blos Ackerstücke haben und in der Stadt nicht wohnen, sollen das Holz Unseres Laubwaldes (Neubruches) von den Hegemeistern kaufen, wie die übrigen Dorfbewohner es zu thun pflegen —Ebenso haben Wir ihnen zur täglichen Weide des Viehes ein Stück Landes gegeben, welches ist zwischen den Grenzsteinen von Stubzienna, der Paseka und den Gärten der Stadt bis zur Oder zum freien und friedlichen Besitze; und wiewohl auch nach gemeinem Rechte, welchem Wir nicht widersprechen, das Wasser vorzüglich zum gemeinschaftlichen Gebrauche, wie z. B zum Fortschaffen des Holzes und dergleichen gewidmet ist, so setzen Wir dies jedoch ausdrücklich fest zur überflüssigen Vorsicht, weil Wir wollen und beabsichtigen, daß diese Unsere Schenkung weder durch Uns, noch durch irgend eine Uns folgende Person ungiltig gemacht werde.

Zuletzt fügen Wir hinzu, daß, wenn durch irgend einen Zufall, was Gott verhüten möge, die Stadt durch Feuer verzehrt

---

[1] paseka böhmisch Hau, Holzschlag.

wird, die oft genannten Bürger in unserem Hochwalde zu den Gebäuden Holz fällen können. Für diese Schenkung werden sie verpflichtet sein, uns alljährlich am Feste des hl. Martin Eine Mark Goldes oder 8 Mark reinen Silbers zu zahlen.

Damit nun diese wahrhaftige Urkunde nicht Neid oder Unwissenheit zu verdunkeln vermöge, oder damit in Zukunft kein Anstoß eines Hindernisses entgegenstehen könne, haben Wir angeordnet, daß gegenwärtiges Schriftstück darüber ausgefertigt werde und haben es mit der Bekräftigung Unseres Siegels versehen lassen. Uebrigens halten Wir Unsere Barone, welche bei dieser Schenkung gegenwärtig waren, für erhaben über jeglichen Zweifel und glauben, daß sie selbst nach ihrer Tauglichkeit weder Entarteten nachfolgen, noch selbst ausarten, sondern ihr Geschlecht und die Rechte ihres Standes aufrecht erhalten wollen, nämlich Richter Johann, Graf Grabea, Graf Raschitz, Graf Sbroslaus Bischer, Graf Heinrich von Cerissow, Johann Unterkämmerer, Janussius Untermundschenk. Gegeben zu Schlawentzüß durch die Hand Unseres Hofnotars Arnold im Jahre der Menschwerdung des Herrn 1267." [1]

Cardinal Guido, welcher Anfang Februar 1267 in Breslau eine Diöcesansynode gehalten hatte, ging im nächsten Sommer nach Crakau, um als päpstlicher Legat zur Hülfe des Kreuzzuges aufzufordern. Er berührte auf der Hinreise unsere Stadt und stellte am 25. Juni hierselbst dem Cistercienserkloster Rauden eine Bestätigungsurkunde einer bischöflichen Schenkung des Neubruchzehnten von 100 Hufen aus. [2]

Am 12. Juni 1268 erneuerte Wladislav zu Czeladz den Benedictinern zu Orlau die Schenkungen und Privilegien seiner Vorfahren und verlieh dieselben Vorrechte in seinem Herzogthume, welche der Abt von Tiniec im Herzogthum Crakau besitzt. [3]

---

[1] Sommersberg Sil. Rer. Script. I, 913 und von Ledebur, Allg. Archiv für die Geschichtsk. des Preuß. Staates (Berlin 1830) II, 231.

[2] Wattenbach, Cod. dipl. Sil. II, 5.

[3] Cop. Elisab. und Szygielski Miechovis p. 156.

In diese Zeit fällt die wichtige Gränzbestimmung zwischen Mähren und unserem Herzogthume. König Ottokar II. traf mit Wladislav das freundliche Uebereinkommen, nachdem die Gränzen schon lange vorher eine Veranlassung zu Streitigkeiten gewesen, dahin: Die Landesgränze beginnt von der Bisthumsgränze im Dorfe Lypa und erstreckt sich bis Bogun. Von da geht sie über die Oder bis Grussene und von da läuft sie bis zum Flusse Ostrau, der sich bis an das ungarische Gebiet erstreckt.[1]

Auf Verwendung des Herzog Wladislav und dessen Söhne gestattete Thomas II. am 8. Januar 1272 zu Ujest einem Dienstmanne derselben, Namens Bogdal und dessen Erben, den Zehnten der Hufen des Dorfes Chirvenchici (Czerwenzütz) mit Ausnahme einer Hufe frei nach Ritterrecht zu geben, welcher Kirche er wolle.[2]

Im Begriff, Sorau zu einer Gränzfestung zu erbauen, cedirt Wladislav am 25. Februar 1272 vor Abtretung des dazu ersehenen Landes, welches sein Diener Chwalisius besessen, das Gut Sciera bei Pleß frei von allen Zinsen und Diensten.[3]

In demselben Jahre hatte der Herzog den Schmerz, seine Gemahlin Eufemia, mit der er sich 1251 in Posen vermählt und die ihm 4 Prinzen geboren hatte, durch den Tod zu verlieren.

Boleslaus der Keusche hatte 1273 Lessek den Schwarzen von Sieradz an Sohnes Statt angenommen und zu seinem Nachfolger bestimmt. Damit waren die Crakauer, welche letzterem huldigen sollten, unzufrieden und trugen unserem Herzoge die Herrschaft über Crakau an. Dieser war unvorsichtig genug, den Verschworenen, die nach Oppeln kamen, geneigtes Ohr zu schenken. Schon brach ein Theil des Adels nach Oberschlesien auf, um dem neuen Fürsten Treue zu schwören. Aber Boleslaus ereilte die

---

[1] Palacki über Formelbücher Seite 300 und Wiener Jahrbücher der Literatur Anzeigeblatt 34—51.

[2] Stenzel, Urkunden zur Geschichte des Bisthum Breslau. (Breslau 1845). S. 52.

[3] Zimmermann's Beiträge zur Beschreibung Schlesiens 2, 48.

Trenkosen bei Bognczyn und schlug sie der Art, daß die Mehrzahl auf dem Platze blieb. Unter den Gefallenen befand sich auch ein gewisser Ratibor, Castellan von Lukow. Polnische Kriegshaufen fielen in unser Gebiet ein und verheerten die Gegend bis Oppeln und Cosel mit Feuer und Schwert.[1]

Am 3. August 1274 finden wir den Herzog in Ratibor, wo er ein Zeugniß ausstellt, daß sein Unterjäger Graf Stefan von Zernitz dem Grafen Gnevomir einen Theil seines Erbes in Zernitz abgekauft.[2] Neun Tage später ertheilt er dem Ritter Heinrich die Freiheit, sein Erbgut Croscina nach deutschem Rechte zu lociren.[3]

Am 21. December 1275 gestattet er bei seiner Anwesenheit in Oberglogau den dortigen Bürgern, aus ihrer Mitte 12 Rathmannen zu wählen, um Recht zu sprechen und Statuten zu machen, die unverbrüchlich gelten sollen.[4]

Kenthy bei Oswiecim erhielt laut Lokationsurkunde vom J. 1277 durch Herzog Wladislav Stadtrechte.[5]

Nachdem der wilde Herzog Boleslaus II. von Lignitz aus Neid und Habsucht Heinrich IV. von Breslau am 18. Febr. 1277 in Jeltsch hatte überfallen und nach Lähn in harte Gefangenschaft schleppen lassen, schickte unser Herzog den Breslauern Hilfstruppen zur Befreiung ihres Herzoges (des Sohnes seiner Schwägerin) zu, wurde aber bei Frankenstein am 23. April geschlagen.[6]

Wladislav ertheilte durch eine zu Golkowitz bei Loslau unterm 15. Juli 1278 ausgestellte Urkunde dem Ritter Stefan

---

[1] Was Długoß darüber in gewohnter Ausschmückung erzählt, ruht auf den Annales Cracov. major. Confer. Röpell, Geschichte Pol.

[2] Böhme, diplom. Beiträge Thl. I, S. 119.

[3] Böhme, dipl. Beitr. I, 49.

[4] Zimmermann's Beiträge zur Beschreibung Schlesiens. 13, 295.

[5] Schriften der historisch-statistischen Section der mähr. schl. Gesellsch. (Brünn 1859). XII. Heft, S. 531.

[6] Martin Cromer de origine et reb. gestis Polonorum lib. XI.

das Privilegium, sein Dorf Zernitz bei Gleiwitz nach deutschem Rechte auszusetzen und zu bevölkern. Um ihm letzteres zu erleichtern, verlieh der Herzog allen Colonisten, die sich dort niederlassen würden, Freiheit von der Gerichtsbarkeit der Castellane und von den Lasten des polnischen Rechts.[1])

Diese Urkunde läßt vermuthen, daß unser Herzog dem Könige Ottokar von Böhmen gegen König Rudolph von Habsburg diesmal nicht Beistand leistete; denn schon am 27. Juni hatte Ottokar in Prag Abschied genommen und war nach Brünn gezogen, um die Hilfstruppen zu erwarten. Hat er aber dennoch an dem unseligen Kampfe Theil genommen, wie Stenzel (Gesch. Schlesiens S. 69) meint, so blühte auch hier ihm kein Glück, denn Ottokar wurde auf dem Marchfelde am 26. August erschlagen und sein Heer erlitt eine furchtbare Niederlage.

Als der Herzog im J. 1267 der Stadt die Holz- und Hutungsgerechtsame verliehen, hatte er ihr zur Anerkennung seiner Oberherrlichkeit einen jährlichen Zins auferlegt. 13 Jahre später schenkte er denselben mit Rücksicht auf die Treue der Bürger in wackerem Widerstande, den sie kurz vorher bei einem feindlichen Ueberfalle in Abwesenheit des Herzogs gezeigt. Der Landesfürst fühlt sich verpflichtet, sie dafür mit hohen Geschenken zu ehren und ihre Wohlfahrt zu fördern, so lange Fleisch sein Gebein bekleidet. Die Schenkung solle ein Zeichen seiner Gunst gegen die Stadt, ihre Treue und Tapferkeit ein ermunterndes Beispiel für andere ummauerte Städte sein, und damit Neid oder Unkenntniß das nicht verdunkele, ließ er in Ratibor selbst durch den Notar Arnold 1280 eine Urkunde darüber aufnehmen, in welcher als Zeugen unterschrieben sind: Bloscibor Richter, Barthos Castellan von Siewierz, Goslav Castellan von Beuthen,

---

[1]) Wattenbach, Codex diplom. Silesiæ II, 14. (Der Graf gab im nächsten Jahre dem Schulzen, der das Dorf zu deutschem Rechte aussetzte, auch eine freie Mühle.) Röpell, Zeitschrift des Vereins für Geschichte und Alterthum Schlesiens II, S. 335.

Heinrich von Jeriſſow, Peter von Slawikau, Graf Nicolaus Un=
tertruchſeß.[1])

Gegen welche Feinde die Bürger die vom Herzoge gerühmte
Tapferkeit bewiesen, wird nicht gesagt, und iſt leider aus der Ge=
ſchichte der Nachbarländer nicht genau herauszufinden. Daß die
heidniſchen Kumanen gemeint ſeien., welche den Herzog ſelbſt in
Oppeln belagerten und dann weiter vordrangen, ja ſogar bis nach
Mähren ihre Streifzüge ausdehnten, iſt kaum anzunehmen, da
dies ſchon mehre Jahre vorher ſtattgefunden. Wahrſcheinlich iſt
es, daß der Ueberfall von Böhmen aus ſtattgefunden, wo nach
dem tragiſchen Ende Ottokar **II.** innere Kriege und Anarchie wü=
theten. Wir wiſſen aus ganz ſicheren Quellen,[2]) daß der Aus=
bruch einer bittern Fehde zwiſchen dem Troppauer Adel und
unſerem Herzoge drohte, daß aber die Königinwittwe Kunigunde,
welche auf dem alten Schloſſe Grätz Hof hielt, Ende des Jah=
res 1279 mit Wladislav von Oppeln ein Schutz= und Trutz=
bündniß ſchloß.

Bei ſeiner Anweſenheit in Ratibor am 15. März 1281 gab
der Herzog mit Zuſtimmung ſeiner Gemahlin Eufemia und ſeiner
Söhne dem Bruder Conrad aus dem Kloſter Hrabiſch und ſeinen
Mitbrüdern vom Prämonſtratenſerorden 100 fränkiſche Hufen ne=
ben dem Dorfe Dubno entlang der Oſtrawica an der mähriſchen
Gränze zur Gründung eines Kloſters,[3]) welches wol Oderſch
(Oldriſow) ſein mag. Schon 1185 hatte Herzog Bretislav den
Ordensmännern einen Wald bei Oldrichow gegeben.

Wie der Herzog den Ratiborern den Zins von 8 Mark für
die Holzgerechtſame erlaſſen hatte, ſo ſchenkte er 1282 der Stadt
Oberglogau die Abgabe für das 1275 bewilligte Marktrecht,

---

[1]) Zweites Stadt-Privilegium, in Ledebur's Archiv II, 233.

[2]) Palacki über Formelbücher 314 und Cod. der k. k. Hofbibli=
othek № 187.

[3]) **Boczek, Cod. dipl. Mor. IV, 244.**

die sie jährlich am Tage des hl. Gallus in Ratibor hatten erlegen müssen.[1])

Wladislav starb noch vor dem 25. April 1283; denn unter diesem Datum nennt Casimir seinen Vater bereits seligen Andenkens.[2]) Drei Prinzen kennen wir bereits, Miesco, Boleslaus und Casimir, ein vierter Przemislav, der für Ratibor so einflußreich wurde, scheint erst nach dem Jahre 1258 geboren zu sein. Sie wurden sämmtlich Begründer eigner Dynastien.

Einige Söhne regierten schon zu Lebzeiten ihres Vaters, denn in Urkunden nennt sich bereits 1266 Miesco, und 1279 Boleslaus: Herzog in Oppeln,[3]) und am 21. März 1280 nennt sich der Vater senior.[4]) Casimir wurde Herzog von Beuthen-Kosel, wozu auch Tost und Peiskretscham gehörten, Miesco mit seinem jüngsten Bruder Przemislav erhielten nach dem Tode des Vaters Ratibor, Teschen und Auschwitz und zwar nennen sich auf den Siegeln einer Urkunde vom J. 1288 Miesco Herzog von Oppeln, Herr von Ratibor, Przemislav, aber Herzog von Oppeln und Herr in Auschwitz. Letzteres ist abgebildet in Voßberg's Siegeln des Mittelalters Tafel 19.

Einige Jahre später überließ Miesco dem herangereiften Bruder Ratibor allein und von da an beginnt für unsere Stadt eine neue Aera, da der Ort bleibende Residenz der Landesherren wurde.

## Przemislav von 1283 bis 1307.

Graf Stefan, dessen wir schon zweimal Erwähnung gethan, vertauschte auf den Rath der beiden Herzoge Miesco und Przemislav von Ratibor und Auschwitz sein Dorf Deutsch-Zernitz

---

[1]) Schnurpfeil's Geschichte von Oberglogau 1860. Seite 17.
[2]) Cod. dipl. Siles. II, 17.
[3]) Cod. dipl. Sil. II. 4, 9, I. 9.
[4]) Sommersberg, rer. Sil. scriptor. I, 914.

dem Kloster Rauden gegen Woschczyc. Unter den Zeugen der in Ratibor ausgestellten Urkunde erscheint auch Graf Jescho von Benkowitz.[1]

Eine andere, wichtigere Urkunde haben wir von beiden Fürsten aus dem Jahre 1286. Aus Dankbarkeit für geleisteten Beistand in stürmischer Zeit beschlossen Miesco und Przemislav die Stadt Ratibor allen übrigen Orten in ihrem ganzen Gebiete vorzuziehen, setzten sie zum Oberhofe für alle in ihrem Lande mit flämischem Rechte begabte Ortschaften und ordneten die Form eines Gerichtes in letzter Instanz an. Sie bestimmten nämlich: Alle und Jede, welche unter ihrer Herrschaft stehen und nach flämingischem Rechte angelegt sind, sollen, wenn sie über ihre Rechtssachen Bedenken haben, dieselben nirgends außerhalb des Landes, noch irgend wo im Lande sich weisen lassen, außer in der Stadt Ratibor, selbst dann, wenn in Privilegien einzelner Städte und Dörfer das Gegentheil festgesetzt wäre.

Aber auch Ratibor darf an auswärtigen Gerichtsstellen weder für sich, noch für Andere Recht einholen, sondern alle Streitsachen, die eigenen, wie die bei ihnen anhängig gemachten, allein definiren, Gott vor Augen habend, wie es ihrer Treue geziemt, ohne Appellation an den Landesfürsten oder an andere Orte. Wenn es sich träfe, daß sie über einen Punkt Zweifel hegen, dann sollen sie fünf Stadtvögte und Dorfschulzen berufen, die ihnen vom Herzoge jährlich beigesellt werden sollen; nach Berathschlagung mit diesen haben sie zu bestimmen, und was sie beschließen, sei unwiderruflich. Diese am 7. Mai 1286 vom Notar Arnold ausgefertigte Urkunde ist unterzeichnet von dem Palatin Franz, Hofrichter Michalko, Castellan Stoygnew von Ratibor, Wenceslaus dessen Bruder, Peter von Slawikau, Jasco Kornitz, Przibislav dessen Bruder, Michael genannt Sirokeslowe.[2]

---

[1] Cod. dipl. Sil. II, 16.

[2] Dieses 3. Privilegium ist abgedruckt in Stenzels Urkundensammlung S. 403.

Wir kommen jetzt zu einer denkwürdigen Begebenheit, welche in Bezug auf ihre Veranlassung von den Chronisten meist falsch dargestellt worden und erst durch die von Stenzel aufgefundenen und in den Urkunden zur Geschichte des Bisthums veröffentlichten Acta Thomae II. das rechte Licht erlangt hat, ich meine die Belagerung Ratibors durch Herzog Heinrich IV. von Breslau. Zum besseren Verständniß dieses Ereignisses müssen wir etwas zurückgehen.

Während sämmtliche Herzoge von Oberschlesien der Kirche innig zugethan waren, machten die Fürsten Niederschlesiens große Forderungen an die Geistlichkeit, namentlich in Bezug auf die Besteuerung und den Zehnten.

Ursprünglich wurde der Naturalzehnte in Garben auf dem Felde geliefert, allmählig aber in einen Sack (Malter-) zehnten oder gar in einen Silberzins verwandelt, im Betrage von ¼ Mark pro Hufe, daher Bischofsvierdung genannt.

Da viele Grundstücke, namentlich Wälder urbar gemacht, und wüstes Land cultivirt wurde, verlangten die Bischöfe auch von diesen Neubrüchen ihren Decemantheil und mit Recht, denn einmal bezieht sich die Decempflicht auf alle Ertrag liefernden Ländereien und dann erscheint es billig, daß mit der Meliorirung des Landes auch die Verhältnisse der Kirche verbessert wurden. Die habsüchtigen Fürsten und Ritter aber beanspruchten sämmtlichen Ertrag für sich. Die Bischöfe Thomas I. und II. hielten streng auf das volle Zehntrecht. Herzog Heinrich IV., der noch 1271 zugesagt, in Zehntsachen der Kirche und dem Clerus nie hinderlich sein zu wollen, widersetzte sich nicht nur dem Bischofe, der zu seiner Reise auf die Kirchenversammlung nach Lyon von den Seinigen eine Beisteuer beanspruchte, sondern begann, ihn mehrer Rechte zu berauben, namentlich ihm den Zehnten zu entziehen. Doch verglichen sich beide 1277 und lebten mehre Jahre in friedlicher Beziehung zu einander.

Aber 1282 entstand wegen Gewaltthätigkeiten des Herzogs, der Kirchen und Klöster erbrach, dieselben beraubte und den Zehnten an sich riß, wieder Zwist. Der Bischof, in Breslau nicht mehr sicher, begab sich Mitte Mai 1283 nach seiner Burg Otmachau. Hier wurde er wegen mehrer ihm gehörenden Ortschaften, die der Herzog beanspruchte, vor das weltliche Gericht der Barone geladen! Am 30. Juli 1284 sprach Thomas **II.** den Bann über Heinrich aus, welchen sämmtliche Bischöfe der Gnesener Provinz auf der Synode zu Lenczyc genehmigten und bekannt machen ließen. Der Herzog, der nach Rom appellirt hatte, fuhr aber in seinen Gewaltthätigkeiten fort.

Thomas durfte es nicht mehr wagen, zur Osterzeit die Cathedrale zu besuchen und begab sich in der Charwoche 1285 (Ostern traf den 25. März) nach Oppeln, um in der Collegiatkirche daselbst am Grün-Donnerstage die hl. Oele zu weihen. Nach dem Feste consecrirte er mehre Kirchen in Oberschlesien und befand sich seit einigen Tagen bereits in Ratibor, als sich Heinrich **IV.** am 16. April der Burg Otmachau bemächtigte und mit bewaffneter Schaar auf Edelstein losging, welche Burg Herzog Nicolaus von Troppau 1281 dem Bischofe übergeben hatte.

Sofort sendete Thomas **II.** den Archidiacon Stefan von Liegnitz in Begleitung der Pfarrer Rudolf von Ziegenhals und Boguslav von Sakrau an den Herzog mit der Forderung, bis zum 25. April Otmachau herauszugeben und von Edelstein abzulassen; gleichzeitig wendete er sich brieflich an die ihm befreundeten Herzoge Casimir von Beuthen, Nicolaus von Troppau und König Wenzel von Böhmen um Vermittelung. Da aber Nichts fruchtete, verhing er nochmals den Bann und meldete das Geschehene nach Rom. Die Excommunicationssentenz wurde zunächst in Ratibor selbst am 27. April 1285 in der S. Marienpfarr- und in der Dominikanerklosterkirche in Gegenwart des Dekan Milegius, Archidiacon Mgstr. Andreas von Breslau, Johann Scholasticus, Johann Cantor, Nicolaus Custos, der Domherren Elias, Petrus, Mgstr. Martin, Archidiacon Stefan von Liegnitz, Johann, Bernard, Heinrich und Thomas Vicare an der

4

6. Marienkirche zu Ratibor, Pfarrer Alexander von Ko=
tulin und Zdeslav von Himmelwitz publicirt und dann in der
Diöcese proclamirt.

Der Herzog hatte unter den Geistlichen manche Anhänger,
namentlich hingen ihm viele Minoriten aus nationaler Antipathie
gegen Thomas, der ein Pole war, an. Ursprünglich hatten
sämmtliche zwölf Minoritenconvente Schlesiens zur polnischen Or=
densprovinz gehört.[1]) Da aber ein großer Theil der Mitglieder
Deutsche waren, so trennten sich acht Convente von der polnischen
und gingen zur sächsischen Provinz über. Diese machten das in=
zwischen verhängte Interdict dadurch unwirksam, daß sie vor dem
gebannten Herzoge das hl. Meßopfer verrichteten. Am 20. Juli
1285 verlangte der in Ratibor anwesende Minister der böhmi=
schen und polnischen Provinz Chazlaus vom sächsischen Ordens=
minister die Bestrafung derjenigen Minoriten, welche das Inter=
dict nicht beobachteten. Zugleich forderte er die Rückgabe der
Klöster in Sagan und Namslau zur polnischen Provinz.

Heinrich zwang die Geistlichen mit Gewalt, Gottesdienst zu
halten; wer sich weigerte, wurde verjagt.

Die Aebte von Leubus, Heinrichau und Kamenz waren mehr=
mal in Ratibor, um den Frieden zu vermitteln. Auch die
Castellane von Oppeln und Strehlen kamen als Abgeordnete
Herzog Heinrichs hieher. Am 3. März 1287 erschien sogar
Boleslaus von Oppeln und der Archidiacon von Lenczyc,
aber der Vergewaltiger wollte die Burgen und Besitzungen nicht
herausgeben, die verjagten Geistlichen nicht zurückrufen. Am 18.
April 1287 forderte er sogar den Herzog Miesco von Ratibor
auf, den Bischof zu verjagen, widrigenfalls er ihn mit Krieg
überziehen wolle. [2])

---

[1]) Im J. 1260 wurden die Minoritenklöster auf dem Kapitel
zu Narbonne in Provinzen abgetheilt.

[2]) Stenzel, Urkunden zur Geschichte des Bisth. Breslau S. 227.

Der Bischof belegte am 10. August den Herzog feierlich mit dem großen Banne und begab sich nach Crakau. Dem Herzoge von Lignitz war es Ernst, den Frieden herzustellen, er bat, Ort und Termin festsetzen zu wollen. Thomas wählte dazu Ratibor und begab sich dahin zurück. Heinrich **IV.** aber rückte vor die Stadt und belagerte sie. Die Bürger widerstanden längere Zeit. Da aber der Bischof den Mangel an Lebensmitteln bemerkte, wollte er lieber in die Hände des Tyrannen fallen, als daß seinetwegen Schuldlose Hunger leiden sollten und begab sich mit der Geistlichkeit in das feindliche Lager. Als der Herzog von des Hirten Ankunft hörte, brach sein trotziger Sinn, er stürzte aus seinem Zelte, fiel zu des Bischofes Füßen und rief weinend: Vater ich habe gesündigt gegen den Himmel und gegen Dich und bin nicht werth, Dein Sohn genannt zu werden. Freundlich und liebreich hob ihn der Bischof auf und umarmte ihn ebenfalls unter Thränen. Beide begaben sich in die nahe Kirche des hl. Nicolaus.[1]) Thomas nahm die gegen ihn erlassenen Sentenzen zurück und Heinrich gab der Kirche Alles, was er ihr entrissen, wieder.

Eine Denksäule in Altendorf, viereckig, gemauert und 21′ hoch, bezeichnet heute noch die denkwürdige Stelle der Umwandlung. Früher stand daselbst eine Kapelle, welche die Versöhnungsscene in einem Bilde darstellte. Eine alte Nachricht in den Akten des Landräthlichen Amtes, betreffend die Merkwürdigkeiten Ratibors, gibt den 6. Januar (1288) als den Tag an, an welchem der zweite Saulus ein Paulus wurde.

Heinrich, der von nun an mit dem Bischofe in Freundschaft blieb, führte seine Schuld durch großartige Stiftungen. Am 11. Januar 1288 gründete er zum Heile seiner Seele und der Seele seiner Verwandten das Collegiatstift zum hl. Kreuz auf seiner Burg Breslau mit fünf Prälaturen und zwölf Canonicats-

---

[1]) Chronicon principum Poloniæ in Stenzels Script. Rer. Sil. I, 114.

pfründen, welche er sämmtlich reich ausstattete. An seinem Todes=
tage endlich, am 23. Juni 1290 verlieh er in Betracht seiner
vielfachen Beeinträchtigungen und Gewaltthätigkeiten gegen die
Güter des Bisthums, welcher Schaden laut eigener Erklärung gar
nicht abzuschätzen war, allen Besitzungen desselben volle Freiheit
von Diensten und Steuern und gab der Kirche die Landeshoheit
über das Neisseische und Otmachauische Gebiet. So erlangte das
Breslauer Bisthum ein souveränes Fürstenthum. Aber auch für
Ratibor gereichte die Versöhnung zum Segen. Der Bischof
gründete nämlich zur Dankbarkeit gegen Gott und zu Ehren sei=
nes Namenspatron, des hl. Martyrer Thomas von Canterbury,
dessen Schicksal mit dem seinigen viel Aehnlichkeit hatte, (da auch
dieser von einem Heinrich, nämlich König Heinrich **II.** von Eng=
land hart verfolgt worden), in der Schloßkirche zu Ratibor ein
Collegium von drei Canonikern[1] und mehren Vikaren, welches
der Bischof (und vielleicht auch die Herzoge) mit Decem im
Teschener, Oppelner und Ratiborer Gebiete dotirten.

Wir haben noch einige Nachrichten nachzuholen, die wir, um
den Fortgang der Erzählung nicht zu unterbrechen, ausgelassen.
Während des Aufenthaltes in Ratibor, und zwar am 27. Januar
1286, hatte der Bischof dem Herzog Casimir von Kosel=Beuthen
für bewiesene kirchliche Treue die Befugniß ertheilt, in Lanschitz
den Malterzehnten zu erheben. Sich und seinen Nachfolgern be=
hielt der Bischof statt des Zehnten nur einen Vierdung von jeder
Hufe in Lanschitz und Karchwitz vor. Ebenso überließ er ihm
in Reinschdorf bei Kosel den Feldzehnten von vier Getreidesorten.[2]

Miesco und Przemislav bestätigten am 23. März 1287
in Rybnik anwesend die von Johann von Grabin der S. Adel=
bertskirche in Nicolai geschenkte Fleischbank, zwei Gärten, die

---

[1] Diese Zahl ist in der bischöfl. Urkunde vom **27. Febr. 1359.**
genau angegeben.

[2] **Sommersberg III, 125.**

vor der Veste lagen, so wie einen Wald und verschiedene Aecker.[1]

Am 13. November 1288 befreiten Miesco und Przemislav die drei Dörfer des Czarnowanzer Stiftes Krawarn, Radoschau und Knizenitz, welche allmälig zu ungerechten Leistungen gezwungen worden waren, von herzoglichen Lasten und Diensten: nur zu neuen Befestigungen sollten sie Beihilfe leisten. Bei eintretenden Expeditionen im Lande haben die Krawarner einen leeren vierspännigen Wagen, die andern beiden Dörfer zusammen einen gleichen Wagen zu senden, sobald sie nach deutschem Rechte ausgesetzt sein werden. Auch die Schulzen haben, damit sie um so bereitwilliger für den Convent Sorge tragen, dem Herzoge nichts zu leisten. Das Kloster dagegen verzichtet auf das Patronatsrecht und alle Zehnten der Kirche zu Rybnik, so wie auf die 3 Mark Zins, die es bisher von den Kretschams in Rybnik bezogen.[2]

Um den Territorialbesitz dieses Klosters zu erweitern, schenkte Herzog Miesco mit Zustimmung seines Bruders Przemislav am 31. October 1289 zu Ratibor 100 fränkische Hufen im Walde Vitalissowa poramba bei Oppeln zur Aussetzung nach deutschem Rechte und eximirte die Colonisten von der Gerichtsbarkeit der herzoglichen Officiale.[3]

Im Jahre 1290 war die Theilung des Stammlandes Oppeln in vier selbständige Herzogthümer vollständig durchgeführt. Jeder Herzog nannte sich nach der Hauptstadt seines Gebietes. Miesco nennt sich schon am 31. Januar 1290 Herzog von Teschen.[4]

Von nun an erscheint Przemislav als alleiniger Herzog von Ratibor. Er ordnete die Ausübung der Holzgerechtsame so, daß

[1] Zimmermann, Beiträge zur Beschreibung Schl. 2, 49.
[2] Wattenbach, Cod. dipl. Siles. I, 17.
[3] Wattenbach, l. c. I, 19.
[4] Schriften der hist. statist. Section der mähr.-schl. Gesellschaft (Brünn 1859). Band 12. Seite 164.

durch sie die Nadelforsten nicht ruinirt wurden, indem er den Bürgern zur Ausübung der ihnen verliehenen Gerechtsame eine bedeutende Parcelle Waldes im Oderthale, oberhalb der Stadt gelegen, anwies. Diese Parcelle, welche von da ab den Namen „Stadtwald" erhielt, war ganz geeignet, daß diejenigen gewerbtreibenden Bürger, welche keine Pferde hielten, sich ihren Brennholzbedarf in Bürden, auf Karren, Kähnen, durch Flößung, oder zu Schlitten herbeifahren konnten. Auch nach Schenkung des Stadtwaldes fuhren diejenigen Bürger, welche Pferde hielten, tiefer in die übrigen Waldungen. Die betreffende Schenkungsurkunde, welche der Stadt Ratibor zu hoher Ehre gereicht, lautet also:

Wir Przemislav, von Gottes Gnaden Herzog zu Oppeln und Herr zu Ratibor, thun Allen für ewige Zeiten kund: Obgleich wir die Gunst Unserer Freigebigkeit gern auf diejenigen ausdehnen, deren Treue wir aus dem Beweise von Werken wahrnehmen, so strecken wir doch noch lieber die Hand Unserer Freigebigkeit zur dankbaren Vergeltung der Verdienste derjenigen aus, für welche nicht blos die Reinheit früherer Ergebenheit und Treue, sondern die dankbare Erinnerung an tägliche Dienstleistungen gar sehr das Wort redet.

Wenn Wir nun das Album Unseres Innern durchblättern, wenn Wir die Unserer Herrschaft untergebenen Städte im Spiegel Unserer Anschauung betrachten, in denen Wir aufrichtige Treue und eine den Zeitverhältnissen angemessene Aufopferung zu finden vermeinen, so begegnet uns vorzüglich die Stadt Ratibor, indem sie die gewohnte Treue als Halsschmuck und stete Hingabe als Brustschmuck zeigt, Unserer Herrschaft mit vortheilhaftem und ersprießlichen Gehorsame huldigt und ihre Zuverlässigkeit mit unumstößlichen Beweisen und den deutlichsten Anzeichen bekundet.

Unser thätiger Geist erwägt auch noch andere Ursachen, wegen derer Wir zu dieser Stadt nicht mit Unrecht eine so besondere Vorliebe hegen; denn, als vor langer Zeit die Bewohner

genannter Stadt von Unseren Nachbaren — damals lebte noch
Unser Vater seligen Andenkens — schwere Gewaltthätigkeiten und
Bedrängnisse erlitt, so zwar, daß jene die Stadt selbst unversehens
mit starkem Heere einzunehmen trachteten, so haben die Bürger
gleich den Auserlesensten und Ausgewählten, nachdem sie die Feinde
verwundet und in die Flucht geschlagen, glorreich ihre Stadt von
dem größten Andrange der Thrannen befreit. Später, noch zur
Zeit unseres geliebten Bruders, des erlauchten Herzog Miesco,
zugleich zu Unserer Zeit,[1]) kamen Unsere Feinde unter dem Schwel-
gen der Nacht ins Land, bestiegen die Mauern genannter Stadt,
entschlossen, sie mit räuberischer Hand einzunehmen. Als das dort
wohnende Volk dies hörte, so gestattete es sich keine Säumniß, keinen Verzug, sondern stürmte (gegen die Sitte der Bürger) heftig
dahin und eilte so schlagfertig zum Kampfe wie Löwen, wenn
Hunger sie stachelt, auf die Schafherden sich stürzen. Und nachdem hier und da lange und hart gekämpft worden, und die
Reihen der treuen Bürger ihre Schwerter mit dem Blute der
Feinde hochroth gefärbt, auch mehre der Gegner bereits gefallen,
so schmückte Gott der gerechte Richter, der mit ihnen in die
Schlacht hinabstieg, sie selbst mit dem beständigen ruhmvollen Tri-
umpfe über ihre Feinde und schützte so gleichsam wunderbarer
Weise schuldloses Blut.

Wenn Wir dies Alles nun auf der Schale der Betrachtung
erwägen, so dürfte kein Argwohn in Bezug auf die Bürger etwas
Unserem Gewissen entgegenrathen, vielmehr bürgt ihre feste Treue
dafür, daß sie Unser, durch fortgesetztes Verlangen erstrebtes

---

[1]) Die breite Darstellung bezeichnet nicht den Tod des Miesco,
wie Wolny hist. Taschenbuch 1829 Seite 219 irrthümlich berichtet,
sondern die Jahre 1283 bis 1289, in welchen die beiden Brüder das
Ländergebiet gemeinschaftlich besaßen. Miesco starb erst nach 1312.
Nach Lesco's Tode 30. September 1288 brachen in Polen über die
Erbfolge Kriege aus, und ist wahrscheinlich von dieser Seite ein
Angriff und Ueberfall geschehen. Auch Herzog Casimir von Beuthen
mit seinen Söhnen Boleslaus und Wladislaus begab sich deßhalb
Januar 1289 in böhmischen Schutz.

Ehrengeschenk mit offenen Armen jederzeit umfassen müssen, wenn nicht irgend ein feindlicher Geist die Festigkeit ihres Vorsatzes verändert.

Deßhalb wollen Wir ihnen aus freien Stücken in Unserer ganzen Lebensfrist in allem Erlaubten und Ehrbaren gefällig sein, und weil sie Uns demüthig gebeten, in Bezug auf den beständigen Besitz des Waldes bedacht zu werden, so verleihen Wir, ihren Wünschen geneigtest willfahrend, allen Bewohnern genannter Stadt, den Wald und das Gebüsch zum immerwährenden Besitzthume und zwar innerhalb der bezeichneten Gränzen: welche anfangen von den Gärten bei der öffentlichen, nach Rybnik führenden Straße zur rechten Seite und sich in die Länge bis zu den großen Wiesen gegen Niebotschau zu erstrecken, in die Breite aber sich ausdehnen sollen vom großen Flusse, welcher gewöhnlich Oder heißt, bis zum Flusse, welcher Langan genannt wird.

Innerhalb dieser Gränzen soll Niemand von nun ab sich anmaßen, Etwas in Anspruch zu nehmen, mit Ausnahme der von Bienen schon besetzten Bäume, welche, so lange diese dauern, von ihren gegenwärtigen Besitzern behalten bleiben sollen, so bald aber die Bienen ausgegangen sind, sollen jene Bäume, wie alles Uebrige innerhalb der bezeichneten Gränzen, in den Besitz oder Gebrauch genannter Bürger ohne Beeinträchtigung gelangen, und wie gemeldet, für immer behalten bleiben. Die Bürger selbst aber sollen von nun an den genannten Wald in Gewahrsam nehmen und ihn brauchen, wie es ihnen vortheilhaft erscheinen wird, weil Wir wollen und beabsichtigen, daß innerhalb der öfter genannten Gränzen außer ihnen Niemandem ein Besitzrecht zustehe, weder im Großen noch im Kleinen. Und damit alles Voranstehende und das Besondere davon stets unverrückt bleibe, haben Wir gegenwärtige Urkunde darüber aufschreiben und mit dem Abzeichen Unseres Siegels versehen lassen. Gegeben zu Ratibor am Tage vor dem Feste des hl. Martin durch die Hand des Obernotars Herrn Arnold im Jahre des Herrn 1290. Als Zeugen waren zugegen: Sbignew Castellan zu Ratibor, Heinrich von Jerischow, Jasco von Kornitz, Adam Schatzmeister, Boguta und Clemens Ritter, Jasco und Otto Unsere Kapläne und mehre Andre.[1]

Bisher waren die Herzoge Schlesiens freie und unabhängige Fürsten gewesen, durch die Theilungen des Landes aber unter alle Söhne wurden sie schwach und schlossen sich allmälig an ihre mächtigeren Nachbarn an. Das Band mit Polen, dessen Herzoge sich durch beständige Zwietracht unter einander geschwächt, war längst gelockert. Die böhmischen Regenten dagegen wurden durch ihre Verbindung mit Deutschland und durch Erbschaften immer mächtiger. Ottokar II. hatte Böhmen, Mähren, Troppau, Glatz und Oesterreich bis an das adriatische Meer besessen. Sein Sohn Wenzel wurde sogar König von Polen und Ungarn.

Schon am 17. Januar 1291 huldigten außer Przemislav sämmtliche Oberschlesische Fürsten zu Olmütz diesem Wenzel, welcher nach dem Tode Heinrich IV. von Breslau, Crakau und Sandomir erwarb. Wenzel wollte zur Sicherstellung seiner Herrschaft in Polen einen Feldzug dahin unternehmen und rief seinen früheren Vormund Markgraf Otto von Brandenburg zu Hilfe. Er ging ihm bis Oppeln entgegen und wurde hier von ihm zum Ritter geschlagen. Es war im August 1292. Bei dieser Gelegenheit leisteten ihm in Oppeln die vier herzoglichen Brüder Miesco von Teschen, Casimir von Cosel-Beuthen, Boleslaus von Oppeln und unser Przemislav persönliche Huldigung und wurden von ihm mit ihren Ländern belehnt. Am 2. Juni finden wir sie bei der glanzvollen Krönungsfeier in Prag.[2]

Während die Landesherren sich an äußere Stützen hielten, erstarkte das Gemeinwesen der Bürgerschaft mehr und mehr.

---

[1] Dieses vierte Privilegium ist Sommersberg Rer. Sil. script. I, 914 abgedruckt.

[2] Palacki, Gesch. von Böhmen II. B. 1. Abthl. S. 365, 366, 374.

Obgleich durch Einführung des deutschen Rechts die Verfassung
der Städte in ihren Grundzügen geordnet war, so entstanden doch
bei dem engen Zusammenleben mancherlei Verwickelungen, welche
zu entwirren und zu entscheiden sehr schwierig war. Namentlich
bot das Verhältniß der Bürger, die immer mächtiger wurden, zum
Vogte, dessen Einfluß allmälig sank, mancherlei Schwierigkeiten.
Auch in Ratibor waren Reibungen zwischen dem Vogte, und
den Vorständen der Bürgerschaft über die Gränzen der Gerichts=
barkeit und den Umfang der Rechte und Befugnisse entstanden.
Die Stadt wendete sich nach Schweidnitz, um Belehrung über
die Rechte der Rathmannen, der Schöffen und des Vogtes einzu=
holen. Unter dem 7. Februar 1293 theilten die Schweidnitzer
mit: Der Vogt habe weder die Rathmannen noch die Schöffen zu
wählen, nicht dem Vogte, sondern den Rathmannen stehe die Be=
strafung der Pfefferküchler und derjenigen, welche bei Weinverkäu=
fen sich etwas zu Schulden kommen lassen, oder welche des Nachts
nach dem Glockenschlage umherschleichen, die Befestigungswerke be=
schädigen, Wege und Stege nicht bessern, den Dung nicht zu ge=
höriger Zeit aus der Stadt schaffen, sowie überhaupt die Gerichts=
barkeit, über Alles, was Lebensmittel, falsches Maaß und Gewicht
betreffe, zu [1])

Man sieht hieraus, wie sich die Selbständigkeit der Bürger
dem Vogte gegenüber entwickelte und dessen früher sehr ausgedehnte
Befugnisse beschränkte.

Durch eine Urkunde, ausgestellt zu Ratibor am 1. August
1293, gestattet der Herzog dem Stifte Czarnowanz die Aussetzung
des Dorfes Knizenitz bei Rybnik nach deutschem Rechte und be=
willigt den Insassen Freiheit von allen Steuern, Lasten und
Diensten auf 16 Jahre. Auch der Schulz und dessen Nachkom=
men sollen sich dieses Privilegiums erfreuen. [2])

---

[1]) Diese siebente Stadturkunde ist abgedruckt in Stenzels Ur=
kundensammlung S. 420.

[2]) **Wattenbach, Cod. dipl. Sil. I, 20.**

Die ältesten Handwerker, denen wir zuerst begegnen, waren diejenigen, welche für die nothwendigsten Lebensbedürfnisse arbeiteten, nämlich Fleischer, Bäcker, Tuchmacher, Schuhmacher, Schneider, Kürschner, Gerber, Schmiede. Die Lebensmittel und Lebensbedürfnisse mußten auf den Markt gebracht werden. Dort hatten auf Bänken die Fleischer ihr Fleisch, die Bäcker ihr Brod, die Schuhmacher ihre Schuhe feil. Sämmtliche Bankfeilhaber mußten dem Herzoge einen Zins zahlen. In Ratibor lagen die Brodbänke nach der Straße zu, welche von der Marien-pfarrkirche nach Altendorf führte.[1] Der Salzverkauf war ein herzogliches Regale und wurde von den Münzmeistern besorgt. Mitten auf dem Markte stand das Kaufhaus, in demselben waren einzelne Kammern, in welchem die Kaufleute, namentlich die Tuchhändler (Gewandschneider, Kammerherren) Tuch im Einzelnen verkauften und für die Benutzung der Kammer dem Herzoge einen Zins (in der Regel pro Stück 2 Scot) bezahlten. An beiden Seiten des Rathhauses befanden sich die Kramläden zum Klein-handel und Verkauf einzelner Gegenstände, in welchen die Reich-kramer ihre Waaren verkauften und an den herzoglichen Grund-herren einen Buden- oder Handelzins zahlten.[2]

Schon Wladislav hatte den Besitzern der Kammern des Kaufhauses mehre Rechte bewilligt. Es entstand aber später ein langer Streit zwischen der Stadtcommune und den Kaufleuten, wem die Kammern eigenthümlich zugehören. Es wurden Zeugen vernommen und auf Grund ihrer Aussage, daß die Häuser von den Krämern vererbt und verkauft wurden, sprach Przemislav am 18. October 1293 diesen das Eigenthum zu und wies die Stadt mit ihrer Klage ab. Er befreit die Kaufleute von Ge-schoß, Leistungen und Entrichtungen, welche von andern Besitzun-gen erhoben wurden, außer daß sie 26 Mark Silber jährlich

[1] Urkunde von 1313 im Magistratsarchive.
[2] Anders, Schlesien wie es war. (Bresl. 1810). I, 264.

termino Galli durch den Stadtvogt von Ratibor ihm liefern. Dabei bleibe aber die ihm zuständige Abgabe von den Kürschnern und Reichkramern am Jahrmarkte auch in Zukunft Pflicht. Zugleich bestimmte der Herzog, daß nur auf dem Kaufhause innerhalb der Stadt und außerhalb auf eine Meile Tuch ausgeschnitten werden dürfe. Endlich gab er noch folgende treffliche Verfügung: Wenn ein Kaufmann der Stadt wegen Schulden oder Verbrechen flüchtig werden würde, solle dessen Eigenthum zubörderst zur Befriedigung der Gläubiger dienen und dann erst des Fürsten oder Gläubiger Recht eintreten! Dieses sechste Privilegium welches im 2. Bande des v. Ledeburschen Archives abgedruckt ist, enthält die Namen aller Kaufleute Ratibors. Sie sind sämmtlich Deutsche und wahrscheinlich Söhne der Eingewanderten; die Namen lauten: Matthaeus Rodger, Frisco, Thomas, Wigand, Sidelmann, Johann, Heinrich, Rudolf, Werner, Nicolaus, Erdmar, Heinrich, Hermann, Ludwig Hertwig, Wilhelm, Sifrid, Siboth, Cristan, Theodorich, Theodor Jeschonis, Heinrich.

Wladislav hatte bereits dem Besitzer von Pawlowitz bei Pleß ein Privilegium ertheilt. Herzog Przemislav erneuerte es zu Ratibor am 8. November 1293 und gab ihm über die bereits gehabten 50 fränkischen Morgen noch 30 fränkische Morgen zwischen Goldmannsdorf und Golassowitz nach deutschem Rechte zu bevölkern.[1])

Przemislav sah, daß die bereits von seinem Vater vergrößerte Stadt für die Volksmenge nicht mehr ausreiche und gründete die jetzige Oderstadt, indem er den Theil von der Stadtmauer bis zum Oderufer durch den Stadtvogt Johann wohnlich anlegen und mit der Stadt vereinigen ließ. Der Letztere erhielt für seine Mühe den sechsten Theil des Erbzinses von den Baustellen und Gärten, wie auch den dritten Theil der Gerichtsgefälle, die übrigen zwei Theile fielen dem Herzoge zu. Ferner erlaubte

---

[1]) Zimmermann's Beiträge 2, 50.

er in dem neuen Stadttheile einen freien Krug anzulegen, dessen
Ertrag zum Nutzen der Stadt zu verwenden sei, auch verlieh er
der Stadt, um Handel und Gewerbe zu fördern, das Meilen=
recht d. h. er bestimmte, daß weder Krüge noch Fleischbänke,
noch Brod= oder Schuhbänke bei der Stadt an beiden Ufern
der Oder errichtet werden, noch irgend etwas Verkäufliches gehal=
ten werden sollte.   Die Viehweide vom Oderufer bis zur Straße,
die über den (Bach) Langan bis zu dem Fuße des anstoßenden
Berges führt, sollen die Neustädter frei und immerbar haben.
Auch sollen sie acht Freijahre haben von Zins und Leistungen, dann
aber seien sie allen Zahlungen und Verpflichtungen unterworfen wie
die Stadt, ausgenommen den Nachtwachen.   Schreiber dieser, am
Tage vor dem Feste Christi Himmelfahrt 1294 ausgestellten Ur=
kunde war der herzögliche Kaplan Jeschko, Zeugen: Thomas
Hofrichter, Jesco Unterkämmerer, Bartholomaeus Unterrichter,
Adam Unterjäger, Adam Schatzmeister, Michael Unterkämmerer,
Boguta und Gothard Ritter. [1]

Ratibor hatte also jetzt zwei Vögte, einen Namens Tilo,
in der Alt=, den andern Namens Johann, in der Neustadt an
der Oder, in welchem Theile auch das Hospital und Kreuzherren=
stift zu St. Peter & Paul von demselben Herzoge angelegt
wurde.   Nach dem Tode der beiden Stadtvögte wurde nur einer
und zwar ein Erbvogt gewählt.

Die beiden Vögte von Ratibor bezeugen am 29. Septem=
ber 1296, daß die Kinder des ehemaligen Vogtes von Matzkirch
gegen 10 Mark auf ihre Ansprüche verzichtet haben. [2]   Diese
Urkunde ist in mehrfacher Beziehung wichtig:

1) erfahren wir aus derselben, daß bereits ein Raudener

---

[1] Dieses Privilegium, in der Sammlung das fünfte, ist abge=
druckt in Ledebur's Archive II, 244.

[2] Wattenbach, Cod. dipl. Sil. II, 24.

Hof in Ratibor vorhanden und ein Verwalter deſſel=
ben, Bruder Gerhard, ein Ciſtercienſer hier wohnte und

2) begegnen wir zum erſten Male dem Stadtſiegel,
welches an einem Pergamentſtreifen an der Urkunde hängt.

Als die Städte das Vorrecht erhielten, ein eigenes Wappen
zu führen, hatte man Art und Weiſe der Gründung längſt ver=
geſſen und wählte Zeichen, die irgend eine Anſpielung auf den
Namen derſelben boten. Koſel, das urſprünglich ein Perſonenna=
me iſt, nahm Ziegenköpfe, weil das böhmiſche kozel (polniſch
koziel) Ziegenbock mit Cozla, Kozil, Chosle, wie die Stadt da=
mals genannt wurde, Aehnlichkeit hat, Roſenberg wählte eine
Roſe, Ratibor ein Rad. Erhielt doch noch im vorigen Jahr=
hunderte der verdienſtvolle Cuſtos an der Collegiatkirche Anton
Paul Mazurek bei ſeiner Erhebung in den Adelſtand als An=
ſpielung an ſeinen Namen die Azurfarbe in das Wappen!

Mehre Städte führen den halben Adler nebſt einem anderen
Gegenſtande im Wappen, ſo Oppeln ein Kreuz, Sorau ein
Schwert, Loslau eine halbe Roſe. Später erſt ſah man das
halbe Rad als ein zerbrochenes an und aus dem mißverſtan=
denen Wappen bildete ſich die Volksſage, irgend ein Herzog
habe bei ſeiner Fahrt durch den hieſigen Wald ein Rad zerbro=
chen und deßhalb dem Orte den Namen „Radebruch“ gege=
ben. Man hatte vergeſſen, daß Ratibor bereits Stadt war, ehe
es eigene Herzoge erhielt; und wie käme ein früherer, ſlaviſcher
Fürſt zu der deutſchen Bezeichnung?[1])

Gromann erklärt Rad und Adler ſehr gelehrt, aber falſch
alſo: Die Mauern bilden, mit vieler Aehnlichkeit einen Halbzirkel

---

[1]) Aehnliche etymologiſche Spielereien gibt es von ſehr vielen
Orten, und war beſonders das vorige Jahrhundert ſtark in dieſem
Artikel. Es ſei hier nur die Ableitung von Hotzenplotz erwähnt. Als
die Bewohner ihren Ort zur Stadt erheben wollten, habe der Kaiſer,
auf die Geringheit und Enge hinweiſend, erſt die Frage geſtellt Hot's
o Plotz? und dieſe ſei dann als Name gewählt worden. Aus Ur=
kunden erfahren wir, daß ſchon 1202 der Fluß und daran liegende
Ort Oſſobloha genannt wird.

(nach) dem Verfahren der Alten ein Wagenrad), der sich an die
Oder als Halbmesser lehnt; gegenüber liegt das Schloß, welches
im Wappen durch den Adler angedeutet wird. [1]

Das Wappen der Stadt Ratibor ist ein rother, senkrecht
getheilter Schild, rechts geht aus der Theilungslinie ein halbes
weißes Rad mit 5 Speichen hervor, links lehnt sich an die
Theilungslinie ein halber weißer Adler. Auf dem Schilde
ruht ein Turnierhelm mit rothem und weißem Wulste, aus welchem
zwei weiße Büffelshörner hervorgehen. Die Helmdecken des
Wappens sind roth und weiß. Die Umschrift lautet auf dem Stadt
siegel Sigillum civitatis Ratibor. [2]

In Bezug auf die Strafen, welche über Verbrecher verhängt
wurden, erfahren wir aus jener Zeit, daß Diebe gehängt und
Räuber geköpft wurden. [3]

Am 17. Juni 1299 ordnete Przemislav die Wahl des Rathes und der Schöffen an und gab der Stadt das Magdeburger Recht. Er sagt: Gleichwie der menschliche Körper
durch fünf Sinne regiert werde, solle durch fünf erprobte Männer, vom Herzoge zu Consuln erwählt, das Beste der Stadt
gefördert werden. Diese haben zu achten auf Maaß und Gewicht, auf Kauf- und Verkaufcontracte, auf Bauten und Ausbesserung der Mauern und Brücken, Leitung der Künste und Handwerke und alles was den Schutz, Nutzen, die Sorge, Verbesserung und Ehre der Stadt und des Bezirkes betrifft. Alljährlich
am Feste der hl. Dreieinigkeit sollen fünf andere Consuln
und sieben Schöffen mit Zuziehung des Herzogs, wenn es nöthig,
von den das Amt Niederlegenden gewählt werden. Die
Rathsmänner haben einen Eid abzulegen. Der Herzog verspricht,
ihnen als sechste Person in Allem beizustehen.

---

[1] Eunomia 1832. S. 122.
[2] Unter den acht schlesischen Städten, deren Wappen zur Ausschmückung des Speisesaales im Königlichen Schlosse zu Erdmanns-
dorf im J. 1844 gewählt worden, befindet sich auch Ratibor.
[3] Stenzel, Urkundensammlung. S. 55.

Den Schulzen, Land= oder Erbrichtern, Schöffen, Bürgern und Beamten wird befohlen, den Rathmännern beizustehen. Diese Rathmänner haben in allen Handlungen, Statuten und Strafen sich des Magdeburger Rechtes zu bedienen. Wer gegen diese herzogliche Bestimmung auftrete, habe als Strafe ½ Mark Goldes dem Fürsten und eben so viel dem Stadtrathe zu zahlen. Der herzogliche Kaplan Jesco wird in dieser Urkunde Pfarrer in Loslau genannt; neben ihm erscheinen noch vier Hofkaplane des Herzogs, nämlich Tilco, Canonicus des Collegiatstiftes zu Ratibor, und die Pfarrer Nicolaus von Altendorf, Adam von Syrota (Timmendorf?) und Jesco von Rybnik; und die Ritter: Thomas Hofrichter, Sandko Unterrichter, Jakob von Langa, Richolb Untertruchseß. Castellan war noch Stoygnew. [1]

Am 10. März 1300 brannte Ratibor ab.

Am 10. Juni 1301 schenkte der Herzog mit Beistimmung der Stadtcommune dem Bürger Tilo für alte Dienste einen Strich Landes zwischen Alt= und Neugarten gelegen, in der Nähe der Mühlbache, welche jenseits der Stadt zu dem Hause der Dominikaner abfließt, zum Gebrauch als Wiese, oder zu sonstiger Benutzung. [2]

Mit Einwilligung seiner Gemahlin, der Tochter des bereits verstorbenen Herzog Conrad von Masovien, seines Sohnes Lestko und seiner übrigen Kinder schenkt der Herzog am 2. März 1303 dem Kloster Rauden neun Fleischbänke in Sorau. [3]

Das letzte Privilegium des Herzog Przemislav ist am 29. September 1305 ausgestellt. Er ließ sich die von seinem Vater ertheilte Urkunde über die Hutungen der Bürger vorlegen und bestätigte den Inhalt derselben wie auch die Zugabe der Gärten in Altendorf, die vom Ende des Dorfes gegen Riedane

---

[1] Dieses achte Privilegium ist abgedruckt in Tzschoppe's und Stenzel's Urkundensammlung S. 438.
[2] Wattenbach, Codex dipl. Sil. II, 3.
[3] Wattenbach, l. c. II, 22.

an, bis an den Garten des Berthold Quirini und den Garten des
Berthold von einer Seite, von der anderen Seite aber vom Hofe
des Richter Libo bis an das Ende des Dorfes, gegen die neuen
Gärten und alle die vorlängst angelegten Gärten gehen, mit allem
Rechte und Eigenthum dergestalt, daß die Stadt von diesen Gärten und Zugaben alle Abgaben und Dienste erheben und genießen
soll. Auch die Hutung zwischen Neugarten und der Gränze
Studzienna's bis an das Ufer der Oder sollen sie mit allen
Nutzungen, die sie auf diesem Terrain durch ihren Fleiß nur be-
wirken können, geruhig besitzen, und diese hochfeierliche Schenkung
solle Niemand anfechten. [1])

Für die Culturgeschichte ist von besonderer Bedeutung, daß
Magister Johannes als Arzt sofort nach dem Hofprocurator,
noch vor den Rittern als Zeuge auftritt. Ob er Leibarzt des
Herzogs gewesen, wie Henschel vermuthet,[2]) ist zu bezweifeln, da
er nur einmal am Hofe erscheint und zwar bei dem Krankenlager
des Herzogs am 9. April 1306, der sich als wahrer Vater seiner Unterthanen erwiesen. Przemislav starb am 7. Mai 1306.
Seine Gattin Sofie, geborene Prinzeß von Masovien, hatte ihm
drei Kinder geboren, Anna, Offka und Lestko. Anna vermählte sich mit dem Herzoge Nicolaus von Troppau, Offka
nahm 1313 in dem von ihrem Vater gestifteten Dominicaner-
nonnenkloster den Schleier und Lestko folgte in der Regierung.

## Lestko von 1306 bis 1336.

Die erste Urkunde von dem jungen Herzoge ist am 22.
Januar 1307 ausgestellt und im Magistratsarchive vorhanden.
Miesco von Teschen erscheint in derselben als sein Vormund.

Den Bürgern von Ratibor mochte an der Viehweide sehr
viel gelegen sein. Sie begaben sich mit den von Wladislav und

---

[1]) Neuntes Privilegium.
[2]) Schl. wissensch. Zustände im 14. Jahrhundert (Bresl. 1850)
S. 66.

Przemislav ausgefertigten Schenkungsurkunden zum neuen Herzoge und baten ihn um die Bestätigung ihrer Privilegien. Lestko er= neuert dieselben am 10. October 1308 nach genauer Durchsicht der vorgelegten Dokumente und beschrieb zum klaren Verständniß noch= mals die Gränzen der Hutung. Sein Großvater habe ihnen geschenkt die Hutung von Studzienna bis zur Passeka, wo Jesco Andrea die neuen Gärten angelegt, von dieser Passeka bis zu den alten Gärten der Stadt und von da bis zur Oder. Sein Vater habe hinzugefügt die Gärten in Altendorf, deren Ende an Studzienna stößt bis zum Garten des Bertholaus, ja sogar bis zum Garten des Berthold von einer Seite, von der andern aber vom Hause des Richter Thylo bis zum Ende des Dorfes, das an die neuen Gärten reicht (alles schon längst angelegte Gärten). Und weil es ein edles Werk sei, rechtmäßige Schenkungen der Vorfah= ren lieber zu vermehren, als zu vermindern, und weil die Rati= borer seiner Vorliebe für sie sich bewußt seien, so verspricht er, ihnen nie ein Hinderniß in den Weg zu legen, wenn sie ihr Eigenthum irgendwie noch nutzbarer machen. [1]

In Bezug auf die Geldstücke trat damals eine bedeutende Verbesserung ein. Bisher hatten diese aus dünnem Gold= oder Silberblech bestanden, in welches ein Zeichen eingeschlagen war, so daß die eine Seite ein concaves, die Rückseite aber ein convexes Bild zeigte. Sie hießen Pfennige oder Denare, hatten eine schüsselförmige Gestalt und wurden bei größeren Zahlungen ge= wogen. Vor jedem Markte wurden sie eingezogen und umge= schlagen, wobei der Besitzer stets einen Verlust erlitt, der Fürst aber einen bedeutenden Gewinn bezog. Als im Anfange des 14. Jahrhunderts zu Prag dicke Pfennige oder Groschen (grossus = dick), die auf beiden Seiten ein Gepräge hatten, auf= kamen und weithin üblich wurden, hätten die Fürsten einen Verlust erleiden müssen, da jetzt die Münzen nicht so oft verrufen wurden.

---

[1] Zehntes Privilegium.

Als Entschädigung dafür erhielten sie von den Unterthanen eine besondere Grundsteuer (Münzgeld genannt), welche von den Münzmeistern, die meist auch den Zoll und das Salz unter sich hatten, eingenommen wurde. In Ratibor begegnet uns in der ältesten Urkunde des Collegiatstiftes vom Jahre 1308 ein Münzmeister, welcher Verwalter des Münz- und Zollgeldes genannt wird. Die Groschen wurden nach Scot, Vierdung, Marken und Schocken gezählt. Ein Scot war der 24. Theil, ein Vierdung der 4. Theil einer Mark. Diese hatte 60 böhmische Groschen, nach polnischer Zählung 48, nach mährischer Zählung aber 64 Groschen. Der Groschen selbst hatte 12 Denare oder Heller.

Zwischen den Bürgern und der Fleischerzunft waren in Bezug auf die Fleischbänke Reibungen entstanden. Die Fleischer nämlich erlaubten sich Neuerungen, die gegen die Rechte und Gewohnheiten der Stadt verstießen. Der Herzog cassirte Montag vor Ostern 1309, nachdem er mit beiden Theilen mehrmal verhandelt, die Neuerung, weil sie zum Nachtheile der Stadt und der Fleischbänke Ratibors gereiche. Unter der Fahne des Friedens solle Alles beim Alten bleiben. In dieser Urkunde erscheint ein neuer Castellan von Ratibor mit Namen Witoslaus, der uns bis zum Jahre 1317 begegnet. Thomas ist noch Hofrichter. [1]

Zur Begründung eines sicheren Rechtszustandes gab Lestko 1315 ein Gesetz, welches Betrügereien vorbeugt und uns im Sachsenspiegel I. Art. 29 begegnet. Auf den Vortheil der Stadt bedacht, daß sie von Tag zu Tage wachse, fand er unter anderen einen dem Rechte und der Wahrheit feindlichen Mißbrauch, der sich ziemlich eingebürgert hatte. Einige nämlich, die irgend eine Forderung zu machen hatten, schwiegen in schlechter Absicht längere Zeit, ohne den Schutz des Gerichtes nachzusuchen und warteten auf eine Gelegenheit, um das dazu erworbene einzufordern. Damit dieser Mißbrauch abgeschafft würde, befahl der Herzog,

----

[1] Eilftes Privilegium.

daß Jeder, der ein Anrecht oder eine Forderung an Gütern, Ein=
künften, Zinsen und dem Erbtheile eines Bürgers habe, innerhalb
30 Jahren wenigstens einmal im Jahre vor Gericht seine Klage=
sache anbringe, oder wenn er nicht persönlich erscheinen könne,
durch einen Stellvertreter anbringen lasse. Versäumt er dies, so
geht er nach Ablauf der 30 Jahre jedes Rechtes und jeder wei=
teren Forderung verlustig. Zeugen dieser am 8. Mai 1315
ausgestellten Urkunde sind Goslav Hofrichter, Wenzel Bobulca
Unterkämmerer, Egydius von Dubensko, Peter Stral, Hauko,
Pacoslav Dyrsitergius Knappen, Godin, Woico und Gerlach her=
zogliche Kapläne.[1]

Am 15. October 1316 stellte Leßko, wie ehemals sein
Vater gethan, die Freiheit der zu Czarnowanz gehörigen Stifts=
dörfer Crawarn, Radoschau und Knizenitz wieder her und schenkte
6 Mühlensteine jährlich vom Steinberge zu Radoschau. Nur
zu den Befestigungen, die zum Wohle und Schutze des Landes
ausgeführt werden, wie auch zu den herzoglichen Hochzeiten
haben sie beizutragen. Bischof Nanker bestätigte unterm 19. Mai
1332 diese Urkunde.[2] Dem Bürger Gothard von Ratibor
bestätigte der Herzog am 13. September 1317 drei Freihufen in
Lubom. Zeugen sind Vitoslaus Castellan in Ratibor, Egydius
von Dembensko, Lecza Wlodarius und Godinus Protonotar.[3]

Weil Ratibor keine Rechtsbelehrungen von anders woher ho=
len sollte, so gab der Herzog den Willküren zur Ergänzung des
Magdeburger Rechtes vollkommene Rechtskraft. Am 12. Juli
1318 ertheilte er nämlich der Stadt die Versicherung, daß Alles,
was die 5 Consuln und 7 Schöffen mit den Aeltesten als dem
Magdeburger Rechte gemäß erkennen, finden (willküren, Rechtspre=
chen) und zum Nutzen der Stadt in der Furcht Gottes beschlie=

---

[1] Zwölftes Privilegium. Stenzels Urkunden 495.
[2] Cod. dipl. Sil. I, 26, 33.
[3] Eine Abschrift dieser bisher unbek. Urkunde befindet sich
gleichfalls im Archive der Bresl. Kammer.

ßen werden, unverbrüchlich gelten und keinem Widerspruche, unter was immer für einem Vorwande unterworfen sein soll.[1])

Im nächsten Jahre traf Lestko gleichfalls wichtige Verord= nungen. Er bestimmte nämlich am 26. September 1319

1) daß die Bürger für die Erlassung der Verbindlichkeit, einen Eid abzulegen, den Richtern nicht mehr als ½ Groschen zu zahlen haben,

2) daß im Fall ein Bürger wegen Todschlages oder tödtlicher Verwundung flüchtig wird, und vor Gericht geladen, weder sich, noch Caution stellt, dessen zurückgelassene Habe nicht den Richtern (sondern der Commune) zufallen solle,

3) daß wenn ein Vater stirbt, der die Wittwe und Söhne hinterläßt, dessen Gattin nur ⅓, die Söhne oder andern rechtmäßigen Erben aber ⅔ erhalten sollen.[2])

Am 6. December 1321 bestätigte Lestko dem Friedrich von Biniraro den Kauf des Dorfes Roscin vom reichen Theodor, Bürger in Sorau für 140 Mark und befreite die Leute von allen Lasten.[3])

Daß die von den Tuchmachern zum Aufkratzen der Tuche gebrauchten Weberkarden auch in unserer Gegend gebaut wur= den, dafür haben wir ein ebenso interessantes als zufälliges Zeug= niß in einer Urkunde des Kloster Leubus. Werner Erbherr in Kornitz' sammt dem Scholzen und den Bauern verspricht am 30. October 1223 den Cisterciensern in Casimir und dem Pfarrer in Twardawa von jedem Morgen Acker, auf welchem die Weberdisteln gebaut wurden, als Zehnt 1 Loth Groschen, von dem übrigen Acker aber, auf dem Getreide gebaut wurde, als Zehnt Roggen, Weizen, Hafer und Gerste zu entrichten.[4])

---

[1]) Dreizehntes Privilegium in Stenzels Urkundenbuch. S. 500.

[2]) Dieses 14. Privilegium ist abgedruckt in Böhme's diplom. Beiträgen I, 54.

[3]) Lorentzens Privilegienbuch S. 192.

[4]) Urkunden des Kloster Leubus 219.

Bei einem Brande Loslau's war dem Schulzen in Marklowitz das Privilegium vernichtet worden. Derselbe wendete sich an den Herzog mit der Bitte um Erneuerung des Freibriefes. Lestko stellte denselben am 13. Juli 1324 zu Ratibor aus. Das Dorf soll 50 fränkische Hufen enthalten, in welchem der Erbschulze die sechste Hufe frei von Decem und Zins besitzen solle. Auch solle er den 3. Theil des Ertrages vom niederen Gerichte, einen freien Kretscham, in dem er dreimal jährlich brauen darf, die beiden Mühlen mit den Fischteichen, die Jagd und den Vogelfang haben. Außerdem schenkte er ihm wegen der treuen Dienste, die er ihm und seiner Mutter Anna erwiesen, 2½ Hufe. Die Einwohner des Dorfes sollen jährlich von jeder Hufe ½ Mark Silber und sechs Scheffel Getreide (Weizen, Roggen, Hafer), als Zins und Zehnt entrichten. [1]

Das Gemeinwesen, das sich bereits ausgebildet hatte, erstarkte noch mehr durch die Zünfte oder Innungen der Handwerker, an deren Spitze einige Meister als Vorsteher standen. Diese setzten Ordnungen fest, welche sich auf Betreibung des Gewerbes, auf gute Waare und Vermeidung von Unredlichkeit, auf das gegenseitige Verhältniß der Meister, Gesellen und Lehrlinge bezogen. Die Innungsrechte wurden von den Fürsten bestätigt. Der Besitz erweckt den Wunsch zur Vererbung und diesem schließt sich das Streben nach Ausschließlichkeit an. Jede Zunft suchte daher an eine gewisse Zahl der Genossen gebunden zu sein.

Im Jahre 1326 waren bereits 36 Fleischbänke in Ratibor. Der Herzog, auf das Wohl der Stadt bedacht, ertheilt der Fleischerzunft das sogenannte Meilenrecht und verspricht am 3. Mai, keine neue Bank weder innerhalb der Stadt noch irgend wo auf den Dörfern in der Entfernung von einer Meile zu errichten, noch errichten zu lassen.[2]

---

[1] Abschrift im Loslauer Stadtarchive.

[2] Dieses 15. Privilegium ist das letzte in lateinischer Sprache. Herzog Valentin, der 1510 alle früheren Privilegien bestätigt, erwähnt

Wir haben bereits oben angedeutet, daß während die städtischen Verhältnisse sich mehr und mehr entwickelten, die Macht der Fürsten sich verminderte. Nach dem Aussterben der böhmischen Regenten von slavischer Herkunft suchte der neugewählte König Johan von Lützelburg die Schlesischen Fürsten durch Staatsklugheit sich zu unterwerfen. Auch Lestko nahm bei der Huldigung zu Breslau am 4. April 1327 sein Herzogthum von Böhmen zu Lehn.[1]

Ein geistreicher Schriftsteller sagt: „Eine der ersten Aufgaben eines Forschers, der sich einen richtigen Begriff von dem Zustande einer Gemeinschaft zu einer gegebenen Zeit zu bilden wünscht, muß es sein, festzustellen, aus wie vielen Personen jene Gemeinschaft damals bestanden hat."[2] Es ist daher auch unsere Aufgabe, die Einwohnerzahl Ratibors auszumitteln.

Zwar haben unsere Vorfahren Zählungen der Volksmenge selten oder nie veranstaltet (das erste Urbarium datirt von 1532), auch fehlen bis ins 17. Jahrhundert die Angaben der jährlich Geborenen und Gestorbenen, aus denen man die Zahl der Lebenden ziemlich genau ermitteln könnte, indeß bietet sich doch, selbst aus früher Zeit, bisweilen eine Notiz, die den Zweck fördern hilft. Der aus Ratibor nach Breslau eingesendete Peterspfenning,

---

ausdrücklich, daß Lestko in dieser Befreiung die älteren Bürger, das betrifft die Fleischer, welche während seiner erlauchten Regierung mehre Gefahren von der Commune rühmlich abgewendet haben — zu beschenken geruht. Ebenso hat seine (Lestko's) Huld in diesem Freibriefe der Fleischerzunft all ihre Verbindlichkeiten aufgehoben.

[1] Schickfuß in seiner Chronik II, 3 theilt die Investitur unsres Lestko durch König Johann im Auszuge mit. Laut von Riegger's Archiv der Geschichte und Statistik 2. B. S. 591 war die Belehnung schon am 24. Februar 1327 in Troppau erfolgt. Wahrscheinlich hatte dort eine Zusammenkunft der Fürsten stattgefunden, da die Unterwerfungsurkunden der Herzoge von Troppau, Teschen, Falkenberg, Oppeln, Kosel, Auschwitz, Ratibor, Gleiwitz, Strehlitz zwischen Februar und April abgefaßt und unterzeichnet sind. K. A. Menzel, Geschichte Schlesiens 1. 67.

[2] Macaulay, Geschichte Englands, übersetzt von Bülau (Leipzig 1849) 1. B. S. 253.

der im J. 1329 fünf Mark betrug,[1] würde allerdings ein siche=
res Resultat geben, wenn wir bestimmt wüßten, daß zu dieser
Summe nur die Stadt beigetragen. Nehmen wir letzteres an, so
waren damals 2880 Seelen, da jedes lebende Haupt 1 Pfenning
gab.[2] Breslau, damals in seiner Glanzperiode gab nur dreimal
mehr[3] und hatte im Jahre 1403 an 850 Häuser.[4]

Im Jahre 1331 waren mit Ausnahme des Bischofes, als
Fürsten von Neisse, der Herzoge Bolko von Schweidnitz und Bo=
leslav von Münsterberg alle schlesischen Fürsten böhmische Vasal=
len. Polen, das mit Böhmen in Nationalfeindschaft stand, wider=
setzte sich anfangs diesem Streben der Böhmen, sich Schlesien
abhängig zu machen, weil im Fall eines Krieges die Festungen
und Burgen Schlesiens jetzt den Böhmen als ihren Feinden offen
standen; aber im Vertrage zu Trencin am 25. August 1335
entsagte König Casimir, der Sohn des Wladislav Lokietek,
allen Anrechten auf Schlesien, namentlich auf die Herzogthümer
Lignitz und Brieg, Sagan und Crossen, Oels, Steinau, Oppeln,
Falkenberg, Strehlitz, Teschen, Kosel und Beuthen, Ratibor,
Auschwitz.[5]

Wladislav von Kosel verpfändete am 22. Februar 1334
diese seine Stadt mit ihrem Gebiete unserem Herzoge um 4000 Mark
auf 15 Jahre. Sollte Letzterer inzwischen mit Tode abgehen, so
fällt das Kapital der Schwester Offka zu. Während der Ver=
pfändung hielt jener Herzog seinen Hof zu Beuthen.[6]

Am 28. Juni 1335 befreite Lestko das Gut der Breslauer
Kirche Constanzen bei Kosel von den herzoglichen Rechten.[7] Es

[1] Cod. dipl. Siles. (Breslau 1860). III, 89—91.
[2] Stenzels Bisthum=Urkunden (Bresl. 1845). p. 293.
[3] Cod. dipl. Sil. III, 89.
[4] Klose, dokumentirte Gesch. und Beschr. von Breslau. (1781).
B. II, Thl. 2, S. 415.
[5] Sommersberg I, 774.
[6] Sommersberg I, 884.
[7] Lib. nig. 91.

ist dies die letzte Urkunde des Herzogs, der als letzter männlicher Sprößling 1336 ins Grab stieg. [1]) Er hinterließ nur zwei Schwestern, von denen die ältere Anna sich an den Herzog Nicolaus von Troppau vermählt, die zweite Offka im Dominikanerkloster zu Ratibor am 6. April 1313 den Schleier genommen hatte.

## Nicolaus I. Herzog von Troppau und Ratibor von 1337 bis 1365.

Das Troppauer Gebiet gehörte ursprünglich zu Mähren. [2])

König Ottokar II. von Böhmen hatte einen natürlichen Sohn Nicolaus, welchem der römische Stuhl die nachgesuchte Legitimation und Befähigung zu allen Ehrenstellen, mit Ausnahme der Thronfolge, ertheilte. [3]) Der Vater beschloß, ihm einen anderen Fürstenstuhl zu beschaffen, indem er das Troppauer Gebiet vom Markgrafenthume Mähren trennte; doch starb er darüber. [4]) Erst 1280 wurde Nicolaus, der bei dem tragischen Ende seines Vaters in der Schlacht bei Laa gefangen worden, durch Bischof Bruno's Zuthun aus der Haft befreit und in das Troppauer Gebiet eingeführt. Er vermochte sich nur mit Hilfe des Adels mühsam zu halten, da die Städte ihn nicht anerkennen wollten. [5])

Sein gleichnamiger Sohn wurde am 3. Juli 1318 mit dem Herzogthum Troppau belehnt. [6]) Er hatte seine Jugendzeit am böhmischen Hofe zugebracht, sich die Gunst des König Johann

---

[1]) Das Jahr gibt die Collegiatstiftsmatrikel Seite 39 an.

[2]) Daß das Oppaland früher nicht zu Schlesien gehörte, wie die poln. und schl. Chronisten irrthümlich berichten, haben Ens in der Monatsschrift des böhmischen Museums Aprilheft 1827 und Dudik in der zu Wien 1857 erschienenen Schrift: „Des Herzogthum Troppau ehemalige Stellung zum Markgrafenthum Mähren" gründlich nachgewiesen.

[3]) Rajnaldi, annales ecclesiast. T. XIV. ad ann. 1260 n. 21.

[4]) Dobner, Monum. hist. Bœm. (Prag 1779). IV, 327.

[5]) Boczeck, Mähren unter Rudolf. S. 34.

[6]) Palacki, Gesch. Böhmens II, 2, S. 136.

von Luxenburg und später auch die Freundschaft des Prinz Carl
erworben. Er war ein stattlicher junger Mann, als er die Regierung antrat und vermählte sich zuerst mit Anna, der Tochter
des Herzog Przemislav von Ratibor.

Nachdem Leszko 1336 gestorben, war Anna die einzige Erbin des Herzogthum Ratibor. Zwar gab es noch Plasten in
Schlesien, aber abgetheilte Lehnsvettern, die nicht zur gesammten
Hand belehnt waren, konnten sich nicht beerben. Nicolaus, der
Gatte Anna's, erhielt das an den König gefallene Erbfürstenthum
von der Krone Böhmens als Lehen und tritt schon in einer Urkunde vom 13. Januar 1337[1]) und im Februar 1337 in einer
das Kloster der Dominikanerinnen betreffenden Urkunde als Herzog
von Ratibor und Troppau auf, indeß sein Siegel damals noch
den alten Titel Herzog von Troppau aufweiset.[2])

Ende Juli 1339 zog über Ratibor eine solche Menge Heu-
schrecken, daß sie gleich einer Wolke die Sonne verhüllten.[3])

Nicolaus behandelte seine Unterthanen hart und verletzte
ihre Privilegien. Sie wendeten sich mit ihrer Klage an den König, als dieser im Sommer 1339 nach Mähren kam. Des Königs Zorn entflammte gegen seinen ehemaligen Rathgeber dergestalt, daß er bereits entschlossen war, dessen Lehn einzuziehen; nur
auf die Fürbitte Carl's und dadurch, daß der Schuldige sich völlig der Gnade des Königs übergab und aufs Neue die Vasallen-
treue gelobte, ließ er sich am 8. Juli zu Olmütz aussöhnen.
Indeß mußte der Begnadigte Edelstein und Zuckmantel abtreten.[4])

Unser Herzog ist in den Ehepakten, welche zu Prag zwischen Casimir von Polen und Margareth, der Tochter Johanns

---

[1]) Pelzel, Kaiser Karl IV. König in Böhm. (Prag 1780) I, 72.
[2]) Cod. dipl. Sil. II, 136.
[3]) Rat. Chronist in der Matrikel S. 39.
[4]) Ludewig, reliq. manuscr. V. 562, 564; auch nach dem Prager Copialbuche verlieh Johann am 9. Juli 1339 dem Herzoge Nicolaus das Herzogthum Ratibor.

von Böhmen, am 13. Juli 1341 geschlossen wurden, als Zeuge unterschrieben.[1]  Doch starb die Braut noch vor der Hochzeit.

Nach einer anderen Urkunde [2] war er am 24. August 1341 mit Bischof Ulrich von Chur, Herzog Boleslaus von Lignitz in Prag Zeuge einer Schenkung des Markgrafen Carl von Mähren an das Benedictiner-Nonnenkloster in Pustomirtsch.

Von den fünf Rathmannen führte der erste den Namen Proconsul oder Bürgermeister.  Der erste, der in Ratibor erwähnt wird, war Petrus von Neukirch 1341, die übrigen Rathmannen hießen: Hennig von Rybnik, Wilhelm von Kosel, Hanko von Studzienna.[3]

Der ehemalige Müller und Bürger Peßko verkaufte am 31. Januar 1342 dem Bürger Johann Martini von Ratibor die Mühle mit vier Rädern bei Ratibor.[4]

Am 1. Juli 1342 war Nicolaus mit allen übrigen Herzogen Oberschlesiens im Kreuzherrenstifte bei Breslau, wo Bischof Przecislav bezeugt, daß die Herzoge sich zu Vasallen der Krone Böhmens erklärt.[5]  Am 30. Juli 1343 finden wir ihn auf der Burg Prag als Zeuge des von den Herzogen Wenzel und Ludwig von Lignitz vollzogenen Unterwerfungsactes und am 12. August 1345 als Vermittler des zwischen dem Könige von Böhmen und dem Herzoge Conrad zu Oels abgeschlossenen Kaufes von Fraustadt, Guhrau, Steinau und Köben.[6]

Der 1335 zu Trencin mit Polen geschlossene ewige Friede dauerte nur 10 Jahre.  Casimir, der von seinem Schwager König Robert von Ungarn Hilfstruppen erhalten, fiel mit diesen und einem Heere Lithauer im Juni 1345 in unser Gebiet ein.

---

[1]  Ludewig, reliq. manuscr. V, 501.
[2]  Cod. dipl. Morav. VII, 248.
[3]  Wattenbach, Cod. dipl. Sil. II, 146.
[4]  Das Original auf Pergament mit Siegel befindet sich im mährisch-ständischen Landesarchive.
[5]  Sommersberg, I, 788 und Stenzel, Urkunden zur Geschichte des Bisthum, Breslau. (Bresl. 1845). S. 349.
[6]  Sommersberg, Siles. rer. script. I, 837, 902.

belagerte Sorau, verwüstete die umliegenden Dörfer und ver=
brannte Pleß und Rybnik. Unser Herzog bat sofort um Hilfe,
und der bereits erblindete König Johann ließ ihm von Kuttenberg
aus melden, daß er binnen vier Tagen mit seiner ganzen Heeres=
macht bei ihm sein werde. Er erschien mit 2000 Helmen nebst
entsprechendem Fußvolke. Die ungestüm heranbrechenden Böhmen
drängten die Feinde bis Crakau zurück. Ein Theil des Heeres
schloß diese Stadt ein, ein anderer verwüstete die Umgegend.
Nach mehren blutigen Gefechten schickte Casimir zur Abkürzung
des Krieges dem Könige von Böhmen die Einladung zum Zwei=
kampf. Johann ließ erwiedern, er sei dazu bereit, doch müsse mit
gleichen Waffen gekämpft werden, der Gegner also sich erst beide
Augen ausstechen lassen. [1])

Der Mangel an Lebensmitteln veranlaßte endlich Casimir,
um einen Waffenstillstand zu bitten, der im Juli 1345 erfolgte
und durch die eifrige Vermittlung Papst Clemens **VI.** in einen
definitiven Frieden verwandelt wurde. Dadurch hatte unser Land
einige Ruhe und es konnte der Abwesenheit seines Herzoges ent=
behren, der ein Liebling Carl **IV.** diesen auf seinen mannigfal=
tigen Reisen, so auch 1355 auf dem ersten Römerzuge zu dessen
Kaiserkrönung begleitete.

Prinz Johann, Sohn des Nicolaus, wohnte inzwischen auf
der Burg Ratibor. Im Jahre 1354 Dienstag in der Bittwoche
bestätigt er, daß sein Vater Nicolaus dem Ritter Stefan von
Raschütz für 60 Mark das herzogliche Recht in Raschütz und
Borin, was gewöhnlich Woytzesdorf genannt wurde, verkauft
habe. [2])

---

[1]) Bekanntlich zog Johann im nächsten Jahre seinem Schwager,
dem Könige Philipp von Frankreich gegen die Engländer zu Hilfe.
Trotz seiner Blindheit stürzte er sich in der Schlacht bei Crecy mitten
in die Feinde und bieb so lange tapfer um sich, bis er durch Wunden
entkräftet vom Pferde herabsank.

[2]) Abschrift der bisher unbekannten Urkunde im ehem. Archive
der Breslauer Kammer.

Schlesien und die Lausitz wurden von Kaiser Carl **IV.** mit Beistimmung der geistlichen und weltlichen Churfürsten des deutschen Reiches durch eine feierliche Sanction 1355 der Krone Böhmens einverleibt.

Durch die Lehensübertragung an Böhmen war in der Verfassung unseres Landes weiter nichts verändert worden, als daß die Fürsten ein Appellationsrecht an die Krone erhielten. Die schlesischen Herzoge, obgleich Vasallen von Böhmen, blieben doch selbstständige Lehensherren ihrer Vasallen und Städte. Schlesien blieb ein Land für sich und zahlte keine Abgaben an Böhmen. Auch versammelten sich unsere Stände nicht gemeinschaftlich mit den böhmischen Ständen, sondern auf eigenen Fürstentagen, die übrigens unter Johann und Carl **IV.** unbedeutend waren. Man schaarte sich nur um den König, wenn er einmal ins Land kam. Die Fürsten erschienen dann an seinem Hoflager, um entweder bei der Huldigung ihm die Lehnspflicht zu leisten, oder ihre Streitigkeiten seiner Entscheidung vorzulegen, Geschenke und Versprechungen zu machen, oder ihm die Heeresfolge zuzusagen. Die innere Verwaltung ihrer Länder beriethen die Fürsten auf den Landtagen mit ihren Vasallen ohne jegliche oberherrliche Einrede.[1]

Im Jahre 1360 traf Nicolaus einen Erbgütertausch mit dem Ritter Stoppako, indem er ihm die Scholtisei in Studzienna für die Erbvogtei in Pilchowitz gab. Prinz Johann bestätigte die Verhandlung Dienstag nach Oculi. Ritter Heinrich Hoberg, Jaroslav von Drhathius, Marchwald Kreuzträger, Thomas Isaldi und der Hofprotonotar Franz Cristani von Prag sind in der im Magistrats-Archive aufbewahrten Urkunde als Zeugen unterschrieben.

Am 1. Januar 1363 kaufte Nicolaus in Grätz, wo er öfters residirte, mit Beistimmung seines Sohnes vom Stadtvogt Nicolaus zu Ratibor für 40 Mark Prager Groschen polnischer Zahl

---

[1] Menzel, Gesch. Entwickelung der schles. Ständeverfassung in den Schl. Provinzialblättern. Band 65, S. 512 ff.

einen Zins von 4 Mark auf dem Schlachthofe, mit der testamentarischen Bestimmung, daß diese 4 Mark jährlich für das Seelenheil des Ritter Leuthold von Pilchowitz (eines Bruders des Hauptmann Wirbent von Groß-Polen) dem Kloster Rauden gegeben wurden.[1]

Herzog Nicolaus, welcher am 8. December 1365[2] hochbetagt starb und im Kloster zum hl. Geist bestattet wurde, war dreimal vermählt und hatte von jeder Gattin Erben. Anna von Ratibor gebar ihm Johann I. und Margareth, die sich 1350 mit Markgraf Johann von Mähren vermählte. Die zweite Namens Jutta einen Nicolaus, die dritte Namens Elisabeth zwei andere Söhne und fünf Töchter von denen Agnes, Anna und Elisabeth im Dominikanerkloster zu Ratibor waren.[3]

Wie sollten sich die vier Brüder, von denen die beiden jüngsten bei dem Tode des Vaters unmündig waren, in die beiden Herzogthümer theilen? Offenbar konnte auf Ratibor nur Anna's Sohn Anspruch machen, da es wol der Mutter Brautschatz war; aber auch vom väterlichen Besitze gebührte ihm ein Antheil. Die Brüder, die sich nicht einigen konnten, überließen dem Kaiser als Lehensherrn die Theilung. Dieser berieth sich zunächst mit den Herzogen Przemislav von Teschen und Ludwig von Brieg und bestimmte dann als der Gerechtigkeit gemäß, daß Johann als Sohn der Anna das Herzogthum Ratibor (als mütterliches Erbe) allein erhalte, das Fürstenthum Troppau aber unter alle vier Söhne zu gleichen Theilen vertheilt werde.[4]

Daher führten nicht bloß Johann (welcher die Vormundschaft über seine beiden jüngsten Brüder führte, mit Nicolaus

[1] Watt., Cod. dipl. Sil. II, 32.

[2] Manuscript der Fürstensteiner Bibl. 215.

[3] Anna wurde Vorsteherin der Clarissinen in Troppau und als solcher schenkte ihr Nicolaus 1362 den Zins von der Mühle und mehren Aeckern in Palhanez. Ens, Oppaland III, 141.

[4] Sommersberg, rer. Sil. scriptor. I, 842.

Troppau, für sich allein aber Ratibor regierte), sondern auch alle seine Nachkommen bis zum Aussterben der Linie (1521) den Titel „Herzog von Troppau und Ratibor."

## Johann I. von 1366 bis 1382.

Als Johann zur Regierung kam, war er bereits vermählt. Sein Vater hatte ihm schon 1361 Anna, die Tochter des Herzog Heinrich IV. von Glogau zugeführt. [1]

Am 30. Januar 1366 verlieh ihm Carl IV. zu Prag das Herzogthum mit Loslau, Sorau, Pless, Rybnik, Nikolai, Kosel und Gleiwitz ganz wie Lestko es besessen. [2]

Am Pfingstsonnabende 1367 fiel ein so hoher Schnee, daß die Menschen kaum aus ihren Häusern heraustreten konnten. [3]

Am 13. December 1372 bestätigten in Ratibor die Herzoge Johann von Troppau und Ratibor und Nicolaus von Troppau der Stadt Troppau das Magdeburgische Recht, das sie 1303 erhalten und gestatteten, daß die Bürger zu Troppau Belehrungen von Breslau holen. [4]

Um den Nutzen der Ländereien zu fördern und aus denselben größeren Vortheil zu ziehen, beschloß Johann sein Vorwerk Gammau zu besserer Kultur auszusetzen und verkaufte die Scholtisei oder das Gericht im Dorfe dem Jakob von Wichnitz, genannt von Bauerwitz und dessen Erben mit vier Freihufen, einem Kruge, einem Fleischmarkt, einer Brod- und einer Schuhbank und drei Gärten, zugleich gab er ihnen den dritten Theil der Gerichtsgefälle. Jakob und seine Nachfolger sollten ihm nach Landessitte mit einer Ballista dienen, die Bauern und Einlieger aber sollten sich desselben Rechtes erfreuen, wie die in Mackau und Krawarn. Zeugen

---

[1] Sommersberg I, 843.
[2] Reg. s. Wenceslai 264.
[3] Rat. Chron. in der Collegiatstiftsmatrikel S. 39.
[4] Chronik von Troppau Nr. 215 der Manuscriptensammlung zu Fürstenstein.

der am 25. Juli 1375 ausgestellten Urkunde, sind Nicolaus Goczo Vogt in Ratibor, Ditko Vogt in Loslau, Jeklin Schulz in Crawarn, Andreas Schulz in Mackau, Peter Pfarrer in Replachowitz und Hofkaplan. [1])

Aus dem Jahr 1375 haben wir für die damalige Größe der Stadt eine ziemlich genaue Angabe. Der Herzog gründete einen Altar in der hl. Geistkirche und dotirte ihn mit dem Herdzins, den er aus der Stadt bezog. Jede Feuerstelle (focus) zahlte 1 Groschen. Davon gaben die Nonnen für Verrichtuug des Gottesdienstes 9 Mark; mithin müssen — die Mark nach polnischer Zahl zu 48 Groschen gerechnet — wenigstens 432 Schornsteine oder Feuerstellen gewesen sein.

Am 13. Juli 1376 baten die Rathmänner Hänsel Neukirch, Nicolaus Suntvoll, Andreas Schneider, Matthaeus Magenkur und Nicolaus Gelhose im Namen der ganzen Stadt den Herzog, einen Jahrmarkt auszurufen, der von dem Augenblicke an beginnen sollte, wo auf dem Thurme der S. Marienpfarrkirche die Vesper vom hl. Martinsfeste eingeläutet wird und acht Tage dauere, frei von allem Zoll und Brückengeld und jeder andern Abgabe für den Einzelnen. Nur geladene Wagen, die nicht aufbinden uoch niederlegen, sondern blos durchfahren, sollen Zoll, Brückengeld rc. wie gewöhnlich zahlen. Der Herzog bestätiget ihnen diesen Martini = Jahrmarkt in einer deutschen Urkunde, welche das 16. Privilegium der Stadt ist.

Johann begleitete Kaiser Carl **IV.** nach Frankreich und prangte bei dessen glänzenden Einzuge in Paris am 4. Januar 1378 unter den Ersten im kaiserlichen Gefolge. [2])

Unser Herzog besaß auch die Einkünfte von Jägerndorf und Freudenthal. In einer Urkunde d. d. Ratibor 1379 bewilligte er

---

[1]) Uebersicht der Arb. und Veränderungen der schl. Gesellsch. für vaterl. Kultur. (Breslau 1840). S. 22.

[2]) Vaterländisches Museum in Böhmen Märzheft 1828. S. 215.

die Errichtung einer Bleichanstalt in Jägerndorf an der Oppa, für Leinwand und Zwillich gegen einen jährlichen Zins.[1]

Johann I. starb 1382 und hinterließ die Wittwe Anna, welche noch 1405 lebte, 2 Söhne Johann und Nicolaus und eine Tochter Margareth. Von den Söhnen erhielt Johann unser Herzogthum, Nicolaus aber Jägerndorf. Als Letzterer 1414 starb, fiel Jägerndorf an Johann II. von Ratibor zurück. Margareth hatte sich dem Herzog Boleslaus von Teschen vermählt.

## Johann II. von 1382 bis 1424.

Im ersten Jahre seiner Regierung, nämlich am 19. November 1382 stellte er in Gemeinschaft seiner Mutter eine Urkunde für die Dominikaner aus.[2]

Am 17. August 1383 bekundete Johann II., daß Hansel von Reichenwalde seine Scholtisei zu Brzezie mit der Schenke, Mühle und dem 3. Theile der Gerichts- und Strafgefälle, mit allen Nutzungen, Wiesen c., an Stanislaus von Brzezie für 150 Mark Prager Groschen poln. Zahl verkauft habe. Der Besitzer der Scholtisei soll dem Pfarrer in Brzezie 10 Scheffel Korn und ebensoviel Hafer als Messalien geben und kann sein Vieh in Brzezie hüten lassen, wo er will, muß aber dem Herzoge mit einer Ballista dienen, wo es verlangt wird. Zeugen sind Buczi-voiko von Jejkowitz, Heniko Schilga von Lan Hauptmann,

---

In der Rathsversammlung am 9. Januar, in welcher 50 französische Prinzen, Herzoge und Grafen und 50 Personen aus dem Gefolge des Kaisers erschienen und in welcher König Karl V. die Ursachen auseinandersetzte, weswegen er den Engländern den Krieg angekündigt, war auch unser Herzog mit den Herzogen von Sachsen, Braunschweig und Pommern zugegen. Pelzel, Kaiser Karl IV. (Prag 1781.) 2 B. 929.

[1] Jägerndorfer Urkundensammlung Nr. 3.

[2] Wattenbach, Cod. II, 182.

Erjemfo von Borjicz, Johann Protonotar. An der im Städtarchive aufbewahrten Originalurkunde hängt an grüner Seide das schöne Reitersiegel des Herzogs mit der Umschrift in gothischen Buchstaben: sig. johannis dei gratia oppavie et rathiworie ducis. Auf dem Helm trägt er eine Art Geweih, auf der Brust einen Schild mit dem Adler, die Rechte schwingt das Schwert, dessen Scheide am Pferde herabhängt. Das Rücksiegel zeigt einen ausgebreiteten Adler mit der Umschrift s. johannis oppavie et rathiborie ducis.

Die 1363 dem Kloster Rauden geschenkten 4 Mark Kuttelhofzins waren etwas später um noch 4 Mark vermehrt worden. Dieser Zins gehörte zur Stadtvogtei und wurde bald vom Vogt bald von den Meistern der Fleischerzunft gesammelt und abgeführt. Als aber nach Gotsche's Tode Ritter Dobesch, Erbherr von Tworkau, die Vogtei erwarb, verweigerte er die Zahlung der letzteren 4 Mark und später weigerten die Fleischer die Zahlung. Die Sache kam zum Prozesse. Der Vicepfarrer der S. Marienkirche Paul Catussiae und der Notar Johann Jeschkonis von Michelau vernahmen im Auftrage des bischöflichen Official Nicolaus von Friberg Anfang Februar 1385 die Zeugen, von denen die Geistlichen den Eid auf die hl. Evangelien, die Laien aber unter Berührung des Crucifixes ablegten. Die Fragen wurden den Geistlichen und Stadtbewohnern in deutscher, den Bauern von Rauden in polnischer Sprache vorgelegt. Der Stiftsbrauer Johann (40 Jahr alt, früher durch 16 Jahr Fleischer in Ratibor) und sein Vorgänger Nitzko Melzer, jetzt Brauer in Peiskretscham, wurden deutsch examinirt.[1]

Der Official entschied zu Gunsten des Klosters und beauftragte am 14. April 1386 den Pfarrer von Altendorf mit der

---

[1] Wattenbach, Cod. dipl. II, XXXI—XLI.

Ausführung des Urtheilspruches. Das im rathhäuslichen Archive noch vorhandene Original zählt alle Fleischer Ratibors auf. Zunft=meister waren Nicolaus Grosschil und Johann Flickebir; die übrigen hießen: Mathias Kobirwiczer, Henzelin Volkil, Catharina Laurentii, Henil Stenczil, Johann Barth, Niezco Glywicz, Clösil Reinczkin, Nicolaus Grobchin, Heinrich Behn, Johann Enkurul, Peter Kin=dirmecher, Simon Cruczkonis, Greger Craczkonis, Laurenz Wal=kacz, Nicolaus Bule, Dorothea verwittwete Eiffridt, Dominik Czop, Johann Loczmann, Johann Wyntir, Martin Grose, Mar=tin Wuchirchin, Martin Houptchin, Mathias Petirmau, Mathias der Kuhnne, (aus Cujau?) Nicolaus Peme, Niezco Flensscher, Ma=thias Apt, Conrad Fleyscher, Gelyge (Aegydius) Nolcze, Aluscha (Adelheid) verwittwete Niezconis, Friedrich von Koslavia, Nico=laus Gedenke, Nicolaus Viner, Mathias Kozuch und Thomas.[1]

Das Kloster besaß seit der Gründung das Dorf Stanitz. Ritter Martin Gdula von Rybnik hatte aber noch in diesem Dorfe 1½ Hufe. Abt Peter kaufte den Fleck, der jenem erblich gehörte, um 9 Mark Prager Groschen polnischer Zahl mit Ge=nehmigung unseres Herzoges am 20. Juni 1391.[2]

Am 23. August (und 4. Septbr.) 1391 schenkte Johann II. in Ratibor dem Bischofe Johann in Crakau in Erwägung, daß er dessen Güter in dem Territorium von Slawkow und Lipowice (westlich von Crakau) verwüstet hatte, als Schadenersatz Groß=Chelm, Imielin und Kosstow im Plessischen.[3] Aus dieser Urkunde geht hervor, daß die Unterthanen des Herzogs verpflichtet waren,

---

[1] Die im Codex dipl. Sil. II, 36 gedruckten Namen sind nur einem Diplomatar entlehnt und daher nicht ganz genau. Der Johann Kindirmecher, welcher in unserer Urkunde, die ein halbes Jahr später als jene ausgestellt ist, fehlt, mochte bereits gestorben sein.

[2] Wattenbach, l. c. II, 41.

[3] Böhme, dipl. Beitr. I, 65.

6 *

bei Taufen und Trauungen der herzoglichen Familie eine Steuer zu entrichten. [1]

Unser Herzog war nämlich ein Zeit= und Gesinnungsgenosse König Wenzel **IV.** von Böhmen, lebenslustig, jähzornig und grausam. Erst in der letzten Hälfte des Lebens wurde er ver= nünftiger. Wie jener mehre Priester mit eigener Hand tödtete,[2] den hl. Johannes von Nepomuk martern und von der Prager Brücke in die Moldau werfen ließ, so ertränkte unser Herzog am 27. October 1390 die Pfarrer Conrad von Sorau und Matthias von Kreutzdorf, (³/₄ Meilen von Sorau entfernt). Die nähern Umstände sind leider unbekannt. Ein oberschlesischer Chronist, den Verhältnissen Rechnung tragend, gestattet sich nur die Bemerkung, daß der Landesherr dieses minus juste gethan. [3]

Die Geschichte hat uns leider noch mehre Thaten der Grau= samkeit aufbewahrt.

Auf der von Carl **IV.** im J. 1348 errichteten Burg Carl= stein bei Beraun waren immer zwei Burggrafen, einer aus dem Herren= der andere aus dem Ritterstande. Im Jahre 1396 fin= den wir unsern Herzog Johann, den neu ernannten Oberhofmei= ster des böhmischen Königs als Burghauptmann daselbst. Hier ließ er sich von einigen Mitgliedern des böhmischen Herrenbundes[4] zur Ausführung eines blutigen Anschlages gewinnen. Einige kö=

---

[1] Die weiteren Schicksale dieser drei Dörfer hat der in Oppeln verstorbene Reg.=Rath Schück im 1. Hefte des 3. Bandes der Zeit= schrift des Ver. für Gesch. und Alterthm. Schl. Seite 147--164 mit= getheilt.

[2] Continuator Pulkavæ in Codice Triboviensi.

[3] Matrikel des Collegiatstiftes S. 39.

[4] Die böhmischen Landesbarone standen gegen den grausamen König auf, schlossen sich dem Markgrafen Jost an und verhafteten Wenzel 1394, um seinen Ruchlosigkeiten Einhalt zu thun. Gegen diesen Herrenbund vereinigte sich eine Reaction, an deren Spitze der unruhige und kampflustige Procop im Bündnisse mit Herzog Semovit von Masovien, den Herzogen von Ratibor, Teschen und Oels stand. P. Ritter v. Chlumecki, Reg. der Archive Mährens. (Brünn 1856). **I, 173.**

nigliche Räthe wurden unter dem Vorgeben, es seien wichtige Nachrichten aus Deutschland eingetroffen, am Pfingstmontage (11. Juni) 1397 nach Carlstein gerufen. Während der Berathungen ging der Herzog mit den Herren Johann von Michalowicz = Schwamberg und Brenek von Riesenberg auf Skala aus dem Saale und ließ die Herren Burghard Strnad von Janowitz Oberkämmerer, Stefan von Opocna aus dem Hause Dobruska königlichen Hauptmann zu Breslau, Stefan von Martiniz zugenannt Poduska Hofkämmerer und den Maltheserprior Marcold von Wrutic in ein Kabinet rufen, in welchem schon bewaffnete Krieger lauerten. Diese hieben die sorglos Eintretenden auf der Stelle nieder. Unser Herzog selbst stieß dem Strnad das Schwert in den Leib. Marcold lebte noch einige Stunden, die andern drei blieben auf der Stelle todt.

Nach dieser unseligen That eilte Johann mit seinen Freunden sofort nach dem Königshofe bei Beraun, um dem Könige die Kunde von dem Geschehenen zu überbringen. Sie lieferten Beweise von den hochverrätherischen Absichten der Getödteten, überzeugten den König von ihrer Treue und Anhänglichkeit und erwarben sich ein Manifest vom 13. Juli, in welchem Wenzel ihre That rechtfertigt! Doch unser Herzog zog sich den Abscheu der Böhmen zu, welche ihn fortan nicht mehr Fürst Hans, sondern „Meister Hans" d. h. Scharfrichter nannten, welcher seinen Gästen eine böse Pfingstsuppe vorgesetzt. [1]

Johann verließ sein Oberhofmeisteramt und wurde königlicher Hauptmann der Grafschaft Glatz, die er pfandweise für 4000 Schock Groschen besaß. [2]

Der zweite Sohn Kaiser Carl **IV.** Sigismund, der 1386 zum Könige von Ungarn gekrönt worden war, lag Ende October 1400

---

[1] Palacki, Gesch. von Böhmen III. B. 1. Abthl. S. 102.

[2] Sommersberg, Sil. Rer. Scriptores I, 1083 theilt eine Urkunde mit, in welcher er am 16. November 1397 zu Glatz 7 Hufen in Ulrichsdorf bestätigt.

mit seinen Ungarn vor Ratibor und verwüstete 8 Tage hindurch die Umgegend.[1])

Im Jahre 1401 verlieh Wenzel dem Markgraf Procop von Mähren das Einlösungsrecht der Grafschaft Glatz von Herzog Johann und verschrieb ihm dieselbe nebst Frankenstein, Fürstenberg, Braunau und Politz.[2]) Unser Herzog kam also wieder in sein Land zurück. Am 30. April 1402 gab er zu Ratibor mit seinem Bruder Nicolaus den Gebrüdern Miczka und Jakosch von Babitz einen Freibrief über ihr Gut in Babitz.[3])

Wir fassen hier noch einige Acte der Grausamkeit zusammen, die uns Dlugoß aus jener Zeit berichtet.

Unser Herzog trug gegen die Herzoge von Teschen bittern Groll. Als er erfuhr, daß Przemislav zum Besuche seines Vaters gereist sei, ließ er ihm am Neujahrstage auf der Heimfahrt durch sieben Meuchelmörder, an deren Spitze Martin Chryan stand, auflauern und ihn erschlagen. Der greise Vater erspähte nach langem Suchen den Aufenthalt des Gedungenen bei Zampach in Mähren, ließ ihn nach Teschen bringen, hier auf ein ehernes, glühend gemachtes Pferd setzen und durch die Stadt führen. Drei Henker gingen nebenher und rissen ihm mit glühenden Zangen Stücke aus dem Leibe. Auch die Helfershelfer büßten ihren Frevel.

Ein jüngerer Bruder des erschlagenen Herzogs, Namens Boleslaus, der sich mit Margareth, der Schwester unseres Johann, vermählt hatte, wollte des Mordes wegen und da die Gattin unfruchtbar blieb, seine Verpflichtung, ihr als Leibgedinge die Veste Oderberg zu geben, nicht halten. Johann aber drang auf Erfüllung der Zusage und drohte mit Gewalt.

Außerdem hatte Boleslaus zum Nachtheil des blühenden Salzhandels in Ratibor eine gleiche Niederlage in Teschen

---

[1]) Collegiatstiftsmatrikel S. 39.

[2]) Codex Przemyslaeus Fol. 72.

[3]) Abschrift im Archive der Breslauer Kammer.

errichtet, was Johann nicht gestatten wollte. So war mannig=
fache Veranlassung zum Zwist; doch verglichen sie sich wegen der
Salzniederlage auf Vermittelung mehrer vornehmen Herren am
8. September 1407.[1])

Indeß war Wenzel (1400) von den Kurfürsten abgesetzt
und zweimal gefangen genommen worden. Aus der letzten Ge=
fangenschaft zurückgekehrt nahm er die Zügel der Regierung kräf=
tiger in die Hand und sann darauf, sich durch Bündnisse zu
stärken. Unser Herzog übernahm eine Gesandtschaft an König
Wladislaus Jagello von Polen, der in Folge dessen nach
Breslau kam, wo Wenzel und Jagello am 25. Juli 1404 ein
Schutz= und Trutzbündniß schlossen.[2])

Dienstag nach S. Michael 1404 waren unser Herzog und
Herzog Przemko von Troppau im Dorfe Krenowitz (Kranowitz) und
kamen überein, eine Erbverbrüderung zu schließen. Merkwürdig ist,
daß Przemko dies that, obgleich er bereits einen mündigen Sohn
hatte, und daß nicht bloß Anna die Mutter unseres Johann, son=
dern auch dessen Bruder Nicolaus in diese Vereinigung einwillig=
ten. Doch trat Johann schon 1416 und Przemko 1422 von
dem Vertrage zurück. Die Annulirung der Verschreibung wurde
in die Stadtbücher eingetragen.[3])

Im Jahre 1405 wurde die Stadt Freudenthal nebst Zube=
hör zwischen den herzoglichen Brüdern Johann und Nicolaus getheilt.[4])

Johann vermählte sich mit Helena, Tochter des Herzog
Coribut von Lithauen. Bischof Petrus von Crakau beglei=
tete die Braut nach Pleß, wo sie am weißen Sonntage 1407
eintrafen.[5])

Am 16. November 1407 war unser Herzog in Rybnik
und bestätigte die Uebergabe einer Mark Zins auf Uchylsko zu

[1]) Sommersberg, Rer. Sil. Scriptores I, 732.
[2]) Długoss, hist. pol. lib. X, p. 181.
[3]) Manuscript der Fürstensteiner Bibliothek Nr. 215.
[4]) Wattenbach, Codex dipl. Sil. II, 48.
[5]) Collegiatstiftsmatrikel S. 39.

einer Seelenstiftung für den Hauptmann Wanke zu Pleß. Ein Jahr später bestätigte er zu Ratibor einen Vergleich des Abtes Nicolaus Braunfeld mit Stefan Krobicza von Golliow wegen eines Teiches.[1]

Wenn der unruhige Geist keine Nahrung in seiner Heimath fand, suchte er in der Ferne Turniere und Fehden auf. Im J. 1414 finden wir ihn mit vielen schlesischen Fürsten (Bernhard von Oppeln, Boleslaus von Teschen, Conrad von Oels, Wenzel von Glogau und Wenzel von Troppau) auf Seite der Polen gegen die deutschen Ritter in Preußen. Hierauf scheint er etwas ruhiger geworden zu sein. Durch Dotirung mehrer Canonicäte und Verlegung des Collegiatstiftes von der Burg nach der Stadt suchte er die Vergangenheit zu sühnen.

Inzwischen war Ende October 1415 im Hause des Juden Daniel ein Feuer ausgebrochen, welches fast die ganze Stadt einäscherte.[2]

Als König Wenzel von Böhmen am 16. August 1419 starb, wurde sein Bruder Sigismund Nachfolger. Bei der Huldigung in Breslau am 6. Januar 1420 hatte sich neben hoher Geistlichkeit und mehren Churfürsten auch unser Herzog eingefunden. Die hussitisch Gesinnten aber wollten Sigismund nicht als König anerkennen und trugen im August 1420 die Krone dem König Wladislaus Jagello von Polen an, der sie jedoch ausschlug. Inzwischen hatte sich Sigismund Ende Juli 1420 in der Metropolitankirche zu Prag krönen lassen. Auf einem Landestage zu Kuttenberg am 4. September 1421 wurde beschlossen, die Krone dem Bruder Jagellos, dem Großfürst Alexander Witold von Lithauen anzutragen. Eine ansehnliche Gesandtschaft wurde sofort dahin abgefertigt. Als diese Mitte September nach Ratibor gelangte, wurde sie sammt Gefolge von unsern Bürgern gefangen genommen.

---

[1] Wattenbach, Cod. dipl. Sil. II, 51.
[2] Collegiatstiftsmatrikel S. 40.

Die kühne That verursachte eine große Aufregung in Böh=
men und Polen. Man beschloß Rache. Fürst Witold, sein Neffe
Prinz Korybut und König Wladislav schrieben in dieser Angele=
genheit unserem Herzoge sehr empfindlich, und als die Drohworte
ohne Erfolg blieben, rüstete sich Wladislab zum Kriege wider
Ratibor. Am 23. October kam eine Gesandtschaft von Witold
nach Prag mit der Aufforderung, die Prager möchten von der
einen Seite ein Heer abschicken, während er seinerseits den Bru=
dersohn Sigismund Korybut absenden werde. Aber Herzog Jo=
hann kam dem Angriffe zuvor, indem er die Gefangenen auf den
Spielberg in die Hände des König Sigismund auslieferte. Die=
ser ließ die Treulosen nach Trencin ins Gefängniß absenden, das
Gefolge aber in Brünn enthaupten. Doch wurden die böhmischen
Gefangenen schon im nächsten Frühlinge ausgewechselt und freige=
geben. [1]

Im Jahre 1420 bekundete Johann, daß der wohltüchtige
Peßke von Brzezie seinem Sohne Petrassin die Hälfte seines in
Brzezie gelegenen Gutes und nach dessen und seiner Frau Mar=
gareth Tode auch das andre Halbtheil erblich überlasse. Zeugen
der im Magistratsarchive aufbewahrten deutschen Urkunde sind: Ste=
fan Rassicz Hauptmann in Ratibor, Johann von Tworkau, Strzela
von der Belcznicz, Markus Ros, Nicolaus von Rybnik Pfarrer
zu Jedlownik und Canonikus Nicolaus herzoglicher Schreiber.

Unser Herzog erscheint zum letzten Male mit sämmtlichen
oberschlesischen Fürsten bei der Krönungsfeier der letzten Gemahlin
Jagellos, Sophie, Tochter des Herzog Andreas von Kiew, am 12.
Februar 1424 zu Crakau, starb dann am 12. August und fand
im Kloster der Dominikanerinnen zu Ratibor nach einem vielbe=
wegten Leben seine Ruhestätte. [2] Er hinterließ die Wittwe

---

[1] Palacki, Gesch. Böhmens III. B. II. Abthl. S. 259.

[2] Die Ratiborer Chronik hat zwar 1423 als Todesjahr, aber
da Długosz lib. XI, Math. de Michovia lib. IV, cap. 46 und Cro=
mer lib. 19 einstimmig angeben, daß er der 1424 stattgefundenen
Krönung beigewohnt, so ziehen wir das spätere Jahr vor.

Helena, welche 1447 noch lebte und zwei Söhne, von denen
der ältere Nicolaus bei dem Tode des Vaters erst 15 Jahre
zählte, der zweite Wenceslaus noch sehr jung war. Zum Seelenheile des Verstorbenen gründete die Wittwe mit ihrem Erstge-
borenen einen Altar zu Ehren der hl. Petrus & Paulus, Jakobus, Christofor und Agnes in der Pfarrkirche zu Loslau, welche
Dotation Bischof Conrad bei seiner Anwesenheit in Ujest am
2. December 1425 bestätigte. [1]

## Wenceslaus von 1424 bis 1456.

Die Söhne Johann II. regierten Anfangs gemeinschaftlich.

Im Jahre 1426 wurde fast die ganze Stadt ein Raub der
Flammen, so daß nur 18 Häuser übrig blieben; auch die Thürme
der Stadtmauern brannten nieder, ebenso das Leobschützer Thor
und das Thor, das nach dem Schlosse führt. Die Kirche büßte
ihre Thürme mit den Glocken und viele Sachen im Innern ein.[2]

Die Hussiten, welche nach langen innern Kämpfen ihre
Plünderzüge in die Nachbarschaft ausdehnten, kamen im März
1428 nach Schlesien. Bei Annäherung dieser gefürchteten Horden ergriff immer ein solcher Schrecken die Heere, daß sie meist
die Flucht ergriffen. Die Stadtbewohner verließen angstvoll ihre
Wohnungen und verbargen sich in Wäldern und Gebirgen.

Als die utraquistischen Böhmen einen Streifzug nach Oberschlesien machten, fanden sie Ostrau, Katscher und Hotzenplotz bereits menschenleer. Fürst Wenzel von Troppau ergab sich mit
Leobschütz und Grätz gutwillig und schloß sich ihnen an. Am
13. März eroberten sie Oberglogau, wo sich Gewappnete aus
Züls, Neustadt und Strehlitz eingefunden. Herzog Bolko von
Oppeln, der auf der Universität Prag studirt, daselbst Johann
Huß gehört hatte und sogar Magister geworden war, erschien
jetzt persönlich bei den Hussiten und versicherte sie durch einen

---

[1] Originalurkunde im Loslauer Stadtarchive.
[2] Collegiatstiftsmatrikel S. 40.

Eidschwur, es mit ihnen zu halten. Sie setzten hierauf ihre Raubzüge nach Niederschlesien fort. Vor ihrem Abzuge sollen auch die übrigen oberschlesischen Fürsten mit jenen Horden Vergleiche geschlossen haben.

Im Frühlinge 1430 abenteuerten im Dienste der böhmischen Taboriten und Waisen Boleslaus von Oppeln, Sigismund Korybut von Lithauen und Fürst Friedrich von Rußland. Sie eroberten am 13. April Beuthen, nahmen am 17. April Gleiwitz mit Sturm und bemächtigten sich der Städte Brieg und Rimptsch, daß sie als Schlüssel von Neuen befestigten. Conrad von Oels und Kosel aber erwarb ein Jahr später Gleiwitz wieder.

Nach dem Abzuge der hussitischen Truppen aus Schlesien wagten die Treugebliebenen, die Hussitenfreunde zu bekriegen. Herzog Nicolaus von Ratibor zog gegen Boleslaus von Oppeln und schlug ihn bei Rybnik am 13. Mai 1433 dergestalt, daß dieser nur durch Flucht sein Leben rettete. Auch Breslau und Schweidnitz vertrieben drei Tage später die hussitische Besatzung aus Rimptsch und im nächsten Jahre erlitten die Feinde große Niederlagen.

Unter den Fürsten und Ständen, welche im Februar 1435 zu Breslau auf Veranlassung des Kaiser Sigismund den zweiten Landfrieden auf vier Jahr schlossen und den Bischof von Breslau zum Hauptmann erwählten, waren auch unsre beiden Herzoge anwesend. [1]

Am 25. November 1436 nach Mitternacht nahm Nicolaus Leobschütz ein und Puklicza um dieselbe Zeit auf Veranlassung des Herzog Wenzel von Grätz die Stadt Sorau. [2]

Am 4. September 1437 geben Nicolaus und Wenceslaus dem herzoglichen Jäger Mikulzin das Dorf Camin im Rybniker

---

[1] Sommersberg I, 1019.
[2] Rat. Chronik in der Collegiatstiftsmatrikel S. 49.

Gebiete sammt Scholtisei und Mühle, die er von Mikolacz um
12 Mark guter Groschen gekauft, zu einem Erbgute.[1]

Am 15. October desselben Jahres theilen die Mannen von
Ratibor, Jägerndorf und Rybnik das Land zwischen den herzog-
lichen Brüdern. Nicolaus II. erhält Jägerndorf und Rybnik,
Wenceslaus aber Ratibor.[2]

Nachdem König Sigismund am 9. December 1437 gestorben, fand die von den Katholiken getroffene Wahl des Herzog
Albrecht von Oesterreich, der ein Schwiegersohn Sigismund's
war, Schwierigkeiten. Die Hussiten nahmen Casimir, den drei-
zehnjährigen Bruder Wladislavs von Polen, als König an.
Albrecht aber wurde am 29. Juni 1438 gekrönt und die Gegner
erlitten bei Zelenic eine Niederlage. Da beschloß Wladislav, seinen Anhängern mit ganzer Macht beizustehen. In Czenstochau
theilte er sein Heer in zwei Theile. Mit dem einen rückte er
über Lublinitz und Strehlitz nach Ratibor. Am 6. October bekannten sich zu Strehlitz die Herzoge von Oppeln und Glogau, wie
auch unser Wenzel zu Casimir, am 18. October mußte Wenzel
zu Ratibor seine Zusage wiederholen, erklärte aber kluger Weise:
dem zum Könige von Böhmen Erwählten erst dann den Lehnseid
zu leisten, wenn derselbe mit dem Diadem geschmückt sein werde.[3]

Nach der Chronik von Ratibor, die mit Palacki's Darstellung genau übereinstimmt, lagen Wladislav und Casimir am
28. October mit großem Heere vor Ratibor, wo sie großen Schaden anrichteten. Aber es wurden viele von den Polen, Lithauern
und Russen getödtet. — Indeß waren die Ungarn in Polen ein-
gebrochen und Wladislav kehrte heim.

Albrecht, der am 26. November 1438 die Huldigung zu
Breslau erhalten, starb schon am 27. October des nächsten Jahres

---

[1] Georg Hanns Lorentzens Privilegien (1661). S. 142.

[2] Registr. s. Wenceslai Fol. 606.

[3] Dogiel, cod. dipl. Polon. I, 8 und Sommersberg I, 1010
und 1011.

und hinterließ als Erben den noch ungeborenen Ladislav. Schlesien erkannte Elisabeth, die Wittwe Albrechts und einzige Tochter des Kaiser Sigismund, als Königin an.

Am 2. September 1439 nahm Hans Glaras von Gläsen in dem Streit mit Herzog Bernhard von Oppeln zu Schiedsrichter Hans Clema von der Elgot und Stefan Schilhan.[1]

Damals herrschte eine solche Theuerung, daß man einen Scheffel Roggen um ein Schock Groschen kaufte, auch waren die Geldstücke schlecht. [2]

Herzog Nicolaus bestätigte zu Rybnik 1444 der Frau Margareth von Gassowitz, Tochter des Stefan von Maschütz, die Uebergabe all ihrer Habe in seinem Gebiete mit dem Gelde, das sie auf Kokoschütz stehen hatte, an ihren Gemahl Nicolaus Schilhan von Otmuth.[3]

Wenzel vermählte sich mit Margareth von Schamotuli, der Tochter des Castellan von Miedzerzhce Dobrogost (Vincent) und Schwester des Peter von Schamotuli, der später als Castellan von Posen und Capitain von Großpolen auftritt. Der Herzog verschrieb der Gattin, die früher drei Monate mit Herzog Casimir von Masovien vermählt war,[4] am 19. Januar 1445 mit Einwilligung der Barone als Witthum folgende Besitzungen:

Schloß und Stadt Ratibor, die Neustadt mit der ganzen Obervorstadt sammt den beiden Mühlen, der einen, welche unter der Burg liegt, der anderen, die städtisch ist; ausgenommen ist die Mühle auf der Psinna, die er sich und den Nachkommen reservirt, zu welcher nach alter Gewohnheit das Zinsgetreide gebracht wird.

[1] Registr. s. Wenceslai 233, Fol. 282.
[2] Chron. von Rat. in der Collegiatstiftsmatrikel S. 39.
[3] Wattenbach, Cod. dipl. Siles. II, 188.
[4] Długosz, lib. XIII, S. 341.

Ferner die Vorwerke auf dem Planum (na Goli; noch im 16. Jahrhundert wurde diese von Wäldern entblößte kahle Gegend „das blanke Feld" genannt): das Vorwerk im Dorfe Niedane, das Vorwerk Ottitz, das Vorwerk in Bojanow mit allem Nutzen und Zubehör, ferner alle seine Dörfer auf dem Planum, nämlich Altendorf, Neugarten, Proschowitz, die breite Gasse, [1] Niedane, Brzezie, Rudnik, Schonowitz, Pawlau, Mackau, Janowitz, Ottitz, Lekartow, Bojanow, Benkowitz, Studzienna, Gammau, Krawarn und Podlesch mit allen Einkünften und Nutzungen, dem Zoll in Ratibor, dem Patronatsrechte der Kirchen und Präbenden, dem oberen und niederen Gericht — alles mit demselben Rechte, wie es die Herzoge besessen.

Auch verschrieb er ihr die Lehens- und adlichen Insassen auf der anderen Seite der Oder mit ihren Dörfern zu Diensten und zur Vertheidigung des Schlosses und der Stadt: ferner zwei Fischteiche auf der rechten Oderseite, einen am Berge jenseits des Flusses Langan, den andern in Markowitz, sowie alle zum Schlosse gehörigen Fischereien auf dem jenseitigen Ufer. Das Alles soll sie auf Lebenszeit haben, falls sie Wittwe bleibt, wenn sie aber sich wieder verheirathet, sollen die Erben ihr statt der Güter 6000 Mark böhmische Groschen polnischer Zahl aushändigen. [2]

Am Tage vor dem ersten Fastensonntage 1447 trafen unsre beiden Herzoge und Boleslaus von Teschen in Crakau ein und schlossen mit der Krone Polens einen beständigen Friedensvertrag. [3]

Am dritten April desselben Jahres vor Mitternacht brach bei dem Brauer Nicolaus oder seinem Nachbar ein Feuer aus, welches die ganze neue Gasse bis zum Neuthor ergriff. [4]

---

[1] wahrscheinlich das spätere Branek und heutige Brunken.

[2] Wattenbach, Cod. dipl. Sil. II, XXIV.

[3] Długosz, hist. pol. II, 26 u. Sommersberg II, Mantissa 88. Auch das Fürstenthum Breslau hatte mit König Casimir einen Frieden zu Peterkau geschlossen! Magazin für deutsche Geschichte und Statistik (1784) I, 55.

[4] Collegiatstiftsmatrikel S. 40.

Ende Juni war unser Herzog bei der Krönung des König Casimir von Polen zu Crakau. [1]

Fehden und Heerfahrten, die schon früher Sitte geworden, hatten durch die Hussitenkriege Nahrung gefunden. Nicht blos der Adel, sondern auch Fürsten kämpften aus Geiz und Rache gegen die durch Handel und Fleiß reich gewordenen Städte, deren Bürger mächtig aber auch stolz und übermüthig geworden. Von den Schlössern herab befehdete man das Eigenthum der Städte, trieb die Heerden ein, überfiel und plünderte Diejenigen, welche sich herauswagten, oder nahm sie gefangen, um für ihre Freiheit ein Lösegeld zu erhalten. Auch von Ratibor berichtet eine alte Chronik, daß Herzog Wenzel im J. 1448 die meisten Bürger auf dem Schlosse einsperrte und sie nach Willkür schätzte. [2]

Nach Wladislavs Tode hatte dessen Sohn Casimir die Krone Polens angenommen. Während seines Aufenthaltes in Crakau im Sommer 1448 kamen die Herzoge von Ratibor und Auschwitz zu ihm und sagten ihm Beistand und Treue zu. [3]

Zwischen den Bürgern und dem Herzoge muß ein gutes Einvernehmen sich wieder hergestellt haben, da er ihnen am 10. Juni 1453 ein nach ihrer Meinung wichtiges Privilegium ertheilte. Bürgermeister, Rathmannen und geschworene Schöffen sammt den Zunftmeistern waren nämlich eins geworden, in dem Stadthacke zwischen der Oder und der Stadt hinter dem S. Nicolaus-Hospital an der Oder hinauf einige Teiche durch Ausgrabung des Bodens und Aufwerfen von Dämmen zum Nutzen der Stadt anzulegen und aus der Psinna zu bewässern, wodurch die Stadt gleichzeitig mehr befestigt werden würde. Wenzel erlaubte bis zu den Stadtäckern hinter Neugarten Wasser aus der Psinna hereinzuleiten, doch dürften weder seine Mühlen

---

[1] Math. de Michovia IV, cap. 58.
[2] Collegiatstiftsmatrikel I, 39.
[3] Długosz, hist. pol. II, 41.

noch die der anderen Leute dadurch Schaden leiden, auch erklärte er, in die Fischerei (dieser Teiche) sich nicht mischen zu wollen.[1]

---

[1] Durch die Anlegung der Teiche wurde ein großer Theil der Stadt bis an die Mauern mit Wasser umgeben, die Dämme schützten zugleich gegen die häufigen Ueberschwemmungen der Oder. Laut Urbarium von 1532 bestanden noch 4 Teiche, in den ersten setzte man 60, in den zweiten 50, in den dritten 40 Schock Fisch-Samen. Der vierte lag damals wüst.

Nach einer Rechnung vom Jahre 1587 waren zwei Teiche den Bürgern zur Besämung ausgemessen worden, der erste brachte 8 rtlr. 32 gr. 6 hell., der andre, Mittelteich genannt, 7 rtlr. 27 gr. (der rtlr. zu 36 gr. gerechnet) Zins. Diese beiden Teiche bringen laut Urbar von 1595 noch denselben Zins von 16 rtlr. 23 gr. 6 hell. und erfahren wir aus demselben, daß die Stadt damals sechs Teiche hatte; der dritte sollte noch ein Jahr, der vierte noch fünf Jahr unbesetzt bleiben, der fünfte war mit 11 Schock besetzt, der letzte war ein Samenteichlein. Bei dem Stadtgraben hatten mehre Bürger Hälter und zahlten für jeden 6 gr. Pacht, was 12 rtlr. 6 gr. einbrachte.

Wenn auch nicht zu verkennen ist, daß diese Teiche zum Schutze der Stadt dienten, die Fischerei einigen Gewinn brachte und der freundliche helle Wasserspiegel das Auge erfreute, so kam man doch später von der allgemeinen Sucht, Teiche anzulegen bald ab, als man erkannte, wie nachtheilig für die Gesundheit diese stehenden Gewässer wirkten. Sie wurden zu Aeckern und Wiesen benutzt und brachten der Kämmerei ziemlichen Ertrag. Schon in dem Entwurfe des Urbariums vom Jahre 1749 werden Teiche gar nicht mehr erwähnt und in einer 1750 aufgenommenen Karte sind diese Stücke genannt „Teiche so denen Bürgern vermiethet sind."

Interessant ist die Untersuchung, die Lage dieser Teiche herauszufinden. Der Oberlandesgerichtsreferendar Schwarz verfertigte, als er im März 1833 Syndikus wurde, ein Verzeichniß nebst summarischer Inhaltsanzeige sämmtlicher im Archive der Stadt befindlichen Dokumente und begleitete einige derselben mit Anmerkungen, in welchen er die früheren Versuche des Director Noski und Syndicus Burger rectificirte.

In dieser Sammlung sprach er seine Meinung und Ansicht über die Oertlichkeit jener Teiche also aus: Meines Erachtens bestanden diese Teiche innerhalb des sogenannten alten und neuen Doctorganges.

Der 1. in der Nähe des Hospitals ad s. Petrum & Paulum vom grünen Baum an der Straße um die Stadt vom Oderthor zum neuen Thor bis an Anlaufs (früher Sanders) Garten längs des Dammweges nach der Oder bis zum neuen Doctorgange und dort zurück bis an den grünen Baum.

Der 2. von Anlaufs Garten schräge durch auf Hilmers Garten zu (wo rechts der Planken auf dem Wege zum Schießhause aufhört) längs dem Wege nach dem Schießhause bis an den neuen Doctorgang und dort fort bis zu dem obenbenannten Wege nach der Oder.

Der 3. unterhalb Hilmers Garten längs dem schroffen Abhange der Neugartener Gartengründe, bei dem neuangelegten Kirchofe vorbei

Es ist dies das 18. Privilegium der Stadt und zwar das letzte, das in deutscher Sprache ausgefertigt wurde. Von nun an

---

bis an die Höhe, wo jetzt die Scheuer steht, dann in fast grader Richtung auf die Oder zu bis an die scharfe einwärtsgehende Ecke des alten Doctorganges und auf diesem zurück bei dem neuen Schießhause vorbei bis an den neuen Doctorgang.

Der 4. oberhalb desselben längs demselben Abhange bis zum Ende Neugartens zur Viehweide und den Morgenstücken (die auch die Urkunde bezeichnet) und dann auf dem alten Doctorgange zurück bis an jene scharfe Ecke.

Der 5. und 6. müssen sehr klein gewesen sein und können einzelne Theile der vier großen Teiche sein, von denen das Urbar von 1532 auch nur redet. Auch ohne Nivellement kann Jeder sich leicht überzeugen, daß eine Bewässerung aus der Czynna (Psinna) leicht von der Johannesstatue am Wege nach Troppau von Neugarten aus x. bewerkstelligt werden konnte, nur mußte das Wasser dann aus dem 4. in den 3., aus diesem in den 2. und aus diesem in den 1. geleitet werden, von dort aber in die Oder. Der Augenschein zeigt auch heut noch die Ausflüsse; besonders kenntlich ist der des 3. Teiches durch den alten Doctorgang bei dem neuen Auditor'schen Hause; der des ersten in der Nähe des grünen Baumes in die Oder.

Der 1. und 2. Teich sind offenbar nach der Oder zu ausgegraben und die Erde zum Damm aufgeworfen; ihr Terrain senkt sich durchgehends von der Stadt aus bis an den Fuß des Dammes, und dieser steht am Saume eines höheren Terrains, welches im Laufe des vorigen Jahrhunderts einmal bis an den Fuß des Dammes, einmal etwas weiter unterhalb bis in die Nähe desselben von der im Durchschnitt nur 100 bis 200 Schritt entfernten Oder weggerissen und zum Theil wieder aufgeworfen worden ist.

Der 4. Teich hat eine umgekehrte Abdachung nach der Stadt respective nach Neugarten zu; sein Schutzdamm gegen die Oder liegt auf keiner Erdkante, sondern auf einer sanften Erhöhung, von welcher aus sich das Terrain auf Neugarten zu senkt. Die dort befindliche, den 4. und 3. Teich auf die Stadt zu begrenzende Höhe ist nach einwärts zu gebogen, und ist offenbar, oder es müßte mich meine Erfahrung der Art trügen, ein ehemaliges Oderbette. Der Fluß strömte von oben neben den nachmaligen Morgenstücken und der Viehweide, (die nach den Schenkungen der Herzoge bis an die Oder gingen) in grader Richtung gegen die Stadt und wendete sich im Bogen an der Höhe herum, und bei der nachmaligen von mir dafür angesehenen Scheidewand des 3. und 2. Teiches nach der Oder zu. In dieser Gegend (die tiefste des Terrains) mußte auch der höchste Damm errichtet werden. Der Ausfluß ist aber entweder gänzlich verschwunden, oder dort zu suchen, wo heut am neuen Doctorgange auf der Oderseite die Wiese liegt. Diese ist übrigens (1750) eine Zeitlang das Bett für einen Oderarm gewesen, der sich damals durchbrochen hatte.

Bereits im 14. Jahrhunderte mußte dieser Oderlauf (vermuthlich ohne Zuthun) aufhören, weil sonst die Schenkungen nicht füglich erfolgen konnten. Zwischen den noch später angeschwemmten Fleischer-

7

beginnen die Urkunden in flavischer Sprache. Die Zahl der Polen scheint inzwischen zugenommen zu haben, da um das Jahr 1430 eine Kapelle an die Collegiatkirche angebaut wurde, damit die eine Zunge in dieser, die andere in der Hauptkirche das Wort Gottes verkünde.

Daß unser Herzogthum bis in die Gegend von Bauerwitz reichte, ersehen wir aus einer Urkunde vom 17. März 1454, laut welcher Herzog Wenceslaus bestätigte, daß Jarosch von Rackau einen Antheil von Laniez (Lonczkow) an Johann Zwierzyna für 110 Mark verkauft. [1]) Den 20. August desselben Jahres brannte die Stadt Kosel fast ganz ab. Nur die Wohnung des Comthur, die Schule, das Bad und drei Häuschen blieben stehen. Auch Sorau ward bald darauf ein Raub der Flammen.

Die Wittwe des zur Zeit der Pest 1452 gestorbenen Herzog Nicolaus wohnte in Pleß. Unser Herzog beanspruchte diese Stadt und belagerte dieselbe 1454, da jene sich widersetzte, sieben Tage lang, worauf eine Ausgleichung erfolgte. [2])

Ladislaus war in Prag als König von Böhmen gekrönt worden. Die Fürsten und Städte Schlesiens waren bei dieser Feier gegenwärtig und leisteten ihm den Eid der Treue. Nur Breslau weigerte sich, dahin Vertreter zu schicken und bat den König, nach Breslau zu kommen. Am 5. December 1454 hielt der 15jährige Ladislav mit Georg Podiebrad seinen feierlichen Einzug in die Hauptstadt Schlesiens und empfing am 11. December

---

wiesen und dem alten Doctorgange ist ebenfalls nach ein altes Oderbett sichtlich, längs welchem aufwärts die Morgenstücke liegen.

Die heut noch kenntlichen Teiche heißen „Teichstücke und sind Eigenthum einzelner Bürger und Bewohner von Neugarten. Noßl und nach ihm Burger waren der Meinung, durch diese Urkunde seien die Teichstücke der Stadt geschenkt worden, aber das waren sie schon 1267, 1305 und 1308, auch baten ja die Bürger nicht um Schenkung des Grundes, sondern um Erlaubniß, durch Ausgraben und Wasserzuführung Teiche errichten zu dürfen."

[1]) Unter den Urkunden im Provinzialarchive des Collegiatstistes.
[2]) Stiftsmatrikel S. 40.

die Huldigung. Unter den Fürsten, die daselbst erschienen, befand sich auch unser Herzog Wenceslaus.[1] Verschiedene Feste und Turniere wurden veranstaltet, erst Ende Januar des nächsten Jahres verließ der König Breslau.

Der älteste Schuldschein, der auf unsere Zeit gekommen ist, datirt vom 16. März 1456 und ist ausgestellt von den Rathmannen Michael Leczmann, Stefan Warzplczer, Barthos Gwozd, Heinrich Fleischer, Nicolaus Pfennig. Die Stadt lieh nämlich 20 Schock Groschen aus einer Fundation, und zahlte dem polnischen Prediger Mathias jährlich 2 Schock Interessen.

Wenceslaus starb am 29. October 1456 und hinterließ die Wittwe Margareth, die erst am 5. November 1464 das Zeitliche segnete und neben ihrem Gatten im Jungfrauenkloster zu Ratibor bestattet wurde.[2] Ein Sohn Johann **III.** und drei Töchter gingen aus dieser Ehe hervor. Von letzteren vermählte sich Catharina mit dem Castellan von Nakel Wladislav von Damoborz, Helena mit dem gelehrten Castellan von Miedzirzecz Johann von Ostrorog, Anna aber starb als Aebtissin von Trebnitz am 7. December 1469.

Nicolaus hatte sich zweimal vermählt. Erstens mit Margareth, der Tochter eines seiner Ritter aus der Familie Clema von Elgot. Zweitens mit Barbara Rorenberg, der Wittwe eines Crakauer Patriziers, die er Fastnacht 1451 heimführte.[3] Mit der ersten Gattin erzeugte Nicolaus einen Sohn, welcher zum Unterschiede von seinem gleichnamigen Vetter „Johann der Aeltere" genannt wird. Nicolaus von Rybnik war schon am 22. December 1452 gestorben, als die Pest hier grassirte;[4] sein erstgeborener Sohn Johann der Aeltere residirte in Loslau und

---

[1] Stiftsmatrikel S. 40.
[2] Długosz hist. pol. II, 219 nennt den 31. Oktober 1457 als Todestag, aber sein Nachfolger stellt schon 4. März 1457 eine das Collegiatstift betreffende Urkunde aus; auch sagt die Ratiborer Chronik, daß Wenceslaus Freitag vor Allerheiligen 1456 gestorben.
[3] Collegiatstiftsmatrikel S. 40.
[4] Collegiatstiftsmatrikel S. 40.

starb 1483, liegt aber auch im Jungfrauenkloster zu Ratibor be=
graben, sein zweiter Sohn der fehdesüchtige Wenzel, welcher
Pleß, Sorau, Loslau und Rybnik hatte, war ein schlechter
Mensch, erstürmte Pleß, ließ seine Stiefmutter in ihre Heimat
nach Crakau ziehen, nahm deren Bruder Hieronym gefangen und
starb endlich selbst als Gefangener in Glatz 1479.

## Johann III. von 1456 bis 1493.

Vor dem neuen Thore standen damals Forsten, denn in
einer Urkunde von 1381 wird schon die Waldgasse links
von der langen Gasse am neuen Thore genannt, wo sich
Gärte befanden, und noch 1456 wird gesagt, daß die lange
Gasse und die Waldgasse an beiden Seiten des Waldes liegen.
In einer Urkunde des letztgenannten Jahres wird Altendorf,
das bisher „Dorf bei dem hl. Nicolaus" hieß, zum ersten Male
genannt. Dieser neue Name wurde wahrscheinlich zum Gegensatze
von Neugarten gewählt, das schon 1313 einen Schulzen hatte.[1]
Das Jahr 1456 war sehr feucht, unser Chronist erwähnt
24 Ueberschwemmungen; dagegen war das nächstfolgende Jahr
überaus trocken.
Nach Ladislavs frühzeitigem Tode hatten die Ungarn, welche
eines Anführers gegen die Türken bedurften, Mathias, den
Sohn des tapferen Woiwoden Johann Huniades Korvin zum
Könige gewählt, die Böhmen dagegen wählten ihrerseits Georg
Podiebrad. Die Schlesier waren nicht geneigt, seine Wahl
anzuerkennen, einmal weil sie nicht dazugezogen worden waren
und dann, weil er ein Anhänger der Hussiten. Oberschlesien blickte
auf Polen hin. Am 26. Juni 1457 schließt in Ratibor Herzogin
Margareth mit König Kasimir einen einjährigen Waffenstillstand.[2]
Auch Barbara die Wittwe des Herzog Nicolaus und deren Sohn

---

[1] Wattenbach, Cod. dipl. Sil. II, 190.
[2] Sommersberg II, mantissa 89.

Johann sammt einigen Adligen schloßen einen Waffenstillstand am 29. Juni zu Czwilin. [1)]

Am 28. August 1457 beschloßen zu Oberglogau die Herzoge Bolko und Nicolaus von Oppeln, Conrad von Kosel, Johann von Ratibor und Johann von Troppau, ihre Streitigkeiten mit einigen Mähren beizulegen, und unterwarfen sich dem Schieds= spruche des mährischen Landeshauptmann Johann von Chmburg,[2)] der mit Weisheit und Festigkeit des Landes Zügel führte.

Am 9. April 1464 wurden zu Ratibor Herzogin Margareth mit Johann III. einerseits und den Neffen Hans und Wenzel anderseits durch Primislav von Teschen als Schiedsrichter vertragen.[3)] Am 17. Mai war unser Herzog in Crakau bei der Taufe einer Prin= zessin, welche Königin Elisabeth acht Tage vorher geboren. Die Bischöfe Johann von Crakau und Jakob von Leslau fungirten bei der Taufe; auch die Herzoge Przemislav von Teschen, Przemko von Tost, Wenzel von Zator, Johann von Gleiwitz und Johann von Rybnik waren zugegen. [4)]

Herzog Wenzel von Pleß, Sorau und Rybnik kriegte 1469 gegen unsern Herzog.

König Mathias Corvin von Ungarn war gegen Podiebrad aufgetreten und in Olmütz als König von Böhmen ausgerufen worden. Auch unser Herzog mußte sich daselbst am 10. August 1469 mit den übrigen Herzogen Oberschlesiens dem Könige Mathias unter= werfen.[5)] Podiebrad, der am 22. März 1471 starb, verzichtete kurz vor seinem Tode auf seine Würde und schlug zu seinem Nachfolger einen polnischen Prinzen, Wladislav den Sohn König Casimirs vor, der durch seine Mutter Elisabeth von Carl IV. abstammte. Dieser, am 27. Mai zu Kuttenberg ausgerufen, unterschrieb am 25. Juli 1471 zu Crakau die ihm vorgelegten Bedingungen und brach

[1)] Sommersberg II, mantissa 89.
[2)] Mährisches Landes-Archiv, Miscellen Nr. 259.
[3)] Reg. s. Wencesl. II, 39.
[4)] Długosz II, 348.
[5)] Sommersberg I, 1054.

sofort mit 7000 Reitern und 2000 Mann Fußvolk über Troppau, Neisse und Glatz nach Böhmen auf. Es begleiteten ihn drei Bischöfe: Nicolaus von Camin, Vincens von Culm, Paul von Laodicaea und sechs oberschlesische Fürsten, unter ihnen auch unser Herzog, welcher der Krönung in Prag am 21. August beiwohnte.[1]

Es verdroß Mathias, daß die oberschlesischen Fürsten sich dem Nebenbuhler um die Krone Böhmens angeschlossen hatten und mehre mußten diese Anhänglichkeit büßen; er nahm 1474 Johannes dem Aelteren Jägerndorf und die Burg Lobenstein. Die übrigen mußten ansehnliche Summen zahlen. In dem Vertrage zu Breslau (8. December) wird neben vierzehn Fürsten und Herren, die sich erklären sollten, ob sie bei Mathias oder Casimir bleiben wollten, auch unser Herzog genannt. [2]

Aus der Verordnung, die der König auf dem Landtage zu Breslau am 21. December 1474 den versammelten Ständen vorlesen ließ, schöpfen wir für unsere Gegend eine wichtige Nachricht. Wir erfahren nämlich, daß von Breslau nach Ungarn zwei Handelswege gingen, der eine führte über Oppeln, Ratibor und Teschen, der andre über Neisse, Leobschütz, Troppau, Trentsin. Damit die Kaufleute mit ihren Waaren ungehindert aus Schlesien nach Ungarn und von da wieder zurück ziehen konnten, setzte der König fest, daß die Fürsten, Hauptleute, Vögte und Städte, woburch sie ziehen, die Straßen sicher halten und beschirmen sollen, besonders Herzog Nicolaus zu Oppeln, Herzog Johann zu Ratibor und Herzog Przimko zu Teschen, wenn die Kaufleute die Straße dahin nehmen.[3]

Im nächsten Frühlinge kam Mathias nach Ratibor, blieb einige Tage auf der Burg und stellte hier am 12. März den Schutzbrief für das Bisthum Breslau aus.[4] Zugleich warf er den Herzog Johann von Jägerndorf in Fesseln und verwahrte ihn auf der Feste Lobenstein.

----

[1]) Dlugosz, hist. pol. II, 468.
[2]) Hoffmann, Schles. Gesch. (Schweidnitz 1831) II, 360.
[3]) Hoffmann, l. c. II, 368.
[4]) Sommersberg I, 797.

Unter der stattlichen Gesandschaft (den Bischöfen Rudolf von Breslau, Johann von Warabein, den Herzogen Hans von Oppeln und Heinrich von Münsterberg), welche der König Mathias im August 1476 zur Einholung seiner Braut Prinzessin Beatrix von Neapel nach Italien absendete, befand sich auch unser Herzog Johann von Ratibor.

Johann hatte Magdalena eine Prinzessin von Oppeln zur Gattin genommen und einigte sich mit deren Brüdern Johann und Nicolaus am 13. Januar 1478 über Mitgift und Erbschaft[1]) und am 2. Februar 1478 verpflichtete er sich, ihnen gegen 2000 ungarische Gulden das Land Ratibor zu vererben und vor König Mathias aufzulassen. Der König bestätigte diesen Erbvertrag zu Ofen am 11. Juli 1478.[2])

Im nächsten Jahre starb der fehdesüchtige Wenzel. Dessen Bruder, der aus Lobenstein in Freiheit gesetzt worden, erhielt jetzt auch Rybnik und Loslan. Pleß wurde an die ungarische Familie Thurzo verkauft. Loslau fiel nach dem Tode Johann des Aelteren 1483 an den König Wladislav.

Schlesien ward zwar durch den Frieden von Olmütz am 22. Juli 1479 von Polen und Böhmen geräumt, aber Mathias regierte mit eisernem Scepter, er führte das erste stehende Heer und die Steuern zur Erhaltung dieser stehenden Truppen ein.

Montag nach Laurentii 1482 übergibt Herzogin Machna Sorau und all ihr väterlich Recht von Herzog Nicolaus an Hans den Jüngeren und seine Kinder, was der Hauptmann von Oberschlesien Johann Bielik von Kornitz zu Hultschin bestätigt.[3])

Wie Grund und Boden, der keinen besondern Eigenthümer hatte, dem Landesherrn gehörte, so auch alles herrenlose Gut, mithin die Hinterlassenschaften derer, welche keine Erben hatten. Schon die früheren Herzoge Johann II. und Wenceslaus hatten

---

[1]) Reg. s. Wencesl. 288, fol. 359.
[2]) Reg. s. Wenceslai 47 und 289, fol. 361.
[3]) Reg. s. Wenceslai 292, fol. 366.

der Stadt in dieser Beziehung für Geld Vergünstigungen gewährt, aber nur einen dunkelen, Irrungen leicht ausgesetzten Kaufbrief erhalten. Die Büger wendeten sich daher an Johann **III.** mit der Bitte, ihnen einen genaueren Kaufbrief auszustellen. In Folge dessen entsagte der Herzog am 8. März 1483 allen Erbanfällen und bestimmte, wie die Erbschaft getheilt werden soll, nämlich:

Zwei Drittheil erhalten die Verwandten und ein Drittheil soll auf Ausbesserung der Stadtmauern verwendet werden. Auswärtige haben nur Anspruch, wenn sie hier das Bürgerrecht gewinnen und ein Haus zu kaufen oder zu bauen geloben. Sind keine Erben vorhanden, so fällt der Nachlaß in Jahr und Tag der Stadtgemeinde zu; stirbt ein Fremder, ohne Bürger zu sein und sind bei Jahr und Tag keine Erben zu ermitteln, so reservirt sich der Herzog ein Drittheil, ein Drittheil erhält die Stadt und ein Drittheil die Kirche. [1]

Am 10. Februar 1485 verkaufte der Herzog Pschow dem Barthos Zdarzy von Kobelwitz für 500 ungarische Gulden, und im November (Montag nach Martini) des nächsten Jahres verkauft er Oderberg, das ihm nach Magdeburger Urtheil zugefallen war, an den Landeshauptmann von Oberschlesien Sobek Bielk von Kornitz für 4200 ungarische Gulden. [2]

Nicolaus Schilhan von Otmuth klagte 1486 vor dem Herzoge wegen einer von (Johann) Clema (von Elgot) seinem Bruder Christof zugefügte Beleidigung. Der Herzog ernannte sofort einen Rath zur Entscheidung der Sache. Die Beisitzer saßen in folgender Ordnung: Johann Holy von Ponientschütz Hofmarschall, Johann Hynek von Kybanitz, Nicolaus Grobecki von Strumien, Johan Pruskowski von Proskau, Heinrich Czelo, Johann Scheliga

---

[1] Die deutsche Uebersetzung dieses 19., in mährischer Sprache ausgestellten Privilegiums befindet sich in Böhm's diplom. Beiträge II, 84.

[2] Reg. s. Wencesl. 161 und 63.

von Rzuchow, Georg Petrowski von Peterwitz, Wenzel Scheliga von Czrinczie.[1]

1487 Freitag nach Franziskus vermachen Casimir von Auschwitz und Zator und Machna ihr Land für den Fall der Erb=losigkeit an unsern Herzog.[2]

Am 8. October 1488 Mittags entstand im Eckhause des Ringes ein Feuer, welches die Häuserreihe bis zum Dominikaner=kloster und die andere Häuserreihe (der Domstraße, wo die Resi=denzen der Canonici waren), ferner die Krämerbuden, das Rath=haus und den einen Thurm über der Collegiatkirche verzehrte. Auch im nächsten Jahre Freitag vor Palmsonntag brannte ein großer Theil der Stadt am neuen Thore nieder, mit einem Theile des kleinen Ringes (Neumarkt), und der Tuchwebergasse bis zur Corpus Christi - Kirche. Das Feuer war bei dem Brauer Barthossel herausgekommen.[3]

Am 24. Juni verkaufte Sobek Bielik von Kornitz Ober=berg dem Herzoge für 5000 Dukaten zurück.[3] Nach dem Tode des Mathias 1490 gelobte Schlesien dem Wladislav Treue.

Die letzte Urkunde von unserem Herzoge enthält ein Ver=mächtniß an die Klosterjungfrauen in Ratibor am 18. Februar 1493. Mit Magdalena von Oppeln hatte er 3 Söhne, Johann, Nico=laus und Valentin, gezeugt, die nach einander in der Regierung folgten.

## Nicolaus III. und Johann IV. von 1493 bis 1506.

In der Pfingstwoche 1494 stellte Magdalena einen Schuld=brief über 1000 Flor. an ihren Bruder aus.[5]

Der Bischof von Breslau hatte innerhalb der Stadt Ratibor eine Curie, die aber schon baufällig war. Am 16. Juli 1495

[1] Paprockius enncleatus von Christ. Pfeiffer. S. 193.
[2] Reg. s. Wenceslai 48, fol. 82 b.
[3] Matrikel des Collegiatstiftes I, 43.
[4] Reg. s. Wenceslai 17, 51, 58.
[5] Reg. s. Wenceslai fol. 442.

vermachte er dieselbe dem herzoglichen Kanzler Christof Tlachowski, der Gattin Christine und den Kindern desselben auf Lebenszeit mit der Bedingung, daß dieser das alte Gebäude wegbrechen, abtragen und auf eigne Kosten ein neues aufführen lasse. Nach dem Tode der genannten Familienglieder solle es wieder an den Bischof von Breslau zurückfallen. [1]

Im September 1495 verglichen sich zu Crakau die beiden Wittwen Magdalena und Machna über die Stadt Sorau, Schloß und Städtchen Rybnik, worüber ihre Gatten, die Herzoge Hans von Ratibor und Casimir von Auschwitz und Zator ein Vertrag 1487 gemacht. [2]

In einer von Magdalena und Nicolaus am 21. Mai 1496 ausgestellten Urkunde wird erwähnt, daß das Wasser, welches aus den Teichen Lukow's fließt, die Gränze zwischen dem Ratiborer und Rybniker Gebiete macht. [3] Am 18. Juni 1496 stellte Magdalena mit ihrem Sohne Nicolaus einen Schuldbrief von 5000 Gulden an die Herzoge von Oppeln aus. [4]

Am 25. Februar 1501 bekunden Magdalena und Nicolaus, daß der Peter Brzezie von Brzezie vor ihnen bekannt habe, von seinem Bruder Johann volle Vergütigung seines väterlichen und mütterlichen Erbtheiles aus dem Gute Brzezie erhalten zu haben. [5]

Im Februar 1502 stellen Nicolaus und Johannes gemeinschaftlich eine Urkunde für das Collegiatstift aus. Im Juni desselben Jahres verkaufen Nicolaus und Johann mit Einwilligung ihres jüngsten Bruders dem Paul Charwat von Wiecze und Krzizanowitz Studzienna für 500 Floren. [6]

---

[1] Neisser Landbuch 1493—1505 fol. 458.
[2] Reg. s. Wenceslai fol. 66.
[3] Watt., Cod. dipl. Sil. II, 215.
[4] Reg. s. Wenceslai fol. 373.
[5] Original im Stadt-Archive.
[6] Reg. s. Wenceslai 257, fol. 304.

Nicolaus vermählte sich mit Elisabeth, der Tochter des Kämmerer der Crakauer Wojwodschaft Zbignew Graf von Tencin. [1]

Unter den schlesischen Fürsten, die 1504 den Coloworat= schen Vertrag in Breslau unterschrieben, erscheint auch Herzog Nicolaus von Ratibor. [2] In demselben Jahre bekunden die drei Brüder Nicolaus, Johann und Valentin, daß der Bürger Nicolaus Rynczko von Ratibor einen Hof in Studzienna nebst 4 Bauer= und 2 Gärtnerstellen für 28 Goldgulden von ihnen erkauft habe. [3]

Die drei Brüder waren im Januar des folgenden Jahres auf dem Fürstentage zu Troppau, wo der von Mathias errichtete Landfriede um einige Artikel vermehrt wurde, und am 19. April 1505 in Breslau, wo über das Münzwesen verhandelt wurde. [4] Die Verwirrung der Münze war damals ein Uebel, über welches auf den Fürstentagen unaufhörlich berathschlagt und ge= zankt wurde. Die in Schlesien geschlagenen Münzen waren von so ungleichartigem Gehalt, daß um die Streitigkeit im Verkehr zu beseitigen, die Könige von Böhmen sich veranlaßt sahen, eigene Münzordnungen einzuführen. So befahl Mathias 1471, daß 40 Groschen einen ungarischen Gulden oder Dukaten gelten, aus der rauhen Wiener Mark 120 Stück geschlagen werden und daß sie 5 Loth fein halten sollten. Der Nominalwerth überstieg also den wahren Werth um 70 pro Cent und man weigerte sich, die Groschen anzunehmen. Auch klagte man über die Heller, wovon 12 auf einen Groschen gingen, weil sie zu wenig Silbergehalt hatten. Einige Städte prägten daher Groschen und Heller in

[1] Sinapius, Schles. Adel II, 253.
[2] Stenzel, Urkunden zur Geschichte des Bisth. Breslau (Bresl. 1845) S. 369.
[3] Originalurkunde im Städtischen Archive.
[4] Sommersberg I, 766.

richtigerem Verhältnisse zum Goldwerth aus. Heller Ratiborer Münze werden schon 1480, 1486 und 1491 genannt. [1]

Herzog Nicolaus begab sich zur Herstellung seiner Gesund=heit nach Crakau, wo er aber, ohne von den Arzneien Nutzen zu ziehen, am 3. November 1506 starb. Die Leiche wurde nach Ratibor gebracht und im Erbbegräbniß niedergesetzt. Sein Bru=der Johann **IV.** starb bald darauf.[2]

## Valentin von 1506 bis 1521.

Die letzten Herzoge hatten mit großem Mangel zu kämpfen, da die ohne dies nicht bedeutende Einnahme noch getheilt werden mußte. Das Geschoßgeld, welches die Stadt zahlte, brachte nicht viel ein, zumal viele Plätze nach den Bränden wüst lagen. Die Landesherrn waren genöthigt, Geld aufzunehmen und waren froh, wenn Jemand ihnen etwas lieh. Der Mangel veranlaßte sie, mehre Kammergüter zu verkaufen. So veräußerte Valentin am 18. December 1506 Pawlau an den Kanzler Sigismund von Wiskota, welches schon Nicolaus um 800 ungarische Goldgulden versetzt hatte. Es wurde dem neuen Besitzer und den Untertha=nen von Pawlau sogar erlaubt, Bau und Brennholz aus dem herzoglichen Walde und obendrein noch zollfrei zu holen. [3]

Ferner verkaufte er Rudnik an das Jungfrauenkloster zu Ratibor um 500 ungarische Gulden und 60 Mark Groschen; der Ordens=Provincial verkaufte jedoch dies Gut bald wieder.

Am 19. December 1506 verlieh Valentin dem Bartholomäus Zbarze von Raschütz Pschow zum erblichen Eigenthume, doch verkaufte die Familie zwanzig Jahre später dies Dorf an das herzogliche Haus wieder zurück.[4]

---

[1] Codex dipl. Sil. I, 201 und Matrikel des Collegiatstiftes.
[2] Math. de Michovia lib. IV, cap. 85.
[3] Archiv der Breslauer Kammer.
[4] Reg. s. Wenceslai fol. 196.

Valentin bestätigte am 28. April 1508 seinem Hofschneider Peter Semoracz die Gerechtsame des Bierbrauens, Weinhandels und des Handels mit andern Kaufmannswaaren auf seinem Hause zu Ratibor. [1]

Am 1. Januar 1510 bestätigte er alle Privilegien seiner Vorfahren und traf, dem Beispiele seiner Ahnen folgend, noch weitere Bestimmungen. Die Stadt solle nicht mehr verbunden sein, alle Geschosse zu sammeln und diese so wie 100 Mark Münze dem Herzoge zu zahlen, sondern die Stadt solle, so lange sie selbst soviel einnehme, nur 200 Mark geben; wenn die Einwohner aber nicht soviel aufbrächten, oder der Herzog den Einen oder Andern vom Geschoß befreien wolle, sollten sie nur das eingenommene Geld zahlen; nähme die Stadt mehr ein, so dürfe sie dieses zu ihrem Nutzen verwenden. Strafgelder sollten gleichfalls der Stadt zufließen. Die Bürger sollten auch frei sein von der Mauth, wenn sie mit eigenem Gespann oder doch mit Holz oder sonstigen Bedürfnissen fahren, nicht aber mit Kaufmannsgütern. Kein Bürger, der Pferde halte, sollte ferner genöthigt werden, dem Herzoge damit Dienste zu leisten, auch die Fischfuhren, die einige Bürger aus gutem Willen nach Rybnik geleistet, wurden erlassen. Juden sollten weder in der Stadt noch in der Umgegend geduldet werden. [2]

Daß Juden in Ratibor vorhanden waren, geht nicht blos aus der zum Jahre 1415 mitgetheilten Notiz hervor, wonach im Hause des Juden Daniel Feuer ausbrach, sondern es wird 1377 auch eine Judengasse, ja 1445 und 1455 sogar eine Synagoge in der Wollwebergasse genannt. Juden wurden von Zeit zu Zeit verfolgt, namentlich begegnen uns im Anfange des 16. Jahrhunderts Maßregeln gegen dieselben. Daher ist es nicht befremdend, wenn Valentin hier verspricht, daß weder er noch

---

[1] Urkunde im Provincialarchive.
[2] 21. und 22. Privilegium.

seine Nachkommen solche aufnehmen wollen. König Ludwig gab der Stadt Troppau 1522 dasselbe Versprechen.

Am 5. August 1510 befreit Valentin das auf dem Neumarkt gelegene Christoferus Plachesche Haus nebst Brauerei und Garten von allen Lasten und Abgaben, so daß daselbst weißes und schwarzes Bier gebraut, Meth bereitet, Kaufmannswaaren verkauft und alle Getränke ausgeschenkt, ebenso jedes Handwerk daselbst betrieben werden könne. Das Haus gehörte dem Sigismund Wiskota, dem es der Herzog aus dankbarer Anerkennung seiner Verdienste als Kanzler freimachte und mit Vorrechten beschenkte. Vier Jahre später (12. Juli 1515) befreit er demselben ein daneben liegendes Haus nebst Garten. [1]

Am 15. April 1511 war unser Herzog der Münzangelegenheit wegen wieder in Breslau. [2]

Am 18. Januar 1512 stellt in Ratibor der bevollmächtigte Gesandte des Herzog Carl von Münsterberg und Oels, Marschall Peter Zaglcz, ein Zeugniß aus, daß Valentin dem Herzog Carl sein Anrecht auf Münsterberg und Frankenstein, welches er nach dem Tode des Herzog Hans von Oppeln haben werde, gegeben habe. [3]

Valentin und dessen Oheim Johann von Oppeln waren kinderlos und machten eine Erbverbrüderung; Markgraf Georg von Brandenburg, von dem wir bald ausführlicher sprechen werden, schlich sich in das Vertrauen dieser beiden Fürsten ein und trat ihrer Erbverbrüderung bei, die ihm durch die Gunst des König Wladislav, an dessen Hofe er sich aufhielt, am 11. October 1512 leicht bestätigt wurde. [4]

Nach dem Tode des guten aber schwachen König Wladislav 1516 erhielt dessen Sohn Ludwig Ungarn, Böhmen und Schlesien.

---

[1] Original-Urkunde in dem Magistratsarchive.
[2] Dewerdeck G., Siles. numism. (Jauer 1711). p. 816.
[3] Reg. s. Wenceslai 68.
[4] Reg. s. Wenceslai 503.

Auf Anhalten des Oberhauptmannes von Schlesien Herzog Casimir IV. von Teschen citirte Herzog Friedrich II. von Liegnitz und Brieg im J. 1517 unseren Valentin vor das Oberrecht zu Breslau, zu welchem Letzterer viele Personen als Zeugen lud.[1] Die Veranlassung ist nicht angegeben, vielleicht bezog sich der Rechtsstreit auf die Beschuldigung Casimirs, als habe Valentin falsche Münze prägen lassen.[2]

Am 27. October 1518 verlieh Valentin dem Johann von Brzezie wegen seiner treuen Dienste den Antheil des Gutes Brzezie, den er seither zu Lehn besessen, nach polnischem Rechte d. h. zu freiem Eigenthume.[3] Am 27. October desselben Jahres machte er einen Zusatz zu der am 31. October mit Markgraf Georg von Brandenburg geschlossenen, besonderen Erbverbrüderung.[4]

König Ludwig verlieh zu Ofen am 28. Februar 1519 unserm Herzoge für dessen treue Dienste, und weil das Loslauer Gebiet vor Alters zum Fürstenthum Ratibor gehört hat und ihm als König heimgefallen ist, sein königliches Oberrecht auf das Loslau'sche, welches jetzt Balthasar Welczek gekauft hat, der ihm huldigen soll; ebenso das Oberrecht über Hultschin und Kranowitz, welches Bernhard Zwolski gekauft hat; ebenso über Rackau, welches Anna von Karwin hat.[5]

Nachdem Valentin noch im Jahre 1520 die Häuser seiner Hofleute, die in der Stadt wohnten, nicht nur von allen Abgaben, sondern auch vor der magistratualischen Gerichtsbarkeit befreit hatte, starb er am 13. November 1521 als der letzte Fürst aus dem böhmisch-ottokarschen Stamme. Die Jahrbücher der Stadt Breslau von Nicolaus Pol gedenken zum Jahre 1506 seiner mit

---

[1] Schickfuß, Schlesische Chronica. [Leipzig 1625] III, fol. 215.
[2] Klose's Breslau in Stenzel's script. Rer. Siles. [Breslau 1847] III, 100.
[3] Original im Stadtarchive.
[4] Reg. s. Wenceslai 503.
[5] Reg. s. Wenceslai 305, fol. 381.

den charakteristischen Worten: Valentin hatte einen Buckel und einen Kropf, war aber sonst ein weiser und tugendreicher Fürst.

## Johann V. von 1521 bis 1532.

Nach dem Aussterben der Herzoge von Troppau und Ratibor, fiel Ratibor an den greisen Oheim des letzten Sprößlings, den Herzog Johann von Oppeln und Oberglogau. Dieser bestätigte am 1. Februar 1522 alle Privilegien des Landes.[1]) Mitte September 1522 liehen ihm Nicolaus Klema von der Elgot und dessen Bruder 300 ungarische Gulden und 100 böhmische Gulden (letztere à 31 ggr. à 7 pf.) und erhielten dafür die Zinsen von 32 Gulden aus Bojanow.[2])

Damals war das Einreiten oder Einlagern Sitte. Der Gläubiger hatte das Recht, wenn der Schuldner zur bestimmten Zeit nicht zahlte, mit Pferden und Leuten auf dessen Güte, oder auf dessen Kosten in einem Wirthshause so lange zu zehren, bis der Schuldner bezahlte, oder bis mehr verzehrt war, als jener schuldig war. Die Städte Kosel und Oberglogau, die für die Schuld des Herzogs Bürgen wurden, gelobten, wenn sie nach vierteljähriger Kündigung Geld und Zinsen nicht zahlten, das Einlager von zwei Personen in Troppau oder sechs Meilen weiter oder näher bei einem ehrlichen Wirthe; erfolge dann binnen vierzehn Tagen noch keine Zahlung, so können noch zwei zu den bereits vorhandenen beiden einziehen.

Valentin hatte die von Nicolaus Holn erworbenen Lehngüter Ponientschütz, Blaseowitz, Glinik, Stawikau und Brzeznitz allodilisirt, was Johann V. am 17. Januar 1524 bestätigte. Derselbe schenkte zu Oppeln am 18. Januar 1525 dem Nicolaus Holn zur Erbauung eines Hauses in Ratibor einen wüsten Platz Wystupinski und befreite ihn von realen und personalen Servituten.

---

[1]) Böhme, Diplom. Beitr. IV, 169.
[2]) Archiv der Breslauer Kammer.

Nach dem jämmerlichen Tode des jungen König Ludwig, der 1526 bei Mohacz mit dem Pferde im Sumpfe umkam, fiel Ungarn und Böhmen an dessen Schwager Kaiser Ferdinand von Oesterreich.

Da der mit Markgraf Georg von Brandenburg geschlossene Erbvertrag des Herzogs von Oppeln und Ratibor der Krone Böhmens zum Schaden und Abbruch gereichte, forderte der Kaiser unsern greisen Fürsten im August 1528 auf sein Schloß nach Prag zur Verantwortung. Bei der Verhandlung stellte sich die Unschuld des Letzteren deutlich heraus, weßhalb ihm der Kaiser die volle Macht wieder zurückstellte und gestattete, 40,000 ungarische Gulden von seinem Besitzthume zu verschreiben, wem er wolle. [1]

Ferdinand I. ließ am 19. April 1529, da der Westen Europas von den Türken bedroht wurde, zu Breslau einen Fürstentag halten und das Land Schlesien zur leichteren Vertheidigung in vier Kreise oder Quartiere eintheilen. Dem oberschlesischen Kreise wurden unser Herzog und Hynek von Würbna auf Freudenthal als Kriegshauptleute vorgesetzt. [2]

In demselben Jahre verlieh Herzog Johann der Stadt das Recht, aus der Mauth, die für verschiedene Kaufmannswaaren gezahlt wurde, jährlich am Feste des hl. Johannes des Täufers 30 Mark à 48 ggr. zu nehmen und dies Geld zur Besserung der Brücken und Geländer, oder falls diese in Ordnung, zur Reparatur der Stadtmauern zu verwenden, da die Stadt sonst Gefahr laufe, wegen schlechter Wege und Straßen von Fremden nicht mehr besucht zu werden. [3]

---

[1] Die Copie des am 24. August 1528 ausgestellten kaiserlichen Schreibens befindet sich in der Manuscriptensammlung des Gymnasium zu Ratibor Nr. 17.

[2] Schickfuß III, 174.

[3] Diese 30 Mark werden im Urbar von 1532 ausdrücklich als Einnahme aus der herzoglichen Mauthkasse aufgeführt. Die ganze Einnahme betrug damals jährlich circa 325 Mark. Später wurde die Mauth für 12—1600 ₰ verpachtet und ist seit 1830 aufgehoben.

8

Ein Jahr später gab er dem edlen ehrenfesten Hans Tschaple, da die Oder an der Wiese Brzezinka, die zu Brzezie gehört und unter dem Vorwerk Niedane liegt, einen großen Theil des Bodens weggerissen und zur See gemacht hat, die Wiese sammt See und beiden Ufern. [1]

Im Jahre 1531 schenkte er der Stadt den Korytkowskischen Garten vor der Stadt, zwischen den Gärten des Reinczko und des Propstes frei von allen Zinsen.

Am 8. September 1531 gab der Herzog den beiden Fürstenthümern ein für die Ritterschaft vortheilhaftes Privilegium, welches König Ferdinand I. 1558 confirmirte. Er ertheilte nämlich dem Adel die Freiheit, alle Erzeugnisse seiner Güter ohne Einschränkung zu benutzen; auch hob er die Berufung an den Schöppenstuhl zu Magdeburg auf und verordnete, daß die Fürstenthümer, Kreise und Herrschaften nie getrennt werden sollten, daß die Huldigung nur in Oppeln, Ratibor oder in den zu den Fürstenthümern gehörigen Kreisen geleistet, daß die Inwohner zu keinem Kriege über die Landesgränzen gezogen werden sollten und gab ihnen als Fahne und Kriegszeichen den goldenen Adler mit goldener Krone im blauen Felde. Die meisten Bestimmungen gingen in die spätere Landesordnung über. [2]

Nachdem Johann V. am 23. April 1532 sein Testament gemacht, starb er 2 Tage später zu Oppeln als der letzte Sprößling Miesco's, des ersten Herzogs von Ratibor.

---

[1] Originalurkunde im Stadtarchive.

[2] Dieses Dokument ist im Provinzialarchiv vorhanden und in Böhme's dipl. Beitr. III, 1 abgedruckt. Durch die Begünstigung des Adels in Bezug auf Kretscham, Malz und Bräuhäuser, Verlag und Schank des Bieres fanden die oberschlesischen Städte ihre Rechte, namentlich das Brauurbar geschmälert und beschwerten sich 1536 bei dem Kaiser wegen dieses der Ritterschaft gegebenen Privilegiums, wurden aber nicht gehört.

# *II.* Abschnitt.
## Die Erbfürstenthümer Ratibor und Oppeln unter Oesterreich und verschiedenen Pfandbesitzern.

Als die Linie der herzoglichen Besitzer aus dem Plastenstamme erloschen war, hatte Ratibor das Schicksal, sehr oft den Herrn zu wechseln und aus einer Hand in die andere zu gehen. Zuerst kam das Gebiet als heimgefallenes Lehn an Oesterreich, wo Ferdinand I. als König von Böhmen und Ungarn regierte. Dieser überließ es pfandweise dem

## Markgraf Georg von Brandenburg.

Georg, aus der fränkischen Linie (Ansbach) der Markgrafen von Brandenburg, war 1484 geboren und anfänglich für den geistlichen Stand erzogen worden. Doch fand er selbst keine Neigung dazu, sondern vertauschte das geistliche Gewand mit Harnisch und Schwert und begab sich zum Könige Wladislav von Ungarn, der ein Bruder seiner Mutter war. Der Oheim gewann den muthigen Jüngling lieb und vermählte ihn mit Beatrix, der reichbegüterten Tochter des Gubernator von Ungarn Johann von Hunniades, machte ihn zum Herrn des Warasdiner Comitats und übergab ihm in seinem Testamente am 13. Mai 1516 die Erziehung seines Sohnes und Thronfolgers Ludwig, der damals 10 Jahre zählte; zugleich vertraute er ihm die Staatslenkung von Ungarn und Böhmen an.

8*

Es konnte nicht fehlen, daß der Günstling die Eifersucht vieler Großen erregte.

Um Feindseligkeiten zu entgehen und weil er wegen der Erbverbrüderung mit den Herzogen von Ratibor und Oppeln auf den Tod des letzteren wartend seinem zukünftigen Besitze nahe sein wollte, verkaufte Georg seine Besitzungen in Ungarn und kaufte mit Genehmigung des König Ludwig Olmütz den 6. April 1523[1]) von den Herren von Schellenberg das Fürstenthum Jägerndorf für 58,900 ungarische Gulden. Der Markgraf wohnte 1526 dem in Leobschütz gehaltenen Fürstentage bei, nahm Beu-then und Oderberg vom Herzog Johann von Oppeln in Pfandbesitz[2]) und gab am 26. August 1528 die Bergordnung für die Herrschaft Beuthen.

Der Erbvertrag mit den oberschlesischen Herzogen war un-giltig, da er ohne Einwilligung der Stände geschlossen und das Gebiet nach einem Privilegium des König Wladislav unveräußer-lich war. Auch Ludwig hatte 1522 den Ständen das Verspre-chen erneut, die heimfallenden Lehne in Schlesien mit der Krone zu vereinigen und namentlich von den Ländern des Herzog Johann von Oppeln bei dessen Absterben nichts zu veräußern.[3])

Die böhmischen Stände, immer bedacht, Verträge zu hindern, durch welche fremde Fürstenhäuser in schlesischen Besitzungen Fuß fassen und selbe vielleicht von der Krone Böhmens abreißen möchten, widersetzten sich auch den Ansprüchen des Markgrafen Georg. Damit letzterer in Oppeln nicht Umtriebe veranlasse, er-wirkte Ferdinand die Entfernung verdächtiger Personen und be-setzte Stadt und Schloß mit 1000 Fußknechten unter dem getreuen Achaz von Haunold. Der Bischof von Breslau sollte bald nach dem Tode Johann's nach Oppeln gehen und die Untergebe-nen an ihre Pflicht mahnen. Da Georg auf die Fürstenthümer

[1]) **Reg. s. Wenceslai fol. 528.**
[2]) Lucá, Schles. curieuse Denkwürdigkeiten (Frankfart 1689). Seite 2057.
[3]) Menzel, Gesch. Schl. II, 305.

Oppeln und Ratibor eine Forderung von 183,333 ungarische Gulden und 30 Kreuzer hatte (was 9166½ Dukaten jährliche Interessen ausmachte), so kam in Prag am 17. Juni 1531 ein Vertrag zu Stande, daß Ferdinand beide ehemaligen Herzogthü= mer nach dem Tode Johanns noch ein Jahr lang inne haben, dann aber Markgraf Georg dieselben als Pfand für die darauf haftende Schuld bis zur Einlösung besitzen solle.

In Folge dessen erschien der Bischof mit Bevollmächtigten in den Herzogthümern, um schon jetzt die Huldigung der Stände für den Kaiser zu empfangen. Die Fässer und Truhen, in wel= chen der Schatz lag, sollten versiegelt werden, da Ferdinand das Geld zur Ablösung der Fürstenthümer verwenden wollte. [1]

Georg nahm Dienstag in der Osterwoche (2. April) 1532 die Fürstenthümer in Besitz. [2] Landeshauptmann der Fürsten= thümer Jägerndorf, Ratibor und Oppeln wurde Johann von Posa= dowski, Kanzler aber Hans von Haugwitz.

Bei Uebernahme der Stadt und Herrschaft Ratibor am 21. October 1532 wurde auf dem Rathhause vor den Ge= sandten des Markgrafen, vor dem Bürgermeister, den Rathman= nen und der versammelten Gemeinde ein Grundbuch aufgenom= men, in welchem die Hausbesitzer ihre Geschoffe angaben. In diesem Urbar sind die Zahl der Biergebräue und die Abgaben eines jeden Hauses der Reihe nach sammt dem Namen und Stande der einzelnen Besitzer aufgenommen, aber leider die Straßen nicht bezeichnet und nach damaliger Sitte meist nur die Vornamen der Hausbesitzer angegeben. Doch ist die Wichtigkeit dieses Grundbuches schon früher erkannt worden. Der Magistrat ließ sich 1755 von dem im Breslauer Kammer-Archive aufbe= wahrten Originale eine vidimirte Abschrift geben, die sich gegen=

---

[1] Johann Graf Mailath, Geschichte des österreichischen Kaiser= staates II. Bd. S. 112—114 und Buchholz, Geschichte Ferdinand I. 4. Bd. S. 486.

[2] Böhme, dipl. Beitr. III, 3.

wärtig noch im Stadtarchive befindet. Ein Auszug dieses Grundbuches, den wir aus dem Originale selbst geschöpft, wird dem Leser gewiß willkommen sein.

Die Stadt hatte damals 229 besetzte bürgerliche Häuser, der Adel 12, die Geistlichkeit (mit Ausschluß der Klöster) 10 Häuser; 37 Wohnungen standen wüst und leer. Die Edelleute waren:

Johann Charwat von Wiecze, Nicolaus Holy von Poxientschütz, Nicolaus Schilhan von Otmuth, Johann Czeplan, Johann von Peterwitz, Frau Anna Wiskota von Wodnik, Nicolaus Wraninski, Michael Zernicki, Nicolaus Klema Koczur von Elgot Landrichter[1]), Hans Kotzauer (Koczur Pächter von Studzienna), Burian Scheliha von Rzuchow, Georg Stosch Schloßhauptmann.

Geistliche Häuser waren: das des Pfarrers zu Slawikau, Nicolaus Remski, der Domherren Martin Preuß, Albrecht Bogusch, Georg Elschka, des Propstes, des Dechants, des Prediger Johannes, des Gregor, des Abt Nicolaus von Rauden, und noch eines Geistlichen, der neben Wraninski wohnte.

Krämer werden 11 genannt, nämlich: Peter Hannel, Niclas Goloasch, Niclas Arzhschka, Benesch Garbawski, Georg Tuchmacher, Wittwe Andrissin, Nicolaus Putter, Hans Klainpauer, Kalus, Stadtmüller, Gregor Meyer.

Von den Handwerkern sind am stärksten vertreten: die Fleischer, Leinweber, Bäcker, Schneider, Schuster, Kürschner und Tuchmacher; Schlosser, Büttner, Schmiede, Rademacher, Färber und Zimmerleute gab es mehre; vereinzelt stehen: ein Kannengießer, Sattler, Schroter, Pflugmacher, Tuchscherer, Kupferschmied, Tischler, Barbier, Goldschmidt, Büchsenmacher, Armbrustmacher.

Die Hauszinsen betrugen in Summa nur 196 Gulden, weil viele Wüstungen und der Adel wie der Clerus frei waren.

---

[1]) Er hatte 4 Töchter: Magdalena heirathete den Niclas Gaschinski von Gaschin und auf Wrchles (Sohn war Melchior von Gaschin), Anna den Sigismund Reiswitz von Kaderzin. Schriften der hist.-stat. Section (Brünn 1853) 5. H. S. 45.

Hätte das Geschoß mehr als 200 Mark betragen, so hätte die Stadt gemäß des vom Herzog Valentin ertheilten Privilegiums sich den Ueberschuß behalten und zu eigenem Nutzen verwenden können; doch mußten sich der Markgraf und seine späteren Nachfolger mit dem begnügen, was eben einkam.

An Ehrungen gab die Stadt aufs Schloß:

a) zu Weihnachten 4 gemästete Schweine und 4 Faß Bier, wofür den Knechten je 1 Groschen und der Stadt 1 Reh gegeben ward,

b) zu Ostern 8 Seiten Fleisch und 4 Faß Bier, wofür sich das Schloß wieder mit je 1 Groschen und 1 Reh erkenntlich erwies.

Die Mauth der Stadt betrug damals 325 Mark im Durchschnitt und wurde auf das Schloß abgeführt. Da das Verzeichniß von 1532 sich auf eine noch ältere Mauthtabelle stützt, so soll dieselbe hier mitgetheilt werden.

Man zahlte von einem Fuder Wein 12 gr., von einem Dreiling 8 gr., von 6 Eimern 3 gr., von 2 Eimern 10 Heller, von 1 Kufe Bier 2 gr., von 1 Faß Bier oder Meth 1 gr.

Von einem verbundenen Wagen mit Blei, Eisen, Sensen, Sicheln, Hopfen, Wolle, Häute, Inselt, Seife, oder Wachs pro Roß 1 gr. (das Spitzroß bei 5 oder 7 Pferden ist frei). Von einem Faß Fische und einer Tonne Heringe je 1 gr., von einem Wagen, der Getreide zu Markte führt, 1 gr. Die Bürger geben keine Mauth, wer aber Honig ausführt, gibt die halbe Mauth; nur Fremde geben bei Kauf eines Pferdes 1 gr. Wer Getreide aus der Stadt führt, zahlt pro Pferd 1 gr. Wer ein Schwein in die Stadt bringt, zahlt 4 Heller, aus der Stadt heraus 3 Heller und ½ Heller Brückengeld; für 1 Schaf werden 2 Heller entrichtet, wovon die Stadt ½ Heller Brückengeld behält. Für einen Wagen welsche Nüsse 12 gr., Kupfer oder Salz 2 gr., Fische, Obst, Schindeln, Bretter, Töpfe 1 gr. —

Vom Weinschank erhält

1. die Stadt pro Dreiling 36 gr., pro Eimer 2 gr., bringt des Jahres 14 Gulden.

2. die Herrschaft pro Dreiling 50 Quart Wein, pro Eimer 3 Quart; bringt des Jahres ungefähr 8 Eimer ein. Mithin wurden im Durchschnitt 250 Eimer ausgeschenkt.

Bei Verkauf von Meth gab man pro Achtel 6 Heller aufs Rathhaus, was jährlich circa 2 Mark eintrug. Es wurden also 192 Achtel ausgeschenkt.

Von jedem Gebräu Bier wurden 4 gr. aufs Rathhaus gegeben, was des Jahres 48 Mark ausmachte. Es wurden demnach 576 Gebräue ausgetrunken.

Der Zins von den (10) Brodbänken à 12 gr. gehört der Stadt, die jährlich 3 Gulden 12 gr. bezieht; auf das Schloß geben die Bäcker nur 2 Weihnachtsstriezel.

Die Fleischbänke zinsen der Geistlichkeit und der Stadt, letztere hat davon jährlich 5 Gulden Einnahme. Die Fleischer schlachten bei Hofe, sobald es ihnen befohlen wird. Diejenigen, welche Fleisch auf den Freimarkt in die Stadt führen, geben jeder 2 Stein Insel auf das Schloß, was jährlich 18 Stein beträgt.

Die Schuhbänke zinsen nur dem Scholasticus 10 Gulden.

Badstuben, in welchen nicht blos gebadet, sondern auch rasirt und zur Ader gelassen wurde, gibt es zwei, die eine zinst der Pfarrkirche 4 Mark, die andre vor dem Oberthor ebensoviel den Dominikanermönchen.

Das Standgeld im Jahrmarkt: Die Krämer geben jährlich der Stadt 12 Gulden. Die Gewandschneider (Tuchkaufleute) zahlen aufs Schloß pro Tuch 6 Heller, was jährlich 2 Gulden bringt. Jeder der beiden in der Stadt angesessenen 2 Gewandschneider zahlt 1 Mark. Vom Jahrmarkt nimmt nach alter Gewohnheit der Hauptmann aufs Schloß, was er an hölzernem Gefäß (Schüsseln, Mulden, Schaufeln, Tröge, Löffel, Siebe, Körbe, Radwern) und Wagenschmiere braucht.

Die Sälzer geben jährlich aufs Rathhaus 13 Gulden.

Das Schroterlohn bringt der Stadt 16 Mark.

Die Wage hält ein Tuchscherer und gibt der Stadt jährlich 4 Gulden.

Das Brückengeld trägt jährlich 22 Mark ein und das Korn, welches die Bauern zum Brückenbau zinsen, bringt 13 Mark.

Fremde Fleischer, die am Sonnabende zum Freimarkt kommen, bezahlen pro Rind oder Schwein 1 gr., pro Hammel oder Kalb 6 Heller: die Einheimischen geben halb so viel, bringt der Stadt circa 15 Mark.

Von Hockin= und Wachtgeld hat die Stadt 14 Mark, nämlich von Hockin 4¼ und für Wachtgeld 9¾ Mark.

Jeder, der Branntwein brennt, gibt pro Topf 1 Gulden aufs Rathhaus, was des Jahres 9 bis 10 Gulden bringt. Die Consumtion an Schnaps war also damals noch gering.

Die Tuchmacher zinsen von ihren Rahmen der Stadt 40 gr.

An trocknen Geldzinsen:

Die Stadt hat 1. von dem Dorfe Brzezie . 11 Gulden.

           2. von den Nonnen zum hl. Geist 5 Mark.

           3. von Altendorf .     . 8 Mark 34 gr.

           4. von Wiesen und Gärten . 15 — 33 —

           5. vor dem Oderthor .   . 17 — 8 —

           6. das Schloß zahlt aus der

              Mauth auf Besserung der

              Wege und Brücken .  . 30 — = —

Von Einschreibung des Bürgerrechtes ist der jährliche Ertrag ungefähr 1 Mark.

Die Bürger schenken jährlich ein= oder zweimal zum Besten der Stadt 1 oder 2 Dreiling Wein, welches an Gewinn trägt circa 13 Mark.

Die Stadt hat 4 Teiche, in den 1. setzt man 60 Schock,

                    „  „ 2.  „  „ 50 —

                    „  „ 3.  „  „ 40 —

Der vierte liegt wüst.

Bei der Stadt sind 3 Mühlen.

Die erste unter dem Schlosse hat 2 Räder und eine Walk=
mühle, der Müller hat daran den dritten Theil erblich, gibt dem
Fürsten 2 Theile Malz, Waizen, Korn, mästet von Michaeli bis
Fastnacht 10 Schweine, gibt zu Neujahr 4 Kapaunen, wofür der
Knecht 1 gr. Trinkgeld erhält.

Es ist auch bei dieser Mühle eine Brettmühle, und schnei=
det der Müller die zum Schloßbedarf erforderlichen Bretter.

Es ist ferner bei dieser Mühle von Alters her eine Loh=
mühle, welche der Müller zu seinem Nutzen hält.

Die zweite Mühle in der Stadt hat 5 Räder; 4 Räder
sind zum gewöhnlichen Gebrauche und das fünfte geht nur, wenn
großes Wasser ist und die übrigen Räder stehen müssen. Der
Müller hat (wie der erste) nur den dritten Theil und mästet wie
der vorige.

Die dritte Mühle ist auf der Psinna.

Von dem Steinbruch im Kreise Rybnik gehört die Hälfte
nach Ratibor, 1/4 nach Rybnik und 1/4 nach Loslau. Für jeden
der 15 Mühlsteine gibt man 18 gr., außerdem 2 gr. Ladegeld;
die zur Mühle nicht nothwendigen werden pro Stück für 60 gr.
verkauft; und da etwa 8 Stück abgesetzt werden, erträgt dies
13 rtlr. 12 gr.

Die mißlichen Verhältnisse mit dem Könige bewogen Georg,
die letzten Jahre seines Lebens nicht in Schlesien, sondern zu
Ansbach in Franken zuzubringen; dort starb er 1543. Er war
dreimal vermählt. Seine letzte Gattin, Prinzessin Emilie von
Sachsen, hatte ihm einen Sohn

# Georg Friedrich

geboren, der bei dem Tode des Vaters erst 5 Jahr zählte. Vor=
mund über diesen Prinzen und Verwalter des Gebietes ward
dessen Vetter Markgraf Albrecht von Ansbach.

Am 13. Mai 1546 brannte fast ganz Ratibor ab. Nur die nach Altendorf führende Straße blieb zum Theil verschont, die zur Burg führende, die Webergasse und die hinter der Pfarrkirche blieben ganz unversehrt. — Ferdinand errichtete 1548 das Oberappellationsgericht zu Prag und verbot, sich in Rechtsstreitigkeiten nach Magdeburg zu wenden.

Der Vormund unseres Pfandbesitzers zog als eifriger Lutheraner gegen die Anhänger des Kaisers, verwüstete die Besitzungen der geistlichen Fürsten und weigerte sich auch später, dem Passauer Vertrage beizutreten. Er verfiel deßhalb in die Reichsacht und Ferdinand zog die Fürstenthümer Jägerndorf, Ratibor und Oppeln wieder an sich. Der erste Fürst aber wollte nicht, daß George Friedrich die Schuld des Vormundes büße und gab ihm Jägerndorf nach Jahresfrist zurück; für Ratibor und Oppeln wurde er mit Sagan, Sorau und Friedland entschädigt.

Am 27. Juli 1551 bestätigte George Friedrich zu Oppeln, daß Johann Zwierzyna dem Zacharias Larisch von Elgot Lanietz für 1200 Goldgulden à 48 gr. verkauft habe.[1]

Mitte November 1551 wird Hans Rosadowski von Rosadow als Landeshauptmann genannt.

## Königin Isabella von Ungarn von 1551 bis 1557.

Ferdinand I., dessen Gattin Anna eine Schwester König Ludwigs war, hatte nach dessen kinderlosem Abgange seine Rechte auf Ungarn gegen Fürst Johann Zapolya von Siebenbürgen geltend gemacht. Dieser 1528 geschlagen, rief die Türken zu Hilfe, welche 1529 Wien belagerten. Solimann II. setzte Zapolya als Gegenkönig von Ungarn ein. Indeß schloß letzterer mit Ferdinand endlich Frieden und entsagte im Namen seiner Nachkommen dem Throne der Magyaren. Er starb am 21. Juli 1540 und hinterließ die Wittwe Isabella, Tochter König Sigis-

---

[1] Urkunde im Provinzial-Archive.

mund I. von Polen, mit der er sich 1538 vermählt und die ihm einen Prinzen Johann Sigismund geboren hatte.

Die Wittwe überließ am 27. Juni 1551 Siebenbürgen an Ferdinand gegen die Fürstenthümer Oppeln, Ratibor und Münsterberg und nahm letztere in Pfandbesitz. Am 13. December 1551 erneuerte sie Albert von Hornsberg auf Schellendorf und Johann Grodiczki Puklar von Flosth, als Hauptleute und gibt ihnen die Vollmacht zur Uebernahme der Fürstenthümer. Sie selbst nennt sich nur Vormünderin, ihren Sohn aber wahren und legitimen Herzog.[1]) Auch in einer von Böhme II, 70 mitgetheilten Bestätigung nennt Isabella ihren Sohn Johann Sigismund Herzog von Oppeln und Ratibor.

Die Uebernahme fand am 13. Januar 1552 statt. Der Kaiser hatte zu Wien am 14. December 1551 den Melchior von Hoberk und Gutmansdorf, Hans von Schlieben, Friedrich von Redern auf Ruppersdorf und Fabian Khindler Dr. der Rechte, als seine verordneten Commissarien die Instruktion zur Einantwortung ertheilt.

Caspar Wiskota hatte inzwischen sein Haus nebst Brauerei auf dem Neumarkte an Zebedäus Boboloski um 300 Goldgulden überlassen. Dieser verkaufte es am 20. April 1552 an Wenzel Charwat für 377½ Goldgulden.

Nachdem Isabella Siebenbürgen verlassen, hielt sie sich einige Zeit in Kaschau, der Hauptstadt Ober-Ungarns auf, dann ging sie nach Polen und kam von da in die ihr durch Vergleich zugewiesenen Fürstenthümer. Die Ratiborer Stände huldigten erst 1553 der neuen Fürstin.[2]) Statthalter der Fürstenthümer war Wenzel Rawoy von Dulin und auf Sternalitz.

Doch fanden die baufälligen Schlösser ihren Beifall nicht, und da ihr auch die Einkünfte des Landes zu gering waren,

[1]) Böhme, dipl. Beiträge IV, 170.
[2]) Böhme, dipl. Beiträge IV, 170.

kehrte sie wieder nach Polen an den Hof ihres Bruders zurück, wo sie neue Verbindungen mit Siebenbürgen anknüpfte.[1]

## Die Kaiser Ferdinand I., Maximilian und Rudolph.

Nach dem Abzuge der Isabella kamen die Fürstenthümer wieder in österreichische Hände und wurden durch Landeshaupt= leute regiert. Ihr Amt war, die Käufe in Gegenwart des Kanzlers und dreier Ritter zu verschreiben, Beschwerden anzuhören und zur Gerechtigkeit zu verhelfen, die Landtage den Ständen auszuschreiben, auf dem Landrechte zu präsibiren und die Beisitzer mit Nahrung zu versehen, wie auch auf die Hospitalgüter zu achten. Ueber Holz, Fischereien und Teiche wurde ein königlicher Regent gesetzt, welcher auf dem Schlosse zu Oppeln wohnte.

Ferdinand, der durch die Abdankung seines Bruders Carl V. gegen das Ende seines Lebens noch Kaiser geworden, schickte den Bischof Balthasar von Breslau, den Herzog Wenzel von Teschen, die Ritter Johann von Wrbna und Freudenthal und Johann von Oppersdorf nach Oppeln, um die Unterthanen den Eid der Treue schwören zu lassen. Die Stände erklärten unter allgemeiner Zu= stimmung den Oppersdorf für würdig, die Landeshauptmannschaft der Fürstenthümer Oppeln und Ratibor zu übernehmen.

Johann von Oppersdorf, ein Sohn Friedrichs von Oppersdorf, lebte 9 Jahre an dem Hofe des Oberlandeshaupt= mann Herzog Carl von Münsterberg und Oels zuerst als Page, dann als Mundschenk, unternahm Reisen nach dem Süden, leistete Kriegsdienste gegen Frankreich, kehrte dann in sein Vaterland zu= rück, nahm Dienste bei dem Herzoge Friedrich II. von Liegnitz und vermählte sich 1554 in Breslau mit Christine, Tochter des Otto von Zedlitz,[2] nach deren Tode aber mit Margareth von Lobkowitz. Wegen seiner Tapferkeit im Türkenkriege wurde er

---

[1] Graf Mailath, Gesch. des österreich. Kaiserstaates II, 90.
[2] Sommersberg, Rer. Sil. Scriptores II, 417.

mit seinen Brüdern Georg und Wilhelm in den Freiherrenstand erhoben und mit den in Böhmen gelegenen Gütern Aich und Friedstein beschenkt. Später kam er in den Pfandbesitz von Oberglogau. [1]

Ferdinand, der zu Prag am 1. Februar 1558 die Privilegien der Stadt Ratibor bestätigte, nahm im Finanzfache bedeutende Veränderungen vor.

Die landesherrlichen Einkünfte, die nicht von der Verwilligung der Stände abhingen, waren bisher von Einem Beamten verwaltet worden. Da sich aber die Einkünfte durch Einführung der Steuern und allerlei Abgaben mehrten, bestellte er am 21. November 1558 für Ober= und Niederschlesien ein förmliches Collegium, welches die Kammer hieß und wies ihr auf der Burg zu Breslau den Sitz an. Unter ihrer Verwaltung standen die Landeshauptmannschaften der Erbfürstenthümer, die Domainen, Regalien und die übrigen von den Ständen unabhängigen Einkünfte. Von dieser neucreirten Behörde, von der wir öfters sprechen werden, die 1 Kammerpräsidenten, 4 Kammerräthe, 1 Fiscal für Lehnssachen, außerdem 2 Secretaire, 1 Rentmeister, mehre Einnehmer und Canzlisten hatte, ist genau zu unterscheiden das ältere Oberamt, oder die Landeshauptmannschaft, welche in ihrem Verwaltungsbereiche die Landespolizei=, Kämmerei=, Militair= und Steuersachen hatte. Der Landeshauptmann von Schlesien führte auf den Fürstentagen den Vorsitz, sorgte für die innere Ruhe und Landesvertheidigung und war Mittelsperson zwischen dem Könige und den Ständen.

Kaiser Ferdinand, der trotz der mancherlei Unruhen, mit denen er zu kämpfen hatte, für unsere Gegend ziemlich viel gethan wirkte zunächst wohlthätig durch die Robotordnung, die er am 4. Januar 1559 durch den Landeshauptmann der beiden Fürstenthümer publiciren ließ.

---

[1] Henel, Silesiographia Cap. VIII, 393 f.

Nach derselben hatten

a) die Bauern pro Hufe jährlich ein Stück Acker von 2 Scheffeln Aussaat zu beackern, die Ernte zu besorgen und in die Scheuern zu bringen, 1 Tag Dünger zu fahren, 1 Tag Gras zu hauen und einzuführen, 1 Tag Zäune zu flechten, 1 Fuhre 2 Meilen zu thun, 4 Fuder Holz und 3 Fuder Material bei etwaigen Bauten zu führen.

Die Bäuerinnen pro Hufe 2 Tage in Flachs, Hanf oder Gärten zu arbeiten, die Schafwäsche und Schur bei freiem Essen und Trinken zu besorgen. Für das Gespinnst erhielten sie pro Stück 2 Groschen und 1 Brod.

b) die Gärtner und Häusler hatten für Essen und Trinken die Zäune anzufertigen und auszubessern.

Die Unterthanen hatten die Teiche mit Fischsamen zu bestellen, die Fische in die Behälter zu schaffen und erhielten dabei täglich 1 Gericht Fische. Auch hatten sie die Wache zu halten und bei den Jagden zu treiben. [1])

Für die Stadt selbst wirkte Ferdinand I. dadurch, daß er 1558 die Privilegien der Böttcher, 1559 die der Tuchmacher und 1560 die der Schneider, wie auch der Reichskramer bestätigte. Die Ordnung der Kramerzunft lautet im Auszuge also:

Ausländische Kramer, die das Kramrecht nicht haben, dürfen außer den 3 Jahrmärkten Marretti, Frohnleichnam und Martini weder Gewürz noch sonst etwas verkaufen; nur während des Marktes steht es männiglich frei, feil zu haben, jedoch unter folgenden Bedingungen: Seide, dünnes englisches oder rheinisches Tuch, englische Leinwand dürfen nur in ganzen Stücken verkauft und nicht ellenweise ausgeschnitten werden, aber „Frischtuch, Haras und Engellsch gewand" können die Tuchschneider (vereinzelt) schneiden. Mandeln, Reiß und Feigen dürfen

---

[1]) Böhme, dipl. Beitr. III, 16.

nicht unter einem Pfunde, Seife nicht unter ½ Pfunde verkauft werden; Parchent nur in ganzen Stücken, Gold und Silberdraht in 25 Spillen à 200 Ellen; Beutel, Handschuhe, Hüte, Gold= und Silberfelle nur in Dutzenden, sämische Felle in halben Dutzenden; Borden und Gürtel dürfen nur Selbstverfertiger und Kramer feil haben, Wachs und Baumwolle sollen nicht unter ¼ Centner verkauft werden, den Bürgern aber ist ¼ Stein gestattet. Baumöl, gebleichtes oder gefärbtes Garn dürfen Fremde unter 1 Pfund nicht absetzen, Lorbeeren nicht unter ½ Pfund, Seife nicht in Tafeln oder Stücken, sondern in ¼ Stein. Die Stadtkramer sollen Acht haben, ob die Fremden sich falschen Gewichtes bedienen.

Kramer sollen Pfeffer, Safran, Nelken und anderes Gewürz nicht fälschen und Safran nicht anfeuchten. Der Fälscher soll „zu Haut und Haar" gerichtet, recht= und ehrlos werden, die Waare aber verbrannt werden. Landsafran soll unter Strafe mit andrem Safran nicht gemischt werden.

Das Kramergewicht soll dem Silbergewicht gleich sein.

Wer einen Kram kauft, muß in die Innung treten und bei Begräbnissen erscheinen unter Strafe von 1 Pfund Wachs wenn Erwachsene, ½ Pfund wenn Kinder oder Dienstboten aus der Innung bestattet werden. Im Kramladen dürfen keine Oefen stehen. Wer, statt die Versammlungen zu besuchen, zu Hause bleibt und verkauft, zahlt ½ Groschen Strafe. [1]

In Bezug auf eine Beschwerde der Müller in Ratibor, die auch vom Malz den 3. Theil haben wollten, erklärte Ferdinand I. zu Prag am 19. December 1558, daß ihnen nach Landesgebrauch nur der 3. Theil vom Getreide zukomme. [2]

---

[1] Böhme, dipl. Beitr. IV, 171. Die Reichkramer stehen in der Mitte zwischen den Kaufleuten, die en gros handeln und zwischen den Partkrämern, die Kleinigkeiten in einzelstehenden Bauden verkauften. Confer Jahresbericht der schl. Gesellschaft für vaterl. Kultur 1854. S. 223.

[2] Archiv der Breslauer Kammer.

Hinko Petrowitz Chartvat verkaufte sein Haus sammt Brauerei dem Wenzel von Reiserwitz, was der Landeshauptmann Johann
von Oppersdorf am 10. November 1559 bestätigte.

Eine andere wichtige Einrichtung war die Landesordnung,
welche die Prälaten, Herren und Ritter der Erbfürstenthümer
Oppeln, Ratibor und Oberglogau im Beisein des Landeshauptmann Johann von Oppersdorf bei dem Landtage zu Oppeln Michaelis 1561 verfaßten und dem Kaiser zusendeten, damit
er sie als oberster Herzog bestätige. Aus dem Herrenstande war
zugegen Wenzel Sedlnicki von Choltitz auf Pschow; aus dem
Prälatenstande: Dechant Martin von Oppeln, Canonicus Johann
von Przyschowitz und Joachim Schwinka; vom Adel: Georg Zyrowski von Zirow auf Kotulin Hauptmann des Strehlitzer Kreises und oberster Landesrichter, Nicolaus Lessota von Steblow auf
Blazeowitz Kanzler, Wenzel Nawoy von Dollna auf Dziewkowitz,
Hans Zyrowski von Zyrowa auf Czeppanowitz, Wenzel Wraminski von Wranin auf Lubowitz, Hans Kokors von Kokorski
auf Kamień (Stein), Wenzel Zybulka von Litoltowitz auf Schönwald, sämmtlich Landschöppen im Landrecht.

Von den 54 Artikeln ist hervorzuheben:

Oppeln und Ratibor sollen nicht getrennt werden, sondern
unzertheilt in ihren alten Verfassungen und Freiheiten als Glieder
der Krone Böhmens beisammenbleiben. Die Huldigung ist dem
neuen Könige nur auf dem Schlosse zu Breslau, Oppeln oder
Ratibor zu leisten. Niemand ist verpflichtet, bei einem Kriege
über die Gränze zu ziehen, außer bei öffentlicher Landesgefahr.
Die Fahne, auf welcher der goldne Adler mit goldner Krone im
blauen Felde, können sie als Feldzeichen weiter gebrauchen. Der
Landeshauptmann hat bei Einführung in sein Amt einen Eid zu
leisten, daß er die Landesbewohner bei ihren Rechten und Freiheiten erhalten will. Beschwerden sind schriftlich anzubringen,
worauf der Hauptmann dieselben dem Beklagten zusenden, ihn
citiren, hören und die Parteien möglichst vergleichen soll. Findet

9

keine Vergleichung statt, so sind die Parteien an das Landrecht zu verweisen. Auch der Kanzler hat einen Amtseid zu leisten und kommt ihm von Kauf- und Erbgütern 1 pro Cent, von Leibgedingen ½ pro Cent zu. — Testamente sollen von 6 Zeugen unterschrieben und besiegelt werden.

Das oberste Landrecht ist jährlich zweimal zu halten, nämlich zu Oppeln Montag nach dem 1. Fastensonntage und zu Ratibor Montag nach Bartholomäi. In dem Landrechte sollen 18 Personen sitzen 1. der Landeshauptmann, 2. der Landrichter, 3. der Kanzler, 4. fünfzehn Schöffen. Der Landeshauptmann soll während des Landrechts dem Landrichter und Kanzler und deren Gefolge (à 4 Personen) und sämmtliche Landschöffen nebst Gefolge (à 3 Personen) mit Speis und Trank und deren Rosse mit Futter versehen. Der Landrichter, der gleichfalls einen Amtseid schwört, erhält aus dem Oppelner Amte 100 rheinische Gulden (à 30 gr. schl.) als Gehalt.

Die Sachen sind der Reihe nach, wie sie im Tagfahrtregister eingetragen sind, zu verhandeln. Man soll ohne Waffe erscheinen, sich des Gezänkes und Schreiens enthalten. Kein Prozeß darf sich Jahrelang hinausziehen, vielmehr muß jede Streitsache, wenn sie das erste und zweite Mal nicht erledigt worden, bei der dritten Rechtssitzung abgemacht werden. Alle Schriftstücke sind zuvor ins Böhmische zu übersetzen und hat Jeder in dieser Sprache sein Recht vorzulegen.

Bei Grenzberichtigungen sollen die Parteien mit ihren Zeugen auf den streitigen Punkten erscheinen, um dort den Eid zu leisten. Es wird ausdrücklich hervorgehoben, daß es bereits alte Gewohnheit sei, den Eid auf den Rainen vorzunehmen und zwar mit Modification, je nach den drei Civilständen, Adel, Bürger und Bauern.

Die Ritter nämlich leisten denselben stehend, unbewaffnet entblößten Hauptes, mit aufgehobenen Fingern, die Bürger knieend, unbewaffnet, baarhaupt, mit aufgehobenen Fingern, die

Bauern sollen sich bis aufs Hemd entkleiden, in ein Grab, das eine Elle tief ist, niederknien, auf dem Haupte ein Stück Rasen haben und ohne Messer oder sonstige Waffe bei sich zu tragen, schwören. —

Auch wurde der Grundsatz geltend gemacht: Wenn ein Bauer seinem Herrn nicht gefällt und dieser ihn unter sich nicht leiden will, sei jener verpflichtet, sein Besitzthum zu verkaufen; säumt er damit, so darf der Herr es abschätzen lassen und nach der Taxe behalten!

Die Schulzen, Freikretschmer und Müller haben 10 pro Cent Auf- und Abzugsgeld zu entrichten. Herren, Prälaten und Ritter sind frei von Zoll und Mauth, mögen sie etwas zu Markte führen oder zu ihrem eigenen Bedarfe kaufen. Diese Landesordnung wurde vom Kaiser am 29. September 1562 zu Prag bestätigt.[1]

Das also war das dürftige Gesetzbuch, nach welchem unsre Fürstenthümer gerichtet wurden. Johann Friedrich Reffenbrint klagt schon: es sei diese Landesordnung oft so dunkel, daß bei Entscheidungen von Rechtsstreitigkeiten eher ein Gesetzgeber als ein Richter nothwendig. Das betrifft besonders den 16. Artikel über die Anfälle der Kinder.[2] Es ist begreiflich, daß die Landesordnung mit der Zeit viele Zusätze erhielt, für die man die Bestätigung des Landesherrn nachsuchte.

Hans von Oppersdorf gab im 67. Lebensjahre seine schwierige Stellung als Landeshauptmann auf, um im Privatleben Ruhe zu genießen. Er starb erst 1584 kinderlos. Sein Nachfolger im Amte Hans Bernard von Maltzan auf Wartenberg und Penzlin war ihm bereits am 7. Mai 1569 im Tode vorangegangen.[3]

---

[1] Schickfuß III, und Böhme's Dipl. Beitr. III, 16.

[2] Maditationes ad statutum Pragense (Frankfurt und Leipzig 1760) 4. S. 20.

[3] Sommersberg, Siles. access. III, 249.

Kaiser Ferdinand verlieh am 14. April 1564 der Stadt Ratibor das Recht, auf ewige Zeiten an dem Odermühlgraben eine Wasserhebekunst zu halten, um sich dadurch das nöthige Wasser zu verschaffen. [1]

Es war dies die letzte Vergünstigung des Erbherrn, der bald darauf nämlich am 25. Juli zu Wien starb.

## Kaiser Maximilian II. von 1564 bis 1576.

Maximilian, der Sohn Ferdinand I., war schon bei Lebzeiten seines Vaters zum Könige von Böhmen und Ungarn gekrönt worden und hatte am 6. December 1563 in Breslau die Huldigung der Stände empfangen.

Von der Herrschaft Ratibor waren bereits einzelne Theile in den Pfandbesitz mehrer adelichen Familien gekommen. Diese Zersplitterung hatte nicht blos den Nachtheil, daß die Nachbarn dem Walde Schaden zufügten, sondern die Stadt verlor auch manche Freiheiten, weil städtische Nahrungszweige auf dem Lande betrieben wurden. Diese waren bisher ein ausschließliches Recht der Bürger, deren Wohlstand sie begründeten und beförderten. Jetzt lag für Ratibor die Gefahr nahe, aus einer ansehnlichen Ortschaft zu einer Ackerstadt herabzusinken. Die Bürger beschlossen daher, den ganzen Pfandschilling in ihre Hand zu nehmen, bezahlten am 12. Mai 1565 noch eine höhere Summe als die Vorbesitzer und erhielten die Herrschaft auf 24 Jahre in Pfandbesitz. Die Absicht war gut, aber der Ausgang sehr traurig, wie wir später an betreffender Stelle (im 4. Abschnitte) sehen werden.

Auf dem zu Oppeln am 12. März 1567 gehaltenen Landrechte wurde beschlossen: Zeugen sind 2 Wochen vor Beginn des Landrechtes zu vernehmen; wer in den Adelstand erhoben wird,

---

[1] 26. Privilegium. Die Wasserkunst ist seit 1815 cassirt.

soll sich bei dem Landtage melden und den Ritterstand bitten, in dessen Gemeinschaft aufgenommen zu werden. Für das Eintragen in die Landbücher hat ein solcher nach geleistetem Eide 5 Mark dem Landrichter zu erlegen.

Wie anderwärts, so zogen damals auch in Oberschlesien Krämer umher, welche sich Schotten nannten, gefärbtes Glas für Edelsteine, vergoldetes Kupfer als echtes Gold verkauften. Es wurde ihnen 1572 vom Landtage das Herumziehen untersagt und nur das Auslegen auf den Wochen- und Jahrmärkten gestattet.

Zu Anfang des Jahres 1574 baten die Tuchmacher um Erbauung eines neuen Farbehauses, indem sie das alte verkaufen wollten. Sie ahnten nicht, daß sie ohnedies ein neues sich hätten erbauen müssen.

War Ratibor schon durch Uebernahme des Pfandbesitzes in mißliche Verhältnisse gekommen, so steigerte sich ihre Noth durch eine furchtbare Feuersbrunst, welche die ganze Stadt in Asche legte.

Am Tage des hl. Georg 1574 nämlich kam ein nach Troppau zu den Studien reisender Jüngling, Sigismund Zebrowski von Zebrow bei Sandomir, in ein Wirthshaus auf dem Ringe, brachte eine mit Papier geladene Büchse mit und fragte den Hausknecht, ob er selbe wol losschießen dürfe. Dieser ertheilt die Bewilligung. Man geht in den engen Hof, in welchem Stroh und Heu von den benachbarten Ställen zerstreut umherlag. Während ein Schmiedeknecht das Gewehr hält, holt der Student aus der Küche eine glühende Kohle und legt sie auf die Zündpfanne. Die Büchse entladet sich und die Kohle oder das entzündete Papier wird in das Stroh und Heu geschleudert, das zu brennen anfing. Sobald der Pole das Unglück wahrnahm, machte er sich aus dem Staube. Als er zum Stadtthore (in der Nähe des heutigen Appellgerichts) kam, stürmte man eben mit der Feuerglocke. Doch gelang es ihm, nach Troppan zu entweichen, auch der Schmiedeknecht hatte die Flucht ergriffen.

Der Wind war heftig und das Feuer, das am späten Abende bei Valentin Rawa und Caspar Sattler ausbrach, griff mit solcher Stärke um sich, daß das Rathhaus, die sieben Kirchen, die drei Klöster, das Hospital ad s. Nicolaum, die Stadtmühle, die Wasserkunst und 2 hölzerne Basteien in weniger als 2 Stunden verbrannten.

Neun Personen kamen dabei um ihr Leben, denn es brannte nicht blos über der Erde, sondern auch in den Gewölben und Kellern. Im Grunde der Papiermühle fand das Element erst seine Gränze. Das Schloß, das an zwanzig Mal zu brennen anfing, wurde erhalten. Außerdem blieben nur 4 kleine Häuser hinter der Collegiatkirche und 2 Malzhäuser verschont.

Mit großer Mühe wurden die Kleinodien und Dokumente der Pfarr= und Klosterkirchen gerettet. Aber auf dem Rathhause ging das Meiste in Feuer auf. Was man sonst aus der Stadt rettete, wurde leider von bösen Buben aus den Händen gerissen und gestohlen. Von allen Glocken blieb nur eine erhaltbar, von der Collegiatkirche stürzte ein Thurm, der mitten auseinander riß, ein, der andre blieb (noch 2 Jahrhunderte) stehen. v. I., der eingesperrt war, weil er an der schlechten Bewirthschaftung der Herrschaft Ratibor die Hauptschuld tragen sollte, wollte bei dem Brande aus dem Gefängnisse nicht fliehen, und mußte vom Bürgermeister mit Gewalt herausgezogen werden. [1]

Die Stadt meldete am 14. Mai das traurige Ereigniß dem Kaiser und bat

1. um Befreiung von Geschoß, Schatzung, Metzmalz, Biergeldern und aller Abgaben auf mehre Jahre,

2. möge er die Stadtprivilegien, weil collationirte Abschriften, sich bei der Schlesischen Kammer befinden, wieder bestätigen.

---

[1] Die genaue Schilderung verdanken wir dem Berichte des Schloßhauptmann Samuel Leffota von Steblow an die Breslauer Kammer vom 25. April und dem des Magistrats an Maximilian.

3. da Kirchen und Schulen keine Baufonds besitzen, gestatten, daß ein Theil der mühsam erhaltenen Kirchenkleinodien zu Gelde verwerthet werde, oder selbst mit einem christlichen Almosen helfen,

4. bewilligen, daß sie das nothwendige Bauholz aus den kaiserlichen Forsten oder dem Raudener Stiftswalde (da ja Rauden auch ein Kammergut des Kaisers sei!) nehmen:

5. da die 40 rtlr. jährlich aus der Mauth auf Brücken und Wege nicht zureichen, so möge er ihnen bewilligen, ein Mehres daraus zu nehmen, weil sie nicht im Stande seien, das Rathhaus, Stadtthor, die Wasserkunst und andre nothwendigen Gebäude zu erbauen, zumal alle Baarschaft im Rathhause, auch das Waisengeld bei dem Brande vernichtet worden;

6. die zur Abtragung der über die Pfandsumme gemachten Schulden stipulirten jährlichen 2000 rtlr. erlassen.

Schließlich spricht die Stadt ihre Hoffnung aus, der Kaiser werde alles thun, damit dieser Ort als Gränzstadt gegen die Krone Polens wieder aufgebaut werden könne.

Es wurden mit dem Bittschreiben 2 Deputirte Paul Ritschmann aus Troppau und Jaroslav Dubrown aus Ratibor nach Wien abgesendet, welche die Antwort überbringen sollten.

Der Kaiser meldete unter dem 26. Mai, er wolle der Stadt in ihrer gegenwärtigen Noth zu Hilfe kommen und schrieb unter demselben Datum an die Schlesische Kammer, die Creditoren Ratibors zum Mitleid und zur Geduld zu ermahnen und auf bestem Wege zu vergleichen, damit die armen Bürger zum Aufbau der Stadt gelangen; außerdem aber sollten sie die geretteten Kirchenkleinodien taxiren lassen.

Abt Martin von Rauden begab sich aus christlichem Mitleid und auf Begehr des Kaiser Maximilian de dato 6. Juni, ohne Entgelt Holz zu liefern, mit dem Schloßhauptmann und einigen Bürgern in seinen Wald und wies eine Strecke an, die 1 Meile lang und mit starkem Holze besetzt war; auch erbot er sich, zur Erbauung der Kirche und Schule mehr zu liefern, wenn das nicht zureichen sollte. Für das Jungfrauenkloster hatte der Kaiser um 12 Schock Stämme gebeten, der Abt aber schenkte den Nonnen auf Fürsprache des Bischofes an einem ihnen nahegelegenen Platze 30 Schock; nur bat er um Vermittlung beim Kaiser, daß das verpfändete Klostergut Gut Zernitz den Gleiwitzer Pfandbesitzern noch weitere 3 Jahr verbleiben dürfe. Dieser Abt hatte der Stadt Ratibor in ihrer Noth 2000 rtlr. geliehen, die er selbst von andern Leuten mühsam zusammengebracht.

Im Juni 1574 war eine kaiserliche Commission in Oberglogau. Von dort meldete am 16. Juni Friedrich Schlop von Kotzenau auf Gläsersdorf der Kammer zu Breslau: der Schloßhauptmann Samuel Lessota sei bei ihm gewesen und habe ihm berichtet, wie die durch Feuer und jetzt durch Wasser hart betroffenen Einwohner von Ratibor gezwungen seien, sich zur Erbauung ihrer Hütten, darin sie sich vor dem Regen schützen und einstweilen aufhalten könnten, das Holz zu kaufen, so daß ihrer Viele, obgleich sie hätten bleiben wollen, Nothhalber fortgezogen sind: er bittet, daß ihnen das Sparren- und kleine Holz einstweilen bis auf kaiserliche Resolution überlassen werde.

Dem Müller Paul Temer, der seit dem 15. Juli 1567 die Malzmühle innehatte, gestattete der Kaiser am 23. Juni 1574 die Malzmühle aufzubauen, gab ihm Holz und freie Fuhren und 2 Drittel der Kosten. Die Angelegenheit der beiden Gefangenen (Sigismund Zebrowski und v. T.), weil Justizsache, habe er (der Kaiser) den Rechtsgelehrten zur Berathung übergeben.

Maximilian ersuchte den neuerwählten Bischof von Breslau Martin Gerstmann, sich zur Untersuchung der Schuldensache mit noch einigen Deputirten persönlich nach Ratibor zu begeben. Am 12. September 1574 traf die Commission hier ein und meldete, daß der Kaiser die Contribution von 2000 rtlr. jährlich zur Tilgung der über die Pfandsumme gemachten Schulden auf 6 Jahre,

Steuer und Biergeld auf 3 Jahre schenke. In dem neuen Berichte an den Kaiser sprach der Bischof die Bitte aus, den neuen Rath von der üblen Haushaltung entschuldigt zu halten, verdächtige Personen würden durch den Kammerprocurator in Untersuchung gezogen werden, aber der jetzige Stadtschreiber möge aus seiner Haft befreit werden. Der Kaiser möge sich der Stadt, die unter Thränen ihr Elend dem Bischofe vorgetragen, väterlich erweisen, da die Einwohner ohne Hilfe wol kaum ihre Wohnungen aufbauen, sondern sich verlaufen würden, er möge auch die Stadtprivilegien taxfrei bestätigen und den Landeshauptmann wie auch den Oberhauptmann von Schlesien veranlassen, den Gläubigern zu befehlen, die Einwohner bei Vermeidung schwerer Strafe nicht zu bedrängen. Das Landrecht möge, da hier gegenwärtig, zumal wegen Winterszeit, kein Unterkommen zu finden, auf Ratiborer Rechnung in Oppeln gehalten werden. Der seit 20 Wochen in Haft gehaltene Pole, den die Stadt unterhalten müsse und der Unkosten wegen gern los zu sein wünsche, bäte um Gnade, die auch dem v. T. zu Theil werden möge.

Der Kaiser erwiederte aus Wien am 31. October: Es müsse bei den frühern Bestimmungen verbleiben; würden die Ratiborer jedoch in ihrer Nahrung nicht aufkommen, so könnten 12 Freijahre für die Contribution gestattet werden. Zum Bau der Kirchen sollen nicht die Kleinodien verwendet werden, noch das Hospital beisteuern, da er ein Patent zur Collecte gebe.

Der Hauptmann Samuel Lessota verweigerte die willkürliche Holzung im Walde und überwies jedem Bürger 10 Eichen auf den Wiesen. Bürgermeister und Rathmannen beschwerten sich am 1. Februar 1575 über diese Beschränkung ihrer Privilegien, nach welchen sie im Falle, daß die Stadt durch Brand oder Krieg einginge, zu beiden Seiten der Oder freie Holzung hätten. Würden diese Holzfuhren verhindert, so dürften „junge Leute, die sich hier in Wirthschaft und zum Bauer einlassen wollten" davon abgehalten werden und die Gründe wüst liegen bleiben. Zugleich bitten sie um Uebersendung der 570 rtlr. zur Errichtung der Kirche und der Stadtgebäude. Die Kammer erwiederte am 7. Februar: In die begehrte freie Einfuhr nach Bauholz könne sie nicht willigen, weil ihnen im Raubener Walde und vom Schloßhauptmann genügend Holz angewiesen worden; das Geld (wahrscheinlich den Ertrag der Collecte) sollten sie bis auf weiteren Bescheid unangegriffen lassen.

Auf eine Beschwerde des Magistrats vom 8. Juni an die Kammer veranlaßte Maximilian Prag den 20. Juni dieselbe, die Stadt gegen Hinko Charwat und andre Pfandbesitzer zu schützen, welche die Einfuhr in den Wald auf dem Babitzer Grunde hinderten, die gepfändeten Wagen sollten wieder ausgeliefert werden.

Die kaiserliche Bestätigung der städtischen Privilegien (26 Urkunden) wurde Prag den 25. Juni 1575 ausgefertigt. Die Stadt lieh hierauf dem Kaiser 500 ungarische Gulden und erhielt Studzienna zum Pfandbesitz. Der Brief ist Prag den 22. Juli ausgestellt. Etwa 30 Jahre später erhielt die Stadt dieses Kammergut zu erblichem Eigenthum.

Am 26. Januar 1576 sollte allgemeine Musterung gehalten werden. Jeder, der zu dienen schuldig war, mußte mit guten Pferden (Ritter mit 6 Rossen) in guter Rüstung „wie es einem wohl mundirten deutschen Reiter gebührt" erscheinen. Aus dem Kreise Gleiwitz und Ratibor stellte man sich in Ratibor, aus den übrigen Kreisen in Oppeln.

Der Landeshauptmann hatte die Kriegsämter (Hauptmann, Lieutenant, Fähnrich, Trompeter, Fourier) zu unterhalten, wozu ihm 500 Gulden Steuerreste bewilligt wurden, außerdem sollten die Unterthanen pro Hube 24 gr. die Müller 1 rtlr. schlesisch, die Kretschmer 1 Gulden zu Hilfe geben. Die Städte sollen mit Stücken (Kanonen), Feuerröhren (Flinten), Kugeln und Pulver wohl versehen sein, jeder Wirth ein gutes, langes Rohr haben; die Unterthanen auf dem Lande sollen von ihren Herrschaften mit guten Röhren, Spießen und Gewehr (Säbeln) versorgt werden.

Der Kaiser hatte durch den Landeshauptmann befohlen, dies Mal mehr Reiterei als gewöhnlich zu stellen. Die Stände aber baten zu erwägen, daß sie gegenwärtig vielfach beschwert seien z. B. mit Reichung der Steuern zur Genugthuung der Bürgschaft für die Ratiborer, und wünschten, von größerer Belästigung verschont zu bleiben.

Da dem hiesigen Lande, wie der ganzen Christenheit wegen der großen Sünden von den Feinden des Glaubens die größte Gefahr drohe, mithin es nothwendig sei, zu dem allmächtigen Gotte, der die Geschicke in seinen Händen habe, um Hilfe und Erlösung seine Zuflucht zu nehmen, sollen die Pfarrer von den Kanzeln die Leute zur Buße ermahnen und veranlassen, daß bei jeder Kirche früh, Mittags und Abends geläutet werde, damit ein Jeder, möge er auch auf der Gasse oder auf dem Felde sein, bei dem Glockenzeichen auf seine Knie falle und Gott inbrünstig anflehe, sein Zorn abwenden, dem Kaiser aber eine glückliche und geruhige Regierung verleihen zu wollen. Wer das nicht thue, solle mit Gefängniß gestraft werden. Auch seien alle Tänze und Trinkgelage einzustellen. [1]

Auf eine Anfrage an den Magistrat, warum man nach der Feuersbrunst so wenig baue, berichtet derselbe am 10. April 1576, daß ihnen ein Stück Heide auf dem Babitzer und ein Stück Eichwald auf dem Ostroger Grunde von den Commissarien ausgemessen worden, der letztere aber von den jetzigen Pfandinhabern (Hans Rzuchowski und Hinko Charwat) ihnen vorenthalten werde. Auch setze man den Bürgern mit Scheltworten zu und drohe ihnen, sie nach den Befreiungsjahren zu binden und zu zerhauen.

Da es sowohl kostspielig als lästig war, daß alle Stände auf den Landtagen erschienen, so beschlossen die Prälaten und die Ritterschaft im August 1576 einhellig, die Befugnisse einem Aus-

[1] Landtagsbeschluß vom 10. Januar 1576.

schusse zu übertragen, welcher anstatt der vollen Stände zum Wohle des Landes handeln solle. Aus jedem Kreise wurden 3 bis 5 Männer erwählt, die bei den Landtagen zu erscheinen hatten und zwar im Ratiborer Kreise Johann Freiherr von Beeß, Abt Martin von Rauden, Stanislaus von Reiswitz, Bartholomäus von Czoruberg. Als Zehrgelder erlegte jeder Kreis pro Tag den vom Herrenstande 2 Mark, den Mitgliedern aus dem Ritterstande 1 Mark.

## Kaiser Rudolph von 1576 bis 1598.

Der kränkliche Maximilian starb am 15. October 1576. Sein Sohn Rudolf erhielt die Huldigung der Schlesier erst am 24. Mai 1577 in Breslau. Bei dieser Gelegenheit baten sich die Deputirten unserer Fürstenthümer aus, die Landesordnung, nachdem sie revidirt und verbessert sein werde, zur Bestätigung nach Prag schicken zu können. Die oberschlesischen Stände huldigten dem Kaiser auf dem Landtage im November 1577. Man beschloß, die Landesordnung zu revidiren und zur Bestätigung einzuschicken.

Im Sommer 1580 entstand zwischen Rath und Stadtgemeinde ein Streit wegen der Hutung und dem Stadtwalde. Es wurden 16 Personen gefangen genommen und auf dem Schlosse verwahrt. Die Sache wurde vor den Fürstentag gebracht und die Gefangenen gegen Caution freigelassen.

Auf den Vorschlag des Hauptmann Samuel Leffota befahl die Kammer am 28. Juni 1580, die Wiesenflecke und Gärten, welche um den Stadtwall liegen und zu geringem Zins vermiethet werden, auszumessen und pro Morgen 9 gr. Zins zur Mehrung des Stadteinkommens auszusetzen.

Wie viel man damals auf das äußre decorum hielt, lehrt ein Landtagsbeschluß von 1585, es heißt dort: „Nachdem die Stände vermerkt, daß in diesem Lande ein sehr schändlicher und unzulässiger Gebrauch unter den jungen Leuten sich hervorthut, welche vor ehrlichen Frauenzimmern sehr schlecht aufziehen, in einem Unterrock oder Camisol ohne Oberrock und Mantel zu gehen und zu tanzen sich nicht scheuen, deßhalb wird beschlossen, daß im Fall Jemand sich dessen hinfort unterstehe, er gestraft werden solle."

Das Kanzleramt war 1581 mit dem Tode des Nicolaus Lessota auf Blaseowitz erledigt. Nachdem es einige Zeit von Stellvertretern verwaltet worden, wurde 1586 Wenzel Scheliha von Rzuchow damit vom Kaiser betraut.

Im Jahre 1583 erscheint Johann Reißwitz von Kaderzin auf Raschütz und Ellberkopf als Landrichter und Vicehauptmann des Herzogthum Oppeln und Ratibor. [1]

Ratibor hatte, wie wir bereits gesehen, bereits 3 Jahrmärkte. Rudolf gestattete Prag am 23. Mai 1586 einen vierten am Montage nach dem Feste Maria Himmelfahrt und bestätigte ein eigenthümliches Marktrecht, welches auch anderwärts Sitte war. Ein Hütchen nämlich (in Oppeln ein Fähnchen) wurde auf einer Stange befestigt und diese auf dem Markte aufgerichtet und zwar im Winterhalbjahre bis 11 Uhr, im Sommerhalbjahre bis 10 Uhr. So lange das Zeichen nicht abgenommen worden war, durfte kein Händler und kein Auswärtiger bei schwerer Strafe etwas kaufen, ja es wurde verpönt, daß Bürger sich hergaben, um in dieser Zeit für Fremde zu kaufen.

Stefan Bathori, König von Polen, war am 13. December 1586 gestorben. Die polnischen Stände wählten im Monat August 1587 vor Warschau einen neuen König. Ein Theil des Adels war für den Erzherzog Maximilian von Oesterreich, ein anderer für den Prinz Sigismund von Schweden. Maximilian kam auf seiner Reise nach Polen durch Ratibor und übernachtete hieselbst. Die Stadt, obgleich in dürftiger Lage, nahm den hohen

---

[1] Schriften der hist.-stat. Section (Brünn 1853) 5. H. S. 52.

Gaſt als Bruder des Kaiſers ehrenvoll auf und verwendete dabei 118 rtlr. 15 gr. 6 hllr. Die Fürſtenthümer ſtellten ihm laut Landtagsbeſchluß 100 Pferde zu Dienſten. Doch wurde Sigismund gekrönt und Erzherzog Maximilian vom polniſchen Kron-Großfeldherrn Johann Zamoiski am 24. Januar 1588 nach einem blutigen Treffen bei Pitſchen gefangen. Ein mit Zamoiski geſchloſſener Vertrag ſicherte ihm auf dem Schloſſe Krasnoſtaw bei Lublin einen ſeinem Stande angemeſſenen Gewahrſam und Unterhalt, bis man ſich über die Friedensbedingungen geeinigt haben würde. [1]

Nach einer Kämmereirechnung aus dem Jahre 1587 hatte die Stadt damals eine Einnahme von 1104 rtlr. und eine Ausgabe von 1125 rtlr. 12 gr. 8 hllr.

An Erbzins trug unter andern bei

| | | |
|---|---|---|
| das Dorf Brzezie | . . . . | 14 rtlr. 21 gr. |
| „ „ Stubzienna . . . | . | 22 — 11 — |
| die Salzhauer . . . | . | 13 — = — |
| die von der Stadt erkauften 8 Fleiſchbänke | | 12 — = — |
| von den Fleiſcherwieſen . . | . | 12 — 22 — 10 hllr. |
| von den Rahmen der 7 Tuchmacher | . | 1 — 6 — = — |
| von der Stadtwaage . . | . | 3 — = — |
| die Vorſtädter vor dem Oderthore. | | 20 — = — |
| „ „ großen Thore | . | 13 — = — = — |
| „ „ neuen „ | . | 3 — 4 — = — |
| die Neuſtädter . . | . | 1 — 14 — = — |
| die Altendorfer . . . | . | 7 — 2 — 4 — |

Gärten, Wieſen, Teiche ꝛc.

---

[1] Isthuanfi, de rebus ungar. S. 570. Heidenſtein, Rer. pol. libri p. 253—282. Das Franzens-Muſeum in Brünn enthält aus der Sammlung des fleißigen Geſchichtſchreiber Franz Joſef Schwoy das böhmiſche Tagebuch des Smil Oſſowski von Daubrawitz über Maximilians Zug nach Polen. Vom Pitſchener Kriege ſchrieb Wenzel Scherfer von Scherfenſtein Brieg 1665. Gotfr. Thilo 1668 ꝛc.

Von den andern Zinsen sind hervorzuheben.

| | | | | |
|---|---|---|---|---|
| Brükengeld pro Wagen 6 hllr. | . | . | 124 rttr. | 9 sgr. 7 hllr. |
| Schrotlohn für Bier, für jedes ausgeführte | | | | |
| Faß 6 hllr. . . . . | | | 33 — 10 — | , — |
| Methausschroten . . . . | | | 21 — 29 — | , — |
| Weinschroten . . . . . | | | 4 — 28 — | 2 — |
| Methbräuen pro Pfanne 3 gr. 9 hllr. | | | 4 — 28 — | 6 — |
| vom freien Fleischmarkt des Sonnabends | | | | |
| Standgeld, pro Rind 1 gr., pro | | | | |
| Kleinvieh 6 hllr. . . . | | | 37 — 32 — | 3 — |
| vom Stadtbrauhause . . . . | | | 23 — , — | , — |
| das 1000 Ziegel mit 1⅙ rttr. (Macher= | | | | |
| lohn ⅔ rttr.) . . . | | | 60 — , — | , — |
| Malz, gewonnen von dem auf den Stadt= | | | | |
| äckern erbauten Waizen . . | | | 144 — , — | , — |
| von den Hausleuten, so ihr Handwerk ha= | | | | |
| ben à 19⅚ gr. . . . | | | 11 — 16 — | 8 — |
| vom Fischfange aus 2 Teichen . | | | 53 — 16 — | 8 — |
| Strafgelder von muthwilligen und rebellischen | | | | |
| Einwohnern . . . . | | | 33 — 18 — | , — |
| für den zweimaligen Weinschank der Com= | | | | |
| mune durch 14 Tage (Judica und | | | | |
| Jacobi) wird gewonnen . . | | | 52 — , — | , — |
| an Wächtergeld kommt ein . . | | | 188 — 32 — | , — |
| Standgeld an Jahrmärkten . . | | | 19 — 29 — | , — |
| vom Branntweinbrennen à 1 rttr. . | | | 6 — , — | , — |
| Getreideverkauf (Korn, Gerste 2c. 2c.) . | | | 54 — 3 — | 6 — |

Ausgaben:

| | | | |
|---|---|---|---|
| Interessen für geliehene Kapitalien circa | 100 — , — | , — | |
| dem Stadtschreiber . . . | 30 — , — | , — | |
| den 5 Thorwärtern . . . | 15 — 12 — | , — | |
| demselben wegen Abgebung der Mauthzeichen | 25 — 27 — | 6 — | |
| dem Scharfrichter . . . . | 14 — 6 — | , — | |

Ehrungen bei Bürgerhochzeiten 2c.

Hans Proskau von Schimnitz, Landeshauptmann seit 1570, starb 60 Jahr alt am 17. October 1590. Sein Nachfolger wurde Georg **II.** von Oppersdorf und da dieser am 15. December 1607 starb, blieb das Amt eine kurze Zeit unbesetzt, worauf Hans Christof Freiherr von Proskau vom 10. April 1607 bis 1619 folgte.

Der Bürger Hans Apotheker, der sein Haus noch nicht aufgebaut, wendete sich 1594 an den Hauptmann von Schwiebus und Kammerrath von Ober= und Niederschlesien Maximilian von Knobelsdorf, der als Wirthschafts=Commissar hier gewesen, mit der Bitte: Peter Dlugomil von Birawa habe aus den Dzir-gowitzer Pfandstücken 1593 einige kieferne Bauhölzer nach Ratt-bor auf seinen wüsten Platz führen lassen, sei aber inzwischen gestorben und hätten die Vormünder die Güter eingenommen. Das Bauholz würde, wenn es noch länger liege, verfaulen; er bitte also, weil er die Fuhren nicht erschwingen könne, daß ihm das Holz überlassen werde. Die Breslauer Kammer decretirte am 23. April an den Rath, da der Bau der Stadt zur Ver-schönerung gereichen werde, das Holz dem Bittsteller ausfolgen zu lassen.

In demselben Jahre hatte die Zunft der Grobschmiede und Schlosser loses Holz zu kaufen gewünscht. Der Forstmei-ster Hans Jordan wagte nicht, dies zu verabfolgen, weil er ein Verbot erhalten, frisches Holz zu verkaufen. Die Kammer be-auftragte ihn, jenen Leuten dürres und liegendes Holz gegen Zahlung zu überlassen, weil durch dieses Handwerk das Beste der Stadt und der Mühlen befördert werde. Das Geld solle in das Oppelner Rentamt abgeliefert werden.

Aus dem Urbar von 1596 ist hervorzuheben (der Gulden zu 36 weiße Groschen gerechnet):

Wer das Bürgerrecht erwirbt, zahlt 8 gr., was des Jahres circa 2 Gulden ausmacht, wovon der Stadtschreiber 12 gr. erhält. Es werden jährlich an 330 Pfannen Bier gebraut. Von

Handwerksleuten, die nicht in eignem Hause, sondern in Kammern (zur Miethe) wohnten und jeder 23½ gr. jährlich Zins gaben, kam damals 8 Fl. 9 gr. ein, es waren also deren bereits weniger als 1587. Dagegen hob sich das Standgeld der Krämer, Kürschner und Tuchmacher auf 30 Gulden. Der Branntweinzins bringt bereits 12 Gulden, entweder waren jetzt 6 Brenner mehr, oder der Zins wurde verdoppelt; letzteres ist wahrscheinlicher, da jetzt in zwei Terminen gezahlt wurde. Die Brobbäcker gehören der Stadt zu und geben jährlich 6 Fl. 24 gr. Von den beiden Badstuben zinset die auf der Nonnengasse der Pfarrkirche, die andre vor dem Thore dem Kloster der Dominikaner, was jährlich 4 Mark beträgt. Die Stadt hatte bereits 6 Teiche. Das ganze Stadteinkommen betrug damals 1308 fl. 29 gr. Zum ersten Male erfahren wir sämmtliche Namen der Straßen und wie viele Häuser auf jeder sich befanden:

1. die Obergasse hatte 28 Zins- und 13 Freihäuser, zusammen . . . . 41 Häuser.
2. die Gasse hinter der Pfarrkirche hatte 1 Zins-
   und 10 Freihäuser, zusammen . . 11 „
3. die Gasse unter den Leinwebern hatte . 39 „
4. am kleinen Ringe waren . . . 11 „
5. die neue Gasse und das Stockhaus . 33 „
6. „ große Gasse . . . . 99 „
7. „ Fleischergasse . . . . 30 „
8. „ Nonnengasse . . . . 10 „
9. „ Obergasse . . . 7 „
10. „ Krämergasse . . . . 9 „

290 Häuser.

In den Vorstädten
11. vor dem Oderthore . . . . 22 Häuser.
12. „ „ neuen Thore . . . 4 „
13. „ „ großen „ . . . 19 „

45 Häuser.

10

Von diesen 335 Häusern zahlten die Zinshäuser 589 Gulden 31 gr. 7 hlr.; laut Privilegium von Herzog Valentin aber gab die Commune nur 266 Gulden 24 gr. ab. Sämmtliche Häuser waren mit Ausnahme des Rathhauses von Holz und nur einstöckig. Unterstock und Dach befriedigten das Bedürfniß des einfachen Bürgers. Zur Miethe wohnten nur 13 Handwerker; sie gaben der Stadt zur Haltung der Wächter etwas zu Hilfe.

Um diese Zeit bauten einige Bürger mit Genehmigung des Schloßhauptmanns Gärten auf der Auen, wovon sie einen Zins von 14 Gulden zahlten. Dieser Plan wurde damals Dubow (dubowy = eichen) genannt, wahrscheinlich weil dort Eichen ausgerodet worden waren; erst später wurden zu den Gärten Häuser gebaut und erhielt der Ort den Namen Plania.

## Die Fürstenthümer Oppeln und Ratibor unter Sigismund Bathori, bisherigen Großfürsten von Siebenbürgen, vom 4. April bis Anfang August 1598.

Sigismund Bathori, Großfürst von Siebenbürgen, hatte sich 1593, als der Krieg zwischen der Türkei und Oesterreich ausbrach, mit Kaiser Rudolph verbinden wollen. Zwar war der größere Theil seiner Stände dagegen, doch trat Sigismund entschieden auf und erhielt des Kaisers Nichte, die Erzherzogin Maria Christine, zur Frau. Würde er kinderlos sterben, so solle der Kaiser Siebenbürgen erhalten. Einige Jahre später schloß Rudolph mit ihm eine neue Uebereinkunft. Er sollte jetzt schon Siebenbürgen abtreten und dafür die Fürstenthümer Oppeln und Ratibor mit 50,000 rtlr. jährlicher Zulage übernehmen. Der Großfürst ging auf den Tausch ein und trat am 4. April 1598 sein Land ab. Der Kaiser, welcher sich bei der Uebergabe der Fürstenthümer die Kriegsmunition, Kirchenkleinodien und das Baugeld reservirte, meldete am 27. April der Schlesischen Kammer die Abtretung der Erbfürstenthümer auf Lebenszeit des Bathori.

Von diesem Fürsten ist eine einzige Urkunde bekannt und in Böhmes dipl. Beitr. IV, 173 mitgetheilt. Sie ist am 26. Juni 1598 zu Oppeln ausgestellt und enthält einen Befehl an den Landeshauptmann Georg von Oppersdorf, Geld für ihn einzuziehen.

Die Verbindung mit der Breslauer Kammer hörte auf. Denn als der Hauptmann am 7. Juli 1598 diese Behörde anging, dem Stadtschreiber Johann Küster einen Erbbrief über ein Stück Acker in den Ostroger Wiesen von 2½ Scheffel Aussaat (den er schon 12 Jahre innehatte) auszustellen, so erhielt er eine Woche später den Bescheid, daß die Fürstenthümer, wie er es selbst wissen müsse, nicht mehr in kaiserlichen Händen, sondern dem ehemaligen Fürsten von Siebenbürgen eingeräumt seien, sie also nichts mehr mit Erbsachen zu thun hätten. Wäre das Ansuchen früher geschehen, so hätten sie sowohl wegen der vom Stadtschreiber im kaiserlichen Amte geleisteten Dienste, als auch wegen seiner (des Hauptmanns) Intercession sich nach Gebühr erwiesen.

Als der wankelmüthige Großfürst, welcher damals 26 Jahre zählte, hörte, daß man in Siebenbürgen mit Rudolph nicht zufrieden sei, bereuete er seinen Schritt, knüpfte mit Stefan Bocskai Verhandlungen an und entschloß sich, wieder zurückzukehren. Einst ritt er von Oppeln wie zur Jagd aus und vergnügte sich den ganzen Tag mit derselben, gegen Abend aber, nachdem seine Diener das Nothwendigste zusammengerafft und sich nach verschiedenen Richtungen zerstreut hatten, sprengte er gleichsam zur Lust sein Roß in immer weiteren Kreisen umher; plötzlich hielt er in einiger Entfernung an und rief seinen erstaunten Begleitern zu: „Es ist erlaubt, der List mit List zu begegnen; man hat mir nicht Wort gehalten, ich kehre drum in mein Vaterland zurück," und mit verhängten Zügeln jagte er nach Polen. Begleitet von Benedict Mnozel und einem Diener zog er verkleidet durch Polen und erschlen am 15. August unvermuthet in Klaufenburg, der Hauptstadt Siebenbürgens. Fast das ganze Land fiel ihm wieder zu. [1])

Aber auch hier behagte es ihm nicht. Schon im nächsten Jahre gab er das Fürstenthum seinem Better, dem Cardinal Andreas Bathori Bischof von Ermland, und ging nach Polen zu seinem Schwager dem Krongroßfeldherrn Johann Zamoisti. Seine Gattin trat im Alter von 24 Jahren in das Koster Hall (Tyrol). Sigismund, 1601 nach Siebenbürgen zurückgerufen, verließ es bald wieder und starb zu Prag am 27. März 1613.

## Die Erbfürstenthümer unter Kaiser Rudolph II., von 1598 bis 1611.

Am 5. März 1600 befahl Rudolph, daß die Kammer= und Wirthschaftssachen wieder in den vorigen Stand gesetzt würden.

Die Zunft der Büttner, Wagner und Stellmacher hatte seit alter Zeit das Recht, das zu ihrem Handwerke erforderliche Geschirrholz aus den kaiserlichen Forsten ohne Entgelt (außer 3¼ gr. pro Stamm) zu nehmen und mußten für diese Vergünstigung die für das Schloß nothwendigen Gegenstände umsonst verfertigen. Der Forstmeister Hans Jordan machte aber Schwierigkeiten. Als die Commission am 31. März 1594 hier war und auf die Beschwerde dieser Handwerker von ihnen einen Ausweis über ihr Recht einforderte, hatten die guten Leute nichts vorzulegen und konnten sich nur auf die alte Observanz berufen. Da Büttner nur gutes Holz brauchen und durch freies Schalten im Walde demselben Schaden zufügen, so hob die Commission Recht und Pflicht auf und gestattete die Verabfolgung des Holzes nur gegen baare Bezahlung; auch auf dem Schlosse werde ihre Arbeit in Geld remunerirt werden. Das Aufgeben des

---

[1]) Johann Graf Mailath, Geschichte des österreich. Kaiserstaates II. Bd. S. 267.

Privilegiums fiel jedoch den Handwerkern schwer und als sie bei dem neuen Forstmeister Hans von Beeß nichts ausrichteten, wandten sie sich am 16. Juli 1602 unter Befürwortung des Magistrates an die Kammer mit der Bitte um das alte Recht, weil nicht blos die Bewohner wegen Mangels hölzerner Gefäße Abbruch leiden, sondern die Büttner selbst verarmen.

Am 1. September 1603 kaufte die Stadt für 60 rtlr. vom Kaiser ein hinter der **Matka Boża** Kirche zwischen den Gränzen von Studzienna und den ckerstücken des Rathes am Wege, wo man auf einer Seite nach Wojnowitz, auf der andern nach Lekartow geht, gelegenes Teichlein. [1]

Rudolph, der zu Prag residirte, gab am 18. October 1603 den Einwohnern von Altendorf ein Stück Landes, Passeka genannt, zur Hutung für 500 rtlr. und jährliche 60 rtlr. Zinsen.[2]

Am 1. November bestimmte er, daß sämmtliche Ortschaften des früheren Herzogthums, welche in diesem Jahre zum Theil erblich verkauft, zum Theil zur Herrschaft Ratibor eingelöst wurden, verpflichtet bleiben der Stadt die von Alters her zur besseren Instandsetzung der Brücken, Stege und Wege dem Stadtrathe entrichtete Hilfe an Zinsgetreide auch fernerhin unweigerlich zu entrichten. Auch solle die Stadt zu diesem Zwecke berechtigt sein, nicht nur wie seither 1 Kreuzer, sondern 2 kr. von jedem gebundenen Wagen zu entnehmen, der die Brücken oder Straßen der Stadt berührt. [3]

Am 8. December 1603 verkaufte der Kaiser der Stadt das Kammergut Studzienna für die 400 Gulden, für welche die Stadt es bereits in Pfand hatte und einer Zugabe von 1588 rtlr. Damals gehörten zu diesem Antheile 26 Bauern, die 13⅝ Hufen hielten und 5 Gärtner. Sie zinseten 21 Scheffel Roggen,

---

[1] Die in Breslau ausgestellte Urkunde ist im hiesigen Stadtarchive vorhanden.

[2] Die deutsche Urkunde befindet sich im Provinzialarchive.

[3] Rathhäusliche Registratur I. Fach IV, 5.

8 Malter 11 Scheffel 3 Viertel Hafer, 119 Hühner, 3⅓ Schock Eier, 8 Fuder Heu. Die Aussaat über den Winter betrug 18 Scheffel, die Sommerung ebenso viel.

In Weihnachten lieh die Stadt dem Kaiser 1000 rtlr. schlesisch.

Im nächsten Jahre bestätigte der Landeshauptmann der beiden Fürstenthümer Georg von Oppersdorf den Kauf des Johann von Reisewitz über das Gut in Brzezie, welches Caspar Wiskota 1568 an Johann Pawlowski verkauft hatte.

Auf dem am 21. Juni 1605 zu Ratibor gehaltenen Landtage kam die Ausrüstung von 322 Pferden, welche Herr von Promnitz geworben, geführt und bezahlt, zur Sprache. Am nächsten Tage erschienen hier zu Fuß und zu Roß die Mannschaften von Pleß, Beuthen, Teschen, Freistadt, Bielitz, Jägerndorf und Oppeln zur Musterung.

Der Forstmeister Melchior von Rohr verweigerte den Bürgern das Bau- und Brennholz im kaiserlichen Walde. Als die Commissarien (Kanzler Wenzel Scheliha von Rzuchow auf Grendzin und Sakrau, Hans Oderwolf, Balthasar von Beeß und Hans Jordan) der Holzgerechtsame wegen hier versammelt waren, nahmen sie die Privilegien der Stadt in Augenschein und erkannten deren Berechtigung an. Da gleichwohl später der Forstmeister die Einfuhr hinderte und der Magistrat am 20. April 1606 dies meldete, so erließ die Kammer am 26. April eine Verfügung, mit der Einforderung des Geldes für grünes Holz bis auf weiteren Bescheid einzuhalten. Die neue Forstinstruktion ließ indeß lange auf sich warten. Die Bürger fuhren fort, täglich grünes Holz auszuführen und ließen es wie früher „auf die Kerbe" schreiben. Kam es jedoch zur Zahlung, so beriefen sie sich auf ihr Privilegium. Dem Forstmeister lag der Wald gar sehr am Herzen; bei seinem Vorgänger und auch später noch hatten die Stadtbewohner nur zu Brücken und Wegen Bauholz geholt und zum Brennbedarf sich mit den Wipfeln, Aesten und anderem dürren Leseholz begnügt. Er berichtete deßhalb am

22. Januar 1607, wie die Bürger gegenwärtig im Forste hausen und gar wenig bezahlen. Endlich erließ die Kammer am 11. März 1608 an den Rath zu Ratibor, der es besonders betont hatte, daß der Kaiser das von Herzog Wladislaus ertheilte Privilegium bestätigt habe, folgende, in Bezug auf die Einfuhr in den Wald wichtige Bestimmung: Da der ohnedieß schon stark gelichtete Wald bald verwüstet sein würde, wenn jeder Berechtigte sich nach Belieben Holz hole, so sollen die Brennholzbedürftigen sich mit dem liegenden Raff- und Leseholz begnügen, den Bauholz Bedürftigen aber die stehenden Stämme vom Forstmeister ordentlich angewiesen werden.

Eine neue Besorgniß erfüllte die Bürger, als die Schloßherrschaft sammt dem Forsten, die bisher in Pfandbesitz gewesen, an die Freiherrn von Mettich erblich verkauft werden sollte. Der Magistrat bat am 29. November 1608 die Kammer, nicht bloß in der freien Einfuhr und Holzung, sondern auch hinsichtlich des Kretscham-Verlages auf den Schloßgütern geschützt zu werden. Die Kammer erwiederte, wie sie dafür halte, daß der Kaiser bei dem Verkaufe ihre Gerechtigkeiten wahren werde, sie selbst wolle dazu nach Kräften förderlich sein. Damit begnügte sich jedoch der Magistrat noch nicht, sondern sendete eine Petition nach Prag, deren Artikel er durch eine Commission und die Kammer befürworten ließ. In dem Kaufbriefe der Freiherrn sollten der Stadt folgende Punkte versichert werden:

1. die freie Einfuhr zu Bau- und Brennholz auf dem rechten und linken Oderufer in dem Budziner, Thurzer, Babitzer, Markowitzer und im ganzen kaiserlichen Forsten, keine Holzgattung ausgenommen, allen hier umwohnenden Mitbürgern von Ratibor.

2. Eine Meile von der Stadt dürfe sich weder Kretscham noch ein Handwerker vorfinden.

3. Das Flußwasser, welches von der Psinna nach den Stadtfeldern fließt und

4. die freie Entnahme von Sand und Lehm auf dem Altendorfer und Proschowitzer Grunde verbleibt der Stadt.

5. Bei dem Landrecht haben die Schloßbesitzer Holz, Heu und
Stroh zu liefern.

6. Die Kretschame auf den Dörfern der Schloßherrschaft sollen das Bier aus der Stadt nehmen.

Die Kammer erließ am 20. Juli ein Patent, indem sie das
Dekret erneuerte, Brennholz von dem Raff- und Leseholz zu nehmen, erst wenn dieses verbraucht sein würde, können frische Stämme
geschlagen werden; Bauholz werde nur auf Anweisung des Forst-
meisters gewährt.

Die Bäcker, Schuster und Schneider sammt den übrigen
Handwerkern der zum Schloß gehörigen Vorstadt, welche der
Jurisdiktion der Stadt nicht unterworfen war, beschwerten sich
am 29. Juli bei der Commission, daß ihnen durch den Verkauf
der Herrschaft Eintrag geschehe. Doch stellten sie sich zufrieden,
als die braven Herren von Mettich erklärten, alles so zu lassen,
wie sie es vorgefunden.

Als nun der Kaiser das Schloß verkauft hatte, befürchtete
die Bürgerschaft, unter einen Privatmann zu kommen und ließ sich
deßhalb eine Urkunde ausstellen, in welcher Rudolph **II.** gelobte,
daß Ratibor stets eine kaiserliche Immediatstadt bleiben und
von keinem seiner Nachkommen weder verkauft, noch verpfändet,
noch verschenkt werden solle noch könne. Eine solche Handlung
solle kraft dieser Urkunde nichtig sein. [1]

Das war des Kaisers letztes Werk für Ratibor, der in Zu-
rückgezogenheit den Künsten und Wissenschaften, der Alchymie und
Astrologie lebte, aber um Regierungsgeschäfte sich wenig kümmerte
und sich von seinem treulosen Bruder und Nachfolger überflügeln
ließ.

---

[1] Dieses zu Prag am 28. October 1609 in böhmischer Sprache
ausgestellte Schriftstück ist im Rathhäuslichen Archive vorhanden.

# Mathias von 1611 bis 1619.

Der Erzherzog Mathias, der jüngere Bruder Rudolph **II.**, hatte diesen 1608 gezwungen, ihm Oesterreich, Mähren und Ungarn abzutreten. Drei Jahre später mußte der Kaiser auch auf Böhmen, Lausitz und Schlesien verzichten. Nachdem Mathias in Prag gekrönt worden war, brach er nach Breslau auf, um sich hier huldigen zu lassen. Als die Fürsten und Stände Schlesiens den neuen König am 18. September 1611 empfingen, stellte sich „in der schönsten Montirung" die Ritterschaft unserer beiden Fürstenthümer ein, 188 Pferde stark unter Commando des Landeshauptmann Hans Christof Freiherr von Pruskowski. Diesen Bericht des Schickfuß vervollständigt Lucä 1689 in seinen curieusen Denkwürdigkeiten also: Der Adel trug einen Wamms von rothem Atlas, schwarze Hosen, seidne Strümpfe; die Knechte einen rothen Wamms, rothe Strümpfe, schwarze Beinkleider und einen schwarzen Cürassierrock mit rothen Schnüren.

Trotz des feierlichen Einzugs verschob sich die Huldigung um 3 Wochen, da Mathias alle verlangten Freiheiten nicht bewilligen wollte. Unsre Stadt erhielt am 26. September die Bestätigung sämmtlicher Privilegien. Nachdem Rudolph **II.** in Folge der erlittenen Demüthigungen am 20. Januar 1612 gestorben, wurde Mathias im Juni zum deutschen Kaiser erwählt. Am 27. September 1612 verlieh er zu Prag der Stadt Ratibor das Recht, die Dörfer Altendorf, Neugarten, Proschowitz, Niedane, Lekartow, Bojanow, Wolnowitz, Markowitz, Babitz, Leng, Thurse, Schichowitz und Kobyla mit Bier zu verlegen. [1])

Als Grund der Verleihung führt der Kaiser an:

1. den früheren uralten Gebrauch, da diese Ortschaften zum Herzogthume gehört hatten,

---

[1]) Beide letztgenannten Urkunden, erstre in böhmischer, letzte in deutscher Sprache ausgefertigt, sind im Rathhäuslichen Archive vorhanden.

2. die Noth der Stadt, herbeigeführt durch Feuersbrunst, Tür-
   kenkrieg und Militairdepots,

3. Mißwachs und Hungersnoth,

4. den Umstand, daß die Ratiborer einen von den Kriegsleu-
   ten dort gelassenen Rest unter Kaiser Rudolph gutherzig
   lassen hätten,

5. seine Gnade!

Die Ratiborer, welche seit 1603 wiederholt sich beschwert,
daß Wenzel von Reisewitz aus seinen mit Braugerechtigkeit be-
gabten Freihause zu Ratibor seine von der Herrschaft erkauften
4 Dörfer Lubom, Sirin, Buckau und Niebotschau mit
Bier selbst verlege, hatten also hierin nichts ausgerichtet.

Am 15. Mai 1615 bat die Stadt in ihrer äußersten Noth
die Kammer um 60 rtlr. jährlicher Zulage zu den nach altem
Privilegium aus der Mauth gewährten 40 rtlr. zum Bau der
Oderbrücke und Besserung der Landstraßen. Die Stadt, welche
durch Feuer und Wassersnoth viel gelitten, sei durch die von den
Fürsten und Ständen geworbenen und allhier einlocirten Soldaten beschwert. Wenn die Besserung der Wege nicht einträte,
so würden die Fuhrleute ihre Straße anderwärts nehmen, und
Zoll und Mauth dem Kaiser wenig eintragen.

Nachdem die Kammer von der Buchhalterei einige Information eingezogen, erwiederte sie hierauf unter dem 10. Juli: Der
Rath habe früher zur baustäudigen Unterhaltung der Brücken und
Wege nicht blos einen jährlichen Getreidezins von einigen Dörfern, sondern auch einen Brückenzoll, der jährlich 60 bis 90 rtlr.
eingebracht, eingenommen, außerdem sei ihnen aus der Mauth
40 rtlr. bewilligt worden. Da dies aber zu wenig erschienen,
habe der Kaiser (1602) durch ein Patent die Dörfer aufgefordert, jenen Getreidezins [1]) unweigerlich zu reichen und habe auch

---

1) Auch in Troppau begegnet uns ein Getreidezins zur Besserung der Wege. Die Chronik von Troppau (Manuscriptensammlung Nr. 215 in der Fürstensteiner Bibliothek) enthält die Namen

den Zoll von 1 kr. pro Wagen auf 2 kr. erhöht. Obgleich der Zoll sich gesteigert, so hätten sie doch wenig gebaut, wie folgende Zusammenstellung ergäbe:

| Jahr | Einnahme | Ausgabe auf Bauten |
|------|----------|--------------------|
| 1604 | 192 rttr. | 36 rttr. |
| 1605 | 192 „ | 56 „ |
| 1606 | 252 „ | 87 „ |
| 1609 | 265 „ | 105 „ |
| 1610 | 275 „ | 67 „ |
| 1611 | 259 „ | 28 „ |
| 1612 | 253 „ | 69 „ |

Die Bürger hätten das Geld zu anderen Ausgaben verwendet und die Wege ungebessert gelassen, was ihnen die Kammer schon 1609 durch die Commission unter Androhung von Geldstrafen hätte verweisen lassen. Da sie in den 7 Jahren 1968 rttr. Einnahme gehabt (den Getreidezins ungerechnet) und nur für 448 rttr. verbaut, so sähe man nicht ein, wie der Kaiser zur Bauhilfe ein Mehres bewilligen sollte. Würde die Stadt das Rothwendige nicht fördern, so werde der Kaiser den Zoll selbst übernehmen und die Baukosten bestreiten.

Am 4. Juni 1615 wurde Hans Christofor Pruskowski von und auf Proskau, Chrzelitz, Zülz, Schimmitz, Grätz und Bisenz vom Kaiser Mathias zum Oberhauptmann der Fürstenthümer ernannt. Es ist dies eine einfache Bestätigung des von Rudolph bereits am 10. April 1607 ernannten Landeshauptmann. Das Gehalt betrug damals nur 300 rttr. schlesisch.

Mathias starb kinderlos am 20. März 1619 und es folgte ihm Ferdinand, der Sohn seines Bruders Carl, in der Regierung.

---

und den Beitrag sämmtlicher Ortschaften, welche diesen Zins lieferten. Wahrscheinlich ist die ursprüngliche Pflicht der Landbewohner, die Wege im Stande zu halten, später der besseren Verwaltung wegen an die Stadt gekommen, die dafür Getreide erhielt.

## Ferdinand II. von 1619 bis 1622.

Schon bei Lebzeiten des Oheim Mathias, am 19. Juni 1617, wurde Ferdinand zum Könige von Ungarn und Böhmen gewählt und gekrönt. Die in Böhmen ausgebrochenen Wirren gaben Veranlassung zum 30jährigen Kriege. Als Mathias starb, hatte der Aufruhr bereits begonnen. Die Böhmen wählten den Kurfürst Friedrich von der Pfalz zu ihrem Könige. Auf dem Prager Schlosse wurde durch Abgeordnete zwischen dem König-reich Böhmen, dem Markgrafenthum Mähren, dem Fürstenthum Schlesien und dem Markgrafenthum Lausitz eine Conföderation geschlossen, in welcher unter anderem auch enthalten war, daß alle hohen und niederen Aemter, besonders der Landeshauptmann in den Erbfürstenthümern „der evangelischen Andacht" zugethan sein sollen. Auf Zuschrift des obersten Hauptmanns von Schlesien Johann Christian Herzog von Brieg (5. October 1619) wurde unser Landeshauptmann Johann Christofor Pruskowski Freiherr von Proskau ꝛc. von dem bisherigen Amte entlassen und An-dreas Kochtitzki Freiherr von Kochtitz und Lublinitz auf Kosel und Koschentin als Landeshauptmann gewählt, der auch sofort den Eid nach der Landesordnung leistete.

Der Winterkönig, der am 4. November 1619 zu Prag ge-krönt wurde, konnte sich aber in seiner Würde nicht behaupten und nahm nach der für ihn unglücklichen Schlacht am weißen Berge bei Prag (8. November 1620) seine Zuflucht zu den Holländern. Auch Herr von Kochtitzki legte sein Amt nieder, wurde aber von den königlichen Commissarien auf dem Schlosse zu Oppeln am 30. Mai 1622 mit demselbem wieder betraut.

## Die Erbfürstenthümer Ratibor=Oppeln unter Bethlen Gabor, Großfürst v. Siebenbürgen, 1622 bis 1623.

Gabriel Bethlen war der Sohn eines Edelmannes in Sie-benbürgen und Calvinist. Mit dem Fürsten Gabriel Bathori setzte er sich in gutes Einvernehmen und wurde nach dessen Tode

1613 Großfürst. Doch das genügte seinem Ehrgeize nicht. Als sich Böhmen 1619 empörte und seine Hilfe in Anspruch nahm, warf er sich nach Ungarn, ließ sich dort als König ausrufen und von den Türken Beistand leisten. Mit Ferdinand II. führte er bis Ende 1621 Krieg und erhielt nach Entsagung des Königstitel zu dem Fürstenthum Siebenbürgen noch 7 ungarische Comitate nebst den Einkünften von den Fürstenthümern Oppeln und Ratibor, dem gewöhnlichen Zahlpfenninge der Kaiser. Böhmes dipl. Beiträge **IV,** 175 geben den Befehl Ferdinand II. an den Oberhauptmann Herzog Georg Rudolph zu Liegnitz, den Verwalter der Landeshauptmannschaft Johann Christofor von Pruskowski und die Räthe Nicolaus Kochtitzki von Kochtitz und Lublinitz und Friedrich von Gelhorn wegen Uebergabe der Fürstenthümer de dato Wien den 7. Januar 1622, mit der ausdrücklichen Bedingung, daß es mit der Uebung der katholischen Religion im vorigen Stande verbleibe und ihr in keiner Weise durch Einführung einer anderen Religion ein Hinderniß geschehe.

Die Ueberweisung trat jedoch nicht gleich ins Werk, denn der Kaiser erließ am 14. Mai[1]) einen neuen Befehl an den Herzog von Liegnitz, die Stände auf einen Landtag zu fordern und an die neue Herrschaft zu weisen. Die Uebergabe an die siebenbürgischen Gesandten erfolgte endlich am 30. Mai 1622, von kaiserlicher Seite erschienen als Commissarien nur Joachim von Maltzan und Hans Christofor von Pruskowski.

Bethlen Gabor ließ 1623 die damals in Schlesien gangbaren schlechten Vier und zwanziger in großer Menge schlagen, auf welchen er seinen vollen Titel aufzählt: Gabriel, durch Gottes Gnade Fürst des hl. röm. Reiches und Siebenbürgens, Herr von Theilen des Königreichs Ungarn, Graf der Sikler, Herzog von Oppeln und Ratibor.[2])

---

[1]) Böhme, Diplom. Beitr. **IV,** 177.
[2]) Dewerdeck, Silesia numismatica (Jauer 1711) S. 505.

Da jedoch Bethlen Gabor 1623 gegen Ferdinand wieder zu den Waffen griff, nahm ihm dieser wegen des Friedensbruches die schlesischen Länder ab.

Herzog Heinrich Wenzel von Oels als kaiserlicher Commissar ging nach Oppeln und proponirte durch D. Gerhard den Ständen beider vereinigten Fürstenthümer, daß weil Bethlen Gabor sich wieder als Feind des Kaisers erklärt, sie sich dem Kaiser untergeben und den Eid aufs neue leisten sollten. Dies thaten sie auch am 26. October 1623.[1] Der Kaiser erlaubte ihm jedoch am 24. März 1624, den ehemaligen Titel Lebenslang zu führen,[2] weshalb es von ihm Münzen von 1627 gibt, auf welchen er sich noch Herzog von Oppeln und Ratibor nennt. Er starb an der Wassersucht am 5. November 1629.[3]

Ferdinand überließ die Erbfürstenthümer seinem Bruder Carl, Erzherzog von Oesterreich, Bischof von Breslau und Brixen, Großmeister des deutschen Ordens. Da dieser jedoch das Jahr darauf in Spanien starb, fielen sie an Erzherzog Ferdinand Ernst.

## Ferdinand II.

bestätigte in Wien am 22. April 1624 alle Privilegien der Stadt, insbesondere das des Kaiser Rudolph vom Jahre 1607, wonach die Stadt keinen akatholischen Einwohner dulden dürfe.[4]

Der Kaiser ließ, wie in andern erbgehörigen Ländern, so auch in der Stadt Ratibor eine Münze aufrichten. Im Januar 1625 wurde dieselbe dem Bürger und Handelsmann Daniel Raschke als Münzverleger miethweise übergeben und dem Münzwardein Simon Doringer eine Instruktion ertheilt, was für Geld-

---

[1] Dewerdeck, Silesia numismatica (Jauer 1711) S. 509.

[2] Theatr. Europ. p. 1, 788.

[3] Hormayr's Taschenbuch für die vaterl. Gesch. (Wien 1828.) S. 453 und dessen Archiv 1828 Nr. 117.

[4] 29. Privilegium.

sorten und wie hochhaltig in Schrot und Korn dieselben ausge-
mänzt werden sollten.

Folgende Sorten waren zu münzen:

1. Ganze und halbe Orts, halbe Orts-Reichsthaler, die Mark
   14 Loth 1 Quentchen, 7½ Stück auf die Breslauer
   Mark.

2. Silbergroschen.  Die Mark halte 7 Loth 3 Quent. 2 D.
   118 Stück auf die Bresl. Mark.

3. halbe Batzen     7 Loth 3 Quent. 2 D.        176 Stück.
4. Kreuzer          4  „   3  „     2  „        220  „
5. halbe Kreuzer    3  „   2  „     2  „        352  „
6. Wiener Pfennige  2  „   3  „     2  „        530  „

Es fehlte nicht an neugierigen Menschen, welche sich in
Menge zu dem neuen Münz- und Wechselhause drängten.  Da
die Arbeiter dadurch gestört wurden, so ward jeder unnöthige Besuch unter 4 Mark Strafe verboten. [1])

Der abenteuerliche Ernst Graf Mansfeld, der seine Dienste
bald dieser bald jener Macht angeboten, kam nach der Niederlage
bei der Elbbrücke zu Dessau Ende April 1626 über Frankfurt
und Breslau im Juli nach Oberschlesien und verstärkte die unter
Johann Ernst Herzog von Weimar stehenden 5000 Dänen.
Wallenstein aber eilte ihm nach und verjagte ihn sammt den Dänen aus Oberschlesien.  Jener flüchtete zu Bethlen Gabor und
noch vor Ende des Jahres ereilte der Tod den deutschen Attila.

Auf Befehl des Kaisers schrieb der oberste Hauptmann
Schlesiens an den Landeshauptmann unserer Fürstenthümer, wegen der allgemeinen Unsicherheit zur Beschützung des Vaterlandes
einige Ritter zu Kreishauptleuten zu ernennen.  Für den
Kreis Ratibor wurde Johann von Jarotzki erwählt.  Er erhielt
die Macht, die Gutsbesitzer aufzufordern, mit ihren Pferden und
dem 20., 15. oder 10. Mann je nach Rothwendigkeit sich in der
Stadt zu stellen.

---

[1]) Archiv der Breslauer Kammer.

Ferdinand **II.**, dessen Macht im Wachsen begriffen war, ließ seinen Sohn Ferdinand Ernst am 8. December 1625 zum Kö- nige von Ungarn und 1627 zum Könige von Böhmen krönen, ohne ihm jedoch in der Regierung einen Antheil einzuräumen. Indeß erhielt letzterer die Fürstenthümer Oppeln und Ratibor, Jauer und Schweidnitz, wodurch er in dem Fürstenkollegium Schlesiens der bedeutendste Stimmführer wurde. Der Kaiser suchte in seinen Erbländern die katholische Religion wieder herzu- stellen. Daß die Liechtensteiner Dragoner auch in Ratibor waren, ergibt sich 1) daß auf dem Landtage zu Oppeln am 28. Februar 1628 Ratibor wegen der Kriegsvölker des Burggrafen Carl Hannibal von Dohna und Aushaltung des Fürsten von Teschen Erstattung verlangte und 2) aus einer späteren Rechnung, wonach die Stadt 329 rtlr. 27 gr. 3 hllr. Spesen restirte.

Auf dem vorhergehenden Landtage zu Oppeln (18. October 1627) war über die Handwerker in den Städten Klage ge- führt worden. Obwohl sie das Material billig kaufen und gute Nahrung haben, verkaufen sie doch sehr theuer und nehmen nicht Rücksicht, wie die Käufer durch die Kriege ins Elend gesunken. Auch wollen sie, wo man sie brauche, nicht arbeiten. Man be- schloß, Bürgermeister, Rath und Zunftvorsteher anzugehen, die Handwerker zu billigeren Preisen zu veranlassen, oder letztere bei dem Stadtgericht anzuklagen und bestrafen zu lassen.

Am 29. Februar 1629 erhielten die Schuhmacher von Ferdinand das Privilegium, nach welchem 1 Meile um die Stadt keine Schuhe rc. außer von den 40 Schuhbankinhabern gemacht werden durften.

Ferdinand bestätigte Wien den 27. Juli 1629 alle Privi- legien der Stadt in Betracht ihrer treuen erst neulich bei dem feindlichen Einfalle der Mansfelder bewiesenen Dienste und be- stimmte in Betreff des Holzungsrechtes, daß die Stadt und Ein- wohner sich bei dem Schloßbeamten melden sollten, bevor sie in den Wald führen, damit dem Forsten durch ungleiches Aushauen kein Schaden geschehe. Was dagegen die Berufung von den Urteln und Sprüchen des Raths anlange, so solle es bei den Anordnungen verbleiben, die allgemeine Gleichheit zum Zwecke hätten. [1]

Wahrscheinlich hatte der Rath gegen Appellationen in Prozeßsachen wider seine Sprüche an höhere Instanzen protestirt und sich auf das Privilegium des Herzog Przemislav von 1299 gestützt, was aber der Kaiser ablehnte, weil die Justiz hierdurch eingeschränkt wurde.

Unter demselben Datum schenkte der Kaiser der Stadt das oft erwähnte Haus auf dem Neumarkte, das inzwischen Schmolzer erworben, zum Brauhause. Damals war noch Friedrich von Oppersdorf auf Polnisch-Neukirch Landeshauptmann. Nachdem hierauf Wilhelm von Praschma das Landeshauptmanns-amt einige Zeit bekleidet hatte, wurde der bisherige Kanzler Ferdinand Melchior Graf von Gaschin damit betraut, der es bis 1645 innehatte.

Am 13. Februar 1630 gab Ferdinand **II.** zu Wien das Privilegium zu dem fünften Jahrmarkte, der in der Woche nach dem Sonntage Lätare abgehalten werden sollte.

1633 nahm der schwedische General und Oberbefehlshaber an der Oder und Warthe Jakob Max Duval die Stadt ein.[2]

Obgleich Ferdinand in Wien am 30. November 1635 Ratibor von aller Einquartirung befreit hatte, so erlitt doch schon im Winter von 1636 bis 1637 die Stadt durch Einquartirung des Truchsessischen Regimentes große Beschwerde. Doch schlug manches junge Herz den fremden Kriegern entgegen. Mehre Soldaten wurden hier getraut. Der Rittmeister Johann Jakob von Flachsland aus Basel warb um die Hand der Tochter des ehemaligen Schloßbesitzers Anna Helena Gräfin von Mettich und Tschetschau; der Scholastikus Martin Philipp Walter copulirte das

---

[1] 30. Privilegium.
[2] Henel, Silesiographia renovata (Bresl. 1704) I, 434.

hohe Brautpaar am 28. Januar in der Collegiatkirche. Unter den vornehmen Zeugen befand sich auch der Landrichter der Fürstenthümer Johann von Koslowski und Nicolaus von Brabanski.

Während des dreißigjährigen Krieges nahm die Einwohnerzahl ab, hob sich aber nach demselben bald wieder, wie die noch vorhandenen Taufbücher nachweisen. Geboren wurden nämlich 1610 50; 1611 69; 1612 67; 1613 71; 1614 75; 1615 66; 1638 57; 1639 47; 1640 38; 1641 25; 1642 27; 1643 16; 1644 22; 1645 21; 1646 26; 1647 42; 1648 30; 1652 50; 1656 71; 1657 67 Kinder. Die meisten Zunamen sind slavisch.

Durch Unvorsichtigkeit einer Magd, die Licht an Heu oder Stroh brachte, erhob sich am 10. September 1637 eine Viertelstunde nach Mitternacht in dem Hause des Gastwirth Gluschin eine Feuersbrunst, welche bis früh um 5 Uhr wüthete, zwei Theile des Marktes (der Theil vom Rathhause bis zur Collegiatkirche blieb stehen), die ganze lange Gasse mit den meisten dahinterstehenden Häusern, die Fleischer- und Jungfrauenstraße sammt Kirche und Kloster, ferner die Hälfte der neuen Gasse mit den Officinen und den beiden Hinterhäusern verzehrte. Als die Abgebrannten ihr Unglück beseufzten und die vom Feuer Verschonten sich bereits sicher hielten, siehe da erhob sich bald nach 12 Uhr ein so heftiger Sturm, daß das Sendeciußsche (früher Spaczinsche) Haus an der Ecke der Oberstraße vom Feuer erfaßt die Flamme weiter trug und binnen einer halben Stunde die ganze Oberstraße mit der Kreuzherren-Propstei und Kirche ad s. Petram & Paulum, die Vorstadt, die große Brücke, das Schloßgebäude (in welchem die Zimmer und Schüttboden ausbrannten) die S. Johanniskirche, die umliegenden Hütten und Gärten buchstäblich in Asche gelegt wurden, da ja Alles nur von Holz aufgeführt war. [1]

------

[1] Zu den Häusern, welche nach diesem Brande sich bis auf die Gegenwart erhalten haben, gehört das Klingersche Haus auf der

Wegen der erlittenen Feuersbrunst wurde der Stadt bei der Michaeli 1637 gehaltenen Zusammenkunft der Stände ein subsidium charitativum von 1000 rtlr. schlesisch in Abschreibung versessener alter Steuerreste bei dem Oppelner Steueramte bewilligt.[2] Doch scheint dies nicht in Ausführung gekommen zu sein, da die Stadt, welche von 1638 bis 1645 bereits 6900 rtlr. Steuerreste hatte, im August 1663 aufs Neue bat, daß ihr das alte subsidium an den Steuerresten doch abgeschrieben werden möchte.

Wegen des Baues gab es wieder Schwierigkeiten in Bezug auf die Einfuhr in den Wald. Der Oberregent Johann Putzen von Adlersthurn und der Schloßhauptmann verweigerten der Stadt die Entnahme von Bauholz aus dem Forsten. Sie wendete sich daher an Ferdinand **III.**, der am 15. Februar 1637 seinem Vater in der kaiserlichen Regierung gefolgt war, mit der Bitte:

1. sie in Bezug auf die freie Holzentnahme bei ihren Privilegien zu erhalten,

2. ihr die bereits versessenen und künftigen Steuern sammt den Biergeldern auf 10 Jahre,

3. die 50 rtlr., welche jährlich aus der Stadtmauth an das kaiserliche Rentamt abgeführt werden, endlich

4. den Groschen, der von jedem aus der Stadt auszuführenden Scheffel Getreide eingefordert werde, zu erlassen.

---

Obergasse. Im Sommer 1860 fand man bei dem Umbau auf einem Balken die Jahreszahl 1638 und zeigte sich das Holz so kerngesund, daß es aufs Neue verwendet werden konnte.

[2] Im Landesschluß zu Breslau am 19. November 1637 wurde folgenden abgebrannten Städten Unterstützung gewährt:

| | | |
|---|---|---|
| Freistadt in Niederschlesien | . . . | 1000 ℔ |
| Dem Kloster der Kreuzherren in Ratibor | . | 400 — |
| Der Stadt Ratibor | . . . | 1000 — |
| „  „  Wartenberg | . . . | 1000 — |
| „  „  Schmiedeberg | . . . | 400 — |
| „  „  Schlawe | . . . | 400 — |
| „  „  Neustädtel | . . . | 400 — |
| „  „  Kupferberg | . . . | 400 — |

**11\***

Der Kaiser beauftragte den Oberregent, die Stadt bei ihren Privilegien zu belassen und genehmigte Presburg am 3. Februar 1638, die ihm zustehenden Gefälle auf 3 Jahre nachzusehen. Am 30. Juli befreite er die Stadt von allen militairischen Einquartirungen. In Betreff des Scheffelgroschens erließ er erst am 8. Januar 1641 von Regensburg aus ein Rescript.

Der Oberbefehlshaber der schwedischen Truppen General-Feldmarschall Leonhard Torstensohn fiel im April 1642 in Schlesien ein und hatte bereits Ende Mai ganz Oberschlesien in seiner Gewalt. Auch das Schloß Ratibor war in schwedischen Händen, und wohnte ein Commandant daselbst. Der Forstmeister, einige Unterthanen und Soldaten von den Teschener Bergen, die man Walachen nannte, hatten sich im Juli in 3 Abtheilungen in Ostrog aufgestellt. Mehre Bürger, die es mit den Schweden hielten, Kürschner Hans, Georg Kleinschein und Schuster Kuchinka waren oft auf dem Schlosse, kochten und trugen den Feinden Speßen zu. Kuchinka und einige Andre, darunter auch ein alter Tischler, waren wieder einmal auf dem Schlosse. Da schien es ihnen, als beabsichtigten die Walachen das Schloß anzugreifen; sie eilten daher um in Sicherheit zu kommen, über das Wehr der Stadt zu. Die Walachen hielten die Flüchtlinge für Schweden, liefen über die Brücke, um ihnen vorzuspringen und alles niederzumachen, was über das Waffer davon liefe. (Vielleicht liefen aber auch einige über die Brücke, um über das Wehr zurückkehrend das Schloß von einer andern Seite zugleich angreifen zu können.)

Als die Bürger die Walachen daherstürmen sahen, meinten sie, es sei deren Absicht, die Stadt zu überfallen, zu plündern und dem Feinde zu übergeben. Sie machten darum einen Ausfall aus der Pforte, nahmen 3 von ihnen gefangen und verfolgten die Andern bis hinter die S. Johanniskirche, indem sie auch auf Adam Dubek, den sie doch kannten, schossen. Auf Seite derjenigen Bürger, welche geschossen hatten, waren auch Schreiber und Gesinde des Stenzel von Reisewitz auf Brzezie.

Der Landvogt Andreas Kozelski nahm sich der Verwundeten an und pflegte sie. Die Bürger gingen dann auf das Schloß, tranken und zankten sich um die den Gefangenen abgenommenen Büchsen. Des Abends ging der schwedische Commandant, sich nicht mehr sicher haltend, mit den Bürgern, denen er Pulver mitgab, in die Stadt. Der schwedische Feldmarschall Leonhard von Torstenson, dem man 2 Gefangene zugeschickt, stellte diesen im Feldlager zu Brieg am 11. Juli 1642 einen freien Geleitsbrief aus und erließ der Stadt von der Ration 1500 rtlr. [1]) Brieg leistete mannhaften Widerstand. Nach vierwöchentlicher Belagerung zog sich Torstensohn in die Lausitz zurück, weil er hörte, daß der Erzherzog und Piccolomini mit 30,000 Mann anrückten.

Bei dem auf dem Ratiborer Schlosse am 15. November 1642 abgehaltenen Landtage trug der Hauptmann ein zu Wien am 4. November 1642 ausgestelltes Schreiben vor, wonach der Kaiser zur Aushaltung von Kriegsvölkern (2500 Mann zu Fuß und 1500 zu Roß) 47,000 rtlr. schlesisch und 1 Scheffel Korn pro Mille der Schatzung begehrte. Obgleich die Stände seit Jahren mit kaiserlichen Truppen beschwert, im laufenden Jahre von der schwedischen Armee zu Grunde gerichtet worden, da sie mit Weib und Kind ins Ausland hatten fliehen müssen und als sie bei Ankunft der kaiserlichen Truppen in ihre verwüstete Besitzungen zurückgekehrt, wegen des Ausfalles des Feindes aus Oppeln aufs Neue ihre Güter hatten verlassen müssen, so wollten sie doch in Erwägung, daß das kaiserliche Begehren billig und ihnen ersprießlich, zur Bezeugung ihrer Treue das Verlangte binnen Jahresfrist zahlen in der Hoffnung, von Einquartirungen, dem Feinde in Oppeln und den Accisgeldern befreit zu werden.

---

[1]) Der Hergang der Sache ist nach einem Actenstücke der herzoglichen Schloßregistratur Fach I. Nr. I. erzählt, in welchem sich aufgefangene Briefe und die Vernehmung von Zeugen bei der Untersuchung des Vorfalls befinden. Aus den Aussagen ist leicht zu erkennen, wie man die übereilte That zu beschönigen suchte, auch wurde Niemand bestraft.

Zugleich setzte der Landtagsbeschluß fest, daß Jeder, welcher von Soldaten geraubtes Vieh oder Sachen kaufe, statt der bisherigen 40 Dukaten das Doppelte an Strafe zahle.

Im nächsten Jahre entstand zwischen einem Trupp Walachen, welche von Oppeln kamen und nach Ungarn gingen, und der kaiserlichen Besatzung, welche unter dem Commando des Oberst von Brill stand, eine Schlägerei, wobei von den Walachen 23 Mann getödtet und 27 verwundet wurden. Der Streit hatte sich dadurch entsponnen, daß die hiesigen Soldaten sich über die Feldmusik der Durchziehenden, welche aus Dudelsäcken bestand, lustig machten, worüber jene sich beleidigt fühlten und in die Spötter einhieben.

Der Besitzer der Herrschaft Zaudek ließ zum Andenken an den traurigen Vorfall jenseits der Brücke (in Bosatz) eine Kapelle bauen und in derselben die tragische Geschichte malen. Der Scholastikus des Collegiatstiftes hielt in der Corpus Christi-Kapelle ein Anniversarium für die getödteten und dort begrabenen Walachen, welches Seelenamt ein Bürger von Zaudik Laurentius Borcz fundirt hatte. [1]

Bei dem Aufenthalte des Oberst Ludwig Graf von Souches [2] und seines Gefolges im November 1643 wurden 58 Töpfe Wein bei Jakob Olitori von der Stadt „auf Kerbe"

---

[1] Matrikel des Collegiatstiftes II, 560 u. Zimmermann's Beiträge zur Beschreibung von Schl. (Brieg 1784) 3, 179.

[2] Louis Rattuit (Radwig) de Souches, geboren 1608 zu Rochelle, flüchtete als Hugenott nach Schwaben, ließ sich für die Fahnen Gustav Adolfs werben und machte als Oberst eines Regimentes die schwedischen Feldzüge von einem Ende Deutschlands zum andern mit. Wegen eines Zweikampfes mit seinem Oberbefehlshaber General Stalhams flüchtig, nahm er kaiserliche Dienste, wurde katholisch und errichtete 1644 ein Regiment. Mähren und Schlesien waren der erste Schauplatz seiner Thätigkeit. Später wurde er Commandant von Brünn, zeichnete sich in den polnischen und türkischen Kriegen aus und starb als General-Feldmarschall-Lieutenant am 6. August 1682 in Ruhe auf seinen Gütern in Mähren. Confer Hormayr's Archiv für Geographie, Historie, Staats- und Kriegskunst. 7. Jahrgang. Wien 1816) S. 79.

genommen nnd später mit 51 rtlr 20 gr. bezahlt. Als der Oberst auszog, um Oppeln zu belagern, sind 2 Eimer und 2 Töpfe (33¾ rtlr.) ihm bis nach Gleiwitz nachgeschickt worden.

Aus der von Johann Putzen von Adlersthurn gefertigten Taxe der Fürstenthümer aus dem Jahre 1644 ersehen wir, daß sie damals in 13 Kreise eingetheilt waren, nämlich 1. Oppeln, 2. Ratibor, 3. Oberglogau, 4. Kosel, 5. Schlawentzütz, 6. Strehlitz, 7. Tost, 8. Gleiwitz, 9. Zülz, 10. Neustadt, 11. Falkenberg, 12. Rosenberg, 13. Lublinitz. In diesem Bezirke waren 27 Städte, 870 Dörfer, 21 angesessene Grafen und Herren, 583 begüterte Ritter und Edelleute, im Ganzen 604 Personen in 183 Geschlechtern. [1])

Im April kam der Feldmarschall Rajmund Graf von Montecuculi hier durch, um in Entsetzung der Stadt Namslau sein erstes Meisterstück zu machen, er wurde zum Landeshauptmann invitirt und schickte die Stadt in dessen Küche Kalbfleisch und Wein als Verehrung. Viele hohe Militairs kamen in diesem Jahre hier durch, die sich zum Theil längere Zeit aufhielten, so war Oberst Waslowski im April und Mai, von Rochow im Juni, Ramsdorf im August und Februar 1645, Johann Graf von Götz (Feldmarschall) von März bis Mai, und Montecuculi vom 8. bis 10. Mai, Dawaggi zu gleicher Zeit in Ratibor.

Am 16. Juli 1644 wurden die Rathsherren Jakob Olitori und Caspar Krieger als Deputirte zum Begräbniß der Esther Barbara Gräfin von Oppersdorf geb. Meggau, abgesendet und erhielten auf Zehrung 4 rtlr. Der Graf hatte diese

---

[1]) Das Verzeichniß befindet sich in der Fürst Lobkowitzschen Bibliothek zu Raudnitz bei Prag und ist auch in der Beziehung höchst interessant, daß es die Vor- und Zunamen der Besitzer sämmtlicher in den beiden Fürstenthümern gelegenen Ortschaften angibt. 2, 3 bis 5 Mitglieder Einer adlichen Familie erscheinen (wie das jetzt noch in Rußland und Polen der Fall ist), als Besitzer Eines Dorfes. Nach der Zahl der Unterthanen wurde das Habe berechnet! Ein Plan von Ratibor, der zu dem Verzeichnisse gehört hatte, ist leider nicht mehr aufzufinden.

seine zweite Gemahlin aus Lindenburg (Mähren) am 15. Mai 1634 heimgeführt.

Im August wurden zweimal je 4 Faß „Commis-Bier" ins Lager nach Oppeln geschickt, die erste Sendung (Bier sammt Gefäß) kostete 26⅓ rtlr., die zweite 23 rtlr. Es waren auch wiederholt einzelne Rekruten und Zimmerleute zu den Schanzarbeiten dahin abgeschickt und wurden die Frauen der letzteren von der Stadt unterstützt.

Am 23. November saß der gesammte Rath die ganze Nacht hindurch auf dem Rathhause und trank dabei 2 Töpfe Wein für 1⅓ rtlr., die aus dem Stadtsäckel bezahlt wurden. Aus derselben Quelle floß die Gasterei bei dem Fischen am 30. December, welches gewiß eine Art Volksfest war. Nach uralter wohlhergebrachter Gewohnheit erhielten die Honoratioren der Stadt Fische für den hl. Christabend geschenkt, welche die Stadt mit 21 rtlr. anrechnete.

Die Fischzucht brachte nicht besonderen Gewinn. Die Stadt verkaufte während eines ganzen Jahres nur 25 kleine Karpfen zu 1⅓ rtlr., am hl. Abende 1 Schock Hechte zu 10 rtlr. und gewöhnliche Fische zu 13⅓ rtlr., Samenfische am 30. Juni für 25 rtlr. Bedeutender war die Einnahme für Malz und die Bierporzadka, welche 1412 rtlr. eintrug. Es wurde damals auch viel Getreide auf Schiffen nach Brieg und weiter versendet, nämlich im Jahre über 700 Winspel und zwar 3 bis 4 Malter auf eine Ladung. Die Stadt erhielt von jedem Scheffel 1 gr. und betrug die Einnahme in dem genannten Jahre 492 rtlr. 13 gr. 6 hllr. Auch Pflaumen und Nüsse wurden ausgeführt. Vom Brückengeld erhielt sie 110 rtlr., von dem Bierbrauen 80 rtlr., vom Methbrauen (14 Pfannen à 1¼ rtlr.) 17 rtlr. 18 gr., vom Malzmachen 118 rtlr., von dem Standgeld auf den 5 Jahrmärkten 85½ rtlr., vom Weinschank 14½ rtlr. An Strafgeldern zahlte die Fleischerzeche allein 50 Mark d. h. 66⅔ rtlr., Mathes Rossypal gab 10 schwere Mark = 13⅓ rtlr.

Das Waagegeld brachte 10 rtlr. Von den Abgaben für den freien Fleischmarkt, welcher alle Sonnabende gehalten wurde, fallen die größten Posten in den Monat October, Anfang November und Mitte April. An Wolle wurden nur 30½ ℔ verkauft, was 15 rtlr. 8 gr. 5 hlr. einbrachte. An Servißgelder wurden 1339 rtlr., an Steuer-Contribution 2804 rtlr. eingenommen; die ganze Einnahme betrug 8719 rtlr. Die Ausgabe 62,000 rtlr., wovon 1800 rtlr. erzwungene Discretions- und Servißgelder, Kriegsunkosten 588 rtlr., Steuern 604 rtlr., Getreide 210 rtlr., Botenlohn 220 rtlr., Bauten 132 rtlr., Zinsen und Besoldung 569 rtlr., Verehrungen 38 rtlr., Schuldenabzahlungen 300 rtlr., Beleuchtung (im Rathhause) 48 rtlr., Almosen 4 rtlr.

Recht und Nachrecht wurde Trinitatis und hl. Dreikönige gehalten und bekamen die beiden Senatoren, welche dabei fungirten, je 18½ rtlr. aus dem Stadtsäckel.

An Arbeitslohn erhielt ein Zimmermeister täglich 9, ein Zimmerknecht 5 bis 6 gr. Der Scheffel Korn wurde im October mit 3 rtlr., Waizen mit 4 rtlr. bezahlt. [1]

# Die Fürstenthümer Oppeln und Ratibor der Krone Polens verpfändet vom 30. Mai 1645 bis 31. Mai 1666.

Das erzherzogliche Haus Oesterreich war den polnischen Prinzen aus dem Jagellonischen Stamme weiblicher Linie unter Regierung des König Wladislav IV. ansehnliche Summen schuldig.

Die versprochene Mitgift der vormaligen beiden polnischen Königinnen aus dem Hause Oesterreich, Anna (1592) und Constantia (1605), 50,000 rh. Gulden, waren noch rückständig. Das

---

[1] Diese speciellen Notizen sind einer Kämmerei-Rechnung vom Juni 1644 bis Mai 1645 entnommen, welche sich glücklicher Weise erhalten hat.

Darlehen von 200,000 Gulden, welches Kaiser Ferdinand II. von Sigismund III. und deſſen Gemahlin 1637 auf die Herrſchaft Wittingau (Trebonium) in Böhmen erborgt hatte, war noch nicht wieder bezahlt, und dieſe Summe hatte ſich bei Vermählung der Cäcilie Beata, Tochter Kaiſer Ferdinand II., mit König Wladislav Waſa am 9. Auguſt 1637 mit 100,000 rh. Gulden Dotalgeldern vermehrt.

So lange die Königin lebte, ſcheint ihr Gemahl keine Forderungen gemacht zu haben, als ſie aber am 24. März 1644 ſtarb, mochte er wol auf Erfüllung der Zuſage dringen, was die Verpfändung der Fürſtenthümer zur Folge hatte. Die Verhandlungen wurden darüber zu Mlotzko, einer Stadt Maſoviens, gepflogen. Die Herren Johann Putzen von Adlersthurn, böhmiſcher Kämmerer und Oberregent in der Grafſchaft Glatz, Hubert Walderode von Eckhauſen, Rath und Reſident am polniſchen Hofe, Ludwig Fantoni Canonicus von Ermland, Ritter Johann von Grottkau, welche eine Vollmacht de dato Wien den 4. April 1645 erhalten, ſchloſſen am 9. Mai in Maſovien einen Vertrag ab, nach welchem Polen die Fürſtenthümer für 500,000 rh. Floren auf 50 Jahre in Pfand erhielt, dem Kaiſer aber frei ſtand, ſie innerhalb der Friſt wieder einzulöſen. Eine andere geliehene Summe von 200,000 Dukaten ſolle innerhalb der nächſten zwei Monate berichtigt werden.

Es wurde die Beſtimmung getroffen, daß nie der regierende König, ſondern nur deſſen Verwandte, dies Gebiet inne haben. Die Uebergabe erfolgte am 4. November 1645. Die Stadt wurde von der Schleſiſchen Kammer am 19. October 1645 angewieſen, bequeme Quattiere zur Aufnahme der Gäſte bereit zu halten.

Von öſterreichiſcher Seite erſchienen: Burggraf von Dohna Kammerrath, Johann Putzen von Adlersthurn, Michael Welli von Saalhauſen auf Suppa; von polniſcher Seite aber: Graf Leßinſki, der Weihbiſchof von Breslau und Nicolaus Philipp von

Rauthen königlicher Schatzmeister. Die kaiserlichen Commissare übergaben den polnischen bei der Uebernahme ein Urbar, worin auch die Mauth zu Ratibor specificirt war.

Auf dem Landtage zu Oppeln am 2. November 1645 wurden Graf von Mettich Landeshauptmann und Wilhelm von Trach Landeskanzler; Johann von Kotulinski, Steuer-Einnehmer der Fürstenthümer, ward in den Herrenstand aufgenommen. Auf dem nächsten Landtage, der am 26. November 1646 zu Ratibor abgehalten wurde, ward Graf Straznitz als Landeshauptmann vorgestellt. Er erhielt 3000 Gulden zur Besoldung und Aushaltung des Landrechts, zur Beköstigung des letzteren 1000 Gulden, der Landeskanzler 500 Gulden, der Landrichter 100 Gulden.

Eine große Veränderung trat unter dem polnischen Regimente nicht ein. Der Kaiser reservirte sich als König von Böhmen und oberster Herzog von Schlesien die Regalien, das Oberrecht, die Contributionen, die Zölle, die Bierauflagen und die Appellationen der Unterthanen an den Kaiser oder den Landeshauptmann. Als Pfandbesitzer war der König Polens dem Kaiser zum Eide der Treue verpflichtet. Mannschaften durften für Polen nicht conscribirt werden.

Im 5. Bande des Theatrum Europæum und in dem Landtagsbeschlusse wird erwähnt, daß der König 1647 das Recht erlangte, statt der kaiserlichen Soldaten polnische Dragoner in den beiden Fürstenthümern zu halten. Die Verpfändung gereichte diesem Gebiete zum Vortheile insofern, als die Schweden, den Unwillen Polens fürchtend mit einiger Schonung auftreten mußten. Auch verhandelte Graf Magni mit dem Generalfeldmarschall Wittenberg 1648 wegen beider Fürstenthümer und brachte es so weit, daß gegen Erlegung einer bestimmten Summe Geldes das Gebiet bis zur Wahl eines neuen Königs als neutral angesehen wurde.

Dewerdeck beschreibt eine Silbermünze des König Wladislav aus dem Jahre 1647 also: Um das Brustbild steht der Titel Wladislaus **IV.** von Gottes Gnaden König in Polen und Schweden, auf der anderen Seite um einen gekrönten Adler die lateinischen Worte: Silbermünze des Herzogs von Oppeln und Ratibor.[1]

Am 16. Mai 1647 wurde zwischen der Stadtcommune und dem Besitzer der Herrschaft Ratibor Georg Graf von Oppersdorf ein Vergleich geschlossen, wonach der Kretscham an der Oderbrücke das Bier nicht mehr aus der Schloß= sondern aus der Stadtbrauerei entnehmen und die Stadt ihr Malz auf der Schloßmühle gegen 5 rtlr. schlesisch für jedes Malzgebräu mahlen lassen sollte. [2]

Wladislav **IV.** von Polen starb am 20. Mai 1648 und Prinz Sigismund Ladislav, für den eigentlich die Fürstenthümer pfandweise übernommen worden waren, war ihm im Tode bereits vorangegangen. Der neugewählte König Sigismund Casimir überließ das Pfandrecht seinem jüngeren Bruder Carl Ferdinand, der von 1624 bis 1655 Bischof von Breslau und Plock war.

Carl Ferdinand, Prinz von Polen und Schweden, ließ 1653 als Herzog von Oppeln und Ratibor goldene Münzen prägen, von denen uns Dewerdeck Seite 512 Beschreibung und Zeichnung einer viereckigen gibt. Auf der einen Seite stehen um das Brustbild die Worte: Carolus Ferd. D. G. Princeps Poloniæ & Sueciæ, auf der anderen um das vierfeldige polnische Wappen Episcopus Wratisl. & Ploccensis, Dux Opol. & Ratibor.

Am 30. April 1651 ertheilte er den Schneidern und 2 Jahre später den Salzhändlern die Bestätigung ihrer Privilegien. Letztere erlangten das Recht, daß Salz nur in Ratibor, nicht aber irgendwo im ganzen Kreise verkauft werde. Es

---

[1] Dewerdeck, Münzkabinet (Jauer 1711) S. 847.
[2] 28. Privilegium.

durften sich auch Fleckschneider in und um die Stadt in die Zunft aufnehmen lassen. Im letztgenannten Jahre war er auf dem Schlosse anwesend. Auch König Johann Casimir reiste 1655 durch unsere Stadt.

Im Jahre 1652 ist Johann von Welczek Landeskanzler und Amts-Verwalter der Landeshauptmannschaft.

Nach dem Tode des Bischofes am 9. Mai 1655 war kein männlicher Zweig aus dem Jagellonischen Hause mehr übrig und da der König nicht zugleich Besitzer der Fürstenthümer sein durfte, übertrug er mit oberlehensherrlicher Genehmigung sein Pfandrecht 1657 an seine Gemahlin, die sittenstrenge Ludovica Maria. Sie war die Tochter des Herzog von Nevers Carl von Gonzaga, wurde am 6. November 1645 in Paris durch Procuration mit König Ladislav Sigismund vermählt und am 16. Juli des nächsten Jahres in Crakau gekrönt. Da ihr Gemahl schon 1648 starb, heirathete sie mit Dispens Innocenz X. Johann Casimir am 30. Mai 1649. Sie starb in Warschau am 10. Mai 1667 und ist in der Kirche des heiligen Stanislaus zu Crakau bestattet worden.

Den 9. Februar 1657 erhielt Franz Eusebius Graf Oppersdorf die Landeshauptmannswürde und wurde als solcher von Ludovica Maria den 17. Juni bestätigt. Den 17. November 1659 bekräftigte Ludovika Maria in Ratibor den Kaufbrief der Herrschaft Ratibor.

Am 23. September 1658 kaufte die Stadt den von Johann dem Aelteren von Reisewitz nachgelassenen Theil von Brzezie für 3500 rtlr. à 36 gr.

Der Abt und Convent zu Rauden hatte jährlich einen Zins von 8 Mark von den Fleischern. Weil aber nach einer Sentenz vom September 1561 das Kloster dafür den Kuttelhof zu bauen hatte und darauf hätte viel verwenden müssen, so ermäßigte der Abt den Zins und überließ das Baurecht der Stadt, welche dem Kloster 4 Mark à 48 gr. zahlen sollte. Für diese Vergünstigung erließ die Stadt dem Kloster manche Reste. Dieser Vergleich wurde den 14. Februar 1661 geschlossen.

Schon damals war man höheren Ortes bemüht, geschichtliche Denkmäler und wichtige Nachrichten aus der Vergangenheit zu retten. Der Kaiser forderte Fürsten und Stände auf, alles das, was sich auf die Geschichte und früheren Verhältnisse der Städte in Schlesien bezog, zu sammeln und durch einen der Aufgabe gewachsenen Gelehrten in eine Hauptübersicht zusammenstellen zu lassen. Es wurde Efraim Ignatz Naso von Löwenfels Doctor utriusque juris (geboren in Bunzlau und Sohn des Bürgermeisters in Schweidnitz), seit 1652 Stadtvogt in Schweidnitz und später Concipist bei dem Oberamte zu Breslau ausersehen, das Material zu sammeln und eine Chronik in lateinischer Sprache herauszugeben.

Dieser kam Anfang 1663 nach Ratibor, überreichte seine Creditive vom Oberamte und Landeshauptmanne und stellte 25 Fragen, die der Rath aber leider zum Theil gar nicht, zum Theil sehr ungenügend beantwortete. Es war damals überhaupt eine gedrückte Stimmung. Die Furcht vor dem Erbfeinde der Christen hatte die Gemüther ergriffen. Es waren bereits wiederholt Truppen durch Ratibor nach Ungarn gegangen, um die Interessen Siebenbürgens gegen die Türken zu wahren. Während die deutschen Fürsten sich in den ersten Monaten 1663 zu Regensburg beriethen, was gegen den Erbfeind zu thun sei, ob man dem Kaiser Geld oder Leute zu Hilfe senden solle, rückte ein türkisches Heer von 170,000 Mann in Ungarn ein, überschritt die Wag und drang nach Mähren.

Ende April traf die Nachricht davon in Wien ein. Der Kaiser hatte nur wenig Militair. Schlesien beschloß, ein Corps von 6000 Mann zu Fuß und 1000 zu Pferde auf eigene Kosten zu errichten. Unsere beiden Fürstenthümer sollten 388 Fußknechte und über 100 Reiter aufbringen.

Die Landeshauptmäuner der Fürstenthümer erließen an alle Kreishauptleute Befehl, Listen über die Anzahl der wehrpflichtigen Einwohner und die Beschaffenheit ihrer Bewaffnung einzusenden. Auch der Landeshauptmann der Fürstenthümer Oppeln und Ratibor Franz Eusebius Graf von Oppersdorf erließ am 20. Juli 1663 aus Oberglogau einen solchen Befehl an seinen Vetter den Kreishauptmann zu Ratibor Ferdinand Graf von Oppersdorf. Dieser wendete sich an den Magistrat mit der Bitte, die Consignation der Mannschaft dem Amte einzuschicken. Laut letzter Musterung befanden sich am Orte 3 Rathsverwandte, 1 Hauptmann, 1 Lieutenant, 1 Wachtmeister, 1 Fähnrich, 1 Führer, 4 Corporale, 4 Landes-Bassaten, 12 Gefreite, 1 Musterschreiber, 3 Drommelschläger, 79 andre angesessene Bürger und Wittwer, 29 in den Vorstädten, 23 Hausleute und ledige Burschen, 10 Zimmerleute, Summa 173 wehrpflichtige Männer. Diese hatten sich zur Musterung eingestellt mit 132 Musketen, 16 Hellebarden, 8 Schlachtschwertern, 10 Aexten.[1]

Außerdem hatte Ratibor seit längerer Zeit bereits eine Garnison; denn es wird am 23. Juli 1663 dem Peter Henekamb Rittmeister im Rapachschen Regiment über eine Kürassier-Compagnie vom Magistrat ein Zeugniß ausgestellt, daß er sich mit seiner Mannschaft während der Zeit der Einquartirung wohlverhalten habe. Auch erwähnen die Stadtbücher, daß Capitain Gieraltowski zur Zeit des Oberst Butler und Truchseß (1636) ferner General Ludwig Graf von Souches, Oberstlieutenant Lazarski, Rittmeister Schannach vom Kristofschen Regimente, Rittmeister Krzitowski vom Griffenbergschen Regimente, Oberstlieutenant Mabling — sämmtlich vor 1663 hier im Quartier gelegen.

Die Anzahl der streitbaren Mannschaft in ganz Schlesien betrug bei der Musterung im Sommer 1663 an 193,300 Köpfe.[2]

---

[1] Dieses Dokument des Stadtbuches ist abgedruckt in der Eunomia, 1832. S. 273.

[2] Schlesien vor und seit dem Jahre 1740. I. Bd. S. 345.

Leider müssen wir jetzt ein Ereigniß berichten, welches ein trauriges Zeugniß gibt, wie auch unsere Gegend angesteckt war von der allgemeinen Krankheit jener Zeit, welche angebliche Hexen verfolgte und verurtheilte.

Schon am 21. Mai 1663 hatte der Magistrat dem Landeshauptmann gemeldet, daß er laut Amtsverordnung eine Pilweise von Nebotschau (dem Wenzel von Reisewitz gehörig) in das Stadtgefängniß überkommen, welche mit der Schärfe des Rechts behandelt und bereits zweimal gefoltert worden. Weil selbe bei der scharfen Prüfung bekannt, daß sie einige Complicen dergleichen bösen Teufelsstückel an verschiedenen Orten habe, so sende der Magistrat den Stadtvogt nebst einem Schöppen an den Hauptmann zu näherer Berathung. Sie verbinden damit zugleich die Bitte, ein Patent zu übermachen, kraft dessen sie die nun entdeckten Verbrecher zur Confrontirung einfangen und auß Landesunkosten strafen können. Am 28. Juli bat der Rath den Hauptmann von Neukirch, Johann Ignatz Krautwurst, die hier in Haft sitzende Anna Loykowa (alias Schnopczanka) und Anna Jaroschka von Poblesch, die beide der Hexerei bezüchtigt sind, hierorts gerichtlich behandeln zu lassen, oder der Stadt eine Versicherung zu geben, daß sie keine Gefahr laufe, wenn jene auf freien Fuß gesetzt werden.

Mitte Juli hatte die Oder bei der Ueberschwemmung wieder ein Stück Schloßufer an der Oderbrücke neben dem Kretscham des Martin Trautmann abgerissen.

Bürgermeister Johann Czech erfuhr auf dem am 6. August in Kosel abgehaltenen Landesausschusse, daß der Kaiser beschlossen habe, durch den Oberst Freiherrn von Mers 2000 Mann zu Fuß in 10 Compagnien in Schlesien werben zu lassen. Nach der Theilung kamen auf beide Fürstenthümer 2 Compagnien, von denen eine zu Ratibor und eine zu Oppeln zur besseren Exercirung einquartirt werden sollten. Unser Magistrat fand, daß die Stadt dabei mehr Lasten als die übrigen tragen werde, dem wenn auch eine Collekte von ⅔ pro Cent vom platten Lande gezahlt werden sollte, so würden doch die armen Stadtbewohner beschwert, ehe die Summe zusammengebracht sei. Man beschloß also, das Oberamt um eine Unterstützung anzugehen und übersendete am 9. August die Petition an den Magistrat zu Oppeln zur Mitbetheiligung.

Von dem Ausschuß in Kosel war zugleich bestimmt worden, daß zur Befestigung der Stadt und zu den Schanzenarbeiten aus dem Ratiborer und Oberglogauer Kreise pro Mille 1 Mann abgeordnet werde. Da die wenigen Einwohner die baufälligen Schanzen um die Stadt auszubessern kaum im Stande waren, bat der Magistrat den Reichsgrafen Caspar Colonna vom Fels, veranlassen zu wollen, daß ihr eine Unterstützung zu Theil werde, damit sie als treue Männer des Vaterlandes dem Feinde kräftigen Widerstand leisten können.

Am 12. October bitten sie das Oberamt, durch ein Patent zu befehlen, daß die Unterthanen mit Flinten, Sensen und anderen Waffen in Ratibor erscheinen, um dem Feinde, wenn er ja einen Einfall unternehme, Widerstand zu leisten.

Schon früher, bei der ersten Nachricht von dem Vordringen der Türken, hatte die Stadt die Landesstände um Geldvorschüsse ersucht, damit sie Pulver, Kugeln und Lunten anschaffen und die Stadtmauern wie auch die Pallisaden um dieselbe in gehörigen Stand setzen könne; sie beriefen sich dabei auf die Observanz, daß schon von Alters her zu solchen Zwecken aus der Landeskasse ein Zuschuß gegeben worden. Zugleich bitten sie, einen Ort anzuweisen, wo sie das Depositorium, worunter 4 Fäßlein Landesrechnungen (an welchen dem Lande viel gelegen) sicher unterbringen könnten.

Johann Wolfram Freiherr von Kotulinski und der Jeltsch, Hauptmann über eine Compagnie des de Mers'schen Regiments, lag seit dem 18. August 1663 im Quartier und begab sich im November mit seiner Mannschaft nach Troppau. Die Soldaten erhielten von der Bürgerschaft 33 rtlr. 12 gr. Anfangs September sammelten sich in der Stadt 100 Reiter vom Lande, welche der Oberstwachtmeister Andreas Rebling weiter führte.

Apotheker war damals Jakob Czech.

Für den Fall, daß die Türken hier eintreffen sollten, sendete die Königin Maria Ludovica am 27. October 1663 aus Warschau zur Abwendung und Verhütung alles Unheils für die Gegend einen Muhamedaner. Derselbe nahm in Ratibor das Christenthum an und erhielt bei der am 16. November 1663 in der Collegiatkirche stattgefundenen Taufe den Namen Andreas Türk. Zeugen der feierlichen Handlung waren: der Landeshauptmann Franz Eusebius Graf Oppersdorf, Johann von Wilczek auf Dubensko, Anna Elisabeth von Oppersdorf.

Kurfürst Friedrich Wilhelm von Brandenburg sendete dem Kaiser 1000 Mann zu Fuß, 600 Dragoner und 400 Kürassier unter Anführung des Herzog August von Holstein-Bek zu Hilfe für seinen Theil.[1]) Der Landeshauptmann erließ Ende October 1663 die Ordre, daß eine Compagnie der Churbrandenburgischen Infanterie sammt dem Stabe einlogirt werde. Der Magistrat bat die Landesstände, diese neue Beschwerde zu verhindern und wendete sich am 5. November direct an den Herzog August von Holstein mit der Bitte: Studzienna, welches durch die mancherlei Durchmärsche bereits viel gelitten, mit Einquartirung zu verschonen und eine Schutzwache dahin zu ordnen.

Claudin Wintringer, Lieutenant im de Mers'schen Regiment, lud für den 27. November 1663 den Magistrat zur Hochzeit in Troppau ein. Letzterer gratulirte am 23. November, dankte für die Einladung, entschuldigte sich, wegen vieler Arbeit keinen Deputirten absenden zu können und sendet als Ehrengabe 1 Dukaten.

Die Bäckerzunft gratulirt dem Landeshauptmann zum Christfeste und übersendet den üblichen Weihnachtsstriezel. Auch der

---

[1]) Buchholz, Geschichte der Churmark Brandenburg. Bd. IV. Seite 78.

Magistrat übermacht ihm am 6. Januar 1664 durch den Bürgermeister Johann Czech die gewöhnliche Neujahrsverehrung.

Die Mauth und das Bierausfuhrgeld betrug vom 30. Juni
bis 31. December 1663 173 rthr. 34 gr. 6 hllr. Vom 14. Juli 1662
bis dahin 1663 waren bei der Stadtkommune 49½ Weizenge-
bräu à 18 Scheffel Schüttung und 108 Eimer — 5346 Eimer
gebraut worden; und es wurden 662 Gulden Bieraccise dem
kaiserlichen Amte abgeführt. Im nächsten Jahre wurden 628 Fl.
21 gr. 6 hllr. dem kaiserlichen Unterbiergefälleinnehmer Johann
Urbani entrichtet. Dem Oberbiergefälleinnehmer Adam Frank verehrte der zur Hochzeit geladene Magistrat am 1. Februar 1664
eine Bierporzadka, die er nach Belieben auszubräuen und zu
seinem Nutzen zu verwenden hatte. (Die Trauung fand am
4. Februar statt. Zeugen waren Johann Bernhard Graf
Praschma, Ferdinand Graf Oppersdorf, Canonicus Daniel Rotter und der ganze Rath.) Gleichwol forderte Frank gegen
die alte Gewohnheit die Accise von dem Afterbiere. Gegen diese
beschwerliche Neuerung klagte der Magistrat am 15. März bei
dem Kammer = Präsidenten Melchior Ferdinand Graf von
Gaschin in Breslau, da die Stadt ohnedies in Verleihung des
Kretschamverlages um ihr bestes Kleinod gekommen und bei dem
schlechten Brauurbar die armen Bürger je 8 bis 9 Personen 8
bis 10 Jahr auf eine Bierporzadka warten. Zur Unterstützung
dieser ihrer Bitte und zu näherer Besprechung sendeten sie den
vielgewandten Johann Czech und Stadtvogt Valentin Schulz nach
Breslau ab. Unter demselben Datum baten sie den Landeshauptmann um einen Antheil der von Oppeln, Kosel, Gleiwitz und
Ratibor laut Verordnung vom 14. September 1663 aufgebrachten
Steuer (⁴⁄₁₀ pro Cent), da sie von dieser Collecte aus der Landeskasse bis dato noch nichts erhalten, um sich Munition gegen die Türken zu kaufen. Die Stadtbücher, Amtsregister, Privilegien ꝛc., wie
auch die Kirchenschätze und besten Paramente hatten sie bereits nach
Breslau in ein gemiethetes Gewölbe zur Verwahrung übergeben.

12 *

Von den Kriegsvölkern, die in Studzienna einquartirt waren, consumirten:

im J. 1663 1 Compagnie des Graf Promnitz-

       schen Regiments 22 rtlr. 22 gr.

„ „ 1664 1 „ des Jeröflschen Re-

       giments zu Pferde 28 — 4½ —

   1 „ des Garnierschen 25 — 30½ —

         Summa 76 rtlr. 21 gr.

Der tapfere Feldmarschall Rahmund von Montecuculi erfocht in dem Dorfe S. Gotthard am 1. "uguft 1664 einen glänzenden Sieg und nöthigte die Türken zu einem 20jährigen Waffenstillstande.

Anfang October kehrten die Truppen in die Quartiere zurück. Der Magistrat bat die Commiffarien, die Musterung nicht bei Ratibor, sonder zwischen Rybnik und Sorau zu halten, weil sonst die durch die Märsche erschöpften Orte vollends ruinirt würden.

Franz Fortunat Freiherr de Miniati, Rittmeister des Schmidischen Regiments über eine Compagnie zu Fuß, lag hier im Quartier bis 21. Februar 1665.

Verzeichniß dessen, was zur Zeit der Türkengefahr aus den Mitteln der Stadtcommune entrichtet worden:

1. Zur Erwerbung der aus den Für-
 ftenthümern beftimmten 388 Fußknechte 9/10 pro Cent (Schatzung
 16515 rtlr. 18 gr.) in das Steuer-
 amt entrichtet am 14. Sept. 1663 132 rtlr. 5 gr. = hllr.
2. zur Fortification Jablunkas ¼ % 41 — 10 — 4½ —
3. die Stadt rüftete 2 Reiter aus:
 a) deren Handgeld betrug . . 25 — = — = —
 b) einem Reiter für Pferd, Sattel,
  Karabiner, Pistolen . . . 45 — 9 — = —

c) dem zweiten für Pferd, Sattel, Karabiner, Pistol, Zweispänner, 2 Wehrgehänge, 2 Degen, 2 Paar Stiefeln, 2 Paar Sporen, Reitzeug, Steigebügel, 2 Hüte, Mäntel, Röcke und Macherlohn . . 51 rtlr. 27 gr. ‒ hllr.

4. Sold den beiden durch 2 Monate 21 — 10— ‒ —

5. 2 Dragoner geworben, die jedoch abgedankt wurden, Handgeld . 2 — 18— ‒ —

6. a) zur Werbung zweier Fußknechte, die nebst den übrigen vom Kreis geworbenen 20 Infanteristen nach Kosel abgeschickt wurden . . 15 — 12— ‒ —

b) letzteren Zehrgeld dahin . . 2 — ‒ — ‒ ‒

c) dem Corporal und einem sie dahin begleitenden Bürger auf den Weg 2 — 6— ‒ —

7. dem Oberstwachtmeister für 1 Pferd, das der geworbene Reiter als zu schlecht nicht annehmen wollte, als Zugabe . . . . . 7 — 18— ‒ —

8. a) zur Werbung eines Fußknechtes statt des von Kosel krank zurückgekehrten . . . . 7 — 18— ‒ —

b) Zugabe demselben . . . 1 — 18— ‒ —

9. Tractament der Muster-Commissarien in einem hiesigen Wirthshause, welche die Reiterei des Oberstwachtmeisters besichtigten . . . 9 — 27— ‒ —

Summa 390 rtlr. 7 gr. 4½ hllr.

Dazu kamen

Michaeli 1663. Zur Erhaltung und Verpflegung der Mannschaft, die zum Schutz gegen den möglichen

Einfall der Türken im Lande blieb,

<sup></sup>⁴/₁₀ pro Cent . . . 66 rtlr. 2 gr. 6 hlr.

Erkaufung von Munition (Pulver, Blei,

Eisenkugeln und Lunte) . . 250 — — — — —

Summa 706 rtlr. 9 gr. 10½ hlr.

Außerdem waren an Getreide in das Troppauer Magazin geliefert worden

Roggen 33 Scheffel ⎫
Gerste  24  —     ⎬ Breslauer Maaß.
Hafer    8  —     ⎭

Auf der Fürsten= und Ständeversammlung in Breslau am 13. Februar 1665 forderten die kaiserlichen Commissarien zur Reluition (Wiedereinlösung) der Fürstenthümer Oppeln und Ratibor die Trankaccise auf 5 Jahre, was aber verbeten wurde.[1]

Am 29. März 1664 erließen die Oppelner und Ratiborer Stände eine Verordnung, wonach Oppeln abwechselnd mit Ratibor einen Deputirten zum Fürstentage nach Breslau stellen solle, was auch durch den Bürgermeister und Apotheker Johann Czech auf dem Fürstentage zu Breslau zum erstenmal am 31. März 1665 geschah.[2]

Auf die von den Ständen eingerichtete Dislocirung würde Otto Christof von Abeling, Rittmeister des Nostizschen Regiments über eine Compagnie zu Roß, nebst 2 Corporalen und 26 Einspännigen am 28. März 1665 einquartirt. Dieser erhielt an Discretionsgeldern

März 1665 . . . . 10 rtlr. = 15 Gulden,
April bis August à . . 15 — = 112½ —
November 1665 bis März 1666 à 10 flor. = 50 —

Summa 177½ Gulden.

---

[1] Henel's Silesiografia II, 1246.

[2] Nachschrift der Stadt=Privilegien. — Noch heute alterniren Ratibor und Oppeln bei Beschickung zum Landtage nach Breslau.

Im Sommer 1665 fungirten als Consuln:

1. Johann Czech aus Troppau † 1673.

2. Paul Valentin Alfons Foltek aus Gleiwitz, vermählt mit Anna Maria geb. Pastor, starb als Rentmeister im October 1666.

3. Gregor Koch von Hintzenfeld aus Gutstadt in Preußen † 1667.

4. Christof Leopold Krieger aus Ratibor.

5. Magister Valentin Max Schulz aus Alt=Rosenberg.

Im alten Senate waren Beisitzer:

> Johann Urbani † 1669.
>
> Georg Olitori † 1682, 25. Januar.
>
> Johann Czermak.
>
> Franz Schumann.
>
> Abraham Mosler † 1678.

Auch über die Getreidepreise sind uns aus jener Zeit sichere Nachrichten aufbewahrt. 1 Viertel Hafer = ½ Scheffel Breslauer Maaß galt 1665 am Mitfasten=Jahrmarkt 8 sgr., etwas später 7—6 sgr., im Juli 5 sgr., im September 4 sgr., im Januar 1666 bis April 13—16 Kreuzer, später 18 kr., im October 15 kr.

Obgleich zu damaliger Zeit nur wenig Militair im Lande war, so sind doch die Landtage voll von Beschwerden über Militairlasten, Marschkosten, unbezahlte Lieferungen. Die Soldaten, nicht pünktlich bezahlt, verpflegten sich selbst, so gut sie konnten.

Einen Einblick in die Gewaltthätigkeiten, deren sich die Soldaten erlaubten, gibt uns ein Bericht, welchen der Magistrat auf amtliche Aufforderung am 8. November 1666 über die in den 2 letzten Jahren vorgekommenen Anmaßungen und Beraubungen ausstellt:

Am 24. März 1665 entfremdeten die Knechte des Wachtmeister einem Bürger und Schneider an Zeug im Werthe von 60 rtlr.

Am 17. April dem Bürger Paul Erhardt bei hellem Tage 3 Säcke Korn vom Schüttboden, wobei die Thäter ertappt wurden.

Am Feste Christi Himmelfahrt entführten sie dem Niewiadomski aus Silberkopf einen Ochsen, den sie im Keller des Bürger Martin Warwaß lebendig verbargen.

Am 24. August stahlen sie dem Georg Walasa bei Nacht ein Schwein, je ¼ Centner Schweine- und Rindfleisch und 1 Topf Sahne.

Am 30. November entfremdeten sie einem Tuchscherer 2 Stück Tuch sammt einem Kleide aus der Presse, an Werth zusammen 24 rtlr., welche Lieutenant Brendel durch den Corporal restituiren ließ.

Am hl. Abende nahmen 2 Reiter dem auf 3 Jahre aus der Stadt gewiesenen Christoph Frank im Hause seines Schwiegervaters (auf dem Schloßgrunde) einen grautuchnen Mantel, einen Tuchrock, ein ledernes Wehrgehäng, eine Patrontasche von rothem Tuch, ein Büffelcollet und eine Schußbüchse. Die Gattin bat den Rittmeister um Restituirung. Erst am 3. October 1666 erhielt sie auf Verwendung von geistlichen und weltlichen Personen die Sachen mit Ausnahme des Gewehres zurück.

Am 15. Januar 1666 wurde Johann Becher, ein Bürger von Neisse, von den Reitern aus Ratibor geplündert und demselben 124 Dukaten und 100 rtlr. Silber abgenommen.

Am 4. August nahmen sie dem Schuster und Bürger Michael Knabe 4 Ochsenhäute aus der Arbeit weg, wobei 2 dem Rittmeister von Charwat gestohlene Mäntel gefunden wurden.

Am 28. August stahlen sie aus Elgot-Tworkau, das dem Wenzel von Reiswitz gehörte, eine Kuh, die aber, da die Sache herauskam, bezahlt wurde.

Am 3. September entfremdeten sie dem Bürger und Riemer David Mathes 3 Scheffel Weizen.

Am 4. September erbrachen sie im Gasthause zum schwarzen Adler auf der Durchreise des Oberregenten von

Teschen Herrn von Eck eine Wagentruhe, worin Sachen von mehren hundert Thaler Werth sich befanden. Der Diebstahl wurde aber verrathen und alles ward zurückgegeben.

Am 4. November schnitten sie dem Hutmacher Paul Schaffert, der eben vom Troppauer Markte heimkehrte und bereits in der Stadt war, einen Korb mit 21 Hüten vom Wagen ab.

Bei der Catharina Wontroba fand man ein Tönnchen Butter und etwas Speck; beides hatte ein Reiter einem Bauer aus Studzienna gestohlen.

Durch sorgfältige Untersuchung wurden alle Sachen aufgefunden und Schandehalber entweder in natura oder Ersatzweise zurückgestellt.

Vom März bis September 1665 schatzte der Rittmeister an den Thoren die Fremden, die auf den Wochenmarkt kamen und sonst durchreisende Fuhrleute, ja sogar die Stadtunterthanen, die ihm doch das Holz zufuhren; aber nach der Beschwerde des Magistrats und erfolgter Publication der Militairdisciplinar-Patente ließ er von weiterer Erpressung ab.

Die Reiter machten der Bürgerschaft Schaden an Gras und Saat auf den Wiesen und Ackerstücken. Die Stadt hatte schon früher eine Wiese von der Fleischerzunft für einen jährlichen Zins von 14 rtlr., als Pferdehutung für die Cavallerie gepachtet. Die früher einquartirten kaiserlichen Offiziere begnügten sich auch mit derselben, aber der neue Rittmeister Otto Christof von Adeling ließ auf dieser Wiese Heu machen und seine so wie der Reiter Pferde anderwärts nach Belieben grasen und hüten. Im Sommer 1668 bat die Bürgerschaft den Obersten, zu veranlassen, daß der hier einquartirte Rittmeister die unbefugte Hutung einstelle.

Im November 1665 nahm ein Reiter vom Nostizschen Regiment Namens Gregor dem Gallus Wyrobek in Studzienna 2 Pferde und behielt sie in Grätz, wo er im Quartier lag. Der Magistrat wendete sich am 30. Januar 1666 an den Oberstlieutenant, den Dieb zur Restitution oder Bezahlung anzuhalten.

Am 14. November 1666 ritt der Reiter Benedict Wagner von hier in das Hauptquartier nach Jägerndorf auf Ordonnanz und kam nicht mehr wieder. Auch Pferd und Montur blieben aus.

Im October 1665 wurde der Jude Moses Färber von seinem Glaubensgenossen, dem Mauthner Samuel Singer in Teschen, der 500 rtlr. Sachen an Werth verwahrte, aus Bosheit verläumdet. Der Rath nahm sich des Armen an. Am 15. November wurde er Christ und erhielt in der Taufe den Namen Andreas Lazarowitz. Singer aber setzte seine Bezüchtigungen fort und der Prozeß zog sich viele Jahre fort, da die bei dem hiesigen Stadtgerichte[1]) anhängig gemachte Sache nicht blos nach Breslau, sondern bis an das Appellationsgericht nach Prag ging.

1666 wird der Schloßunterthan Gregor Rujzka Schulz von Branek bei Ratibor (heut Vorstadt Bronken) genannt.

Mathias Ganschtzig schenkte in dem Skrzischowskischen Hause auf dem Schloßgrunde zum Nachtheile der Stadt den Wein quartweise aus. Der Magistrat beschwerte sich wiederholt über diesen unbefugten Detail-Verkauf, ohne Einstellung zu erwirken.

## Die Fürstenthümer Oppeln und Ratibor unter Oesterreich von 1666 bis 1741.

Kaiser Leopold, der zweite Sohn Ferdinand **III.**, der am 2. April 1657 gestorben war, hatte den Polen eine Armee von 16000 Mann gegen Schweden zu Hilfe geschickt und löste am 31. Mai 1666 für die Kriegskosten die verpfändeten Besitzungen wieder ein. Bei dem Akte der Uebergabe in Oppeln fungirten Johann Bernard Graf von Herbenstein, Julius Ferdinand Freiherr von Jaroschin, Hermann Lowke von Rokitten.

---

[1]) Das Stadtgericht erscheint als eine vom Stadtrathe abgesonderte Instanz und vom Magistrate getrennt.

Ratibor wendete sich am 22. August 1666 mit einer Bitte an den Kaiser. Nach der Landesordnung und alten Observanz sollte das Landrecht hier und in Oppeln abwechselnd abgehalten werden; die Landestagfahrten hätten aber nie stattgefunden, und der allgemeine Landtag sei seit Jahren nur in Oppeln gehalten worden; da nun Ratibor ebenso wie Oppeln eine Kreis- und Hauptstadt sei, so bitten sie, der Kaiser wolle dem Landesamte auftragen, daß die Landesausschüsse, Tagesfahrten und Landrechte alternirend zu Oppeln und zu Ratibor gehalten werden sollen. Schon einen Monat später (am 25. September) erfolgte zu Wien die kaiserliche Genehmigung.

Doch die Ehre und Würde blieb nicht ohne Bürde. Der nächste Landtag sollte in Ratibor gehalten werden. Im November 1666 meldete der Landeshauptmann dem Magistrat durch den Curatus der Collegiatkirche und den Oberbiergefäll-Einnehmer Christof Melchard, den zum bevorstehenden Landtage deputirten kaiserlichen Commissarien zu besonderer Ehre vor der Wohnung eine Küche aufrichten und deren Bediente mit Speis und Trank versehen zu lassen. Sofort meldete der Rath durch den Landesamtssecretair Johann Alois Coblitius und einige Tage später durch den Stadtnotar Valentin Max Schulz, von der Beköstigung der Bedienten verschont zu werden. Sie wollten in die Küche einen Beitrag von 50 rtlr. geben und auch die Pferde mit Futter versehen, aber mehr zu thun, seien sie bei Geldmangel und erschöpften Hilfsquellen rein unvermögend. Einen Tag später boten sie 100 rtlr., wenn sie von dem Tractament der Bedienten in der Küche verschont werden, und wiederholen ihr Gesuch am hl. Abend bei Uebersendung des Weihnachtsstriezels.

Gleichwol ward der Landtag vom 1. bis 4. December 1666 hier gehalten. Franz Eusebius Graf von Oppersdorf war noch Landeshauptmann, Johann Bernard Graf Praschma Landrichter, Johann von Welczek Kanzler. Bei diesem Landtage wurde dem Kaiser der Eid der Treue abgelegt.

Hans N. wohnte in dem Hause des Senator Christof Leopold Krieger neben dem schwarzen Adler zur Miethe. Auf An-
stiften des Lieutenant B. entführte er die Frau des Müller in
Bauerwitz und hielt sie in einem Gewölbe des gemietheten Hauses
verschlossen. Am nächsten Tage erschien der Bruder der Vermiß-
ten, erfuhr, wo seine Schwester sei, ging zum Bürgermeisteramte
und bat um Beistand in der Sache. Hans N. wird citirt und
leugnet anfangs; als aber zwei Gerichtspersonen in jenes Haus
gesendet wurden, um die fremde Person aufzusuchen, gestand er
seinen Frevel und wurde verhaftet.

Der Schloßhauptmann Ludwig Darsitzki verweigerte am
22. Januar 1667 der Stadt das Holz zur Verbesserung der
Oberbrücke und zur Aufrichtung von Nothpfählen bei Raczeks
Häuslein. Der Magistrat wendete sich sofort an den Besitzer
des Schlosses und erinnerte diesen, wie am vergangenen 3. October der Bürgermeister Schulz und Stadtnotar Johann Urbani
ihre Holzgerechtsame nachgewiesen, worauf er selbst (Graf von
Oppersdorf) dem Hauptmanne befohlen habe, die Stadt ruhig
bei ihren Privilegien zu lassen und die benöthigte Einfuhr in den
Wald und die Abholzung künftig zu gestatten. Da dies aufs
Neue verwehrt würde, ergehe das nachbarliche Gesuch, dem Hauptmanne nochmals einen ernstlichen Befehl zu erlassen, widrigen-
falles der Magistrat keine Schuld trage, wenn durch Unterlassung
des Oberbrückenbaues der Schloß- und Stadtgrund gefährdet
werde. —

Am 20. Juni 1667 verpflichtet sich Bürgermeister und Rath,
dem Georg Adam Graf von Gaschin die seitherigen Freiheiten
seines Eckhauses am Ringe neben der Frau Holtek zu belassen,
wogegen dieser sich verbindlich macht, eine Schuld seines Vaters
von 600 rtlr. zu bezahlen und die etwa bürgerlichen Inwohner
seines Hauses zu allen bürgerlichen Lasten anzuhalten.

Wir haben der Hexenverfolgung bereits zum Jahre 1663
erwähnt. Es haben sich aus dem Jahre 1667 einige Prozeßacten

erhalten,[1]) welche einen ziemlich klaren Einblick in das Gerichtsverfahren gewähren. Verhört wurden

am 16. August Simon, ein Schuster von Syrin,

„ 18. „ Blasius Strak aus Syrin,

„ 22. „ Catharina Mazur aus Kornowatz,

„ 22. „ Hedwig Nowak aus Lubom,

„ 23. „ Anna Warmuczena aus Lubom,

„ 27. „ Dorothea Sobczyna aus Lubom,

„ 27. „ Anna Kozub aus Syrin,

„ 27. „ Anna Sohczyna aus Lubom,

„ 27. „ Elisabeth Pustelnicka aus Lubom,

„ 2. September Helena Kokotka aus Riebotschau,

„ 2. „ Matthäus Schimek, Sohn des obengenannten Schusters aus Syrin,

„ 6. „ Helena Kuchtowa aus Grabowka,

„ 6. „ Marianna Kempczyna, Weberin aus Syrin,

„ 6. „ die Bäckerin aus Lubom,

„ 12. „ Anna Biertaßka, Schafferin aus Pogrzebin,

„ 12. „ Agnes Wilkowa, Fleischerin aus Pschow.

Sie wurden genau befragt, wer sie die Zauberei gelehrt,
wie lange sie bereits Hexen seien und wer noch mit ihnen auf
den Gränzen bei den Hexentänzen gewesen. Die Bezüchtigten
wurden dann vorgeladen, confrontirt und zur Untersuchung gestellt. Bisweilen gaben die Gefolterten als Mitschuldige Personen
an, die ihnen eben in den Sinn kamen, bisweilen Namen, die
gar nicht existirten. So wurde die Bäuerin Anna Charenzyna
aus Tworkau als Complice genannt; da man sie aber fragte, was
das für eine Person in Tworkau sei, da dort Niemand so heiße,
erklärte sie, daß sie nur aus Schmerz so ausgesagt.

---

[1]) Diese in mährischer Sprache geschriebenen Fragmente sind
durch die Liberalität des Pfarrer Marcinek von Benkowitz in meinen
Privatbesitz gelangt.

Bei dem erſten Verhör, das im Rathhauſe und zum Theil im Gefängniſſe gehalten wurde, geſtanden ſie meiſt wenig ein, auch bei dem erſten Grade, wenn das Feuer den auf die Leiter gebundenen Körper berührte, blieben manche noch ſtark, beſonders wenn ſie ſich mit Salbe eingerieben; die zwei ſpäteren Grade der Folter entlockten aber meiſt Alles, was man wiſſen wollte.

Die Schuldgeſtändniſſe ſind mannigfach und haben das Gemeinſame, daß ſie in der Walpurgisnacht, an Donnerſtagen und Sonnabenden bisweilen an der Gränze zwiſchen Lubom und Syrin geweſen, wo es luſtig herging, wobei einige Burſche als Tafeldecker Dienſtleiſtungen verrichteten. Das Bündniß mit dem Teufel wurde durch Taufe und leibliche Vermiſchung geſchloſſen. Sie konnten jetzt Wetterſchaden anrichten, mit Hilfe ihres Galan Ställe öffnen, um viel einmelken zu können, auch dem Vieh und Getreide Schaden zufügen. Vor der Luftfahrt auf der Ofengabel, auf einem Beſen oder Spinnrocken, beſtrichen ſie dieſe Gegenſtände mit der Zauberſalbe.

Einige Tage nach dem erſten Verhör begannen die drei Grade der Folter in Zwiſchenräumen von je 12 Stunden. Vorgenannte wurden ſämmtlich torquirt und zu Staub verbrannt und nur einigen die beſondere Gnade gewährt, daß ſie vorher enthauptet wurden. Doch iſt die Liſte nicht vollſtändig und mögen wol noch mehre andere, auf welche die Verurtheilten ausgeſagt, daſſelbe Schickſal erlitten haben.

Mancher Leſer bricht hier vielleicht den Stab über die Richter, in dem er vor Mitleid erſchauert oder über den Aberglauben lächelt. Doch ganz unſchuldig iſt wol Niemand geſtraft worden. Die Nachwehen aus der Schwedenzeit, die Verwilderung des Herzens mochten ſcharfes Gerichtsverfahren als nothwendig erſcheinen laſſen. Auch bei Diebſtahl wurde die Folter angewendet.

Wie mannigfaltig und ſchrecklich die Strafen überhaupt waren, ergibt ſich aus dem allgemeinen Landtagsbeſchluß vom 29. März 1694, in welchem dem Stadtvogt und dem Scharfrichter die Gebühren für jeden einzelnen Act ausgesetzt wurden. Es sollen hier nur diejenigen herausgehoben werden, für welche dem Scharfrichter 1 rtlr. 24 gr. gezahlt wurden: vom Hängen auf den Galgen, vom Abhauen der Hand, vom Stäupen, vom Abschneiden der Nase und Ohren, von Ausbrennung des Zeichens, vom Brechen mit dem Rade, vom Aufstecken des Hauptes auf den Spitz, vom Einflechten in das Rad, vom Riemenschneiden, vom Zwicken mit der Zange, vom Verbrennen. Wenn ein Delinquent aus dem Gefängnisse vor das Rathhaus geführt wurde, rief der Gerichtsdiener dessen begangene Missethat an drei Orten aus und erhielt dafür 12 gr.

In einer Zeit, wo Vornehme durch Schatzgräberei und Alchymie ihr zeitliches Glück zu befördern suchten, begegnen uns in den niederen Volksklassen die Bündnisse mit dem Teufel, um den Leidenschaften der Sinnlichkeit, der Rachsucht und des Eigennutzes zu fröhnen. Die Kempczhua erklärte, sie sei aus der Schwedenzeit her Hexe, ihr deutscher Wirth in Leuthen Christof Jantzka habe sie die Zauberei gelehrt. Die Salben bewirkten so lebhafte Träume, daß sie die Luftfahrten erlebt zu haben vermeinten. Aber nicht alles ist Einbildung. Das Meiste war reine Wirklichkeit; es fanden nächtliche Versammlungen statt, in welchen bei Pfeife und Dudelsack Orgien gehalten wurden, wobei sich Bursche „Cavaliere mit Helmbusch" als Teufel maskirten und die Personen, welche sie brauchten, bisweilen auf dem Roß zum Tummelplatze führten. Einer verehrte der Bäckerin von Lubom einen Dukaten, den sie auf der Gränze vertrank. Schenkerin war nämlich dort Anna Kolodzieja aus Elgot-Tworkau, die Branntwein verkaufte. — Es zogen Männer und Frauen aus Ungarn herum, welche Unerfahrene bethörten, Kräuter und Salben verabreichten und zu Zusammenkünften bestellten. Einer der Hauptanführer scheint Daßmunek (Deutschmann, Deutschmanek) aus Buckau gewesen zu sein. Auch leuchtet das Streben Irreligiösität zu verbreiten hervor. Die Verführer lehrten, statt des Gebetes gewiſſe frivole Lieder zu ſprechen. Manche Verführte förderte Gleichgeſinnte zu Schmaus (Fleiſch, Kuchen, Bier) und Tanz auf. Wer den Teufel aufſucht, wendet ſich von Gott ab; Zucht und Sitte wurden untergraben.

Am 21. September klagt der Magiſtrat dem Landeshaupt= mann, daß der geſchworene Gerichtsvogt und Schöppen wegen des Criminalprozeſſes mit den Unholden oder Hexen viel geplagt werden, indem das Uebel von Tag zu Tag wachſe, und unter= ſtützt die Bitte, die Gerichtskoſten aus der allgemeinen Landeskaſſe zu beſtreiten, da der Stadt alle Mittel fehlen; auch ſolle er be= ſtimmen, wie mit den noch verhafteten Unholden bei der rauhen Winterzeit zu verfahren ſei, da ihre Kleidung ſchlecht und das Gefängniß kalt ſei; endlich möge er entſcheiden, wie man ſich ge= gen jene verhalten ſolle, die zu einem fremden Gebiete gehören, aber hier bezüchtigt worden ſeien. Am 9. November wird für die Mühe und Verſäumniß, welche der Stadtwachtmeiſter Georg Biller bei Hinausführung der juſtificirten Unholden ausgeſtanden, um eine Unterſtützung beim Landesamte gebeten. Am 7. Ja= nuar 1668 wiederholt der Magiſtrat die Bitte an die Land= ſtände, die Diener des Stadtgerichtes „für ihren blutſauer, mit Lebensgefahr wohlverdienten Schweiß" aus der Landeskaſſe zu belohnen, und fügt die Bitte hinzu, den Criminalproceß der Hexen für den Winter zu ſuspendiren, da nicht ein= mal geſunde, viel weniger torquirte und überdies betagte und ſchlecht bekleidete Perſonen die Kälte im Gefängniß auszuſtehen vermögen und ſo manche Hexe ohne vorangegangenen Prozeß ſterben würde! Die Aermſten mußten ſich bis zum Sommer quälen. [1])

---

[1]) Die Tradition bezeichnet das Kreuz am Ende Neugartens zwiſchen der Strafanſtalt und Matka Boźa Kirche als die Stelle, wo die Hexen verbrannt worden ſind. Doch ſtand das Kreuz früher der Kirche näher.

Wir haben bereits gesehen, wie sich Klagen und Beschwer=
den Jahre lang ohne Erledigung hinzogen, und haben noch einige
aus jener Zeit anzuführen.

Schon am 19. Mai 1663 hatte sich der Magistrat bei Jo=
hann von Welczek Freiherr von Groß=Dubensko und Petersdorf
Landeskanzler und Landeshauptmannschaftsverwalter beschwert, daß
Johann Bernard Graf Praschma, Freiherr zu Bilkau, Herr auf
Rybnik und Krzizanowitz, Administrator des Schlosses und der
Herrschaft Ratibor Ansprüche zu haben vermeine auf die Plania
oder große Aue vor der Brücke, worauf die Stadt doch von Al=
ters her privilegirt sei, indem er das Schwarzbich, welches sie
auf die Hutung dahin getrieben, durch die Ostroger Schloßun=
terthanen in ein Vorwerk habe eintreiben lassen. Wenn das
Amt die Sache nicht in Austrag bringe, seien die Bewohner ge=
willt, zur Wehr des Eigenthums Gewalt mit Gewalt zu ver=
treiben.

Der Administrator fuhr aber fort, die Besitzungen auf der
Plania zu beanspruchen, ließ am 17. Mai 1666 ein der Stadt
gehöriges Viehhalterhaus einreißen, den Gartenzaun und die da=
nebenstehenden Weiden aushauen und einen offenen Weg schlagen.
Der Magistrat bat deßhalb am 22. Mai das Oberamt, solche
Gewaltthätigkeiten zu inhibiren. Da die Schloßunterthanen auch
noch andre Gebäude bedrohten, so wurde das Oberamt aufs Neue
am 5. Juni um Schutz des Eigenthums bis zum Austrage des
Prozesses ersucht. Der Landeshauptmann Franz Eusebius Graf
Oppersdorf erklärte auf seiner Durchreise nach Friedek am
12. Juli 1668, daß er nach seiner Zurückkunft versuchen werde,
die Differenz freundschaftlich beizulegen und den Landeskanzler dazu
bitten wolle. Auch der Abt von Rauden hatte sich früher dazu
erboten und wird nun nachbarlich ersucht, diesem Acte beizuwohnen.[1]

---

[1] Erst Sonnabend nach Pfingsten 1683 wurde ein freundschaft=
licher Vergleich zwischen dem Dominium und der Stadt geschlossen.
Magistratsacten Sectio IV. Fach 14. Nr. 1.

In dieselbe Zeit fällt ein langwieriger Streit der Fleischer mit dem Magistrate wegen der Freischlächter, die ihre Waare auf den Markt brachten. Der Hergang und Verlauf war folgender:

Im Juli 1666 bat die Fleischerzunft den Landeskanzler und Landeshauptmannschaftsverwalter Johann Freiherrn Welczek, den Magistrat zu veranlassen, daß derselbe ihm eine authentische Abschrift des von Herzog Leßko im Jahre 1326 ertheilten Privilegiums ausfolgen lasse. Der Kanzler forderte dies amtlich. Aber der vorsichtige Magistrat weigerte sich dessen unter mancherlei Ausflüchten, wie er überhaupt immer eine Entschuldigung fand, wenn es galt, ein Privilegium aus dem Kasten herauszugeben. Diesmal machte er die Einwendung, daß er Bedenken trage, die in Einen Band gehefteten Privilegien auszuliefern und nur einen Auszug geben wolle. Die Supplikanten seien mit ihrem Gesuch bis zur nächsten Versammlung der Commune zu verweisen.

Nachdem am 17. August 1666 der gewöhnliche Stadtausschuß und einige Deputirte der Gemeinde auf das Rathhaus berufen und ihnen die Absicht der Zunft umständlich berichtet worden, beschlossen alle einhellig, die Abschriften den Fleischern zu diesem Zwecke nicht auszuliefern.

Auf eine erhaltene zweite Mahnung erwidert der Magistrat am 9. October, daß er gegen den Beschluß der Commune nichts thun könne; das Privilegium beziehe sich zudem nicht auf die Zunft, sondern auf die ganze Stadt. Der Landeshauptmann sendet jetzt ein vom Oberamt erhaltenes Rescript wegen Ausfolgung des Privilegiums zu. Der Magistrat dankt am 18. November 1666 ersterem für die Mittheilung und meldet zurück: weil die Fleischerzunft die Abschrift eines Privilegiums, das die ganze Commune betreffe, zum Nachtheil der Stadt gebrauchen wolle, die seit undenklichen Zeiten einen freien Fleischmarkt habe, welchen abzustellen schon deren Vorfahren sich bemüht, so hätte der Magistrat die Pflicht, nicht den Privatnutzen Einzelner, sondern das öffentliche Wohl zu fördern. Zudem würde die begehrte

Abschrift sowohl der Commune unnütze Weitläufigkeiten, als auch den Bittstellern bei dem jetzigen Geldmangel kostbare Ausgaben verursachen — andere erhebliche Gründe zu geschweigen. Schließlich die Bitte, die unruhigen Petenten und besonders deren Rädelsführer und Aufhetzer Bartholomäus Burtius aus Crossen von Amtswegen zur Ruhe zu verweisen.

Ende December erklärt der Magistrat nochmals, daß er bereits am 18. Mai Willens gewesen, die Abschrift zu geben, er aber diese mit Recht verweigere, da die Zunft mit derselben gegen die Commune „rechten und fechten" und den freien Fleischmarkt aufheben wolle.

Zur Ablehnung ihres Vorhabens wünschte der Magistrat die Handwerksinnungen und Gewohnheiten einzusehen, aber die Zunft weigerte sich, dieselben auszuliefern. Für diese Widersetzlichkeit sperrte er die Zunftmeister am 4. December 1667 in den Thurm; indeß hatten sie daselbst ein wohlgeheiztes Zimmer. Als zwei Meister um Losbittung kamen, wurden auch diese eingesperrt, doch schon nach einer Stunde freigegeben.

Auf einen Befehl des Landeshauptmanns um Information der Sache meldete der Magistrat am 6. December das Vorgefallene und erklärt, er habe jene in Verhaft genommen, weil der Ungehorsam und die Widersetzlichkeit leicht einen Aufstand nach sich ziehen könne. Auch am 11. Februar 1668 rechtfertigt sich der Magistrat, seine Würde wahren zu müssen; wenn die Abschriften der Handwerksgewohnheiten erfolge, würden auch die Gefangenen auf freien Fuß gesetzt werden.

Der Landeshauptmann übersendet aufs Neue ein vom Oberamt am 18. Februar ausgefertigtes Rescript in Betreff der Haftentlassung und befiehlt Berichterstattung, auch der Kanzler trägt am 26. Juli 1668 auf, die Zunftmeister des Arrestes zu entledigen und ihnen das Privilegium auszuliefern. Der Magistrat erwidert am 10. August: Weil weder der Kaiser noch das königliche Oberamt die Auslieferung des Privilegiums den

Fleischern bewilligt, sondern nur die Entbindung des Arrestes und Aushändigung der Handwerksordnungen anbefohlen, so bitten sie, von mehrem verschont zu bleiben. Die Verhafteten seien bereits frei, nachdem sie die Handwerksordnungen eingereicht.

Endlich schrieb auch das Fürstenthumsamt in dieser Angelegenheit am 26. October 1668. Unser Magistrat sendete diesem am 8. November die Abschrift des Privilegiums von 1326 und erklärte als Gegenbericht:

1) der freie Fleischmarkt sei über 100 Jahr alt;[1] in dem Privilegium Lestko's sei er nicht verboten, daher könne er auf dieses Dokument hin nicht abgeschafft werden. Hätte ja auch die Bäckerzunft ein Privilegium auf ¼ Meile um die Stadt herum, und obgleich sie auf eine Anzahl Brodbänke angewiesen sei, so finde doch alle Mittwoch der freie Brod-, Mehl- und Griesverkauf statt.

2) in den Handwerksartikeln, die schon 1560 in die Landesmatrikel dieser Fürstenthümer verzeichnet worden seien, geschehe ausdrücklich Meldung vom freien Fleischmarkt. Diese Handwerksgewohnheiten hätten ihre Zunftvorfahren selbst verfaßt und bestätigen lassen, nicht der Magistrat habe sie ihnen aufgedrungen.

3) auch im Urbarium von 1565 sei bereits Rede von dem freien Fleischmarkt. Ein solcher freier Markt sei überall in Schlesien, auch in Breslau, in Mähren, Oesterreich, ja sogar

---

[1] Wie lange Ratibor diese den Privilegien der Fleischer entgegenstehende Vergünstigung bereits besaß, ist nicht mehr herauszufinden. Im Urbar von 1532 wird der freie Fleischmarkt schon genannt. Von Breslau wissen wir, daß König Wenzel von Böhmen zu Ende des 14. Jahrhunderts den Fleischern und Bäckern außer der Stadt und innerhalb der städtischen Meile die Erlaubniß ertheilte, Fleisch alle Sonnabende und Brod wöchentlich zweimal auf den Märkten der Stadt zu verkaufen, was gleichfalls dem Meilenrechte entgegen war und auch dort den Grund zu Streitigkeiten gab. In Troppau erhielten die Dorfschlächter (Geißler, Gaßler) 1529 das Recht, Sonnabends Fleisch in der Stadt frei auszuhauen, weil die Bankfleischer die Preise willkürlich gesteigert.

in der Hauptstadt Wien zum Besten der Einwohner. Auch hier wolle man ihn ruhig fortgenießen.

Im März 1667 war der Neugartener Weg und der Stadtgraben so überschwemmt, daß zu befürchten stand, der im Stadtgraben zwischen der Oder und dem neuen Thore unlängst aufgeführte Damm werde durchreißen. Neugarten gehörte zum Schlosse, die Bürger aber hatten daselbst Gärte und sorgten für die Besserung des Weges.

Seit Juli 1667 hielt sich der Wachtmeister Christof von Gellhorn in Ratibor auf, ohne hier einquartirt zu sein. Er betrug sich nicht mit der Bürgerschaft und schoß oft in der Stadt. Der Magistrat bat daher, diesen Ruhestörer an seinen ihm zugedachten Bestimmungsort zu weisen; auch der geschworene Gerichtsvogt sammt Schöppen verklagten am 10. August 1668 den Wachtmeister bei dem Landeskanzler in Besorgniß eines Unglücks, das geschehen könne und bitten, ihn durch den Oberstlieutenant anders wo hin zu placiren, da er hier sein Quartier nicht habe.

Am 2. Mai 1668 bescheinigt der Magistrat, daß dem Rittmeister, den Unteroffizieren und Reitern, die hier logiren, die Verpflegungsquota nicht von der Stadt, sondern aus der Landeskasse gegeben werde.

Gleichzeitig klagte der Magistrat bei dem Oberst, daß der Rittmeister Otto Christof von Abeling das ihm neu angewiesene Quartier nicht beziehen sondern in dem alten verbleiben wolle. Der Magistrat könne doch einen Bürger nicht fortwährend beschweren, und gleichwie die Stände die freie Disposition der Quartiere im Lande haben, so gebühre ihnen die freie Vertheilung der Quartiere in der Stadt.

Darauf erwiderte der Oberst: das neue Quartier sei ein wüstes Haus, worin weder Fenster, noch Oefen, noch Stallung; die eine Hälfte sei eingefallen, die andre unsicher. Der Magistrat entgegnet am 14. Mai, daß dem nicht so sei, vielmehr sei das Haus mit festen Thüren und allem Comfort wohl versehen, erst gestern habe ein päpstlicher Nuntius auf seiner Durchreise nach Polen mit seinem ganzen Hofstaat darin übernachtet, der doch sicher in einem wüsten Hause nicht logirt haben würde. Die Stallung sei gewölbt, geräumig und so beschaffen, wie sonst keine in der Stadt zu finden.

Der Schmied aus Rogau, ein Unterthan des Gottfried Freiherr von Beeß, hatte einen Unterthan des Graf Henkel ermordet und sollte eingezogen werden, damit gegen ihn, was Rechtens ist, verfahren würde. Aber weder der eine noch der andre Grundherr wollte sich zur Erstattung der Gerichtskosten verstehen. Der Magistrat bat daher am 27. Februar 1668 den Landeshauptmann, zu entscheiden, wer von beiden die Kosten von Rechtswegen tragen solle und dann denselben amtlich zur Pflicht anzuhalten.

Eine benachbarte Gutsbesitzerin hatte vor Jahren ein Stück Lehmgrund gegen Bezahlung für die städtische Ziegelscheuer bewilligt. Da der Lehm bereits verbraucht und die Stadt viele Ziegeln zur Besserung der merklich eingehenden Stadtmauer bedurfte, so bat man am 17. Mai 1668 aufs Neue um ein Stück Grund neben der Ziegelscheuer gegen Entgelt.

Aus einer gleichzeitigen Beschwerde erhellt, daß schon damals an den Donnerstagen der jetzt noch stattfindende Wochenmarkt gehalten wurde. Es wird nämlich bemerkt, daß Donnerstags, wo Jedermann als an einem Wochenmarkte seiner Haushaltung alle erheischende Vorsorge zu treffen beflissen sei, keine Gerichtstermine stattfinden.

Der Magistrat hatte bereits am 26. Juni 1667 die Bitte der Haffner (Töpfer) an den Kaiser, ihre Zunft zu privilegiren, unterstützt. Das Privilegium der Handwerksstatuten und ein Duplikat des bereits innehabenden Meilenrechtes erfolgte, aber die Haffnerzunft sollte dafür eine hohe Taxe zahlen. Sie bat um Erlaß eines Theiles und bot die Summe von 75 rtlr., die sie ohnedieß in ihrer Armuth leihen müßten. Auch diese Bitte unterstützte der Magistrat am 5. April 1668.

Für Jagd auf fremdem Grunde war schon 1565 die Strafe auf 50 Mark und 1584 auf 100 ungarische Gulden festgesetzt worden. Nun hatte der Amtmann von Peterwitz im December 1668 eine Hasenhetze auf fremdem Gebiete, nämlich auf dem Studziennaer Grunde veranstaltet. Da dieß gegen die Landtagsbeschlüsse verstieß, und überdem die Windhunde 8 Stück trächtige Schafe erwürgten und mehre andere vertrieben, die Jäger auch auf dem Acker Schaden machten, so schrieben das Collegiatstift und der Magistrat als Grundherren von Studzienna an die Gutsherrschaft und verlangten Schadenersatz, wenn sie auch voraussetzten, daß die Jagd auf fremdem Terrain ohne Wissen und Willen des Besitzers[1]) stattgefunden.

Die dritte Gemahlin des Kaiser Ferdinand III. Eleonore aus dem Fürstenhause Gonzaga hatte außer anderen Kindern eine Tochter geboren, Eleonore Marie, die sich mit dem am 19. Juni 1669 zum Könige von Polen erwählten Michael Korybut Wißniowiecki am 28. Februar 1670 in Czenstochau vermählen sollte.

Herzog Christian von Brieg meldete unserem Graf Oppersdorf, wie die Kaiserin Wittwe nebst der königlichen Braut sammt dem ganzen Hofstaate über Troppau durch Ratibor zum Beilager reisen werde, weßhalb alle Vorbereitungen zur Aufnahme zu treffen seien. Es seien an 1000 Pferde Vorgespann und auch einige Schlitten (da in Kranowitz Schnee liege) bereit zu halten.

In Ratibor beeilte man sich, alles auf das Beste zuzurichten. Die Liste über das Zuckerwerk allein enthält 4 Seiten und ist der Preis der Gewürze genau bezeichnet. Ferner wurden zur Tafel bestimmt: 20 Ochsen, 60 Kälber, 30 Hammel, 11 Lämmer,

---

[1]) Damals besaß Groß-Peterwitz Adam Heinrich Reiswitz von Kaderzin, von welchem es am 14. September 1676 Wenzel Graf von Oppersdorf um 13,800 fl. erstand.

12 Schweine, Wild, 20 Eimer österreichischen und 14 Eimer Ungarwein. Aber die Majestäten hatten schon in Troppau erklärt,
daß weder dieselben noch der Hofstaat die ganze Fastenzeit hindurch Fleisch genießen.

Es scheint den hohen Herrschaften hier gefallen zu haben,
denn Graf Oppersdorf meldet am 23. Februar dem Magistrat,
wie sie den Rückweg wieder über Ratibor nehmen wollten, aber
nicht auf dem Schlosse, sondern wegen besserer Accomodität in
drei bequemen Häusern zu logiren wünschten; er gibt deßhalb
dem Bürgermeister Johann Czech auf, das Czulik'sche, Foltek'sche
und Graf Gaschin'sche Haus durchbrechen und zum Empfange
einrichten zu lassen, zuvor jedoch den Grafen um die Erlaubniß
zu bitten. Wie die Majestäten auf dem Hinwege freigehalten
worden, so solle dies auch auf deren Rückwege stattfinden.

Kaiser Leopold bestätigte 1670 den Fleischern die Privilegien von 1326 und 1578. Der Magistrat ertheilte folgenden
Handwerkern Zunftordnungen und Innungsartikel: 1662 den
Posamentirern und Seilern, 1667 den Leinwebern, 1671
den Schmieden, 1675 den Sattlern, 1681 den Strumpf-
wirkern und Strickern, 1682 den Riemern.

Wann die erste Apotheke in Ratibor gegründet worden, ist
unbekannt. Es ist wahrscheinlich, daß der im Jahre 1594 genannte Bürger Hans Apotheker den Zunamen von seinem Berufe
trug. Gewiß ist, daß der wackere Bürgermeister Johann Czech,
der schon 1663 als Apotheker in den Stadtbüchern auftritt, bereits eine Officin hatte, ehe er das Privilegium nachsuchte.
Kaiser Leopold ertheilte ihm dasselbe zu Wien den 22. Juli 1670,
indem er den Petenten, dessen Ehegenossin und Descendenten bis
zum zweiten Grade einschließlich wegen der ausgezeichneten langjährigen Dienste im Bürgermeisteramte mit dem Rechte belieh,
eine Apotheke ausschließlich zu halten.

Am 7. August 1676 verkaufte der Schloßbesitzer Franz
Eusebius Graf von Oppersdorf der Stadt den abgebrannten

sogenannten Stadtkretscham gleich am Ende der städtischen Brücke über der Oder links, den schon Georg von Oppersdorf am 13. Januar 1562 der Stadt überlassen, so daß daselbst wie seit alten Zeiten her es üblich gewesen, das Recht bleibe, nur städtisches Bier zu schenken und dafür 5 rtlr. schl. jährlich Zins und von der dazu gehörigen Wiese jährlich 1¼ rtlr. zu zahlen sei. Dieser Verkauf geschah für 120 rtlr. schl. Da die Herrschaft eine Arrende (Pacht) errichtet hat, so wird die Stadt von der Abgabe von 12 rtlr., die Martin Trautmann als früherer Besitzer jährlich geleistet, so lange die Arrende besteht, befreit sein. Nach Niederlegung der Arrende aber, wenn die Eigenthümer oder ihre Nachkommen ihren eigenen Branntwein (welches Recht sie auch haben) verkaufen, so sollen sie von dieser Branntweinbrennerei 6 rtlr. schl. als jährliche Abgabe an die herrschaftliche Rentkasse entrichten. [1]

Johann Bernhard Reichsgraf von Oppersdorf, Herr auf Rybnik, Brzezie, Silberkopf und Pogrzebin verkauft dem Kanzler der Fürstenthümer und Oberamtsrath Georg von Welczek Herr auf Petersdorf, Niepaschitz und Laband, wegen der Ansprüche, die letzterer an seinen Vater gehabt, am 8. Mai 1679 sein Freihaus zu Ratibor.

Am 21. Februar 1682 hob der Kaiser auf Bitten der Stadt, welche an Einwohnerzahl sehr abgenommen, das alte Recht von 5 Consuln auf, und befahl, daß künftig nur 1 Bürgermeister angesetzt werden sollte. [2]

Durch den Sieg bei S. Gotthard 1664 war ein zwanzigjähriger Frieden stipulirt worden, aber die Türken, welche inzwischen im Kriege mit Venedig Candia und im Kriege mit den Polen Kaminiec-Podolski erobert hatten, warteten die Frist nicht

---

[1] Urkunde in böhmischer Sprache im Magistratsarchive.

[2] Zimmermann, Beiträge zur Beschreibung von Schlesien. (Brieg 1784) 3, 181. Das Dokument ist nicht mehr vorhanden, auch erscheint noch einige Zeit die alte Ordnung.

ab, sondern schoben 1683 ihre Heeresmacht bis Wien vor. Das Abendland erzitterte auf's Neue vor dem Erbfeinde der Christenheit.

König Johann Sobieski von Polen, der ein Trutzbündniß mit Oesterreich gegen die Türken geschlossen, überschritt mit 30,000 Mann im August die schlesische Gränze, erflehte mit seinem Hauptheere in Deutsch = Piekar während der Octave des Festes Mariä Himmelfahrt den Beistand der gnadenvollen Gottesmutter und kam von dort am 23. August nach Ratibor, wo er auf dem Schlosse abstieg, dem Feldherrn Stanislaus Fürst Jablonowski Fußvolk und Cavallerie übergab und mit 20 Fähnlein Reiter und den Freiwilligen in schnellen Märschen über Troppau und Olmütz sich nach der Donau begab. Schon am 1. September fand der glorreiche Entsatz von Wien statt.

Ueber den Aufenthalt des tapferen Helden in Ratibor haben wir einen interessanten Bericht eines Augenzeugen und Correspondenten der ersten schlesischen Zeitung von welcher am 1. Juni 1683 der erste Bogen erschien und die den Titel führte „Neu= Ankommender Krieges = Curier Welcher Wochentlich Nachricht ertheilt Was zwischen denen christlichen und Türkischen Kriegs-Waffen, in Ungarn passiren und vorlaufen thut." Der Berichterstatter (wahrscheinlich Sekretair des Graf von Oppersdorf) schreibt also:

„Das demselben so lange nicht geschrieben, ist unser stetes Herumreisen Ursach, sintemalen wir in die 14 Tage wegen des Königs von Polen allhier und zu Gleiwitz aufwarten müssen, allwo meines Herrn Grafen (Johann Georg von Oppersdorf) Herr Vater (Franz Euseblus) als Landeshauptmann ihn mit den Ständen noch hinter Gleiwitz auf der polnischen Gränze empfangen, welche Oration der hiesige Landeskanzler Herr Baron Wiltschek (Johann von Welczel) that, der Adel aber, wie ingleichen unsere ganze Hofstadt haben ihn bis nach Gleiwitz zu Pferde wohl ausstaffiret, eingeholet. Der König kam auf einer Berlinischen

Kalesse oder Chese mit 6 Falben bespannt bis in den Ort, wo
er empfangen ward, und saß bei ihm der obriste Stallmeister, neben ihm der ältere Prinz (Jakob) zu Pferde, sammt dem jungen
Grafen Dönhoff und sehr vielen polnischen Cavalieren, wie auch
2 Compagnien von seiner Leibguarde und ganzen Hofstadt; sobald er aber angekommen, hat er sich zu Pferde gesetzet, und wir
ihn bis nach Gleiwitz begleitet, allwo er über Nacht bei denen Pa-
tribus Franciscanis blieben, die völlige Armee aber, welche sich
in die 50,000 Mann erstreckte sammt 28 Stucken (Kanonen),
welche in seiner Ankunft losgebrannt wurden, campireten bei Gleiwitz, welche die schönsten Zelte hatten und habe meine Tage nicht
mehr Bagage gesehen, indeme über 6000 Wagen gewesen; was
die Polen vor schöne Pferde gehabt, kann ich nicht beschreiben.

Den 22. hujus haben Ihro Königliche Majestät eine Meile
von Rauden, welches ein schönes Cistercienserkloster, pernoctiret,
folgenden Tages kamen Dieselben zu Ratibor zum Mittagsmal
an und logirten in unserem Schloß, haben mit unserer Gräfin,
Graf Praßmanin und Frauen von Zierotin vor der Tafel Alumbra
(L'hombre?) gespielet, der Prinz aber mit den Fräulein. Nach
vollendetem Spiel gingen sie zur Tafel, allwo dem Könige zur
linken Hand der Prinz saß, hernach viel vornehm Frauenzimmer,
sammt unser Gräfin und Fräulein (Oppersdorf), welche sie zu
sehen kommen und niedersetzen müssen. Von seinen Cavalieren
aber (speiste) Niemand als der Cronfeldherr, Cronstallmeister und
etliche Obristen, die andern Cavaliers, wie auch die unsrigen
warteten auf, unter welchen der Graf Colonna und Graf von
Proßkow Commissarien waren.

Der König ist ein sehr fetter Herr und von trefflichem Ansehen, hatte einen blau goldstückenen Unterrock an, worüber er in
einem blauen Bande einen trefflichen Stern von Diamanten, welcher unschätzbar, auf der linken Seite trug, darüber einen braunen
Rock von schönem holländischen Tuch und auf der linken Seiten
eben einen Stern von lauter Perlen wie die großen Erbsen, auf

der rechten Seiten aber eine große guldene Ketten (Strick oder Brunnenkettenarbeit) allwo er ein guldenes Büchslein daran hatte, auf dem Haupte eine scharlachne schöne zobelne Mütze, hat aber alle Weil mit entblößtem Haupt gesessen. Nach dem Essen ist er mit der Leibgarde und völligen Hofstadt noch eine Meile hinter Ratibor zu Pferde gangen, die Armee aber blieb vor Ratibor und ging folgenden Tages mit der völligen Artollerie über die Ratiborer Brücke, allwo man erst die Armee recht sehen konnte, weil eine Compagnie nach der andern marchirte und ist kein Aufhören von marchiren von früh um 2 Uhr bis Abends um 8 Uhr gewesen, auch folgenden Tages noch 5 Regimenter Fußvolk passiret und kommen in 8 Tagen noch 8000 lithauische Völker nach. Sende hierbei eine Specification der Regimenter und was sie vor Proviant einen Tag gebraucht.

Sonsten haltet der König scharfe Ordre und hat zu Tarnowitz ihrer vier aufhenken lassen, welche geraubt; es bleibt doch nicht unterwegen.

Die Husaren haben alle Flügel, und ihr Kleid ist über und über ein Wolfspelz, doch das Rauche auswärts, das Gewehr eine Lanze, ein paar Pistolen und ein Säbel, die Archibusier (Büchsenschießer) gepanzert.

Es sind auch 5000 Armenier, die hatten lange rothe Mützen, kurze rothe Wämser ohne Ermel und lange Hosen, ihr Gewehr eine Axt und eine Muskete, und bei allen Compagnien die Standarten und Fahnen mit einem Kreuze." [1]

Andreas Suppetius, ein geborener Ratiborer, welcher 1670 in die Gesellschaft Jesu aufgenommen worden war, wurde 1684 wegen seines Seeleneifers als Missionair nach Peru gesendet. [2]

---

[1] Abgedruckt in Dr. Heinrich Hoffmann's Monatschrift von und für Schlesien. (Bresl. 1829) B. I. S. 83.

[2] Henelii Silesiographia (Breslau 1704) I, 436.

Scharfrichter, welche nicht nur die Todesstrafen mit dem Schwerte oder Beile vollzogen, sondern auch das Hängen, Rädern, Foltern 2c. übernahmen und die Straßen vom gefallenen Vieh säuberten, übten ein Gewerbe, das nothwendig war; indeß hielt man es damals für unehrbar, mit solchen Leuten umzugehen. Sollten deren Kinder in Innungen oder Zünfte aufgenommen werden, so bedurfte es der besonderen Anerkennung ihrer Ehrlichkeit von Seiten des Landesherrn. Die Freisprechung vom Flecken der Geburt hieß Legitimation. In Ratibor war nun ein solcher Scharfrichter, Namens Jakob Glori, welcher sich durch seine Heilmittel in der Stadt und Umgegend seit 17 Jahren sehr nützlich erwiesen, indem er sowohl bei den Standespersonen als bei dem Landvolke glückliche Kuren unternahm und ausführte. Er wollte sein Talent weiter ausbilden und wendete sich an den Kaiser um Erlangung des ehrlichen Standes. Leopold ertheilte ihm auf Grund dessen Wien am 4. Januar 1685 den ehrlichen Namen. [1]

Im Frühlinge 1685 stand vom Neuburger Infanterie=Regimente eine Compagnie unter Lieutenant Josef von Heintzelmann in der Stadt und wurden mehre Soldaten copulirt.

Am 24. Mai 1686 machte das Oberamt unseren Ständen den Vorwurf, daß man bei dem Landrechte Geldstrafen willkürlich dictire und zu eigenem Vortheile einziehe. Der Landeshauptmann Franz Eusebius Graf Oppersdorf antwortete am 25. Juni, daß bei dem Landrechte auf Klageführung des Kammerprocurator (seit 1681 war Wenzel Leonhard von Rogoiski Kammerprocurator der Fürstenthümer) allerdings einige Geldstrafen dictirt aber stets dem königlichen Fiscus applicirt würden. [2]

---

[1] Die Legitimations=Urkunde auf Pergament befindet sich im rathhäuslichen Archive.

[2] Akten des Breslauer Kammer=Archiv unter dem Titel Fiscalat. Etwas später erscheint in unsern Fürstenthümern ein eigner Fiscal.

Der Postmeister Lorenz Zacherle in Ratibor, der bereits 16 Jahre das hiesige kaiserliche Postamt bekleidet hatte, bat in Jahren vorgerückt den Landeshauptmann, bei der Schlesischen Kammer sich dafür verwenden zu wollen, daß nach seinem Tode die Postverwaltung dem mit derselben vertrauten Sohne überlassen werde. Franz Eusebius Graf von Oppersdorf ersuchte das Amt Oberglogau am 3. September 1686, wenn der Vater sterbe, das Postamt dessen Sohne Casper Zacherle zu verleihen. Nach dem Todtenbuche der literatischen Bruderschaft starb unser Postmeister am 20. Januar 1681 und Franz Eusebius Graf von Oppersdorf am 17. März 1691. Letzterem folgte sein Sohn Johann Georg Reichsgraf von Oppersdorf als Landeshauptmann.

In dem kurzen Zeitraume vom 17. bis 21. April 1689 wurden in der Collegiatkirche 9 Soldaten vom Nigrellischen Regimente getraut.

Gottfried Bernhard Schalscha von Ehrenfeld überließ der Stadtcommune sein zwischen dem Hause des Grafen Praschma und des von Reiselwitz auf der Jungferngasse belegenes Freihaus, weil ihm die Stadt sein hart am neuen Thore gelegenes und erkauftes Haus für 60 Jahre von Wacht- und Einquartirungskosten befreite. Die Schenkung wurde zu Oppeln am 12. November 1691 durch den neuen Landeshauptmann Johann Georg Graf von Oppersdorf bestätigt.

Nach dem zu Ratibor am 23. November 1693 erfolgten Tode des Johann Georg Reichsgraf von Oppersdorf wurde 1694 Ferdinand Octavian Reichsgraf von Würben und Freudenthal vom Kaiser zum Landeshauptmann ernannt. Kanzler war seit 1691 Albrecht Leopold Paczynski Reichsgraf von Tenczin. Graf Würben war vermählt mit Maria Eleonore Herzogin von Schleswig-Holstein und starb 1701.

Nach dem Tode des Apotheker Maximilian Tannhäuser heirathete dessen Wittwe Catharina Rosalia am 24. Januar 1695 den Provisor Johann Anton Jajeck, mithin scheinen bereits zwei Apotheken vorhanden gewesen zu sein.

Nachdem der Abt von Rauden Josef Franz Hering zum Neubau des Stiftshauses auf dem Zbor einen großen Vorrath von Ziegeln und Kalk hatte herbeischaffen lassen, führte sein Nachfolger Bernard Lorenz Czernek 1694 dasselbe massiv auf. [1]

Die Stadt erlitt am 30. Mai 1698 Freitag nach dem Frohnleichnamsfeste eine schreckliche Feuersbrunst. Das Feuer brach nämlich des Nachts in der unter der Stadtmauer liegenden Pfinnamühle aus und verzehrte 26 der besten und 150 der geringeren, von Holz erbauten Häuser. Nur 107 Wohnungen blieben stehen. Eine Commission nahm am 14. Juni den Schaden in Augenschein und tazirte ihn auf 97,309 Thaler. Eine Bastei zersprang und die Stadtmauer litt an mehren Stellen. Der Kuttelhof, in welchem das zum freien Fleischmarkt gebrachte Vieh geschlachtet wurde, ward auf 300 rtlr., dessen Mobilien auf 30 rtlr. Schaden geschätzt, das schön gebaute Schießhaus auf 200 rtlr., das Haus des Lorenz Borbollo auf 510 rtlr., dessen Mobilien auf 105 rtlr., das Gemeindehaus (heut Hilmersche Gasthaus) auf 1000 rtlr., dessen Mobilien auf 50 rtlr.

Es war dies ein Verlust, von dem die Stadt sich schwer erholte. Man suchte zwar die Gewerbe zu heben, Schmiede, Fleischer, Tuchmacher, Büttner, Kramer erhielten neue Zunftartikel, aber 1703 waren noch 89 wüste Plätze.

Am 14. Mai 1700 wurde der Thurm der Collegiatkirche reparirt. In das Pergamentheft, welches die Stadtprivilegien enthielt und in dem Knopfe wieder aufbewahrt wurde, schrieb man noch die damalige Obrigkeit hinzu. Landeshauptmann der Fürstenthümer war bereits Georg Adam Franz Reichsgraf von Gaschin edler Herr von und zu Rosenberg Herr auf Polnisch-

---

[1] Potthast, Geschichte der Abtei Rauden. (Leobschütz 1858) Seite 98.

Neukirch, Zyrowa, Sakrau, Freistadt, Katscher, Bodschanowitz und Tieschkowitz.

Senatoren: Martin Franz Richter aus Oppeln, Georg Franz Rener aus Oberglogau, Franz Ignaz Raschke aus Neisse, Johann August Gottschal aus Gleiwitz, starb am 31. März 1704, Magister Christofor Leopold Krieger aus Ratibor, Notar war Franz Johann Krieger aus Ratibor.

Ursula Mariane Freiin von Beyer Tochter des Heinrich von Reisewitz Herrn auf Kornitz, Bojanow, Ottitz, Sudol, Lekartow und Woinowitz verkaufte 1704 am 16. Juli ihr ererbtes Vorwerk in Studzienna sammt Robpten ꝛc. der Stadtcommune um 2700 rtlr. und 65 rtlr. Schlüsselgeld. Der Kauf wurde zu Oppeln bei gehaltenem Landtage am 2. März 1705 bestätigt. [1]

Zwei Monate später starb Kaiser Leopold. Sein ältester Sohn Josef bestieg den Thron. Er führte eine neue Art Abgabe ein, Accise genannt.

Nachdem auf den Landtagen schon wiederholt auf gleiches Maaß und Gewicht gedrungen worden war, erschien am 6. April 1705 ein Oberamts=Patent, das Breslauer Maaß und Gewicht im ganzen Lande Schlesien einzuführen. [2]

Damals hatte

| | | |
|---|---|---|
| 1 Scheffel Ratiborisch | $1^{11}/_{12}$ Bresl. Scheffel. | |
| 1 „ Jägerndorfisch | $1^{23}/_{25}$ „ | „ |
| 1 Brieger Scheffel | $1^{3}/_{4}$ „ | „ |

Auf dem vom Landeshauptmann Georg Adam Franz Reichsgraf von Gaschin ausgeschriebenen Landtage in Oppeln am 30. August 1706 wurde Leopold Constantin Paczenski Graf von Tenczin und Groß=Paczin auf Bitschin, Polnisch=Crawarn, Lohnau, Halbendorf und Preiswitz als Landeskanzler installirt und unter anderem Folgendes beschlossen: Es sollen zwei

---

[1] Urkunde im Besitz des Gutsbesitzer Adolf zu Studzienna.
[2] Paul Jakob Marperger's Schlesischer Kaufmann. (Breslau und Leipzig 1714) Seite 351.

Kriegscommissare in diesen Fürstenthümern sein, einer auf der rechten der andere auf der linken Seite der Oder. Zur Landesnothdurft soll eine Personalanlage gemacht werden. Jeder Stand soll alle in seinem Gute befindlichen, über 15 Jahr zählenden Personen verzeichnen und die Consignation in Kosel vor dem Landrichter beschwören. Zur Rectificirung dieser Anlage wurden aus dem Herren=, Prälaten=, Ritter= und Bürgerstande je zwei Personen deputirt und zwar aus letzterem der Bürgermeister Martin Franz Richter aus Ratibor und der Rathsverwandte Josef Kolbe aus Neustadt.

Kaiser Josef I. gab 1708 ein Privilegium, nach welchem der Adel seine Güter, besonders den Gewinn vom Brau=Urbar, ohne alle Einschränkung benutzen könne. [1]

Waren die Stände schon sehr abhängig geworden, so wurde ihnen 1708 noch obendrein verboten, ohne vorherigen Consens in Politik und Oekonomie Propositionen zu machen, überhaupt auf dem Landtage etwas vorzubringen, was ihnen der Hof nicht vorher ausdrücklich erlaubt.

Auf Josef, der am 15. April 1711 starb, folgte sein Bruder Carl.

Unter Kaiser Carl VI., der von 1711 bis 1740 regierte, und die Verwaltung seiner Staaten verbesserte, genoß Schlesien Ruhe und Frieden.

Eine Anzahl von Räubern brach aus Ungarn nach Schlesien und Mähren ein und verübte viel Grausamkeiten. Zu ihnen gesellte sich Andreas Schebesta aus Janowitz bei Fribek und wurde Anführer dieser Horden. Nachdem man ihnen lange vergebens nachgestellt, erhielt 1712 das Althau'sche Dragoner=Regiment, welches in den Fürstenthümern Oppeln und Ratibor einquartirt war, den Befehl, sie aufzusuchen. Auf den Kopf des Schebesta

---

[1] Böhme, dipl. Beitr. III, 12. Vater in seinem Repertorium I, p. 112 meint, daß von und durch diese Vergünstigung der damalige Verfall der Oberschlesischen Städte wahrscheinlich herrühre.

war ein Preis von 100 Gulden gesetzt. Der Räuberhauptmann wurde wirklich eingefangen und büßte seine Verbrechen mit dem Leben. [1]

Im Jahre 1714 wurde die Salzniederlage in Ratibor für 111 Gulden reparirt.

Wir haben oben bemerkt, daß der Bürgermeister Johann Czech die erste privilegirte Apotheke hatte. Eine Enkeltochter desselben, Eva von Bernighausen geb. Gleislevin, verkaufte am 10. März 1714 an Thomas Johann Lustig diese von ihren Eltern ererbte Apotheke, welche laut Inventar und Miethsvertrag dem Doctor medicinæ Simon Michalski bis zum 7. Mai 1714 überlassen worden war, um 320 Floren. Schon im nächsten Jahre beschwerte sich Lustig bei dem Magistrate, daß Michalski keine Recepte verschreibe, sondern die Medikamente selbst anfertige, ja sogar in seinem Wohnhause eine neue Apotheke errichtet habe, wo er einen Lehrburschen halte.

Der Magistrat wies die Klage am 2. October 1715 an das Königliche Amt zu Oppeln. Sowohl der Landeskanzler Franz Wilhelm Freiherr von Larisch und Carwin als auch der Landeshauptmann Georg Adam Franz Reichsgraf von Gaschin verwiesen dem Arzte die Beeinträchtigung des Apothekers. Als dies nichts fruchtete, wendete sich Lustig mit seiner Beschwerde nach Wien. Von Kaiser Carl VI. kam de dato 20. April 1716 der Befehl an den Landeshauptmann, den Magistrat und die Interessenten zu vernehmen. Bei der Untersuchung stellte sich heraus, daß die Recepte eines gewissen Dr. Bauchett nicht in die wirkliche Apotheke kämen und die von Simon Michalski angenommenen Recepte, selbst wenn sie bezahlt worden seien, nicht herausgegeben wurden. Außerdem stellte sich aber auch heraus, daß das von Kaiser Leopold 1670 ertheilte Privilegium erloschen sei, da es sich nur auf die Descendenten bis zum zweiten Grade erstreckte.

[1] Reg. Kneifel, Topographie des k. k. Antheils von Schlesien. (Brünn 1804) 2, 196.

Carl **VI.** befahl Wien den 23. September 1717 durch das Königliche Amt unserer Fürstenthümer, Lustig solle das Privilegium aufs Neue nachsuchen, dem Michalski aber solle sein Thun untersagt werden, es sei denn, daß er arcana (Geheimmittel) habe, die jener nicht führe. Lustig bat nun um Ertheilung des Privilegiums für sich und seine Nachkommen und erwähnte, daß er die Apotheke wüst und leer überkommen, mit großen Kosten restaurirt habe und in noch besseren Stand bringen wolle. Auch legte er ein Attest bei, in welchem ihm der Chirurg Johann Valentin Wehler und der Feldscherer Johann Adam Fest am 22. November 1717 bezeugen, daß als 1715 in Rudnik, welches dem Graf Oppersdorf gehöre, die pestilenzialische Seuche graßsirte, er die armen Leute ohne Entgelt bedient und die Medikamente eigenhändig bis zum Pestcommissar Boleslaus von Keglowski ans Dorf getragen, wodurch viele gesund geworden und umliegende Orte von dem Uebel bewahrt geblieben seien.

Der Kaiser schrieb am 16. December 1717 an den Landeshauptmann, den Magistrat zu vernehmen, welchergestalt dem Petenten das Privilegium ertheilt werden könnte und am 21. Januar 1718 fordert der Landeshauptmann Graf von Gaschin den Magistrat auf, sich gutachtlich darüber zu äußern. Hiermit schließt leider das interessante Actenstück. [1]

Lustig selbst starb bald darauf, die Wittwe und der Vormund der Kinder verkauften am 2. October 1724 die Apotheke an den Provisor Wilhelm Kratochwil, der für dieselbe, die Officin und Apparate 725 Gulden zahlte. [2]

Nach dem Tode des Adam Franz Graf von Gaschin, der am 29. April 1720 starb, wurde die erledigte Landeshauptmannschaft einige Zeit durch den Landrichter Franz Wilhelm Freiherr von Larisch verwaltet und dann dem Carl Heinrich Graf von

---

[1] Magistratsregistratur Sect. VII, Fach 13, Nr. 1.
[2] Stadtgrundbuch Vol. XVI, Fol. 168.

14 *

Sobeck und Kornitz, Freiherr von Rauthen, Erbherr auf Ratibor verliehen, welcher am 19. Juli installirt wurde.

Der Weinschank war ein von den Herzogen der Commune geschenktes Regale. Da er aber von Einigen usurpirt wurde und die Stadt eben deßhalb eine große Steuerlast (Schätzung 1540 rtlr.) zu tragen hatte, so sollte vom 1. Juni 1721 an für jeden Eimer Wein, der zum Ausschank oder Verkauf eingeführt werde, ein rheinischer Gulden gezahlt werden.

Von 1721 bis 1742 war Franz Ignaz von Morawetz Bürgermeister.

Im April 1722 erschien eine Feuerordnung, deren nähere Bestimmungen einiges Licht in die damaligen Zustände geben. Auf dem Stadtthurme (an der Collegiatkirche) soll jede Stunde bei Tag und Nacht ausgeblasen werden. Die Aufsicht darüber führen bei Tage der Glöckner der Collegiatkirche, bei Nacht die vier Nachtwächter. Letztere haben sich um 8¾ Uhr mit ihren eisernen Stangen und Laternen nüchtern unter dem Rathhause einzufinden, um 9 Uhr mit der gewöhnlichen Glocke die nächtliche Ruhe auszuläuten; dann sollen drei mit leuchtenden Laternen in den Gassen die Stunden ausrufen, der vierte aber unter dem Rathhause alle Viertelstunden pfeifen. Dem Stadtvogte wird aufgetragen, durch abgeordnete Schöffen die Wächter öfters zu revidiren, und wenn einer schlafend oder betrunken gefunden wird, soll derselbe sofort empfindlich abgestraft und den andern Tag angezeigt werden.

Der Stadtwachtmeister hat durch zwei Corporale zu controlliren, ob die Schornsteine vierteljährlich ausgefegt werden. Die Säumigen haben 5 Mark Strafe zur Ausbesserung der Stadtmauer zu zahlen.

Die Häuser sind durch den Sommer und Herbst mit Wasser zu versehen. Jede Zunft soll sich eine Brandleiter, 2 Feuerhaken, 2 lederne Wasserkübel, 2 Handspritzen und 2 Aexte anschaffen, bie jedem Hause ein lederner Wasserkübel und eine Handspritze sich befinden. Die messingne Wasserspritze ist vierteljährlich zu probiren. Die Stadt hat 12 große Wassereimer auf Schleppen. Sobald ein Feuer ausbricht, sind die Stadtthore zu sperren, damit nicht liederliches Gesindel eindringe, um zu stehlen. Diese Feuerordnung soll bei jeder Zunft alle Quartale vorgelesen werden, zu welchem Zwecke eine jede ein Exemplar in deutscher und eins in polnischer Sprache erhielt. Außerdem hing ein Exemplar auf der großen Tafel vor dem Rathhause.

Zur Unterhaltung der Stadtmauern wurden früher aus der Obersteuer-Kasse zu Kosel 400 Gulden alljährlich gezahlt, aber seit 1726 unter dem Bürgermeister Franz Ignaz von Morawetz wurden sie nicht mehr reparirt und geriethen in Verfall.

Am 12. Mai 1727 kaufte die Stadt aus dem Graf Oppersdorfschen Concurse meistbietend einen Antheil von Brzezie nebst der Colonie Pogwisdo für 11,200 rh. Gulden.

Bei der Schatzung vom Jahre 1527 hatten die Stände ihr Einkommen nach dem Vermögenszustande angegeben; diese Anlage diente zur Norm bei allen Auflagen. Arm gewordene waren jetzt überbürdet. Zur bessern Vertheilung der Contribution mußten 1723 Herrschaften und Unterthanen über den Ertrag ihrer liegenden Güter Bekenntnisse ausstellen. Danach wurde 2 Jahre später eine Befundtabelle aufgenommen.

1733 errichteten die Bürger, welche bisher zu keiner Zunft gehörten, die große Zunft, die Kaiser Carl VI. bestätigte. Am 5. Mai gab er den Reichskramern das Privilegium, daß nur ausgelernte Kaufleute die 9 berechtigten Kramhäuser besitzen und Handel treiben konnten, behielt sich aber vor, die Anzahl derselben nach Umständen zu vermehren.

Als in dem Thronstreite Polens (August III. von Sachsen gegen Stanislaus Leszczynski) ein Einfall des polnischen Heeres in Schlesien gefürchtet wurde, erließ das Oberamt den Befehl, daß in allen mit Polen gränzenden Herzogthümern und Kreisen die Ritterstände aufsitzen und sich gegen den beabsichtigten Einfall bereit halten sollten. Auch die Ritterschaft des Ratiborer Kreises sammelte sich unter Carl Gabriel Graf von Wengerski, Freiherr von Ungerschütz, Erbherr der Herrschaft Rybnik und Pilchowitz, (der schon 1730 als Kreishauptmann erscheint) in der Landstube und nachdem hier eine Anrede und Berathung gehalten worden, brach man auf. [1])

Da die Prozeßsachen sich mehrten und der Landeshauptmann ohnedies viel zu thun hatte, so errichtete der Kaiser 1734 in den Erbfürstenthümern ein judicium formatum (wofür die Stände jährlich 3000 Floren entrichteten), indem Königliche Räthe und Amtsassessoren, die in irgend einer Stadt ihren festen Sitz nahmen, Recht sprachen. Ein solcher war Georg Adam vom Walchow, der am 28. Januar 1738 in der Collegiatkirche mit dem Fräulein Catharina Barbara Banowska von Banow durch den Prämonstratenser Dionhsius von Banowski getraut wurde.

Im Jahre 1735 zogen 16,000 Russische Reiter durch Schlesien dem Kaiser zu Hilfe an den Rhein, und lag der Russische General Bachmetoff im April 1736 hier im Quartier.

Nachdem Carl **VI.** die geometrische Aufnahme Schlesiens und die Verfertigung von Fürstenthumskarten verordnet hatte, erschien im Jahre 1736 die Karte des Fürstenthums Ratibor, welche in dem zu Nürnberg von den Homanschen Erben 1750 in Groß-Folio erschienenen Atlas in Nummer 15 enthalten ist.

Damals wurde viel Salz aus dem hiesigen Salzverfilbereramte auf Schiffen nach Niederschlesien verladen und wurde 1737 die Lohnung (Fracht) pro Faß (2½ ₰) mit 36 Kreuzern festgestellt.

Nach Franz Carl von Kotulinski erhielt Johann Samuel von Skronski und Budzow, Hauptmann zu Rosenberg das Kanzleramt.

---

[1]) **Gross,** Fragmenta ord. Præd. Seite 55. Manuscript der Universitätsbibl. **IV,** Fol. Nr. 249.

Als der Landeshauptmann Carl Heinrich Sobeck im März 1738 starb, meldeten sich 9 Erspectanten zu dieser Würde, nämlich

Carl Josef Erdmann Graf Henkel von Donnersmark auf Gläsen,

Heinrich Josef Graf von Zwetkal,

Wratislav Maximilian Graf von Mittrowski,

Philipp Graf von Arco,

Franz Albert Graf von Tenczin,

August Ferdinand Graf von Herberstein,

Carl Franz Freiherr von Skrbenski,

Johann Bernard Freiherr von Welczek,

Wenzel Sedlnitzki Freiherr von Choltiz.

Der Erstgenannte wurde genehmigt und am 9. September 1738 installirt. Graf Henkel war der letzte Landeshauptmann. Als Salar bezog er jährlich 1500 Floren.

# III. Abschnitt.
## Ratibor unter Preußischer Herrschaft.

### Kaiser Carl VI.

hatte keinen Sohn hinterlassen. Seine älteste Tochter, die hochge-
bildete, sanfte und talentvolle Maria Theresia, seit einigen Jahren
mit Franz dem Großherzog von Toskana vermählt, wurde die
Erbin der großen Staaten.

Spanien, Baiern, Frankreich und Polen machten Anspruch
auf die reichen Länder. Preußen, an dessen Spitze der feurige
und geistvolle Friedrich **II.** stand, hatte wegen einer zwischen
Brandenburg und Liegnitz 1537 geschlossenen Erbverbrüderung
Rechtsansprüche auf einzelne Theile Schlesiens. Hatten früher die
Kurfürsten von Brandenburg auf die Fürstenthümer Jägerndorf,
Brieg, Liegnitz und Wohlau verzichten müssen, weil sie gegen
Oesterreich zu schwach waren, so suchte Friedrich **II.** diese Ansprüche
geltend zu machen, weil er sich mit einer Armee von 60,000 ge-
übten Soldaten und einem großen Staatsschatze mächtig genug
fühlte.

Oesterreich war nach Carl **VI.** Tode ziemlich entkräftet; die
Türkenkriege waren kaum beendet, die Truppen aufgerieben, die
Vertheidigungsmittel erschöpft. Schlesien war mit wenig Militair
besetzt, da der größte Theil des Heeres in Ungarn stand. Es
war fast ein Triumphzug, den Friedrich **II.** mit seiner Armee
nach Schlesien unternahm. Am 2. Januar 1741 betrat er Breslau, gewann durch seine persönliche Erscheinung und sein liebens-
würdiges Betragen die Zuneigung der Stadt, ließ inzwischen

seinen Feldmarschall Carl Christof Graf Schwerin mit einem Flügel der Armee bis an die Neisse vorrücken und die leichten Truppen sich auf beiden Seiten der Oder bis an die Gränze ausbreiten.

Schon Ende des Monats war mit Ausnahme von 3 Festungen ganz Schlesien in preußischer Gewalt. Der General Max Ulysses Graf von Browne hatte die österreichischen Truppen bei Troppau zusammengezogen. Schwerin besetzte aber am 23. Januar die Stadt, vertrieb den General Browne aus Grätz und verfolgte ihn bis über die Mora nach Mähren.

Die Preußen nahmen ihr Winterquartier zwischen Troppau und Jägerndorf. Für den Monat März wurden in Ratibor 3045 Mundportionen und 1522 Pferderationen ausgeschrieben.

General Neuperg zog sich mit 25,000 Mann Oesterreicher Anfang April aus Mähren über Neisse nach Schlesien. Er hatte die Absicht, nach Ohlau zu marschiren, um sich des daselbst befindlichen preußischen Geschützes und der Magazine zu bemächtigen. Aber der König ging ihm am 10. April entgegen, griff den Zug, ehe dieser in voller Schlachtordnung war, bei Mollwitz an und legte hier seine erste Waffenprobe ab. Hierauf wurde Brieg erobert. Während Neisse beschossen wurde, breitete sich Schwerin in Oberschlesien aus.

Nachdem das Oberamt (Breslau den 22. December 1740) die Stände unserer Fürstenthümer erinnert, die dem Hause Oesterreich jederzeit erwiesene Treue auch der nunmehr regierenden Königin werkthätig zu erzeigen, so schrieb der Landeshauptmann Carl Joseph Erdmann Graf von Henkel, Freiherr von Donnersmark die vier Landesstände unserer Fürstenthümer zu einem großen Landes-Ausschuß nach Oppeln aus.

Es erschienen daselbst am 9. Januar 1741 9 vom Herrenstande, 5 vom Prälatenstande (darunter Anton Paul von Mazurek Custos in Ratibor), 15 vom Ritterstande und 6 vom Bürgerstande (nämlich die Bürgermeister von Oppeln, Ratibor, Sorau, Gleiwitz,

Neustadt und Kosel); sie wohnten zunächst den kaiserlichen Exequien bei, bei welchen Franz Graf von Tenczin, Dechant von Oberglogau, die Leichenrede hielt, worauf die verwittwete Gräfin von Hoditz, geb. Gräfin von Henkel, sämmtliche Herren zur Tafel lud.

Es wurde auf diesem Landtage unter Anderem beschlossen: da bei gegenwärtigen, durch Einrückung preußischer Truppen gefährlich anscheinenden Verhältnissen es nöthig erscheine, die dem Erzherzoglichen Hause jederzeit unverrückt erwiesene Treue auch der nunmehr regierenden Königin zu erzeigen, so wolle man per Estafette ein Memoriale absenden, das den Entschluß bekunde: 1) für Ihro Majestät Gut und Blut zu opfern, 2) durch Aufnahme eines Darlehns von 50,000 Floren der Kaiserlichen Majestät bei Dero angetretenen schweren Regierung an die Hand zu gehen, 3) zum Bau der Festung Brieg 2700 Mann zu senden.[1]

Am 22. October 1741 wurde Ratibor mit preußischen Truppen belegt. Selbst das Stifthaus der Abtei von Rauden auf dem Zbor, das sonst als Freihaus von allen Einquartierungen verschont geblieben war, mußte 30 Mann aufnehmen.

Nachdem unsere Stände am 30. October bereits einen Ausschuß in Troppau gehalten, wo sie sich wegen Bequartierung und Unterhaltung der preußischen Truppen berathschlagt hatten, traten sie am 13. November auf dem Schlosse Gläsen zu einem Landesausschusse zusammen. Der Landeshauptmann referirte, wie der General-Feldmarschall Graf von Schwerin auf eine Vorstellung der Deputirten am 8. November zu Neisse sich entschlossen, die Wiedereinführung der Accise dem Gutbefinden der Stände zu überlassen. Da die Deputirten die Regimenter auf 10,200 Pferderationen à 10 Floren und 17,150 Mundportionen à 5 Floren[2]

---

[1] Die Beschlüsse der Landtage dieser Fürstenthümer vom 9. Januar 1741 bis 11. März 1743 sind abgedruckt in Stenzel's Script. Rer. Siles. (Breslau 1841) Band V, S. 241 bis 316.

[2] Die Mundportion bestand täglich aus 2 ℔. Brod, ½ bis 1 ℔. Fleisch, 2 Quart Bier und Hausmannskost, die Pferderation aus 3 Metzen Hafer, 8 ℔. Heu, 8 Metzen Siebe, ½ Gebund Stroh.

accordirt, wovon den beiden Fürstenthümern für die 5 Regimenter (von Voigt im Ratiborschen, Schweria im Neustädtschen, la Motte im Ober=Glogauschen, Prinz Dietrich im Oppelnschen und Gens d'Armes) 6474 Mundportionen und 3852 Pferderationen zuge=theilt worden, so genehmigen sie den Vergleich. Städte, die noch keine Miliz haben, als Sorau, Lublinitz, Rosenberg sollen aus den überbürdeten Orten solche erhalten. Da durch das neue System Schlesiens der Conventus publicus aufgehört, so solle die von von Stronski bekleidete Stelle in Breslau aufgehoben werden. Der Landeshauptmann wurde ersucht, (gegen 12000 fl. Reisegeld) der Königin in Preßburg den trostlosen Zustand des bedrängten Landes persönlich vorzustellen, da vom 1. October durch 6 Win=termonate den preußischen Truppen 70,000 Gulden von den Ständen zu reichen seien. Sie bitten, das judicium formatum aufzuheben, da ja der Landeskanzler eilige Sachen wie früher ab=machen könne.

Schwerin besetzte am 1. November Jägerndorf und Troppau, führte das Hauptheer nach Mähren und brachte am 27. Decem=ber Olmütz zu Uebergabe. Zu Naturallieferungen wurden drei große Magazine in Troppau, Jägerndorf und Ratibor errichtet.

Auf dem am 30. Januar 1742 zu Kosel abgehaltenen Landtage berichtet der Landeshauptmann zunächst, was die Stände bei Sr. K. Hoheit dem Großherzog von Florenz und dem böh=mischen Kanzler Graf von Kinski ausgerichtet; meldet (5), daß er wegen der von den Salz= und Zollämtern neuvorgenommenen Contrabandirung des polnischen Salzes und prätendirenden Zoll=aufschlages von den nach Niederschlesien abgehenden Waaren bei dem Feldmarschall Schwerin Vorstellung gethan; (21) auf Me=morial des Ratiborer Magistrats „womit der dortigen Stadtge=meinde die an die österreichische Miliz gethane Pränumeration von den ausgeschriebenen Landesanlagen abgezogen werden möchte,“ wurde beschieden: sich mit der Vergütigung bis weiterhin zu ge=dulben. (30) Dem Ratiborischen Postbeförderer Christof Friedrich

Köhler sollen die Estafettengelder nach vorheriger Untersuchung seiner eingereichten Liquidation verabfolgt werden.

Am 12. Februar meldet Carl von Schweinichen aus dem Stabsquartier Lonitz dem Magistrate, daß das Dumoulinsche Regiment in 10 Compagnien (1500 Mann) am nächsten Tage Mittags in Ratibor Quartier nehmen werde.

Am 13. Februar zog das Dumoulinsche Regiment in die Stadt ein. Das Haus des Abtes von Rauden wurde zum Lazareth eingerichtet. Der Magistrat beschwerte sich später, daß diese Stadt vor allen übrigen am härtesten mitgenommen worden sei, indem durch fast 2 Jahre ein ganzes Regiment Infanterie nebst einigen Escadronen Husaren und Ulanen hierselbst im Quartier gelegen. Während andere Städte nur das sechsmonatliche Verpflegungscontingent beitrugen, hat Ratibor vom 13. Februar bis Ende Juni einige Tausend Gulden auf Brodportionen, Rationen und Tractamentsgelder bezahlt, große Quantitäten Mehl, Heu und Hafer ohne Entgelt in die Magazine liefern, die zur Bäckerei nothwendigen Gegenstände herbeischaffen und zweimal in der Woche Vorspannfuhren leisten müssen. Auf den Stadtwiesen graseten die Pferde und richteten vielen Schaden an.

Auf Servis für die noch im Quartier liegenden 7 Compagnien waren monatlich 700 rh. Gulden zu zahlen. Die Bürger, welche neben der Werkstatt und Familie noch 5 Soldaten in der Stube halten mußten, konnten ihre Profession nicht fortsetzen. Der Magistrat bat deßhalb, entweder die Stadt von der Erlegung der Servisgelder auf einige Zeit zu befreien, oder einige Compagnien an einen anderen Ort zu verlegen.

Auf dem großen Landtage zu Kosel am 11. April 1742 wurde beschlossen, (1) für die Preußische Generalität

16000 Scheffel Korn,
30000 „ Hafer,
16000 Centner Heu,
2000 Schock Stroh,

in die Magazine nach Troppau und Ratibor zu liefern, (13) auf Memorial des Ratiborer Magistrats: „umb womit der dortigen Stadt die zu der erlittenen schweren Einquartirung aus dem Ständischen Magazine genommene 46 Schock Stroh indessen und bis zu erfolgender Ausgleichung nachgesehen werden möchte" wurde beschlossen: Bis weiterhin nachzusehen.

Im April heirathete der brandenburgische Soldat Nicolaus Mayer eine Jungfrau Beata Grundel aus Ratibor. Zwei andre Krieger folgten diesem Beispiele im nächsten Monate.

Nachdem Friedrich II. die Oesterreicher bei Czaslau in Böhmen nochmals geschlagen, kam am 11. Juni 1742 der Breslauer Friede zu Stande, in welchem der König ganz Schlesien erhielt und das Versprechen gab, die katholische Religion in dem vorgefundenen Zustande zu belassen und die unter Verpfändung Schlesiens geborgten Gelder zu bezahlen.

Auf dem zu Tost am 9. Juli 1742 gehaltenen Ausschusse trug der Landeshauptmann vor, daß nachdem der Friede publicirt, die Landesprivilegien der königlichen Bestätigung unterbreitet werden möchten. Es wurden außerdem in Kosel am 22. August und 22. November 1742 und 11. März 1743 Ausschüsse gehalten, aus welchen wir als für unsre Stadt wichtig hervorheben, daß Carl Leopold Thomeczek und die Rathmänner Elias Schwantzer und Rudolf Kolbe die Lieferung von Stroh und Heu für die Stände übernahmen.

Die Oberschlesischen Stände huldigten erst am 18. März 1743 dem General Heinrich Carl von der Marwitz zu Neisse im Namen des Monarchen.

Im Sommer kam der König bis nach Ratibor. Vorbereitungen waren schon getroffen, aber Oberst Haus Carl von Winterfeld langte eines Mittags hier an, berief den „regierenden Bürgermeister" Johann Josef Nosky zu sich und meldete ihm, daß weder Seine Majestät auf dem Schlosse, noch dessen Gefolge in der Stadt logiren werden, sondern das Stiftshaus der Kreuzherren (am Oberthore) sei für den König und den Prinz Ferdinand von Braunschweig bestimmt, die Suite aber in 8 Personen bestehend solle bei den Franciskanern in Bronken einquartirt werden. Außer dem waren noch für 34 Personen Quartiere zu beschaffen. In aller Eile wurde im Stiftsgarten ein Zelt errichtet und eine Tafel für 50 Personen aufgestellt. Daneben wurde eine Küche etablirt. Der Schloßbesitzer Graf Sobeck lieferte Wild und einige Fische. Es wurden Schilderhäuser angefertigt, die Trommeln und Becken frisch aufgeputzt.

Am 29. Juli kam der König von Oppeln hielt am 30. Revue, besichtigte am nächsten Tage die Umgegend und begab sich am 1. August über Oderberg und Neustadt nach Neisse.[1]

Aus der Kämmereirechnung des genannten Jahres lassen sich manche interessante Notizen zusammenstellen, die wir hier um so lieber geben, als sie die Kenntniß vermitteln, wie beschaffen die Stadt damals war, als sie unter Preußischen Scepter kam. Von den 248 Häusern sollten nach dem Etat 376 rtlr. Geschoßgelder eingehen, das wirkliche Einkommen belief sich aber nur auf 252 rtlr. 15 Bürger hatten bei dem bedrängten Zeiten ihre Häuser ganz verlassen und ihren Wohnsitz anderwärts gesucht. 10 erhielten in der Pfingstwoche (Donnerstags und Sonnabends) Bürgerrecht, von denen jeder dafür 20 sgr., der Kupferschmied aber das Doppelte entrichtete. Von Handwerkern waren damals:

36 Fleischer, 25 Schuhmacher, 20 Leinweber, 20 Schneider, 17 Bäcker, 10 Schmiede, 8 Strumpfstricker, 6 Kürschner, 6 Hufschmiede, 6 Sälzer, 5 Böttcher, 4 Stellmacher, 4 Riemer,

---

[1] Unter den Ausgaben der Kämmereirechnung vom Jahre 1743 — den 6. August: Vor unterschiedliche sachen welche in die Königl. Kuchel gebrauchet und nicht bezahlet worden gutgethan 20 rtlr. 24 sgr. 6 Denar. — Den 9. August: Denen Ziemmer Leuthen Von aufrichtung der Hütten vor Ihro Königl. Maystt. gegeben 2 rtlr. 20 sgr. — Den 14.: Von Verfertigung und Mahlen der (Gewehr) Mücken Drommel, Bäcken und Schüler (sic) Häusel so bey ankunft Ihro Königl. Maystt. aufgestellt: 14 rtlr. 25 sgr. Item vor Stroh bei anwesenheit Ihro K. M. ausgelegt 12 rtlr. 1 sgr. 4 Denar.

4 Seifensieder, 4 Seiler, 4 Töpfen, 3 Gerber, 3 Schlosser, 3 Kampelmacher (Siebmacher), 3 Tischler, 2 Goldschmiede, 2 Handschuhmacher, 2 Knopfmacher, 2 Klempner, 2 Sattler, 2 Schwarzfärber, 2 Hutmacher, 2 Weißgerber, 2 Apotheker, 1 Barbier, 1 Bader, 1 Buchbinder, 1 Drechsler, 1 Küchler, 1 Kupferschmied, 1 Kutzenmacher, 1 Lederzurichter, 1 Maler, 1 Nadler, 1 Perückenmacher, Scharfrichter, Schmeidler, Schornsteinfeger,[1] Schnürmacher, Wachszieher, Tuchhändler, Tuchmacher.

Für die Mauth, Wage und das Standgeld der Bauden kamen 220 rtlr. ein. Im Rathhauskeller war ein Wein- und Bierschank, der 100 rtlr. jährlich Pacht eintrug. Die Salzniederlage war zu einem Holzmagazin für das Militair benutzt worden. Der freie Fleischmarkt, der alle Sonnabende stattfand, (mit Ausnahme der Fastenzeit, wo er ganz ausfiel) warf 12 rtlr. ab. Bedeutend war das Einkommen vom Malzmachen und der Bier-Braupfanne, das sich nach dem Etat auf 182 rtlr. belief. Es waren 37 Gebräue Bier ausgebraut worden. Der städtische Branntwein war dem Pächter Christof Köhler für 1066⅔ rtlr. überlassen. Wein wurde von 5 Herren ausgeschenkt, die im ganzen 218 Eimer absetzten und für jeden 2 Kreuzer in die Stadtkasse lieferten. Die Pacht des Oberkretschams, welchen Georg Satzinko inne hatte, belief sich auf 16 rtlr. Die Gemeinde Plania zahlte einen Hütungszins von 8 rtlr. 3 sgr. 3 Denar. Unter dem Titel Strafgelder ist angemerkt, daß in diesem Jahre nur 12 rtlr. (von einem Ehemanne, der seine Frau schlecht behandelt hatte) eingekommen, weil die Bürger, wenn sie sich etwas zu Schulden kommen lassen, in Betracht ihrer notorischen Armuth jetzt mit Arrest oder körperlicher Züchtigung bestraft werden. Im Arrest saßen „2 Salzverschwärzer," der eine von Ofen, der andere von Friedek. Wiesen und Gärte waren an 94 Personen in der Stadt ausgethan, brachten aber noch nicht volle 100 rtlr.

---

[1] Dieser erhielt von der Stadt 20 rtlr. Salar.

Eine Rathsperson versah jährlich abwechselnd den Posten eines Waldinspektors. Nach dem Etat wurde für 153 rtlr. Klafterholz und Reisig verkauft.

Die städtische Landwirthschaft war dem Georg Hanuffek für 1891 rtlr. 27 sgr. verpachtet. Die Jagd hatten zwar 2 Offiziere von dem Prinz Heinrich'schen Infanterie-Regiment (von Großkreuz und von Prittwitz) am 19. September 1743 zu 10 rtlr. gemiethet, worauf sie 5 rtlr. baar entrichteten, aber bei ihrem Ausmarsch blieben die übrigen 5 rtlr. rückständig.

An Gehalt bezogen: der Bürgermeister Johann Josef Roßky 300 rtlr., der Rathssenior Elias Ludwig Schwantzer, die Senatoren Johann Rudolf Kolbe, Franz Ludwig Götzke, Ignatz Franz Urbani à 100 rtlr., der Senator und Kämmerer Johann Ignatz Jäkel 150 rtlr., der Notar Gendel 150 rtlr., der Stadtvogt Kratochwil 30 rtlr., der Gerichtsschreiber Czerwenka 5 rtlr. Von den Unterbeamten wird erwähnt, daß der Stadtwachtmeister in Folge der Einquartirung der königlichen Truppen am 30. September 1743 und die 5 Thorsteher, weil die Soldaten unter den Thoren Wacht halten, cassirt worden.

Nachtwächter sind noch wie früher vier Mann. Die beiden Stadthirten erhielten zusammen 2 rtlr. 25 sgr., der Stockmeister 7 rtlr., der Scharfrichter 24 rtlr. Aus der Gellianischen Fundation gab der Magistrat alle Freitage den armen Leuten bei der Pfarrkirche 4 sgr.

Von aufgenommenen Kapitalien hatte die Stadt jährlich 880 rtlr. Interessen zu zahlen.

Auf die Reparatur der Oderbrücke und Wege waren im Etat 1000 rtlr. ausgeworfen. Es wurden auch an Steinpflaster 136 Klaftern gelegt.

Der Krankenwärter im Lazareth erhielt von der Stadt 48 rtlr. Gehalt. Am 29. Januar 1744 wurden 14 einspännige und 12 zweispännige Matrazen und Friesdecken aus Breslau gekauft, welche exclusive Fracht (6 rtlr. 4 sgr.) 173 rtlr. kosteten.

An Contributionsgeldern für die Stadtgüter wurden seit September 1743 monatlich 43 rtlr. 5 sgr. 10 Denar bezahlt. Die Summa aller Ausgaben betrug 3244 rtlr.

Auf den 5 Jahrmärkten stehen Kaufleute und Kramer aus Troppau, Jägerndorf, Juden aus Zülz, Hotzenplotz und Gleiwitz durch drei Tage; es wird mehr an Waaren hergebracht, als einheimische Producte ausgeführt werden. Gutes Troppauer Tuch wird nach Sorau und Gleiwitz debitirt. Die Hultschiner und Mährischen schlechten Tücher (von Kürschner-, Weißgerber- und Sterblingswolle verfertigt) gehen stark nach der andern Oberseite und thun den hiesigen Manufakturen großen Abbruch.

Unter der neuen Regierung traten mancherlei Veränderungen ein. Die Versammlungen der Stände (conventus publici) wurden am 29. Oktober 1741 aufgelöst und traten an deren Stelle zwei Kriegs- und Domänenkammern in Breslau und Glogau, denen ein besonderer Minister Ludwig Wilhelm Graf Münchow als Chefpräsident vorgesetzt wurde.

Der König setzte am 11. October 1741 durch eine Cabinetsordre fest, daß hinfort die ersten regierenden Bürgermeisterstellen, desgleichen die Syndici und Kämmerer nicht anders als mit subjectis, welche der evangelischen Religion zugethan sind, besetzt werden, die Katholiken sich hingegen mit dem zweiten Consulat und mit Rathsherrenbedienungen begnügen müssen. Die freie Wahl des Magistrates verwandelte sich in eine landesherrliche Besetzung der erledigten Rathsstellen. Alljährlich mußte den Kammern über die Verwaltung der städtischen Einkünfte Rechnung gelegt werden. Auch mußte unter preußischer Regierung die Kämmerei zur Contrahirung von Schulden erst die königliche Genehmigung einholen, was früher nicht stattfand.

Die Provinz wurde in 48 Kreise getheilt und erhielt jeder Kreis einen Landrath und in der Kreisstadt eine Steuerkasse mit einem Einnehmer, unter der Aufsicht des Landrathes. Im Jahre 1743 wurde auch eine Landfeuerkasse errichtet.

Die Städte waren unter Departements getheilt. Ueber jedes derselben war ein besonderer Commissar der Kammer als Kriegs- und Steuerrath gesetzt, welcher in Mitte desselben wohnen, seine Städte oft bereisen, auf ihre Polizeianstalten, Kämmereiwirth- schaft, Fabriken und Nahrungsgewerbe genau Acht haben, darüber an die Kammern berichten und deren Befehl ausführen mußte. Der erste Commissar für Ratibor, Leobschütz und Neustadt war Franz von Götz, ihm folgte 1747 Grube, circa 1754 von Cron- helm und Gregori von 1763 bis 1766, die als zum 6. Depar- tement gehörig, sämmtlich in Neustadt residirten.

Die beiden Oberamtsregierungen in Breslau und Glogau wurden am 29. Februar 1744 durch eine dritte vermehrt, die zuerst in Oppeln ihren Sitz hatte und später nach Brieg verlegt wurde.

Seit 1743 wurden alle Güter besteuert. Die Güter des Bischofes, der geistlichen Stifte und Klöster zahlten 50 vom Hundert, die Güter der Ritterorden 40 vom Hundert, die Bauer- güter 34, die königlichen Domainen, fürstlichen, adeligen, Pfarrei- und Schulgüter $28\frac{1}{3}$ rtlr. vom Hundert ihres Ertrages. Die Städte leisteten ihren Beitrag durch die Accise, wogegen alle directen Auflagen daselbst wegfielen.

Bißher hatten die Bürger durch die Branntweinbrennereien großen Vortheil gezogen. Wegen der damit verknüpften Mastung des Rind- und Schwarzviehes war der Viehhandel, der nach Breslau betrieben wurde, bedeutend. Doch der Kriegsrath von Götz zog die Brennerei zur Kämmerei. Auch war der Getreide- handel sehr stark gewesen, denn die Preise standen hier im Verhältniß zu Niederschlesien sehr niedrig. Dieselben steigerten sich jedoch durch die starke Consumtion der vielen Regimenter, welche in Oberschlesien standen. Der Getreidehandel zog sich nach Troppau. Die Schiffahrt ging daher flau, auch hinderten die schlechten Wege über Planta den Commers. Bedeutend ist noch der Weinhandel.

Im Winter 1743/44 verehelichten sich viele Soldaten aus dem Regimente Prinz Heinrich mit hiesigen Stadttöchtern.

Friedrich II. vereinigte sich 1744 zu Frankfurt am Main mit Carl VII., mit Frankreich, Hessen und Pfalz zum Kriege gegen Oesterreich, brach im August mit 80,000 Mann nach Böhmen ein und ließ zugleich Troppau und Jägerndorf besetzen.

Der Fortgang war aber nicht günstig, ohne Angriff zog sich der König aus Böhmen nach Schlesien zurück. Auch die Unternehmung in Mähren unter General von Marwitz war wenig vortheilhaft, daher zog er sich mit seinen Truppen aus Jägerndorf und Troppau zunächst nach Ratibor, dann nach Neisse zurück und im December 1744 gerieth ganz Oberschlesien (außer Reisse und Kosel) in österreichische Hände. Der General Heinrich Carl von der Marwitz aus dem Hause Sellin, welcher 1739 Ritter des schwarzen Adlerordens, 2 Jahr später Gouverneur von Colberg geworden und im Treffen von Mollwitz schwer verwundet worden war, starb in Ratibor am 22. December 1744 im Alter von 64 Jahren.

Der gute Fortgang der Waffen bestärkte Maria Theresia in dem Entschluß, sich Schlesiens wieder zu bemächtigen und da Carl VII. starb, die Kaiserkrone auf das Haupt ihres Gemahls zu bringen. Friedrich II. aber widersetzte sich diesem Vorhaben. Prinz Leopold von Dessau trieb mit 30,000 Mann die österreichischen Truppen aus Oberschlesien nach Mähren und besetzte die Gränzen.

Der preußische Generallieutenant von Nassau, der seit dem 19. December Troppau besetzt hatte, (worauf sich die Insurgenten sofort aus ihrem Hauptquartier Ratibor zurückzogen), brach am 7. Februar 1745 gegen Beneschau, Hultschin und Oderberg auf, vertrieb die Ungarn aus diesen Orten und ließ Besatzungen darin zurück; hierauf rückte er mit 7 Bataillons und den 2 Husarenregimentern der Generale Katzmer und Bronikowski vor Ratibor und nahm die Stadt nach überwundenem heftigen

Widerstande ein. Viele der ungarischen Insurgenten, welche sich über die Oder retten wollten, fanden darin ihr Grab. Das geschah am 9. Februar. [1]

Die österreichischen Generäle Esterhazy und Festeties ergossen sich mit ihren Ungarn von Oderberg über Oberschlesien und fielen im März ins Ratiborsche ein, General de la Motte Fouqué mußte ihnen am 26. März weichen: die Ungarn verfolgten die Fliehenden bis Rosenberg. [2]

Am 22. April verließen die Preußen Ratibor und Troppau. Nach der Schlacht bei Hohenfriedeberg und Sorr verbreitete sich das preußische Heer wieder über Oberschlesien, belegte am 16. November 1745 Ratibor und zog nach 8 Tagen wieder ab, worauf Ungarn herkamen und bis zum 5. Januar 1746 blieben.

Am Weihnachtsfeste 1745 war in Dresden zum zweiten Male ein Friede zu Stande gekommen. Auf königliche Verordnung wurde in allen Städten das Friedensdankfest gehalten. Auch in Ratibor wurde es aufs feierlichste begangen. Bei Anbruch des 6. Januar schmetterten Pauken und Trompeten vom Rathsthurme herab; um 8½ Uhr wurde mit allen Glocken zum Gottesdienst geläutet, sodann über den vorgeschriebenen Text (Psalm 147, 13—14) eine erbauliche Predigt gehalten und das Hochamt mit dem Tedeum laudamus unter vortrefflicher Musik geschlossen, wornach sich abermal vom Thurme durch eine halbe Stunde Pauken und Trompeten hören ließen. Abends war Illumination. Das Rathhaus wurde auf Veranstaltung des Consul dirigens mit 100 Lampen und Lichtern erleuchtet, auch die meisten Häuser der Stadt bezeugten auf dieselbe Weise ihre Devotion gegen den Monarchen „und ein jeder suchte sich lustig und vergnügt zu bezeigen." [3]

---

[1] Ens, Oppaland I, 158. Oesterreichische militairische Zeitschrift Jahrg. 1824. 5. Heft. S. 162.
[2] Buchholz, Geschichte der Churmark Brandenburg. (Berlin 1755) 6. Band, S. 105.
[3] Das erfreute Schlesien. (Breslau 1746) III. Thl. S. 13.

Es folgten diesem zweiten schlesischen Kriege 10 Friedens-
jahre, welche Friedrich II. zum Wohle des Landes benutzte.

Als der Kriegs- und Steuerrath von Cronhelm auf Veranlassung der Kriegs- und Domainenkammer am 16. December 1746
anfragte, welche Handwerker ihre Subsistenz in Ratibor finden
dürften, berichtete der Magistrat, daß 1 Büchsenmacher, Bürstenbinder, Perückenmacher, Beckenschläger, Täschner, Drucker und
Glätter, Goldschläger, Drechsler, Messerschmied, Zirkelschmied, Zeugmacher, Strumpfwirker, Zuckerbäcker und Korbmacher hier fehlen.
Die Kammer ließ einen Aufruf in die Intelligenzblätter inseriren.

Neun Bielitzer Tuchmacher, denen baare Vorschüsse gemacht
wurden, siedelten sich an den wüsten Stellen an. Es gab deren
seit den großen Bränden von 1636 und 1698 noch 67 und in
den beiden schlesischen Kriegen wurden 14 Häuser abgetragen,
deren Stellen gleichfalls noch leer standen. Der Kriegs- und
Steuerrath von Cronhelm verordnete im Januar 1747, daß die
Stadt eine neue Feuerordnung nach der von Glogau und Hirschberg verfertige.

Im nächsten Jahre erhielt der Magistrat Befehl, für zwei
Eskadronen des Graf Geßlerischen Kürassier-Regimentes und den
Stab Ställe zu beschaffen. Einstweilen wurden bürgerliche Ställe
eingerichtet und das Holz aus dem benachbarten Raudener Forsten
gekauft.

Die Kämmereigüter, welche bisher nur um 2958 rtlr. verpachtet waren, brachten nun 5000 rtlr. ein. In der Stadtbrauerei
wurden auf 36 Scheffel 54½ Achtel à 260 Quart gegossen und
nur Weizen zum Brauen genommen. Das Bier war wohlschmek-
kend. Um von Servis und Einquartirungen befreit zu werden,
suchten viele Handwerker ihre Wohnung auf dem Lande in der
Umgegend.

Der Abt von Rauden ließ damals das durch die Kriege
desolirte Stiftshaus repariren und räumte es dem Major von
Münchhausen zur Wohnung ein. Das Lazareth wurde in das

bisherige Graf Praschmasche Haus auf der Jungferngasse verlegt. Anfangs hatte man über die Excesse des preußischen Militairs zu klagen, aber allmählig verständigten sich Bürger und Soldaten.

Der Weinhandel ging schwächer, da die Auflage des Ungarweines an der Gränze den doppelten Preis des Werthes betrug.

Acht Kaufleute, welche sich noch Reichskramer nannten, treiben in zehn, mit dieser Gerechtigkeit privilegirten Häusern ihr Geschäft. Der vornehmste Handel besteht in Gewürz, Seide, Wolle und Eisenwaaren, ungarischen und anderen ausländischen Weinen. Sie haben einigen Debit nach Troppau, Teschen und Bilitz. Die übrigen Specereihändler klagen über die Troppauer, welche das platte Land mit ihren Waaren verlegen und, weil sie der Accise nicht unterworfen sind, Kaffee, Zucker und Gewürzwaaren wohlfeiler absetzen.

Die Stadt hatte 1749 inclusive der unter magistratualischen Jurisdiction gehörigen Vorstädte 1577 Seelen, 324 Familien und 298 Häuser inclusive 13 Freihäuser, nämlich: 1) das des Abt zu Rauden. 2) das des Graf von Vetter, seit 1747 wüst. 3) das Czerwentzitzer gehörte den von Brochemschen Pupillen. 4) das Terczkische. 5) das Olitorsche, Visitator Peter Olitori. 6) das Gitzlersche, später Lorenz Preuß. 7) das Schammerwitzer, Baron von Reiswitz auf Schammerwitz. 8) das Strouskische. 9) das Graf Praschmasche (Lazareth). 10) das Kornitzer. 11) das Baron Wilczeksche, wüst, gehört dem Justizrath von Morawetz. 12) das Brawanskische. 13) das Lonitzer, früher Graf Kotulinski auf Tost, 1749 vom Rathmann Franz Carl Natali gekauft. 3 Häuser wurden gar nicht bewohnt, außerdem waren noch 67 wüste Plätze. Zwei Brunnenschwängel gaben ihr ein noch ziemlich ländliches Ansehen. 32 Häuser schenkten Wein und zahlten der Stadt pro Eimer 8 kr.

Die fünf Jahrmärkte, welche je 3 Tage dauern und je 25 rtlr. Standgeld einbringen, werden von dem umwohnenden Adel und

Landvolke stark besucht. 1750 indeß wird schon geklagt, daß die Tuchmacher verarmen, weil sie keinen Absatz haben. Es sind hierorts 12 Tuchmacher, 8 Strumpfstricker, 12 Hutmacher. Die Tuchmacher machen jetzt nur Filanette und war eine Schauordnung bei ihnen eingeführt. 20 Leinweber verkaufen ihr Garn nach Leobschütz und Ullersdorf, der Garnhandel ist jedoch schlecht, nachdem er jetzt auch auf dem Lande gestattet ist. Gesellen fehlen, weil Ausländer sich vor der Werbung fürchten. Die Meister müssen sich mit Bürgerkindern behelfen. Der Wochenmarkt zur Zeit der Ernte wird Sonntags gehalten.

Die Breslauer Kriegs= und Domainenkammer gab am 5. September 1750 die Concession zur Haltung zweier Wollmärkte am 20. Mai und 15. September.

Am 31. August des nächsten Jahres erließ sie ein Rescript an den Magistrat, die Viehmärkte nicht mehr auf dem Kamieniec, sondern in der Stadt und zwar das Rind= und Schwarzvieh auf dem Zbor, die Pferde auf dem Neumarkte auftreiben und verkaufen zu lassen. Der Schloßbesitzer Felix Graf von Sobeck verklagte den Magistrat wegen dieser Verlegung, weil der unter seiner Jurisdiction gelegene Kretscham Kloppatsch weniger Bier verschenkte. Indeß wurde Kläger abgewiesen, weil die Stadt den Markt verlegen könne, wohin sie wolle.

Am 20. October 1751 schrieb der Magistrat die Quartierliste für die Bürger aus. Es waren von der Leibkompagnie des von Kyauschen Kürassierregiments 11 Unteroffiziere, 91 Reiter, 17 Frauen und 81 Pferde. Von der Compagnie des Oberstlieutenant von Münchhausen 10 Unteroffiziere, 76 Reiter, 16 Frauen und 74 Pferde. Von der Compagnie des Rittmeister Lux 10 Unteroffiziere, 79 Reiter, 13 Frauen und 83 Pferde. Von der Compagnie des Major von Sydow 11 Unteroffiziere, 80 Reiter, 13 Frauen und 81 Pferde. Das Haus des von Kyau hieß später Anton Toskana.

Im Jahre 1754 ist nur noch ein Schwängelbrunnen in der Stadt. Sattler, Fleischer, Schneider, Seifensieder, Tischler, Schlosser und Leinweber haben gute Nahrung. Doch sind ihre Waaren theurer, als in Breslau und Troppau. Bedeutend ist der Pottasche-Transport aus Ungarn und der wöchentliche Schwarzviehmarkt. Damals wurde von Rinke eine Schönfärberei angelegt und unter dem Planiaer Vorwerke ein Oberkanal 111 Ruthen lang und 16 Ruthen breit gegraben, um den Strom von der Stadt abzuleiten. Der Oberteichinspektor Neuwertz hatte bereits im Juli 1751 den Plan dazu verfertigt.

Der erste preußische Direktor Johann Joseph Noßki wurde 1754 pensionirt, an seine Stelle trat im Juni der bisherige Bürgermeister von Glatz Johann Sternemann bis 1769.

Der bisherige Registrator bei der Oppelner Regierung August Friedrich Pusch wurde im September 1754 als Syndicus angestellt und zu gleicher Zeit der bisherige Notar aus Dresden Ferdinand Oswald als Rathsmann und Kämmerer. Letzterer hatte zugleich die Aufsicht über den Forsten, aus welchem nach dem Etat für 484 rtlr. Holz verkauft wurde. Rathssenior war Johann Ignatz Jäkel, schon unter voriger Regierung Rathsmann. Senator der ehemalige Landesadvokat Ignatz Sablatzki, seit August 1746; Wachszieher und Acciseeinnehmer Franz Carl Natalie katholisch aus Prag, seit März 1746 als Rathmann, Bau- und Forstinspektor und Servis-Rendant angestellt. Carl Leopold Thomeczek, früher Stadtkassirer und Justizsekretair, seit October 1751 Rathsmann, Polizeiinspektor und Feuer-Societäts-Rendant. Der emeritirte Senator Geisler, seit März 1746 angestellt, war früher Candidat juris.

Die Kämmerei-Rechnung 1754/55 hatte Einnahme 6715 rtlr. 15 sgr. 6 Denar und Ausgabe 6025 rtlr. 12 sgr. 3 Denar. Zur Tilgung der Schulden von 27,130 rtlr. befahl die Kriegs- und Domainenkammer, 2000 Stück Eichen (Stabholz) an die Wittwe Schröber nach Stettin zu verkaufen.

Von den 303 bewohnten Häusern sind 193 brauberechtigt. 322 Tonnen Bier und 7920 Quart Branntwein gingen an die Dörfer Studzienna, Plania und den Oberkretscham. Die Jahrmärkte kommen wegen der hohen Impostirung in Abnahme.

Die Oberamts-Regierung forderte 1755 von Land und Städten einen Bericht, was für Gewohnheitsrechte und welche Rechtsbücher an jedem Orte gebräuchlich und giltig wären. Ratibor reichte statt der Statuten zwei Privilegien, nämlich das des Herzog Lesko von 1318 und das des Johann IV. von 1483 ein. Den Sinn des ersteren hat der Magistrat (aber eigenmächtig, ohne daß ein Wort davon darin enthalten) dahin gedeutet, daß eine Frau vorher ihre illata habe einwerfen müssen, ehe sie sich der tertia maritalis habe können theilhaftig machen; wofern sie aber dies nicht gethan, als wozu ihr die freie Wahl gelassen worden, habe sie aus der Erbschaft des Mannes nicht das Geringste erhalten. [1])

Vom 2. Juli 1751 bis dahin 1760 war der ehemalige Postmeister Köhler, der ein eignes Vorwerk besaß, Generalpächter der Stadtgüter, er gab aber nur 2866⅔ rtlr. Postmeister war 1758 Johann Gottlieb Lehmann, Kreisphysikus Johann Ernst Sander, außer ihm practicirte nur noch ein Arzt Dr. Johann Josef Reichel. Ausländische Negotianten, die sich in dem letzten Jahrhunderte hier niedergelassen, waren Bernard Toscano, Franz Galli, Carl Rossy, Johann de Angelis, Johann Bordollo, Clement, Franz Ignatz Rinke, Augustin.

Vom 1. Januar bis Ende Februar 1759 lag der Stab vom General-Major von Wernerschen Husarenregiment im Quartier, nämlich 6 Offiziere und der Feldprediger Köller, 2 Unteroffiziere, 23 Husaren, 2 Frauen, 18 Pferde.

Wegen der kriegerischen Zeitverhältnisse war der Postkurs nach Leobschütz und (über Rybnik nach) Pleß unterbrochen.

---

[1]) Böhme, dipl. Beiträge 6. Bd. S. 61.

Durch den 7jährigen Krieg gerieth die Kämmerei in tiefen Verfall. Die Stadtwaldungen waren sehr mitgenommen worden, weil Panduren und Croaten mehrmal darin campirten. Dieselben ruinirten auch die auf Befehl Friedrich des Großen angelegte Maulbeerplantage bei dem Vorwerk Plania, wo sie sich gelagert. Der Generalpächter der zur Kämmerei gehörigen Vorwerke Dr. Johann Ernst Sauder zahlte nur 2400 rtlr. Pacht.

Nach dem Kriege garnisonirte ein ganzes Cavallerie-Regiment in Ratibor. General von Dalwig lag im Raudener Stiftshause, Major von Kospoth bei Anton Toscano, Rittmeister von Minnigerode bei dem Apotheker Heinrich Stefan, Rittmeister von Rohr im Graf Gaschinschen Hause, Stabsrittmeister von Zülow bei Wilhelm Kratochwil, Rittmeister Graf von Schmettau bei Schwanter. Außerdem waren noch einquartirt 5 Lieutenants und 5 Cornets; Feldprediger war Falkenthal.

Im Februar 1764 wurden die auf dem Zbor eingefallenen Gräber des Martinikirchhofs, auf welchem zuletzt im ersten schlesischen Kriege Leichen beerdigt worden, auf Befehl des General von Dalwig ausgefüllt und der Platz geebnet.

Die Leinweber florirten. Im Jahre 1765 siedelten sich ein Buchbinder, Goldschmidt, Mosekan- und Zeugmacher und ein Zimmermeister an, es fehlten noch ein Rothgießer, Corduaner, Zirkelschmidt, Schwertfeger, Strumpfwirker, Zimmermann und Steinsetzer. Die Feuerordnung wurde am 14. Juli 1765 verbessert. Zimmerleute durften Rauchfänge nicht mehr in Holz verbinden.

Zur Erhebung der Zölle und Accise wurde 1766 eine Regie von Franzosen eingeführt, die aber durch viele Weitläufigkeiten mit Zetteln dem Transitohandel nachtheilig ward. Der erhöhte Zoll gab überhaupt Anlaß, daß fremde Kaufleute und Fuhrleute andre Wege suchten. Wachs ging aus Polen durch Oesterreich, wo die Mauth mäßig und die Landstraßen gut waren. Schlesien erhielt früher aus Ungarn über Ratibor viel Potasche und versendete sie mit Vortheil nach Hamburg, Holland und

England. Jetzt ging diese Waare aus Ungarn über Triest zur See.

Nachdem Friedrich der Große in dem Wollspinnerreglement vom 6. December 1764 befohlen, daß zur Hebung der Landesmanufaktur für Soldatenfrauen und deren Kinder, wie auch für diejenigen Soldaten, welche Zeit dazu haben, Spinnschulen errichtet würden, wurde 1766 eine solche im Czerwentzützer Hause auf dem Zbor angelegt.

Zur Tilgung der Schulden verkaufte die Stadt aufs neue an die Wanselowsche Handlung 1500 und etwas später 300 Stück Eichen.

Nach dem Tode des Bürgermeister Johann Sternemann, der am 19. Februar 1770 im Alter von 60 Jahren starb, wurde Christoph Samuel Rückert Stadtdirektor, doch starb derselbe schon am 9. März 1771 erst 39 Jahr alt. Sein Nachfolger Samuel Wilhelm Walter evangelisch, geb. 1743, bisher Referendar bei der Breslauer Ober=Amts=Regierung und Auditeur bei dem Falkenhagenschen Regiment, im März 1771 hier angestellt, wurde schon im nächsten Jahre nach Schweidnitz versetzt. Ihm folgte Carl Andreas Brandt, evangelisch, aus Stargard in Pommern, geboren 1732, studirte zuerst Theologie dann die Rechtsgelehrsamkeit, wurde Auditeur, dann Stadtsyndicus in Leobschütz, zuletzt hiesiger Stadtdirektor von 1772 bis 19. Januar 1796. Proconsul war Adolf Johann Ludwig von Jähnisch seit 1766, Syndicus Friedrich Leonhard Arndt aus Ruppin, Auditeur, hier seit 1768; Kämmerer Ferdinand Oswald früher Notar, Johann Rey Provincialofficiant aus Pleß, seit 1763 Senator, Rathskanzellist Samuel Krause aus Breslau, Amtsschreiber seit 1758 hier. Johann Carl Schwantzer Stadtvogt seit 1745. Außer dem letztgenannten und dem Senator Ratalie waren alle übrigen Magistratsbeamten evangelisch. Im September 1773 trat der Hauptmann unter Prinz Ferdinand, Carl Franz Anton von Rübe als Senator ein, starb aber schon 1779 am 27. Januar. Johann

Samberger aus Oberglogau, Referendar in Brieg wurde im Februar 1775 Senator, Johann Wenzel Roski geboren 1745 in Ratibor, Rentmeister in Oppeln wurde am 1. Januar 1775 Senator. Die drei letztgenannten waren katholisch.

Im Jahre 1772 herrschte ein bösartiges Fieber und wurde in dem ehemaligen Hospitalitenhause ad s. Lazarum ein bürgerliches Lazareth für arme Dienstboten eingerichtet. Schon damals wurde der Kirchhof ad s. Lazarum mit Leichen belegt.

König Friedrich **II.** bestätigte Potsdam den 11. April 1773 den Bäckern das Privilegium, wonach die 20 Bankberechtigten das Recht erlangten, daß weder in der Stadt noch ¼ Meile um dieselbe ein Nichtbankberechtigter Brod oder Semmel bei Vermeidung der Confiscation und Strafe backen durfte.

Die Schulden der Kämmerei minderten sich, weil man durch Holzlieferungen an den Kaufmann Schröder in Stettin an 10,000 rtlr. eingenommen.

Das Tuchmachergewerk hob sich, es gingen sogar aus Crakau Bestellungen ein. 1774 gingen für 8,665 rtlr.

1775 „ „ 13,300 rtlr.

Tücher außer Landes.

Am 21. Januar 1774 stürzte der an der Collegiatkirche angebaute Stadtthurm, der von unten gesunken war, ein und beschädigte die Kirche. Der wegen Feuersgefahr auf dem Thurme von Seiten der Stadt gehaltene Wächter fiel in die Kapelle, ohne verschüttet zu werden. Er war eben im Begriff gewesen, Tabak zu schneiden und hatte noch das Messer in der Hand, als man ihn hervorzog. Er wurde mit den hl. Sacramenten versehen und starb am nächsten Tage. Durch diesen Einsturz wurde die Stadt ihrer schönsten äußeren Zierde und zugleich der Uhr beraubt. Die zerschmetterte Stadtuhr wurde später vom Schlosser Georg Micka aus Groß-Strehlitz wieder hergestellt. [1]

---

[1] In der Pfarrbibliothek zu Altendorf befindet sich ein **Rituale** **ord. s. Dominici**, auf dessen letztem Blatte das tragische Ereigniß

Der apostolische Vicar und Suffragan von Breslau Johann Moritz von Strachwitz reiste im Juli 1776 von Rauden über Ratibor nach Matzkirch zur Firmung. [1]

Am 31. Juli 1776 Nachts 1 Uhr entstand bei dem Färber Sitko auf der Braugasse ein Feuer, welches den dritten Theil der Stadt, nämlich 101 Häuser und das Hospital sammt Kapelle ad Corpus Christi einäscherte. Friedrich II. schenkte zum Wiederaufbau 53,000 rtlr., auch andere Städte leisteten Societäts= hilfe. Aber nur ein kleiner Theil der Abgebrannten verstand sich zur Errichtung von Häusern mit zwei Etagen, da man unsicher war, Miether zu finden.

Von 1778 bis 1780 wurde wieder ein Oderdurchstich aus= geführt.

In Folge eines unglücklichen Prozesses, der von 1778 ab geführt wurde, verlor die Stadt das ihr 1305 ertheilte, durch mehre Privilegien versicherte und über 470 Jahre unangefochten besessene große Stück Hutung bei Neugarten, welches der Stadt ab= und der Gemeinde Neugarten zugesprochen wurde.

Die Strumpfstricker fertigten und verkauften 1779 im Gan= zen 11,155 Paar Strümpfe. Außer ihnen und den Tuchmachern klagten die übrigen Professionisten über schlechte Zeiten. 1782 gin= gen 187 Stücke Tuch und im nächsten Jahre sogar 214 Stück nach Rußland.

Am 21. October 1782 Mittags trafen der russische General Graf Soltikoff und Fürst Kurakin von Troppau kommend hier ein und meldeten hohen Besuch an, nämlich den Großfürst Paul Petrowitsch und dessen Gemahlin Maria Feodorowna geborene

---

von Fr. Bonifaz Seliger verzeichnet ist. Die Magistratsacten ent= halten in ihrem Berichte über den Wächter nichts. Die in Zimmermanns Beiträgen von Schlesien Bd. 3, S. 183 mitgetheilte Nachricht, wo= nach der Wächter mit seinem Bette in die Kanzel gefallen, unbe= schädigt geblieben und nur in Folge des Schreckens einige Tage spä= ter gestorben sei, ist also Ausschmückung.

[1] Potthast, Geschichte von Rauden S. 120.

Prinzessin Wartenberg, die aus Wien durchreisend hier über Mittag bleiben wollten. Die beiden Prinzen Ludwig und Eugen von Wartenberg mit dem Generallieutenant von Dalwig gingen den Herrschaften bis an die Gränze entgegen, begrüßten sie und sendeten sofort einen Curier nach Ratibor ab. — Sie speisten im Hause des Kaufmann Bernard Toscano, welches für ein Gasthaus ausgegeben werden mußte, da die Kaiserliche Hoheit nur in einem solchen logiren wollte. Nach Tische (um 3 Uhr) fuhren sie über Rybnik und Pleß weiter. Am nächsten Tage zog die dritte Abtheilung des großfürstlichen Gefolges, worunter Prinz Jusupoff hier durch.

Die Wollspinnerei auf holländischen Rädern wurde stark betrieben. Die Tuchmacherzunft hatte einen eignen Spinnmeister Johann Schwers aus Delfzyl (gegenüber von Emden) am 1. Juni 1784 angenommen und salarirt. Bei der Tuchmacherzunft waren 239, bei den Strumpfstrickern 177, bei den Musolanmachern 49, im Ganzen 465 Spinner. Es wurden damals schon 28,032 ℔ Wolle jährlich gesponnen und wuchs die Zahl. Auch zogen alljährlich mehre Handwerker besonders Tuchmacher hieher. Im Jahre 1787 war der Debit nach Polen und Rußland so stark, daß die Bestellungen nicht bestritten werden konnten.

Am 27. Februar 1786 früh um 4 Uhr fand in Ratibor und Umgegend (Pleß, Troppau) eine Erderschütterung in zwei auf einander folgenden Stößen statt und war so stark, daß viele Leute aus ihren Betten fielen; namentlich liefen die auf Böden Schlafenden herunter in Furcht, ihr Haus werde zusammenstürzen. [1]

Manchen Leser mag es befremden, daß Ratibor während der langen Regierung Friedrich II. nicht denjenigen Aufschwung nahm, den man unter solchem Könige erwartet. Der Grund liegt darin, daß Friedrich der Große zwar dem Beamten- und Militairstande,

---

[1] Provinzialblatt 3. Bd. Seite 201. Bilder fielen von der Wand, Gläser stießen zusammen.

nicht aber dem aufſtrebenden Bürgerthume hold war. Drei wich=
tige langgenoſſene Vorrechte wurden den ſtädtiſchen Corporationen
entzogen, die freie Wahl ihrer Vorgeſetzten, die Einwirkung auf
die Regierung und die Verwaltung des ſtädtiſchen Vermögens.

Die Preußiſche Behörde behandelte das ſtädtiſche Vermögen
als Eigenthum und disponirte über das Plus zur Beſtreitung der
Staatsbedürfniſſe. Da die ſtädtiſche. Kaſſe dem Departement der
Kammer in dem Grade untergeordnet war, daß der Magiſtrat
ohne Vorwiſſen und Erlaubniß derſelben nicht 10 rtlr. über den
Kämmerei=Etat ausgeben durfte, hörte das Selbſtwirken auf, es
erloſch der Gemeinſinn und die alte Anhänglichkeit des Bürgers
an ſeine Vaterſtadt; man beſchränkte ſich auf den bloßen Brod=
erwerb. Obendrein wurden Handel und Induſtrie durch Abſper=
rung und Monopole gehemmt und Ratibor lag der Gränze ſo
nahe.

Ein anderer Nachtheil entſprang aus der Beſetzung der
Rathsſtellen durch Fremdlinge, die man unmöglich als Väter
der Stadt anſehen konnte. Mochte auch Friedrich II. anfangs
Urſache haben, die vorzüglichſten Aemter durch Männer aus den
alten Provinzen zu beſetzen, die nicht nur vertraut mit dem bis=
herigen Geſchäftskreiſe die rechte Amtsbefähigung zu dem hier
neuen Syſteme beſaßen, ſondern auch das preußiſche Intereſſe zu
fördern bemüht waren (klagt doch der zweite Bürgermeiſter von
Ratibor, daß die Einwohner im Herzen immer noch gut öſter=
reichiſch geſinnt ſeien), ſo hatten die Fremdlinge doch wenig Sinn
für die Eigenthümlichkeiten des lokalen Lebens, für die alten
Sitten, Gebräuche und Feſtlichkeiten des verſchrieenen Oberſchle=
ſiens. Selbſt gegen treffliche Männer, welche die redlichſte Abſicht
hatten, den Flor der Stadt zu befördern, bildete ſich bei denen,
welche jetzt des gemüthlichen und freien Daſeins, das ſie vordem
genoſſen, beraubt waren, das Vorurtheil, daß ſie als Werkzeuge
fremder Willkür, ihr Amt als Verſorgung betrachtend, die Bürger

beeinträchtigten. [1]) Der Aufschwung Ratibors beginnt erst mit dem Anfange des neunzehnten Jahrhunderts.

## Friedrich Wilhelm II. von 1786 bis 1797.

Auf Friedrich **II.**, der am 17. August 1786 starb, folgte der Sohn seines Bruders. Zur Erblandeshuldigung in Breslau am 15. October 1786, wobei der König gleich seinem Vorgänger die alten, hergebrachten Freiheiten und Gerechtsame der schlesischen Vasallen und Unterthanen bestätigte, waren aus Ratibor erschienen der Director Carl Andreas Brandt, Proconsul Adolf von Jänisch[2]) und Syndicus Johann Samberger.

Am 19. August 1788 Abends vor 7 Uhr kamen Seine Majestät und der Kronprinz von Gleiwitz hier an, übernachteten und gingen am nächsten Morgen 4¾ Uhr weiter. In Bosatz hatte die daselbst wohnende Judenschaft zum Empfange eine Ehrenpforte errichtet und Seiner Majestät ein Gedicht überreicht. Als Höchstdieselben die Oderbrücke passirten, ertönten (von den Schiffen aus) Pauken und Trompeten und wurden einige Böller abgefeuert. In der Odervorstadt war von Seiten der Stadt eine Ehrenpforte mit verschiedenen Verzierungen und der Ueberschrift: „Friedrich Wilhelm dem Vielgeliebten" [3]) errichtet und der Weg mit Tannen besetzt. Hier hatte sich der Magistrat, die Geistlichkeit und Kaufmannschaft versammelt, um ihre Ehrfurcht zu bezeugen; von der Brücke an bis zum Absteigequartier (Kaufmann Wolf) waren die Bürger in zwei Reihen aufgestellt und hatten Bürger auch die Wache bezogen.

---

[1]) Menzel, Geschichte Schlesiens (Breslau 1808) III, 529, 540, 621, 627.

[2]) Johann Adolf Ludwig von Jänisch war am 20. Mai 1721 zu Sausenberg geboren und starb am 13. Mai 1805 zu Ratibor.

[3]) Man hatte sich von dem Nachfolger Friedrich des Großen viel versprochen und ihm in Preußen bei der Huldigung zu Königsberg den Namen des Vielgeliebten beigelegt.

Von der Ehrenpforte an streuten 6 adelige und 6 bürgerliche Jungfrauen, sämmtlich weißgekleidet, Blumen. Die älteste Tochter des Generallieutenant von Dalwig überreichte auf einem mit Silber besetzten Rosaatlas-Kissen ein auf weißem Atlas gedrucktes und in Rosaatlas gebundenes Gedicht.

Am königlichen Quartiere schmetterten bei der Ankunft Pauken und Trompeten und Alles rief freudig: „Es lebe der König, es lebe unser beste Landesvater." Mehre Adelige aus der Nachbarschaft hatten sich eingefunden. Unter den Fremden, die dem Könige die Aufwartung machten, war auch der kaiserliche General-Feldmarschall Graf von Hohenzollern. Kaufmann Wolf führte den König in die bereiteten Zimmer. Letzterer zeigte sich mehrmals am Fenster dem in großer Menge versammelten Volke.

Abends ward der Ring und die 4 Hauptgassen der Stadt erleuchtet und eine mitten auf dem Ringe errichtete 30 Ellen hohe, mit Lampen behangene Pyramide, deren Spitze den Namenszug F. W. R. trug, illuminirt. Es war ein herrlicher, windstiller Abend. Viel Aufsehen machte unter anderen folgendes Sinnbild: Es stürzt Jemand einen Andern in einen brennenden (rauchenden) Schornstein mit der Umschrift:

Wer nicht gut Preußisch will sein,
Den stürz' ich ins Feuer hinein.

Seine Majestät hatten nur kalte Küche gewünscht und begaben sich zeitig zur Ruhe. Ein Musikchor spielte noch einige Symphonien. Früh um 3 Uhr stand der König auf. Um 4 Uhr hatten sich bereits mehre Edelleute, der Abt von Rauden und der Magistrat eingefunden. Um 4½ Uhr ließ Friedrich Wilhelm den Director Brandt zu sich herauf kommen, erkundigte sich nach dem Zustande und Verkehre der Stadt, äußerte sein Wohlgefallen, daß der Tuchhandel stark betrieben werde und reiste zufrieden nach Neustadt weiter. Auf dem Ringe ertönten wieder Pauken und Trompeten, am neuen Thore passirte der Zug gleichfalls durch eine Ehrenpforte.

16

Damals garnisonirten von den 4 Compagnien des von Daltwig=
schen Kürassier=Regimentes

| | Offiziere. | Unteroff. und Gemeine. | Familien-mitglieder. | Dienstboten. | Summa. |
|---|---|---|---|---|---|
| von der Leibkompagnie | 5 | 58 | 122 | 45 | 230 |
| vom Unterstabe | — | 8 | 17 | 22 | 47 |
| Oberst von Gilsa | 4 | 56 | 90 | 18 | 168 |
| Major von Zülow | 4 | 56 | 82 | 13 | 155 |
| Rittmeister von Brehmer | 3 | 56 | 104 | 6 | 169 |
| | 16 | 234 | 415 | 104 | 769. |

Da die Walke des Dominium für die Tuchmacher der Stadt
nicht ausreichte, wurde 1789 eine städtische Tuchwalke ge=
gründet.

Im Auftrage der Kriegs= und Domänenkammer begab sich,
der Generalmandatar Wirthschaftsinspektor Schmieder wegen der
von der Tuchmacherzunft zu erbauenden Walke am 27. Juli nach
Ratibor und leitete mit Zuziehung des Bauinspektor Samuel
Ilgner den Bau ein. Als Platz wurde der Stiftsetzersche Garten
gewählt. Seitens des Schloßdominii wurde bedingt:

1) daß der Pfinna=Müller in seiner Nahrung durch Vorent=
   haltung des Wassers in keiner Weise gestört werde, son=
   dern daß der Bau der Walke in der Art eingerichtet werde,
   daß Jenem kein Schaden geschehe; etwaigen Nachtheil habe
   die Zunft zu vertreten,

2) die Dominialwalke bei dem Schlosse solle dadurch nicht auf=
   hören,

3) die Zunft zahlt einen Wasserzins (2⅓ rtlr.), der zu dem
   neu zu erbauenden Wehre bei Benkowitz verwendet werden
   soll,

3) dieselbe verpflichtet sich, die wegen der Spannung des
   Wassers bedrohten Dämme im Stande zu erhalten.

Der Pfinnamüller Thomas Lauffer und die Vormünder der
Thomiczekschen Erben, welchen diese Mühle gehört, erklärten, wenn
der künftige Walkmüller des Nachts das Wasser vorenthalte, solle

er vom Magistrat mit 2 rtlr. gestraft werden. Die Zunft wollte, wenn sie ihre Tücher in der eignen Mühle nicht bestreiten könne, auch in der Schloßwalkmühle (pro Stück 8 Heller) walken lassen.

Aber die Dämme wurden nicht erhöht; schon im Juli 1801 klagten die Neugartener, daß durch die Spannung des Grabens das Wasser aus der Pfinna ausgetreten sei.[1]

Der Rittmeister von Sydow bei dem Kürassier = Regiment Dalwig nahm seinen Abschied, die erledigte Compagnie rückte Ende Januar 1790 in Ratibor ein, um mit der des Obersten und Commandeur von Elßner[2] die zweite Escadron zu formiren, und an deren Stelle ging die Compagnie des Rittmeister von Brehmer von Ratibor nach Leobschütz.

Der Rittmeister und Generaladjutant Moritz von Prittwitz vermählte sich am 23. August 1792 mit Henriette, der Tochter zweiter Ehe des General von Dalwig.

Die Garnison von Bauerwitz wurde nach Katscher verlegt.

Zum Pfingst=Wollmarkt 1793 gingen ein 1856 Stein, verkauft wurde nach Außen 228, für den Ort 388 Stein. Der Stein der besten Wolle galt 7 rtlr., der mittleren 6⅔ rtlr., der geringen 6⅙ rtlr.

Am 14. Februar 1795 nahm ein starker Eisgang die Oberbrücke fort, deren Wiederaufbau erst am 16. Januar 1796 vollendet wurde.

Der Stadtdirector Carl Andreas Brandt starb am 19. Januar 1796;[3] ihm folgte unterm 18. März im Amte Johann

---

[1] Acten im Königlichen Landrathsamte.

[2] Carl August von Elßner, geboren am 28. August 1734 in der Lausitz, kam 1749 in das Cadettenchor nach Berlin, trat 1754 als Fahnenjunker in das Dragoner=Regiment von Normann ein und avancirte zum Hauptmann. Am 3. Februar 1779 erbeutete er in der Affaire bei Brix 3 Kanonen und erhielt den Orden pour le merite 1783; zum Major und Compagniechef im Dalwigschen Kürassier=Regiment ernannt, wurde er 1788 in das von Mansteinsche Regiment versetzt, wo er bis zum Generalmajor avancirte. Am 9. August 1802 zum Commandanten der Festung Kosel ernannt, starb er 11 Tage später 68 Jahr alt. Schl. Provinzialbl. 36, 433.

[3] Die Schlesischen Provinzialblätter Band 23, Seite 181—182 beschreiben das feierliche Begräbniß des verdienten Mannes.

16 *

Friedrich Wenzel, lutherisch, aus Merseburg, früher Referendar bei dem Stadtgerichte in Berlin, Regimentsquartiermeister und Auditeur bei dem **II.** Feldartillerie-Regiment. Er hatte 400 rtlr. Gehalt und 103 rtlr. Nebeneinkünfte. Polizeidirector war seit 6. Juni 1797 Ernst Friedrich Blühdorn, lutherisch, aus Jäuschdorf bei Oels, Referendar bei dem Stadtgerichte in Berlin und Auditeur bei dem Küraffier-Regiment des Graf von Truchseß, er hatte 170 rtlr. Gehalt und 51 rtlr. Nebeneinkünfte. Syndicus war Johann Samberger mit einem Gehalt von 180 rtlr. und 294 rtlr. Nebeneinkünften.

von Dalwig, der sich allgemeine Achtung erworben, starb am 27. September 1796 im Alter von 72 Jahren. Chef des Küraffier-Regiments wurde Generalmajor von Berg.

An Militair hatte die Stadt im Jahre 1797 den General-Major von Berg, 16 Offiziere, 225 Unteroffiziere und Soldaten, 172 Beurlaubte. Der Unterstab bestand aus 7 Mann.

Der Postdirector Ernst Andreas von Cronhelm (Sohn des bereits genannten Kriegs- und Steuerraths zu Neustadt), welcher im Graf Truchseßschen Küraffier-Regiment den 7jährigen Krieg als Lieutenant mitgemacht, als Rittmeister seine Entlaffung genommen und 1782 das Postamt zu Ratibor erhalten, starb am 21. Juni 1797. [1]

In der Nacht vom 8. zum 9. August 1799 brannten 14 Bürgerhäuser in der großen Vorstadt ab. Die Abgebrannten erhielten 2 Jahre später aus der Feuersocietätskasse 2351 rtlr. in 4 Fässern und von der Königlichen Domänenkasse ein Gnaden-geschenk von 2000 rtlr.

Auf die Einfuhr von Tuch und Leinwaren nach Rußland war Impost gelegt und der Verkauf am Platze deßhalb ohne Belang.

---

[1] Provinzialblätter 26. B. 173.

# Friedrich Wilhelm III.

Auf Friedrich Wilhelm **II.**, der am 16. November 1797 zu Potsdam starb, folgte dessen ältester gleichnamiger Sohn, der als 18jähriger Prinz unsere Stadt besucht hatte. Allem Gepränge abgeneigt, ließ der neue Monarch in Schlesien keine besondere Huldigung veranstalten. Fürsten und Stände sollten sich im Juli 1796 in Berlin zur Erbhuldigung einfinden. Ratibor ließ sich mit den Städten des sechsten steuerräthlichen Departement durch den Stadtdirector Schwechten von Neustadt vertreten. Von Seiten des Fürstenthums war Moritz Freiherr von Stilfried auf Lissek als Deputirter erschienen.

Der Generalmajor und Chef des Kürassier = Regiments von Berg starb am 10. December 1797, im Alter von 62 Jahren.

Das Raudener Stiftshaus wurde zu Ende des Jahrhunderts an den Kreisphysikus Werner für 1500 rtlr. und 10 Speciesdukaten verkauft. Damals wohnte noch die Wittwe des General von Dalwig in demselben.

Nachdem die Gelehrten lange vorher die Frage behandelt, ob das Jahr 1800 das letzte des achtzehnten oder das erste des neunzehnten Jahrhundertes sei, ohne daß eine Vereinigung über den Streitpunkt zu Stande kam, verordnete das deutsche Landes= Consistorium, das neue Säculum solle erst 1801 angefangen werden. An vielen Orten wurden besondere Feierlichkeiten gehalten, zumal das beginnende Jahrhundert zugleich die Jubelfeier der königlichen Würde des preußischen Hauses in sich schloß. Obgleich in Ratibor der Magistrat keine Anregung erlassen, und mancher bescheidene Bürger Anderen nicht zuvorkommen wollte, so wurde doch ein Haus erleuchtet. Es zeigte in einem Fenster den preußischen Adler und einen Opferaltar mit den Worten: „Es blühe Preußen. Das Opfer für Dich, Dein Schutz für mich." Im andern Fenster sah man das Sinnbild des Herkules, der den Namen des Königs auf dem Schilde führte; darauf die Worte:

Er regiert und beglückt durch Stärke, Tapferkeit und männliche Tugend. Außerdem wurde das eintretende Jahrhundert mit allen Glocken eingeläutet und von der Schützengilde durch einige Böllerschüsse begrüßt. [1]

Der penf. Generalmajor von Zülow starb am 23. Juli 1801, 73 Jahr alt.

Der penf. Major von Rohr[2]) starb am 29. August 1801, 77 Jahr alt.

Wenn auch die Professionisten klagten, daß Wolle, Garn und Farbewaaren im Preise gestiegen, so hob sich doch die Tuchmanufactur. Kaufmann Galli bezog 1801 die Leipziger Messe mit 160 Stück Tuch, die Tuchmacher Klügler und Karuth reisten im August 1802 mit 200 Stück hierorts fabricirten Tüchern nach der Leipziger Messe und setzten dieselben mit Nutzen ab. Auch arme Leute, die zu schwerer Arbeit zu schwach waren, selbst Kinder und Greise erwarben sich durch Wollkrämpen, Wollspinnen und Tuchnoppen einigen Verdienst. Der Wohlstand hob sich und erweckte ein erhöhtes Lebensgefühl. Einige Menge Verschönerungen und Verbesserungen datiren aus dieser Zeit. Zunächst wurden von 1798 bis 1801 über 1100 Stück Linden auf dem Doctordamme und später auch Pflaumen und Kirschbäume gepflanzt.

Dr. Heidrich aus Troppau impfte im Juli 1801 an 20 Kindern die ersten Kuhpocken ein. Die Vogelsche Schauspielergesellschaft hielt sich im Juli und August hier auf. Im Januar 1802 wurden die Häuser numerirt (380 Feuerstellen) und

[1]) Provinzbl. B. 33, S. 67.

[2]) Philipp Ewald von Rohr, geboren den 25. October 1726 in der Neumark, Sohn des Landrath von Rohr Herr auf Wilmersdorf, wurde 11 Jahr alt Page bei dem Generallieutenant von Walbow, trat 1744 als Fahnenjunker in königliche Dienste, wurde 1756 Lieutenant, 1758 Rittmeister, 1761 Compagniechef und 1782 Major. 1763 kam er in die Garnison nach Ratibor, wo er sich mit Charlotte von Strantz vermählte. 1789 suchte er seine Dienstentlassung nach. Nach 8 Jahre schmerzlicher Krankheit starb er am 30. August 1801. Provinzialbl. 36. B. 353.

Straßenlaternen eingeführt, nachdem auf dem Ringe vom Rathmann Bordollo, Kaufmann Albrecht und Gastwirth Hilmer bereits ein Anfang mit der Beleuchtung gemacht worden; Polizeidirector Blühdorn legte im August 1802 an seinem Hause den ersten Blitzableiter an, Hunde wurden seit August 1803 mit Knütteln versehen.

Auch in wissenschaftlicher Beziehung geschah ein bedeutender Fortschritt, indem die erste Buchdruckerei von Franz Julius Bögner und die erste Buchhandlung von Carl Heinrich Juhr gegründet wurde und der oberschlesische Anzeiger gleichzeitig ins Leben trat. Vom Kriegs= und Domainenrath Werner ins Dasein gerufen, erschien er wöchentlich zweimal und wurde seit 1809 von Reisewitz und seit 1816 von Seligmann Pappenheim fortgesetzt.

1802 wurde der Königliche Bau=Inspektor Ilgner pensionirt und an dessen Stelle der Bauconducteur Tschech erwählt.

Bei dem vermehrten und veredelten Lebensgenusse vergaß man nicht der armen Mitbrüder. Es wurde 1804 ein allgemeines Krankenhaus errichtet. Die Preise der Bedürfnisse waren seit 15 Jahren um die Hälfte gestiegen.

Die Bäckerzunft legte 1804 ein besonderes Getreidemagazin an, in welchem Bestände auf wenigstens 2 Monate angeschafft und der Bedarf für jedes Zunftmitglied fournirt wurde. Nachdem schon 1803 der dritte Theil der Stadtmauer in dauerhaften Zustand gesetzt war, wurde auf Ordre der Königlichen Kammer vom 29. November 1805 von der Kriegs= und Accisekasse 609 rtlr. zur Reparatur der Stadtmauer bezahlt.

Gut und Vorwerk Brzezie wurden vom 1. Juni 1804 bis 1816 an den Oberamtmann Anton Pawerra für ein jährliches Quantum von 1612 rtlr. 12 sgr. verpachtet, Studzienna ebenso an den Wirthschaftsinspektor Daniel Hanke für 1512 rtlr. 12 sgr., Plania vom 1. Juni 1805 bis 1816 an die Gemeinde für 700 rtlr. jährlich. Damals hörte die Verpachtung der Jahrmarktsbauden und der Stadtwage auf und wurden selbe administrirt, erstere brachten 134 rtlr., letztere 376 rtlr., der Rathskeller 26 rtlr., die Stadtmauth 121 rtlr.

1805 bis 1806 wurde die Chaussée über Plania in Stand gesetzt. Das Stockhaus bedurfte einer Reparatur. Obgleich der Oberamtsregierungs-Präsident Graf von Dankelmann und Regierungsrath Baron von Gärtner im Mai 1804 das schlechte Gebäude besichtigend die Nothwendigkeit eines Neubaues aussprachen, so unterblieb noch wegen der unruhigen Zeiten die Reparatur bis 1809. Das Tuchmachergeschäft hob sich immer mehr, es wurde zu den hiesigen Fabrikaten schon viel spanische Wolle verarbeitet.

Am 1. October 1805 wurde die hiesige Garnison (2 Escadronen Husaren) auf den Feldetat gesetzt. Vom 8. bis 16. November passirte die russische Armee 40,000 Mann stark, in fünf Colonnen die Stadt; es befand sich dabei der commandirende General der Cavallerie Friedrich Wilhelm Graf von Buxhöwden, der von Warschau kam und seine Truppen über Troppau und Olmütz nach Austerlitz führte. Letztrer wurde auf Verfügung des Landrathes von Prittwitz qua Commissarius in der Stadt einlogirt.

Am 30. November marschirten die beiden Escadrons des Generalmajor von Bünting (Chef seit 10. März 1804) mit dem Stabe hier aus, um zum Chor des Generallieutenant von Grawert zu stoßen. Die Haupt- und Thorwachen wurden durch Bürger besetzt. Viele russische Deserteurs ließen sich in preußische Dienste aufnehmen.

Nach der zwischen Russen und Franzosen gelieferten Schlacht von Austerlitz am 2. December flüchteten Viele, auch Blessirte, nach Ratibor, die aber schon am nächsten Tage ins Lazareth nach Crakau gebracht wurden. Der englische Gesandte Lord Gower, der schwedische Botschafter Baron von Stebing, Oberstlieutenant Baron von Sporré, Major Baron von Otter, Fürst Bagrathion,

Oberst von Manteuffel kehrten nach Troppau wieder zurück, als der Waffenstillstand und Friede erfolgte.

Während des Jahres 1805 wurden im ganzen Kreise 353 Personen geimpft.

Am 9. Februar 1806 kehrten die beiden Escadrons in ihre Garnison zurück. Am 14. Juli übernachtete hier der große Vorkämpfer für Deutschlands Einheit, Finanzminister Heinrich Friedrich Carl Freiherr von und zum Stein mit dem Geheimen Oberregierungsrath Chr. Friedrich Wilhelm von Hagen und reisten über Czernitz nach Kosel.

Im November hielten sich aus Furcht vor den Franzosen mehre Fremde hier auf. Auch Personal von der Oberamtsregierung zu Brieg miethete sich auf unbestimmte Zeit hier ein. Die Stadt hatte damals 382 Feuerstellen.

Zur Bestreitung der Contributionen wurden 6000 rtlr. Kriegsschulden auf die drei Kämmereidörfer contrahirt. Nach einer Ordre vom 31. Mai 1807 sollten bereits am 12. Juni aus dem Kreise Ratibor in das Magazin nach Brieg geliefert werden, 200 Scheffel Roggen, 300 Scheffel Hafer, 500 Centner Heu, 50 Schock Stroh und 30 Stück Ochsen.

Der Chef des hier in Garnison gestandenen Regimentes Generalmajor Carl Wilhelm von Bünting, welcher sich nach der Capitulation von Magdeburg als Kriegsgefangener hier aufgehalten, zog am 17. August 1807 mit Sack und Pack nach Pommern ab.

Am 5. September traf eine Escadron des 21. (französischen) Chasseur-Regiments (150 Mann) hier ein und ging am 8. nach Breslau, kam aber bald wieder. Der Brigade-General Delange ließ sich vom 9. August bis 9. September 1080 rtlr. Tafelgelder und Oberst Berrige 800 rtlr. Montirungsgelder auszahlen. Am 10. September übernachtete das 10. Husaren-Regiment und ging nach Oberglogau, am 12. September übernachteten hier 40 Mann, die aus dem Lazareth von Hultschin kamen. Auf dem Schlosse wurde ein Lazareth etablirt.

Im November erhielten auf Befehl des kommandirenden Generals der leichten Cavallerie L. Montbrün die Mannschaften des Chasseur-Regiments, die von den Bürgern verpflegt wurden, früh ¼ Quart Branntwein oder ⅛ Rosoli, Brod, Butter und Käse; Mittags: Suppe, 1 ℔ Fleisch, 1 Flasche Bier, Brod, Butter, Käse; Abends Braten, Bier, Brod, Butter und Käse, wozu das Land concurirte. General = Commandant Gulnard wird im December genannt.

Obgleich am 6. Februar 1808 von dem französischen Regiment über 100 Mann in den Plesser Kreis verlegt wurden, blieben doch noch über 100 Mann und 12 Offiziere bis November hier einquartirt.

Anfang Juni traf ein Offizier des Marschall Mortier, dessen Corps bei Breslau stand, in Ratibor ein, rief die städtischen Beamten und Schulzen der Dörfer vor sich und verlangte bis zum 7. Juni einen genauen Nachweis über die Naturalbestände, um darnach die Mannschaften zu vertheilen. Auch im nächsten Monate war er noch anwesend.[1]

Ende November 1808 marschirten endlich die hier in Cantonirung gestandenen französischen Husaren zur Rheinarmee und traf dafür am 2. December 1 Escadron des Fürst von Pleßschen Husaren = Regiments unter dem Rittmeister von Witkowski ein, die mit Freuden empfangen und am Einzugstage auf Kosten der Stadt bewirthet wurden.

Am 20. Januar 1809 starb zu Ratibor Carl Wilhelm von Bünting, Generalmajor der Cavallerie, Ritter des Verdienstordens am Schlage, im Alter von 70 Jahren 2½ Monaten.

Ende März 1809 rückte die Escadron des Rittmeister von Kuffta vom 1. Schlesischen Husaren=Regiment hier ein und wurde

---

[1] Potthast, Geschichte von Rauden. 1858. Seite 134.

gehörig einquartirt. Das Geschäft der Kaufmannschaft ging gut. Auch die Tuchmacher hatten noch guten Absatz nach Polen und Rußland und lieferten auch für das preußische Militair Tuch.

Nachdem man den Gips als ein vorzügliches Mittel zur Befruchtung der Felder und Wiesen erkannt hatte, lieferte Kaufmann Bordollo große Quantitäten Gips an die Landwirthe Schlesiens.

Friedrich Wilhelm III. führte durch das Edict Königsberg den 19. November 1808 eine neue Städteordnung im ganzen Staate ein, die in Schlesien vom Januar 1809 an in Ausführung kam. Diese trug zum Emporkommen der meisten Orte viel bei. Bisher stand zwar der Bürgerschaft eine Theilnahme an der Communalverwaltung zu und wurde bei wichtigen Fällen die ganze Stadtgemeinde zugezogen, indeß war doch im Ganzen die Theilnahme gering; sie hatten keine Einsicht in die Verwaltung, die ganz in den Händen des Magistrates lag. Die neue Ordnung hatte das zweifache Verdienst, daß alle Städte der Monarchie eine gleichartige Verfassung erhielten und der Bürgerschaft und den von ihr gewählten Repräsentanten, den Stadtverordneten, die volle Einwirkung auf die Verwaltung der Stadt eingeräumt wurde. Den Stadtverordneten wurde die Entscheidung über sämmtliche Gemeindeangelegenheiten beigelegt und dem Magistrate blieb die Ausführung ihrer Beschlüsse und die obere Leitung der städtischen Verwaltung. Die Bürger wählten ihre Beamten, lernten die Vermögensverhältnisse der Kämmerei kennen und richteten darnach ihre Abgaben ein. Die Finanzen wurden besser geordnet, für Schulen, Reinlichkeit, Straßenbeleuchtung, Wegebesserung, Verschönerung und andere städtische Angelegenheiten besser gesorgt.

In Ratibor, welches in 4 Stadtbezirke getheilt wurde, schied bei Einführung der neuen Städteordnung Polizei-Director Ernst Friedrich Blühdorn aus und wurde nach Neustadt versetzt. Es fungirten Kaufmann Carl Rafael Wolf als Bürgermeister,

Syndicus Ignatz Burger blieb, Kaufmann Joseph Clement als Kämmerer und 8 unbesoldete Rathsherren: Kaufmann Franz Bordollo, Mar. Albrecht, Bauinspektor Ilgner, Uhrmacher Fischer, Zirkelschmidt Volkert, Chyrurg Beyer, Züchner Grenzberger, Accise-Einnehmer Lange und Kaufmann Frey. Stadtverordnete waren 36, Stellvertreter 12. Bürger waren 448, darunter stimmfähige 403.

Zur Begründung der Moralität wurden seit October 1809 die Lehrlinge an den Sonntagen, nachdem sie sich vor dem Polizeihause versammelt, von den Bezirksvorstehern in die Predigt und Nachmittag in die Wiederholungsstunden geführt.

Durch die Unruhen in Polen war der Absatz von Tuch gehemmt, auch der Postcours nach Wien war gesperrt, italienische Waaren, namentlich Baumöl fehlten in der Stadt. Durch das Verbot des russischen Kaisers, daß ferner keine Tücher mehr nach Rußland eingeführt werden sollten, litt die Tuchfabrikation, indem die russischen Juden, die hier sonst kauften, keine Bestellung mehr machen konnten.

Im Herbstwollmarkt 1810 wurden 1890 Stein abgewogen, wovon 675 Stein am Orte, 734 nach anderen Städten des Inlandes verkauft worden. Der Ueberrest ging zurück. Die Preise waren 19, 17½, 15 rtlr.

Bisher war das Recht, Handel oder Gewerbe zu treiben, nur auf eine gewisse Anzahl Stellen eingeschränkt und der geschickteste Arbeiter in seiner Profession durfte nicht als Meister auftreten, wenn er nicht Geld und Gelegenheit hatte, eine solche Stelle zu kaufen. Nur die Handwerker, welche die Hauptproducte des Landes, Wolle und Flachs, verarbeiteten, waren vom Gewerbszwange befreit. Auch galt der Soldatenrock für ein Privilegium zu allen Nahrungszweigen. Mit dem Jahre 1811 hörte der Innungszwang auf und konnnte Jeder mit geringer Einschränkung jedes Gewerbe auf einen jährlich zu lösenden Gewerbeschein treiben.

Das Militairwesen erfuhr eine gänzliche Umgestaltung. Ausländer wurden aus dem Heere entlassen, jeder waffenfähige Mann mußte Soldat werden und da Preußen nur wenig Militair halten durfte, wurde die Landwehr eingeführt.

Das am 8. April 1809 erlassene Edict betreffend die persönliche Freiheit der Unterthanen wurde von manchen Landleuten Oberschlesiens falsch verstanden und hatte Auflehnungen gegen die Gutsherrschaft zu Folge. Solche Widersetzlichkeiten äußerten sich namentlich in Tworkau, das dem Baron von Eichendorff gehörte. Auf dessen Verlangen rückte die erste Escadron des ersten Schlesischen Husarenregiments am 8. Februar 1811 dahin ab, fand aber zunächst keinen Widerstand. Erst am zweiten Abende fanden sich einige hunderte Leute aus dem jenseits der Oder liegenden, dem Fürst von Lichnowski gehörigen Orte Lubom ein, um den Tworkauern gegen die Husaren Hilfe zu leisten. Sie wurden aber bald zerstreut. Ein durch vier Säbelhiebe blessirter beurlaubter Soldat, der in Bauerkleidern sich widersetzt, wurde nach Ratibor zur Heilung, die 2 Haupträdelsführer G. und M. nach Kosel transportirt. Am 18. März wurden 256 Bauern als Arrestanten unter militairischer Bedeckung nach Ratibor eingebracht. Andre Haufen, welche sich später noch bei Tworkau einfanden, wurden durch die Husaren sofort zerstreut. Der Regierungsrath Dietrich, als Commissar, operirte so vorzüglich, daß die Ruhe diesseits der Oder bald wieder hergestellt wurde.

Im Jahre 1811 wurde der Straßenbau über die Plania beendet, und im August des nächsten Jahres der Schwarzviehmarkt aus der Stadt vor das große Thor verlegt.

Nachdem Bürgermeister Wolf abgegangen und die unbesoldeten Rathmänner Lange, Frey und Volkert ausgeschieden, wurden am 5. September 1812 der pensionirte Kämmerer Johann August Precht, geboren in Ratibor 1778, lutherisch, als Bürgermeister, Kaufmann Bernard Scotti und Glasermeister Thiel als Rathsherren installirt.

Ende Mai 1813 zog ein Theil des Personals vom Oberlan=
desgericht aus Brieg hieher.

Nachdem am 21. Juni bereits 3 Landwehr = Compagnien
hier standen, waren Anfang Juli außer den Lazarethen schon
1600 Mann einquartirt.

Obgleich Oberschlesien in den Befreiungskriegen von der
persönlichen Gegenwart des Feindes verschont blieb, so mußte doch
auch unsere Stadt des Krieges Lasten tragen. Von den Stadt=
kindern, welche sich unter die begeisterten Reihen der Vaterlands=
vertheidiger stellten, blieben auf dem Felde der Ehre für König
und Vaterland sterbend:

1) aus dem katholischen Kirchspiele

Benjamin von Reiserpitz, Capitain vom 14. Landwehr=In=
fanterie=Regiment.

Friedrich Wilhelm von Zahczek, Lieutenant vom 11. Li=
nien=Infanterie=Regiment.

Samuel Siburg,

Adam Dzirzanowski, } Unteroffiziere.

Simion Kalisch, Gemeiner.

Franz Gorczko, Gemeiner vom 1. Schlesischen Husaren=
Regiment.

Lorenz Schweinhuber, Unteroffizier.

Thomas Rudek, Gemeiner vom 1. Schlesischen Kürassier=
Regiment.

Jacob Abamek, Gemeiner vom 2. Landwehr = Infanterie=
Regiment.

2) aus der evangelischen Gemeinde:

Ferdinand Elsner, Lieutenant im Fuß=Jäger=Detachement.

Schweighard, Trompeter im 1. Schl. Husaren=Regiment.

Nizke, Gefreiter im 1. Schlesischen Husaren=Regiment.

Gottfried Schöpke, Husar im 1. Schl. Husaren=Regiment.

Gottlieb Hentschel,   „  „ 1.  „    „    „

Im Jahre 1817 wurde der israelitische Kirchhof angelegt.

Am 12. Juni 1817 rückten Stab und 1. Escadron des 12. Husaren-Regiments von hier nach Eisleben in Sachsen ab. Die Stadt sollte aufhören, Cavallerie-Garnison aufzunehmen und mußte die Ställe zu Wohnungen umbauen, da sie mehr als 100 Personen Zuwachs durch Uebersiedelung des Oberlandesgerichts erhielt.

Die Errichtung einer Regierung in Oppeln (1816) war für Oberschlesien überaus ersprießlich. Eine andre große Wohlthat für unsre Gegend war die Verlegung des Oberlandesgerichts von Brieg nach Ratibor am 1. October 1817; denn der Geschäftsgang war bisher der großen Entfernung wegen sehr erschwert, die Prozesse mit größeren Kosten und Weitläufigkeiten verbunden. Der Zuwachs von Honoratioren hob das gesellige Leben; auch manche Verschönerungen wurden getroffen, der Neumarkt wurde, nachdem der Roßmarkt außerhalb der Stadt in den Schützenzwinger verlegt worden, gepflastert und die Jahrmarktsbuden hieher verlegt. Durch Einführung von 55 Stück neuen Laternen wurden die Hauptstraßen und Märkte, wenn auch nicht vollkommen, so doch nothdürftig erleuchtet.

Im Jahre 1818 wurde das Spritzenhaus gebaut und der Thurm am großen Thore abgetragen. Die Einnahme und Ausgabe der Kämmerei betrug circa 10,000 rtlr., Schulden blieben noch 25,000 rtlr. Um diese zu tilgen, wurden im März 1818 die Planiaer Dominialgrundstücke an die Gemeinde Plania für 24,000 rtlr. veräußert. (Der Contract wurde erst am 30. December 1822 confirmirt.)

Auch die Brauerei auf dem Neumarkte verkaufte die Kämmerei an den Bürgermeister Precht für 7000 rtlr., das Malzhaus für 1000 rtlr. Früher war hier nur eine Brauerei gewesen, die der Commune gehörte, aber nach Aufhebung der Gewerbegerechtigkeit entstanden mehre Brauereien.

Um diese Zeit war die Tabakfabrikation, die Lederbereitung, Leinweberei und der Getreidehandel bedeutend, aber die übrigen

Gewerbe stockten. Das Vermögen der Tuchmacher, Fleischer, Bäcker und Schuhmacher sank, weil der Absatz nach Polen ein Ende hatte und Fleisch und Brod vom Lande in die Stadt gebracht wurde.

Auf dem im Juni 1819 abgehaltenen Wollmarkt wurden 1637 Stein Wolle an inländische Fabrikanten abgesetzt. Die hiesige Tuchfabrik litt durch Einführung niederländischer Tuche, die Seifensieder litten dadurch, daß die Hultschiner Lichthändler ihre Waren aus Oesterreich einführten. Gleichwohl vermehrten sich die Professionisten und zeichneten sich die Tischler, Sattler und Schuhmacher durch Fortschritt in ihrer Fabrication aus.

Im Mai 1819 trat an Prechts Stelle, der pensionirt wurde, der bisherige Accise=Einnehmer Anton Jonas aus Beuthen als Bürgermeister.

Am 2. Juni wurde das Gymnasium im ehemaligen Franciskanerkloster eröffnet.

Am 3. Juli wurde der Stadt das Glück zu Theil, den Kronprinzen von Preußen in ihrer Mitte zu sehen. S. Königl. Hoheit wurden an der Gränze von den Behörden und der Bürgerschaft empfangen, fuhren dann unter Vorschreitung der Schützenkompagnie unter dem Jubel des Volkes durch eine über die Oderbrücke von den Masten der Kähne gebildeten Triumpfbogen nach der Stadt, stiegen in dem Hause des Kaufmann Wolf ab, nahmen ein Mittagsmahl und zeigten sich der versammelten Menge, während die Gymnasiasten einen Gesang ausführten.

Am 16. Juli 1819 starb der letzte Abt von Rauden, Bernard Galbiers, zu Ratibor im Alter vom 72 Jahren. Am nächsten Tage wurde die Leiche in die Pfarrkirche übertragen und von hier nach abgehaltenem Todtenamte nach Rauden geleitet, wo sie am 19. Juli im Beisein von 45 Geistlichen in der Crypta der Marienkapelle bestattet wurde. Dieser Prälat hatte 100 rtlr. zur Austheilung an die hiesigen Armen vermacht.

Für die Veräußerung des Kämmereigutes Stubzienna am 1. September 1819 erhielt die Stadt, nachdem die Robotdienste für 8000 rtlr. reluirt worden, von dem Landes=Aeltesten von Jarotzki 22,500 rtlr. Der Kaufcontract wurde am 22. Mai 1819 confirmirt.

Zur bessern Straßenbeleuchtung wurden im November 1819 fünfzig gläserne Kugellaternen angeschafft und zum Ausbau des Stockhauses durch Communalbeiträge 1200 rtlr. aufgebracht.

Am 20. October 1820 Nachmittag 1 Uhr zog Kaiser Alexander I. von Rußland, von Gleiwitz und Rauden kommend, unter dem Glockengeläut und Jubel der Volksmenge in die Stadt. An der Oderbrücke bildeten die Schiffsmasten ein Portal, bei welchem die Schützencompagnie paradirte und die Bürger bis zum Oderthore ein Spalier bildeten. Hier empfingen ihn der Magistrat und die Stadtverordneten; eine von den 12 weißgekleideten Jungfrauen überreichte einen in antiker Form aus Silber gearbeiteten Lorbeerkranz mit der Inschrift:

„Ratibor weihete mich dem Haupte des edelsten Herrscher's
Der Vergangenheit Ruhm, der Gegenwart Hoffnung zu
künden,"

auf einem weißsamtnen mit dem Wappen der Stadt verzierten Kissen. Die Geistlichkeit, das Collegium des Oberlandesgerichts und mehre der Herren Landstände empfingen den Kaiser am Landschaftshause, in welchem er das Mittagsmahl einnahm und um 3 Uhr unter Glockengeläut zu dem Congreß in Troppau abfuhr, welchem die drei Großmächte persönlich beiwohnten, während die übrigen Höfe durch Gesandte daran Theil nahmen.

Zur Begleitung auf preußischem Gebiete waren bei ihm der kommandirende General Graf von Ziethen, der Regierungs=Vicepräsident Richter, der Ober= Oberpräsidial= und Regierungsrath Sabarth, sowie der Commissar der Oppelner Regierung Kammerherr und Regierungsrath von Ferlemont.

17

Im letzten Semester 1820 wurden hierorts 187½ Centner Wolle zur Tuchfabrication verbraucht. Daraus sind 750 Stücke Tuch im Werthe von 19445 rtlr. fabricirt worden. Da die Wolle dazu für 11250 rtlr. erkauft worden, so betrug der Gewinn 8195 rtlr. Im Juni 1821 wurden auf dem Wollmarkte 280 Centner Wolle verkauft, feine Waare à Centner 60 bis 70 rtlr., mittlere 53 bis 54 rtlr., grobe 47 bis 50 rtlr.

Ratibor hatte bisher noch keine Schönfärber. Die Tuchmacher mußten ihre zu echter Farbe bestimmte Waare nach Sohrau oder Pleß führen. Endlich etablirte sich December 1821 Schönfärber Hönig aus Jägerndorf hierorts.

Nachdem auf dem ehemaligen Dominikanergarten (welcher Platz von der Regierung unentgeltlich überlassen worden) ein Garnisonstall für 150 Pferde massiv aufgeführt worden, welcher Bau der Commune 13,736 rtlr kostete, rückte am 15. November 1821 die in Nicolai stehende dritte Escadron des 2. Schlesischen Ulanen-Regiments unter dem Commando des Rittmeister von Witzleben hier mit Regimentsmusik ein. Brigadegeneral von Stößel dankte der Commune für den bewiesenen guten Willen. Im November 1822 übernahm der Rittmeister von Teßka ein Altpreuße als Chef die Escadron. Es wurde bald darauf das Landwehr-Zeughaus vor dem großen Thore auf königliche Kosten gebaut da der Stamm des 3. Bataillons des 22. Landwehr-Regiments (Commandeur Major von Wolfsburg) und die 3. Escadron des 22. Landwehr-Regiments (Rittmeister von König) hier garnisonirten.

Am 4. September 1822 hatte Ratibor noch einmal das Glück, den russischen Kaiser auf der Reise zum Congreß in Verona, der am 15. October eröffnet ward, zu empfangen. Er stieg auf dem Markte aus dem Wagen und ließ die Ulanen-Escadron, der er 150 Dukaten schenkte, einige Evolutionen machen.

Kaufmann Hergesell errichtet 1822 eine Essigfabrik.

Im Juni 1823 wurden 728 Centner Wolle abgewogen und meist verkauft. Apotheker Frank legte damals einen schönen Garten an, woselbst er Gränzeug und officinelle Kräuter baute. Auch aus anderen Gärten wurde viel Gemüse nach benachbarten Städten ausgeführt. In demselben Jahre starben sehr viele Kinder an Masern und Scharlachfieber. Das Garnisonslazareth, welches bisher auf der Jungferngasse gewesen, wurde in das Kloster der Franciskaner verlegt, nachdem das Gymnasium in das ehemalige Jungfrauenstift übergesiedelt.

Von 1823 bis 1828 wurde der letzte Rest des Stadtwaldes niedergeschlagen, der Fleck gerodet, zu Acker und Wiesen in Kultur gesetzt und gut verpachtet. Jetzt führten auch mehre Bürger (Gastwirth Jaschke, Stallmeister Schauder, Gürtler Schwarz, Kaufmann Doms) massive Häuser auf, die zur Verschönerung der Stadt viel beitrugen. Der Bau des Rathhauses,[1]) nach dem von der Königlichen Regierung genehmigten Plane in Angriff genommen, wurde 1826 vollendet. Die Kosten beliefen sich auf 19,043 rtlr. Damals wurden auch die Nebengassen und Vorstädte mit Laternen versehen, der Marktplatz aber, die lange und neue Gasse mit großen Réverbère=Laternen aus Berlin und Breslau geziert.

Mit dem 1. Januar 1826 begann das Ablösungsgeschäft bei den Schuhbänken und Bäckern.

Am 31. Juli waren es 50 Jahr her, daß die Stadt die letzte bedeutende Feuersbrunst erlitten. Für den Schutz der göttlichen Vorsehung wurde am genannten Tage in der Pfarrkirche eine Jubeldankfeier mit Predigt, Hochamt und Tedeum abgehalten. Die große Kirche konnte kaum die Zahl der Anwesenden fassen, da sich Alle ohne Unterschied des Glaubens zur Darbringung eines gemeinsamen Dankopfers versammelt hatten. Der damalige Religionslehrer und Kaplan Franz Heide verband mit der Rückerinnerung an die Vergangenheit die wohlwollende Mahnung,

---

[1]) Alle hier nur kurz angedeuteten Bauten werden im 3. Theile ausführlicher behandelt.

17 *

bei gegenwärtiger Gelegenheit die christliche Gesinnung an den Unglücklichen zu Groß-Strehlitz kräftig zu bethätigen.

Auf dem Herbstmarkte 1826 wurden nur 300 Centner Wolle im Preise von 55 bis 38 rtlr. verkauft.

Am 9. Juni 1828 wurde der Grundstein zur Synagoge gelegt.

Nachdem der König der Stadt das Packhofsrecht verliehen, wurde der Grundstein zum Niederlagsgebäude am 9. Juli und zum Hauptsteueramts-Gebäude, welches letztere mit dem Packhofslokale verbunden ward, am 14. August gelegt. Die Anlage hatte einen doppelten Werth, indem sie nicht nur zur Verschönerung der Umgebungen gereichte, sondern auch für Erhaltung und Vermehrung eines lebendigeren Handelsverkehres von bleibendem Einflusse wurde. [1]

Am 2. September 1828 starb ein Veteran des 7jährigen Krieges, der General Ferdinand von Brehmer, vormals Commandeur des von Büntingschen Kürassier-Regiments, 86 Jahr alt. Er vermachte 20 rtlr. zur Vertheilung an die Ortsarmen.

Der Thurm am Oberthore wurde September 1828 abgetragen.

Im Frühjahr 1829 gingen auf der Oder große Getreidesendungen nach Frankreich und England, da durch die Kornbill von 1828 die Einfuhr fremden Getreides gewährt wurde.

Hatten in neuerer Zeit die Ueberschwemmungen der Jahre 1785, 1804 und 1813 die Gegend hart betroffen, so erreichte der Wasserstand von 1829 eine bedeutende Höhe. Nach einem in Strömen sich ergießenden Landregen, welcher vom 10. bis zum 14. Mai dauerte und die großen Schneemassen auf den Karpathen schmolz, stieg das Oberwasser vom 13. bis zum 14. Mai zu Ratibor auf 17 Fuß 2 Zoll, trat an mehren Stellen über die Ufer und überschwemmte die Niederungen. Die Chaussée nach Plania stand 2 Fuß hoch unter Wasser.

[1] Provinzialblätter 88. B. 140.

Am 31. Mai 1830 Nachmittags 4¼ Uhr entstand im Hause des Bäcker Josch auf der Jungfrauengasse ein Feuer, welches 3 Häuser verzehrte.

Dem längst gefühlten Bedürfnisse, statt der hölzernen Wasserbehältnisse steinerne anzuschaffen, wurde zum Theil abgeholfen. Das auf dem großen Markte, September .1830 von Kunzendorfer Marmor aufgeführte Bassin verschönerte den Platz wesentlich.

Am 18. October 1830 wurde die neuerbaute Schule auf dem Neumarkt eingeweiht.

Bei dem Grundgraben für das Schulgebäude stieß man auf die Seite 1 erwähnten Urnen. In einer Tiefe von 20 Fuß entdeckte man nämlich mehre von festem Schrotholze eingefaßte heidnische Grabstätten, welche mit Urnen ganz ausgefüllt waren. Die Arbeiter hielten dies anfangs für uralte verschüttete Brunnen und die Gefäße für hineingeworfene Töpfe. Sie zertrümmerten daher einen großen Theil, bis Banquier Scotti, darauf aufmerksam gemacht, 30 Stück derselben rettete und sie dem Gymnasium schenkte. Alle waren mit einer schwarzen, fetten, zähen, schweren animalischen Masse (in welcher sich eine Menge Kirsch- und Pflaumenkerne befanden) angefüllt und in einer Urne steckte zur Hälfte der Vorderkopf eines Windhundes. Auch fand sich in diesen Grabstätten die Kinnlade von einem starken Thiere, ein Messer mit hölzernem Griff und der beinerne Griff eines anderen.

Außerdem wurden bei dem Ausgraben des Grundes einer alten eingestürzten Mauer, welche die Umzäunung des Schlosses bildete, 3 kleine Urnen und eine Thränenschale ausgeworfen und von dem Kaplan Franz Heide entdeckt.

Da Alexander Graf Guagnin (Gouverneur der Festung Witepsk † 1614) in seiner Beschreibung des europäischen Sarmatiens sagt, daß die Polen die Leichname verbrannten (was nach Hagecius [in Dobner's Monum. II. 51] in Böhmen nicht stattfand) und bei den Bestattungen auch 2 Jagdhunde, 1 Falken und Waffen mitgaben, so gehören vielleicht die bei dem Schulbau

aufgefundenen Urnen den heidnischen Polen, die an der Schloßmauer gefundenen (als älter) den Mähren und Böhmen an. [1]

Die Nachricht, die Cholera sei am 23. April in Warschau
ausgebrochen und richte furchtbare Verheerungen an, erfüllte die
Gemüther mit banger Besorgniß. Der Regierung angelegentlichste
Sorge war, zum Schutze der Provinz Vorsichtsmaßregeln zu
treffen. Durch den gegen Oesterreich und Polen aufgestellten
Gränzcordon wurde der Verkehr nach Osten unterbrochen, die
Schiffahrt wurde gehemmt, die Jahrmärkte verboten.

Im September trat eine allgemeine Ueberschwemmung des
Oderthals ein, wodurch Plania fast ganz unter Wasser gesetzt
wurde. Kartoffeln und Kohl faulten. Die Oderufer erlitten
Schaden. Die massive Stirnmauer der Oderbrücke drohte durch
die Unterspülung dem Einsturz, weshalb für Fußgänger eine
Nothbrücke erbaut wurde und die Ueberfuhr auf Plätten stattfand.

Die hohe Wasserfluth scheint zur schnellen Entwicklung und
Ausbreitung der Cholera am hiesigen Orte viel beigetragen zu
haben. In Bosatz (am 5. September), Ostrog und Plania, drei
niedrigen und engverbundenen Orten, brach sie zuerst aus, verbreitete sich in die Odervorstadt, wo am 19. September der bejahrte
Jude Peißker starb, nach Neugarten, wo der erste Todesfall am
5. October eintrat, und griff endlich am 19. October in den
innern Stadtbezirk ein.

Bei Annäherung der Epidemie hatte sich ein Sicherheitsaus-
schuß gebildet, welcher sämmliche Zugänge der Stadt und den
Uebergang der Oderbrücke besetzte und nur Denjenigen Eintritt
gestattete, welche mit Legitimationskarten versehen waren

Später besetzte das Militair diese Posten und trat eine gänz-
liche Sperre des Oderstroms ein. Auch eine Sanitätscommission
(Major von Eberhard, Justizrath Crelinger, Bürgermeister Jonas,
Dr. Polko, Apotheker Steyde, Kaufleute Hergesell und Albrecht)

---

[1] Programm des Gymnasiums zu Ratibor 1830 S. 27. 1831
S. 37.

hattte sich organisirt, welche im Schießhause ein Lazareth und in einem benachbarten Hause aus 4 Stuben eine Contumazanstalt einrichtete.

Ein Stück Grund bei dem Schießhause wurde als Cholera-kirchhof erkauft. Sämmtliche Kosten (3000 rtlr.) wurden aus dem Communalvermögen bestritten. Die Seuche hörte erst gegen Ende des Jahres auf. Abgesperrt waren 41 Häuser. In der Stadt starben von 77 Erkrankten 45, vom Miltair 5 Personen; in den 3 benachbarten Ortschaften vom 5. September bis 20. October von 66 Erkrankten 47 Personen. Am 29. December wurde ein feierliches Dankfest in den Kirchen abgehalten.

Dr. Hohlfeld und Dr. Polko erhielten zum Dank für ihre Bemühungen von der Stadt das Ehrenbürgerrecht.

Die Reparatur der Oberbrücke, welche 4000 rtlr. kostete, wurde 1832 beendet. Im nächsten Jahre erbaute Kaufmann Toms eine Arakfabrik.

Vom Jahre 1773 bis 1835 war die Stadt um 13 Häuser gewachsen. In dem erstgenanten Jahre gab es nur 29 Häuser, die mehr als ein Stockwerk hatten, jetzt waren derselben bereits 130.

Die sonst blühende Tuchfabrikation existirte nur noch dem Namen nach. Die Kaufleute mußten sich, nachdem der frühere Handelsverkehr mit Polen aufgehört, mit dem Warenabsatze an hiesigem Orte begnügen. Auch der hier früher blühend bestandene Expeditionshandel nach dem Auslande hatte sich verloren, seit es dem ausländischen Kaufmann gestattet war, seine zu Wasser ankommenden Waren hier selbst abzuholen. Auch Fleischer, Bäcker und Seifensieder, die sonst zu den wohlhabenderen Bürgern gerechnet wurden, waren verarmt.

Im Monat September 1836 trat die Cholera zum zweiten Male auf. Von 3 am 29. September Erkrankten starben 2 schon am nächsten Tage. Im Ganzen erlagen diesmal von 151 Erkrankten 51 Personen.

Im November fiel ein Lotteriegewinn von 100,000 rtlr. in eine hiesige Lotterie=Collecte. In demselben Jahre wurde die Uhr auf dem Rathhause gebaut. Statt der früher auf dem alten Rathhause angebracht gewesenen Feuerglocke wurden Allarm=hörner angeschafft und sämmtliche Nachtwächter in der Stadt und Vorstadt damit versehen. Auch eine Zuckerraffinerie wurde an=gelegt.

Vom 1. October 1837 ab wurde die städtische Mauth aufge=hoben. Am 23. August nämlich schloß die Stadt mit dem Fis=cus folgenden Mauthablösungsvertrag:

1) Die Commune begibt sich des Rechts zur Erhebung der städtischen Vieh= und Wagenmauth und leistet

2) auf die aus den Königlichen Mauthgefällen zu zahlende Entschädigung von 32 rtlr. Verzicht.

Dafür erhält die Stadt folgende Entschädigung:

1) Fiscus leistet auf die Erhebung der Königlichen Mauth (Fürstenzoll) Verzicht (bereits 6. Februar 1831 aufgeho=ben) und begibt sich

2) der für die abgetretene Mauthbefugniß mit 213⅓ rtlr. entrichteten Geschoßgelder.

Außerdem gewährte Fiscus Nachlaß einiger Kapitalien.

Im Sommer 1837 begann der Bau des Inquisitoriates oder des Gefangenhauses des Königlichen Kreisgerichts und war das stattliche Gebäude am 7. Juni 1839 bereits unter Dach.

Da der Wollmarkt bisher immer erst nach dem Breslauer Markte abgehalten wurde, so war das Geschäft hier unbedeutend. Erst 1839 stieg es, als eine Aenderung des Termins statt fand. Im Laufe dieses Jahres wurden auf Oderkähnen zur Abfahrt nach Breslau und Stettin 1630 Wispel Weizen verladen.

Der Platz, auf welchem 1830 die ehemalige evangelische Kirche abgebrochen worden, und auf dem noch unansehnliche Gebäude standen, wurde 1839 frei, indem die Commune diese ankaufen und abbrechen ließ.

Dieser freie Platz, der bisher noch keinen Namen führte, erhielt erst später, (1846) als die Straßenschilder zum Theil renovirt, zum Theil ganz neu beschafft worden, (wobei auch die Nummerbezeichnung der Häuser erneuert wurde) zum Andenken an den Schutzpatron der Stadt den Namen Marcelliplatz und wurde erst im Herbste 1850 gepflastert und im Juni 1851 mit einer Marmorcisterne geschmückt.

In den Jahren 1839 bis 1840 wurde im Kämmereidorfe Brzezie die Dauermehlmühle des Kaufmann J. Doms, betrieben durch eine Hochdrucksdampfmaschine von 50 Pferdekraft, erbaut. Die Mehlversendungen gingen bis Breslau, an die russisch-polnische Gränze und ins Oesterreichische hinein. Leider wurde die Mühle am 15. September 1842 ein Raub der Flammen und nur die Maschine gerettet.

## Friedrich Wilhelm IV.

übernahm die Regierung am 7. Juni 1840. Der Bürgermeister Jonas und der Stadtverordnetenvorsteher Kaufmann Max Albrecht begaben sich zur Huldigung im October nach Berlin.

Nachdem Anton Jonas am 20. April 1841 gestorben, wurde Theodor Schwarz, der 1827 als Oberlandesgerichtsreferendar in den Justizdienst getreten, im März 1832 Syndicus geworden, am 1. October 1841 Bürgermeister.

Das Kämmereigut Brzezie wurde im September 1842 auf 9 Jahre um 4000 rtlr. an Oberstlieutenant von König auf Mosurau verpachtet, und im nächsten Jahre der Forsten in 100 Schläge eingetheilt.

Im Juni 1843 gingen über 100 beladene Kähne die Oder abwärts.

Die Oderbrücke bedurfte einer Hauptreparatur, welche die Errichtung einer Nothbrücke auf 6 Monate nothwendig machte und 7000 rtlr. Kosten verursachte.

Im Juni 1844 bauten Kaufmann Haberkorn eine Oelpresse und Wollspinner Hoburek eine Wollspinnmaschine mittelst Hochdruck.

Durch Allerhöchste Kabinetsordre vom 19. April 1844 wurde die Veröffentlichung der Communalbeschlüsse durch den Druck gestattet, wodurch ein größeres und lebendigeres Vertrauen auf die Verwaltung, wie auch ein regerer Gemeinsinn erweckt wurde.

Den in der großen Vorstadt Nr. 25 gelegenen vormaligen Franciskanerklostergarten von 3 Morgen 160 ☐Ruthen Flächeninhalt erkaufte die Commune am 23. November 1844 vom Fiscus für 1125 rtlr. und verlegte dahin den Viehmarkt.

Am 27. September erreichte die Oder eine Pegelhöhe von 18′ 10″; ein Wasserstand, wie er seit 1831 nicht dagewesen; die gesammten Niederungen zwischen Niebotschau, Plania, Brzezie und Markowitz standen unter Wasser.

Ueberaus wichtig für den Verkehr wurde die Eisenbahn. Bisher hatte die Schnellpost 23 Stunden gebraucht, um von der Hauptstadt bis zu uns zu gelangen. Ursprünglich sollte die oberschlesische Bahn von Breslau nach Crakau in Oppeln ablenken; die Stadt und namentlich der Fürst Felix von Lichnowski veranlaßte die Gesellschaft, die Bahn bis Kosel auszudehnen, so daß auf die Wilhelmsbahn, welche Kosel mit der Ferdinands-Nordbahn verbinden sollte, nur etwas über 7 Meilen kamen. Als das Directorium der Wilhelmsbahn den Bahnhof ½ Meile von der Stadt entfernt anlegen wollte, wurde es wieder durch große Opfer (20,000 rtlr.) veranlaßt, den Baufonds um 150,000 rtlr. zu erhöhen, um vom rechten auf das linke Oderufer überzugehen und den Bahnhof dicht bei der Stadt anzulegen. Die Commune gab 25 Morgen Land, kaufte ein Haus zum Abbruch und erwarb das zu den Straßen nothwendige Terrain. Am 1. Januar 1846 wurde die Strecke von Kanderzin bis Ratibor dem Betriebe übergeben und im Frühjahre die Straße zum Bahnhofe angelegt.

Am 2. October 1846 hatte die Stadt das Glück, den allverehrten Landesvater in ihren Mauern zu bewillkommnen, der vom Bahnhofe einzog. Der König besuchte sowohl den von den Ständen, als den von der Stadt gegebenen Ball.

Bei dem allgemeinen Nothstande Oberschlesiens 1847 zeigte sich hier ein reger Wohlthätigkeitssinn. Man wartete nicht, bis das Elend den höchsten Grad erreichte, sondern traf zeitig Vorkehrungen und zwar durch Anwendung eigner Kräfte und Mittel. Es bildete sich am 15. Februar 1848 ein Hilfs-Comitée für die Waisen, deren Eltern am Typhus starben. An der Spitze standen Felix Fürst von Lichnowski, Canonicus Heide und Oberlandes-Gerichts-Rath von Tepper-Laski.

Es erkrankten im Kreise vom Januar bis März 6060 Personen und starben 1222.

Am 1. März wurde

1) im ehemaligen Schießhause ein Waisenasyl für Mädchen eingerichtet, in welchem 126 Kinder unter vortrefflicher Leitung von 3 grauen Schwestern aus Posen erzogen wurden. Die Oberin Franziska Fenner hatte früher einem Militair-Lazareth in Algier vorgestanden und war von Paris aus zur Pflege der Typhuskranken nach Oberschlesien gesendet worden. Nachdem die Anstalten in Ratibor und Bosatz aufgelöst wurden, leitete sie das Asyl zu Rauden.

2) im alten Schulhause zu Plania wurden 110 Knaben und

3) in Syrin 22 Knaben aufgenommen.

21 barmherzige Brüder gingen unter Führung des Spiritual Dr. Künzer, der mit Lebensmitteln, Kleidern und Geld aus einer durch den Canonicus Heide veranstalteten Sammlung versorgt wurde, in den Ratiborer, Rybniker und Plesser Kreis.

Auch ein Handwerkerhilfsverein trat damals zusammen, der um so segensreicher wirkte, als die darauf folgenden politischen Erschütterungen allgemeine Erwerbslosigkeit herbeiführten.

Wie überall, so hatte auch hier das Jahr 1848 seinen Krawall, seine Katzenmusiken. Das Gesetz über die freien Versammlungen rief zwei Privatgesellschaften hervor, nämlich die Bürger-

ressource und den constitutionellen Verein. Ein Blatt „die Loco=
motive" erzeugte durch radicale Tendenz und persönliche mitunter
scherzhafte Angriffe Humor und Unwillen. Es ging im April
1850 ein.

Nachdem Bürgermeister Schwarz am 5. März 1848 gestor=
ben, wurde am 29. Juli sein Nachfolger Constantin Semprich,
der am 3. November 1836 in den Justizdienst getreten, am
1. Januar 1842 Syndicus geworden, in das Amt eingeführt.

Am 24. August 1849 brach die Cholera zum dritten Male
aus, es starben von 109 Erkrankten 44 Personen.

Am 29. August wurde der Fürstbischof Melchior, der zur
Ausspendung der Firmung herkam, feierlich empfangen. Ein
Extrazug fuhr ihm nach Kosel zur Abholung entgegen. Vom
Bahnhofe bis zur Domstraße stellten sich die Zünfte mit ihren
Fahnen und Insignien spalierweis auf. Der hohe Kirchenfürst,
der fast 8 Tage hier verweilte und durch seine Leutseligkeit sich
Aller Herzen gewann, hinterließ bei seinem Abgange 100 rtlr. zur
Vertheilung an städtische Arme.

An demselben Tage, als Bischof Melchior einzog, entstand
Abends 6 Uhr in der Adolf Polkoschen Gas=Aether=, Rum= und
Liqueur=Fabrik, in welcher bereits am 30. März 1842 und Juli
1843 Brandunglücke sich ereignet hatten, bei Rectificirung von
Terpentinöl eine Explosion des Dampfkessels, welche das Haus
stark beschädigte und die Fenster der Nachbarnhäuser durch die
Lufterschütterung zertrümmerte.

Der Bau der Königlichen Strafanstalt im gothischen Stil
wurde 1851 vollendet.

Für Wegeverbesserung geschah in dieser Zeit viel. Im Jahre
1849 wurde die Chaussée nach Rybnik, in den Jahren 1845
bis 1850 die nach Troppau und von 1852 bis 1855 über die
Domshöhe und Peterwitz die nach Katscher ausgeführt. Zur
letzten bewilligte der Staat eine Prämie von 8000 rtlr. pro Meile
und die Stadt einen Zuschuß von 10,000 rtlr.

Da der gemeinsame Kirchhof bereits belegt war, wurde er im Juni 1851 durch Ankauf von zwei benachbarten Gärten vergrößert.

Die Cholera, die im Herbste auftrat, war diesmal milder, es starben im September, October und November von 31 Erkrankten 16 Personen.

Anfang Juli 1852 predigten in deutscher und polnischer Sprache je 4 Jesuiten durch 8 Tage viermal täglich in der Curatialkirche und in Ostrog.

Auf Grund der bereits 1847 bestätigten Statuten trat vom 12. Januar 1853 an das städtische Leihamt ins Leben.

Das Jahr brachte mehre hohe Besuche. Am 10. Mai übernachtete der König von Belgien im Gasthofe zum Prinz von Preußen, am 19. Mai passirte S. Majestät Friedrich Wilhelm **IV.** mit den Königl. Hoheiten Prinz Carl und Prinz Friedrich Carl die Stadt auf der Reise nach Wien, endlich verweilte der Fürstbischof Heinrich von Breslau, am 25. November von Wien kommend, einige Tage in der Stadt und wurde namentlich von der katholischen Bevölkerung freudig begrüßt.

Am 20. August 1854 erreichte die Oder das non plus ultra, nämlich die bedeutende Höhe von 23 Fuß am Pegel.

Die neue Städteordnung von 1853 trat hier am 15. März 1855 in Kraft und wurde Kaufmann Josef Grenzberger als Beigeordneter bestätigt.

Am 5. Mai 1855 genehmigte die Königliche Regierung die Erhebung eines Einzugs= respective Hausstandsgeldes.

Die Cholera suchte die Stadt noch einmal heim und raffte seit Ende Juli 1855 von 142 Erkrankten 75 Personen hinweg, nämlich in der Stadt 39, im Kreisgerichtsgefängniß 25 und in der Strafanstalt 11.

Am 28. Mai 1857 wurde die Stadt durch die Gegenwart S. K. Hoheit des Prinz Friedrich Wilhelm von Preußen beglückt. Höchstdieselben kamen früh gegen 10½ Uhr am Bahnhofe an

wurden von den Militair= und Civilbehörden empfangen, besich=
tigten den Garnisonstall, die Landschaft und Strafanstalt und ver=
ließen nach 12 Uhr die festlich geschmückte Stadt.

Am 15. Januar 1858 Abends wurde auch hier in der
Richtung von Nordost eine ziemlich starke Erderschütterung bemerkt.

Nachdem am 28. März 1857 der Vertrag mit der allge=
meinen Gas=Actien=Gesellschaft zu Magdeburg abgeschlossen und der
Bau von dem technischen Director Moore ausgeführt worden,
brannten am 13. März 1858 zum ersten Male 160 Flammen
in der Stadt und den Vorstädten. Dieselben sind jährlich auf
1066⅔ rtlr. veranschlagt und hat eine jede Flamme 800 Stun=
den Brennzeit.

Auf dem Wollmarkt am 31. Mai 1858 wurden 131 Centner
Wolle zu mittleren Preisen verkauft.

Glashändler Rudolf Greiner baute in der Nähe des Schieß=
hauses eine Glashütte und begann am 25. August 1858 die
Fabrikation.

In der Nähe der Eisenbahn erhoben sich stattliche Palläste,
dahin gehört besonders das mit Schiefer gedeckte Verwaltungsge=
bäude der Wilhelmsbahngesellschaft, nördlich vom Empfangshause,
und die Landschaft, die Mai 1859 bezogen wurde.

Im Juli 1859 waren 1140 wahlfähige Bürger mit circa
480,000 rtlr. jährlichem Einkommen.

Den 7. und 8. August 1859 trafen die Mannschaften des
gebildeten Landwehr=Stammbataillons in Stärke von 450 Mann
ein.

Am 1. Januar 1860 wurde das ehemalige Dorf Neugarten
zum städtischen Communalbezirk als Vorstadt zugeschlagen.

Am 11. Mai 1860 starb in Berlin als Abgeordneter der
Chefpräsident des hiesigen Appellationsgerichtes Dr. Wentzel.

Am 14. Mai langte der zum Commandeur des combinirten
22. Infanterieregiments ernannte Oberstlieutenant von Kaphengst an

Vom 27. August ab wurden in der Nähe durch 18 Tage Divisionsmanöver gehalten.

Im October und November wurde der Oberbrückenbau mit 3000 rtlr. ausgeführt. An den Ecken aller Straßen wurden Nachtlaternen eingeführt.

Am 14. und 20. November hielt der beliebte schlesische Dichter Carl von Holtei zwei sehr zahlreich besuchte Vorlesungen aus seinen Werken. Ratibor war der erste Ort, an welchem er nach längerer Abwesenheit von der Heimat sein Pult aufschlug.

Kurz vor Mittag am 2. Januar 1861 brachte der Telegraph die traurige Kunde von dem Hinscheiden des Königs.

## Wilhelm I.

Bei der am 18. Januar 1861 zu Berlin stattgefundenen Weihe der Fahnen für sämmtliche neu errichtete Infanterie=Regimenter war eine aus allen Chargen des Regiments Nr. 62 vertretene Deputation aus Ratibor gegenwärtig. Die überbrachte Fahne wurde am 25. Januar dem hier garnisonirenden Bataillon durch den Regimentscommandeur Oberstlieutenant von Kaphengst feierlichst übergeben.

Am 12. März brannten in Vorstadt Neugarten die ersten Gasflammen.

Die erste Geburtstagsfeier Sr. Majestät des König Wilhelm wurde am 22. März auf das Festlichste begangen.

# IV. Abschnitt.
## Schloß und Herrschaft Ratibor.

———

Burgen, deren es im Herzogthume mehre gab, waren nicht blos für den zeitweiligen Aufenthalt des Fürsten, sondern auch zum Schutze des Landes bestimmt. Von ihnen herab erspähte man jede feindliche Regung in der Ferne. Für die damalige Kriegs-führung genügte eine hölzerne Bewehrung; doch mußte die Aus-dehnung des Platzes bedeutend sein, da nicht blos die Kriegsmann-schaft sich daselbst aufhielt, sondern zur Zeit der Gefahr auch das Landvolk in den eingeschlossenen und geschützten Raum strömte. Der slavische Name des dicht am Schlosse liegenden Dörfleins Ostrog (Insel, Werder) würde uns schon die vom Wasser umge-bene Lage bezeichnen, wenn wir auch keine anderen Zeugnisse be-säßen, daß die Endpunkte des Kreisbogens, in welchem das Schloß liegt, durch einen Kanal verbunden waren. Der feste Platz be-herrschte das Gebiet des an sein Fundament spülenden Flusses und die fruchtbare Ebene, welche die Oder durchströmt.

Ob die Stadt oder Burg älter, bleibt noch eine offene Frage. Die erste Erwähnung Ratibors fällt jedoch nicht in das Jahr 1103, wie Seite 4 auf Grund der Autoritäten Stenzel und Palacki fälschlich angegeben wurde, sondern erst in das Jahr 1108. Auch erwähnt die Chronik der Polen, die man bisher dem Martin Gallus zugeschrieben, welches aber ein rein fingirter Name ist, Ratibor erst 1108 und gehört die zum Jahre 1106 erwähnte Sendung des Herzog Boleslaus gleichfalls zu dem vorgenannten Jahre.

Auf den meisten landesherrlichen Burgen saß ein Ca=
stellan, der die obere, höhere Gerichtsbarkeit über das zur
Burg gehörende Gebiet verwaltete. Das Gebiet selbst hieß Ca=
stellanei, Burggrafschaft und haben wir in dieser ältesten Einthei=
lung des Landes den Ursprung der Kreise, nach welchen Schlesien
später eingetheilt wurde, zu suchen. [1]

Ueber jeden dieser Bezirke war für die niedere Gerichts=
barkeit ein besonderer Richter gesetzt, welcher Land=, Hof= oder
Burgrichter genannt wurde. Die mit deutschem Recht bewidme=
ten Ortschaften wurden von der polnischen Gerichtsbarkeit des
Burggrafen ausgenommen und dem Hofrichter untergeben. Auch
durch die Exemtionen der von den Fürsten an die Klöster ge=
schenkten Orte von der Gerichtsbarkeit des Burggrafen wurden die
Castellane in ihrer Macht immer mehr eingeengt und beschränkten
sich auf die zur Burg gehörigen Dörfer. [2] Im 14. Jahrhundert
verschwindet der Name Castellan ganz. An seine Stelle tritt ein
Hauptmann, dessen Titel Capitaneus, Burggraf, Starosta
lautet. Es scheint ein häufiger Wechsel stattgefunden zu haben.

In Urkunden werden genannt

Castellane: Stoignew 1221, Semijan 1239, Chotko 1245,
Dzechko 1257, 1260, Chotko 1266, Stoignew 1286, 1290,
1299, 1306, Witoslaus 1308, 1313—1317, 1319.

Hauptleute: Hans Schilga von Lan 1383, Ferkecz von
Medzirzecz 1408, Stibor von Langendorf 1413, 1416, Paul von
Zator 1416, 1422. Stefan Raßicz 1420, Jakob Buren von
Rackau 1428, 1437—1440, Nicolaus Smolecki 1452, 1454,
Starosta Mathias Raschütz von Zitna 1457—1467, Johann
Dolanski von Jaskowitz 1450, 1451, 1453, 1455, 1456—63,

---

[1] Worbs, Wie sind die Kreise, nach welchen Schlesien jetzt
eingetheilt wird, entstanden? Schlesische Provinzialblätter B. 62.
S. 327—338.

[2] Wattenbach, Cod. dipl. Sil. II, 14, 28, 79.

Girzik von Dirslav 1457, Passek Burggraf 1464, Johann von Schinowitz 1479, Wanjek von Janikowitz 1480, Barthos Zdarze 1480—1482, Johann Dolanski von Jaikowitz 1480—1483, Nicolaus von Semohradski 1489—1494, Caspar Zembergkut 1500, 1501, 1502, Woitek Colenda 1505, Jakob von Sorau 1505, 1506, Nicolaus Kaffe von Jankowitz 1510, Hans Machowski von Machòw 1547.

Als Land=, Hof= oder Burgrichter, die daffelbe zu bedeuten scheinen, begegnen uns Bloscibor 1280—1283, Michalko 1286, Thomas 1291—1306, 1309, Gozlav 1315, Martin 1313, 1316, 1317, Danko von Brzezie 1324, Deczko von Bitkow 1334 bis 1340, Peter Raschütz 1343, Michael 1351—1352.

Als Burgprokurator oder Wlodar werden 1305 Johann, Leffcha (Alexander) 1317—1343 genannt, als Tribun Budivogius 1266.

Von der Zaude (böhm. soud), dem ursprünglich slavischen hohen Landgericht des Adels, wobei der Fürst, umgeben von seinen Baronen, im freien Felde auf erhabenem Stuhle saß und wozu viel Volk herbeiströmte, haben wir im Herzogthum Ratibor keine Spur. Was Stenzel in seiner Geschichte Schlesiens S. 262 (gestützt auf eine, ohnehin verdächtige Urkunde von 1340) für Ratibor vindicirt, bezieht sich nur auf das Herzogthum Troppau, da die vom Jungfrauenkloster erkauften Güter Bauerwitz, Zültowitz, Tschirmkau und Eiglau, von denen in der Urkunde Rede, im letztgenannten Gebiete lagen. [1])

Die Kammergüter waren kurz vor dem Aussterben der Herzoge auf einen sehr geringen Rest zusammengeschmolzen. Als Markgraf Georg von Brandenburg die Herzogthümer Oppeln=Ratibor erhielt, gehörten laut Urbar von 1532 zur Herrschaft die Dörfer Ostrog, Altendorf, Proschowitz, Niedane, Neugarten,

---

[1]) **Wattenbach, Cod. dipl. Siles. II, 145.**

Ottitz, Lekartow, Woinowitz, Poblesch, Mackau, Bojanow, Dzir=
gowitz, Babitz, Sirin, Markowitz, Kornowatz, Kobylla, Lissek,
Pogrzebin, Lubom, Pschow, Riebotschau, Buckau, Schümotzitz, Stu=
dzienna, Thurze, Schichowitz, Leng, Gammau, Klein=Rauden.

Das Urbar macht an den betreffenden Stellen folgende Be=
merkungen: Ostru (Ostrog) heißt ein Wald, darin haben die
Leute etliche Wiesen ausgereutet und geben pro Morgen 2 gr.
2 hllr. Zins, welchen der Starost Jakob einnimmt. Pschow ist
ein Pfand auf Wiederkauf und gehört dem Nicolaus Zdarze. In
Buckau ist eine Mauth. Studzienna ist versetzt und hat
dreierlei Herrschaften: das Collegiatkapitel hat 5 Bauern und
3 Gärtner, Wenzel Charwat 3 Bauern und Hans Kaczur hat
den fürstlichen Theil. Gammau ist dem Kapitel um 400 Gulden
versetzt. Auf dem Grunde der (ehemaligen) Barfüsser (das spä=
tere Bosatz, von Bosak ein barfüßicher Mönch, Franciskaner) ist
ein Garten zu Küchenspeise, Kohl, Zwiebel, Rüben und bringt
1 Malter Obst. Zum Schlosse gehören 26 Teiche.

Bosatz und Jankowitz erscheinen, inzwischen angelegt, bald
darauf als zur Schloßherrschaft angehörig.

Nach dem Abgange der Königin Isabella, Trinitatis 1557
hielt der kaiserliche Rath und Hauptmann des Fürstenthums Ra=
tibor Georg von Oppersdorf Freiherr von Aich (Dubensko),
Friedstein und Polnisch=Neukirch diese Domänen auf Rechnung. [1]
Hierauf verschrieb ihm Kaiser Ferdinand Wien den 23. April
1564 für geliehene 60,000 rh. Gulden à 6% und 200 Gulden
jährliches Dienst= und Gnadengehalt die Güter als Unterpfand
dergestalt, daß er Interessen und Gehalt daraus beziehe und wenn
das Einkommen nicht zureiche, sich das Fehlende aus dem Op=
pelner Rentamte auszahlen lasse.

---

[1] Das Folgende vom Jahr 1560 bis 1615 ist aus den Acten
des Archives der ehemaligen Breslauer Kammer, der Schluß aus
den spärlichen Acten der Ratiborer Kammer=Registratur geschöpft.

Der Schloßhauptmann hatte damals folgende Einkünfte (den Thaler zu 34 gr. oder 36 weiße gr.)

| | | |
|---|---|---|
| Zwei stattliche Vorwerke Ottitz und Niedane, auf welchen jährlich bis 52 Malter Getreide (großes Maaß) gesäet und durch Robotdienste geschnitten, eingeführt und ausgedroschen wurden, was jährliche Nutzung gibt | 1200 rtlr. | ⸗ gr. |
| 1600 Schafe können überwintert werden . | 500 — | ⸗ — |
| 160 Stück Rindvieh, 255 Fuder Heu à 24 gr. | 180 — | ⸗ — |
| Der Meierhof bei dem Schloß, das Zins⸗ und und Zehntgetreide, die Benutzung der Obst⸗ und Gemüsegärten. | | |
| Auf den beiden Meierhöfen Bosatz und Dzirgowitz 100 Ochsen, welche auf der Wildbahn weiden, Nutzung . . . | 200 — | ⸗ — |
| Das Brauurbar auf alle Kretschams mit Weizen⸗ und Gerstenbier . . . . . | 1200 — | ⸗ — |
| Mittwochs, Freitags und Sonnabends 1 Gericht Fische . . . . . . | 50 — | ⸗ — |
| 3 Stück Rothwild, 6 wilde Schweine, 15 Rehe, Hasen ꝛc. | | |
| An Gehalt bezieht er . . . . | 100 — | ⸗ — |
| 8 Weizenmalzungen (à 18 Scheffel) à 30 rtlr. | 240 — | ⸗ — |
| 12 Schock Hühner à Stück 1 gr. . . | 21 — | 6 — |
| 77¼ Schock Eier à Schock 3 gr. . . | 6 — | 27 — |
| 4 gemästete Schweine à 4 rtlr. . . | 16 — | ⸗ — |
| 8 Speckseiten . . . . . | 8 — | ⸗ — |
| 8 Faß Bier als Ehrung . . . | 16 — | ⸗ — |
| Vom Weinschank in der Stadt . . | 50 — | ⸗ — |
| 10 Stein geschmolzenes Inselt . . | 10 — | ⸗ — |
| Kreen 7¼ Scheffel à 8 gr. . . . | 1 — | 24 — |
| 2 Schock Haupthechte à 8 rtlr. und 4 Schock Mittelhechte à 4 rtlr. . . . | 32 — | ⸗ — |

3 Schock Hauptkarpfen à 6 rtlr. und 6 Schock

  Mittelkarpfen à 4 rtlr.  .  .  .  42 — , gr.

Kleinkarpfen 7 Schock à 2½ rtlr., 10 Zuber

  Speisefische à 48 gr.  .  .  .  31 — 22 —

Summa 3705 rtlr. 7 gr.

Davon hat er auszugeben:

Dem Burggrafen das Essen und dessen Pferde das Futter, dem Rentschreiber den Tisch. Einen berittenen Waldförster, einen Korn- und Futtermeister, einen Koch und Küchenknecht, einen Schloßbäcker und einen -Schenken, einen Bierbrauer und einen Brauknecht, drei Landeskämmerer, (Pfänder), sechs Holunken, vier Wächter, einen Teichwärter, zwei Thorwärter und alles Gesinde auf den Vorwerken mit Kost und Besoldung zu erhalten.

So lange das Landrecht dauert — meist 14 Tage — den Rechtssitzern täglich eine Mahlzeit, den Pferden das Futter zu geben.

Im Spital sind die armen Leute und der Kaplan zu unterhalten, 20 Personen bekommen nämlich täglich 2 Laib Brod und 1 Zuber Tischbier, der Priester täglich 4 Laib Gesinde- und 4 Laib Herrenbrod und 8 Quart gutes Bier.

Bald darauf erlegten Bürgermeister und Rath der Stadt Ratibor mit Einwilligung des Kaisers dem Georg von Oppersdorf die 60,000 rtlr., zahlten zu dieser Summe am 12. Mai 1565 ins Hofzahlmeisteramt noch 15000 rtlr. à 68 kr. zu und brachten so den ganzen Pfandschilling zu ihren Händen. Der Kaiser erlaubte zugleich, die noch übrigen verpfändeten Güter einzulösen.

Als er persönlich auf dem Fürstentage zu Troppau erschien, leistete ihm die dortige Bürgerschaft für den Pfandschilling der Nachbarstadt Bürgschaft, erhielt aber zu ihrer Sicherheit das Vorwerk Ottitz mit mehren Dörfern. [1] Später cedirten sie das Pfand dem Daniel Maczak für eine Schuld von 10,000 fl.

---

[1] Ens, Das Oppaland II, 64.

Am 24. Juni 1567 wurde eine Verschreibung aufgerichtet, wonach die Stadt auf 24 Jahre das Einkommen unverrechnet beziehen könne, jedoch die Güter zu verbessern habe. Zugleich wurden sie verpflichtet, jährlich nicht über 200 rtlr. an Werthholz zu verkaufen, den Hauptmann und Forstknecht zu besolden, die Richter bei währendem Landrechte mit Mahl und deren Pferde mit Futter zu versorgen, den Geistlichen ihre auf das Schloßeinkommen verschriebenen Zinsen jährlich zu entrichten und die armen Leute im Hospital wie von Alters her zu unterhalten.

Vier kaiserliche Commissare, Hans Bernhard Malzan Freiherr auf Wartenberg und Penzlin, Johann Schlowsky von Schlowitz Kammerrath in Böhmen, Georg von Braun und Ottendorf, Freiherr auf Zöllnig, Kammerrath in Ober- und Niederschlesien und Seifrid Nybsch Kammerrath nahmen dem Georg von Oppersdorf am 24. Juli 1567 sein bisheriges Amt ab, besichtigten die Güter und fertigten ein Grundbuch an, aus welchem hier einige Notizen folgen.

Auf dem Vorwerk Niedane können 20 Malter Getreide ausgesäet, 50 Stück Rindvieh, 50 Schweine und 600 Schafe gehalten werden. Dicht am Vorwerk sind 2 Küchengärten; vor denselben waren früher einige Seen, die indeß verschlemmt sind. Die Wiesen geben 113 Fuder Heu. Noch größer und ertragreicher war das Vorwerk Ottitz. Im Baumgarten befanden sich 38 Bienenstöcke.

An Geschoß gab die Stadt 200 Mark = 266 Gulden 24 gr. laut Privilegium des Herzog Valentin; an Verehrung in Weihnachten 4 Mastschweine und 4 Faß Bier, in Ostern 8 Seiten Speck und 4 Faß Bier. Der Ueberbringer erhielt nach altem Brauch 1 Reh und ein Trinkgeld.

Die Herrschaft hatte auch die Mauth, worüber der Einnehmer Rechnung legte. Der Einnehmer erhielt daraus den Gehalt, jährlich 10 Gulden, die Stadt zur Besserung der Wege und Brücken laut Privilegium 30 schwere Mark, die Geistlichkeit

200 Gulden 8 gr. Nach Abzug dessen bleibt noch jährlicher Ertrag von 450 Gulden à 36 gr. Vom Wein, der in der Stadt ausgeschenkt ward, erhielt die Herrschaft pro Eimer 2½ Quart. Da gegen 20 Eimer consumirt wurden, war der Gewinn 50 Gulden. Jeder der beiden Gewandschneider (Tuchkaufleute) gab 48 gr. macht 2 Gulden 24 gr. Die Gewandschneider gaben auf dem Jahrmarkt Standgeld von jedem angeschnittenen Tuche 6 Heller, beträgt circa 15 gr. Nach alter Gewohnheit hatte die Schloßherr= schaft das Recht, an den Jahrmärkten sich hölzernes Gefäß, Schüsseln, Mulden, Schaufeln, Tröge, Löffel, Siebe, Körbe, Radwern, Wagenschmiere 2c. zum Bedarf zu nehmen.

Die beiden Schlächter, die auf dem freien Markte das Fleisch verkauften, geben aufs Schloß jährlich je 2 Stein Insett oder 2 schwere Mark. Früher waren mehre Freischlächter und kamen bis 18 Stein ein. Die Stadtschlächter haben auf dem Schlosse das Vieh zu schlachten und das Wild auszuwaiden, wenn es ihnen gemeldet wird. [1])

Zwei Büttnermeister haben jährlich die Gefäße für Fische, ins Brauhaus und in die Keller zu machen, wofür jeder 1 Scheffel

---

[1]) Die vom Landeshauptmann am Fastnachtsmontage 1560 zu Oppeln bestätigten Artikel und Ordnungen, welche von uralter Zeit her bei der Fleischerzunft in Ratibor beobachtet worden, lau= ten im Auszuge also:

Neue Meister werden nur Mittwoch vor Ostern aufgenommen; wer diesen Tag versäumt, muß bis aufs nächste Jahr warten. Ist er Sohn eines Meisters, so gibt er nur 1 ℔. Wachs und 2 böhmi= sche Groschen, sonst ½ ℔. Wachs mehr. Wer Meister werden will, muß sein Meisterstück erweisen oder wandern. Wer einige Jahr in der Fremde bleibt, muß von dort ein Zeugniß über sein Verhalten mitbringen. Wer Meister geworden, soll alsbald Bürger werden und im nächsten Jahr heirathen. Nur ein Meistersohn kann einige Jahre das Handwerk unverheirathet treiben.

Ein Lehrling wird gleichfalls nur Mittwoch vor Ostern auf= genommen, gibt 1 ℔. Wachs und 1 Achtel Zechbier, dem Meister zahlt er entweder 3 schwere Mark, oder leistet 3 Dienstjahre. Hat er ausgelernt, so kann er nicht sofort Meister werden, sondern muß wandern, oder das Handwerk noch besser lernen.

Wenn eine Wittwe ihre Fleischbank verkauft, darf sie später keine wiederkaufen, außer sie heirathet einen zunftmäßigen Fleischer. Ein Meister, der sich der Zunft begibt, kann nicht Meister bleiben,

Roggen, 1 Achtel Bier und das Holz erhält. Die Bäcker geben sämmtlich auf einmal 2 große Striezel und helfen zur Erntezeit auf dem Schlosse backen. Die Töpfer liefern die Töpfe und bessern die Oefen.

Auf dem Meierhofe Bosatz wird sämmtliches Deeemgetreide abgeliefert. Auch wird hier der Heuvorrath aufbewahrt.

Die Schloßmühle hat 4 Gänge. Der Müller erhielt bisher den 3. Theil als Lohn, (circa 4 Malter), die Commissare verkauften ihm dieses für 600 rtlr. à 36 gr. Zum Bau und zur Reparatur zahlt der Müller den 3. Theil, mästet 10 Schweine

---

außer er beweiset aufs Neue sein Meisterstück. Wer seinen Zins von der Schlachtbank gibt, kann nicht ausgemiethet werden. Ein Meister darf sein Handwerk nicht mit 2 Wittwen treiben. Ein Fenster miethweise zu halten, ist mit Bewilligung der Zunftmeister nur auf zwei Wochen gestattet; mehre aber können ein Fenster auf 1 Jahr halten, oder mit Wittwen das Handwerk treiben.

Wer einen Hund, Fuchs oder Wolf im Hause (zum Verkauf) tödtet, verliert das Handwerk. Wer an den 3 Hauptzusammenkünften (Mittwoch vor Ostern, bei der Wahl der Zunftmeister und am 1. Mittwoch in der Fasten) nicht erscheint, erlegt 6 gr. Strafe. Jede Unredlichkeit wird geahndet.

Wer auf dem Freimarkt schlachten will, soll sich am Ostersonnabend mit dem Fleische auf dem Markte einfinden, oder wenn er an diesem Tage nichts zu schlachten hatte, sein Messer auf das Hackfleisch stecken und 1 Groschen dazu legen wegen der zum Schloß gehörenden Inseltabgabe. Ein anderer darf das ganze Jahr weder schlachten noch etwas einführen.

Rauchfleisch, Rückgrat und Kopfstücke darf Niemand verkaufen. Wer für erkauftes Vieh schuldet, dem wird bis zur Zahlung das Handwerk gelegt. Wer Stier-, Kuh- und Hammelfleisch hat, soll es nicht mengen. Unter den Fleischbänken soll Friede walten; Schlagen, Veriren und Schelten wird bestraft. Hat Jemand etwas gegen einen Fleischer, so darf er ihn nicht vors Recht citiren, so lange er unter den Fleischbänken ist. Niemand darf ein Stück eher schlachten, bis der dazu verordnete Beschauer es vorher besichtigt hat. Wer einem Nichtbürger schlachtet, erhält pro Ochs oder Kuh einen Braten, pro Schwein eine Wurst.

Auch Charfreitags soll Jeder in die Kirche kommen bei 3 gr. Strafe. An den Sonntagen darf während des Gottesdienstes Niemand verkaufen bei Strafe von 1 U. Wachs oder 3 gr. Wer bei Begräbnissen (der Zunftangehörigen) nicht erscheint, zahlt 1 U. Wachs wenn ein Meister, ½ U. wenn ein Kind oder Dienstknecht beerdigt wird; wer die Begräbnißmesse verabsäumt ½ U. Wachs. Henke, Chronik von Loslau (1860) S. 38—42.

für die Herrschaft, zinst 4 Capauner und gibt für die beiden Wiesen 35 gr. 2 hlr.

Die Stadtmühle hat 4 Gänge und ein Walrad, mit welchem Malz gemahlen wird. Auch er zinst der Herrschaft.

Die Pfinnamühle hat 5 Gänge, das 6. ist ein Stampfrad, der Müller hat gleichfalls den 3. Theil,[1] die Herrschaft gewinnt jährlich 13 Malter Getreide. Auch er mästet und zinst.

Die Papiermühle ist von Georg von Oppersdorf stattlich neuerbaut. Der Papiermacher zinst 50 rtlr., später 80 rtlr.

Die Brettmühle bei der Schloßmühle liefert 12 bis 15 Schock Bretter. Von der dabei liegenden Schleifmühle zinst der Messerschmidt 3 glb. 36 gr. Von der Walkmühle geben die Weißgerber für jede Walke 6 gr., macht jährlich 2 Gulden. Dicht bei der Pfinnamühle ist noch eine Walkmühle der Tuchmacher, welche 5 Gulden entrichten. Für das Farbehaus zahlen letztere 12 gr. Auch hat der Kupferschmidt zu Ratibor einen Kupferhammer in der Pfiuna, der dafür aus altem Kupfermaterial Gefäße fürs Schloß machen muß. An der Schloßmauer ist ein Brauhaus mit guter Pfanne und dem Schlosse gegenüber ein neu erbautes Malzhaus. Bei dem Schlosse ist ein Baumgarten, darin eine alte Badstube mit einem Gebäude steht, und 2 Fischbehälter sich befinden. Vor dem Schlosse liegt wieder ein großer schöner Baumgarten.

Zwischen dem Meierhof Bosatz und der Brücke ist ein Garten nebst Häuschen, dessen Miethe 2 glb. beträgt. Hinter der S. Johanniskirche ist ein zum Schloß gehöriger Garten, welchen der Papiermacher genießt, weil er sehr hohen Zins für die Mühle (50 rtlr.) gibt.

---

[1] Schon Donnerstag nach Pfingsten 1431 bestätigten die Herzoge Nicolaus und Wenceslaus dem Müller, der den 3. Theil von seinem Vorgänger erkaufte, daß $\frac{2}{3}$ des Gewinnes von der Mühle dem Fürsten gehören, letzrer aber auch von den Ausgaben auf Pferde, Schmiedelohn und sonstige Bauten $\frac{2}{3}$ der Kosten trage. Der Müller erhielt damals das Recht der Holznutzung bis 1 Meile im Walde.

Hinter der Stadtmauer ist ein schöner Hopfengarten, der jährlich 12 Malter Hopfen liefert. Bei der Pfinnamühle ist ein Gemüsegarten, worin auch 4 Malter Hopfen gewonnen werden. Einige Gärten um die Stadtmauer haben 18 Bürger und geben einen Zins von 7 Gulden.

Die Fischerei vom Wehre bis zur Passeka ist für das Schloß vorbehalten. Die Bauern von Thurze, Schichowitz und Leng geben der Reihe nach Freitags und Sonnabends 1 Gericht Krebse. Die 39 Fischer: zu Proschowitz 11, zu Ostrog 24, zu Niedane 4 zahlen jeder 18 gr. jährlich und liefern der Reihe nach alle Freitage und Sonnabende ein Gericht Fische.

Von den Wäldern ist das Eichenwäldchen Botinetz halb, Jursin ganz ausgehauen; ebenso ist die Paseka, wo alte Eichen gewesen, jetzt Hutung. Wiesen werden einigen Bürgern verpachtet. Die 6 Finkensteller auf den Dörfern zahlen jeder 3 Schock Vögel; von Denjenigen, welche mit Netzen stellen, jeder 30 Tauben. Vom Steinbruch im Kreise Rybnik gehören 2 Theile zum Schloß Ratibor, 1 Theil nach Rybnik und der 4. Theil nach Loslau; man erhält 15 Mühlsteine und gibt für jeden 18 gr. Sie werden in der Mühle verbraucht, oder das Stück mit 48 bis 60 gr. verkauft.

In Dzirgowitz war bisher eine Mauth, die aber abgestellt worden, damit man den Weg auf die Stadt wende. Bei dem Dorfe ist ein Teich, in welchen man 60 Schock Fische setzen kann, und ein Eichwald, in welchem 4 Schock Schweine gemästet werden können. Hier ist die beste Wildbahn, da der Wald 3 Meilen lang und ebenso breit, auch ist hier ein altes Jagdhaus, zu welchem der vorige Schloßhauptmann noch ein andres erbaut. Die Wiese liefert 10 Fuhren Heu.

Auf dem Gute Podlesch ist ein Eichwald; ebenso in Kobilla. Lissek hat einen Teich und Eichwald. Die Bauern in Kornowatz geben dem Pfarrer zu Pogrzebin pro Hufe 1 Scheffel Roggen und 1 Scheffel Hafer, das Patronat hat die Herrschaft. In

Schimoßütz sind 3 Herren. Der Kaiser hat 3 Bauern, Wenzel Wraminski 2 Bauern und Peter Kozlowski 4 Bauern und 1 Gärtner. Der Kaiser aber hat das Obergericht. Studzienna hatte Kaiser Ferdinand dem Nicolaus von Klema und Elgot und dessen 2 Töchtern gegen eine Summe Geldes verschrieben.

Von den versetzten Ortschaften brachte Ratibor durch Einlösung folgende an sich:

1) von Wenzel Reisewitz Lissek für 1800 rtlr. à 36 gr., Mackau für 1550 rtlr., Kobilla und Leng für 400 rtlr.
2) von Paul Charwat Buckau für 800 rtlr.
3) von Bernhard Tscheschowski Lekartow für 350 rtlr., so daß der ganze Pfandschilling 82,880 rh. Gulden betrug.

Poblesch wollte Georg von Oppersdorf nicht ausantworten, obgleich der Kaiser erlaubt hatte, die stückweise von der Herrschaft abgerissenen und verpfändeten Dörfer einzulösen. Der Magistrat sendete daher 1569 drei Mitbürger Bernhard Lischowski, Johann Maturin und Ajax Schaffraniecz mit einer am 26. November ausgestellten Vollmacht an die Breslauer Kammer, um über diesen und andre Punkte zu verhandeln, nämlich

1) über die bereits nachgesuchte Hilfe zur Wiedererlangung des bereits eingegangenen Kirchengewölbes,
2) wegen des neuerbauten Kretschams vor dem Oderthore.
3) wegen der Unkosten beim Landrecht, welche die Stadt trägt,
4) wegen des Deputats an den Prior der Dominikaner,
5) wegen Ansetzung eines gelegenen Jahrmarkts.

Auch noch in anderer Beziehung wahrte unsre Stadt als neue Herrschaft ihre Rechte. Der vorige Pfandbesitzer hatte 1559 auf dem Schloßgrunde ein Haus mit einem großen Garten von Caspar Tursky um einen billigen Preis gekauft und weil dies ein Freihaus war, hatte er auf dem Garten desselben 7 neue Häuser nach dem Schlosse zu erbaut und daneben auf nicht kaiserlichem Grunde einen Kretscham angelegt.

Diese Häuser und der Kretscham an der Oderbrücke links vom Schlosse, verkaufte Georg von Oppersdorf (letzteren für 200 rtlr. dem Martin Marchalow, der ihn 1562 an Johann Mesopost überließ) und zog durch Zinsforderung die Leute an sich. Ratibor beschwerte sich, daß die Häuser im Angesicht und dicht am Eingang des Schlosses einem Fremden und nicht dem Kaiser unterthan sein, zudem sei das Bauholz aus dem Dzirgowitzer und Babitzer, also aus dem kaiserlichen Forsten geholt worden. Oppersdorf war erbötig, die Sache vor das Landrecht bringen zu wollen.

Caspar Wiskota verkaufte vor 1570 die Holzfuhr, die er für sein bei der Stadt erbautes Haus hatte, nebst dem Dorfe Pawlau an Sebastian Stoltz von Gosten auf Roznochau, der 1561 Landesältester und Deputirter war und zur Gemahlin Catharina von Schaff hatte.

Ein Theil von Mackau (33 Bauern, 17 Gärtner taxirt auf 7434 rtlr.) gehörte zur Schloßherrschaft, ein andrer der Commende zu Troppau. Samuel Lessota hatte es um 4000 rtlr. in Pfand. Der Comthur [1]) George Lessota aus Troppau vermeinte 1571 in Mackau einige Robotsrechte zu haben. Zur gütlichen Beilegung dieses Streites wurden von der kaiserlichen Kammer der Landeshauptmann Hans Freiherr von Proskau, Kanzler Nicolaus Lessota von Steblau und Wenzel Zibulka von Litoltowitz auf den 10. Januar 1572 als Commissare nach Oppeln

---

[1]) Im ehemaligen Archive der Breslauer Kammer befindet sich die Copie einer interessanten Urkunde über Mackau, die wir hier um so lieber mittheilen, als uns seit 1261 nichts mehr über die Comthurei vorgekommen. Der Ordensmeister bestätigt dem Nicolaus Schmidt am 13. November 1424 die von Hans Richter erkaufte Erbscholtisei in Mackau. Der Besitzer soll den 3. Theil der Strafen und von jedem Eide 1 gr. haben, ferner 1 Teich an der Niedermühle, 1 Wiese bei dem Ordenshause, 3 Hufen freies Erbe zu eigener Bewirthschaftung und 4 Zinshufen der Bauern, von den beiden Kretschams daselbst 3 Mark gr. polnischer Zahl. Zeugen waren Wenzel Comthur zu Reichenbach, Hanke Comthur zu Leobschütz, Johann Comthur zu Mackau. — 1369 erscheint Witko von Sorau und 1493 Stanislaus als Comthur.

verordnet. Auch der Kammer=Procurator Wenzel von Reiſewitz auf Kaderzin, welcher das Dorf Mackau 1560 durch Zugabe von 200 rtlr. in Pfandbeſitz nahm und es ſpäter dem Leſſota über=ließ, und der Stadtrath von Ratibor wurden dazu geladen. Letztre wahrten die Rechte des Pfandſchillings.

Schloßhauptleute oder Amtsverwalter waren Wenzel Wransti (Waranicki, Worinsti,) von Wranin auf Lubowitz 1570, ſtarb 1574, Samuel Leſſota von Steblau wurde im März 1574 ernannt. Bißher hatte er nur 1 Haus und 1 Garten bei Ratibor, erklärte aber, ſich ein Landgut kaufen zu wollen und erwarb Mackau. Der Kaiſer befahl am 16. März 1598, den Samuel ſeines Dienſtes zu entlaſſen und den Hans Bes von Wirchleſſe auf Sauſenberg an ſeine Stelle zu ordnen.

Hinko Petrowitz Charwat von Wicze, der Schichowitz, Leng und Thurze in Pfand hatte, bat am 23. Februar 1574 die Kammer, bei der Theilung der Kammergüter ihm dieſe zu laſſen, außerdem Dzirgowitz, Proſchowitz, Neugarten und Vorwerk Nie=dane ihm zu vergönnen. Wollten die Herren dieſe Güter vom Schloß nicht abſondern, ſo erbot er ſich, auch das Schloß in Pfandbeſitz zu nehmen. Es wurde ihm erwiedert, daß am 4. Juni in Oberglogau eine Commiſſion erſcheinen werde, bei welcher er ſeine Sache anbringen könne.

Am 23. Juni 1574 bewilligte der Kaiſer dem Amtsver=walter Samuel Leſſota, weil er ein verſtändiger Mann und den Leuten angenehm, für ſeine Beſchwerde und die Reiſen in Sachen der Schuldenlaſt jährlich 300 Gulden, bis über das Schloß wei=tere Verordnungen getroffen würden.

Wegen der Schulden waren nämlich wiederholt Commiſſionen gehalten worden, welche die Mittel angeben ſollten, wie der Stadt aufzuhelfen ſei. Schon 1572 hatte der Kaiſer Commiſſare herge=ſchickt, ſich zu erkundigen, was in der letzten Zeit an Schulden abgezahlt worden ſei und wie man ſonſt hauſe. Leider hatten dieſe dem Kaiſer berichten müſſen, daß von den Schulden nicht allein nichts getilgt, sondern noch neue dazu gemacht worden seien, so daß die Summe bereits 112,301 rtlr. 16 gr. betrage (den rtlr. zu 34 gr. gerechnet). Die Ratiborer baten den Kaiser um Wiederübernahme des Pfandschillings. Die Schuldenlast mehre sich, weil das Einkommen nicht soviel betrage, als die hohen Interessen, die für das aufgenommene Geld zu zahlen sind; ferner hätten sie durch mancherlei Unfälle, Feuersnoth und Mißwachs großen Schaden gelitten. Es blieb nichts übrig, als von dem alten Vertrage abzugehen und den Gläubigern vom 4. Januar 1575 ab auf 20 weitere Jahre den Pfandschilling einzuräumen. Dieser wurde durch das Loos in sieben Theile getheilt.

In der am 25. März 1575 zu Oppeln erfolgten Bestätigung sind die Taxen

| Ratibor 2c. | 19870 rtlr. | 21 gr. | $4\frac{1}{2}$ hllr. |
|---|---|---|---|
| Bosatz 2c. | 15829 — | 21 — | 11 — |
| Niedane 2c. | 19983 — | 23 — | $8\frac{1}{2}$ — |
| Ottitz 2c. | 16017 — | 19 — | $10\frac{1}{2}$ — |
| Babitz 2c. | 16993 — | 25 — | 11 — |
| Lubom 2c. | 18766 — | 16 — | $6\frac{1}{2}$ — |
| Mackau 2c. | 4839 — | 11 — | $10\frac{1}{2}$ — |

112301 rtlr. = gr. $2\frac{1}{2}$ hllr.,

so daß die Summe dieser Taxe der Schuldenlast gleich kam.

Die Commission schlug der Kammer vor, weil in Dzirgowitz und Thurze die besten Wildbahnen sind und wenn die Oder gefriert, viel Holz auf das andere Ufer nach Blankenfelde geschleppt wird, 2 Forstknechte zu halten. Der Forstmeister soll dem alten Blaschke, der bisher in Dzirgowitz gewohnt, ein Häuschen an der Wildbahn bauen lassen und sollen dem Vereideten 10 rheinische Gulden Gehalt gegeben werden. Auch der Pfandherr von Thurze soll ein Häuschen bauen, in dem ein vereideter Forstknecht wohne. Hans von Fragstein, der bisher als Forstmeister 120 rtlr. hatte, ist als Forstbereiter bestellt und soll 80 rh. Gulden Gehalt haben.

Auch an der Wildbahn zu Babitz ist ein Forstknecht erforderlich. Das Geld ist aus dem Oppelnschen Amte zu zahlen.

Peter Dlugomil auf Birawa erkaufte von den Bürgern Dzirgowitz, alles Uebrige des 3. Theiles (Riedane ꝛc.) brachte Hinko Petrowitz Charwat von Wicze auf Brzezie für 13,253⅓ schlesische Thaler mit kaiserlicher Genehmigung Wien am 16. Januar 1576 als Pfandbesitz auf 20 Jahre an sich. (Der Thaler zu 34 weiße Groschen oder 68 Kreuzer gerechnet). Rudolf bestätigte dies Regensburg am 18. October 1576. Noch in demselben Herbste baute Charwat in Babitz einen Kretscham und Gasthof.

Der Forstbereiter Johann Lupa verweigerte den Leuten in Bojanow, Woinowitz, Lekartow und Mackau das dürre und Leseholz, um ihnen eine Verehrung abzudringen. Der Schloßhauptmann Samuel Lessota von Steblau auf Mackau bat die Kammer am 9. September 1578 dem Forstbereiter aufzulegen, daß den Leuten früher bewilligte Holz nicht vorzuenthalten. Im Februar hatte er bereits um Bewilligung von Bauholz für sie als kaiserliche Erbunterthanen gebeten.

Im Januar 1579 erhielt Hinko Charwat von der Kammer die Erlaubniß, mehre Gärtnerhäuser in Riedane, doch nicht zu nahe dem Vorwerk, aufzubauen.

Hans von Fragstein aus dem Hause Groß-Nimsdorf zu Dombrowitz, welcher als Forstmeister des Fürstenthums zu Jankowitz wohnte, erhielt in Sommer 1579 von der Kammer auf Veranlassung des Stadtrathes und des Schloßhauptmannes den Auftrag, den Bauersleuten, welche im blanken Felde wohnen und zum Schlosse Ratibor gehören zur Erbauung ihrer Wohnungen Bau- und außerdem Brennholz vom Babitzer Stücke zu verabfolgen. In Ratibor selbst ist Johann Lupa Forstmeister.

October 1583 beschwerte sich Hinko Petrowitz Charwat über den Eingriff der verwittweten Catharina Schoffin zu Pawlau in den Wald Luzki. Die Kammer meldet dem Kläger, es sei

schicklicher, diese Angelegenheit lieber bei dem Landeshauptmann von
Oppeln und Ratibor Freiherrn Johann Proskowski anzubringen
und dann erst die Klage bei dem Landrecht anzustellen.

Wir haben bereits erwähnt, daß der Kammerprocurator der
Fürstenthümer Oppeln und Ratibor 1540 vom König Ferdinand
Mackau übernommen, indem er zu der früheren Pfandsumme
200 rtlr. hinzufügte. Dieser Ort war dann bei Verpfändung
der übrigen Ratiborer Güter dem Samuel Lessota gegen Dar=
leihung von 4000 rtlr. eingeräumt worden; eine geringe Summe,
denn es hatte weder Vorwerk, noch Teiche, noch Wald, sondern
nur Silber= und Getreidezins. Zur Anfertigung eines Urbariums
beritten der Kanzler Wenzel Scheliga von Rzuchow auf Wittos=
lawitz und der Burggraf von Oppeln Hans Oderwolf das Dorf
und richteten ein Grundbuch am 3. Juni 1585 auf.

Wir haben im II. Abschnitt bereits erzählt, daß eine Partei
Polens den Erzherzog Maximilian zum Könige erwählt und die=
ser durch Ratibor dahin gegangen. Am 21. October 1587 be=
richtet Samuel Lessota von Steblow an die schlesische Kammer,
daß in den Fürstenthümern, besonders an der polnischen Gränze
kein geringer Zwist wegen des Einzuges sich entsponnen habe.
Da von dort aus Gefahr drohe, im Ratiborer Schlosse aber keine
Artillerie in Bereitschaft sei (denn die 3 Geschütze ständen seit sei=
ner Amtirung noch nicht auf Rädern) es auch an Pulver und
Geld fehle (von seinem geringen Deputate köune er nichts ver=
wenden), so bitte er um Benachrichtigung, ob er die 3 Stüke
auf Räder bringen und sich mit Pulver versehen solle und
woher das Geld zu nehmen. Die ersten Fragen wurden bejaht.[1]

Weil sich zwischen dem Freiherrn Georg von Oppersdorf
auf Polnisch = Neukirch Pfandinhaber von Poblesch und Peter
Dlugomil von und auf Birawa, Pfandinhaber von Dzirgowitz,
wegen des zwischen der Oder und Poblesch liegenden kaiserlichen

---

[1] Mosbach, wiadomości do dziejów Polskich. [Wrocław
1860.] 214.

Waldes ein Streit erhoben, so erschien im Juli 1587 eine Commission in Podlesch, nämlich Johann Sedlnicki der ältere auf Choltitz, Heinrich Burggraf von Dohna auf Craschen Kammerrath, Hans Reisewitz von Kaderzin auf Raschütz Landrichter, Wenzel Scheliha von Rzuchow auf Witoslawitz Kanzler, Georg Strzela und Mathias Roß von Grabow auf Sandlitz.

Sie entschieden: Da der Kammerprocurator Wenzel Reisewitz 1577 Podlesch als Pfand übernommen, dieses dann an Georg von Oppersdorf senior übergegangen sei und im damals (1577) aufgerichteten Urbar ein Eichwald als zu Podlesch zugehörig aufgeführt sei, so hat der jetzige Besitzer den Wald bis zu der Oder zu benützen. Eine andere Commission entschied im April: zwar sei im Dzirgowitzer Urbar von einer Eichelmast für 30 Schock Schweine Rede, indeß sei dies Urbar jünger als jenes Vorrecht.

Im August sprach von Oppersdorf den Wunsch aus, Podlesch zu kaufen und durch die Herren, welche am 6. September nach Oberglogau zum Landrecht kommen werden, abschätzen zu lassen.

Auf Befehl der kaiserlichen Kammer begab sich Anfang Mai 1592 der Forstmeister Hans von Jordan in Alt-Patschkau auf Jankowitz mit dem Schloßhauptmann Samuel Lessota von Steblau auf Mackau zur Besichtigung der Mühlen und erklärte, daß diese noch brauchbar seien, wenn das Wehr, welches von der Stadtmühle über den ganzen Oderstrom bis zum Schlosse reicht und durch großes Wasser immer mittendurch reißt, reparirt wird. Er bittet um das zum Wasserbau erforderliche Holz aus dem kaiserlichen Forsten. Da die Schloßmauer nur noch zur Hälfte vorhanden und gleichfalls dem Einsturz drohe, möge auch Eichenholz bewilligt werden. In der Antwort am 17. Mai wird dem Forstmeister aufgetragen, sich bei den benachbarten Pfandhaltern um Holz zu bewerben, damit die Wildbahn geschont bleibe.

Im Juli des nächsten Jahres wurde nicht blos den Pfandinhabern Wenzel und Hans von Reisewitz (Vettern), sondern auch

19

dem Abt von Rauden und dem Jungfrauenkloster Holz und Reisig zu den Schloß- und Mühlbauten abgefordert, weil dem ganzen Lande an der baulichen Erhaltung eines so ansehnlichen Schlosses nicht wenig gelegen sein müsse. Anfang Juni nämlich hatte das große Wasser die Ringmauer des Schlosses gegen die Stadt hin unterwaschen und eingerissen. Der Abt Jakob bewilligte 200 Fuder Reisig, 1 Schock-Kiefern und 120 Eichen zu Pfählen bei dem Unterbau der Schloßmauern; auch die Jungfrauen wiesen aus ihren Stiftsgütern 60 Eichen an, doch mußten die Pfandbesitzer erst wiederholt erinnert werden, das Holz abzuholen. Indessen starb der liberale Abt und dessen Nachfolger Peter wollte ohne bischöfliche Erlaubniß das Holz aus dem Stiftswalde nicht verabfolgen. Im Februar 1596 erfolgte jedoch die Bewilligung.

Im Herbste 1594 ist Jaroslav Lessota Schloßhauptmann. Der Vater Samuel Lessota hatte aus Altersschwäche die beschwerliche Stellung seinem Sohne überlassen, lebte aber noch bis 1602. Im Juni 1603 folgte ihm sein Sohn im Tode nach.

In dem Urbarium von 1595 haben wir eine Beschreibung des Schlosses, der Einkünfte und Ausgaben, aus denen das Wichtigste hier folgt.

Das Schloß umflossen von der Oder, von der ein Arm auf die Brett- und Schloßmühle zugeht, ist mit einer niedrigen Mauer umgeben, welche aber gegen die Oder hin eingegangen ist. Bei dem Eingange ist ein Thorhaus von Holz, dabei ein alter Eingang ins Schloß. Dicht daneben steht die Kirche mit einer Sacristei (Dreßkammer), die aber sehr baufällig, darüber Kammern und Boden. Unter der Kirche ein nicht gewölbter Keller als Gefängniß. Ferner ein Wein-, 2 gewölbte Bierkeller, dahinter eine Küchenkammer und ein Gewölbe. Ueber dem Keller ein Stall, rechts eine Stube, zwei Gewölbe, eine Schlafkammer, links eine große Stube, in welcher das Landrecht gehalten wird, ein Gewölbe, eine Stube, eine Schlafkammer.

Auf dem Obergaden (Belétage) ist ein großer Saal, eine Stube und Schlaffkammer, gegenüber eine Kammer; drei leere und die Rüstkammer.

Dahinter ist ein Gebäude, in welchem die Uhr, daneben ein Gewölbe, eine große Küche, daneben eine Kammer, Stube, Vorhaus, darunter ein großer Stall.

Auf der dritten Seite ein gewölbtes Back- und Vorhaus, daneben zwei Ställe, darüber eine Stube, Kammer und großer Boden, dann wieder eine alte Stube und Kammer von Holz. Daneben alte Mauern mit 2 Gewölben. Alles ist mit Schindeln gedeckt. Die Wächter können auf dem Schlosse rings herumgehen, doch sind die Mauern an vielen Stellen zerrissen.

Von dem Einkommen sollen hier nur die inzwischen veränderten Posten bezeichnet werden:

Statt der bisherigen Naturalverehrung gab die Stadt 50 Gulden baar. Die Gewandschneider auf dem Jahrmarkt hatten sich bedeutend gemehrt, es wurden schon 288 Stück Tuch verkauft, da die Einnahme 4 Gulden betrug. Auch die Fleischer in der Stadt hatten an Zahl zugenommen und der freie Fleischmarkt wurde weniger frequentirt. Von den Büttnern verfertigten bereits 3 Meister das für Keller und Fischerei erforderliche Gefäß.

Der Meierhof Bosatz hat ein Wohnhaus für den Vogt, 1 Heu- und 10 Getreidescheuern, Schuppen, Ställe ꝛc. alles baufällig. Da Weide und Heu vorhanden, können 50 Stück Rindvieh gehalten werden.

Das Vorwerk Niebane ist mit Gebäuden stattlich versehen; 80 Stück Rindvieh ꝛc.

Bei dem Vorwerk Ottitz sind 3 alte und 2 neue Teiche.

Die abgebrannte Papiermühle ist zwar wieder erbaut, steht aber gar wüst; auch die Schleifmühle ist eingegangen. Die Walkmühle bringt 5 Gulden, da von jeder Walke 9 gr. gezählt werden. Der Kupferschmidt gibt für Benutzung des Kupferhammers jährlich 8 rtlr.

19 *

## Folgende 26 zur Herrschaft

| | Bauern | halten | | Frei | | Gärt= | Müller | Unterthanen | rtlr. | gr. | hllr. |
|---|---|---|---|---|---|---|---|---|---|---|---|
| | | Hufen | Morgen | Hufen | Morgen | ner | | | | | |
| Altendorf | 41 | 29 1/8 | | 5 1/2 | 3 | 14 | | | 99 | 23 | 10 |
| Neugarten | 7 | 4 3/4 | | | | 45 | | | 34 | 6 | 3 |
| Proschowitz | 4 | 3 | | | | fr. 10 / 18 | | | 33 | 27 | 9 1/2 |
| Neustadt | 23 | | | | | | | | 30 | 18 | 8 1/2 |
| Paseka | | | | | | | | 20 | 51 | 15 | 1 1/2 |
| Ostrog | | | | | | | | 119 | 221 | 16 | 4 1/2 |
| Niedane | | | | | | | | 13 | 18 | 15 | 8 1/2 |
| Lekartow | 8 | 8 1/4 | | 2 | | | | | 13 | 3 | 2 |
| Woinowitz | 30 | 30 1/2 | | 3 | | 3 | 1 | | 88 | 1 | |
| Bojanow | 27 | 26 1/4 | | 1 | | 7 | | | 56 | 5 | 5 |
| Mackau | 33 | 38 1/4 | 10 | 3 | | 17 | | | 27 | 18 | 2 |
| Niebotschau | 16 | 9 | 10 1/2 | 3/4 | | 1 | | | 60 | 22 | 8 1/2 |
| Buckau | 14 | 7 7/8 | | | | 7 | | | 43 | 35 | 5 1/2 |
| Markowitz | 25 | 23 1/2 | 5 7/8 | 1/2 | | 7 | | | 82 | 11 | 2 |
| Babitz | 26 | 22 | | 5 | | 3 | | | 82 | 6 | 6 |
| Leng | 11 | 5 1/2 | | | | 1 | | | 32 | 15 | 3 |
| Thurze | 8 | 5 | | | | 4 | 1 | | 31 | 32 | 11 |
| Schichowitz | 8 | 4 | | | | 1 | | | 9 | 33 | 5 |
| Dzirgowitz | 22 | 15 1/4 | | 1/2 | | 25 | | | 96 | 21 | 4 |
| Kobilla | 12 | 15 | | | | | | | 25 | 14 | |
| Lissek | 23 | 26 3/4 | | 3 1/4 | 11 | 2 | | | 56 | 31 | 10 |
| Pogrzebin | 23 | 24 | | 1/2 | | 3 | | | 21 | 25 | 7 |
| Kornowatz | 19 | 12 | | 6 | | 3 | | | 9 | 18 | |
| Syrin | 30 | 33 1/2 | | 1/2 | | 2 | | | 90 | 2 | 1 |
| Lubom | 50 | 39 | | 6 1/2 | | 17 | | | 10 | 16 | 9 1/2 |
| Schonowitz | 3 | 4 | | | | | | | 5 | 12 | |

## gehörigen Ortschaften zinsen:

| Weizen | | Roggen | | Hafer | | Inselt | Wachs | Schock Bretter | Gänse | Schweine | Hühner | Schock Eier | Heufuder |
|---|---|---|---|---|---|---|---|---|---|---|---|---|---|
| Malter | Scheffel | Malter | Scheffel | Malter | Scheffel | Stein | Stein | | | | | | |
| | | 4 | 10½ | 12 | 4½ | | | | | | 100 | | |
| | | | 9½ | | 9½ | | | | | | 86 | 3 11/15 | |
| | | | 3 | | 9 | | | | | | 36 | | |
| | | | | 2 | 5 | | | | | | 4 | ½ | |
| | 1 | 4 | | 2 | 7¾ | | | | | 3 | 252 | 62½ | 43 |
| | | 4 | | 9 | 9 | ½ | | | | 4 | 248 | 9 13/30 | 66 |
| 2 | 11¾ | 4 | 3½ | 16 | 8 | | | | 32 | | 166 | | |
| | | | | 2 | 8 | | | | | | 81 | 3 2/5 | |
| | | | | 2 | | | | | | | 39 | 1 19/20 | |
| | | | | 4 | ¼ | | | | | | 144 | 13 1/5 | |
| | | | | 3 | 7 | | | 45 | | | 102 | 12 1/4 | |
| | | | | 1 | 10 | | | | | | 124 | 3 | 30 |
| | | | | 1 | 4 | | | | | 2 | 32 | 4 | 10 |
| | | | | 1 | 4 | | | | | | 20 | 2 1/5 | |
| | | | | 1 | 3¼ | | | | 7 | | 89 | 6 | |
| | | | 8 | 5 | | | | | | | 70 | 7 1/2 | |
| | | | | 7 | 2 | | | | | | 148 | 5 1/20 | |
| | | | | 2 | 1½ | | | | | | 128 | 5 1/6 | |
| | | 1 | 10 | 2 | 5½ | | | | | | | | |
| | | | | | | | | | 34 | 4 | 68 | | |
| | | | | 12 | 6 | 12½ | | | | | 198 | 8 1/2 | |
| | | | | 1 | | | | | | | 20 | 2/3 | |

Mit dem Bau des Wehres und Schloßufers kam man nicht zu Stande. Wegen des Aufschubes und einer nochmaligen Ueberschwemmung genügten jetzt nicht mehr Reisig noch Pfähle; und wollte auch Hans von Jordan und Altpatschkau als Forstmeister etwas thun, so klagte der Schloßhauptmann Jaroslav Lessota von Steblau, daß jener ihm ins Amt greife, weshalb der geplagte Forstmeister wiederholt um Versetzung bat. Erst im Herbst 1601 ward ihm die Bitte gewährt, er wurde Burggraf in Oppeln, da Johann Oderwolf auf diesen Posten resignirt hatte, und an seine bisherige Stelle tritt als Forstmeister Melchior Rohr von Stein.

Jaroslav Lessota, dessen Vater schon ein stattliches Vorwerk und Wohnhaus in Mackau gebaut, zog mehre Bauernäcker zu seinem Vorwerke und bedrückte seine Unterthanen. Aus Rache wurde ihm Mai 1597 eine Scheuer angezündet, wobei nicht blos ihm alles, sondern auch 4 andre Wirthschaften, nämlich die des Scholzen, eines Bauern und zweier Gärtner abbrannten. Nur zur Scheuer wurde dem Pfandinhaber das Holz bewilligt.

Auch Abraham Mosler, der 1595 den Schloßkretscham an der Oderbrücke gekauft und nach 3 Jahren verkauft hatte, um als Gastwirth nach Jägerndorf zurückzukehren, beschwerte sich nachträglich durch die Jägerndorfer Regierung bei der Breslauer Kammer, daß Jaroslav für den Auf= und Abzug von ihm 45 rtlr. abverlangt hatte, da doch der Kretscham laut Privilegium von 1562 frei sei.

Jaroslav Lessota blieb nicht lebenslang Schloßhauptmann, denn im Herbste 1601 finden wir an seiner Stelle den Claus Caspar Beeß, Freiherrn von Cölln und Kätzendorf[1]) auf Polnisch-Krawarn. Als Deputat erhielt er unter anderem 14 Rehe und

---

[1]) Cölln an der Stober und Kätzendorf (heut Carlsmarkt) — letzteres schon 1447 in der Familie Bies — wurden 1633 an das Fürstlich Briegsche Haus verkauft. Krawarn, das seit 1228 dem Prämonstratensernonnenkloster Czarnowanz gehört hatte, erkaufte von Beeß 1601.

3 Stück Rothwild. Doch wurde schon damals über den Mangel an Rothwild geklagt.

Im Jahre 1603 ging mit der Herrschaft eine große Verän=
derung vor. Bis dahin verpfändete Ortschaften wurden erblich
verkauft.[1]) Der Anfang wurde mit Dzilgowitz gemacht, welches

[1]) Den Freunden oberschlesischer Geschichte theile ich hier die
noch übrigen verpfändeten Herrschaften in den Oppelner und Rati=
borer Fürstenthümern aus dem Breslauer Kammer=Archiv Pars IV.
Sect. 9, Cap. I. von 1598 bis 1605 mit:

1) Pfandschilling Schurgast sammt Zubehör ist verpfändet dem
Herrn von Schneeberg um 7096 rtlr. 6 gr. und 1000 rh. fl.
unverrechnendes Baugeld, im Erbkauf tarirt auf 38617 rtlr.
1 gr. 9 hllr.

2) Schloß und Stadt Groß = Strehlitz sammt Zubehör ist
Herrn Georg von Rödern auf etliche Jahr verpfändet (bis
Michaeli 1613) um 53,062 rtlr. 8 gr. und haben die Kaiserl.
Majestät diesen Pfandschilling dem Herrn von Röder um
70,000 rtlr. erblich hinterlassen wollen

3) Schloß Schlawentzit sammt Zubehör ist verpfändet um
15,210 rtlr. und nach dem Tode des Wilhelm von Oppersdorf
abzulösen. Taxe 62,724 rtlr. 7 gr.

4) Klein=Strehlit, Schloß und Stadt Zülz sammt Dörfern
ist weiland Herrn George von Pruskowski auf Lebenszeit und
nach seinem Abgange auf 2 seiner Kinder oder sonstige Erben
um 40,114 rtlr. 7 gr. 4 hllr. verschrieben und verpfändet.

5) Rybnik Schloß und Stadt sammt Dörfer ist Herrn Ladislav
von Lobkowitz und auf seines ältestes Kindes Lebenszeit und
10 Jahr nach ihrem Absterben um 22,158 rtlr. 7 gr. 5½ hllr.
verpfändet. Die Taxe dürfte bedeutend höher sein.

6) Schloß Schwerchlenet oder Neudeck sammt der Stadt
Beuthen, Oderberg und Tarnowitz mit Zubehör ist
um 19,816 rtlr. 24 gr. auf Markgraf George Friedrichs von
Brandenburg Leib verpfändet. Weilen denn diese Herrschaften
der Zeit sonderlich nütze, da das Bergwerk zu Tarnowitz mit
Macht getrieben, wegen des Silberkaufs, Zehnts und Vermün=
zung ein Ansehnliches ertragen, als ist dieses wohl in Acht zu
nehmen, wie es die Kais. Maj. künftig damit gehalten haben
wollen, sonderlich da jene mit Absterben bemeldeten Markgra=
fens wieder los werden.

7) Städtlein Sorau ist J. Kais. Maj. zuständig und der
Taxe nach 5000 rtlr. Austrag dem Rath daselbst gegen Erle=
gung von 250 rtlr. jährlich Abnutzung auf 6 Jahr hingelassen.

8) Städtlein Steine verpfändet um 7000 rtlr. den Gebrüdern
Mettich, welche durch Zugabe von 4500 rtlr. es erblich besitzen
können.

bisher der Dlugomilsche Erbe Johann Bogucz von Zwole und Goldstein auf Odersch[1]) und Bierawa für 3292 rtlr. 28 gr. 3 hlr. (den rtlr. zu 34 gr.) innehatte. Käufer war Georg von Oppersdorf auf Oberglogau und Polnisch = Neukirch, kaiserlicher Rath und Hauptmann der Fürstenthümer Oppeln und Ratibor.

Die Commission (Wenzel von Zedlitz und Salomo Löwe) lud am 21. Juli den Herrn von Zwole und dessen Gemahlin vor. Der Pfandbesitzer war nicht wenig überrascht und bat um Aufschub, damit er die ausstehenden Reste einziehen könne; es wurde ihm aber bedeutet, daß sein Nachfolger ihm darin gern zu Diensten stehen werde, worauf er sich zufrieden stellte. Das Pfandgeld wurde in Bierawa abgeführt, die Unterthanen ihres Eides entbunden und dem neuen Herrn verpflichtet. Ehe von Zwole schied, wurde ihm vorgehalten, wie er das Gehölz verödet, das Wild vertrieben, die Unterthanen beschwert. Er berief sich aber, seine Sache vor dem Landrecht ausfechten zu wollen. — Bei dem revidirten Urbar wurde den Leuten befohlen, keine weiteren Bienenbeuten mehr anzulegen, da das dem Walde schade. Die Dzirgotwitzer zinsten damals 18¾ Potop Honig. — Der Kaufpreis war 10,000 rtlr. à 30 gr. à 6 weiße Denar.

Hierauf begab sich die Commission weiter, um den andern Theil, nämlich Niedane und Zubehör, das an Hinko Petrowitz Charwat gefallen war, zu inspiciren. Charwat war schon mehre Jahre todt und die Wittwe, welche in Schichowitz residirte, hatte gleichfalls den Wald verödet und die Unterthanen bedrängt. Die Commission machte dem Kaiser den Vorschlag, Niedane und Zubehör nicht zu verkaufen, sondern weil die Wildbahn nützlich, bei dem Schlosse zu lassen.

9) Dorf Sokolnik (Falkenberg) sammt 3 Bauern zu Dambrau dem Conrad Zirowski um 3500 rtlr. verkauft.

10) Die Herrschaft Cosel ist dem Wilhelm von Oppersdorf erblich verkauft und bis auf 13,435 rtlr. 17 gr. 6 hlr. bezahlt worden.

[1]) Der Vater desselben liegt in der Kirche zu Odersch begraben.

Inzwischen hatte der Landmesser und Maler George Hoyer (der schon vor einigen Jahren für 70 rtlr. die strittigen Landgränzen zwischen dem Oppelnschen und Briegschen Fürstenthum abzeichnete) die 28 Dörfer und den Forsten durch 3 Wochen durchreiset und in eine Mappe oder Karte aufgenommen, worin sogar „Wälder und Wiesen, Aecker und Teiche, Wasserfälle und Gränzen" abkonterfeit waren. Für seine Mühe verlangte er nur 100 ungarische Gulden, da er doch bei allem Ungestüm der Witterung, über Berge geklettert und Thäler gestiegen, durch Gesümpf und Genäß gewatet, Dörner und Hecken durchkrochen und auch in seinem Logis (in einem Wirthshause zu Ratibor) mit nicht wenig Sorgen und Sinnen gearbeitet und daheim die ganze Werkstatt feiern, die Gesellen entlassen müssen.

Für folgende 1603 von der Herrschaft abgetrennte und verkaufte Dörfer und Güter wurden Prag am 8. December die Erbbriefe ausgestellt:

1) Lubom,
2) Syrin,     an Wenzel Reisewitz von Kaderzin auf
3) Buckau,         Kornitz für 40,300 rtlr.
4) Niebotschau,
5) Lissek an Abraham Sokolowski für 7100 rtlr.
6) Pogrzebin an Jakob Burian Schellga für 3500 rtlr.
7) Kornowatz dem Jungfrauenstifte zu Ratibor für 1700 rtlr.
8) Mackau dem Caspar Beeß auf Crawarn für 8000 rtlr.
9) Gammau dem Collegiatkapitel zu Ratibor für 2000 rtlr.
10) Schilmotzütz, 3 Bauern   dem Bürger Vincens Freiberger
11) Jankowitz, 2 Bauern       zu Ratibor für 1000 rtlr.
12) Studzienna der Stadt für 2338 rtlr. Nur den Decem behielt sich der Kaiser vor.

Mit den Dörfern wurde zugleich das Brauurbar verkauft.

Alle übrigen Dörfer übernahmen 1604 die Brüder Balthasar und Georg Freiherren von Tschetschau und Mettich nebst dem Schlosse gegen Darleihung von 116,000 Gulden pfandweise auf

18 Jahre. Aber Schloß, Kirche, Mühlen, Teiche, Wehr und Wirthschaftsgebäude waren in sehr baufälligem Zustande. Der Kaiser bewilligte deßhalb 4000 Gulden Baugelder, worüber Rechnung gelegt werden sollte, die von der Commission zu prüfen sei. Da dies jedoch nicht weit hinreichte, so erbot sich von Mettich schon im März 1605, die Herrschaft, mit einer Zulage von 6000 rtlr. zum Pfandschilling, zu kaufen.

Der Schloßhauptmann Salomo Löwe war bei Einräumung des Schlosses und Zubehörs zu Händen der von Mettich zugegen. Im Urbar wurden einige Aenderungen getroffen. Da früher im Vorwerk Bosatz der Getreidezehnt gesammelt wurde, und viel Vieh gehalten werden konnte, jetzt aber bei Verkauf jener Dörfer der Zins wegfiel, konnten nur 24 statt 70 Stück Rindvieh gehalten, ebenso da mehre Schloßwiesen verkauft wurden, statt 170 nur 30 Fuder Heu gewonnen werden.

Zur Förderung des Schloßbaues wurde der Abt Peter von Rauden von der Schlesischen Kammer am 29. November 1605 angegangen, eine Anzahl Eichen gegen Brennholz zu überlassen.

Raschütz, das Nicolaus von Reisewitz inne hatte, wurde am 6. November 1606 zur Schloßherrschaft für 8000 rtlr. zurückgekauft.

Laut eines vom Kaiser 1606 confirmirten Vergleichs waren die Benkowitzer, Sudoller und Studziennaer Gemeinden verpflichtet, den Mühlgraben, welcher vom Benkowitzer Wehre an zur Pfinnamühle führte, zu räumen.

Das Oderwehr war zwar von dem Werkmeister Klausnitz reparirt worden, doch nicht mit besonderem Glücke, und erschien den Commissaren 1606 eine durchgreifende Besserung nothwendig. Auch die Wege um die Stadt, namentlich der vor dem Benkowitzer Thore waren sehr schlecht. Da die Oder bei Altendorf viel Land einriß und namentlich am Vorwerk Niedane die Aecker einwusch, so machte die Commission den Vorschlag zu einem Durchstich, der leicht zu bewerkstelligen sei. Für das Wasserwehr bei Beutowitz, von welchem das Wasser auf die Thormühle bei

Ratibor zugeführt wird, wurden 15 Schock Holz verwendet. Zur Reparatur des Wehres und der Pfannmühle wurde der Baumeister Christof Netter aus Brieg vorgeschlagen, der auch in Kosel Mühl- und Wehrbauten ausgeführt und für seine Person wöchentlich 4 rtlr., für den ganzen Bau der Mühle und des Wehres 582 rtlr. verlangte.

Damals galt das Schock Hopfenstangen 4 Kreuzer, die größten Bäume wurden das Stück zu 30 Kreuzer verkauft!

Behuf des Erbkaufes erschien auf kaiserlichen Befehl eine Commission[1] im August 1607, welche über die Schloßherrschaft ein neues Urbar anfertigten. Das Schloß selbst mit seinen Gebäuden, Obstgärten und Fischhälter wurde auf 4000 rtlr. taxirt, die Schloßmühle auf 2771 rtlr., die Stadtmühle auf 13109 rtlr., die Pfannmühle 2977 rtlr., das Malzhaus 500 rtlr. Die Papier-, Brett-, Schleif- und Walkmühlen waren bereits eingegangen, ebenso der Kupferhammer, und sollte an des letzteren Stelle die Pfannmühle translocirt werden. Auch das Brauhaus war eingegangen, die Büten verkauft.

| | | | |
|---|---|---|---|
| Das Eichwäldchen Botinetz war auf | 800 rtlr. | angeschlagen. |
| Vorwerk Bosatz | „ „ | 400 — | „ |
| „ Niedane | „ „ | 8056 — | „ |
| „ Ottitz | „ „ | 9823 — | „ |
| Altendorf | „ „ | 7168 — | „ |
| Neugarten[2] | „ „ | 2471 — | „ |

---

[1] Die Commission bestand aus folgenden Herren:
Wenzel von Zedlitz auf Schönau, Zyrus und Quaritz Kammerrath in Ober- und Niederschlesien,
Caspar Beeß Freiherr von Cölln und Kätzendorf auf Mackau,
Caspar Tobias von Bibran zu Klein-Pramsen,
Balthasar Peter von Weiskirschdorf und Faulenbrück zu Casimir und Altendorf,
Heinrich von Görz auf Strachwitz und Blumenau.

[2] Im Jahre 1594 waren 7 Bauern, 45 Gärtner, 1607 dagegen 9 Bauern, 33 Gärtner. Einige Gärten waren bei Ablösung des Pfandschillings erblich verkauft worden. Dasselbe war der Fall bei den Gärten der Vorstadt Neustadt.

| | | | |
|---|---|---|---|
| Proschowitz | war auf | 1160 | rtlr. angeschlagen. |
| Gärten auf der Auen | " " | 132 — | " |
| Neustadt | " " | 810 — | " |
| Passeka | " " | 1000 — | " |
| Ostrog | " " | 10892 — | " |
| Niedane | " " | 601 — | " |
| Lekartow | " " | 1104 — | " |
| Bojanow | " " | 6086 — | " |
| Wojnowitz | " " | 6097 — | " |
| Markowitz | " " | 18721 — | " |
| Babitz | " " | 20673 — | " |
| Lug (Leng) | " " | 3010 — | " |
| Thurze | " " | 8315 — | " |
| Schichowitz | " " | 950 — | " |
| Kobilla | " " | 4066 — | " |
| Raschütz | " " | 8000 — | " |

Der Taxwerth sämmtlicher vorbenannten Ortschaften sammt Forsten betrug 161,977 rh. Gulden à 36 gr. Der ungarische Gulden hatte damals 25 weiße Groschen.

Interessant ist die Mittheilung, wie viel Wald bei den einzelnen Dörfern war und wie hoch derselbe geschätzt wurde. Wo Eichen waren, wurden die Schweine in Mast getrieben.

| | | | |
|---|---|---|---|
| Der oft genannte Eichwald Botinetz bei dem Schloß | | 600 | rh. Guld. |
| Das Gehölz bei Ottitz | . . . . | 100 | " " |
| Das Erlicht bei Bojanow | . . | 150 | " " |
| Der Eichwald bei Markowitz | . . . | 1000 | " " |
| " " " Babitz | . . | 6000 | " " |
| " " " Lug | . . . | 1500 | " " |
| " " " Thurze | . . . | 6500 | " " |
| " " " Schichowitz | . . | 200 | " " |
| " " " Kobilla | . . | 1500 | " " |

17550 rh. Guld.

Da jedoch die Einfuhr derer, die ein Recht darauf haben, abgezogen werden muß, so wurde der Forst nur auf 16000 Gulden angeschlagen.

Teiche waren damals mehre, nämlich

| | | |
|---|---|---|
| 3 bei Ottitz | . . . | 300 rtlr. |
| 1 „ Markowitz | . . | 12638 — |
| 1 „ Babitz | . . | 9027 — |
| 2 „ Kobilla | . . . | 200 — |

Der Kaiser befahl im Winter 1608, daß im Ratiborer Forsten durch den Landeshauptmann eine große Jagd veranstaltet und die Hirsche ihm zugesendet wurden. Da nun weder das Oppelner noch Ratiborer Forstamt die erforderlichen Netze hatten, so ersuchte die Breslauer Kammer die verwittwete Barbara Zwole geb. Dlugomil auf Birawa, Slawentzitz und Oderich, den Abt Johann Dorn von Rauden und den Amtmann zu Polnisch-Neukirch um taugliche Jagdnetze und Hunde und motivirte das Gesuch durch die Hinweisung, daß die Jagd auf besonderen Befehl und zum Nutzen des Kaisers vorgenommen werden sollte. Die Freiherren von Mettich erhielten den Auftrag, ihre Unterthanen zur Jagd zu stellen. Schloßpräfect war Mathias Besem.

## Erbbesitzer der Herrschaft Ratibor.

## Die Freiherren von Mettich und Tschetschau von 1609 bis 1631.

Balthasar und George Freiherren von Mettich und Tschetschau, welche die Herrschaft 1604 für 116000 flor. in Pfandbesitz genommen und bereits für 6000 rtlr. auf eigne Kosten Bauten aufgeführt hatten, übernahmen die 8000 rtlr., welche deren Bruder Hans, damals Johanniter-Comthur zu Klein-Oels und kaiserlicher Kammerrath, dem Kaiser geliehen und zahlten noch 20,000 rtlr. à 36 gr. zu.

Der kaiserliche Erbbrief ist Prag den 23. Juni 1609 aus=
gestellt. Die Käufer erhielten also das Schloß mit allen Gebäu=
den, die Brettmühle, das Malzhaus, Obst= und Küchengärten,
Fischhalter, wilde Fischereien, Jagden; die 8 Häuser vor dem
Schlosse und deren jährliche Zinsen, 96 Wiesen und Ackerstücke
hinterm Schloß, die Vorwerke Bosatz, Niedane und Ottitz; die
Schloß=, Stadt=, Pfinna= und Walkmühle; den Fischzins zu
Proschowitz, Ostrog und Niedane, das Eichwäldchen Botinetz, den
Steinbruch auf dem Rybniker Grunde; die Vorstädte und Dörfer
Altendorf, Neugarten, Proschowitz, Neustadter Gärtner, Ostrog,
Niedane, Lekartow, Woinowitz, Bojanow, Markowitz, Babitz, Lug,
Thurze, Schichowitz und Kobilla, mit allen Unterthanen, Zinsen
und Forsten bei Dzirgowitz und Babitz, den Ober= und Nieder=
gerichten; nur das Patronatsrecht reservirt sich der Kaiser, die
geistliche Jurisdiction stehe dem Bischofe zu. In Kriegszeiten
solle ihm dies Schloß offen stehen.

Am 29. Juni stellte sich eine Commission ein, um die Schloß=
güter zu übergeben. Die Unterthanen wurden citirt, der kaiserli=
chen Erbpflicht entlassen und den neuen Herren verpflichtet. Wil=
lig leisteten sie den Eid. Schloßhauptmann wurde Wenceslaus
Schonowski von Lazisk bis 1622. Hierauf wurden die Gränzen
angewiesen, die streitigen Punkte in Gegenwart der Nachbarn (der
Stadt, der von Reisewitz, Kozlowski, von Trach, des Abt von
Rauden, Gotschalkowski) berichtigt und die Gränzhaufen erneuert.
In Jankowitz fiel ein Rechtsstreit vor. Vincent Freiberger aus
Ratibor nämlich hatte 3 Bauernstellen zu Schinowitz und 2 zu
Jankowitz erkauft. Diese erbte der Bürger und Gastgeber George
Richter aus Ratibor (welcher sich am 9. September 1607 mit
Anna Frißkowna der Wittwe des Vincent Freiberger vermählt
hatte) und obgleich er nur die Geld= und Getreidezinsen der Bauer=
güter beanspruchen konnte, maßte er sich einen großen Fleck des
Babitzer Forsten an, der doch dem Schloßbesitzer vom Kaiser ganz
zugesprochen sei. Er meinte, früher sei hier Acker gewesen, den

seine Vorfahren gekauft, der aber wenig ertragen habe, weßhalb er nicht bebaut worden. So sei inzwischen das Holz gewachsen. Und doch waren die Stämme zweigriffig! Die Forstknechte bedeuteten ihm, daß Jankowitz nur die Grasnutzung, nie aber die Holzberechtigung gehabt. Auf den Antrag der Freiherren von Mettich, ihnen für die Kaufsumme von 1000 rtlr. die Bauernstellen abzulassen, wollte Richter nicht eingehen, vielmehr ließ er im nächsten Januar auf der Wiese 33 Klaftern Holz schlagen. Auch schüttete er daselbst einen Damm auf, um einen Teich zu machen.

Ebenso erhielt der Schloßbesitzer Einbuße hinsichtlich des Wäldchen Botinetz. Melchior von Rohr maßte sich es in Bezug auf das Wiesewachs an und verkaufte sein Haus [1] dem Nikel Gotschalkowski, der den halben Theil des Wiesewachses beanspruchte. Auch die Ratiborer, obgleich dürres Holz genug vorhanden, schlugen doch ohne alle Ansage das stehende Holz nieder. Er bittet deßhalb die Kammer am 16. Februar 1611 durch eine Commission einen Platz anzuweisen, wo die Stadt das Holz schlagen solle, was ihr zum eignen Besten gereichen werde. Die Kammer ließ am 18. Februar das vorige Patent vom 20. Juli 1609 erneuern. Jankowitz kam in andre Hände, denn 1615 kaufte es das Kloster Rauden von Gotschalkowski für 2420 rtlr.

Den Freiherren Balthasar und Georg von Mettich folgte

## Hans Christof von Mettich.

Dieser verkaufte Ottitz an Stenzel Reiſewitz von Kanderzin, verlegte das Vorwerk von Bosätz nach Ostrog, gründete das Dörflein bogata Rendza und ließ auf dem Schloßgrunde über einen Arm der Oder eine Brücke bauen, deren sich die Schiffer, welche zum Kaufe von Getreide nach Ratibor kamen, bedienten, um

---

[1] Am 31. August 1604 hatte Kaiser Rudolf II. das in der Ostroger Vorstadt gelegene Gütchen des Melchior Rohr von den darauf haftenden Roboten befreit. Urkunde im Provinzialarchive.

daſſelbe leichter auf die Schiffe zu bringen. Sie zahlten dafür gern einen Extrazoll.

Die Freiherren von Mettich haben das Verdienſt, das Schloß und deſſen Kapelle vollſtändig renovirt zu haben[1]) und wurden am 12. November 1633 in den Reichsgrafenſtand erhoben.

Kaiſer Ferdinand II. kaufte laut Urkunde vom 10. Januar 1628. die Herrſchaft für 130,000 Gulden wieder zurück. Die Sache aber wurde eben nicht übereilt. Am 8. März 1631 erſchien der Befehl, die Gränzen zu beſichtigen. Bei dieſer Beſichtigung vom 2. bis 6. Juni vertraten den kranken Beſitzer Hans von Reiſewitz auf Silberkopf und Brzezie und Valentin Trach von Brzezie auf Baranowitz. Endlich nahm der Oberregent Andreas von Miſein (Myſcin?) auf Wiedaff und Lani mit den Offizieren Wenzel Schonowſki von Laſiſk auf Lontze, Amtmann der Schloßgüter und Jakob von Bruk zu Remiſchdorf Caſſirer im Juni 1631 die Herrſchaft Ratibor dem Hans Chriſtof Freiherrn von Mettich ab und verfaßten am 5. Juli eine Gränzbeſchreibung.

## Kaiſerliches Kammergut von 1631 bis 1642.

Von nun an geſchah viel zur Verbeſſerung der Herrſchaft. In kurzem Zeitraume entſtanden mehre Ortſchaften. Schon 1631 wurde in der Nähe der Oder ein Salzſiedewerk von Holz erbaut, mit einem Planken umgeben und Kreuzſalzhütte genannt. Es fanden ſich bald Anſiedler an, die das Dorf Solarnia (solarna böhmiſch Salzwerk) bildeten. Tief in den Wäldern wurde das Eiſenerz gefördert; auch dort ſiedelten ſich Arbeiter an und ſo entſtand das Dorf Barglowka. Auf dem abgeholzten Forſtreviere Potepa wurde 1641 ein Eiſenhammer gebaut, der urſprünglich Segenberg genannt wurde und aus dem ſich der bedeutende Ort Hammer bildete, da man, um Arbeiter zum Betriebe zu erhalten, Wohnungen baute und Gärten anlegte. Die Anſiedler waren von mehren Eiſenhämmern herbeigezogen

---

[1])  Henelii Silesiographia (Breslau 1704) I, 433.

und gab man ihnen einige hundert Thaler Vorschuß. Neudorf datirt gleichfalls aus jener Zeit.

Bei der 1637 in der Stadt entstandenen Feuersbrunst wurde auch das Schloßgebäude ergriffen, in welchem Zimmer und Schütt= boden ausbrannten.

Von 1636 bis 1638 hatte Philipp Krause den Kretscham bei der Oderbrücke und nahm den Branntwein vom Schloß. Es findet sich in den Rechnungen, daß er im ersten Jahre 46, im nächsten 82, im dritten 28 Quart entnahm; aber es geht nicht hervor, ob er die Pflicht gehabt, ihn dort zu kaufen. Von einem Scheffel Korn und 1 Metze Hafer wurden damals 27 Quart Branntwein gebrannt und das Quart zu 10 kr. verkauft. Als Schloßhauptmann wird 1642 Georg Geding genannt.

## Georg III. Graf von Oppersdorf,

Freiherr zu Aich und Friedstein war der zweite Sohn des 1607 gestorbenen Landeshauptmann Georg II. Graf von Oppersdorf und der Isolda von Waldstein und Lomnitz, wurde am 4. Juli 1588 zu Lomnitz geboren, studirte seit 1599 in Glatz, besuchte Italien, wurde 1626 Hauptmann von Oberglogau und kaufte Fridek, nachdem Oberglogau zur Majoratherrschaft erhoben wor= den war. Er wurde von Ferdinand II. in den Grafenstand er= hoben. Im Jahre 1642 war er in Amtsgeschäften (propter licentiationem officii) in Wien. Der Kaiser schickte einige Her= ren zu ihm, um wegen Ratibor zu verhandeln. Der Graf ging darauf ein, kaufte die Herrschaft für 130,000 rtlr. à 36 gr. oder 72 kr. = 156,000 Gulden à 60 kr. und zahlte sofort 61,845 rtlr., die der Kaiser dem Fürst Carl Eusebius von Lichtenstein zu Trop= pau schuldig war. In dem auf dem Schlosse Ebersdorf am 10. November 1642 ausgestellten Erbbriefe behielt sich der Kaiser die landesfürstlichen Regalien, Metalle, Bergwerke und Salzzölle vor. Die Uebergabe der Güter fand vom 11. November 1642 bis 18. Januar 1643 statt. Es wurde von den Commissaren

20

(Octavian Segern von Segernberg Kammerrath und Oberregent der separirten Kammergüter, Georg Sebastian Jenisch Kammerfiscal von Niederschlesien und Georg Ernst Pfiestern Rechnungsrath bei der Kammerbuchhalterei) ein Urbarium aufgerichtet, aus welchem wir wieder einen Auszug geben, um die inzwischen eingetretenen Veränderungen leichter zu übersehen.

Das Schloß, mit der Burgfriedengerechtigkeit[1]) begabt, liegt an einem schönen lustigen Orte, welcher von einer Seite von der Oder, von der andern durch eine aus der Oder geleitete und in dieselbe fließende Mühlbache umgeben ist. Die Schloßkapelle hat einen Thurm, dessen Uhr die Viertel= und ganzen Stunden schlägt.

In Raschütz[2]) ist ein von Holz gebauter Rittersitz mit den erforderlichen Zimmern und Kammern, Schüttboden und einem gemauerten Gewölbe, wo man sich zur Sommerzeit divertiren und beim Teichfischen bequem machen kann. Auf Hammer ist ein wohlgebautes Jägerhaus mit Zimmern, Küche und Stallung versehen zur Bequemlichkeit der Herrschaft, welche im Sommer zur Vogelbeize, im Winter zur hohen Jagd herauskommt. Bei der Herrschaft befinden sich folgende 21 Ortschaften; Neustadt, Neugarten, Brunken, Altendorf, Proschowitz, Niedane, Leng, Schichowitz, Thurze, Klein=Rauden, Neudorf, Salzhütten, Barglowka, Hammer, Bogata Nendza, Babitz, Raschütz, Kobilla, Markowitz, Ostrog, Bosatz.

Es fehlten also bereits seit 1609 die von Reisewitz gekauften Lekartow, Bojanow und Woinowitz, und kamen hinzu: Schichowitz, Ruda, Neudorf, Salzhütten, Barglowka, Hammer, Nendza,

---

[1]) Verordnungen zur Vermeidung von Streitigkeiten, wo Städte und Burgen einander begränzten, waren früher nothwendig, und bezeichnete der Burgfriede genau die Rechte, welche beiden Theilen zuständen. Später bezeichnete der Ausdruck nur die öffentliche Sicherheit, welche die Rechte den Schlössern und deren Umgebung beilegen.

[2]) Schon im Urbar von 1606 ist von „der ehrlichen Burg zu Raschütz" Rede, bei der ein Meierhof und Brauhaus. Das Vorwerk war in 3 Felber ausgetheilt.

Raschütz und Kobilla. Passeka erhielt den Namen Brunken, wegen Plania lag die Gutsherrschaft mit der Stadt im Streit.

In den 21 genannten Ortschaften waren: 10 Freihöfe, 4 freie Pohuntschen[1]), 21 freie Bauern, 70 Freigärtner, 23 Freihäusler, 132 Robotbauern, 204 Robotgärtner, 121 Robothäusler. Häusler werden früher nicht erwähnt.

Von diesen Unterthanen, Freien, Müllern und Grundbesitzern kam an Zins ein:

|  | Guld. | Kr. |
|---|---|---|
| 1) steter Zins jährlich | 2057 | 12 |
| Für Hühner und Eier | 127 | 30 |
| 2) steigende und fallende Zinsen | 240 | — |
| 2 Platzbäcker in Markowitz | 9 | 36 |
| Der Schmidt | 7 | 12 |
| Der Böttcher | 5 | 24 |
| Die Ziegelscheuer bringt | 60 | — |
| Das Dingrecht | 204 | — |
| Die Leinwandbleiche | 9 | — |
| Salzfuhren | 96 | — |
| Auf- und Abzugsgeld 10 pro Cent | 240 | — |

Bei der Herrschaft sind 4 Vorwerke: beim Schloß, zu Altendorf, Niedane und Raschütz.

Daselbst werden gehalten

    4 Rosse (zum Ritterdienst),
    8 Ochsen zum Hammer,
 150 Melkkühe . . . 810 Guld.
 130 geldes Vieh . . 258 —
 120 Schweine . . . 100 —
 120 Schafe
 120 Hühner
  20 Indianer      } . . 153 — 36 kr.
  12 Enten

                          1321 36

---

[1]) Mährisch polnei Biehtreiber, Pflugtreiber, Gerichtsboten.

20 *

Schäfereien

   zu Altendorf . . . . . 550 Stück

   „ Niedane . . . . . 750 —

   „ Raschütz . . . . . 700 —

              2000 Stück à 36 kr.  1200 —

An Getreide wird nach Abzug des Deputats gewonnen

  25 Malter Weizen }

  17 — Gerste     } zum Brauen

  28 — Roggen . . . . . 815  24

  55 — Hafer . . . . . . 796  30

   2 — Erbsen,

   3 — Heide,

  $1\frac{1}{2}$ — Hirse.

Das Zehntgetreide von Babitz und Markowitz . 306 —

Wiesen 550 Fuhren Heu, 100 Fuhren Grummet . 150 —

Küchen- und Obstgärten . . . . . 100 —

Das Brauhaus, dicht beim Schloß am Mühlgraben

  aufgemauert, darin für 10 herrschaftliche Kretschmer

  (4 in der Vorstadt, die andern an der Landstraße)

  68 Gebräu à 34 Achtel à 3 Guld. 36 kr. . 8323  12

Für Tischbier, Träber und Hefen gibt der Brauer . 180 —

Das Branntweinhaus neben der Walkmühle mit

  5 kupfernen Töpfen ist einem Juden vermiethet, der

  die Kretschams und Dörfer zu versehen hat, doch nicht

  so beschweren darf, daß der Bierschank dadurch ver-

  hindert wird . . . . . . 200 —

Das Malzhaus neben der Walkmühle. Die Bürger

  sind verpflichtet, ihr Malz in der Schloßmühle zu

  mahlen, pro Gebräu 6 Gulden . . . 240 —

Auf der Herrschaft gibt es 14 Mehl- }

             4 Brett- } mühlen . 250 —

             1 Walk- }

Von den Teichen werden jährlich 200 Schock Fische verkauft 1200 —

|  | Gulv. | Kr. |
|---|---|---|

Die Fischerei in der Oder bringt . . . . 96 | 24

Wird ein Lachs gefangen, so wird er mit 12 kr. aus=
gelöst, vom Wels ist der Schwanz abzuliefern, wofür
3 kr. gezahlt wird.

Der Schiffszoll (pro beladenes Schiff 15 sgr.), der
früher 300 fl. betrug, bringt jetzt . . . 20 —

Das Gespinnst (die Unterthanen erhalten pro Stück
6 kr.) bringt . . . . . . . 120 —

Ein Eisenhammer mit zwei Schmelzöfen befindet sich
1½ Meile ab in der Heide. Früher grub man
das Erz dazu in Barglowka. Es werden wöchent=
lich 2 Luppen à 25 Centner geschmolzen, da aber
nicht täglich geschmolzen wird, kann nur die Hälfte
berechnet werden . . . . . 1000 —

Für Holz aus dem Walde . . . . 300 —

Eichelmast . . . . . . . 360 —

Wagenschmiere . . . . . . 30 —

reines Einkommen 20,113 | 24

An Abgaben hat das Schloß zu zahlen

Accise . . . . . 1000 Gulden

Zins und Besoldungen . . . 735 —

1735 —

reines Einkommen 18,378 | 24

Endlich hat laut kaiserlichem Kaufbrief die Herrschaft das
Patronatsrecht über die Pfarr= und Filialkirchen, ferner das volle
Ober= und Niedergericht und alle Botmäßigkeit, wie sie der Kaiser
als erblicher Besitzer genossen. Ein großer Nutzen ist es für die
Besitzer, daß wegen Nähe der Stadt und Oder die Wirthschafts=
gegenstände leicht versilbert werden können. Im Walde ist ein
schöner Thiergarten, in welchem 100 Stück schönes Dammwild
gehalten werden. Zu Riebane, Raschütz, Kobilla, wie auch auf
dem Ostroger Grund (Botinetz, das Eichwäldchen), zu Leng neben

der Oder bis auf die Dzirgowitzer Gränze sind einige schöne große Wälder mit Eichen, Erlen, Fichten, Kiefern, Linden und Steinbuchen besetzt; dann beginnt ein großer Wald bei Bogata-Nendza, geht herum bei Schichowitz, Thurze, Dzirgowitz, Orto-witz, Althammer, Barglowka auf Groß-Rauden zu und hat über 5 Meilen im Umkreise. In der Steuerindiction war die Herrschaft auf 10,529 rtlr. 12 gr. und 4 Pferde Ritterdienst geschätzt.

Eine Notiz von 1644 lautet: Das Schloß ist nach dem letzten Brande von neuem wieder aufgebaut, einige Zimmer sind bereits eingerichtet und können die übrigen ohne große Kosten ein-gerichtet werden. Das Schloß als fürstliche Residenz ist auf 6000 rtlr. abgeschätzt.

Am 11. März 1644 bekundet Georg Graf Oppersdorf, daß ihn Clement Zemelka um die Robotablösung seines Gartens in der Neustadt gebeten habe, wofür ihm derselbe nunmehr jähr-lich 2 rtlr. 18 gr. zu entrichten hat. Die Neustädter sollen übrigens nöthigenfalls bei dem Wehre arbeiten und den Pfinna-graben räumen.

Der Graf bedauerte gar bald, auf den Kauf der Herrschaft eingegangen zu sein, da er damals sein väterliches Gut Neukirch für 84,000 schlesische Thaler hätte erwerben können, das gute Vorwerke hatte und die Herrschaft Ratibor weit übertraf.

Graf Georg **III.** starb im 63. Lebensjahre am 16. Mai 1651 und war dreimal vermählt:

1) mit Benigna Polixena von Promnitz 1617 zu Prag, welche 1631 am 2. Mai starb,

2) mit Esther Barbara Gräfin Megau 1634, welche Mitte Juli 1644 starb,

3) mit Elisabeth Constanze von Pötting verw. v. Schellendorf, und hinterließ 2 Söhne, Franz Eusebius, von der ersten Gattin am 10. Februar 1623 geboren, und Mathias Rudolf, der im October 1666 starb. Vormund der Kinder wurde der Landrichter

Johann Bernhard Graf Praschma, Freiherr von Bielkau auf Rybnik, Ober= und Nieder=Schwirklan und Slawikau.

Die Herrschaft blieb in der Familie bis in den Anfang des nächsten Jahrhundertes. Mehre Parcellen wurden veräußert, auf die übrigen Gelder aufgenommen. Zur schleunigen Befriedigung der Creditoren wurden durch eine Licitationskommission an den Meistbietenden erbeigenthümlich überlassen: Altendorf, Neugarten, Neustadt, Niedane, Markowitz, Bosatz, Leng, Thurze, Ruda, Schichowitz, Raschütz, Bogata = Nendza, Proschowitz, Kobilla, Ostrog und Babitz.

## Carl Heinrich Freiherr von Sobeck und Rauthen,

Erbherr der Koschentinschen Güter, geheimer Rath und Kämmerer, vermählt 1) mit Helena Freiin von Marklowska, 2) mit Maximiliana Gräfin von Vertugo, erstand bei der Licitation am 26. November 1712 die Herrschaft als Meistbietender für 134,000 rtlr. Der Vertrag wurde am 18. März 1713 confirmirt.

Am 10. October 1716 erlangte die Familie die reichs= gräfliche Würde.

Auf dem freien Platze vor der Kamienitza ließ der Graf 1733 eine schöne Statue des hl. Johannes von Nepomuk errichten, welche mit dem Sobeck= und Vertugoschen Wappen geziert ist.

Der Graf, der zu Hammer mitten im Walde wohnte und 1720 Landeshauptmann geworden war, starb im März 1738. Am 27. März 1738 wurden in der Franciskanerkirche die feierlichen Exequien gehalten. Alle Altäre wären mit schwarzem Tuch bekleidet; mehr als 1000 Kerzen brannten um den Katafalk und in der Kirche. Das Requiem hielt der infulirte Prälat von Ober= glogau Franz Carl Graf von Tenczin; die Votivmesse der Abt von Rauden Bernhard Thill. Ueber 100 Priester celebrirten an diesem Tage.

## Carl Graf von Sobeck

übernahm laut Erbtheilung vom 3. Juni 1738, bestätigt am 22. November, die Herrschaft bis 1739.

Am 25. Juni 1738 kaufte er von dem Ritter Carl Josef Wipplar von Uschitz das Schalschische Robotfreie Vorwerk in Altendorf, das letztrer von seiner Schwester geerbt hatte, für 2212 rh. Gulden.

Laut Testament vom 30. October 1739, publicirt den 6. Mai 1743, übernahm dessen Bruder

## Felix Graf von Sobeck

königl. kaiserl. Kämmerer, wirklicher geheimer Rath, Präsident zu Klagenfurt und Troppau, die Herrschaft.

Carl Friedrich von Rogoiski verkaufte 1743 das in Altendorf besessene Pieklosche Vorwerk, das dieser 1726 von Johann Rudolf Kolbe 1726 erkauft hatte, für 1000 rh. Gulden.

Leopoldine Gräfin Gianini geb. Freiin von Poppen verkaufte am 14. Juli das Gut Schümotzütz für 5800 Gulden.

Vor 1750 ließ Sobeck eine Walkmühle an der Ober auf seine Kosten erbauen und unterhalten. — Die Tuchmacher der Stadt benutzten sie gegen einen Zins pro jedes Stück.

1764 und 1765 war E. J. von Schimonski Erbherr von Brzesnitz, Sudoll und Wyssoka Vormund.

## Johann Nepomuk Carl Graf von Sobeck,

Sohn des vorigen, übernahm laut Receß vom 15. April 1769 die Herrschaft für 308,666 rtlr.

1773 erhob der Magistrat gegen das Schloßdominium einen Prozeß, in welchem er das alte aber allmählich vergessene Recht des freien Bau= und Brennholzes wieder geltend zu machen suchte. Das Erkenntniß erster Instanz erfolgte schon unterm 23. September 1774, doch wurde der Prozeß erst 1779 beendet.

Die Commune konnte alles zum Bau benöthigte Holz, die Bürger, welche Pferde besitzen, zwischen dem Fest der hl. 3 Könige und Fastnacht in 14 bestimmten Tagen lebendiges Brennholz zu ihrem Bedarf zu holen.

## Ludwig Friedrich Wilhelm Graf von Schlabrendorf,

zweiter Sohn des am 13. December 1769 gestorbenen Minister Ernst Wilhelm von Schlabrendorf, vermählt mit Theresia Gräfin Rimtsch, erkaufte die Herrschaft laut Vertrag vom 29. August 1776 für 535,000 Gulden und 3000 Gulden Schlüsselgeld.

Im Jahre 1793 kaufte er die zum Herzogthum Münsterberg gehörigen Domänen, wurde Minderstandesherr und starb als Erb-Ober-Baudirektor, wirklicher Ober-Kammerherr 2c. am 7. Januar 1803. Seine Gemahlin starb zu Wien in hohem Alter.

Frankreich und England, welches bisher das Eichenholz aus den nordamerikanischen Colonien bezogen hatte, kaufte es jetzt in Folge des Seekrieges aus Oberschlesien, wo es auf der Oder bequem bis Stettin geführt werden konnte. Dadurch erreichte das eichne Schiff- und Stabholz einen so ansehnlichen Preis, daß Viele sich versucht fühlten, ganze Wälder nach Bordeaux zu schicken. Doch durften ohne Anzeige und Genehmigung keine Eichen gefällt noch ausgeführt werden.

Kleber (von Schlesien vor und seit 1740 II. 388) klagt mit einiger Bitterkeit über den Verkauf großer Herrschaften also:

„Gemeiniglich ist die Absicht solcher Käufer — besonders in Oberschlesien und an der Oder — so viel Geld als möglich aus dem Holze zu ziehen, und alsdann mit einigem Gewinn wieder zu verkaufen. Weil es nicht an Leuten fehlt, welche diesen Schatz für unerschöpflich halten, so findet jeder Käufer bald wieder einen neuen Abnehmer, dem der immer steigende Preis der Rinten Hoffnung gibt, das Holz noch besser zu nutzen. Der Geist der Spekulation hat den Kauf und Verkauf der Landgüter zu einem

Handelsverkehr gemacht. Einige oberschlesische Herrschaften (Ratibor, Gutentag, Lublinitz, Loslau u. s. w.) haben seit dem Ausbruch des amerikanischen Krieges schon 3, 4 und mehr auf einander folgende neue Grundherren gehabt, von denen manche kaum etwas mehr von denselben kennen lernten, als wieviel Rinken Stabholz daraus konnten verkauft werden."

## Mathias von Wilczek.

Laut Vertrag vom $\frac{30. \text{März}}{21. \text{April}}$ 1780 veräußerte Graf Schlabrendorf die Herrschaft an Mathias von Wilczek und dessen Gattin Dorothea geb. von Kuffka für 565,000 Gulden. König Friedrich Wilhelm II. erhob ihn 1787 in den Freiherrenstand.

## Heinrich XLIII. Graf Reuß, Herr zu Plauen,

Kammerherr, dessen Ahn 1716 das Incolat in Schlesien erhalten, kaufte die Herrschaft von den Baron von Wilczekschen Eheleuten laut Vertrag vom 26. August 1788 und verkaufte sie dem Königlichen Fiscus laut Vertrag vom 18. November 1791, der am 23. September 1793 confirmirt wurde.

## Der preußische Fiscus

machte die erkaufte Herrschaft zur Domäne, besaß sie aber nicht lange. Wie der König 1788 die Herrschaft Rybnik vom Graf von Wengerski kaufte, um daselbst ein Invalidenhaus anzulegen, so wollte er auch die Herrschaft Kosel zum Vortheil der Festung an sich bringen und ging mit dem Besitzer Graf von Plettenberg[1] einen Tausch ein. Kosel wurde für 400,000 rtlr., Ratibor für 600,000 rtlr. Werth angenommen. Der Vertrag wurde am 27. Mai 1799 ausgestellt.

---

[1] Kosel war 1735 der Familie des Graf von Plettenberg als Mannslehen verkauft worden.

# Max Friedrich Reichsgraf von Plettenberg-Wittem zu Mietingen,

Sohn des Erbmarschall des Hochstift Münster Reichsgraf Clemens August und der Reichsfreiin Maria Anna von Galen, geboren am 20. Januar 1721, war vermählt mit Maria Josefine Gräfin von Gallenberg, starb am 2. September 1813 und hinterließ nur eine Tochter Maria geb. den 22. März 1809, die sich mit Nicolaus Graf Esterhazy vermählte. Da Graf von Plettenberg Kosel als Lehn besaß, so wurde auch die Herrschaft Ratibor in ein Lehen verwandelt.

Der Fabrikant Josef Beaumont etablirte nahe bei dem Schlosse eine Steingutfabrik, welche er 1803 aus Geldmangel dem in Brunnek wohnenden Schutzjuden Salomo Baruch verkaufte. Amtssecretair und Rentmeister war Niepelt.

# Wilhelm Ludwig Georg Fürst zu Sayn-Wittgenstein,

Preußischer Minister, Oberkammerherr, übernahm am 9. Mai 1807 die Herrschaft Ratibor. Durch die Säcularisation der Stifte und Klöster im Jahre 1810 fielen in der Umgegend bedeutende Besitzungen dem Fiscus anheim. Der König überließ durch Cablnetsordre vom 28. November 1811 die säcularisirten Güter

1) des Jungfrauenstiftes zum hl. Geiste: Adamowitz, Bauerwitz, Benkowitz, Bieskau, Bogunitz, Brunkenhof, Eiglau, Elgot, Osterwitz, Tschirmkau, Zauchwitz, Zawade, Zilchowitz,

2) des Collegiatstiftes: Chyprzanow, Ganiowitz, Grzegorzowitz, Janowitz, Schardzin, Studzienna (Theil),

3) der Kreuzpropstei: Vorwerk Rudnik und Odervorstadt,

4) die Realitäten des Dominikanerklosters,

5) die Güter des Cistercienserklosters Rauden,

an den Kurprinz von Hessen jedoch unter (nach den politischen Verhältnissen nothwendiger) Vorschiebung des Fürsten Wittgenstein als nominellen Erwerber und unter Vorbehalt späterer Vereinbarung des Kaufpreises. Bevollmächtigter war Hauptmann Brockmann.

Die Herrschaft wurde vom

## Kurprinz von Hessen-Kassel

am 1. Juli 1812 für 627,751 rtlr. 1 gr. erkauft.

Am 10. Juni 1814 brach das Oderwehr durch. Dasselbe wurde in Folge eines Recesses vom 21. Juli 1814 cassirt, wodurch zugleich die Stadt- und Schloßmühle eingingen. An die Stelle der außer Betrieb gestellten Tuchwalke erbaute das Dominium eine andere am Ausfluß der Pfinna und an Stelle der eingegangenen Mühle eine holländische.

Das Schloßdominium machte sich verbindlich, der Stadtcommune durch Füllung von 8 Cisternen, deren Strahlen ¾ Zoll im Durchmesser haben sollen, gesundes und hinreichendes Wasser zu verschaffen. Wenigstens die Hälfte dieser Strahlen müsse Flußwasser geben. Die Unterhaltungskosten der Röhren wie die Aufsicht fallen dem Dominium anheim, wogegen die Unterhaltung der Cisternen der Stadtcommune zufällt. Letztere ist verpflichtet, einen jährlichen Canon von 200 rtlr. an das Schloßdominium zu zahlen. Der Thurm, in welchem früher die Wasserkunst war, die Wohnung des Röhrmeisters, sowie das Kunsthaus selbst fielen dem Dominium zu.

Durch Verfügung vom 6. Juni 1817 wurde die Lehnsherrschaft Ratibor wieder allodificirt. Sie sollte ihren Herrn bald wieder wechseln und zu höherem Glanze gelangen.

Im Mai 1819 besaß sie 65 Dörfer, 30 Vorwerke zc. und wollen wir das alphabetische Verzeichniß mit Angabe der Unterthanen den Kreisen nach hier folgen lassen.

| | Bauern | Gärtner | Häusler | Ein= wohner |
|---|---|---|---|---|
| **Kreis Ratibor.** | | | | |
| Adamowitz . . . . . | 10 | 13 | 20 | 149 |
| Altendorf . . . . . | 30 | 15 | 70 | 706 |
| Babitz . . . . . | 26 | 6 | 30 | 392 |
| Benkowitz . . . . . | 48 | 7 | 155 | 1075 |
| Brunken, Vorstadt | | | | |
| Bogunitz . . . . . | 3 | 1 | 19 | 123 |
| Bosatz . . . . . | | 23 | | 157 |
| Budzisk . . . . . | | 42 | | 179 |
| Cziprzanow . . . . . | 6 | 2 | 12 | 128 |
| Elgot . . . . . | 10 | | 3 | 81 |
| Gammau . . . . . | 15 | 9 | 20 | 233 |
| Ganiowitz . . . . . | 7 | 4 | 6 | 99 |
| Grzegorzowitz . . . . . | 26 | 22 | 48 | 240 |
| Hammer . . . . . | 19 | 64 | 84 | 543 |
| Janowitz . . . . . | 16 | 16 | 8 | 242 |
| Kempa | | | | |
| Kobilla . . . . . | 11 | 1 | 12 | 160 |
| Leng . . . . . | 11 | 6 | 28 | 200 |
| Lenzok, Jagdschloß | | | | |
| Markowitz . . . . . | 26 | 8 | 37 | 505 |
| Nendza . . . . . | | 13 | 61 | 267 |
| Neugarten . . . . . | 5 | 23 | 8 | 341 |
| Niedane . . . . . | | 12 | 15 | 198 |
| Neustadt | | | | |
| Ottitz Vorwerk | | | | |
| Ostrog . . . . . | 30 | 46 | | 386 |
| Proschowitz . . . . . | 6 | 16 | 18 | 197 |
| Raschütz . . . . . | 12 | 16 | 28 | 321 |
| Ruda . . . . . | | 10 | 13 | 130 |
| Rudnik Vorwerk | | | | |
| Schardzin . . . . . | | 24 | | 118 |
| Sollarnia . . . . . | | 18 | 27 | 216 |
| Schümotzütz . . . . . | 3 | 8 | 6 | 100 |
| Studzienna . . . . . | 5 | 4 | 3 | 73 |
| Thurze . . . . . | 9 | 62 | 52 | 604 |
| Trawnik Vorwerk | | | | |
| Zawada . . . . . | | 12 | 45 | 282 |

| | | | | Bauern | Gärtner | Häusler | Ein=wohner |
|---|---|---|---|---|---|---|---|
| **Kreis Rybnik.** | | | | | | | |
| Althof Vorwerk | | | | | | | |
| Barglowka | . | . | . | . | | 36 | 128 |
| Benedictenhof Vorwerk | | | | | | | |
| Chwalenczytz | . | . | . | 15 | 6 | 16 | 250 |
| Damascus | | | | | | | |
| Gaschowitz | . | . | . | 10 | 19 | 10 | 186 |
| Jankowitz | . | . | . | 1 | 18 | 17 | 170 |
| Mogul Vorwerk | | | | | | | |
| Olschowitz Vorwerk | | | | | | | |
| Poprocz = Mühle | | | | | | | |
| Groß=Rauden | . | . | | 15 | 22 | 93 | 720 |
| Klein=Rauden | . | . | | 13 | 14 | 20 | 284 |
| Stanitz | . | . | . | 15 | 13 | 33 | 409 |
| Stodol | . | . | . | 14 | 12 | 37 | 402 |
| Weißhof Vorwerk | | | | | | | |
| Zwonowitz | . | . | . | 11 | 8 | 19 | 268 |
| **Kreis Tost.** | | | | | | | |
| Schönwald | . | . | . | 64 | 4 | 91 | 996 |
| Deutsch=Zernitz | . | . | | 41 | 12 | 42 | 611 |
| **Kreis Kosel.** | | | | | | | |
| Autischkau | . | . | . | 30 | 5 | 84 | 344 |
| Dobischau | . | . | . | 5 | 13 | 6 | 137 |
| Dobroslawitz | . | . | | 11 | 10 | | 103 |
| Matzkirch | . | . | . | 24 | 9 | 13 | 250 |
| Urbanowitz | . | . | . | 15 | 39 | 8 | 291 |
| Warmuthau | . | . | . | 3 | 15 | 21 | 155 |
| **Kreis Leobschütz.** | | | | | | | |
| Bauerwitz | . | . | . | | | | 1621 |
| Bieskau | . | . | . | 26 | 22 | 110 | 601 |
| Eiglau | | | | | | | |
| Schwedlich | | | | | | | |
| Osterwitz | . | . | . | 17 | 14 | 66 | 484 |
| Tschirmkau | . | . | . | 17 | 10 | 49 | 388 |
| Zauchwitz | . | . | . | 32 | 52 | 61 | 685 |
| Zilchowitz | . | . | . | 31 | 23 | 49 | 651 |
| Summa | | | | 696 | 713 | 1818 | 18720 |

# Victor Amadeus Landgraf von Hessen-Rothenburg,

war seit dem 10. September 1812 mit Elise Prinzessin zu Hohenlohe-Langenburg vermählt. Durch die Gebietsabtretungen, welche Kurhessen 1815 an Preußen machte, unter welchen sich auch die Niedergrafschaft Katzenellenbogen befand, verlor der Landgraf von Hessen-Rothenburg verschiedene Dominialeinkünfte und wurde dafür von Hessen-Cassel durch die Abtretung der Herrschaft Ratibor mit einem jährlichen Einkommen von 55,000 rtlr. nicht nur vollkommen entschädigt, sondern erhielt noch nebenbei von Preußen die ehemalige Abtei Corvej in Westphalen. Man kam dem neuen Besitzer mit Liebe entgegen. Ratibor verlieh ihm am 30. August 1820 das Ehrenbürgerrecht.

Am 2. September 1820 traf der Landgraf mit seiner Gemahlin auf dem Schlosse zu Ratibor ein. Der Magistrat und die Schützencompagnie empfing das hohe Paar am großen Thore und begleitete es über die schön geschmückte Oderbrücke auf das Schloß, das geschmackvoll verziert einen freundlichen Anblick gewährte. Ein Schulmädchen überreichte ein Gedicht, in welchem die Gefühle der Ergebenheit ausgesprochen waren. Abends brachten die Gymnasiasten ein Ständchen. Die Herrschaften kehrten, nachdem sie die Güter in Augenschein genommen und am 27. September die (herzogliche) Kammer in Ratibor gegründet, in ihre angestammten Besitzungen zurück.

Da die abgetretenen Güter mit Hoheitsrechten ausgestattet waren, so erhob König Friedrich Wilhelm III. durch Urkunde vom 9. Juni 1821 die Herrschaft zu einem Mediatherzogthum mit einer Virilstimme auf dem schlesischen Landtage und mit allen Rechten der am meisten begünstigten Standesherrschaften Schlesiens (z. B. Pleß, Oels) und die Herrschaft Corvej in Westphalen zu einem Mediatfürstenthum.

Der Herzog ließ 1822 in Rauden den Park anlegen und die Wildbahn einfriedigen.

Im Herbste 1830 hatte der Herzog den Schmerz, seine zweite Gemahlin Elise zu verlieren. Sie war eben in Rottenburg gewesen und machte eine Reise über Wien nach Presburg. Zu Holitsch, einem Marktflecken in Ungarn, erkrankte sie an der Ruhr und starb am 6. October im 40. Lebensjahre Die Leiche wurde zunächst nach Ratibor gebracht. Acht schwarzbehangene Pferde führten die theure Hülle auf einem mit Wappenschildern decorirten Leichenwagen, dem die herzoglichen Beamten und die Dienerschaft folgten. Als der Trauerzug in die Nähe der Stadt kam — es war 10 Uhr Abends — ertönten die Glocken. 250 Gymnasiasten traten in Neugarten mit Fackeln dem Zuge vor. Am neuen Thore empfingen die Geistlichkeit, der Magistrat und die Stadtverordneten mit brennenden Wachskerzen die Herzogin und geleiteten sie aufs Schloß, in dessen Kapelle die üblichen Gebete verrichtet wurden. Am 13. October früh um 8 Uhr setzte sich der Trauerzug wieder in Bewegung und langte Mittags in Rauden an. Dort wurde die Leiche im Beisein von 11 Geistlichen in der Marienkapelle feierlich beigesetzt.

Am Tage vor dem Tode der Herzogin wurde die Herrschaft Kieferstädtel erworben und zwar tauschweise durch Ueberlassung einiger Herrschaften in der Lausitz im Werthe von 336,000 rtlr. Dieselbe enthält an 2,700 Morgen Flächeninhalt und besteht:

1) aus den Rittergütern Schloß Kieferstädtel, Kozlow (ist zugekauft), Lona und Lany.

2) aus den Zinsdörfern Groß-Sierakowitz, Schönwald, Deutsch-Zernitz, Bohczow.

3) den Pertinenzgütern Chorinskowitz, Latscha, Polsdorf, Klein-Sierakowitz.

Dagegen wurde Bauerwitz von dem Herzogthume 1832 getrennt, welches der Oberamtmann Stefan Machat für 17,750 rtlr. kaufte.

Eine neue große Erwerbung fand im nächsten Jahre statt. Die Landräthin Frau Josefa von Wallhofen geb. von Ziemietz und die übrigen Erben verkauften am 23. April 1833 die Herrschaft Zembowitz bei Guttentag, wozu Pruskau, Poczolkau, Thurze, Dschietzko, Wachow, Leschna, Kneja mit Neuhof gehören.

Der Herzog, welcher sich durch hohen Seelenadel und menschenfreundliche Gesinnungen auszeichnete, residirte abwechselnd zu Rothenburg an der Fulda, zu Rauden oder zu Zembowitz und starb am 12. November 1834 Vormittags in Folge eines Schlagflusses auf dem Schlosse Zembowitz ohne Nachkommen. Er hatte seine Allodialbesitzungen testamentarisch und mit Genehmigung der preußischen Regierung den Neffen seiner zweiten Gemahlin den Prinzen Victor und Chlodwig von Hohenlohe Waldenburg Schillingsfürst vermacht.

Der thätige General-Director der Herrschaft Ratibor und Rauden Raban Wilhelm Brockmann war dem edlen Fürsten am 14. Mai 1834 im Tode vorangegangen.

## Victor Moritz Carl Friedrich,

Prinz zu Hohenlohe Waldenburg Schillingsfürst, geboren am 10. Februar 1818, war erst 16 Jahr alt, als er in den Besitz der Erbschaft gelangte. Die Verwaltung übernahm inzwischen dessen Vater Fürst Franz Josef, der am 17. Juni 1836 zum ersten Male in Rauden eintraf. Ein Prozeß mit der kurhessischen Regierung wegen der Erbschaft wurde 1837 beigelegt. Der neue Erbherr wurde 1840 für majorenn erklärt und bei Gelegenheit der Huldigung zu Berlin von König Friedrich Wilhelm **IV.** mit der Herzogswürde geschmückt.

Das erste Majorat umfaßt das Mediatherzogthum Ratibor, das Mediatfürstenthum Corvey, die Herrschaften Kieferstädtel und Zembowitz, das zweite Majorat aber die Herrschaft Treffurt.

Der jüngere Bruder des Herzogs, Chlodwig Carl Victor geboren am 31. Mai 1819, wurde Besitzer des zweiten Majorates von Ratibor und Corvey unter dem Titel eines Prinzen von Ratibor und Corvey.

Im Jahre 1845 vermählte sich Se. Durchlaucht mit Prinzessin Amalie, Tochter des Fürst Carl Egon von Fürstenberg. Als dem herzoglichen Hause am 3. October 1846 auf dem hiesigen Schlosse die erste Prinzessin geboren wurde, überbrachte eine Deputation des Magistrats die besten Glückwünsche.

Dieselben wurden nicht blos sehr freundlich aufgenommen, sondern auch die Stadtgemeinde zur Uebernahme einer Pathenstelle eingeladen. Die Taufe fand am 28. October in Rauden statt, und überreichte Ratibor zum Andenken eine von Loos in Berlin geprägte Medaille. Leider starb Prinzessin Amalie Marie schon am 25. August des nächsten Jahres und wurde 3 Tage später feierlich beigesetzt.

Am 21. October 1847 gründete die Frau Herzogin Amalie für die Herrschaft Rauden eine allgemeine Näh= und Strickschule.

Nach dem Hungertyphus errichtete Se. Durchlaucht der Herzog am 26. März 1849 eine Waisenanstalt in Rauden unter Leitung von 3 Ursulinerinnen, später von 3 barmherzigen Schwestern. Die letzten 47 Waisenmädchen siedelten am 31. Mai 1855 nach Rybnik.

Am 12. Juni 1858 wurde in dem erstgenannten Orte der Grundstein zu einem neuen Hospitale gelegt, welches am Feste der 6. Säcularfeier des Cistercienserklosters eingeweiht wurde.

Land= und Forstwirthschaft, wie Industrie machten inzwischen die erfreulichsten Fortschritte. Sümpfe, Moräste und Teiche wurden in tragbaren Boden verwandelt, Drainagen angelegt, die Wiesenkultur durch Düngung und Einführung besserer Futterkräuter gehoben, durch rationellen Fruchtwechsel ein erhöhter Ertrag des Ackers bewirkt und durch Anwendung landwirthschaftlicher Maschinen eine billigere vortheilhaftere Bewirthschaftung erzielt.

Am 28. April 1852 wurde das Allodialgut Lubowitz, das 800 Morgen Areal hat, von Salomo Meyer Freiherr von Rothschild für 50,000 rtlr. erkauft.

Vom Papierfabrikant Carl Dehnel wurde am 18. December 1854 die Papiermühle in Adamowitz, welche Zeug- und Holzpappen, Packpapier, Aktendeckel, Dütenpapier ꝛc. producirt, sammt Inventar für 8,400 rtlr. erkauft.

Hervorzuheben sind ferner die Victormühle zu Rendza und das Gestüt, Juli 1853 in Raschütz, seit 1854 in Adamowitz.

Seiner Durchlaucht gehören endlich 14 Eisenhüttenwerke, nämlich:

**A. Im Departement Ratibor-Rauden:**

Frischhütten: 1. zu Stoboll 1837 erbaut,

        2. „ Paprotsch 1843 gegründet,

        3. „ Brantolka 1837 „

        4. „ Hammer Oberhütte 1841 gegründet, producirt 7000 ₵ Stabeisen,

        5. „ Hammer Niederhütte 1845 gegründet, producirt 5652 ₵ Stabeisen.

**B. Im Departement Kieferstädtel:**

Frischhütten: 6. zu Kuzniczka 1841 erbaut,

        7. „ Niederkuzniczka 1843 erbaut.

**C. Im Departement Zembowitz** sind 7 Werke an den Kaufmann E. Pringsheim verpachtet. [1]

Der Gesammtbesitz des Herzogthums in Oberschlesien beträgt 124,754 Morgen Land.

---

[1] Die Specialien sind in Schücks Oberschlesien S. 356—362 verzeichnet.

Am 19. Januar 1858 Nachmittags um 2 Uhr brannten zwei Drittel des Schlosses zu Ratibor ab. Das Feuer brach in dem Brauhause aus und griff schnell um sich, da das Schloß nur mit Schindeln bedacht war. Auch der mit der Oder parallel laufende Flügel war bei dem Brande beschädigt worden und wurde bis auf den Grund niedergerissen. Auf dem Grunde des nördlichen und zum Theil des westlichen Flügels wurde die neue Dampfbrauerei (ein stattliches Gebäude) errichtet und am 8. October 1859 dem Betriebe übergeben.

Die alte Brauerei ist niedergerissen und der Raum wird zu Anpflanzungen verwendet.

# Zweiter Theil.

# *I.* Abschnitt.

## Kirchen.

---

### 1. Die St. Marien-Pfarrkirche.

Diese Kirche, in der Nähe des Marktes gelegen, wurde im Jahre 1205 massiv aufgebaut, wie eine Jahreszahl an einem Fenster auf der Nordostseite angibt. Aus Mangel an Urkunden jener Zeit erfahren wir nicht, wie viel und welche Priester in den ersten Decennien die Seelsorge verwalteten. Aus den vom Archivrath Stenzel aufgefundenen und in der Geschichte des Bisthums mitgetheilten actis Thomæ II. ersehen wir, daß 1286 ein Pfarrer Namens Boguslav und vier Vicare, Johann, Bernard, Heinrich und Thomas angestellt waren.

Der Bischof hielt sich mit mehren Domherren in Ratibor von Ostern 1285 bis Januar 1288 auf und verwaltete von hier aus sein Hirtenamt. Unter anderem ertheilte er am Quatembersonnabende 1286 (21. September) mehren Geistlichen in der Pfarrkirche die Priesterweihe.[1]

Derselbe Boguslav begegnet uns noch 1296 in einer Urkunde des Cistercienserklosters Rauden. Dann tritt eine Lücke ein bis zum Jahre 1315, in welchem uns ein Vergleich der Dominikaner mit dem Pfarrer Gyseler, wegen der Leichenbegängnisse, aufbewahrt ist.

---

[1] Stenzel, Urkunden zur Geschichte des Bisthum Breslau. (Breslau 1845) S. 194.

Obgleich im Anfange des 13. Jahrhundertes in Ratibor einer ansehnlichen Schule Erwähnung geschieht, so mußten doch die Geistlichen, die eine höhere wissenschaftliche Bildung suchten, ihre Studien im Süden machen. Die Universität Bologna zählte im 12. Jahrhunderte bereits 10,000 Studenten. Wir haben ein sicheres Zeugniß, daß auch Oberschlesier dort waren, denn Bischof Heinrich I. von Breslau (1301—1319) empfiehlt dem Bischof Johann von Bologna den dort studirenden Clericus Radwan von Ratibor zur Ordination, weil Bologna so weit von Polen entfernt sei. [1]

Am 8. April 1339 war Pfarrer Heinrich von Ratibor mit Pfarrer Laurentius von Tworkau Zeuge einer Entscheidung, die Gerlach als delegirter Richter für das Kloster Rauden traf.

Ritter Miesco von Kornitz vermachte am 15. April 1339 mit Genehmigung des Herzog Nicolaus das halbe Dorf Janowitz der Pfarrkirche mit der Bedingung, daß der jedesmalige Pfarrer von Ratibor, dem die Nutznießung des Geschenkes zukommt, in jeder Woche eine hl. Messe für das Seelenheil der Familie des Fundators celebrire. Unter demselben Pfarrer Heinrich machte am Frohnleichnamsfeste 1342 Dituß, ein Ratiborer Bürger, ein Geschenk von 2 Freihufen vor der Stadt, wofür eine ewige Lampe vor dem Tabernakel brennen sollte.

Im Jahre 1343 ist der Prior des Dominikanerklosters Johann zugleich Pfarrvikar. In dieses Jahr fällt die Stiftung eines kirchlichen Vereines, der sich durch die fünf Jahrhunderte bis auf den heutigen Tag erhalten hat, dessen Mitglieder in älterer Zeit aus den vornehmsten und gelehrtesten Männern und Frauen bestanden und der erst in den letzten hundert Jahren geringere Betheiligung fand, es ist die literatische Brüderschaft.

Der christliche Geist des Mittelalters, im Streben nach inniger Verbindung, schuf die Zünfte, Gilden, Brüderschaften.

---

[1] Formelbuch des Domherrn Arnold von Protzau für den Gebrauch der bischöflichen Kanzlei.

Während in Norddeutschland die Kalandsgenossen=
schaft aus andächtigen und wohlthätigen Personen bestand, welche
Zucht und Ordnung, Liebe und Eintracht unter den Mitgliedern
förderte, bildete sich in den slavischen Ländern, namentlich in
Böhmen [1]) und Mähren die Literatenbrüderschaft zur Förderung
des Kirchengesanges, um das Volk für den Gottesdienst empfäng=
lich zu machen. Die Gründer waren gelehrte Männer, Magister
und Baccalaure, welchen man mit Recht den Namen Literaten
beilegen konnte.

Sie wählten Vorsteher, verfaßten Statuten, hielten zu be=
stimmten Zeiten Sitzungen, erwarben Indulgenzen, führten ein Ver=
zeichniß der Mitglieder und legten Rechnung über Einnahme und
Ausgabe. Ratibor kann stolz darauf sein, den Stiftungsbrief
durch 5 Jahrhunderte aufbewahrt zu haben. Er ist wahrschein=
lich der älteste, der überhaupt existirt.

In der Octave des Festes der hl. Apostel Petrus und Pau=
lus 1343 vereinigte sich nämlich eine Gesellschaft von geistlichen
und weltlichen Mitgliedern zum Dienste und Lobe der hl. Jung=
frau,[2]) um in der Sterbestunde Beistand und Hilfe zu finden.
Man verpflichtete sich eidlich, jeden Sonnabend und an allen ho=
hen Festen des Herrn, nämlich Weihnachten, Ostern, Pfingsten und
an den Hauptfesten der hl. Jungfrau bei dem Hochamte, welches
zu Ehren der Gottesmutter gefeiert wurde, persönlich und pünkt=
lich zu erscheinen, dem Gottesdienste andächtig beizuwohnen, wobei
die Literaten singen, die Laien still beten sollten.

Wer ohne genügende Ursache am Sonnabende bis zum Kyrie
eleyson nicht kommt, zahlt drei kleine Denar Strafe, am Hochfeste

---

[1]) In Böhmen allein gab es 117 Literatenchöre, welche Kaiser
Joseph II. aufhob und das Gesammtvermögen von circa 132,000 Gul=
den einzog. Rieggers Materialien zur Statistik Böhmens (1790)
10. Heft.

[2]) Auch in Meseritsch nannte sich der Literatenchor „Verein der
hl. Jungfrau Maria" P. Ritter von Chlumecki, Regesten der Urkun=
den in den Archiven Mährens. (Brünn 1856) 1. B. S. 197.

½ Groschen. Die Anwesenden zahlen an den Quatembersonn-
abenden den Vorstehern 1 böhmischen Groschen auf Kerzen und
Schmuck; wer aber über 8 Tage hinaus Rest bleibt, zahlt 1 Pfund
Wachs als Strafe. Dem Seelenamte, welches für die verstorbenen Brüder und Schwestern Montags nach jeder Quatemberzeit
gehalten wird, sollen die Mitglieder beiwohnen; die ohne Grund
wegbleibenden erlegen 6 gr. Wenn ein Mitglied stirbt und in
Ratibor begraben wird, so hat man dem kirchlichen Leichenbegängnisse bis nach der Beerdigung beizuwohnen unter Strafe von
1 Pfunde Wachs. Wer sich weigert, die gesetzliche Strafe zu
zahlen, soll nach 8 Tagen zur doppelten, nach 14 Tagen zur
dreifachen Abgabe angehalten werden. Wer dann noch renitent
bleibt, wird als Heide und Zöllner betrachtet und aus der Brüderschaft ausgeschlossen. Es wird festgesetzt, daß alle Mitglieder
einander aufrichtig und brüderlich lieben, achten und einander bei-
stehen. Fehlt Jemand aus Schwachheit, dem soll nach Ermah-
nung und Besserung brüderlich verziehen werden, bei dem dritten
Rückfalle aber ist er aus der Gesellschaft auszuschließen. Am Ver-
sammlungsorte ist alles unnöthige Geschwätz zu meiden; wer
spricht, ohne vom Vorgesetzten aufgefordert zu sein, zahlt 1 Denar Strafe.

Nachdem die Universität Prag errichtet worden, strömten
Tausende von Ritter- und Bürgersöhnen dahin. Auch auf der
vom Casimir 1370 gestifteten, durch Wladislav Jagiello 1399
vollendeten Universität Crakau erlangten viele Schlesier ihre wissenschaftliche Bildung.

Im Jahre 1351 ist Peter von Loslau Pfarrer; er kaufte
mit dem Bürger Johann Zaganer den Garten Winkelhof links
vor dem neuen Thore für 16 Mark und erhielt vom Bischof
Przecislav am 18. Januar 1351 die Erlaubniß, zur Bestreitung
der Kosten einen anderen Garten, der vor dem neuen Thore zur
rechten Hand lag, für 8 Mark zu verkaufen. Der Schulrector
Nicolaus war als Bevollmächtigter nach Otmachau gegangen, um

die Sache dem Bischofe vorzutragen und die Bestätigung einzuholen.

Am 1. März 1360 war unser Pfarrer mit mehren geistlichen Würdenträgern in Gnesen, als der Erzbischof Jaroslaus dem Propste von Kalisch auftrug, sich nach Breslau zu begeben und den Bischof zu ermahnen, die Provinzialstatuten in Ausführung zu bringen.[1]) Pfarrer Petrus, zugleich Hofnotar und Hofkaplan, bat bei dieser Gelegenheit den Bischof um Bestätigung der Kornitzschen Fundation, welche am 15. April 1360 erfolgte. Dieser Pfarrer wurde nach Breslau befördert, wo er 1367 als Probst der Collegiatkirche zu S. Aegydius erscheint.[2])

Sein Nachfolger in Ratibor war Johannes Dzecko. Dieser hatte sich die Gunst seines Landesherrn im hohen Grade erworben. Herzog Nicolaus I. spricht in einer Urkunde vom 30. November 1364 von den großen Diensten, welche der genannte Pfarrer ihm und seinem Lande besonders bei dem apostolischen Stuhle, und auch anderweitig geleistet. Von welcher Art diese Dienste gewesen, ist nicht näher angegeben.

Aus Dankbarkeit nun will der Herzog den Pfarrer belohnen und befreit die Bauern in Janowitz und Ganiowitz, welche der Pfarrkirche unterthan sind, von allen Leistungen und Abgaben an den Herzog und seine Nachfolger für ewige Zeiten. Aus dieser auf der herzoglichen Burg Grätz ausgestellten Urkunde geht hervor, daß die Pfarrkirche schon Ganiowitz besaß, obgleich keine bestimmte Nachricht den früheren Erwerb nachweiset.

Am Feste des hl. Johannes des Täufers 1377 wurde die Frohnleichnamskapelle in der Pfarrkirche dotirt, damit an den Mittwochen die Vigilie (Melchisedech) und an den Donnerstagen die Votivmesse zum hl. Altarsakrament (Cibavit) am Corpus Christi-Altare gesungen werde. Johann Pfarrer zu

---

[1]) Stenzel, Urkunden zur Geschichte des Bisthum Breslau. S. 330.

[2]) Stenzel, l. c. 338.

Wainersdorf, Sohn eines Ratiborer Bürgers Namens Arnold von Rybnik, erkaufte einen jährlichen Zins von 16 Mark für 120 Mark Prager Groschen polnischer Zahl vom Erbvogt zu Ratibor Nicolaus Gotze, nämlich 8 Mark von 4 Fleischbänken und 8 Mark von 32 Schuhbänken. Von diesen 16 Mark soll der Altarist — der Fundator selbst wurde 1. Altarist und hatte die Verpflichtung in Ratibor zu residiren — 10 Mark erhalten, die übrigen 6 Mark soll der Kirchvater mit Wissen eines Rathsmannes also vertheilen:

½ Mark dem Pfarrer,

1½  „  dem Kaplan,

½  „  dem Lehrer (Schulmeister),

½  „  dessen Gehilfen (Gesellen),

1  „  den Glöcknern,

1  „  auf Licht,

1  „  für die Armen und zwar 8 mal im Jahre à 6 Groschen.

Herzog Johann I., seine Gemahlin Anna und sein Sohn Johann genehmigten die Stiftung und das bischöfliche Amt bestätigte die Fundation am 10. Juli 1377 und sprach die Präsentation des Altaristen dem Pfarrer zu. In einer Urkunde des Vogtes Gotscho über denselben Gegenstand ist die Lage der Schuhbänke näher bezeichnet, nämlich bei dem Ende gegen die Badstuben an der Zeile, die die erste ist gegen die Büttelsgasse, und 3 sind gelegen bei dem Ende gegen die Judengasse. In dieser Urkunde erscheint Nicolaus Hund als Pfarrer in Ratibor, Johann Otzeke als Mitpfarrer und Alexius als Prediger. Wahrscheinlich war Johann Curatus der polnischen Gemeinde, und Alexius Prediger für die Deutschen, welche die Mehrzahl der Stadt ausmachten.

Am 26. April 1379 ist Nicolaus Gunt oder Hund Pfarrer und bittet die Administratoren, den vom Bischof Heinrich getroffenen Vergleich zwischen seinem Vorgänger und dem Dominikanerkloster zu transsumiren.

Am 10. Mai 1382 machen Herzogin Anna und ihr Sohn Johann bekannt, daß die Rathsherren Johann von Minneberg, Johann von Czernowiecz, Matthäus von Magenkur und Nicolaus Kymold und die Gesellschaft der Genossen, welche sich Brüder nennen, für ihr und der ihrigen Seelenheil 7 Mark Prager Groschen jährlicher Einkünfte für ein Altar im Chore zu Ehren der hl. Jungfrau angewiesen, damit ein Priester 3 mal wöchentlich zu Ehren der hl. Jungfrau in der Pfarrkirche eine Messe singe. 4 Mark geben die Rathsherren und zwar 1 Mark zu jeder Quatemberzeit, 1 Mark fließt von einem Garten an der Troppauer Straße links wenn man zur S. Nicolaikirche geht; 1 Mark von einem Garten am Stadtgraben und der Straße, welche die Zinna durchschneidet, 1 Garten am neuen Thore rechts, wo man nach Neugarten geht. Der Zins von den drei letztgenannten Mark soll dem Priester am Feste S. Martini gezahlt werden. Die bischöflichen Administratoren werden gebeten, die Dotation der Bürger zu approbiren und durch kirchliche Autorität zu confirmiren. Das Patronat zu diesem Altare solle den Rathsherren zustehen. Zeugen dieser Schenkung sind die Ritter Pasco von Oderberg, Herbord von Katscher,[1] Conrad von Czyna, Nicolaus Pfarrer in Zauditz, Johann Pfarrer in Freudenthal — letztere beiden Hofnotare. Das Siegel der Herzogin an schwarzen Seidenfäden ist beschädigt, das des Herzogs an grüner Seide hängend zeigt einen Adler mit kleinem Brustschilde.

Im Jahre 1383 war noch Nicolaus Hund Pfarrer. Damals entstand ein Streit über das Präsentationsrecht des Corpus Christi-Altars, das bei der Gründung dem Pfarrer zugesprochen wurde. Nachdem Ulmann der Altarist gestorben war, präsentirte der Pfarrer Nicolaus Hund seinen Wochner, einen gewissen Andreas von Kinsberg. Dagegen gab Herzogin Anna das Benefiz einem gewissen Johann Stanewitz. Auf erhobene Klage wird

---

[1] Die Tochter dieses Herbord (Offka) war damals Priorin in Ratibor.

Kinsberg von dem bischöflichen Prozeßrichter Renker von Sor (Domherr zu Lebus) in seinem Amte bestätigt und die Gegenpartei zur Erstattung der bereits bezogenen Einkünfte und zur Erlegung der Gerichtskosten verurtheilt.

1385 ist Paul Catussiä Vicepfarrer. 1389 am 1. Januar ist Nicolaus Hund Zeuge der Aussetzung des Sandvorwerks bei Janowitz. In demselben Jahre wurde ein Altar zu Ehren der hl. Catharina gegründet. Frau Offka, deren Schwester Christine und Dorothea Tochter des verstorbenen Siegfried von Rubnik (dieser war 1361 Rathsherr und Fleischer) gaben 6 Mark jährlichen Zins vom Rathhause, 1 Mark aus der Scholtisei von Krawarn und 1 Mark vom Hause der Anna verwittweten Lausschke (Nicolaus Laussche war 1361 Schöppe) und baten, daß alle Dinstage eine hl. Messe zu Ehren der hl. Catharina und außerdem wöchentlich 1 Messe für die Verstorbenen gelesen werde. Bischof Wenceslaus bestätigt die Fundation zu Otmachau am 15. August 1396. Die Fundatoren haben das Präsentationsrecht und bestimmen die Stelle dem Peter Lausche, nach dessen Tode sie dem August Spanlank zufallen soll. Aus dieser Urkunde erhellt außerdem, daß die vorhandenen Geistlichen die Kranken nach Wochen abwechselnd versahen.

Im Jahre 1405 ist Magister Johannes Bryger Pfarrer. Es war zwischen diesem einerseits, Czenko Zigroth und Paschke von Grzegorzowitz andrerseits ein Grenzstreit entstanden. Beide verglichen sich dahin: Der Pfarrer gibt jenen einen Flecken Wiesewachs, der bei Czenko's Garten nahe bei Grzegorzowitz liegt und jene geben 2 Flecken Wiesewachs, einen diesseits Ganiowitz gegen Grzegorzowitz hin, einen andern jenseits des Dorfes auf Kosel zu. Beide Theile wollen sich einen Weg machen lassen so breit, daß ein Wagen ausweichen kann, damit ein Jeder zu seinem Eigenthum fahren könne. Am 14. Juli 1405 bestätigt Herzogin Anna mit ihren beiden Söhnen Johann und Nicolaus diesen Vergleich.

Aus dem Todtenbuche der literarischen Brüderschaft geht hervor, daß auf Johannes Bryger der Pfarrer Mathias Lincze und auf diesen Hieronymus folgte. Doch sind mir keine Urkunden vorgekommen, aus welchen die Zeit näher bestimmt werden könnte.

Herzog Conrad von Oels und Kosel bestätigt am 10. März 1415 einen Verkaufscontract zwischen dem Verkäufer Peter Zyla von Mosurau bei Kosel und Käufer Matthäus von Lyska von 4 Hufen in Lohnau und Mosurau, damit die Zinsen von 1 Mark dem jedesmaligen Altaristen bei dem Altare der hl. Catharina zufallen. Dieser Matthäus erhielt das Benefiz.

Die Uebersiedelung des Collegiatkapitels von der Burg nach der S. Marienkirche fand im Jahre 1416 statt.

## Das Collegiatstift zu S. Marien Himmelfahrt von 1416 bis 1810.

Nachdem die Bestätigungen der zuletzt errichteten Präbenden eingetroffen waren, wurde am Feste Maria Geburt 1418 das erste Generalkapitel gehalten. In demselben wurden Statuten entworfen, die am 10. September vom Notar aufgenommen und dem Bischof übersendet wurden. Man setzte fest, jährlich zweimal, nämlich nach Maria Geburt und am Freitage nach der Osteroctave, an welchem die Reliquien auf der Burg vorgezeigt wurden, Generalkapitel zu halten. Den Vespern, dem Hochamte und der Prozession sollten alle Stiftsgeistliche unter Geldstrafe beiwohnen. Am ersten Kapiteltage sollen 3 Nocturnen und die Messe für die Verstorbenen nach der Prim gesungen werden. Das Seelenamt ist Sonntags vorher der Gemeinde zu vermelden, damit sie sich im Gotteshause einfinde. Im Kapitel sollen zunächst die Statuten verlesen und dann zu den Geschäften übergegangen werden. Bei der Aufnahme eines Prälaten sind den Procuratoren 2 Mark, bei der eines Canonicus 1 Mark zu entrichten, außerdem den Einzelnen eine kleine Summe. Bei Erledigung einer Präbende soll der Nachfolger den jährlichen Ertrag von 10 Mark zur Hälfte für

die Exequien seines Vorgängers, zur andern Hälfte der Kirchen=
fabrik einzahlen. Die Collatur der Residenzen steht dem Kapitel
zu; der Propst hat die Wohnung zu tariren und dem Nachfolger
nach Erlegung der bestimmten Summe zu übergeben. Bei dem
Generalkapitel im Herbst ist aus dem Gremium der Prälaten und
Canonici der Procurator zu erwählen, der nach Jahresschluß
Rechnung zu legen hat. Wer von Ratibor abwesend ist, hat nur
aus den Stiftsherren sich einen Stellvertreter seiner Angelegenhei=
ten zu nehmen. Auch für die Kleidung der Capitularen wurde
Breslau als Norm genommen. Für jeden Uebertretungsfall war
1 Pfund Wachs zu geben.

Wer aus dem Kapitel etwas, wofür der Senior Verschwie=
genheit forderte, verrieth, war auf ein Jahr suspendirt und ging
aller Einkünfte verlustig. Der in das Collegium Aufzunehmende
mußte wenigstens die Subdiaconatsweihe haben. Die Aufnahme
geschieht nur im Kapitel; den Eidschwur nimmt der Dekan ent=
gegen. Alle Stiftsherren, die sich in Ratibor befinden, sollen an
Sonn= und Festtagen den Vespern und dem Hochamte persönlich
beiwohnen und im Uebertretungsfalle 1 Groschen in das Kirchen=
ärar zahlen. 2 Vicare sollen die ihnen zustehenden Einnahmen
sammeln und in Gegenwart der Procuratoren theilen. Abzüge
werden Denjenigen gemacht, die ihren kirchlichen Pflichten nicht
nachkommen.

Zur Vervollständigung des Collegiatstiftes fehlten noch einige
Prälaturen. Daher bestimmte Herzog Johann II. am 28. Fe=
bruar 1422, daß der jährliche Ertrag von 13 Mark und
16 Groschen, welche als Zins von 133 Mark Nicolaus Sohn
des Martin Rot eines Bürgers in Jägerndorf für das Seelen=
heil seines Vaters überreichte, zur Dotirung der Custodie ver=
wendet würde. Der Herzog präsentirte den Fundator dem Bi=
schofe. Conrad bestätigte die Schenkung Breslau den 2. April
1422, investirte den Nicolaus Rot und bestimmte, daß das Ka=
pitel jederzeit das Patronatsrecht zur Custodie haben solle.

Zu Anfang des nächsten Jahres wurde die Scholasterie errichtet. Nicolaus Georgii Freienstadt, bisher Altarist ad **Corpus Christi** in der Pfarrkirche, an welches Benefiz laut Dotirung von 1377 sich 10 Mark knüpften, zahlte 40 Mark zu, wovon die Rathsherren einen Zins zu 4 Mark gaben. Bischof Conrad investirte Breslau den 9. Februar 1423 den Fundator und bestimmte, daß der jedesmalige Scholasticus Sitz und Stimme nach dem Custos habe und dem Kapitel auch zur Scholasterie das Patronatsrecht zustehe.

Im Jahre 1426 wurden noch 3 neue Canonikate gestiftet. Johann Scheffler, ein Ratiborer Stadtkind, gründete zu seiner Eltern (Nicolaus und Catharina) Seelenheile das Altar S. Christoferi und S. Barbarä, das er mit 14 Mark Prager Groschen dotirte. Er erkaufte nämlich

a. 4 Mark vom Erbherrn Nicolaus von Jankowitz in Goldmannsdorf bei Teschen,

b. 1½ Mark von Leonhard Kytlitz in Mackau,

c. 2½ — von Scholz Petrus Barban in Krawarn,

d. 2 — von Hänslin Barban              „

e. 2 — von Philipp Rothe              „

f. 3 Ferto 2 gr. von Johann Kemphe          „

g. 3 — von einer Wiese in Studzienna.

Als Verpflichtung wurden 2 hl. Messen wöchentlich (Montags pro defunctis und Sonnabends de beata) auferlegt.

Herzogin Helena und ihr Sohn Nicolaus präsentirten am 3. Januar 1426 den Stifter dieser Präbende, was Bischof Caspar Otmachau den 6. Februar 1426 confirmirte.

Auch die Cantorei verdankt ihre Dotation zwei Priestern. Chytrian nämlich, Pfarrer von Katscher, und sein Bruder Laurentius, Canonikus zu Ratibor, gaben 130 Mark 16 Groschen der Herzogin und deren Sohne, damit von den Zinsen 13⅓ Mark ein Altar zu Ehren des hl. Christoferus errichtet würde. Der

Bischof investirte Otmachau den 6. Februar 1426 den Cyprian als Cantor.[1])

Die Hofkapläne Canonikus Nicolaus Rosa und Peter Dubko (Sohn des Martin und der Catharina Dubko aus Loslau) gaben dem Erbherrn Strzela auf die Güter Polom bei Loslau 140 Mark zu einer Präbende am neuerrichteten Altare der hl. Matthäus, Nicolaus und Agnes, damit für das Seelenheil ihrer Eltern Montags für die Verstorbenen, Sonnabends zu Ehren der hl. Jungfrau celebrirt würde. Der Bischof bestätigte das neue Canonicat bei seiner Anwesenheit in Ujest am 26. November 1426 und gab es dem Peter Dubko.

Um diese Zeit schloß Ritter Nicolaus zu Pobiegow mit dem Capitel einen Vertrag, nach welchem er für einen bei einer Kirchenwiese anzulegenden Teich jährlichen Zins zu zahlen sich verpflichtete.

Der Dekan Johann Rostko entschuldigt sich zu Neisse am 22. November 1432 durch ein notarielles Zeugniß, zu dem vom Probst Magister Stefan für das Nicolaifest ausgeschriebenen Generalkapitel nach Ratibor nicht kommen zu können, da er wegen der im Lande befindlichen Hussiten die Reise ohne Insulte zu fürchten nicht unternehmen könne.

Im Jahre 1436 wurde eine Fundation für den deutschen Kanzelredner errichtet. Zu einem Altare S. Annä und Bartholomäi in der neuen (polnischen) Kapelle kauften die Wittwe Elisabeth Wloczko, Nicolaus Liebenwerde ihr Eidam und der Vicar und Prediger Petrus Olbrecht aus Ratibor einen Zins von 10 Mark vom Rathhause und bedingten sich wöchentlich drei Messen. Die Herzoge Nicolaus und Wenceslaus präsentirten am 16. März 1436 den letztgenannten Vicar zu dieser Präbende und sprachen dem Bischofe die Gewalt zu, den Rath, falls er in

---

[1]) Diese Summe, später an das Dominium in Schurgast geliehen, ist leider, wie manches andre Kapital, 1747 durch richterlichen Ausspruch verloren gegangen.

der Zinszahlung säumig wäre, mit kirchlichen Strafen zu belegen. Zum ersten Male wird hier die später sogenannte polnische Kapelle erwähnt, wahrscheinlich wurde sie nach dem Brande von 1426 errichtet, damit die Deutschen darin die Predigt hören.

Die Stiftungen hatten somit einen erfreulichen Fortgang. Schon damals, als die 4 Prälaturen begründet waren, hatte man sich nach Rom um Bestätigung gewendet. Martin **V.** trug 1426 dem Abte Nicolaus in Rauden auf, den Thatbestand zu untersuchen, das etwa Fehlende zu ergänzen und dann in apostolischer Autorität die neue Stiftung zu approbiren und zu confirmiren. Der Abt überzeugte sich von der zureichenden Dotation der Präbenden, von den Bestimmungen, wem das Patronatsrecht zustehe und von der bischöflichen Gutheißung und stellte in seinem Amtshause zu Ratibor am 3. September 1445 durch einen Notar ein Zeugniß darüber aus.

Die Kirchenparamente wurden zum Theil von den Canonicis selbst beschafft. So gab Magister Laurentius von Ratibor, Professor der Theologie, 1441 einen guten Ornat von gelber Farbe, 2 Jahre später einen Vespermantel, 1 neues Meßbuch, 1 Altarkissen, dessen man sich bei dem feierlichen Hochamte bediente und mehre Bücher ꝛc.

Am 22. Juni 1444 wurden in einem Generalkapitel die Statuten erweitert und dem Bischofe zugesendet. Die Prälaten und Domherren, welche Dörfer oder einzelne Bauern haben, erlangen das volle (herzogliche) Eigenthumsrecht, Strafgelder und Abgaben an Federvieh fließen ihnen zu; die Robotpflicht ist zu ihrem Nutzen zu leisten. Auch die Sacristane haben einen Eid zu schwören, dem Kapitel treu zu sein und die ihnen anvertrauten Sachen zu bewachen, Verluste zu ersetzen. Die Fundationsurkunden sind in einem Kasten mit 3 Schlössern zu verwahren, von denen der Probst einen Schlüssel, Magister Elgut den zweiten und der Custos den dritten hat. Alljährlich sind 2 Generalkapitel zu halten und zwar eins in der Frohnleichnamszeit, das andre um das Fest

22 *

des hl. Andreas bei Beginn des Advents. Wer nicht persönlich erscheinen kann, muß ein Entschuldigungsschreiben mit Angabe der Gründe zusenden. Der dawider Handelnde zahlt, wenn er Prälat ist, 1 Schock Groschen, wenn Canonicus 1 Mark, und fließt das Geld in die ökonomische Kasse. Die Kapitularen sitzen sowohl in der Kirche, als im Kapitel nach ihrem Alter. Wer sich im Kapitel einem Vorgesetzten widersetzlich erzeigt, hat es sofort zu verlassen und ist auf ein Jahr vom Zutritt ausgeschlossen. Injurien und Verfehlungen sollen nur bei dem Generalkapitel verhandelt werden. Amtswohnungen sind erst dann zu beziehen, wenn das Kapitel die Tage bestimmt hat. Bei jedem Generalkapitel soll ein Jahresgedächtniß für die Stifter und Wohlthäter stattfinden. Von den am Orte Residirenden ist alle Freitage Privatkapitel zu halten, um hier den Mängeln bei der Kirche und den Personen zu begegnen. Niemand darf in das Kapitel aufgenommen werden noch Stimme haben, wenn er nicht ehrlicher Abkunft ist und die hl. Weihen hat. Jeder Canonikus soll wenigstens 10 Mark Zins haben. Wenn Geld zurückgezahlt wird, so darf es nur mit Genehmigung des Kapitels eingenommen und wieder ausgegeben werden. Wer aus ihrer Mitte, statt bei dem Kapitel, bei dem weltlichen Gerichte klagt, zahlt 200 Gulden Strafe. Vicare durften nicht zugleich ein auswärtiges Pfarramt bekleiden.

Der Curatus ist der Fundation nach Ortspfarrer, der Vicedecan leitet die übrigen Vicare im Gesange, achtet auf Kleidung, Sitte und Ordnung. Das Wegbleiben vom Breviergebet wird mit ½ Groschen gestraft, außer es sei einer zum Kranken gerufen oder höre Beichte. Sollte der Vicedecan in Einziehung der Strafgelder säumig sein, so verlangt das Kapitel von ihm die doppelte Summe. Wer Bücher leihen will, muß seinen Namen und das betreffende Buch im Register verzeichnen. — Die Bibliothek befand sich in einem verschlossenen Kasten an der Sacristei aufbewahrt und bestand anfangs aus 8 Folianten, 8 mittleren und

14 kleineren Büchern, darunter auch ein deutscher Psalter. Peter Beyer vermachte 20 Bände. 1478 war die Bibliothek schon auf 50 Werke gediehen, welche 1478 durch eine Schenkung des Cantor Cyprian um 52 Bücher vermehrt wurde.

Das Collegiatstift und ebenso die Vicare hatten ein größeres und ein kleineres Siegel. Letztre durften ohne Wissen des Kapitels das größere nicht gebrauchen. Zu Quittungen konnte das des Wochners oder Procurators genommen werden.

Der Cantor hat unter sich einen Succantor. Ersterer leitet bei den Vespern, Metten und Messen aller hohen Feste den Gesang und ersucht einen von den Capitularen, daß dieser auf dem linken Chore intonire, während er selbst die rechte Seite innehat. Der Cantor hat darauf zu sehen, daß kein neuer, ungewohnter Gesang in der Kirche aufkomme. Bei hohen Empfangsfeierlichkeiten z. B. eines Königs, Fürsten, apostolischen Legaten oder Bischofes hat er den dazu passenden Gesang zu leiten.

Im Generalkapitel werden die Statuten gelesen, die letztgetroffenen Anordnungen durchgegangen, das Kirchenvermögen, die Einkünfte des Kapitels wie der einzelnen Präbenden besprochen und von den Procuratoren Rechnung gelegt. — Diese Statuten wurden vom Herzog Wenceslaus am 22. Mai und von dem Bisthums-Administratoren am 29. Juni 1445 bestätigt.

Der Bürger Barthus Gwosdz aus Ratibor gab mit Genehmigung des Herzog Wenzeslaus am 15. Juni 1445 40 Mark auf das Rathhaus zu einem Zins von 4 Mark für das Marcelli-, Laurentii- und Nicolaialtar linker Hand in der neuen Kapelle. Der polnische Prediger, Vicar Jakob, sollte alle Montage an diesem Altare eine hl. Messe lesen.

Aus einem Register, welches der Archidiakon zu Oppeln Nicolaus Wolf (vom Bischof Conrad mit der Einsammlung des Petersgroschen beauftragt) 1447 anfertigte, erfahren wir die kirchliche Eintheilung des Bisthums. Schon 100 Jahr früher war es in 4 Archidiakonate getheilt Breslau, Groß-Glogau, Lignitz und

Oppeln, von denen das letzte die meisten Archipresbyterate zählte. Das Archipresbyteriat Ratibor bestand 1447 aus folgenden Pfarreien 1) Ratibor, 2) Altendorf, 3) Lubowitz, 4) Markowitz, 5) Lissek, 6) Pstronzna, 7) Lubom, 8) Oderberg, 9) Krzyzanowitz, 10) Benkowitz, 11) Janowitz, 12) Rudnik, 13) Krawarn, 14) Tworkau, 15) Maindorf?, 16) Woinowitz, 17) Ruderswalde, 18) Raschütz, 19 Mackau. [1])

Herzog Ernst von Troppau und Münsterberg genehmigte, daß der Baccalaur. theol. und Canonicus Peter Beyer und der Altarist in Loslau Bartholomäus von Sorau für dieselbe Kapelle eine zweite Stiftung zum Bartholomäusaltare machten. Für 20 Gulden Zins sollten drei hl. Messen wöchentlich gelesen werden, Bischof Conrad bestätigte kurz vor seinem Tode diese Fundation.

Bartholomäus, früher Clos Köberwitz genannt, von der alten Reinzkofamilie stammend und seine Gattin Osanna aus Krakau schenkten 1446 ein rothes, sammtnes mit Gold gewebtes Ornat, in das ein goldnes Kreuz gestickt war; der Custos Nicolaus Rot eine Bibel auf Pergament und 1448 vermachte Johann Letko in seinem Testamente 10 ungarische Gulden und ein silbernes vergoldetes Kreuz. Pelka Strol herzogl. Marschall vermachte testamentarisch einen Zins von 13 Mark an den Gütern und dem Dorfe Tworkau für den Altar Aller Apostel rechts südlich am Eingange zum Chore und bedingte sich wöchentlich 3 Messen. Bischof Petrus bestätigt die Stiftung zu Otmachau am 20. August 1450.

Canonicus Clemens Raschiz von Mschanna kaufte am 27. September 1450 vom Herzoge Wenceslaus 10 polnische Mark Zins auf Sthaw (Studzienna?), was der Bischof am 1. März 1451 bestätigte. Herzog Wenceslaus lieh 1454 von den Vicaren 100 Mark und gab 10 Mark Zins.

Der Edle Zbislav von Tworkau verkaufte August 1455 dem Canonicus Wenzel von Koltorowitz mit herzoglicher Genehmigung

---

[1]) Heine, Dok. Gesch. des Bisthum Breslau. (1860). S. 721.

für 40 Mark 3 Mark Zinsen auf 8 Bauerstellen in Altendorf zu einem Altar Allerheiligen Martyrer in der Ecke des hohen Chores bei dem Apostelaltare. Der Dekan Johann ließ einige Jahre später 3 Mark Zins zuschreiben und verlangte wöchentlich 2 Messen. Ein Clerifer aus der Olmützer Diöcese, Mathias Sohn des Martin Bobrkow von Bauerwitz wurde in Breslau von den Administratoren als Altarist genehmigt.

Valentin Tatzel kaufte am 25. Juli 1457 im Namen des Kapitels von der geldbedürftigen Herzogin Margareth 10 Mark Zins von den Gütern in Altendorf und Prostwinkel (Proschowitz). Leider gingen die Zinsen später fast ganz verloren. Canonicus Valentin Tatzel und Magister Salomon Pfarrer errichtete eine Fundation von 6 Mark Zins, wonach täglich nach vorausgegangenem Glockengeläut das salve Regina durch den Schulrector und die Schüler gesungen werde, worauf einer der beiden Sacristane die Collecte Concede nos famulos beten solle. Die Andacht fällt die letzten 4 Tage in der Charwoche aus. Der Bischof ertheilte am 21. November 1460 allen, welche sich daran betheiligen, eine Indulgenz von 40 Tagen.

Am 3. Juli 1461 verkaufte Herzogin Margareth dem Canonikus Johann Cives 10 Mark Zins auf Wiederkauf vom Rathhause. Pfarrer Johann von Pstronzna vermehrte das Hochaltar durch einen Zins von 6 Mark böhmischer Groschen weniger 8 Groschen. Die eine Hälfte sollte auf Licht für die Bruderschaft, die andere dem Altaristen zufallen, der ein Ratiborer Stadtkind sein und von dem Rathe präsentirt werden solle. Die bischöfliche Bestätigung erfolgte de dato Breslau den 7. Juli 1461.

Margareth von Loslau, ihr Sohn der Canonikus Gregor und Gallus ein Verwandter (gleichfalls aus Loslau) übergaben am 9. Februar 1463 der Herzogin Margareth und ihren Nachkommen die Collatur zu der Pfründe, die er inne hatte mit der Beschränkung, daß nur nach seinem Tode ein Verwandter seiner Familie ihm in derselben folge, dann aber das Besetzungsrecht an das herzogliche Haus falle. Dieser Compromiß wurde zunächst auf dem Schlosse selbst in der länglichen und großen Stube vor dem Dekan Johann Lesko, Scholastikus Peter Beyer von Loslau, den Canonicis Johann Cives, Paul von der Burg, dem Schloßhauptmann Johann Dolanski und dem Burgnotär Jakob Czkbulka geschlossen. Damit der Vertrag eine festere Stärke erhalte, wurde er nach Tische auf dem Rathhause in öffentlicher Sitzung erneuert, wobei der Dekan, Scholastikus, Burghauptmann, der Bürgermeister Johann Tewbil, die Consuln Martin Fleischer, Wanko Schneider, Paul Zebrarin, die Senioren (Zunftmeister) Barthus Gwozd, Woitko, Johann Wocke, die Schöffen, der Burgnotar und Wenceslaus Palifh der Stadtnotar sich befanden.[1])

Die Bürgerwittwe Margareth Rehmann fundirte zu dem hinter der Thür, wo man von der Probstei zur Kirche eintritt, gelegenen Altare des hl. Erasmus und Bartholomäus ein Kapital, wofür der Stadtrath 6 Mark Zins gab. Der Bischof investirte Neisse den 26. März 1464 den Caspar von Ratibor.

Eberhard hatte einen (links zwischen dem Jungfrauen- und Solkoschen Garten gelegenen) Garten in der Twarkgasse der großen Brüderschaft vermacht. Diesem Garten gaben Margareth und Johann der Jüngere October 1464 einen Freibrief von Abgaben und Roboten.

Am 12. Februar 1467 verzichtete Frau Machna Hoffek auf das Gut Grzegorzowitz. Am 4. April ertheilte der Legat Rudolf denen, welche die Collegiatkirche unterstützen, Indulgenz.

Am 6. December 1470 wurde die große Brüderschaft mit 5 Gulden Angerzins von Altendorf bedacht.

Das vom Pfarrer Andreas von Rzetzütz 1416 gegründete Canonikat war mit 10 Mark Groschen jährlicher Einkünfte auf Sthaw (im Ratiborer Gebiet gelegen) dotirt worden. Dieses Kapital wurde 1457 nach Comorno (District Cosel) mit Bewilligung des

---

1) Collegiatskirchenmatrikel I, 16.

Herzog Conrad von Oels und Kosel elotirt. Nach dem Tode
des Andreas Azetzlitz erhielt Clemens von Mschana die Pfründe.
Der Erbherr von Comorno Paul Twardawa und sein Sohn, so
wie Schulz, Bauern und Gärtner verweigerten seit 1467 den
Zins. Der Canonikus mußte die Hilfe des Specialrichters
nachsuchen. Der Schuldner wurde am 16. März 1470 vom
bischöflichen Offizial zu Breslau Andreas Nepali in die Zahlung
des Restes und der Kosten verurtheilt und nachdem er nach Gnesen appellirt, dort gleichfalls am 10. Juli 1472 vom erzbischöfli-
chen Generalvikar und Offizial zur Zahlung angewiesen.

Auf der Diöcesansynode zu Breslau am 18. October 1473
saßen unsere Canonici auf einem bescheidenen Plätzchen, nämlich
auf der linken Seite an der vorletzten Stelle, unter den Prälaten. Canonikus Paul gab 50 ungarische Gulden zur Errichtung
eines Altares der hl. Barbara in der alten Kapelle links unter der Orgel. Der Altarist der wöchentlich 2 Messen lesen soll,
muß persönlich residiren und haben die Senioren der Bruderschaft
die Collatur, was Bischof Rudolf am 29. October 1473 bestätigt.
Ein Jahr später (den 22. November 1474) bestätigt derselbe
Bischof der Bruderschaft 4 Mark Zins, nämlich 2 an den Fleischbänken und 2 an den Wiesen.

Die Brüder Propst Paul und Canonikus Nicolaus kaufen
am 24. Juli 1477 von Johann dem Jüngern das herzogliche
Erbgut Markowitz für 400 Fl. Der jedesmalige Propst sollte
dafür an seinem Tische einem Sacristan (Hilfspriester) zureichende
Kost geben und denselben 2 Messen wöchentlich am Altare der
hl. Catharina lesen lassen. Sobald der Propst nicht Residenz
hielte, kommt ihm von der Fundation nichts zu, sondern der Ertrag wird vertheilt und der Altarist vom Kapitel beköstigt. Rudolf bestätigt dies am 18. August 1477 zu Breslau.

Johann von Polen, altarista exilis in der hiesigen Collegiatkirche und Küchenmeister des Herzoges, vermachte 200 Goldgulden, damit wöchentlich 1 hl. Messe gehalten und in der

Fastenzeit 1 Tonne Häringe den Scholaren gekauft werde; die Vicare erhielten außerdem 100 Goldgulden auf ein Jahresgedächtniß. Clemens Tatzel und Pfarrer Peter in Skoczau, der einst Vicar in Ratibor war, kaufen am 2. Juli 1479 in Ustron und Czechowitz bei Teschen einen Zins von 20 ungarischen Gulden zur Dotirung des S. Marcellialtares für den polnischen Prediger und bedingen sich 3 Messen wöchentlich. Der Bischof, der eben in Olmütz war, bestätigt es am 17. Juli 1479.

Nach dem Tode des Caspar Kinczel Pfarrer in Pogrzebin, des letzten Besitzers des Altars Allerheiligen, gab Nicolaus Goldschmidt, der damals erst die Minores hatte, zur Errichtung eines Canonikats 150 ungarische Gulden zu. Der Bischof ernannte am 16. Juni 1486 denselben Nicolaus Aurifaber zum Canorkus und verlieh das Patronat dem Kapitel.

Das Kapitel, welches bereits 400 Floren auf Gammau ausgeliehen, gab am 14. Juli 1486 noch 100 fl. dazu, welche der Magistrat zurückgezahlt hatte. In demselben Jahre schenkte der Canonikus Paul, der auf der Burg wohnte, 100 ungarische Floren und Mathias Quittek vermachte im nächsten Jahre testamentarisch 54 Floren.

Der Acker des Johann Czrnichow war durch den Teich, welcher zwischen der **Matka boża** Kirche und Studzienna liegt, überschwemmt worden. Daher ertheilte Herzog Johann **III.** 1486 am 19. November ihm ein andres Ackerstück. Im nächsten Jahre bat der Herzog in Noth das Kapitel um eine Unterstützung.

Der Canonikus Gallus kaufte am 17. November 1487 vom Herzoge einen Zins von 7 Mark für 800 Gulden in **Mackau**.

Johann Dolański gab testamentarisch zur Dotirung des Altares **Michael** und **Valentin** in der **Frohnleichnamska**pelle 14 ungarische Gulden in Mackau, Gallus Gwozdz erhielt dazu die Investirung, Neiße den 26. Februar 1488.

Der Abt Johann Antonius aus einem Kloster Umbriens, der als Almosensammler gegen die Türken durch Deutschland nach

Dänemark, Norwegen und Schweden zog, hielt sich einige Tage in Ratibor auf und ertheilte im Auftrage Innocenz **VIII.** denen, die etwas zum Türkenkriege beisteuerten, Indulgenzen; so der literarischen Brüderschaft am 19., den Klosterjungfrauen am 21. Juni 1488.

In der Frohnleichnamsoctave desselben Jahres fundirte Canonikus Mathias Davidis Krachulecz Pfarrer in Woinowitz 24 ungarische Goldgulden auf ein Anniversarium.

Im Jahre 1491 vermachte der Pfarrer von Rybnik Mathias Senis dem Collegiatstifte eine gedruckte Bibel, Glossarien und Decretalien. Zeugen der notariellen Verschreibung waren Magister Johann von Neisse, Valentin Decan, Peter Pfarrer von Altendorf, Laurent Zybaseus Canonikus, Nicolaus Pfarrer von Tworkau.

Bürgermeister und Rathmannen, (Otto, Hans Rahmann, Martin Fleischer, Wenzel Kürschner, Hans Hynko) bezeugen Juni 1491, daß Johannes Pfarrer von Pstronzna 6 Mark 8 Groschen Zins zur Mehrung des Bruderschaftsaltares nämlich 3 Mark 4 Gr. zu Wachs und ebensoviel zu einer Messe pro sacerdotibus, die Mittwochs zu lesen ist, gestiftet habe.

Am 18. Juni 1492 wies Herzog Johann **III.** auf Bitten der Senioren der großen Bruderschaft der hl. Jungfrau dem Altarist der Bruderschaft statt des bisherigen Hauses ein andres an (und zwar einen rückwärts vom Kanzler Christoferus Tlachowski gelegenen wüsten Hausplatz, welcher hinter den Wohnungen der Domherrn zwischen einer Canonikatswüstung und der Stelle des Jakob Bartoschek sich befindet und hinten an die Propstei anstößt) frei von Steuern, Abgaben und Lasten.

Diese Wüstung hat Johann Czolner Canonicus, Altarist des Hochaltares und Kaplan der Bruderschaft zur Ehre Gottes, der unbefleckten Jungfrau Maria und zum Besten der Bruderschaft zu bebauen und zu bewohnen. Nach seinem Tode soll das Haus den beiden Altaristen, dem des Hochaltars und dem der Barbarakapelle, zufallen mit der Verpflichtung, zu jeder Quatemberzeit eine Messe für Johann Czolner zu lesen. Beide haben das Wohnhaus im Baustande zu erhalten, damit es nicht mit der Zeit verfalle. Zeugen sind die Ritter: Nicolaus Semoradski, Bartholomäus Zdarsa von Raschütz, Johann Mrwa von Pleß und der herzogliche Kanzler Christoferus Tiachowski.

Pfarrer Nicolaus in Markowitz und Vicedechant Martin Corvus von Skoczau stiftete ein 2. Ministerium an dem Nicolai-, Marcelli- und Lazarus-Altare in der polnischen Kapelle, für den polnischen Kanzelredner, indem sie für 200 Flor. einen jährlichen Zins von 16 Flor. auf Miedzerzecze im Teschenschen aussetzten. Der Bischof bestätigte dies am 23. Januar 1493 und gab das Präsentationsrecht den beiden Kanzelrednern.

In demselben Jahre fundirte der Priester Doctor Merboth 30 Flor. zu einem Anniversarium, und Scholastikus Johann vermachte einen rothsammtnen Vespermantel (Chorkappe) mit goldenen Tressen, über 50 ungarische Gulden werth, 2 Missale, eins von Pergament das andre von Velinpapier und etwas Geld.

Im Jahre 1494 gab das Kapitel der Bruderschaft 20 Goldgulden, damit 6 Scholaren vor dem hochwürdigsten Gute während der Frohnleichnams-Octave vor dem Salve im Chore psalliren. Senioren und Procuratoren der S. Marienbruderschaft in der Collegiatkirche waren damals Wenceslaus, Nicolaus Kürschner und Stanislaus Byletialek; Confirm waren Mathias Byzel, Mathias Thoman, Johann Zwykla, Nicolaus Zebrau, Vincenz Hoffmann; Sodalen der Confraternität: Andreas Preuß, Nicolaus Reinzke, Jakob Hoffmann, Jakob Tuchmacher, Jakob Prawda, Wilhelm Kaufmann, Mathias Kaczynos.

Der Propst Paul Liffka wies für sein Seelenheil 120 Gulden auf das Dorf Czernitz an, von dessen Zinsen die Stadt jährlich 2 Stück Ratiborer Tuch den Armen am Martinsfeste geben sollte. Herzogin Magdalena stellte darüber am 15. März 1495 eine Bestätigung aus.

Weil das deutsche Volk seit einigen Jahren wegen Mangels eines eigenen dazu bestimmten Kanzelredners der Predigt entbehrte, so hat das Kapitel auf Ansuchen der Herzogin Magdalena am 20. März 1497 den Bischof, da sowohl eine Präbende durch den Tod des Nicolaus Aurifaber, als auch das Curatialbenefiz, welches an das Catharinenaltar geknüpft sei, durch die Resignation des Ignaz von Freienstadt Erledigung gefunden, beide Stellen zu einer Präbende zu vereinen, so zwar, daß der Besitzer dieses vereinigten Benefizium die Abzeichen und die Kleidung der Canonici tragen, Sitz und Stimme haben und die Seelsorge in der Kirche wie ein andrer Domherr mit den Vikaren in Predigt, Beichtstuhl, Krankenbesuch nach Wochen theile, persönlich residire und das Wort Gottes entweder selbst oder durch einen tauglichen Priester in deutscher Sprache verkünde. Vorgeschlagen wurde der Baccalaur Georg Kosciolek von Oppeln, der damals erst Diakon war. Bischof Johann unirte am 20. April das Canonikat mit der Curatie der deutschen, investirte den Designirten und gab das Patronatsrecht dem Propst. Der herzogliche Kanzler Christofer Tlachowski war in dieser Angelegenheit selbst in Breslau. Er legte noch eine andere Fundation zur Bestätigung vor. Der Priester Laurent Golawiecz nämlich hatte zur Vermehrung der Dotation des Barbaraaltares mit Genehmigung der Herzogin Magdalena und ihres Sohnes Nicolaus am 27. März für 70 ungarische Gulden einen Zins von 6 Gulden in Studienna testamentarisch vermacht und eine hl. Messe wöchentlich bedingt. Diese Stiftung bestätigte der Bischof am 23. April 1497.

Erbherr Georg Pierzina von Kornitz, Schulz und Gemeinde verpflichteten sich am 15. Juni 1498 jährlich 4 Flor. Zins an den deutschen Curatus zu zahlen. 1 Fl. = 32 breite Groschen.

Johann Strzella von Belczitz und Rohow Besitzer in Janowitz verkauft am 12. November 1498 seinen Antheil an Janowitz dem Propst Gallus Gwozdz um 170 ungarische Gulden. Doch sollte der Schulz dem Herzoge mit einem Pferde dienen.

Magdalene und Nicolaus treten am 23. Juni 1499 dem Collegiatstifte für eine geliehene Summe den Zins von 23 ungarischen Gulden auf den Gütern Woinowitz nnd Bojanow ab.

Peter Chrzanowicz Pfarrer von S. Nicolai gibt 100 Gulden, was jährlich 7 Flor. Ratiborer Münze Renten bringt. Der Cantor Johann Nagel dotirt 18 Flor. aus den herzoglichen Einkünften von Sorau, welchen Zins Magdalena und Nicolaus am 16. Oktober 1500 für 282 ungarische Gulden ihm verkauft hatten.

Johann Czepla von Belk verkauft auf das Dorf Belk im Rybniker Kreise 5 Dukaten à 33 böhmische Groschen für ein Kapital von 50 ungarischen Gulden dem Mathias Langoß. Die Herzoge Nicolaus und Johann **IV.** bestätigten diese Anleihe am 3. März 1502.

1507 bestätigte Bischof Johann das 1. Ministerium am Kreuzaltar, dessen Verleihung die Tuchmacher hatten. Für die Fundation von 200 ungarischen Gulden wurden wöchentlich 3 Messen celebrirt. Es gehörte zu dieser Präbende 1 Haus an der Ecke hinter dem Hochaltare. vide 1519.

Der Altarist des Barbaraaltares Laurentius Holubecz war gestorben. Die Senioren bitten am 15. November 1508 den Bischof, da eben die Orgel von der Gemeinde unter bedeutenden Kosten gebaut worden und das Gehalt des Organisten gering ist, Jemand für den Dienst der Orgel zu pronibiren, der zugleich Altarist bei dem Altare S. Barbara sei. Bischof Johann von Thurzo bestätigte Reisse den 2. Januar 1509 die Einrichtung, wonach die Einkünfte jenes Altares dem Organisten zufielen.

Da der Propst meist auswärts blieb, wurden aus den Ersparnissen der Propstei die Sitzbänke im Chor, die 100 Gulden kosteten, bezahlt. Der Vikar Gregor Kendziorka vermachte testamentarisch seinen Garten in Neugarten den Procuratoren und Kirchvätern, was Valentin Montag nach S. Sofiä 1505 bestätigte.[1]

---

[1] Dieses Feld, 40 Ruthen lang, 9—10 Ruthen breit, gehört heute noch den Kirchenvorstehern.

Der Priester Martin Hanel und seine Mutter Catharina Pawerfünthowa, eine Bürgerin, gaben 1516 zu einem 3. Ministerium am Laurentii- und Anna-Altare an der Kanzel in der polnischen Kapelle 150 ungarische Goldgulden, welche 12 Floren Zins in Bauerwitz und Warmoltowitz (Warmunthau) geben.

Gallus Gwozdz ein Ratiborer Stadtkind schenkte 1517 einen schweren silbernen Kelch, ein viereckiges Pacificale, mit dem Lamme Gottes, silberne Ampeln und 100 ungarische Gulden. Februar 1517 lieh Valentin 100 Goldgulden auf Sorau.

Im Jahre 1518 kaufte das Capitel von Johann Wilk von Konechlumi 6 Colonistenstellen in Jarkowitz im Herzogthum Troppau für 100 Goldgulden und 65 rtlr. Die Uebergabe fand 1543 statt.

Am 16. Januar 1519 vermachte Herzog Valentin dem Marcelli- und Annenaltare in der polnischen Kapelle 8 Gulden jährliche Rente.

Die Tuchmacher- und Wollweberzunft schenkte 50 ungarische Gulden (4 Gulden Zins) zur reicheren Unterhaltung des Kreuzaltares, dessen Minister Martin Hanel wurde. Sie bestimmen: Wenn das von ihnen erbaute Haus des Altaristen baufällig werde oder eingehe und Geld in der Lade sei, so solle nicht der Besitzer, sondern die Zunft bauen. Unter den Zeugen der in Neisse am 17. Februar 1519 ausgefertigten Bestätigung befindet sich auch der Scholastikus Peter Czuber, ein von Hoch und Niedrig geachteter Mann; wahrscheinlich hatte er die Besorgung der Confirmation übernommen.

In demselben Jahre resignirte Canonikus Johann Czolner, wurde Altarist der großen Bruderschaft und vermachte 40 Flor. auf sein Anniversarium.

Im nächsten Jahre schenkte Andreas Senior der Vikare einige silberne Ampeln. Der Canonikus Gregor von Skoczau Altarist zu Sorau vermachte 100 ungarische Gulden. Das Geld wurde bei Balthasar von Welczek in der Gegend von Loslau angelegt.

Herzog Valentin hatte 400 Floren zu seinem Anniversarium ausgesetzt. Am 11. März 1524 wurden darüber nähere Bestimmungen getroffen. Es verpflichteten sich die Canonici zu 2 feierlichen Todtenämtern (mit Geläut und Offertorium), die Vikare zu einer Messe in der (eisernen) Frohnleichnamskapelle. Das Geld wurde dem Hauptmann von Teschen, Johann von Sedlnicki in Polnisch-Ostrau auf das Gut Schonau geliehen.

Die 13te Vikarie, welche bisher zur polnischen Kanzel gehört hatte und die Herzog Valentin von dieser getrennt und aus irgend einem Grund dem Johann Kannegießer verliehen, vereinte am 12. März 1522 der Herzog Johann auf den Wunsch der Ratiborer, einen würdigen Mann als polnischen Kanzelredner zu haben, mit der polnischen Kanzel, sobald Johann Kannegießer sterbe, oder seinen Stand verändere. Der fromme Herzog, der am 10. November 1524 an Papst Clemens **VII.** die Verhältnisse in Oppeln als traurig schilderte[1]), wollte in Ratibor den alten Glauben kräftig erhalten.

Lorenz Seidlitz von Töppliwode und auf Kieferstädtel lieh für 8 Gulden Zins ein Kapital von 140 ungarischen Gulden (den Gulden zu 27 Groschen den Groschen zu 16 Heller), was Herzog Johann in Oppeln im November 1525 bestätigt.

Zdieslaus Holy von Ponientschütz fundirte 40 Goldgulden zu einem Anniversarium. Im Chore der Collegiatkirche, unter welchem er ruht, soll in der Fastenzeit die Gedächtnißfeier stattfinden. Das Kapital wurde mit anderen Summen Weihnachten 1533 dem Jost in Tworkau auf Zins gegeben.

1533 vermachte Cantor Jakob, der auf der Burg wohnte, 30 Gulden zu einem Anniversarium im September. Dieses Geld wurde gleichfalls in Tworkau angelegt.

Am 8. April 1534 bestätigte Bischof Jakob von Salza zu Neisse ein 2. Ministerium an dem St. Nicolaialtare in der

---

[1]) Confer Kirchenlexikon Freiburg 1852 B. 9. S. 685.

polnischen Kapelle, welche der Ritter Johann Czepla von Beil, Erbherr in Ponientschütz und Testamentsexekutor des Zdzieslaus Holy für 300 Floren (Zins 24 Flor.) gestiftet hatte. Georg Szislka wurde erster Minister. Der Fundator gab 9 Jahr später das Patronatsrecht dem Andreas von Kotulinski, der es dem Kapitel überließ.

Am 21. Januar 1535 starb zu Breslau Stanislaus Saur, decretorum doctor, Senior des hiesigen wie des Breslauer Kapitels, und wurde in der Kreuzkirche ehrenvoll bestattet. In seinem Testamente hatte er den hiesigen Canonicis 30 ungarische Goldgulden, den Vicaren 10 Goldgulden, der Kirche eine Kapsel von golddurchwirktem Tuch, das Bild der hl. Jungfrau darstellend, und ein kunstvolles Gemälde des hl. Abendmahles vermacht. Der bischöfliche Kanzler Vincent Hortensius als Testamentsvollzieher übersendete Geld und Sachen. Schon früher hatte derselbe Wohlthäter ein schönes Missale von Pergament der Kirche geschenkt. Die Kapitularen votirten ihm bei dem nächsten Generalkapitel aus Dankbarkeit ein Anniversarium.

Probst Mathias Lampricht schenkte ein gesticktes Humerale von phrygischer Arbeit mit 3 Bildern: in der Mitte der Erlöser mit dem Scepter, auf der einen Seite Johannes der Täufer, auf der andern Johannes der Evangelist.

Nach dem Aussterben der Herzoge reservirte sich König Ferdinand I. im Vertrage mit Markgraf Georg von Brandenburg das Patronatsrecht aller geistlichen Benefizien und verlieh selbe Ausländern, welche zum Theil wegen der Entfernung zum Theil wegen der geringen Einkünfte nicht Residenz hielten.

Bewogen durch die Klagen der Geistlichkeit, erließ Ferdinand bei seiner Anwesenheit in Breslau am 9. Juni 1538 ein Schreiben an den Markgrafen mit der Mahnung seine Unterthanen, welche zinssäumig sind, zur Zahlung anzuhalten und die sich Wei-

23

gernden mit einer Geldbuße oder mit Einziehung des Lehns zu bestrafen. [1])

Am 4. August 1539 gestattete der Kaiser auf Bitten des Kapitels, weil es großen Mangel an Mitgliedern hatte, 4 Priester zu den erledigten Canonikaten zu erwählen und die Bestätigung derselben bei dem Bischofe nachzusuchen.

Am 13. October 1539 starb zu Brieg Christofer Wagner Canonikus von Oppeln, Ratibor und Brieg. Derselbe hatte 10 Gulden vermacht, welche Summe mit anderem Kapital im nächsten Jahre dem Herrn Johann Prnstein auf Lipnik geliehen wurde. Der Floren hatte damals 36 Groschen.

Johann Pruinus baccal. theol. und Pfarrer in Hultschin, welcher am 25. Februar 1540 starb, vermachte 10 Flor. Johann Hinkonis Pfarrer in Krzanowitz, später in Jajkowitz 13 Gulden.

Simon von Oberglogau Canonikus daselbst und in Ratibor testirte 55 Floren Münze zu einem Anniversarium. Magister Peter Czuber Scholastikus in Ratibor und Canonikus in Olmütz vermachte 50 Goldgulden = 100 Gulden Münze. Das Geld wurde auf Krawarn bei Jägerndorf den Herren Johann und Bartholomäus Krawarski geliehen, welche 7 Flor. Zinsen zahlten.

Damals wurde der Beschluß gefaßt, daß von nun ab (1540) am Geburtsfeste des hl. Johannes des Täufers, welcher Patron von Schlesien und von der Cathedrale sei, jeder Domherr eine Refection erhalte.

Dekan Ambrosius Kotulinski schenkte silberne Thuribula und eine Lampe mit eingravirtem Familienwappen. Der Dekan Michael Prudentinus ein silbernes Pacifikal, Canonikus Martin Hanel 1545 20 Gulden Münze, Nicolaus Coarticius ebensoviel.

Der Scholastikus Johann Planke vermachte 1543 testamentarisch der Collegiatkirche 100 Floren, die auf dem Gute der Herren Johann und Bartholomäus Krawarski auf Krawarn bei Jägerndorf elocirt waren, die 7 Gulden Interessen zahlten.

---

[1]) Collegiatstiftsmatrikel S. 168.

Bei dem großen Brande im Jahre 1546 waren auch sämmtliche Curien der Stiftsherren in Flammen aufgegangen. Da die Mehrzahl die Residenzen auf eigne Kosten wieder aufbaute, so wurde beschlossen, jedem ein Anniversarium zu halten. Durch das Unglück, welches die Stadt betraf, erlitten einzelne Präbenden Nachtheil, da die Zinsen vom Rathhause nicht gezahlt werden konnten. Auch die Einkünfte im Teschener Gebiete, dessen Herzog Wenzel Adam protestantisch, wurden verkürzt.

Aus einem Zinsregister vom Jahre 1548 bis 1580 ersieht man, wie die Einkünfte der Prälaten, Canonici und Altaristen modificirt waren.

Der Propst hatte im Ganzen 53 Fl. und bezahlte Steuern, wie der übrige Adel.

Der Dekan hatte an Decem 20 Fl., wovon er der Kirche und dem Vicedekan 3 Mark abgeben mußte.

Der Custos 18 Fl.

Der Cantor 18 Fl., von denen er der Kirche 1 Fl. abgibt.

Der Scholastikus 17 Fl., wovon die Kirchendiener 5 Fl. erhalten. Wegen des Brandes erhielt er damals gar nichts, ebenso die Canonici Nicolaus Coarticius, Andreas und Sifrid Kybiß die je 10 Mark Einkünfte hatten.

Bei den Vorgängern des Jakob Rudolf waren 5 Mark verloren gegangen.

Joachim Rudolf hat vom Dorfe Studzienna 9 Fl. 6 gr., wovon er Steuern zahlt, und außerdem 4 Fl. Zins von einem Kapital auf Wiederkauf.

Magister Sebastian Schleupner erhält von Janowitz 7 Mark und zahlt Steuern.

Christoforus Ploch 11 Fl.

Johann Kapell 13 Fl.

Martin Hanel 18 Fl.

Magister Martin Schmolzer an Decem 9 Fl. 12 gr. und vom Dominium wöchentlich für das Bad 2 gr. 3 hlr.

23 *

Joachim Swinka 9 Fl., und 5 Mark an Czießowka, woher er jedoch mit Noth 1 Fl. erhält.

Christoferus Archidiakon in Oppeln bezieht den Decem im Oppelnschen von 7 Dörfern, im Herzogthum Ratibor hat er 1 Schock vom Vorwerk in Czerwenczütz. Im Teschener Gebiete hat er zwar den Zehnten von 6 Dörfern, aber seit 5 Jahren empfängt er wegen Verweigerung des dortigen Herzoges nichts.

Stanislaus Gurski hat 8 Fl.

Curatus Johann hat von seiner Curatie 17 Fl. weniger 4 gr., auf dem Rathhause 10 Mark, von denen die Hälfte längst verloren war, die andere Hälfte nicht bezahlt werden konnte. Derselbe hat jährlich 12 Fl. vom Teschener Fürsten zu erhalten, empfängt aber seit 3 Jahren ebensowenig als die andren Priester.

Jakob von Schalscha hat 10 Mark. Zu diesem Canonikat gehören die Hufen bei Ratibor, deren ein Theil durch die Bauern des Herzogs, der andere durch die Untergebenen des Adels bestellt wird; auf diese Weise wird der Decem, der von diesen Aeckern dem Dekan und dem Pfarrer in Altendorf zustand, nicht gegeben.

Als Altaristen erhalten:

Der Propst 18 Fl. Zins.

Canonikus Nicolaus 12 Mark.

Kobr aus Neisse 16 Fl.

Bartholomäus Pfarrer bei Neisse 10 Fl.

Pomistranus 11 Fl.

Martin Hanel 13 Fl.

Johann Kapell zur polnischen Kanzel 20 Fl., von denen der Herzog von Teschen seit 2 Jahren 8 Fl. zurückhält.

Johann Krupka 15 Mark; 10 wurden vor dem Brande gezahlt, aber 5 sind seit vielen Jahren verloren.

Der Vicar Wenzel Semor hat 16 Flor.

Johann Klos 21 Fl.

Das Altar manuale bei der Orgel 10 Fl.

Das Altar der Tuchmacherzunft, dessen Besitzer Martin Hanel ist, hat 20 Fl. Aber die Herren von Wraninski ziehen seit 4 Jahren immer 4 Fl. ab.

Das Frohnleichnamsaltar 12 Fl.

Das Altar des Reinczko, dessen Besitzer Johann Rapell, hat 17 Fl.

Das Kapitel hatte Unterthanen:

12 in Gammau,
5 „ Ciprzanow,
5 „ Studzienna,
5 „ Markowitz,
16 „ Janowitz,
5 „ Gantowitz,
48.

Caspar Pasternak Propst zu S. Bartholomäi in Oberglogan hatte dem Dekan Kotulinski in Ratibor 200 Goldgulden zur Errichtung eines Altares zu Ehren der hl. Jungfrau in der Collegiatkirche übergeben, an welchem ein Anniversarium und wöchentlich 2 Messen gehalten werden sollten. Dieser kaufte mit Genehmigung des Markgrafen Georg ein Zins von 17 Flor. auf Gorke bei Ratibor. Diese Stiftung wurde 1546 in die Matrikel verzeichnet.

1547 gab der Rath mit Genehmigung des Landeshauptmanns Johann Posadowski auf Guttentag und des Schloßhauptmanns Johann Machowski den Hamprowskischen Grund neben dem Hause der Herren Holy dem Kapitel und dem Curatus Johann als Pfarrer der Collegiatkirche und seinen Nachkommen im Amte zum Aufbau und Bewohnen und übernimmt dafür das bisherige und abgebrannte Kapitularhaus des Curatus (das zweite rechts vom Dekan), um es für den Stadtschreiber Peter Szuler und Johann Czigotta aufzubauen. [1]

---

[1] Besondere Urkunde im Prov.-Archive und Matrikel II, 300.

Mathias Gomola Baccal. art. liber. Canonikus und Pfar=
rer in Raffidel schenkte 1552 ein schönes Pacificale, nämlich ein
versilbertes Kreuz mit 14 Edelsteinen auf der einen und 8 Edel=
steinen auf der andern Seite.

Die Domherrn machten am 10. December 1554 aus eignen
Mitteln eine Fundation von 200 Flor., deren Zinsen — 16 Flor.
— je ein Prälat oder ein Senior der Canonici beziehen und
2 Messen wöchentlich lesen solle. Das Geld war auf Gorke an
Georg Czernicki gegeben. Bischof Balthasar bestätigte am 4. Ja=
nuar 1555 die Stiftung und investirte dazu den Johann Clos
aus Ratibor.

Am 30. April 1556 dotirte Georg Sedlnicki von Choltitz
und Polnisch=Ostrau ein Ministerium am Marcellialtar durch An=
weisung eines Zinses von 8 Gulden auf Polnisch = Ostrau, ein
Ministerium am Nicolaialtar von 8 Gulden, und noch einige an=
dere, deren Zins auf den Dörfern Sconaw und Wratimow haf=
tete. Der Magistrat wollte im nächsten Jahre einen Protestanten
Namens Martin Zerta oder Rexta als polnischen Prediger ein=
führen. Um dies zu verhindern, stellten die Domherrn aus ihrem
Gremium einstweilen den Dekan Mathias Gomola und den Scho=
lastikus Georg Kaczinos als Kanzelredner auf. Als nach dem
Abgange der Königin Isabella wieder Ferdinand die Herzogthü=
mer innehatte (Trinitatis 1557) gab der Magistrat die Genehmi=
gung, daß der Custos Johann Prunell Prediger wurde. Von
1558 ab wurde die polnische Kanzel mit ihren Einkünften des
Altares der Custodie einverleibt. Dem Notar wurde fortab
1 Schock Groschen als Gehalt bewilligt.

Canonikus Kapell fundirte am 24. April 1558 (80 rttr.)
66 ungarische Gulden, die vom Rathhause verzinset wurden.
Der Propst Christoferus Nawoj hielt, weil sein Vater Wenzel
von Nawoj auf Dulna und Dirtkowitz Hauptmann war, gegen
die löbliche Gewohnheit der Statuten verschiedene Einkünfte, die der
Gesammtheit zukamen, zurück. Damals keimte der Protestantismus

im Lande und die Kraft der kirchlichen Verordnungen erlahmte auf einige Jahre, bis der Hauptmann abgesetzt wurde und auch unser Propst seine Stelle zu Gunsten seines Nachfolgers frei resignirte. Dieser ersetzte alles, was sein Vorgänger den Uebrigen schuldig geblieben.[1])

1569 wurde beschlossen, daß der jedesmalige Propst bei seiner Inthronisirung Kappe und Casel mit 10 Goldgulden einlöse, jedem Prälaten 12, jedem Canonikus 8, dem Vicedekan, Schulrector, den Sacristanen, dem Cantor, den Kirchendienern je 6, den Vikaren 2 Fl., dem Notar 1 Dukaten zahle. (1 Glb. = 36 gr.) Wenn ein Canonikus zu einer höhern Würde befördert werde, hat er bei der Aufnahme 4 Goldgulden dem Kapitel für Kappe und Casel, jedem Prälaten 8 böhmische Groschen, den Canonicis 6, dem Notar, Vicedechant, Schulrector, Cantor, den Sacristanen, Dienern je 4 Groschen, den Vikaren 1 Fl. und fürs Einschreiben dem Notar 1 Fl. zu entrichten. Wer endlich als Canonikus eintritt, hat für Kappe uud Casel 2 Gulden, jedem Prälaten 8 gr., den Canonicis 2 gr., den Vikaren ½ Mark, dem Notar fürs Einschreiben ½ Gulden zu zahlen.

Im Jahre 1571 beschloß das Kapitel, dem Propst Peter Riger, weil auf dessen Verwendung beim Kaiser die lange versperrten Kirchenkleinodien wieder zurückgegeben worden waren und Peter seine Propstei restaurirt hatte, ein Anniversarium zu halten.

Im nächsten Jahre schenkte Paul Lyßka das rationale divinorum Wilhelmi Mediolanensis, welcher Foliant sich heute noch in der Bibliothek des Kirchenarchives befindet.

1574 war der große Brand. Da die polnische Kapelle ziemlich erhalten blieb, so wurde der Gottesdienst in derselben bis 1596 gehalten. Die kaiserlichen Commissare, welche wegen der Ratiborer Schuldenlast oft herkamen, hatten dem Kaiser den Vorschlag gemacht, diejenigen Kirchenkleinodien, deren man sich beim

---

[1]) Matrikel 114.

Gottesdienste entrathen könne, zum Aufbau zu verwenden. Maxi=
milian jedoch hielt diese Entfremdung für bedenklich und schrieb
Wien den 31. October 1574, der Bischof von Breslau werde
wol einen besseren und zuverlässigeren Weg auffinden, nämlich die
Geistlichen um eine Beihilfe ersuchen, wozu er bereits das erfor=
derliche Patent in der Hofkanzlei habe anfertigen lassen. [1]

Bischof Andreas intercedirte bei dem Kaiser, daß das Kapi=
tel Gammau in weiteren Pfandbesitz behalte. Der Kaiser ge=
währte die Bitte am 22. August 1587, verlangte aber, daß es
wie die übrigen Landstände pro rata auf das Schloß zu Oppeln
die Contribution leiste.

Im Jahre 1580 war das Gewölbe des größeren Chores
wieder aufgeführt. Bei dem Einsturz des alten während der
Feuersbrunst war die Orgel zertrümmert worden. Der Organist
spielte inzwischen auf einem kleinen Positiv. Im Jahre 1588
beauftragte das Kapitel die Kirchenvorsteher, die Orgel im Kapi=
tel bessern zu lassen, da einiges Geld dazu bereits von Wohl=
thätern gegeben sei.

1588 wurde der Thurm auf Kosten der Stadt gebaut, der
aber 1645 wegen Gefahr des Einsturzes abgebrochen werden
mußte. 1588 wird der Schloßhauptmann Samuel Lessota ge=
mahnt, das sacellum s. Barbaræ [2] seinem Versprechen gemäß
mit 200 Fl. zu dotiren.

Im Jahre 1592 war die Kirche wieder hergestellt und man
wendete sich wegen der Reconciliirung nach Breslau. Den Vika=
ren wurde befohlen, gemeinschaftlichen Tisch zu halten und nicht
in andern Häusern Speise zu suchen. Nachdem endlich auch die
Bedachung vollendet war, erschien der Weihbischof Adam Weiß=
kopf, Episcopus Nicopol. in part., Cantor der Cathedrale,

---

[1] Archiv der Breslauer Kammer.

[2] Die Barbarakapelle war die Halle, durch welche gegenwärtig
die Geistlichen in die Kirche gehen. Die Thüre nach Außen ist aus
späterer Zeit.

Administrator der Abtei auf dem Sande zu Breslau, nach Ostern 1596 in Ratibor und reconciliirte am Mittwoch vor dem Sonntage Cantate (8. Mai) die Kirche, weihte:

1) das Hochaltar zur hl. Jungfrau;

2) das Apostelaltar beim Eintritt ins Chor rechts,

3) der hl. Martyrer (unschuldige Kinder) in der Ecke daneben,

4) des hl. Kreuzes links,

5) der hl. Maria Magdalena daneben,

> In der Barbarakapelle wurde das Altar nicht consecrirt, weil es keine zureichende Dotation hatte.

6) das Corporis Christi-Altar, wo einst die eiserne Kapelle war,

7) Matris dolorosæ daneben an der Wand,

8) S. Catharinä grabeüber der Kapelle.

> Das vor dem Brande errichtete Erasmus-Altar ist später weggenommen worden.

In der vom Feuer verschonten polnischen Kapelle blieben die alten Titel, nämlich

das Marcelli-Altar an der Kanzel;

das Nicolai-Altar bei dem Ausgange.

Auch das Stefans-Altar in der Sacristei war unbeschädigt geblieben.

Von den Glocken war die größere Jungfrau Maria, die mittlere Laurentins, die Signalglocke Marcellus genannt worden. Bei dieser Anwesenheit spendete der Bischof das hl. Sacrament der Firmung an 1500 Personen.

In demselben Jahre wurde dem Senator und Kirchenvorsteher Johann Apotheker der Kirchengarten (in Neugarten) für den jährlichen Zins von 1 Mark auf Lebenszeit überlassen. Das Generalkapitel, welches bisher in der Wohnung eines Residenten, meistens in der Propstei gehalten wurde, sollte von nun ab wieder in der Sacristrei stattfinden.

Zwei Jahre später wurde der Propst, der sich in Prag aufhielt, erinnert, sein Haus zu bauen; da er der Mahnung nicht nachkam, bedeutete ihm das Kapitel, von seinen Einkünften 20 rtlr. abzuziehen und selbst zu bauen; da auch dies nicht fruchtete, so wurde er 1600 ersucht, seinen Versprechungen nachzukommen oder zu resigniren.

1602 beschloß man die Einkünfte der vacanten Dechantei zur Bezahlung der Schulden zu verwenden. Die Residenten mit Hinzunahme des Vicedekans sollten jeden Donnerstag nach der Prozession eine Stunde auf das Archiv gehen, um die Kisten zu revidiren.

Am 14. Juni 1602 schenkte der Domherr und polnische Prediger Paul Stokelius, der später Pfarrer in Olmütz wurde, einen goldnen Kelch mit Patena, wofür ihm ein **Anniversarium** botirt wurde. Derselbe hatte ein neues Canonikat gestiftet, das von Schlawentzütz (Wilhelm von Oppersdorf, kaiserlicher Kämmerer — dessen Rentmeister Girzik Bilanski von Bilan —) einen Zins von 16 Fl. bezog.

Der Schloßhauptmann Samuel Leffota von Steblau auf Mackau gab im Jahre 1603 200 rtlr., wofür die Vicare alle Sonnabende eine Messe am Barbara=Altare für den Stifter celebrirten. Etwas später gründete der ehemalige Pfarrer von Lubom Balthasar Klich an diesem Altare ein 2. Ministerium für 600 rtlr.

Das Kapitel hatte das Kammergut Gammau bereits längere Zeit für geliehene 400 ungarische Gulden in Pfandbesitz und kaufte es vom Kaiser Rudolf **II.**, der Geld zur Fortsetzung des Türkenkrieges brauchte, für 1400 rtlr., die zu dem Pfandschilling noch zugelegt wurden. Der Thaler hatte damals 36 Weißgroschen oder 72 kr. Der Erbbrief ist zu Prag am 8. December 1603 ausgestellt und in Matrikel II. S. 93 abgeschrieben.

Das Dorf hatte damals 15 Bauern, welche 16½ Hufen hielten

| | | |
|---|---|---|
| Robotgeld . . . . . | 33 rtlr. | |
| Geldzinsen . . . . | 44 — | 35½ gr. |

Weizen 17 Scheffel à 24 gr. — 11 rtlr. 12 gr.

Roggen 38½ Scheffel à 18 gr. — 19 — 9 —

Hühner 88 Stück . . . 3 — 24 —

Hafer 81½ Scheffel à 9 gr. — 20 — 13½ —

Eier 282 Stück à Schock 3 gr. . = — 14⅕ —

im Werthe circa 133 rtlr.

lieferten, ohne den Kretschamverlag und das Obergericht einzurechnen. Das Dorf stand unter dem regimen des Custos.

1603 stellt der Landrichter der Fürstenthümer Auschwitz und Zator Abraham Sokolowski von Sokolow auf Czechowitz dem Kapitel einen Schuldbrief über 500 rtlr. aus, die er mit 50 rtlr. verzinste. Am 1. April 1606 bestätigte Papst Paul **V.** die literarische Bruderschaft.

Peter Kozlowski Domherr an der Cathedrale und Canonitus in Ratibor schenkte im Juni 1608 zwei Bände Predigten vom Jesuit George Scherer, 1 Band Controversen, Bellarmius Commentar zu den Psalmen und 1 Missale, ferner ein Haupt Johannis auf einer Schüssel, beides von Silber, auch 2 silberne Leuchter.

Von 1605 bis 1613 scheint kein Generalkapitel gehalten worden zu sein. Die Kapitularen erhielten den Auftrag, sich Dalmutien anzuschaffen.

Georg und Anna Schmolzer fundirten October 1613 360 rtlr. zu einem Cantatum de s. Cruce, welches Montags und Freitags am Altare der Tuchmacherzunft gehalten werden sollte, etwas später vermachte die Wittwe noch 60 Gulden für die Choralisten.

1616 wurde beschlossen, daß die Vikare, da sie fast täglich celebriren, wenigstens am Anfange eines jeden Monates beichten, um mit reinem Herzen die hl. Geheimnisse zu feiern; sie hatten darüber ein Zeugniß beizubringen. Wer von den Kirchkindern im großen Chore begraben zu werden wünschte, hatte 40 Floren, im kleineren 20 Floren zu entrichten. Das Kapitel kaufte 1617 zwei Wiesen in Ostrog hinter der Burg für 190 schlesische Thaler vom Schloßhauptmann Blasius Schonowski von Pasitl.

Zdenko Adalbert Popel Freiherr von Lobkowitz, der bald darauf in den Reichsfürstenstand erhoben wurde, hatte für Kanzleigebühren einer kaiserlichen Bestätigung 120 Gulden geschenkt, das Kapitel beschloß 1620, dafür alle Dienstage nach den Quatemberwochen ein Votivamt und nach dem Tode des Fürsten ein Anniversarium mit dem officium defunctorum zu halten.

Dieser Fürst hegte eine besondere Verehrung gegen den ehemaligen Pfarrer von Rybnik[1] Johann Karzel, der 1628 Custos wurde. Als kaiserlich böhmischer Kanzler ließ er Karzel zweimal an den Hof Ferdinand II. kommen, um Bericht über die kirchlichen Zustände Ratibors zu erhalten. Auch vermittelte er einen kaiserlichen Bestätigungsbrief der Uebersiedelung von 1417 und der Statuten von 1444 ausgestellt Wien am 3. Januar 1625.

1624 erhielt der neue Canonikus den Garbenzehnten auf den Vorwerken Niedane und Brzesnitz. In demselben Jahre wurde beschlossen, daß nur solche zum Canonikat zugelassen werden sollten, welche auf der Universität promovirt haben. Bei Begräbnissen von Protestanten wird die Begleitung vom Priester und der Schuljugend, wie auch das Glockengeläut verboten.

1627 verhinderte der Krieg die Abhaltung eines Generalkapitels. — 1629 wurde auf 10 Jahr ein Vertrag mit 4 Dörfern im Teschenschen Stanow, Albersdorf, Groß- und Klein-Bludowitz geschlossen, wonach die Unterthanen statt des Decems jährlich 8 Mark zahlten.

Valentin Caulonius Artium lib. doctor und Custos machte am 25. November 1623 sein Testament, in welchem er viele milde Stiftungen errichtete. Für 1000 rtlr. auf dem Vorwerk Gammau bestimmte er den Zins von 60 rtlr. dem polnischen

---

[1] Rybnik gehörte dessen Bruder Ladislaus von Lobkowitz Landeshauptmann von Mähren.

Prediger mit der Bestimmung, daß an Sonn- und Festtagen Nachmittag vor dem Volke eine Katechese und wöchentlich eine Messe für die Verstorbenen stattfinde. Er hatte auch eine Wiese gekauft, die unter denen der Fleischer lag, diese kauften dieselbe für 250 rthr. am 25. Juni 1626 und stifteten eine Litanei.

Der Canonikus Simon Canabius kaufte am 19. Juni 1625 für 200 Gulden einen Wiesenzins von 12 Gulden von Frau Scholin, welche zu gleichen Theilen den Vikaren und Domherrn zufallen. Johan Karzel fundirte am 12. Februar 1628 300 rthr. auf eine wöchentliche Messe pro fundatore in der polnischen Kapelle am Altare des hl. Marcellus. Bürgermeister und Rath stellten am 23. April 1632 eine Obligation aus und zahlten 18 rthr. Zins.

Der Custos Johann Karl lieh am 2. Februar 1632 dem Fürsten Wenceslaus Lobkowitz auf Rybnik 150 Dukaten, wofür dieser 12 Dukaten Interessen zahlte.

Das Vikarienhaus bedurfte schon seit fast 30 Jahren einer Reparatur; wegen Geldmangel war der Bau hinausgeschoben worden. 1625 beschloß man aus den nachträglichen eingehenden Resten für die verstorbenen Vikare, 1628 aus den Resten vom Rathhause und 1633 endlich aus den Einkünften der vakanten Probstei und Dechantei je 30 rthr. und die den Canonicis Karas und Latochowitz wegen Abwesenheit gemachten Abzüge dazu zu verwenden. Das Kapitel behielt sich die Disposition über einen Kornboden und eine Badstube in dem neuen Vikariengebäude vor.

Wie sehr die Prälaten ihre Rechte wahrten, davon haben wir aus jener Zeit ein eclatantes Beispiel. Das Besetzungsrecht der Custodie stand seit Gründung dieser Dignität (1422) dem Kapitel zu. Nach dem Tode des Johann Karzel wählten sie den verdienstvollen Georg Matthaeides zum Nachfolger und präsentirten diesen am 17. December 1632 dem Fürstbischof Carl Ferdinand Prinz von Polen und Schweden, der zugleich Pfandinhaber

der Fürstenthümer Oppeln und Ratibor war. Der Bischof inve=
stirte den Designirten. Ein Jahr später aber setzte er auf schlechte
Information einiger polnischen Priester den Hofkammerherrn The=
seus Colonium (ob Colonna? 1658 Propst in Neisse?) an
die Stelle, turbirte den rechtlich beförderten Custos und forderte
in drohendem Tone diesen und den Cantor in der Frohnleichnams=
octave 1633 nach Crakau, wo nach dem Tode des König Sigis=
mund die Wahl seines Sohnes Ladislav stattfand. In dieser
Bedrängniß wendeten sie sich an den Kaiser, setzten muthig ihr
Recht auseinander und erlangten endlich die definitive Bestätigung
des Bischofes.

Im Jahre 1634 wurde dem Curatus sorgfältige Aufsicht
über die Bibliothek empfohlen, er solle die verliehenen Bücher ein=
fordern und genau verzeichnen. Später wurde ihm der Vicede=
chant beigesellt.

Adam Cocinus vermachte 600 Fl., welche 1636 vom Rath=
hause verinteressirt wurden. Die Residenten erhielten 6, die Vi=
kare 18, die Armen auf Tuch 6, zur Verbesserung des 15. Ca=
nonikats 3 und die Kirchenfabrik 3 Fl. Daniel Schulz, Burggraf
von Oppeln, fundirte 1638 200 rtlr., Gleiwitz borgte das Kapi=
tal und zahlte 12 rtlr. Interessen, wovon die Canonici die eine,
die Vikare die andere Hälfte für Abhaltung des Anniversarium
erhielten. In demselben Jahre wurde bestimmt, daß Thüren und
Fenster der Collegiatkirche mit Eisenstäben versehen werden, daß
eine Kirchhofsmauer von der Marktseite errichtet werde, für
welche die benachbarten Bürger, wenn sie selbe gemeinschaftlich
haben wollen, die Hälfte der Kosten beizutragen haben.

Der Bürger Paul Mnießzych und seine Gattin Marianne
geb. Sebisch von Schonowitz kauften und schenkten einen silbernen
Kelch von 83 Unzen. Georg Hause fundirte 2 Messen am Mar=
cellialtare in der polnischen Kapelle mit 6 Dukaten auf Blusch=
czau, was die Landesstände in Ratibor am 17. Februar 1639
bestätigten.

1642 flohen die Prälaten der Schweden wegen nach Polen. Das Archiv des Kapitels wurde nach Crakau gebracht und kam erst spät zurück.

Am 20. April 1645 hielt der Priester Sendetius seine Primiz in Ratibor. Nach alter Gewohnheit wurde ihm wie Jedem, der die erste hl. Messe celebrirte, ¼ Stück Rind zum Festmahle verehrt. [1])

Der Bürger Simon Troska schenkte 1645 einen 100 Unzen schweren Kelch; ebenso 1647 Frau Anna Brozla und später zwei Antipendien für das Hochaltar.

1646 wurde befohlen, daß am Ostersonntage nur 3 Vikare zur Segnung der Speisen in die Häuser der Stadt gehen, die übrigen sollen in der Kirche bleiben und das Einkommen gemeinschaftlich getheilt werden. Im nächsten Jahre stellt sich die Erweiterung des Kirchhofes als Bedürfniß heraus. Der Vicecurat Georg Keller wird wegen Streitigkeiten und Bestrebung, eine deutsche Schule zu errichten, amovirt.

Der Oberregent von Oberschlesien auf der Burg Ratibor Octavian Zeger von Segernberg fundirte 1 hl. Messe zu jeder Quatemberzeit und ein Anniversarium in der Annenkapelle zu lesen. Bürgermeister und Rath liehen am 29. September 1648 das Fundationskapital von 250 rtlr. und versprachen die Zinsen von 15 rtlr. jährlich an Michaeli abzuführen.

Der Custos Georg Matthaeides, der am 8. November 1649 starb, stiftete für einen Zins von 24 Fl. vom Rathhause ein 2. Ministerium am Altare aller hl. Martyrer.

Am 11. Juli 1649 consecrirte der Weihbischof Johann Balthasar Lisch von Hornau die Johanniskirche in Ostrog und den Altar matris dolorosæ, welchen die verwittwete Susanna Reger, Johann Latocha und Georg Olitori 1647 in der Collegiatkirche gegründet; ebenso die große Glocke Jesus, die kleinere

---

[1]) Kämmereirechnung 1644/45 unter allerlei Communal-Ausgaben.

Johannes Evangelist, die kleinste Marcell. Die mittlere „Maria" war schon früher consecrirt.

1650 beauftragte der Custos die Schnitzer, die Sitzbänke anzufertigen. Es wurde beschlossen, die Gerichte auf den Kapitelsdörfern nach Michaeli zu halten. J. Sendecius, der das akademische Triennium nicht absolvirt hatte, wurde 1653 wegen seiner Verdienste zur Zeit der Pest ins Collegium aufgenommen, mußte aber 2 Jahre ohne Gehalt predigen.

1654 sind die stalla chori minoris d. h. die Sitzplätze der Prälaten und Canonici im kleinen Chore vollendet worden. Sie sind nach der Form der Marienkirche auf dem Ringe zu Crakau schön geschnitzt und vergoldet und enthalten die Mysterien aus dem Leben der hl. Jungfrau. Sie kosteten 1400 rtlr. und waren eine Stiftung des Custos Georg Mathaeides, wie heut noch über der Thüre der Sacristei zu lesen ist. Dieser brave Custos fundirte 700 rtlr., wofür die Vikare alle Mittwoche ein Todtenamt hielten.

Es war im Jahre 1655 beschlossen worden, auch das Hochaltar zu restauriren, wenn die Bürger einen Beitrag leisten. Das geschah. 1658 berieth man über die Vergoldung. Die Bruderschaften trugen auch bei. Das alte Hochaltar wurde den Dominikanern geschenkt. Zur Restaurirung der Glaskowiankapelle gab das Kapitel 100 rtlr. und forderte sich vom Kaiser die geliehenen 1000 rtlr. ein.

Im Jahre 1657 schickte das Kapitel 2 Vikare an den Magistrat mit der Mahnung, nicht zu dulden, daß an Festtagen gearbeitet, Gras getragen, auf dem Markte während des Gottesdienstes verkauft werde, und in Rücksichtnahme auf die Prozession zu sorgen, daß der Ring rein sei.

Caspar Leopold Kriger fundirte am 23. Juni 1657 500 rtlr. zu einer für sich und seine Frau Sonnabends in der Marcellikapelle zu lesenden Messe.

Im Jahre 1658 schickte das Kapitel 2 Bikare an den Magistrat mit dem Auftrage, die Uhr zu restauriren.

Als Ferdinand Tobias Richter Curatus der Deutschen war, kamen so wenig Deutsche in die Predigt, daß man sie auf den ersten Anblick sofort zählen konnte; der Polen Zahl dagegen konnte die benachbarte Kapelle, obgleich sie ziemlich geräumig, nicht fassen. Es wurde deßhalb berathschlagt, ob ein Tausch nicht besser sei. Man trug die Sache den bischöflichen Visitatoren vor, welche vom 2. bis 7. Mai 1653 sich in Ratibor aufhielten, damit sie den Stand der Dinge dem Bischofe vorlegten. Von Neisse kam sofort ein Dekret, des Inhalts: Da die Zahl der Polen jetzt größer als früher, so daß die Kapelle sie zur Predigt nicht fassen kann, befehlen Wir, daß in der Kirche selbst sowohl die deutsche als polnische Predigt stattfinde, so zwar, daß um 7 Uhr die deutsche mit einer darauf folgenden Messe, dann die polnische Predigt folge und darauf der übrige Gottesdienst gehalten werde. Als die Deutschen das hörten, meinten sie, die Verordnung beeinträchtige sie, da es ihre Kirche sei.

Der Magistrat nahm sich der Deutschen an. Es erschienen 3 Abgeordnete und erklärten, sie wollen den Bestimmungen des Fürstbischofs nicht entgegenstreben, aber sie bäten um Rückführung in die frühere Ordnung, da sie ein wohlerworbenes Recht an die größere Kirche haben.

Das Kapitel schob wegen des Murrens Einiger, die sogar dachten, an den Kaiser zu gehen, die Ausführung des Ediktes hinaus, und ließ von der Kanzel vermelden: die Deutschen möchten, wenn sie irgend ein Recht auf die Collegiatkirche hätten, den Nachweis führen, daß in derselben Polen ihre Predigt nicht hören dürfen. Die Sache blieb unerledigt bis zum Tode des Bischofes 1655.

Bei dem nächsten Generalkapitel langte ein Schreiben vom Magistrat an, über welches das Kapitel also nach Neisse schreibt: Die Gründer des Stiftes haben mit Zustimmung des apostolischen

24

Stuhles die Disposition in der Kirche nicht bürgerlichen Laien sondern dem Kapitel verliehen. Den Deutschen könne nicht helfen, daß sie ihre Freigebigkeit erwähnen, von der wisse das Kapitel nichts, noch können jene selbst es behaupten, da der größte Theil der Paramente und des Kirchenschatzes aus alter Zeit herrührt. Wohl wisse man, daß zur Zeit der Mansfelder der Protestantismus nach Ratibor durch Deutsche eingeführt worden, und sie ein Bethaus errichtet, da sie mit Gewalt die Collegiatkirche nicht erhalten konnten; das Stift sei belastet, den deutschen Prediger zu unterhalten, wozu die Deutschen nicht einen Heller geben und ihm nicht einmal die Wohnung bauen, wozu sie doch als Parochianen verpflichtet sind. Wir bitten, damit das Murren ein Ende finde, das Dekret aufrecht zu erhalten und das Volk deutscher Zunge zu beauftragen, sich dem zu fügen. Die Kirche ist der Fundation nach dem polnischen Prediger zugetheilt und kommen jetzt noch auf einen Deutschen 10 Polen, wiewohl vom Magistrat nur 2 Mitglieder polnisch sprechen. Die anstoßende Kapelle heiße eigentlich nicht polnische, sondern Marcellikapelle.

Dagegen nun schrieb der Magistrat an den Bischof Erzherzog Leopold Wilhelm, daß die betreffende Kapelle gerade für den polnischen Prediger angebaut sei und darum die polnische Kapelle heiße,[1] daß die Zuhörer beider Nationen wegen der Sitzbänke Veranlassung zum Zwist hätten, daß mehr Geld auf Kerzen verausgabt werde; aus diesen Gründen bäten sie um die alte Ordnung.

Das bischöfliche Amt (Sebastian von Rostock und Carl Neander) wendete sich, vom Bischofe beauftragt, nach Ratibor, um die Meinung der Capitularen einzuholen, ehe eine kategorische

---

[1] Wie wenig vertraut man damals mit der städtischen Geschichte war, beweist auch die gleichzeitige Antwort auf die 25 Fragen des Historiker Naso. Daß diese S. Marcellikapelle im Jahre 1426 für den deutschen Prediger oder Curatus Germanorum errichtet worden, mochte der Senat freilich nicht wissen, da ja die Urkunde im Archiv der Collegiatkirche aufbewahrt wurde.

Entscheidung getroffen werde. Den am 11. Februar 1658 aus Breslau datirten Brief erhielt das Kapitel erst am 8. April und spricht sich in der Antwort ziemlich unumwunden aus, es sei nicht seine Absicht gewesen, den gegenwärtigen modus herbeizuführen; vielmehr hätten sie mit Rücksicht auf die Trägheit der Deutschen im Predigthören und ihre geringe Anzahl dieselben in die Kapelle gewiesen.

Der Bischof wolle vermöge seiner Autorität die Deutschen zum fleißigen Besuch der Kirche mahnen. Da von den Vikaren sechs die Seelsorge haben, aber weder Missalien noch Decem von den Pfarrkindern beziehen, vom Magistrat im Ganzen jährlich nur 3 schlesische Thaler, vom Leichenbegängnisse nur 2 böhmische Groschen beziehen, so möchten die Bürger veranlaßt werden, fleißiger zum Opfer zu gehen, von dessen Ertrage der gemeinschaftliche Tisch bestritten wird.

Endlich da es Sitte sei, Diejenigen ins Gefängniß abzuführen und mit Geld zu strafen, welche zur Zeit der Predigt in einer Branntwein= oder andern Schenke angetroffen werde, so möchten zwei Drittel der Strafgelder der armen Kirche zufallen, welche außer dem Klingelbeutel und dem Accidenz von dem Glockengeläut bei Begräbnissen kaum 10 rtlr. jährlicher Einkünfte hat.

Am 26. September 1658 kam aus Breslau der Befehl, daß die alte Ordnung der polnischen und deutschen Predigt wieder hergestellt würde, wonach die Deutschen in der großen Kirche, die Polen in der Kapelle zu gleicher Zeit die Predigt hören sollten. Es war dies etwas unbequem, da die Redner, obgleich die Thür geschlossen war, sich gegenseitig hörten, wenn auch nicht verstanden. Die Deutschen bauten übrigens aus Freude, den Sieg errungen zu haben, eine herrliche Kanzel.

Am 20. October 1659 machte der Custos Andreas Florian Scobonius sein Testament. Die Bürgerin Anna Temer schenkte ein silbernes Becken nebst Meßkännchen.

Weil Jarkowitz im Troppauer Gebiet lag, und damals in militairischer Beziehung vielfache Forderungen und Belästigungen mit dem Orte verbunden waren, so beschloß das Kapitel 1662 es zu verkaufen.

Wir finden wiederholt, daß Schuldnern bei Unglücksfällen Zinsreste geschenkt wurden. Auch der Stadt Sorau, die ganz abgebrannt war, wurde aus christlichem Mitleid die ganze Schuld geschenkt. Weil im Frühjahr 1663 die Schafe auf dem Vorwerk Gammau an der Seuche gefallen waren, so wurden 100 Stück aus der Kapitelkasse gekauft.

In demselben Jahre gründete die Jungfrau Catharina Senbecius das Catharinenaltar an der Evangelienseite des Hochaltares, an welchem jährlich 12 Messen und ein Anniversarium gehalten werden sollten. Der Rathsherr Mathias Schmoltzer fundirte am 29. September 1663 200 rtlr., wofür ein Vikar alle Dienstage celebrirte.

Der Thurm auf der Collegiatkirche war wegen Gefahr des Einsturzes schon 1645 abgebrochen worden. Da die Stadt zum Aufbau nicht genug Mittel hatte, so bat sie im Frühlinge 1665 das Kapitel und den Abt von Rauden um Beihilfe. Er wurde um 5 Ellen höher gebaut, als der frühere. Architekt war Martin Sempek ein Bürger von Gleiwitz, gebürtig aus Crakau; Maurermeister war Carl Milius, ein Schweizer. Am 20. Juli wurde ein Verzeichniß der geistlichen und weltlichen Obrigkeit, eine Abschrift von 31 städtischen Urkunden und mehre Reliquien in den Knopf hineingelegt. Zur Bedachung des Thurmes mit Kupfer wurden bald nach Ostern 1666 24 Centner Deckblätter aus der Bergstadt Neusohl an der Gran in Niederungarn besorgt. [1]

Der ehemalige Vikar Andreas Johann Preiß wurde Abt in Himmelwitz und starb 1668; er vermachte der Collegiatkirche 120 Gulden auf Messen.

---

[1] Ratiborer Stadtbuch.

In demselben Jahre vermachte Caspar Krieger 200 rtlr. und Jakob Olitori 500 rtlr.

Am 10. September 1673 consecrirte der Weihbischof Carl Franz Neander von Petersheiden, Bischof von Nicopolis in part., das Kreuzaltar an der der linken Seite, wenn man zum Chore geht, welches Wittwe Anna Temer († 1669) gestiftet hatte. Nach Beendigung der deutschen und polnischen Predigten firmte der Bischof bis 12 Uhr und setzte nach Tische die hl. Handlung fort. 1530 Gefirmte ließen ihre Namen verzeichnen, ein Theil aber wartete die Eintragung nicht ab, sondern eilte nach Hause. In der Steueransage war das Collegiatstift 1676 mit 2629 rtlr. verzeichnet.

Der Pfarrer Paul Josef Vitulin (Kälblein, Czelatko) aus Czechowitz hatte von seinem Vater Gregor den Hopfengarten (Chmielnik) am Walle vor dem neuen Thore neben der Quark= gasse geerbt und verkaufte ihn für 200 schlesische Thaler à 36 gr. dem Canonikus und dritten Residenten Daniel Dominik Rotter, der ihn der Kirche als Eigenthum schenkte. Der am 16. Mai 1675 geschehene Kauf wurde am 29. Mai vom Schloßbesitzer Franz Graf Oppersdorf bestätigt. [1]

Ein großer Wohlthäter des Stiftes war der Custos und Senior Andreas Franz Senbecius, der am 2. October 1679 starb. Er hatte am 24. April 1671 eine Fundation gemacht, daß die Schulknaben von 12 bis 1 Uhr durch den Schulcantor im Choral und Figuralmusik geübt wurden, errichtete auf eigene Kosten das Altar der Apostel Petrus und Paulus, den Taufstein aus schwarzem Marmor, gab der Kirche auf Kerzen und Kron= leuchter im Chore 200 rtlr., für die Tafel der Vikare 1000 rtlr., den Residenten und Vikaren für ein beständiges Anniversarium 500 rtlr., wovon der Schulcantor jährlich 7 rtlr. bezog, kaufte

---

[1] Dieser Garten, 530 schl. □Ruthen groß, gehört heute noch der Kirche und ist noch wie damals mit 2 Gulden Zins auf das Schloß belastet. Im Jahre 1828 war er für 34 rtlr. verpachtet.

ein kostbares Meßgewand mit Dalmatiken für 300 rthr. und ist der Wohlthäter der Barbarakapelle, die er restaurirte, mit 200 rthr. zu einem 3. Ministerium dotirte und in welcher er seine Ruhestätte fand. [1]

Am 12. Juni 1680 vermachte der Custos Franz Paul Rahnoch 232 rthr., der Curatus der Deutschen Andreas Franz Stanski etwas später 100 rthr. und Jakob Haar 100 rthr. Ursula Maria von Beyer geb. Reisewitz verkaufte 1682 die Mühle Pobiegow um 500 rthr.

Im Jahre 1683, in welchem der Entsatz Wiens von den Türken durch Sobieski stattfand, wurde wegen der kriegerischen Unruhen kein Generalkapitel gehalten.

Canonikus Georg Ludwig Temer, welcher am 1. Juli 1689 starb, vermachte 1000 rthr., wovon 200 für die Kirche, 700 für Anniversarien und 100 fürs Kapitel bestimmt waren, außerdem gab er einen silbernen ganz vergoldeten Kelch, 2 Paar silberne Ampeln, 3 Glöckchen, 3 Kaseln und 4 Meßbücher.

Im Jahre 1690 war kanonische Visitation, deren Acten noch erhalten sind.[2] Die Domherren von Breslau, Glogau und Neisse Anton Erasmus Reitlinger und Johannes Felix Pedewitz begannen das Werk am 18. Februar und führten es in 3 Tagen mit aller Sorgfalt durch. Aus dem Berichte schöpfen wir folgende Notizen.

Aufgebot und Trauung der Deutschen hatte der Scholastikus, die der Polen der Custos. In der S. Barbarakapelle stand der Beichtstuhl für die Deutschen. Deutsch war nur der 4. Theil. Protestantisch war nur die Frau eines Schmidts und einige fremde Gesellen, die zeitweise hier arbeiteten. Die Wachsamkeit des Magistrates, öffentliche Vergehen sofort zu strafen, wird belobt. Das

---

[1] Groß berichtet Seite 58, daß das Wappen, welches man in dem Kapellengitter sah, das der Familie Odrowans war und daß der berühmte Maler Michael Willmann das Altar=Bild gemalt.

[2] Das Manuscript ist vom Professor Kastner aus Neisse zur Benutzung freundlichst übersendet worden.

Fasten wird allgemein, von den Polen aber besonders streng geübt, da letztere sich auch der Milch enthalten. Die Visitatoren rügten, daß die große Glocke zum Beginn des Jahrmarktes geläutet werde, es sei dies Mißbrauch einer geweihten Sache und abzustellen.

In dem Archiv über der Sacristei schlief nach alter Gewohnheit ein Vikar, auch im Winter, wenn die Kälte nicht zu streng war. An der Mauer und den Pfeilern befanden sich damals sehr viel Grabdenkmäler. Die seit 2 Jahren restaurirte Orgel hatte 28 Register, im Manual 12, im Pedal 7, im Positiv 9, sämmtlich von Zinn (Blei), nur Flötmajor war von Holz.

Die Kirche hatte vom 14. Juli 1687 bis dato 514 rtlr. eingenommen und 487 rtlr. ausgegeben.

An Einkünften besaß damals

a. Der Probst: von Janowitz 30 rtlr. 8 gr., an Decem baher 14 Scheffel Roggen und ebenso viel Hafer; den Decem von einigen Aeckern in Grzegorzowitz, in Summa 100 rtlr. Der Probst ist zur Residenz nicht verpflichtet; er hat das Recht, den Pfarrer von Janowitz zu präsentiren, früher hatte er das Recht, einen Vikar als Curatus der Deutschen zu ernennen.

b. Der Dekan hat Einkünfte aus Groß-Grauden, Buckau und Lubenstan und anderen Orten, im Ganzen 100 Floren und gibt 10 rtlr. für die ewige Lampe und 2 schwere Mark dem Vicedekan.

c. Der Custos wird (laut Bestätigung des Bischof Conrad 1422) vom Kapitel gewählt, hat 550 rtlr. Einkünfte und die Stolgebühren von den Polen. Er hat ein eignes Haus von Holz, (der Garten gehört dem Kapitel) und vor der Stadt 2 Gärten. Er bekleidet zugleich das 8. Canonikat und erhält aus dieser Präbende seinen Antheil.

d. Der Scholastikus wird gleichfalls vom Kapitel gewählt und ist Curatus der Deutschen. Er hat 2 Häuschen, eins

als Curatus, das andre als Scholastitus, 400 Flor. Ein=
künfte und einige Stolgebühren, außerdem besitzt er das
6. Canonikat und erhält davon seinen Antheil.

e. Der Cantor, welcher 1426 mit 13 Mark providirt
wurde und 1500 von den Herzogen 18 rtlr. Einkünfte
dazu erhalten, empfing jetzt nur 40 rtlr., die in Sohrau
ziemlich unsicher standen.

Außer den 5 Prälaturen sollten nach der Fundation 12 Ca=
nonikate sein, aber 3 Präbenden waren seit langer Zeit unbesetzt,
weil deren Einkünfte verloren gegangen. Die übrigen erhielten
jeder 10 Mark aus der Kapitelkasse. 6 Canonici residirten nicht.

Die Kapitulareinkünfte, welche unter die Residenten vertheilt
wurden, waren: aus Gammau jährlich 300 rtlr., die Leitung des
Dorfes steht unter dem Custos. Von den 6 Colonisten in Jar=
kowitz 12 rtlr. Von Janowitz, Czyprzanow, Gammau und der
Scholtisei in Studzienna zahlt das Kapitel dem Propst und zwei
Canonicis 100 rtlr., auch leisten die Unterthanen einige Robot bei
dem Vorwerk in Gammau. Von dem Schlosse 60 rtlr. als Zins
eines früher in Benkowitz elocirten Kapitales von 1000 rtlr.,
von Mackau 29 rtlr., von Gleiwitz 60 rtlr., vom Graf
Henkel aus Hultschin 80 rtlr. Von den alten Anniversarien
51 rtlr.

Die Summe der ganzen Kapitulareinkünfte betrug damals
900 rtlr., so daß jeder der 3 Residenten 300 rtlr. erhielt.
Außerdem erhielt ein solcher noch an Holz aus dem Schloßwalde
60 Wagen (der Custos 68), welche die Unterthanen zuführen.

Der 3. Resident hat als Altarist s. Crucis ein schönes mas=
sives Haus (dasselbe, in welchem heut Kreisgerichts=Rath Strzybny
wohnt).

Von den Vikaren waren Laurentius Rosochacki seit 30, Pe=
trus Lorin Vicebechant seit 29, Thomas Markoschkowitz seit 15,
Paulus Piechulek seit 14, Georg Olitori seit 7, Georg Passonius
seit 5 Jahren angestellt. Ihr Amt ist im Chore und in der

Seelsorge. Sie wohnen jeder in einem besonderen Zimmer und speisen gemeinschaftlich im Refectorium, das Amt des Oeconomen wechselt unter ihnen monatlich.

Die Einkünfte werden gemeinschaftlich getheilt. Aus alten Fundationen bezogen sie 135 rtlr., aus späteren 70 rtlr., von den Altären (Benefizien) 400 rtlr., vom Magistrat 3 rtlr.; die Stolgebühren für Taufe, Aussegnung und Leichenbegleitung waren sehr gering. Holz mußten sie sich kaufen. Ein Vikar ist Altarist der literatischen Bruderschaft, die damals 700 rtlr. Kapital und einige Aecker hatte, und bezieht als solcher 16 rtlr. jährlich. 2 von den Vikaren sind Sacristane und haben als solche das Neujahr (Coleda) in der Stadt zu sammeln. Der Vicedekan hat das Johanniskirchlein in Ostrog unter sich.

Die Türken waren bereits fast ganz aus Ungarn herausgeworfen. Der Bischof von Breslau ordnete 1691 für den glücklichen Ausgang der Waffen sonntägliche Fürbitten an; erst Januar 1694 hörte die Türkenglocke auf. Der Platz Zbor, durch die Begräbnisse der Leichen ehrwürdig geworden, sollte 1693 auf öffentliche Kosten mit einer Umfriedung umgeben und als Kirchhof benutzt werden. Die Holzniederlage verschob es aber.

Die Schindeln zur Bedachung der Collegiatkirche sollen aus dem Tworkauer Walde besorgt werden, im nächsten Sommer ist das Gotteshaus ganz zu decken. Im December 1692 wurde Canonikus Wilhelm von Trach Pfarrer in Lubowitz an Kaiser Leopold gesendet, um die Erlaubniß zu erlangen, das Dorf Ganiowitz zu kaufen. Als Reisediäten wurde ihm täglich 1 Gulden bewilligt. 1695 verkaufen die Kinder des Wenzel Raschütz ihren Antheil an Ganiowitz und Grzegorzowitz für 6600 schl. Thaler.

Es wurde der Beschluß gefaßt, Niemand ins Kapitel aufzunehmen, der nicht wenigstens den Grad eines Magister philosophiæ erlangt. Vikare sollen nur sieben sein. Auch wurde damals schon auf einen Armen-Kirchhof vor dem neuen Thore gesammelt.

Am 6. Mai 1695 erging an den Scholastikus Georg Girsdorf vom bischöflichen Konsistorium die Sentenz, 30 Mark = 48 rh. Fl. Strafe zu zahlen, weil er die Katechese an den Sonntagen durch 6 Monate unterlassen.

Im Jahre 1696 wurde mit dem Magistrat wegen der vier Stationen gesprochen, die fortan wieder am Frohnleichnamsfeste auf dem Markte gehalten wurden. Auch nahm man die alte Sitte auf, daß die Vikare unter dem Baldachin in Prozession bei Absingung des Liedes Tantum ergo die hl. Wegzehr zu den Kranken tragen. Niemand soll zum Custos gewählt werden, der das Polnische nicht geläufig spricht, weil er in dieser Sprache zu predigen hat.

Am 22. December 1698 vermachte Anna Rosina Lykow geb. Grundowna der Kirche 200 rtlr., von deren Zinsen der Meßwein beschafft werden sollte. Die Stadt hatte dafür dem Vicedekan 10 rtlr. jährlich zu entrichten.

Damals sollte die Sacristei mit Ziegeln gedeckt werden, ebenso wo möglich das Sacellum s. Annæ. Letztres restaurirte Martin Georg Korriger 1706 auf eigne Kosten. Der Altar hatte nur ein Portatile. Die Risse und Sprünge des innern Chores sind zu vermauern.

Am 28. Juli 1709 consecrirte Weihbischof Ignaz Münzer die S. Salvatorkapelle; vom 23. bis 27. hatte er die hl. Firmung ertheilt.

Am 9. August 1715 machte der Custos Martin Korriger und am 26. November 1715 der Scholastikus Josef Andreas Gitzler das Testament. Erster dotirte die von ihm erbaute (Gluskianische) Salvatorkapelle mit 500 rtlr., für deren Zinsen (30 rtlr. schl.) der Custos in jener Kapelle alle Freitage eine hl. Messe für den Stifter zu lesen hatte.

Im nächsten Jahre konnte kein Kapitel gehalten werden, weil es keine Residenten gab. Ueberhaupt war dies Jahr sehr verhängnißvoll für das Stift. Der Dekan resignirte, der Custos

Cantor und Scholastikus starben innerhalb 5 Monaten und der Canonikus Georg Anton Chorus Pfarrer von Benkowitz hatte ein tragisches Ende. Am 2. August 1716 war er des Morgens noch in der Franciskanerkirche gewesen. Nach der hl. Messe kehrte er ohne Begleitung heim. Unterweges mochte ihn ein Schwindel, oder ein Schlaganfall betroffen haben, denn er wurde in der Psinna, die damals 6 Zoll tief war, gefunden. Stock und Hut lagen am Ufer, ebenso ein Balsambüchslein, das er gebraucht zu haben schien.

Es grassirten damals verschiedene Krankheiten und den Vikaren wurde fleißige Seelsorge empfohlen.

Das Kapitel sendete 1718 an Türkensteuer 199 Gulden 15 kr. an das bischöfliche Amt. Damals drohte der Kirche der Einsturz und der Architekt aus Troppau wurde zur Berathung der Restaurirung berufen. 1723 beschloß man, die große Glocke, welche vor einigen Jahren zersprungen war, umzugießen und diejenigen Canonici, welche in Breslau wohnten, zur Betheiligung an den Kosten heranzuziehen. 1725 wurde die Restauration des kleinen Chores fortgesetzt.

Andreas Johann Böhm Custos und Pfarrer in Janowitz machte am 23. August 1726 sein Testament, in welchem er das Kapitel als Erben einsetzte. Er hatte die Stiftung des 40stündigen Gebetes an den 3 Tagen vor Aschermittwoch, wozu die Bürgerin Brzozowska 200 rtlr. vermacht hatte, durch 100 rttr. erhöht. Gaher stiftete die Predigten an den 3 Tagen, wofür der Scholastikus 3 Thaler erhielt. Um diese Zeit mochten auch die 7 deutschen Fastenpredigten mit 200 rtlr. von Hauk fundirt worden sein. 1728 wurde der begonnene Bau rüstig weiter geführt, Custos und Kirchenvorsteher ließen fleißig Material anfahren. In demselben Jahre wurde im Kapiteldorfe Gammau die S. Annenkirche mit Thurm durch die Munificenz des Pächter Thomas Jedliczka vollendet. Eine Notiz und einige Reliquien wurden im Knopfe aufbewahrt.

1730 wurde der Glockenthurm an der Collegiatkirche gegen Feuersgefahr mit Ziegeln gedeckt und eine eiserne Thüre angeschafft. Im Sommer 1731 war die durch 3 Jahr geführte Renovation der Kirche beendet.

Das Kapitel ließ sich 1732 die älteste Fundationsurkunde in Wien bestätigen, wofür 155 rh. Gulden und außerdem dem Kanzler Loscho 50 Gulden gezahlt wurden.

Am 8. October 1734 langte von Breslau ein Befehl an das Kapitel an, dem Kaiser 5 pro Cent Vermögenssteuer zu zahlen. Für die in Breslau am 22. November 1734 zu haltende Zusammenkunft der Geistlichen, Behufs Berathung über die Vermögensteuer wurde dem Anton Paul Mazurek als Abgesandten vom Kapitel eine Vollmacht ausgestellt.

Es trugen im Jahre 1735 an Vermögenssteuer bei: Der Propst 4 rtlr. 15 gr., der Dekan 8 rtlr., der Custos 10 rtlr., der Scholastikus 9 rtlr., die 6 Vikare 18 rtlr., die Sacristan 22 gr., der Altarist der Bruderschaft 24 gr., der Altarist der Tuchmachergilde 26 gr., der Sacellan bei der S. Johanniskirche in Ostrog 2 rtlr., die literarische Bruderschaft 5 rtlr., die Armenmasse 5 rtlr., der Schulrector 21 gr., der Schulcantor 22½ gr., der 1. Adjuvant 19½ gr., der 2. Adjuvant 18 gr., der Organist 27 gr., Summa 66 rtlr. 15 gr.

Weil viele Landbewohner des Hungers wegen im Herbste 1736 auswanderten, so beschloß das Kapitel, seine Unterthanen zu unterstützen, damit nicht das sonst gute und treue Volk die Gegend verlasse.

Am 16. Mai 1736 vermachte der Vicedechant und Dr. theol. Philipp Clay 200 rtlr., deren eine Hälfte auf Messen bald nach seinem Tode, die andre auf ein von den Vikaren zu haltendes Anniversar bestimmt war.

Im Jahre 1735 hatte Rußland einen Krieg mit der Pforte begonnen, Oesterreich half als Bundesgenosse, war aber unglücklich; deshalb wurden wieder 1737 die Gebete aufgenommen, früh um

7 und Nachmittag um 4 Uhr ward die Türkenglocke geläutet, nach
dem Hochamte wurden Bittgebete gehalten und der Segen gege=
ben. Anton Durchslag Kaplan und Prediger des Custos wurde
in demselben Jahre Vikar mit der Verpflichtung auch den Scho=
lastikus mit der deutschen Predigt zu unterstützen.

Die Vikare bestürmten das bischöfliche Amt mit Klagen über
Beeinträchtigung ihrer Einkünfte und Pfarrrechte. Es wurden
viele Verhandlungen gepflogen. Erst nachdem sie für den 20. April
1738 nach Breslau citirt worden waren, zogen sie vor, sich be=
müthig zu unterwerfen.

In diesem Jahre wurde die große Gruft für die Vorneh=
men, die sich längs der ganzen Kirche erstreckt, vollendet, wozu
Elisabeth Menzin (Gattin des Franz Menzin) 100 rtlr. schlesisch
vermacht hatte; ebenso die kleinere unter dem Altar des hl. Jo=
hannes von Nepomuk für die Vikare, welche 18 rh. Gulden zur
Wiederherstellung beigeschossen hatten; eine 3. Crypta war unter
der Salvatorkapelle, eine 4. in der Barbarakapelle. Damals
wurde auch der Kirchhof mit einer Mauer umzogen. Zur großen
Verwunderung gewahrte man, daß das Fundament der Kirche nur
3 Fuß in die Erde reichte, die Gräber also tiefer lagen. Deß=
halb wurde der Todtengräber ermahnt, der Mauer nicht zu nahe
zu kommen. Die vier Säulen der Kirche, auf welchen das Deckge=
wölbe ruht, hatten auch kein tieferes Fundament; deßhalb sollte,
damit das erhabene Gebäude nicht leide, niemand mehr in der
Kirche, sondern nur in der Gruft bestattet werden.

Im ersten schlesischen Krieg war viel Militair in der Stadt.
Aus Ungarn strömten Soldaten herbei, welche mit mancherlei
Krankheiten behaftet waren. Vom Regiment Botta lagen bereits
an 100 Mann darnieder. Da der Kirchhof zu eng und wegen
der häufigen Beerdigungen bereits zu hoch lag, so machte der
Custos Anton Paul von Mazurek als Pfarrer nochmals den
Vorschlag, den Platz Zbor zur Begräbnißstätte einzurichten. Außer=
dem berieth er sich mit dem Bürgermeister Franz Ignatz von

Morawetz, eine Stelle bei dem Tauroldschen Hause, gegenüber der Residenz des Abts von Rauden, wo früher das Malzhaus gewesen, als Beinhaus zu verwenden. Dieser Fleck wurde als zweiter Kirchhof für Fremde und Arme in honorém s. Martini eingeweiht und wie der Hauptkirchhof auf Kosten der Kirche unterhalten. [1])

Ende 1741 vernehmen wir mancherlei Klagen über die wöchentlichen Forderungen, welche in diesem Jahre an den General August von Vogt und über die Monatsgelder, die dem General Heinrich August de la Motte Fouqué nach Glogau zu liefern waren, außerdem begehre der General in der Stadt Contributionen. Die Vorwerke seien durch die Kriegszüge verwüstet, keiner der Schuldner bringe Zinsen, die Rechtspflege liege danieder. Man wendete sich an den Magistrat mit der Mahnung, wenigstens die rückständigen 480 rtlr. zu zahlen.

Am 25. Februar 1743 erließ Cardinal von Sintzendorf den Befehl, da die Städte Oberschlesiens dem Könige von Preußen am 18. Mai zu Neisse huldigen sollten, Tags vorher unter Grundlegung des Textes: Ich merke auf die Befehle des Königs, weil ich bei Gott geschworen, ihm zu gehorchen (Eccl. 8. 2) in der Predigt die Gemeinde zum Gehorsam und Treue kräftig zu ermahnen und das Tedeum zu singen.

Friedrich der Große vindicirte sich die Besetzung der geistlichen Stellen; er vertheilte nach und nach eine Anzahl Pfründen an die französischen Gelehrten, die er als Gesellschafter an seinem Hofe hatte. Johann Hrobczicki von Hrobczic Canonikus an der

---

[1]) Am 8. Februar 1764 wurden die auf dem Zbor eingefallenen Gräber auf Befehl des Obersten von Dalwig ausgefüllt und planirt. — Bei Abgrabung des Terrains behufs Anlegung der Straße nach der Eisenbahn fanden sich Uniformsknöpfe und Schädel mit mongolischer Kopfbildung und Knebelbärten. Oberlehrer Reich sagt in seinen 1829 verfaßten, in der Registr. der herzogl. Kammer Fach XI N? 10 asservirten hist. Notizen: das Andenken an diesen Platz besteht noch in der mündlichen Tradition alter Ortsbewohner unter dem Namen des Martin-Kirchhofes", bezieht aber diese Bezeichnung auf den ersten Prädikanten (Martin Rexta).

Cathedrale und Dekan in Sobbat war am 12. Februar 1743 hier als Dekan eingeführt worden. Ein Jahr später jedoch mußte das Kapitel auf Präsentation des Königs einen Schotten Coloman Alexander Macgrigor an dessen Stelle setzen. Der Bischof entband ihn von der Residenzpflicht. Erst im April 1746 kam der neue Dekan an, bot dem Custos und Scholastikus eine Entschädigung für die Uebernahme der Pflichten und wollte den Pfarrer von Altendorf bereden, ihm das Benefiz zu resigniren. Da der Fremdling nicht polnisch verstand, erlangte er die Investitur nicht und ging über Breslau nach Berlin.

Sein Nachfolger Josef Franz Collinet, ein Lothringer brachte am 27. Februar 1747 seine Investitur und bat um Installirung. Ein Zeugniß über Studien und legale Geburt brachte er nicht bei; doch wurde ihm das verlangte Dekanat der stürmischen Zeit wegen gewährt. Bei der Installation war auch der Schloßbesitzer Felix Graf Sobeck zugegen. Collinet starb schon am 29. December 1749 und vermachte Allen etwas in seinem Testamente.

Am 20. Mai 1749 fragte die Kammer bei dem Landrath von Schimonski an, ob er hier einen kathol. Geistlichen kenne, der sich um die Allerhöchste Person verdient gemacht, da ein Canonikat am Collegiatstift erledigt sei, mit welchem aber keine sonderliche bedeutende Revenuen verbunden sind. Man beabsichtige, mit diesem Canonikat einen Verdienten zu begnadigen.

Am 12. April 1750 gestattete der Fürstbischof den Canonicis auf deren Gesuch, die alte Kleidung (rothe Kappe und Almutien) abzulegen und die violette Mozette zu tragen.

Am 7. Mai 1750 besorgten Carl Waiß, Johann Wagner und N. Gintzel eine große Fahne aus rothem Damast für 80 rtlr. Sie wurde geweiht zu Ehren der hl. Jungfrau und der Patrone: Carl Borromäus, Wilhelm, Florian, Marcell, Johann Nepomuk, Johann Sarkander und wurde zum ersten Male bei der Prozession nach Pschow gebraucht. Diese Prozession fand am 9. Mai von 2900 Pilgern statt, damit die Stadt auf

Fürsprache der hl. Jungfrau geschützt werde vor Pest, Hunger und Krieg, und wurde seither alljährlich wiederholt.

Im Juni 1750 war die fürstbischöfliche Generalvisitation des Oppelner Archidiakonats. Philipp Godhard Graf Schaffgotsch, der am 5. Juni das Kapitel zu Oppeln, am 6. die Archipresbyterate Oppeln, Schalkowitz und Krappitz, am 9. das Prämonstratenserkloster zu Czarnowanz aus päpstlicher Delegation visitirt, am 14. in Himmelwitz den neuen Abt geweiht, am nächsten Tage das S. Annenkloster bei Leschnitz besucht und von hier nach Czenstochau sich begeben, wo er am 17. seine Andacht verrichtete, kam über Gleiwitz am 19. Juni Nachmittag nach Ratibor. Zwei Kapitularen, der Dekan Laurentius Gorkosch und der Commissarius Josef Franz Waclawczik, (durch den Pfarrer Valentin Potyka von Markowitz von der Ankunft des Kirchenfürsten benachrichtigt), waren ihm bis zum Wege nach Markowitz mit Postpferden entgegen gefahren. Der Fürstbischof stieg ein, das Posthorn schmetterte; als er am Oderthor anlangte, tönten alle Glocken. Schon hier empfing ihn eine Abtheilung mit Pauken und Trompeten, eine andere erwartete ihn auf dem Markte bei der Statue der hl. Jungfrau. Der Wagen hielt vor dem Hause des Apotheker Wilhelm Kratochwil, (heut Oesterreich), in dessen Belétage der Kirchenfürst die Wohnung nahm. Hier wurde er vom gesammten Kapitel, von dem Prior der Dominikaner und dem Guardian der Franciskaner begrüßt. Auch der General Friedrich Wilhelm Freiherr von Khau mit seinen Offizieren und der Magistrat hatten sich eingefunden. Obgleich sie der Mehrzahl nach der protestantischen Confession zugethan waren, so schlugen doch alle Herzen ihm freudig entgegen. [1]) Das zahlreiche Gefolge des Bischofes, die

---

[1]) Die Gemahlin des Generalmajor der Artillerie Friedrich Wilhelm Khau, Helena verwittwete Baroneß von Trach geb. Gräfin Sobeck, war katholisch und hatte der Fürstbischof Philipp Godhard Graf Schaffgotsch am 22. Mai 1748 die Ehe in Tworkau selbst eingesegnet, nachdem die kathol. Erziehung der Kinder in den Ehepakten stipulirt worden war. Copulationsbuch der Pfarrei Tworkau.

beiden Secretaire: Benedict Ortmann Propst von Oppeln und Pfarrer von Boberröhrsdorf bei Hirschberg und Ignatz Hoffmann Canonikus von Posen und Erzpriester von Bolkenhain, Josef Kuhne Secretair des Generalvikariatamtes, Johann Moritz Graf Strachwitz, Johann Franz Schumann Alumnatsrector, Johann Pusch Erzpriester von Bolkenhain fanden sämmtlich in den Kapitelswohnungen und bei den Bürgern Aufnahme und Quartier.

Am nächsten Morgen war nach dem Hochamte die Visitation der Collegiatkirche. Hierauf begleitete das Kapitel den Oberhirten in das Absteigequartier, wo bis zum Mahle Berathungen stattfanden. Nachmittags erschienen alle Pfarrer des Archipresbyterats, an die er Fragen stellte.

Am 21. fuhr er nach Benkowitz, wo er die Kirche auf den Titel Allerheiligen consecrirte; hierauf kehrte er nach der Stadt zurück, wo General von Kyau ihm ein Mahl gab. Nachmittags war Firmung. Am 23. erschienen die Geistlichen des Kostenthaler, Sohrauer, Pogrzebiner und Loslauer Archipresbyterates; am Johannisfeste war wieder Firmung. Am 25. früh um 8 Uhr rüstete man sich nach Teschen. Ein zweifaches Musikchor ließ die Pauken wirbeln und Trommeten schmettern.

Der Clerus des Ratiborer Commissariates erwarb sich bei der Visitation so viel Ehre und Ruhm, daß der Fürstbischof äußerte, er habe hier mehr Trost als in Niederschlesien gefunden. Obgleich der Besuch einige Kosten verursacht hatte, so bedauerte man doch die Ausgabe nicht, sondern gab alles freudig hin.

Zwei Jahre später (am 5. Juli 1752) kam der Fürstbischof wieder, stieg diesmal bei General von Kyau ab und hielt am nächsten Tage die Visitation der Klosterjungfrauenkirche. Während seines zweiten Aufenthaltes lief von den Offizieren eine Klage ein gegen die Vikare und Kanzelredner Jakob Urbani und Franz Latocha, als hätten sie in den Controverspredigten das Maaß überschritten. Der Bischof citirte beide und beförderte sie, damit kein weiterer Zwist entstehe, an eine andere Stelle. Latocha kam als
25

Kaplan nach Bielitz, Jakob Urbani als Kaplan nach Pschow; das Dekret wurde noch in Ratibor ausgefertigt. Es meldeten sich sofort Jakob Wieczorek aus Sorau, Kaplan in Altendorf, seit 4 Jahren in der Seelsorge, für beide Kanzeln befähigt und Carl Waclawik aus Ratibor, Kaplan in Bielitz, seit 9 Jahren in der Seelsorge, der polnischen und deutschen Sprache gleich mächtig.

Schon vor der ersten Visitation hatte der Fürstbischof im Voraus eine genaue Beschreibung der Kirche und der dazu gehörigen Gegenstände verlangt; z. B. wann und von wem das Gotteshaus erbaut sei, welcher Baustyl, wem die Erhaltung obliege, ob es einer Reparatur bedürftig, ob consecrirt und auf welchen Titel, welche Orte eingepfarrt seien. Die Fragen gingen in das kleinste Detail, ebenso in Bezug auf die Pfarrei und die Pfarrgebäude.

Aus dieser Specifikation heben wir hier nur Einiges hervor.

Die Kirche, 195 Fuß lang und 81 Fuß breit, hat 3 Kapellen, 25 Fenster, einen Thurm mit dreifacher Kuppe. [1]) Das Kirchweihfest fällt den nächsten Sonntag nach Bartholomäus, das der vom Custos Sendecius restaurirten Barbarakapelle den zweiten Sonntag nach Ostern, das der polnischen Kapelle, in welcher bei verschlossenen Thüren zu gleicher Zeit wie in der größeren Kirche gepredigt wird, Sonntag nach S. Laurentius, dem Patron dieser Kapelle. Die Kirche hat 17 Altäre. Das Hochaltar Maria Himmelfahrt war nach dem Einsturz des Gewölbes bei dem Brande von 1574 wieder consecrirt worden. Vor dem Altare sind 2 geschnitzte Grabmäler, das Bild des Custos Johann Karzel, der 1631 starb und das des Custos Andreas Florian Scobonius, der 1660 starb. Das erste Denkmal wurde 1638, das andere schon 1652 errichtet. Für den Unterhalt der ewigen

---

[1]) Das Presbyterium ist 69 Fuß lang, 24 Fuß breit. Das Schiff 126 Fuß lang, 57 Fuß breit.

Lampe vor dem Sanctissimum zahlt der Dekan jährlich 10 schlesische Thaler, den übrigen Theil der Kosten bestreitet die Kirche.

Auf der Evangelienseite:

2) Das Kreuzaltar von Anna Temer geb. Schmoltzer, Gattin des Consul Paul Temer und 17¼ Jahr Wittwe, 1669 errichtet und 1673 consecrirt. An demselben wurde alle Freitage die Votivmesse vom hl. Kreuze gesungen.

3) Das Altar der hl. Barbara hatte nur eine Portatile. Die Kapelle feierte das fest. dedicat. Sonntag nach Himmelfahrt. In dieser Kapelle war der Beichtstuhl für die Deutschen und eine Gruft für die Familie Sendecius.

4) Das Altar der hl. Magdalena, restaurirt von Daniel Rötter 1679.

5) Das Altar der schmerzhaften Mutter Gottes, restaurirt durch die Familie Latoch.

6) Corpus Christi „Cibavit" von Consul Johann Christofer Giela und seiner Gattin Dorothea 1685 gegründet. Der Scholastikus hielt an demselben alle Donnerstage ein Hochamt. Neun Mal jährlich wurde die Prozession mit dem Sanctissimo gehalten.

Auf der Epistelseite:

7) Das Apostelaltar, von dem Custos Andreas Sendecius und der Familie Sendecius 1689 errichtet.

8) Das Altar der unschuldigen Kinder (Marthyrer), 1689 von Custos Johann von Fluschle restaurirt.

9) In der Salvator- (ehemals S. Barbara) kapelle der Salvaraltar, vom Custos Georg Martin Korriger 1706 errichtet und vom Weihbischof Anton Ignaz Münzer am 28. Juli 1709 consecrirt.

10) Das Altar S. Anna in der kleinen, dunklen Kapelle, vom Custos Korriger 1705 restaurirt.

11) Das Altar der Mutter Gottes zu Piekar, hat nur ein Portatile und ist gleichfalls von Korriger gestiftet.

12) Das Altar des hl. Johann von Nepomuk hat ein Portatile und ist vom Domherrn Paul Schuster errichtet.

13) Das Altar des hl. Josef, von Andreas Stupin.

14) Das Altar der hl. Catharina, 1657 von Catharina Wittwe des Mathias Sendecius gegründet, welche 100 rtlr. auf eine monatliche Messe fundirte. Der Senator Abraham Mosler gab 600 rtlr., wofür die Vikare alle Montage am Catharinenaltare eine hl. Messe hielten.

In der polnischen Kapelle:

15) Das Altar des hl. Marcellus, 1655 von Andreas Florian Scodonius,

16) S. Nicolai, 1679 aus einer Sammlung des Canonikus Daniel Rotter beschafft.

17) Der Altar der hl. drei Könige befand sich in der Sacristei; letztere befindet sich auf der Epistelseite und steigt man in dieselbe 3 Stufen herab, sie ist 30 Fuß lang und 34 Fuß breit und doppelt, in dem einen Theile wurden die Generalkapitel durch 2 Tage gehalten.

Der Kronleuchter im Presbyterium für 16 Kerzen wird auch bei den Metten der Prälaten angezündet. Der Candelaber im Schiff der Kirche trägt gleichfalls 16 Kerzen, welche Sonnabends und bei den Festen der literarischen Bruderschaft brennen.

Die Orgel ist durch den Dekan Wilhelm von Angelis 1740 restaurirt, die 5 Beichtstühle und Sitzbänke für die Gemeinde etwas später durch Wohlthäter beschafft worden; die größte der fünf Glocken hat das Bild Mariä Himmelfahrt, ist 1726 umgegossen und vom Weihbischof Elias Daniel von Sommerfeld in Breslau benedicirt; die mittlere Glocke 1572; die kleinere Glocke 1737 umgegossen trägt die Inschrift: „Mit der Gnade Gottes bin ich durch Feuer geflossen, Franciskus Stanke in Troppau hat mich gegossen"; die Sterbeglocke hat die Namen Mater dolorosa und s. Jacobus major und ist von Jakob Gitzler gekauft; die kleinste ist 1640 besorgt worden.

Die Kirche hat 4 Thüren. (Der Haupteingang ist nach Westen, zwei Thüren an der Seite und die vierte in der polnischen Kapelle.)

Das Inventarium war damals eine große 22 ℔ schwere, silberne und vergoldete Monstranz, worauf ein Ring mit Granatsteinen und einer Krone von Perlen, ein Geschenk von den Herzogen (1492), eine mittlere von Silber und eine kleinere gewöhnliche. 37 alte vergoldete Kelche, 2 Ciborien, 6 silberne Leuchter, die an Festen aufgestellt wurden. 29 Meßgewänder und 9 Paar Dalmatiken für die Canonici, 46 Meßgewänder für die Vikare, 9 Pluviale ꝛc.

Die Ordnung des Gottesdienstes war folgende:

### A. An Sonn- und Festtagen:

Um 6 Uhr die erste Messe. 6½ Metten, Laudes, Prim, die zweite Messe (Matur), hierauf die Litanei vom Namen Jesu oder der hl. Jungfrau. 8½ Uhr Predigt. 9 Uhr Terz, Hochamt von einem Prälaten nach der Reihe, dann Sext, Non. Nachmittags Vespern, Complet, Litanei von allen Heiligen und Segen. An den Festen erster Klasse werden die Vespern feierlich mit Figuralmusik gehalten und die Metten durch einen Prälaten anticipirt.

### B. An den Wochentagen:

6 Uhr hl. Messe, 6½ Uhr Metten mit Laudes, 7 Uhr Matur, 7½ Uhr Prim. Hochamt oder Requiem mit officium dstorum, Terz, Sext, Non. 2 Uhr Vespern und Completorium.

### C. Außergewöhnlich:

Am Tage des hl. Marcell (16 Januar): 8 Uhr Hochamt, Prozession über den Markt zu den Dominikanern zur Danksagung für die Befreiung der Stadt von der Belagerung der Tataren.

Am Feste des hl. Marcus: Prozession zur Kirche der Dominikanerinnen und der Dominikaner, oder um die Stadt.

Im Mai nach der Matka boża-Kirche entweder über Altendorf oder Neugarten.

An den Bitttagen, werden am ersten Tage die Kirchen ad s. Spiritum und ad s. Jacobum besucht, am zweiten die Schloß-, die S. Johannes- und Peter- und Paulkirche, am dritten Tage bei den Reformaten die Kirche ad s. Wenceslaum und die S. Nicolaikirche zu Altendorf.

An Frohnleichnam werden die beiden Klosterkirchen in der Stadt besucht.

Am Feste des hl. Thomas von Canterbury geht die Prozession in die Schloßkapelle und wird dort von einem Prälaten das Hochamt gehalten.

Die Prozessionen der literarischen Bruderschaft werden vom Scholastikus an den Donnerstagen nach Lichtmeß, Lätare, Ostern, Maria Heimsuchung und Himmelfahrt, Kirchweih, Maria Geburt und Empfängniß und nach Weihnachten geleitet.

Die Stolgebühren für Taufen, Einleitungen, Begräbnisse, wie auch das Opfergeld bezogen die Vikare, für deutsche Trauungen der Scholastikus, für polnische der Custos. Sämmtliche Residenten erhielten aus dem Walde des Schloßbesitzers nach altem Vermächtniß 72 Klaftern Holz, welches die Unterthanen des Kapitels ziemlich weit — bis 3 Meilen — anfahren mußten. Das Kapitel hatte folgende Dörfer:

In Studzienna 5 Bauern, die 9 schl. Thaler zinseten und 20 Fuhren jährlich leisteten. In Czyprzanow einige Bauern und den Kretschmer, von denen erstere 9 rtlr. 18 gr., letzterer 4 rtlr. zahlten. Schardzin hat keine Bauern, die Gärtner und Häusler leisten nur Handdienste dem Dekan, Custos und Scholastikus. Grzegorzowitz mit dem Vorwerk in Gantowitz und Gammau sind dem Josef Stolloßa verpachtet, der außer 21 Scheffel Getreide für die Residenten und 6½ Scheffel für die Vikare und Kirchendiener 1270 Gulden Pacht zahlt, von welcher Summe aber 980 Gulden 54 kr. königliche Steuer abgehen; der Rest langt kaum für die Kirchendiener, viel weniger für die Fundationalien.

Die Stadt reſtirte dem Kapitel von 1738 bis 1749 an Intereſſen die Summe von 1160 rtlr., für Meßwein (12 Jahre à 14 rtlr.) 168 rtlr.

Am 15. Auguſt 1750 erlaubte der Fürſtbiſchof, daß der Fahnenjunker vom General Baron von Kyauſchen Regimente von Hubrig in der für Laien beſtimmten Gruft der Collegiatkirche beigeſetzt werde.

Das Kapitel hatte zwar 21,106 rtlr. Fundationsgeld ausgeliehen, welche 1593 rtlr. Intereſſen bringen ſollten, aber es wurden manche Zinſen nicht abgeführt und ſelbſt Kapitalien gingen verloren. Von 1750 bis 1759 mußten über 7000 Gulden Schulden gemacht werden, um die Steuern, die Fourage für Militair und das königliche Darlehn (2500 rtlr.) zu bezahlen. Es begegnete ihnen, daß ſie die Steuern doppelt, bald den Oeſterreichern, bald den Preußen berichtigen mußten. Nachdem das in Schurgaſt elocirte Capital von 570 rtlr. trotz aller Bemühung es zu erhalten verloren gegangen, reducirte der Fürſtbiſchof Philipp Gobhard am 2. Mai 1753 die 52 Meſſen auf eine, nachdem er die Fakultät von Papſt Benedict XIV. eingeholt.

Im Herbſt 1765 ſchaffte das Kapitel auf königlichen Befehl 3 Schock Maulbeerbäume zu einer Plantage an. Am 4. November 1769 zahlte der Magiſtrat, der für verkaufte Eichen von der Banſelowſchen Handlung viel Geld eingenommen, dem Collegiatſtift ſämmtliche geliehenen Kapitalien zurück.

1771 fundirte der Scholaſtikus Thomas Thaddäus Walter 400 Gulden, deren Intereſſen die Muſici und Sacriſtane für die Feierlichkeit in der Octave des hl. Johannes von Nepomuk erhielten. Der Scholaſtikus Ludwig von Francheville bat Auguſt 1772 das Vikariatamt zu geſtatten, daß Franciskaner in der Collegiatkirche die deutſche Predigt hielten, was aber verweigert wurde.

Bei dem Einſturz des Thurmes im Jahre 1774, der die Decke durchſchlug, wurden mehre Altäre zertrümmert. Einige Wohlthäter ſtellten ſie wieder her, ſo die Kaufmannsfrau Mariane

Frey geb. Urbani († am 16. November 1790) das Altar zur göttlichen Vorsehung, Kaufmann Johann Bordollo das **Corporis Christi-Altar**, die Fleischerzunft das S. Josefsaltar, mehre Wohlthäter das der schmerzhaften Mutter Gottes, Kaufmann Albrecht die deutsche Kanzel, die der Böhme Franz Horzitzka verfertigte; Frau Josefa Gräfin Gaschin die polnische Kanzel, die Seidelmannschen Eheleute das Chor in der polnischen Kapelle; die Weberfrau und Wittwe Juliane Langer ließ das Musikchor staffiren und Kaufmann Franz Bordollo ließ die Kirche weißen.

Die Gemeinde schaffte auch 63 Sitzbänke à 9 Fuß lang an. Das Uebrige mußte die Kirche aus eigenen Mitteln aufbauen und lieh zu diesem Zwecke 8000 rtlr., da die allerhöchst bewilligte Hauscollecte nicht 100 rtlr. eintrug.

Vom Jahre 1600 bis 1783 sind in der Collegiatkirche 100 Fundationen errichtet worden.

Man erachtete in polizeilicher Hinsicht für nothwendig, den Begräbnißplatz sowohl der katholischen als evangelischen Gemeinde aus der Stadt zu verlegen. Das bischöfliche Amt billigte das Projekt. Aber die Stiftsherren erklärten in dem am 15. Juni 1787 abgehaltenen Generalkapitel: Da hier jedes Kloster und jedes Hospital seinen eigenen Kirchhof besitzt und deßhalb an der Pfarrkirche jährlich nur circa 73 Leichen beerdigt werden, der Kirchhof aber 6528 ☐Ellen beträgt, so vergehen, wenn auf eine Grabstelle 1 Elle Breite und 4 Ellen Länge gerechnet werden, 22 Jahre, ehe eine Beerdigung an derselben Stelle zum zweiten Male stattfindet. So unterblieb die Ausführung des Projektes noch 20 Jahre.

Da nach hoher Verordnung die Kirchhöfe in den Städten abgeschafft und außerhalb der Thore verlegt werden sollten, und die Verlegung der beiden in Ratibor um so nothwendiger erschien, als sie für das Bedürfniß nicht ausreichten, so überließ der Vorsteher des S. Lazarihospitals Thomas Moczigemba einen vor dem neuen Thore gelegenen Garten von 486 ☐Ruthen Flächeninhalt für den jährlichen Zins von 20 rtlr., welche die Kämmerei an die Hospitalkasse zu zahlen hatte. Zwei Drittel dieses Platzes wurden zur Errichtung der katholischen Begräbnißstätte bestimmt, den übrigen Theil erhielten die Protestanten. Dieses am 16. October 1807 geschlossene Abkommen wurde von der königlichen Kriegs- und Domainenkammer zu Breslau am 26. November 1807 bestätigt. Am 27. November 1807 erhielt der bischöfliche Commissar und Prälat Scholastikus Franz Seypold die Erlaubniß zur Einweihung des Kirchhofes, welcher von der katholischen Geistlichkeit, die in Prozession hinauszog, am 21. December benedicirt wurde.

Das Collegiatstift, welches seine Güter verpachtet hatte, verkaufte mittelst Consens vom 6. November 1809 fünfzig Morgen Grzegorzowitzer Vorwerksacker für 3333⅓ rtlr. und tilgte die zur Bezahlung der französischen Kriegscontribution und andrer ausgeschriebenen Kriegsbeiträge 1808 gemachten Schulden. Das Kapitelsiegel war ein größeres und kleineres und zeigte im Schilde einen Adler mit ausgebreiteten Schwingen. Ueber demselben die hl. Jungfrau mit dem Kinde. Die Umschrift lautete: Sigil. Cap. Eccles. Coll. Ratib.

Am 5. December 1810 wurde das Collegiatstift in Ratibor aufgelöst und das Gotteshaus wieder, wie es ursprünglich gewesen, eine Pfarrkirche.

Wir lassen hier das Verzeichniß der Prälaten nach ihrer Rangordnung und das der Canonici nach dem Alphabet folgen.

## A. Prälaten.

### I. Pröpste.

Johann von Neuhaus 1416.

Peter Niconis von Auschwitz 1418—1422.

Magister Stefan Dr. medicinæ wird 1422 als magister in artibus et med. genannt. Herzog Bernard von Oppeln, um den verdienten Gelehrten in sein Land zu ziehen, schenkte ihm 1435 Kieferstädtel mit dem polnischen Dorfe.

**Nicolaus 1544.**

Nicolaus von Teschen, bisher Dekan, wurde 1454 durch Begünstigung des Herzog Wenceslaw, dessen Kanzler er war, Propst; er baute die Propstei von Grund aus auf und starb vor Pfingsten 1476.

Paul 1477—1486 schenkte 1480 Adamowitz an das Hospital. Sein Bruder Nicolaus war gleichzeitig Canonicus.

Petrus 1487—1490.

Nicolaus Merbot 1493, † 1501 war auch Canonikus an der Cathedrale in Breslau.

Gallus Gwozdz aus Ratibor von tugendhaften Eltern abstammend, Baccalaureus war schon 1486 Canonikus, wurde 1499 Propst später Domherr von Crakau und Dekan in Kielce, schenkte einen silbernen Kelch, Pacificale, Ampeln und 100 fl. Er starb circa 1517.

Andreas Apicius (Opeczer) 1518—1520, war vorher Cantor.

Petrus Konarski 1521 war Custos der Cathedrale in Crakau.

Mathias Lampricht doctor juris utriusque, Canonikus von Breslau, Plock, Archidiakon von Oberglogau, war seit 1536 Propst und starb am 19. Januar 1552 im Alter von 75 Jahren. Er hat ein Monument in Fraustadt und in der Domkirche zu Breslau.

Nicolaus Kaffe von Jankowitz 1546 und 1547 genannt.

Christian von Rawoy, Sohn des Hauptmann Wenceslaus von Rawoy, resignirte 1558 die Propstei dem

**Thimotheus Czermienski.**

Peter Niger (Czerny von Czernowa), Sacellan des Kaisers, erscheint 1569 als Propst.

Im Jahre 1590 hielt sich ein Propst aus Ratibor in Prag auf.

Von 1631 bis 1635 war kein Propst und verwaltete der Custos die Einkünfte.

Georg Laurentius Budäus von Lohr, Dr. theol., Canonikus zu Breslau und Neisse wird 1637 Propst, und erscheint 1652 als Offizial zu Breslau und starb 1653.

Andreas Marquart aus Guttstadt in Preußen, bischöflicher Kaplan, Pfarrer in Militz wird von 1654 bis 1665 hier genannt. Im Jahre 1685 resignirte er.

Sein Nachfolger Pfalzgraf Johann Jakob Heimann von Liechtenstern Dr. der Theologie, Canonikus in Ermland, Propst

in Brünn, wurde am 28. September 1685 als Propst feierlich einge=
führt, resignirte aber am 10. Mai 1697 zu Gunsten seines Neffen

Georg Sigismund Freiherr v. Hofman u. Lichtenstern, Dekan
zu Proßnitz Domherr zu Olmütz, der in Ingolstadt Theologie studirt
hatte, wurde am 16. April 1698 in das Amt feierlich eingeführt.

Am 28. October 1708 ließ sich Julius Pilati Freiherr von
Thassulo durch einen Stellvertreter in den Besitz der Präpositur
einführen. Er war ein Tyroler, kaiserlicher Hof= und Ehrenkaplan,
Propst von Trient und wohnte vom 10. September 1712 bis zu sei=
nem Tode am 26. März 1724 in Ratibor. Er liegt in der Gruft
der Prälaten. Ihm folgte

Josef Leopold Graf von Tenczin vom 11. November 1725
bis 1727.

Jakob Johann von Brunetti seit 1728, war 1734 Canonikus
der Cathedrale zu Breslau, Archidiakon zu Groß=Glogau und starb
nach langwieriger Krankheit zu Breslau Abends den 17. Oct. 1764.

Johann Moritz von Huff und Cautersdorf Erzpriester
und Pfarrer von Kreuzendorf, der sein Nachfolger wurde, baute 1774
die Propstei und † am 20. Februar 1777 im Alter von 67 Jahren.
Er war Ritter des portugiesischen Ordens Jesu Christi und protono=
tar apostol.

Martin Carl Schneider Beneficiat und Primar bei der chur=
fürstlichen Kapelle, Secretair des Vikariatamtes, Pönitentiar an der
Cathedrale, wohnte auf dem Dome zu Breslau und starb im Juni
1793 im Alter von 63 Jahren.

Andreas Schramm Pfarrer von Rohnstock, seit 1793 Propst in
Ratibor, später fürstbisch. Consistorialrath, seit 1799 General=Vikari=
atamtsrath und fürstbisch. Commissar im Jauerschen und Lignitzer
Distrikte, Canonikus und Custos in Oberglogau, wohnte auf dem
Dome zu Breslau und in Rohnstock.

## II. Dekane.

Johann Warkacz 1416.

Johann Rastko (Raßkow) 1432—1444.

Belislav von Sebischow 1444.

Magnus 1448.

Nicolaus van Teschen bis 1454.

Johann Letko 1454—1463.

Paul decret. baccal. 1476.

Paul Roth aus Troppau 1485.

Valentin (Wyclif) baccal. Pfarrer in Arzanowitz 1490—1498.

Michael Prudentinus bis 1542.

(Georg Rudolf aus der Diöcese Gran (Ungarn), am 11. Februar 1542 dem Bischof vorgeschlagen, stirbt 1545.)

Ambrosius Kotulinski stirbt am 5. Juli 1547.

Johann Planke 1547.

Johann Pomisterius war 1545 Curatus, wird 1556 Dekan genannt.

Mathias Gomola baccal art. lib. Pfarrer in Kassibel war schon 1552 Canonikus. 1557.

Peter Subisius (Zabisius) seit 1589 wurde 1595 Abt in Rauben, wo er nach 10jähriger Krankheit am 19. August 1608 starb.

(Johann Radon 1595—1601, Benefiziat am S. Nicolaialtare in der S. Marcellikapelle und Prediger der Deutschen.)

Vakanz bis 1604.

Adam Gerik Dr. theol. erhielt vom Kaiser die Pfründe und wurde am 28. August 1604 installirt.

Vakanz.

Andreas Horzicki von Horzic seit 1638, bischöfl. Commissar und Dekan in Oppeln, Canonikus bei s. Crucis in Breslau schon 1633, dann an der Cathedrale 1644—1650.

Franz Johann Ignaz Freiherr von Welczek auf Groß-Dubensko und Petersdorf geb. 1628 Dr. theol. protonotar apostol. Canon. ad s. Crucem, Kanzler der Cathedrale, seit 1652 hier Dekan, seit 23. Mai 1653 Archidiakon ad. s. Crucem in Oppeln, wirklicher Rath des Kardinal Friedrich Landgraf von Hessen, nach dessen Tode beinahe zum Bischof von Breslau erwählt, starb daselbst am 20. März 1686.

Johann Ludwig Anton Freiherr von Krawarz und Tworkau, Domherr der Cathedrale, Cantor der Kreuzkirche zu Breslau, hatte 8 Jahre in Rom studirt, wurde am 22. September 1689 Dekan und resignirte später.

Wilhelm von Angelis 1717 bis 23. September 1743.

Josef Franz Colinet am 27. Februar 1747 eingeführt, wurde am 25. März 1747 als Pfarrer von Altendorf installirt und † am 29. December 1749.

Laurentius Adam Gorkosch aus Oberberg, Conperator in Altendorf, wurde März 1742 Vikar, begann sein Amt als Canonikus am 26. April 1742 und wurde vom Fürstbischof Philipp Gobhard am 19. Januar 1750 als Dekan dekretirt.

Franz Julius Sommer Pfarrer zu Rathmannsdorf, später Pfarrer in Markowitz, Cantor in Oberglogau Ritter des goldenen Sporns, wohnte in Ratibor und starb im April 1796.

Josef Rotter Feldpropst, Canonikus bei der Collegiatkirche in Liegnitz, Dekan seit 1796, wohnte in Ratibor und starb am 22. Juni 1799 an der Hektik 65 Jahr alt.

Anastasius Rhabak, Pfarrer in Bauerwitz, wurde 1784 Canonikus 1799 Dekan und starb 69 Jahr alt am 25. März 1812.

### III. Custodes.

Nicolaus Rot 1422, Sohn des Bürger Martin Rott aus Jägerndorf, 1432 noch genannt.

Nicolaus Merbot Dr. der Theologie, Canonicus zu Breslau 1479—1493, wurde Propst.

Johann Tatzel mag. artium 1519.

Ambrosius Kotulinski Pfarrer in Polnisch-Neukirch, wird 1542 Dekan.

Franz Rudolf von Herzog Johann V. schon 1522 zum Canonikat präsentirt, wurde 1542 Custos und starb vor 1557.

Johann Prunellus 1558.

Bartholomäus 1560.

Mathias Romau 1569.

Wenceslav Kociela aus Rosenberg 1580—1585.

Sebastian Tissovius (Tieffowski) war 1580 vierter resibirender Canonikus, Custos von 1590 bis 1604, wo er resignirte. 1592 war er bei der Synode in Breslau.

Valentin Caulonius Dr. der freien Künste, bisher Pfarrer von Gleiwitz, wurde am 13. August 1604 vom Kapitel dem Bischofe zur Investitur präsentirt, von Andreas Reisse den 27. September 1604 investirt. Er erhielt am 10. August 1616 Dispensation a pluralitate beneficiorum, denn er war noch Canonikus in Oberglogau und Pfarrer in Altendorf, wo er im August 1624 an der Pest starb.

Johann Karzel bisher Cantor und ehemals Pfarrer in Rybnik wurde am 3. December 1625 von den bischöflichen Administratoren investirt und † 17. December 1631.

Georg Mathaeides Erzpriester in Loslau, seit 1628 Canonikus, Custos von 1633—1650, war auch 1647 Pfarrer in Altendorf und 1648 Canonikus in Oppeln, starb am 25. November 1649.

Andreas Florian Scobonius, Canonikus in Oppeln wurde auf Präsentation Ferdinand III. von der bischöflichen Administration Reisse den 28. Juli 1633 als Canonikus in Ratibor investirt und erhielt am 20. Juni 1650 die Custodie, war schon 1651 Propst in Oberglogau und starb zu Ratibor den 2. Februar 1660 des Mittags.

Andreas Franz Senbecius geboren 1614 am 31. October zu Nicolai, war 1643 Canonikus, 1653 Cantor geworden und wurde als Custos erwählt am 24. Februar 1660, am 19. Juli eingeführt. Er starb am 2. October 1679 und ruht in der Barbarakapelle, deren Wohlthäter er gewesen.

Paul Franz Rainoch Erzpriester in Zülz, seit 1654 Canonikus, wurde am 22. November erwählt und am 18. December 1679 in sein Amt eingeführt. Er starb als Custos und Erzpriester zu Ratibor am 15. Juni 1680 und liegt in der elterlichen Ruhestätte zu Gleiwitz begraben.

Johann Franz von Fluschke, im Collegium Germanicum zu Rom gebildet, war bereits Dr. theol. aber noch nicht Subdiakon, als er vom Kaiser präsentirt und vom Bischof investirt wurde. Er erhielt zwar Sitz im Kapitel, aber keine Stimme, bis er die hl. Weihen erhalten. Er war hier bis 1680 Cantor und Erzpriester in Zirkwitz, wurde am 20. August zum Custos erwählt als solcher am 16. September eingeführt, im October 1688 von Innocenz XI. zum Domherrn von Breslau und Erzpriester bei S. Nicolaus erhoben. Die schlesische Kammer bewilligte ihm 24000 Mauersteine zum Aufbau seiner Residenz. In Theiner's Geschichte der geistlichen Bildungsanstalten S. 460 wird von ihm erwähnt, daß er in der Seelsorge Mehre zum katholischen Glauben zurückgeführt.

Johann Georg Praschl von Praschnfeld aus Leobschütz, studirte 3 Jahre Theologie im Convict zu Olmütz, wurde baccal. theol., 1664 Sacellan, dann Pfarrer zu Kreuzendorf bei Leobschütz, Pfarrer in Katscher, nahm 1676 die Dimissoriale zum Austritt aus der Olmützer Diöcese, seit 7. Januar 1677 infulirter Dekan von Oberglogau, wo er 1681 resignirte und Pfarrer von Schweinern wurde. Endlich von Papst Innocenz XI. am 16. October 1688 provirt wurde er als Custos in Ratibor am 18. December 1688 eingeführt, starb aber schon am 6. November 1689 plötzlich an der Apoplexie. Seine umfassende Correspondenz befindet sich noch in dem Archive der Pfarrkirche.

Georg Martin Korriger, Dr. theol. protonotar apost., Erzpriester in Zülz, vom 26. September 1690 bis zu seinem Tode am 11. August 1715 Custos.

Andreas Johann Böhm, Licentiat juris utriusque, baccal. theol. geboren in Ratibor, Pfarrer von Janowitz, ein ausgezeichneter besonders im Recht bewanderter Mann, seit 1708 Canonikus, war am 4. November 1715 bereits als Custos erwählt, wurde aber erst am 13. October 1717 bestätigt. Er bestieg am Weihnachtsfeste 1717 zum ersten Male die polnische Kanzel und starb am 13. December 1727.

Anton Paul von Mazurek, am 13. September 1717 Notar des Kapitels, seit 22. September 1720 Pfarrer und Erzpriester zu Sohrau, zur Prälatur am 14. Januar 1728 befördert, hielt sich einen Bikar als Kaplan, der die polnischen Predigten übernahm, wurde vom Kaiser am 2. Februar 1730 in den Adelstand erhoben, erschien öfters auf den Landtagen und starb am 12. Januar 1749 zu Breslau.

Johann von Eicke, Pfarrer zu Großgrauden (bei Oberglogau) und Militsch, seit dem 14. Januar 1749 Custos, durch Herzensgüte ausgezeichnet, starb nach kurzer Krankheit am 10. November 1779, im Alter von 61 Jahren.

Clemens Ignaz Krömer, Dekan in Hultschin, am 9. Mai 1780 installirt, starb am 25. November 1798 in der Schloßmühle und wurde am 28. November bei S. Johann in Ostrog begraben.

Andreas Weyrich, war bereits Cantor gewesen, seit 1799 Custos, resignirte am 5. Juli 1801, weil er als Archidiakon nach Großglogau befördert worden.

Johann Nepomuk Zelonbek, 1767 zu Krappitz geboren, erhielt auf der Lehranstalt zu Rauden seine wissenschaftliche Bildung, bezog die Universität Breslau und erhielt am 30. Mai 1790 die Priesterweihe. Nachdem er einige Jahre zu Zell und Groß-Strehlitz als Kaplan in der Seelsorge genirt, wurde er 1793 Bikar an der hiesigen Collegiatkirche, Schul-Seminar-Director und 1799 als Scholastikus in den Prälatenstand erhoben. 1801 wurde er Custos und Schulinspektor, 1802 fürstbischöflicher Commissar, 1805 Erzpriester des Pogrzediner, 1806 zugleich des Ratiborer Archipresbyterates. Er starb am hl. Weihnachtsabende 1836. Die Trauerrede, welche sein würdiger Nachfolger im Pfarramte Franz Heide bei dem feierlichen Leichenbegängnisse hielt, ist im Schlesischen Kirchenblatte Jahrgang 1837 abgedruckt.

## IV. Cantores.

Cyprian 1426, starb im April 1431.

Martin 1432.

Johann Zeidler von Jägerndorf, 1444.

Peter von Warkacz 1476.

Johann Nagel 1500.

Andreas Opec 1516.

Jakob 1517, † am 4. September 1533.

Simon, Pfarrer in Ditmerau 1533—55.

Barth. Christof Czornberg 1556—60, Commissar von Oppeln, war schon 1546 Canonikus.

Andreas Rigel, Pfarrer in Altendorf, Cantor von 1569—95. Das Kapitel erbte seine Bibliothek.

Andreas Sasatius 1599.

Johann Karzel, Pfarrer von Rybnik bis 1625.

Andreas Horzicki von Horzic, Dekan in Oppeln, von 1630 bis 1643, wurde Dekan.

Andreas Marquard bis 1653.

Andreas Franz Sendecius vom 20. October 1653—60.

Christof Hallacz, Erzpriester in Sohrau, 1660—68.

Franz Johann von Fluscke 1668—80.

Simon Franz Ottik, Pfarrer in Altendorf und Pawlau, wurde zwar am 6. März 1690 zum Custos erwählt aber die Investitur ward ihm verweigert, er starb am 31. October 1715.

Georg Anton Chorus (Koruszek), Pfarrer von Benkowitz, Canonikus seit 12. August 1692, Cantor von 1715 bis 2. August 1717.

Johann Franz Gorkosch, Erzpriester in Freistadt, Cantor seit 22. Juni 1732, starb schon 22. October 1733. Die Prälatur blieb gegen 20 Jahr erledigt, weil deren Corpus bei dem Grafen Vertugo in Schurgast elocirt, durch richterlichen Ausspruch 1749 ganz verloren ging.

Wenceslaus Senftleben, Pfarrer von Märzdorf bei Löwenberg, Fundatist im Jungfraustift zu Liebenthal, Cantor vom 15. Februar 1751—1790.

Andreas Weyrich, Pfarrer zu Ostrosnitz, Cantor seit 1791, Pfarrer zu Altendorf seit 1. Mai 1795, bischöflicher Commissar des Ratiborer Distrikts, 1796 Canonikus in Großglogau.

Josef Liehr, Erzpriester zu Krintsch bei Neumarkt, Cantor von 1799 bis 30. Januar 1801, wo er 44 Jahr alt starb.

Josef Thienel, Weltpriester zu Schrebsdorf, erhielt 1801 die erledigte Cantorei-Prälatur, wurde 1810 Schulen-Inspector des Frankensteinschen Kreises, 1812 Pfarrer in Baumgarten.

## V. Scholastici.

Nicolaus Georgi von Freienstadt 1423, 1432.

Peter Beyer von Loslau, Canonikus seit 1444, Scholastikus von 1462—82.

Johann Kufeld, 1482—86.

Paul Johann Rynczke, 1486—87.

Georg Kościolek, 1497, 1498.

Christof Tiachowski, † am 3. Januar 1516.

Peter Czober (Czobirius), Magister der freien Künste, seit 1516, ist 1533 Canonikus in Olmütz und † am 17. Januar 1542.

Johann Planke, Canonikus in Brünn 1543.

Andreas Zasmuth aus Kosel 1546—54, schenkte 40 Vallenses zu seinem Anniversar.

Johann Klose aus Ratibor, Canonikus 1530, † 1556.

Georg Kaczinos, Pfarrer in Altendorf 1551, Scholastikus von 1556—62.

Nicolaus Ziskas aus Leschnitz, 1562.

Thomas 1569.

Jakob Floriani, 1593—1617, war 1580 schon Canonikus.

Stefan Hock, 1618.

Adam Wojewoda, 1620.

Johann Weichmann, 1625.

Martin Philipp Walter, 1632—36.

Andreas Cornelius von Harling, 1638—1641.

Caspar Franz Pohl, 1645.

Tobias Ferdinand Richter, vom 12. Juni 1651—53, starb am 14. Februar 1656 als Pfarrer in Gleiwitz.

Andreas Franz Ludwig Stanski, seit 20. October 1653 bis zu seinem Tode am 27. Juni 1684.

Martin Teofil **Stefetius**, Pfarrer in Kostenthal, refignirt am 2. December 1686, weil er Archidiakon von Oppeln geworden, wo er am 22. December 1709 starb.

Friedrich Ferdinand **Flade**, bisher Curatus in Brieg, Scholastikus vom 24. Januar 1687 bis 12. Februar 1689, war Erzpriester des Ratiborer Cirkels.

Georg Christof **Giersdorf**, baccal. theol., vom 7. Juli 1689 bis 1696.

Basil Sebastian **Bretschneider**, war 1689 Curat in Oltaschin, Scholastikus 1696—1699, † April 1700.

Andreas Josef **Gitzler**, Canonikus seit 28 Juni 1695, Scholastikus vom 21. Juni 1700, † als Erzpriester am 8. Januar 1717.

Johann Adam **Bock**, war schon 1706 Vikar, dann Erzpriester in Bielitz, Scholastikus vom 16. October 1717—51, war ein ausgezeichneter deutscher Kanzelredner und starb am 12. Juni 4¼ Uhr Nachmittag im Alter von 75 Jahren.

Thomas Thaddäus **Walter**, bis 1720 Caplan in Gleiwitz, dann Vikar und Vicedekan hier, Scholastikus vom 22. November 1751 bis 21. Juli 1761.

Josef Franz **Waclawzik**, protonotar apost., Commissar von Lohnau, Canonikus seit 23. April 1731, vom Fürstbischof Schaffgotsch Fribek den 24. Juli 1761 als Scholastikus acceptirt und am 28. September in Breslau bestätigt, † am 23. November 1762.

Leopold **Winkler**, 1763.

Ludwig August Josef du **Fresne de Francheville**, Pfarrer zu Kostenthal, 1764—87.

(Der Exfranciskaner Johann **Friedrich** wurde 1790 abgesetzt und starb als Canonikus am 19. August 1794 am Gallenfieber, 46 Jahr alt.)

Anastasius **Rhabak**, Pfarrer in Bauerwitz, Canonikus seit 1789, Scholastikus 1791—99.

Johann **Zolondek**, 1799—1801.

Franz **Seipold**, erhielt 1777 die Priesterweihe, wurde Pfarrer in Polnisch-Crawarn, war 1785 Actuarius sedis, 1794 Erzpriester, 1798 Canonikus in Oberglogau, 1801 Scholastikus, 1815 Pfarrer in Loslau, 1824 fürstbischöflicher Commissar, feierte am 16. Januar 1827 sein Priesterjubiläum und starb am 9. April 1828 im Alter von 74 Jahren.

# B. Canonici.

Johann von Adamowitz, 1562—69.

Martin Albrecht 1580.

Peter Paul Albrecht 1462, † 1485.

Johann Andres, Caplan in Bohrau, 1758—64.

Nicolaus Aurifaber (Goldschmidt), 1486, † 1497.

Bartholomäus von Bauerwitz 1558, Notar 1559.

Wenzel von Bauerwitz, 1449—54.

Johann Franz Beer, seit 18. Mai 1700, Vicedechant ad s. Crucem in Breslau, 1715 noch genannt.

Stanislaus von Benkowitz, 1498.

Nicolaus Bezdziek, 1540.

Clemens von Boguslawitz, 1416.

Albert Bogus, 1516—34.

Johann Bonserus aus Bautzen, 1589.

Nicolaus Bożęcin, 1580.

Anton Brand, Pfarrer in Groß-Bohrau, 1751—64.

Johann Brodecki 1432.

Johann Buchwald, 1488—1500.

Mathias Buczko 1444.

Mathias Bundkowski 1569.

Johann Burkardi 1432.

Simon Canabius, Pfarrer von Loslau und Commendar zu Friedek 1619, † am 23. Juni 1625.

Johann Cives, Canonikus zu Großglogau, Pfarrer auf dem Schlosse und in Altendorf, 1444, † Januar 1476.

Christofer, Propst von Auschwitz, 1499—1500.

Nicolaus Coarticius 1539, war Altarist der Bruderschaft, † am 30. Juli 1549.

Adam Cocin, Senior 1619—34.

Matthäus Colanus, Canonikus in Oppeln, 1588—89.

Johann Crocin, Pfarrer in Altendorf, 1654—64.

Johann Czepla 1554.

Johann Czibulka, 1477 herzoglicher Kanzler, † 1502.

Gregor Czipriensis 1518.

Johann Czolner, 1490—1519.

Peter Mathias Davidis, 1479—93.

Johann Franz Anton von Dobschütz und Plauen, Domherr der Cathedrale, Cantor dann Custos in Groß-Glogau, 1707—20.

Peter Duczek, 1479 Propst von Glogau.

Peter Dubek, Pfarrer in Leschnitz, 1426—49.

Peter Dubko von Loslau, 1462.

Peter Eberhard, 1426—32.

Magister Johann von Elgot, Dr. sacr. canon., hier seit 1432, ist 1440 Scholastikus zu Crakau und Generalvikar des Bischof Zbignew, † 24. August 1452 an der Pest.

Johann von Falkenberg 1490.

Gottfried Fiebig, baccal. theol. von 7. Januar 1676.

Ignaz Bonaventura Folkmer geboren in Landek, Pfarrer zu Reinerz, Canonikus 1791; wird 1804 Custos in Großglogau, 1805 Canonikus ad s. Crucem in Breslau.

Christofer Frankstein 1620.

Christofer Goworek, Pfarrer in Rybnik, Canonikus in Oberglogau 1666, hier von 1672—79.

Laurenz Gelasko 1493—1500.

Carl Leopold Ignaz Marquardt von Grünberg, Sohn des Ritter Johann Marquardt von Grünberg und der Anna Maria geb. von Röthelin, 1613 am 19. April getauft in der S. Adalbertskirche zu Breslau, baccal. theol., am 21. September 1697 in der Cathedrale vom Weihbischof Johann Brunetti zum Priester geweiht, Pfarrer in Milckau, hier vom 30. April 1714.

Gregor Grusska, 1516—21.

Paul Gregor Grzanka aus Loslau, Pfarrer in Jeblownik, 1463—1521.

Peter Ignaz Grzenek, Erzpriester in Loslau, 1708—14.

Stanislaus Gurski 1548.

Jakob Franz Haar, Erzpriester in Trachenberg 1677, starb vor 1692.

Clemens Halfeyer, Sohn des Georg Halfeyer, 1544—61.

Nicolaus Haliczka, baccal. in art., Pfarrer in Pleß 1471, † am 6. Februar 1478.

Christofer Hallacz, 1647 Vikar, dann Coadjutor des polnischen Predigers, Canonikus seit Ende 1652—60.

Johann Hauslaben, Pfarrer in Gröbnig 1789.

Martin Hanel war 1519 Altarist am S. Annenaltare in der

polnischen Kapelle unter der Kanzel, Canonikus seit 1534, Notar 1542, zuletzt erwähnt 1548.

Leopold Helscher, Kreisschulen-Inspector, Pfarrer zu Peterswalde, 1793—1802.

Josef Henner, geb. 1718, war 6 Jahr Informator im Orphanotrophium zu Breslau, 9 Jahre Caplan in Kosel, seit 1759 Administrator in Gleiwitz, dann Erzpriester daselbst, Canonikus seit 1761, † am 10. December 1780 in Gleiwitz.

Wenceslaus Hertwinkel, Pfarrer in Sohrau 1444—86.

Christofer Constant Holly, Erzpriester in Sohrau, seit 1676 Canonikus in Oppeln, seit 27. Februar 1681 in Ratibor, † 1692.

Johann Joachim Hrobschicki von Hrobschicz, Dekan zu Sobotha, residirt in Prag, 1747—77.

Johann Jochelius 1613.

Alexander Jacobis, Erzpriester in Ujest, † 1672.

Christofer Jahn, Dekan in Neisse, Custos in Oberglogau, 1654—92.

Peter von Janowitz, 1416—22.

Johann, Pfarrer in Canth, 1440.

Simon Kaczkowski. 1462.

Wenzel Kalborowitz, 1463—76.

Mathias Kalisch, 1463—76.

Johann Kapel aus Gleiwitz, polnischer Prediger 1542, † 1558.

Nicolaus Kassa 1540.

Adam Karas von Rhombstein aus Ujest, decret. Dr., Dekan in Oberglogau, Canonikus der Cathedrale und in Neisse, 1624 bis 1646.

Laurent von Katscher 1422.

Josef Kawl 1620.

Johann Martin Kirstein, Curatus seit 10. August 1601.

August Alexander Klaybor, 1667 Pfarrer in Tarnowitz, später Dekan und Commissar zu Teschen, protonotar, baccal. theol., vom 25. Juni 1679—85.

Franz Klodwich, Erzpriester in Hochkirch, Canonikus seit 1797, 1717 Assessor des Großglogauer Commissariates.

Gregor Kneupil 1493.

Nicolaus Kober (Kokor), 1416—18.

Laurentius Koch, Subcustos in Oppeln, hier seit 30. October 1653 bis 1665.

Andreas Kochan, 1473—85.

Paul Kochan, 1473—76.

Matthäus Kotlan, 1580—90.

Albert Kotharski, 1558—69.

Simon Kozel von Glogau 1536, st. 1541 als Pf. in Boguschowitz.

Peter Kozlowski von Kozlow, 1598 Domherr in Breslau, starb 1606.

Mathias Krahulecz, Pfarrer in Woinowitz, † Februar 1488.

Peter Kranowitz, Pfarrer in S. Nicolai, 1493—1500.

Sifrid Kybitz 1548.

Sigismund von Langendorf 1422.

Mathias Langosch, 1498—1502.

Johann Latoch, Propst zu Oppeln 1626—47.

Andreas Latoch 1638.

Magister Laurent von Ratibor, Licent. der hl. Schrift, Canonikus zu S. Floriani in Crakau, Professor der Theologie daselbst, hier 1432.

Johann Letko aus Ratibor 1444—49.

Johann von Liebenwerde 1444.

Nicolaus Linse (Lynza) Schreiber des Herzog Conrad von Oels und Kosel, 1443—50.

Laurent Lorek 1416.

Peter von Loslau 1422.

Stanislaus von Loslau 1500.

Martin von der Burg, 1500—1502.

Laurent Mathiaba, 1624, starb 1633.

Vincent Matthäibes, 1593—1613.

Georg von Mechnitz, 1449—54.

Conrad von Meißen, Medicus, 1422.

Johann von Münneberg, Pfarrer in Köpernik, Erzpriester zu Friedewalde, Canonikus vom 19. Juli 1796 bis 18. September 1819.

Paul Josef Mizia, Commissar in Teschen, Erzpriester in Loslau, Canonikus vom 30. November 1729, † am 27. Februar 1731 in Loslau.

Johann von Mozuran, 1416—18.

Clemens von Deutsch-Neukirch 1418.

Laurent von Polnisch-Neukirch 1418.

Nicolaus von der Burg 1521.

Johann Hyacinth Olitori, Pfarrer in Friedberg, 1673—90.

Joachim Ludwig Olitori, Pfarrer in Raschow, 1693.

Paul auf der Burg, † 1486.

Paul, Pfarrer in Jaktar, 1580.

Georg Petrasch aus Ratibor, baccal. theol., hatte seine Studien in Olmütz gemacht, wurde 1689 Priester, predigte bereits 1690 in Ratibor und wurde 1692 Canonikus, Pfarrer in Woinowitz und starb 1697.

Josef Piskorz, Erzpriester und Pfarrer in Gleiwitz, gebürtig aus Friedek, seit 1781, starb am 15. October 1787 erst 39 Jahr alt.

Christofer Ploch, 1519—48.

Simon von Popednik 1416.

Georg Prandlicius (auch Piandlicius), Pfarrer von Gleiwitz, 1637—53 Canonikus in Oppeln, resignirt in Oppeln 1660.

Magister Martin Pruß, 1516—30.

Werner von Puttu 1461.

Georg Quatius 1619.

Clemens Raschütz von Mschanna, 1432—70.

Johann Refelt war 1476 Vikar, Canonikus 1493—1500.

Bartholomäus Reinhold, Archidiakon zu Oppeln vom 7. Juni 1649—52.

Georg Renner, (war 1612 schon hier) Custos in Oberglogau, 1624—49.

Johann Renner, Pfarrer in Stefansdorf, Fundatist zu Proskau, 1777—89.

Andreas Reßütz 1416.

Georg Ritter, 1590—95.

Jakob Rokita 1580.

Nicolaus Rosa von Loslau 1428.

Nicolaus Rostko, Pfarrer in Sohrau, 1444—49.

Peter Rostek, 1479—88.

Georg Carl Rother von Löwenfeld, protonot. apost., war 1644 Administrator der Pfarrkirchen zu Leobschütz und Gröbnig, wurde vom Bischof Carl Ferdinand Neisse den 18. December 1653 zum 9. Canonikat in Ratibor befördert, Canonikus in Neisse, Dekan in Oberglogau vom 8. December 1660, † am 13. November 1676.

Daniel Dominik Rotter, Pfarrer in Neukirch, am 21. Februar 1661 hier eingeführt, † als Cantor von Oberglogau am 12. October 1679. Er setzte die Collegiat- und Koseler Pfarrkirche zu Erben ein, vermachte der hiesigen Kirche den für 200 rtlr. gekauften Garten hinterm neuen Thore und ließ das Maria-Magdalenen-Altar errichten.

Franz Rudolf 1572.

Jakob Rudolf 1548—89.

Joachim Rudolf, Dr. utriusque, 1569.

Nicolaus Rynblik 1531.

Andreas Rysl 1589.

Stanislaus Saur, † am 21. Januar 1535 in Breslau.

Johann Scheffler 1444.

Johann Scheliga 1432.

Gregor Schich, † 1572.

Sebastian Schleupner, Dr. utriusque juris, Canonikus in Breslau und Olmütz 1558, † 1565.

Paul Schuster, Vikar, 1732 Pfarrer in Benkowitz, seit 20. März 1737 Canonikus, actuar circuli, † am 14. Juni 1756. Sein Portrait im Besitze des Pfarrer zu Benkowitz.

Jakob Joachim Schwinka 1548, 1569 Archidiakon und Comissar in Oppeln.

Martin Scultetus 1569.

Georg Schysska (Sischka im Urbar) 1518, † 1542.

Nicolaus Schysska, Curat der Deutschen, 1559—62.

Sigotta 1432.

Franz Ignaz Skiba, bischöflicher Commissar im Ratiborer Distrikte, Erzpriester in Pogrzebin, 1768.

Peter Skopek Nicolaides aus Ratibor, 1490 Notar, 1492 bis 1519.

Johann Heinrich von Stronski, Pfarrer in Raschow, Canonikus vom 22. Juli 1739—77.

Nicolaus von Slessino 1416—22.

Wenceslaus Leopold Sochatius, protonot. apost., Vicedekan beim hl. Kreuz in Breslau 1690, † am 13. Juni 1702 als dritter Resident.

Andreas von Sohrau, 1542 Notar, 1545—51.

Georg Stefetius von Thurenfeld auf Rifſki, Canonikus in Oppeln 1682—90.

Paul Stokelius war 1572 Pfarrer in Jaktar bei Troppau, Canonikus 1593 und † am 14. Juni 1602.

Jakob Stolkonis 1432.

Martin Stör 1476, † 1496.

Martin Stral, Pfarrer in Rybnik 1432—1449.

Gregor Sutor 1490—1519.

Jakob Szobron 1454.

Clemens Tatzel 1476, † Ende März 1493.

Valentin Tatzel 1460, † am 24. März 1461.

Nicolaus Tanner, Notar 1569.

Georg Temer 1668—87.

Gregor Ludwig Temer vom 23. November 1679 bis 1. Juli 1689, † 10¾ Uhr Nachts.

Johann Tobulino 1556.

Georg Ignaz Anton Tonisch, Pfarrer zu Kuja, proton. apost. seit 1681, Canonikus in Oppeln, seit 30. Juli 1695 in Ratibor, wird noch 1701 genannt.

Friedrich Wilhelm von Trach und Bürckau, Pfarrer in Lubowitz, seit 8. Juli 1680 bis 1701, reſidirte in Ratibor.

Simon Trebancius 1533.

Johann Georg Triller, Propſt in Oppeln, von Ferdinand I. präſentirt, von Caspar von Logau am 12. Juni 1562 inveſtirt.

Markus Turkowitz 1580.

Albert von Tworkau 1416.

Stanislaus Franz Tzeſigłowski, Erzprieſter in Zülz, Canonikus in Oppeln, am 8. November 1735 inveſtirt, erhält jährlich ſeine 10 Mark ≡ 16 rh. Slb. vom Kapitel und wird noch 1748 genannt.

Johann Thaddäus Vesper, Pfarrer in Oltaſchin, Canonikus vom 15. November 1699, 1715 Erzprieſter zu S. Nicol. bei Breslau und Conſiſtorialaſſeſſor, ſtarb am 10. October 1735 als Senior.

Carl Waclawik, 8 Jahr Vikar, dann in Bielitz, 1752 Canonikus in Ratibor, † am 30. Januar 1762.

Chriſtofor Wagner, 1530 Canonikus zu Oppeln und Brieg, ſtarb 13. October 1539.

Gregor Alois Waſig, Pfarrer in Lubowitz u. Slawikau, protonotar apost. 1661, ſtarb 1668.

Stanislaus von Warkacz 1416.

Stanislaus Warthmann, Pfarrer in Kostenthal 1580, † 1618.

Georg Weber, Pfarrer und Erzpriester in Landeshut, 1802 bis 1810.

Mathias Weißmann 1520.

Blasius Wogstadt, Curatus, 1557—59.

Nicolaus roh Wokenstadt hatte als Erzieher des Andreas von Krawarz sich mit demselben auf der Universität Prag 1415 in die juridisch-canonische Facultät immatriculiren lassen,[1] wurde 1422 Canonikus, herzoglicher Protonotar und wird zuletzt 1432 erwähnt.

Nicolaus Wolf, Vikar und Altarist in Breslau 1432.

Johann Wolnich 1634—47.

Josef Wünsch, geboren zu Spiller am 12. Juli 1720, fürstbischöflicher Commissar, Erzpriester in Landshut, 1784—91.

Jakob von Zalcza (Schalscha) 1548.

Johann von Zator 1416, 1422.

Laurent Zelasko (Zybasko) 1491, 1493.

Jakob Zuret, 1588 Canonikus, Dekan in Oppeln, Canonikus in Oberglogau, seit dem 9. Mai 1591 Abt in Rauden, starb am 24. Januar 1595.

## Die S. Marien-Pfarrkirche.

Bei Aufhebung der Klöster und Stifte fielen alle Güter, die sie besaßen, laut Edikt vom 30. October 1810 dem Staate zu, um die pünktliche Abzahlung der Contribution an Frankreich zu ermöglichen. In Ratibor aber wurden nicht bloß die Collegiatsrevenuen eingezogen, sondern auch was der Pfarrkirche gehörte, nämlich Ganiowitz und halb Janowitz, das ihr doch schon 1339, (also eher als ein Collegiatkapitel an die Kirche geknüpft war), geschenkt worden. Dagegen erhielt Prälat Zolondek durch die in Breslau gemachte Bekanntschaft mit der Hauptsäcularisations-Commission die Erlaubniß, aus den in Ratibor aufgehobenen Klosterkirchen dasjenige an Paramenten auszuwählen, was die Pfarr- und Curatialkirche noch brauchen konnte; dadurch wurden

---

[1] Monatschrift des vaterländischen Museums von Böhmen October 1827. Seite 71.

die letztgenannten Gotteshäuser mit Ornaten reich versehen.
Das Gebäude des Scholastikus (Domstraße 175 zwischen Schuhmacher Praßol und Wittwe Thalherr) wurde von der Säcu-
larisations = Commission (Gerichtsreferendar Friedrich Wilhelm
Lange als Substitut des Kammerassessor Benda) am 30. August
1811 an den Meistbietenden verkauft. Zolondek erstand Haus,
Schuppen und Garten für 620 rtlr.

Außer den liegenden Gründen und Kapitalien, welche dem
Collegiatstift und den Canonikern gehörten, wurden auch sämmtliche Fundations = Kapitalien (die der 6 Vikarien allein betrugen
34,000 rtlr.) eingezogen. Um nun für die katholische Gemeinde
den Gottesdienst zu besorgen und die Seelsorge zu führen, mußten
neue Einrichtungen getroffen werden, da mit der Entlassung der
Geistlichen an der Dominikaner=, Franziskaner= und Peter= und
Paul=Kirche und der Einziehung sämmtlicher Güter und Revenuen
an sämmtlichen Kirchen, die katholische Kirche in Ratibor im vollen Umfange des Worts säcularisirt worden wäre.

Der bisherige Custos Johann Nepomuk Zolondek wurde
Pfarrer und erhielt 2 Kapläne an der Pfarrkirche, 1 Curatus
und 1 Kaplan an der Curatialkirche (ehemalige Dominikanerkirche)
zur Verwaltung der Seelsorge. An erstere Kirche wurden die
deutschen, an letztere die polnischen Parochianen gewiesen. Die
drei Kirchen der Jungfrauen zum hl. Geist, der Franciskaner
und Peter und Paul wurden nicht wieder mit Geistlichen besetzt,
sondern die letzteren beiden niedergerissen, die erstere den Evangelischen geschenkt.

Das Einkommen wurde durch eine Pfarrei=Organisations=
Commission ausgemittelt und vom Königl. Ministerium 1817 genehmigt. Bei Einziehung sämmtlicher geistlicher Güter in der
Monarchie war § 4 des obengenannten Edikts verheißen worden,
für reichliche Dotirung der Pfarreien, Schulen rc. sorgen zu
wollen; nach dem Dotationsetat erhielten an der Pfarrkirche
an Einkommen: Der Pfarrer aus der Kirchenkasse 75 rtlr., vom

Dominium Ratibor baar 407 rtlr. 10 sgr., in Natural 4 Schef=
fel Weizen, 40 Scheffel Roggen, 60 Scheffel Hafer, 18 Klaftern
Holz. (Das Getreide ist in eine jährliche Rente umgewandelt).
Jeder der beiden Kapläne 230 rtlr. und 16 Klaftern Holz. Doch
haben Pfarrer und Kapläne mehre Anniversarien und Privat=
messen in partem Salarii zu entrichten und zwar 900 Anniver=
sarien und Messen, welche früher durch Fundationen gut dotirt
waren, deren Dotation aber Fiscus eingezogen hat. Dasselbe ist
mit vielen Fundationspredigten der Fall.

Durch sieben Jahre hatte sich die Geistlichkeit mit dem Com=
petens und den angewiesenen Wartegeldern begnügen müssen. Dem
Pfarrer wurde das Kapitularhaus, den Kaplänen das Custodial=
gebäude als Wohnung überlassen. Der 10½ Ruthen lange,
8¼ Ruthen breite Garten am Walle, bei der Tuchwalke an der
Pfinna, welcher bisher der Vikariencommunität gehört hatte, fiel
bei der Dotation 1817 der Kirche zu.

Die Kirchhofsmauer, deren Wände nur mit Schutt aus=
gefüllt waren, drohte dem Einsturz und wurden im Jahre 1817
die beiden Seiten abgetragen. An ihre Stelle traten zunächst
eichene Pilaren, an welchem eiserne Ketten hingen; die andern
beiden Seiten werden durch Bürgerhäuser begrenzt. Die hölzer=
nen Pfähle waren bereits 1840 vermorscht und wurden durch
neue ersetzt. Magistrat und Kirchencollegium beschlossen endlich
(1855) steinerne Grenzpfähle zu setzen.

Im Jahre 1822 wurden die Dächer der Pfarr= und Cura=
tialkirche in Stand gesetzt. Die Gemeinde trug zwei Drittel der
Kosten, welche nach dem Ertrage der Servisanlage repartirt wur=
den. Demgemäß zahlten

die 300 städtischen Hausbesitzer . . . 1106 rtlr.

„ 25 Hausbesitzer der Odervorstadt . 85 —

„ 24 „ der neuen Thorvorstadt 37 —

„ die Einlieger . . . . . 142 —

1370 rtlr.

Die den Kaplänen zur Amtswohnung überlassene Custodie war bereits so desolat, daß eine Reparatur nicht mehr ausreichte, sondern ein Neubau erfolgen mußte. Der Pfarrer überließ seine Wohnung den Kaplänen und ließ 1824 das neue Gebäude 60 Fuß Front und 48 Fuß tief als Pfarrhaus aufführen. Mit Genehmigung der geistlichen und weltlichen Behörden wurde das ehemalige Vikarienhaus der Stadtcommune zur Erweiterung der Elementarschule für 1200 rtlr. verkauft und diese Summe zu den Baukosten verwendet. Die Kosten betrugen überhaupt 3835 rtlr., wozu der Pfarrer aus eigenen Mitteln 1835 rtlr. schenkte. Der Patron gab 400 rtlr. und ebensoviel die Gemeinde, da auch das letzte Drittel der liberale Hausbesitzer trug.

Der Prälat Zolondek erwarb sich noch weitere Verdienste um die Stadt und Gemeinde dadurch, daß er den Neumarkt mit der Statue des hl. Johannes schmückte, den neuen Begräbnißplatz in Neugarten kaufte und mit einem freundlichen Kirchlein ausstattete. Der Grundstein zu diesem Gotteshause wurde am 15. Mai 1832 gelegt und schon am 4. November erfolgte die Einweihung desselben.

Pastor August Senkel und Kreisschulen-Inspector Curatus Franz Heide hielten die Weiherede. Letzterer wies die zahlreiche Versammlung auf den Zweck und die Bedeutung eines Gotteshauses auf der Ruhestätte der Todten hin. Nur einige Worte des gefeierten Redners seien hier aus der im Druck erschienenen Predigt wiederholt, da sie heute noch ihre Bedeutung haben.

„Dieses einsame Gotteshaus, um welches künftig sich die Trümmer des untergegangenen irdischen Lebens versammeln werden, soll da stehen als ein Zeichen unseres hl. Glaubens, daß auch unsere entschlafenen Brüder noch zu der Gemeinschaft der Heiligen, die wir bekennen, gehören, daß auch sie noch Glieder sind der Kirche, die der Herr auf Erden gegründet, und daß das Band der Liebe und der gemeinsamen Fürbitte durch den Tod nicht zerrissen ist, ein Zeichen, daß die bittende und versöhnende

Liebe auch über das Grab hinausreiche. Daſtehen ſollen dieſe gottgeheiligten Mauern als ein Wegweiſer am Scheidewege des irdiſchen Lebens, der hinaufzeigt nach dem Lande, wohin unſere Lieben gegangen ſind, daſtehen ſollen ſie als laute Redner, die den Wanderer ſchon in der Ferne erinnern, daß hier der ſterbliche Theil unſerer Brüder vergeht, der unſterbliche aber in einer an=dern Welt fortlebt. Bei ihrem Anblicke ſchon werden ſie unſere tiefe Trauer um unſere Todten durch den Gedanken an Gott und Ewigkeit mildern und ſelbſt dieſer Stätte das Grauenhafte benceh=men, das ſie für blos ſinnliche Menſchen haben muß. Als ein Sinnbild der Vereinigung der Erde mit dem Himmel, des Men=ſchen mit Gott, werden ſie verſöhnend und tröſtend das weinende Auge nach oben wenden, und ſo eine ſtille geheimnißvolle Macht auf die Herzen der Menſchen üben." —

Dieſe Kapelle wurde zu Ehren des hl. Kreuzes benedicirt. Der Gründer fand hier am 28. December 1836 ſeine Ruheſtätte, er war der letzte Prälat und das letzte Mitglied eines Stiftes, das durch 430 Jahre ſegensreich gewirkt. Die Trauerrede bei dem feierlichen Leichenbegängniſſe hielt ſein würdiger Amtsnachfolger.

Franz Heide, geboren am 2. Juni 1801 zu Frankenſtein, erhielt am 18. April 1825 die Prieſterweihe und wirkte nur einige Monate als Kaplan zu Kleinöls. Am 8. März 1826 als Religionslehrer am hieſigen Gymnaſium eingeführt und bald darauf mit dem Amte eines Curatus betraut, fand der eifrige Prieſter neben der Seelſorge Muße zu hiſtoriſchen Forſchungen auf dem Felde der älteſten Geſchichte Oberſchleſiens, wovon die drei Jahrgänge der Zeitſchrift Eunomia und mehre Aufſätze in den Schleſiſchen Provinzialblättern glänzendes Zeugniß ablegen. Am 12. Mai 1837 erhielt Heide, der ſchon 1831 als Curatus Kreis=ſchulen=Inſpector geworden, die Inveſtitur als Pfarrer, in dem=ſelben Jahre das Amt eines fürſtbiſchöflichen Commiſſarius und Erzprieſters, im Mai 1846 das Ehrencanonikat von Breslau, im Jahre 1849 den rothen Adlerorden 4. Klaſſe und am

17. Juli 1852 das Doctordiplom von der theologischen Facultät zu Breslau.

Obgleich die Zahl der Gemeindeglieder seit der Dotation von 3000 auf 8000 Seelen gestiegen, so haben sich doch die Kräfte der Geistlichkeit nicht vermehrt, und fehlt bisher noch ganz das Amt eines Kreisvikars.

Als Capläne fungirten:

Alexius Kaffka; Caj. Dolainski, Pfarrer in Wojno[...] starb am 1. Januar 1845; Anselm Grabiek; Benedict Chl[...] aus Benkowitz, Pfarrer in Centawa; Caspar Rack, Pfarr[...] Groß = Pramsen; Krettek, Domherr in Culm; Franz H[...] siehe oben; Piegsa, Pfarrer in Lubom; Josef Schneide[...] Altstadt, Pfarrer in Waldorf; Josef Schaffranek aus [...] thal, Pfarrer in Beuthen; Jarolin, starb als Pf. in Gre[...] Sebastian Kodron aus Rosenberg, Pfarrer in Groß=Ko[...] Constantin Hallama aus Kruppitz, starb als Pfarrer in [...] [...]g; Julius Schindler aus Schwirklan, Weltpriester in [...] Carl Foitzik, starb zu Zelasna am 27. November 18[...] [...]hebera aus Oberglogau, Pfarrer in Wieschowa; [...] Gieslera aus Lesnik, Pfarrer in Ober = Jastrzemb[...] Blaschczyk aus Gleiwitz, Pfarrer in Belk; Stefan [...] aus Kobrowitz, starb als Pfarrer in Ostrog am 5. April 1848; Ernst Schmude; Carl Weckert, Pfarrer in Kosel; Herrmann Hauptstock aus Oppeln, Seminar=Direktor in Graudenz; Fedor Banjura aus Groß = Wilkowitz, Pfarrer in Rauden; Eugen Biernackl aus Carlsruh, Erzpriester in Lublinitz; Carl Hauschke aus Groß = Strehlitz, Curat in Oberglogau; Carl Fürste Divisionspfarrer; Robert Uherek, starb als Pfarrer in Königshütte 1859; Wilhelm Strzybny aus Ratibor, Pfarrer und Schulen = Inspector in Altendorf; Carl Kraus, Divisions= pfarrer in Berlin; Carl Kahl, Lokalist in Groß=Stanisch; Franz Alter aus Klein=Pramsen, † als Lokalist in Gammau 1859;

Theodor Haagen aus Oppeln, Curat in Löwen; Franz Siemko aus Loslau, z. Z. Curat in Ratibor; Johann Mücke aus Ujest, Pfarrer in Klutschau; Carl Schäfer aus Ratibor, Subregens im Alumnate; Leopold Swiętek; August Berczik aus Oppeln; Anton Sobotta aus Broslawitz; Isidor Zawadzki aus Lublinitz.

Patron der Pfarr- und Curatialkirche ist Se. Durchlaucht der Herzog von Ratibor. Eingepfarrt sind außer der Stadt selbst und seit 1860 der Vorstadt Neugarten keine Ortschaften.

Das Archipresbyterat Ratibor enthält die Pfarreien Ratibor, Altendorf, Lubowitz, Rudnik, Pawlau, Polnisch-Krawarn, Janowitz, Woinowitz, Benkowitz, Tworkau, Krzizanowitz, Ostrog und Nieberswald-Zabelkau mit 30,472 katholischen Christen. Erzpriester der Domherr Dr. Heide.

Das fürstbischöfliche Commissariat-Amt Ratibor umfaßt die Archipresbyterate Ratibor mit 13 Pfarreien und 30,472 katholischen Seelen, Gleiwitz mit 11 Pfarreien und 38,779 katholischen Seelen, Groß-Dubensko mit 6 Pfarreien und 18,572 katholischen Seelen, Kostenthal mit 11 Pfarreien und 20,141 katholischen Seelen, Sohnau mit 10 Pfarreien und 30,919 katholischen Seelen, Loslau mit 9 Pfarreien und 20,689 katholischen Seelen, Pogrzebin mit 7 Pfarreien und 17,931 katholischen Seelen, Sohrau mit 9 Pfarreien und 21,613 katholische Seelen, zusammen 76 Pfarreien mit 199,116 Katholiken. Der Sitz ist Ratibor. Fürstbischöflicher Commissarius ist der Domherr Dr. Heide, fürstbischöflicher Syndicus der Königliche Kreis-Gerichts-Rath Strzybuy.

## 2. Schloßkapelle zum hl. Thomas von Canterbury.

Die christlichen Fürsten des Mittelalters hatten auf ihren Burgen eine Kapelle, in welcher die Hofkapläne den Gottesdienst feierten. Diese Hofkapläne waren hochgestellte Geistliche, welche ihre Herren überallhin begleiteten, als Hofnotare das Kanzleramt versahen und bisweilen auch die Erziehung der Prinzen übernahmen.

Die ersten Herzoge Oberschlesiens hatten noch keinen festen Sitz, reisten viel im Lande umher und hielten sich nur zeitweise auf einzelnen Burgen oder in Klöstern auf. Erst seit Przimislav wird das Schloß Ratibor bleibende Residenz. Gleich zu Anfange seiner Regierung erhielt die Schloßkapelle einen besonderen Glanz, indem sie zu einem Collegiatstifte mit mehren Präbenden erhoben wurde. Das Nähere ist bereits Seite 52 erzählt worden.

Unter den ersten Stiftsherren, welche sich meist herzogliche Kapläne nennen, treten urkundlich auf Tilko 1293—1307, Gobin Notar 1309—1315, Wosko 1309—1326, Peter von Benkowih Pfarrer in Rybnik, Kaplan des Lestko 1334.

Lestko gründete am 29. December 1308 mit Genehmigung des Bischof Heinrich I. von Breslau eine Präbende mit einem Altar zu Ehren der hl. Margareth, indem er dazu einen jährlichen Zins von 10 Mark landesüblicher Denare von der herzoglichen Münze und dem Stadtzolle, 2 Steine Wachs zu Altarkerzen, den Wiesenzins bei und Gartenzins in Rybnik, außerdem 2 Freihufen mit Holz, Weide und Fischerei in Markowitz, endlich zwei Töpfe Honig vom herzoglichen Bienenmeister anwies. Zugleich übergab er dem Canonikus das große und kleine Gericht über die Colonisten.

Aus einer in Otmachau am 8. December 1338 im Auftrage des Bischof Nanker von dem Magister Gascho Cantor und Auditor der bischöflichen Curie getroffenen Entscheidung geht hervor,

27

daß der Stiftsherr von Ratibor Magister Nicolaus, der zugleich Notar des Bischof Nanker war, Feldzehnten von 6 Hufen in Gammau hatte. Besitzer dieses Dorfes war damals Nicolaus Poremba. Nach altem polnischen Rechte konnten die Ritter von den Hufen, welche sie selbst bauten, den Zehnten an diejenige Kirche geben, zu welcher sie sich hielten, in welcher sie die hl. Sakramente empfingen und begraben wurden. Da Poremba nicht beweisen konnte, daß er Ritter sei oder von polnischen Rittern abstamme, so wurde er verurtheilt, den Feldzehnten zu entrichten.

Am 10. April 1350 genehmigte Herzog Nicolaus in Gegenwart des Ritter Heinrich Hoberg, Gebrüder Elabot und Zdenko von Tworkau und Peter Zülz Bürger von Ratibor, daß 4 Hufen in Schardzin mit allen Einkünften und Rechten nebst dem Vorwerk in Pawlau sammt Scheuern und Gärten als eine Schenkung des ehemaligen Canonikus und herzoglichen Hofkaplan Gerlach zu dem Altare der hl. Margareth hinzugefügt wurden und befreite die Colonisten von allen Lasten. Bischof Przecislaus von Pogarell, nachdem er die beiden Schenkungsurkunden eingesehen, bestätigte zu Otmachau am 9. Juli 1354 dies Benefiz und investirte dazu den vom Herzog präsentirten Canonikus Albert von Zator. Als Zeugen sind unterschrieben: Bischof Franz von Candia (Cantiensis), Petrus von Beuthen und Jakob Augustini Canonici, Nicolaus von Beuthen Altarist der Cathedrale, Johann von Tost, Propst des Hospitals zu Brieg.

Nach einer anderen Urkunde desselben Bischofes ausgestellt Otmachau den 27. Februar 1359 waren in Ratibor außer einigen Vikaren nur 3 präbendirte Canonici, die aber laut Klage des Herzog Nicolaus weder Residenz noch Kapitel hielten, auch gegen die Sitte der Breslauer Diöcese in weltlicher Kleidung zur Kirche gingen, so daß sie sich von Laien gar nicht unterschieden. Er verordnete daher, daß sie jährlich einmal und zwar um das Fest des hl. Thomas ein allgemeines Kapitel halten und über die Wohlfahrt des Stiftes sich berathen sollten; auch solle abwechselnd jeder ein Jahr zum Schutze der von den Herzogen geschenkten kirchlichen Geräthschaften, Ornate und Reliquien auf der Burg residiren und den Uebrigen über die Ausgaben Rechnung legen. Unter Strafe von ½ Pfund Wachs für jeden Uebertretungsfall sollten sie durch den Winter im rothen Talar mit oder ohne Rochet (nach Belieben), und mit einer Mütze von Bajo, im Sommer aber im Rochet mit Birret oder Mütze gehen. Zugleich gab er ihnen die Vollmacht, ihre Concanonici von den bischöflichen Reservatfällen zu absolviren; schließlich eximirte er das Kapitel mit allen zugehörigen Leuten von jeder andern Jurisdiction.

Da die Cultur des Vorwerks Schardzin, welches zur Präbenbe des Canonikus Nicolaus von Alt-Patschkau gehörte, unsägliche Mühe und Kosten verursachte, so genehmigte Bischof Wenceslaus nach reiflicher Ueberlegung mit seinem Domkapitel zu Breslau am 17. November 1383, alle Aecker des Allodiums, zumal Herzog Johann I. es bewilligt, nach deutschem Rechte auszusetzen. [1]

Johann I. und seine Gemahlin Anna errichteten am Feste des hl. Stefanus 1368, um den Gottesdienst zu erhöhen und Ihr und ihrer Eltern Seelenheil zu fördern, ein neues Canonikat, das sie mit folgenden Gütern ausstatteten:

Ein Vorwerk in Janowitz (später Cyprzanowitz genannt) frei von allen Diensten und Abgaben — der Feldzehnten an die Pfarrkirche mußte aber fortgezahlt werden — 7 Hufen an der Zinna nach der Stadt zu enthaltend; freies Bau- und Brennholz aus den herzoglichen Wäldern, von 3½ Fleischbänken in Ratibor, welche sonst zur Erbvogtei gehörten, jetzt aber zum herzoglichen Tafelgut geschlagen waren; einen jährlichen Zins von 3 Mark Prager Groschen polnischer Zahl von den Webern in Sorau und ½ Mark von je den Tuchmachern daselbst.

---

[1] Uebersicht der Arbeiten und Veränderungen der Schlesischen Gesellschaft für vaterl. Kultur. Hist. Section. (Bresl. 1840) S. 23.

Bischof Przecislav bestätigte diese Schenkung, errichtete die neue Präbende und erklärte, daß das Patronat dem Herzoge gehöre. In der zu Otmachau am 4. Juli 1369 ausgestellten Urkunde erscheint unter den Zeugen Vitko von Sorau als Comthur der Kreuzherren in Mackau.

Die 7 Hufen auf dem Sandvorwerk bei Janowitz setzte der Canonikus Johann Mensura am 1. Januar 1389 zum Besten des Kapitels, mit Genehmigung des Herzogs und mit Einwilligung der übrigen Stiftsherren zu Bauergütern aus, d. h. 7 Wirthe kauften für 42 Mark Prager Groschen das Terrain als Erbbesitz, theilten es gleichmäßig unter sich und zahlten jährlich an das Stift einen Zins von 7 Mark Prager Groschen polnischer Zahl, ferner entrichteten sie von jeder Hufe an Weihnachten 4 Hühner, an Ostern 2 Dutzend Eier. Außerdem aber waren sie frei von allen Diensten, Roboten und Lasten. Der Präbendar behält sich jedoch vor auf diesen Aeckern eine Mühle zu bauen, den Kretscham und das Schulzenamt zu besetzen. Zeugen sind der Pfarrer Nicolaus Hunt in Ratibor, der Domherr Peter daselbst, die Ritter Pobeß von Tworkau, Nicolaus Bischofswerde und Jeßek Scheliha. Der Bischof wurde ersucht, diese Gerechtigkeiten zu bestätigen.

Die Herzogin Anna und ihr Sohn Johann **II.** genehmigten am 2. Februar 1384, daß Pfarrer Zacharias in Grendzin zu seinem und seiner Eltern Seelenheile für 9 Mark jährlichen Zins, der von den Rathsherren in Loslau gezahlt wurde, zu Ehren der hl. Jungfrauen Dorothea und Catharina 1 Altar rechts vom Eingange zwischen dem Kanzel= und S. Margarethenaltare dotirte. Bischof Wenceslav bestätigte die Stiftung und übertrug das Patronat dem Herzoge. Um aus dieser Präbende ein Canonikat zu gründen, vermehrte sie Herzog Johann **II.** am 6. Februar 1413 mit 5 Mark Groschen Zins aus Czissowka und 16 Fuhren Holz zollfrei und bedingte sich wöchentlich eine Messe für die Fundatoren aus. Bischof Wenceslans bestätigte Otmachau den

6. April 1413 das Canonikat und investirte den präsentirten Hofkaplan Nicolaus mit der neuen Präbende.

Am 20. Mai 1413 dotirte der Herzog ein neues Canonikat unter dem Titel zur Dornenkrone, indem er vom Ritter Andreas Stoppakonis für 70 Mark 2 Theile der Scholtisei von Studzienna, 5 Hufen mit 2 Gärtnerstellen, den dritten Theil von den Gerichtsgefällen daselbst erkaufte und außerdem 6 Mark Zins von Rudnik und 20 Fuder Holz aus den herzoglichen Wäldern aussetzte. Der Bischof investirte Otmachau den 23. Mai 1413 den Hofkaplan Clemens.

Am nächsten Tage bestätigte er ein neues Canonikat zu Ehren der hl. Martyrer Erasmus, Stanislaus und Martinus, wozu Herzog Johann **II.** 11 Mark angewiesen hatte und investirte den Pfarrer Nicolaus in Schaw.

Bald darauf wurde wieder ein neues Canonicat von 13 Mark Zins auf den Titel Allerheiligen dotirt. Ritter Dobeß von Twortau, Erbherr von halb Krzizánowitz, gab nämlich 10 Mark und die Bürger von Ratibor Leonhard Longus und Peter Halseyer 3 Mark Zins auf Häusern und Aeckern lastend. Der Herzog verlieh zum Verkauf seine Genehmigung, bat, wie das immer der Fall war, den Bischof, der Fundation vermöge seiner Vollmacht die kirchliche Freiheit zu verleihen, schlug den Laurentius von Neukirch zur Präbende vor und sprach schon damals (December 1413) die Absicht aus, das Collegiatstift von der Burg in die Stadtpfarrkirche zu verlegen.

Die Schulzen und Bauern zu Steinau, Albersdorf und Bludowitz verweigerten die Entrichtung des Feldzehnten, mit welchem die Pfründe des Canonikus Jakob Grauczko dotirt war. Nach dreimaliger Appellation wurde der Prozeß zu Constanz am 27. Mai dahin entschieden, daß die Unterthanen nicht blos zum Zehnten angewiesen, sondern zur Zahlung der Kosten verurtheilt wurden.

Im Jahre 1416 wurde ein Canonikat zum Altare des hl. Andreas und Jakobus gestiftet. Erbherr Johann Indasch kaufte für 100 Mark Groschen Golassowitz bei Pleß, welches 10 Mark jährlichen Zins brachte: Michael Wicher kaufte eine Rente von 2 Mark in Studzienna und 4 Mark jährlich sollten von dem Feldzehnten der herzoglichen Tafelgüter aus Brzezie fließen; der Herzog bat den Bischof, dies zu ratificiren und schlug den Pfarrer Andreas in Rzetzütz zur Präbende vor. Die Bestätigung erfolgte zu Otmachau am 22. December 1416.

Zu gleicher Zeit wurde noch eine Präbende dotirt und zwar zum Altare des hl. Apostel Johannes. Canonikus Heinrich von Leschnitz kaufte vom Erbherrn Scarbisius Grunczel in Warkotsch bei Strehlen für 60 Mark einen Zins von 6 Mark. Ferner gaben die Ritter Janako von Tworkau 3½ Mark in Tworkau und Dobessius von Tworkau ½ Mark in Krzizanowitz. Der Herzog nominirte am Sonntage vor Weihnachten den Albert von Tworkau und der Bischof bestätigte denselben Otmachau den 19. Februar 1417.

Vier Tage vorher hatte Wenceslaus den Nicolaus von Zlecino als Canonikus zu der neuen Präbende von 12 Mark, welche der Rath der Stadt Ratibor zum S. Marienaltare im Schloß gestiftet, bestätigt.

Wir sehen, wie groß und allgemein der Eifer war, ein stattliches Collegium von Stiftsherren für den regelmäßigen Chordienst zu haben. Die Burgkapelle reichte für den Zweck nicht mehr aus; zudem waren die Canonici und Vikare, welche in der Stadt wohnten, wegen des Verschlusses des Stadt- und des Burgthores verhindert, den Gottesdienst fleißig und pünktlich abzuhalten.

Nachdem bereits 14 Canonikate errichtet waren, beschloß der Herzog, den Bischof um die Genehmigung zu ersuchen, das Collegium aus der Schloßkapelle in die Pfarrkirche zu versetzen. Er sendete am 26. November 1416 ein langes Schreiben nach

Otmachau und gab darin die Einkünfte der Stiftsherren und Vikare genau an.

Der Propst sollte den ersten Sitz im Chore rechts und im Kapitel die erste Stimme und folgende Einkünfte haben: $8\frac{1}{2}$ Mark Prager Groschen polnischer Zahl jährlich in Ganiowitz, welcher Zins sammt dem Dorfe schon früher zur Pfarrkirche gehörte, den ganzen Feldzehnten von Czerwientzitz $2\frac{1}{2}$ Mark betragend; an Decem und Zins in Jattowitz $9\frac{1}{2}$ Mark mit dem Patronat über die Pfarrkirche daselbst; an Decem in Eckersdorf (gehörte zur Abtei Welehrad) 3 Mark Zins; von 3 Hufen der Vogtei in Ratibor den Garbenzehnten, auf $2\frac{1}{2}$ Mark geschätzt; eine Freihufe in Ottitz, die jährlich 1 Mark 2 Groschen eintrug; vom Zoll in Ratibor wöchentlich 2 Groschen 2 Denar; den Garten Winkelhof vor dem neuen Thore, 1 Mark jährlich bringend.

Der Dekan als zweiter Prälat hat die Vikare zu präsentiren, zu installiren und sie in Ordnung zu halten. Er selbst hat den ersten Sitz auf der linken Seite im Chor, und im Kapitel die zweite Stimme. Als Einkünfte wurden ihm bestimmt: An Decem (meist im Koseler District) in Groß-Grauden 14 Mark, in Bierawa 1 Schock Groschen, in Liebeschau $\frac{1}{4}$ Mark, in Landerzin $\frac{1}{2}$ Mark, in Brzezie $\frac{1}{4}$ Mark, in Lonia 14 Groschen, 3 Hühner, in Woinowitz 18 Groschen, in Niebotschau 7 Groschen, außerdem 2 Hufen Acker von Ratibor, welche Henselin Melzer und ein gewisser Szmerwinkel bebauen und 4 Mark zahlen; von dem Garten, den gegenwärtig Gregor Melzer bei der S. Nicolaikirche (in Altendorf) innehat, $\frac{1}{4}$ Mark; in Altendorf selbst von einem Garten des Johann Olbrecht $\frac{1}{4}$ Mark, von einigen Aeckern vor der Stadt Decem $\frac{1}{4}$ Mark, im Dorfe Parchanke[1]) hinter der Oder $\frac{1}{4}$ Mark; vom Felde Scharbzin von $1\frac{1}{2}$ Hufen $1\frac{1}{2}$ Mark jährlichen Zins.

[1]) In einer Dekanatsrechnung aus dem Jahre 1750 heißt es: Von Ostrog für das Feld Parchanke 12 gr.

Die vier von Alters her bei der Burg vorhandenen Cano nikate sind providirt:

**I.** An Decem: Im Teschenschen Gebiete: von Petrowitz 2 flor., von Steinau (Stonowa) 1 flor. 24 gr., von Albersdorf 1 flor. 12 gr., von Groß-Bludowitz 8 gr., von Klein-Bludowitz 12 gr. Im Oppelner Gebiete (Rosenberg) von 7 Dörfern Bierdzau 4 gr., Thule 1 flor., Skorkau 26 gr., Granowitz 35 gr., Cziorke, Altrosenberg, Albrechtsdorf 4 flor. 32 gr.

**II.** 10 Mark vom Zoll in Ratibor, alle herzogliche Aecker und Gärten in Rybnik, 2 Hufen mit der Fischerei in Marko witz, 4 Hufen mit den Gärten in Scharbzin, das Vorwerk in Pawlau, eine Fleischbank in Ratibor 1¾ Mark.

Der **III.** Canonikus hat den Decem in den beiden Vorwer ken Brzeznitz 3 Mark und Niedane 5 Mark und von den zehn bei Ratibor gelegenen Scheffeln Aussaat 24 gr. und 2 gr. 3 dr. wöchentlich vom Zoll in Ratibor.

Der **IV.** erhält das Sandvorwerk in Janowitz mit 7 Hu fen Acker, 3½ Mark Fleischbänkezins in der Stadt, 3 Mark jähr lichen Zins von den Webern in Sohrau und ½ Mark von einem Tuchmacher daselbst, auch hat er freies Bau- und Brennholz aus dem herzoglichen Forsten.

Die Canonici, welche jetzt providirt wurden, sollen erhalten

**V.** Zwei Theile von der Scholtisei in Studzienna mit vier Gärtnern, den dritten Theil von den im Dorfe vorkommenden Gerichtsstrafen, 6 Mark vom Dorfe Rudnik (später noch 20 Fu der Holz).

**VI.** 15 Mark vom Rathhause (später nur 10 Mark vom Schloß).

**VII.** 9 Mark aus Loslau, 5 Mark aus Czissowka bei Rybnik.

**VIII.** 11 Mark in Krostoschowitz (Rybnik).

**IX.** 10 Mark in Golassowitz (Sohrau), 2 Mark an den Gütern des Nicolaus Wicher in Studzienna, 4 Mark in Brzeznitz.

**X.** 6 Mark in Warkotſch, 4 Mark in Tworkau.

**XI.** 12 Mark vom Rathhauſe.[1]

**XII.** 12 Mark von den Rathsherren.

Die Vikare hatten den Decem in Ottitz, der ſich auf 14 Mark belief, mit dem herzoglichen Vorwerk daſelbſt. Derjenige Vikar, welchem die Seelſorge loco Plebani obliegt und den als Curatus der Propſt allein zu präſentiren hat, erhält von dieſem Decem für ſich 3 Mark Groſchen, ferner 1 Mark vom Rathhauſe 1 Mark vom Hauſe des Peter Lauſche, 1 Mark aus Crawarn, 1 Mark in Moſurau von den Gütern des Peter Zhla. Als 1. Curatus **Polonorum** wird der Altariſt Mathias Knauer zum S. Catharinenaltar deſignirt und es fielen die 6 Mark, mit welchem dieſes Altar ehemals dotirt war, jetzt dem Vikar zu. Die übrigen Vikare hatten außerdem an Decem 10 Mark von Alters her an mehren Orten, 3 Stein rohen Inſelts von einer Fleiſchbank in Ratibor, einen Garten bei der S. Johanniskirche (Oſtrog) vor der Stadt.

Außer dem obengenannten Knauer waren damals noch ſechs Vikare, nämlich der Vicedechant Peter von Loslau, Andreas von Posnowitz, Jakob Stolfonis, Gregor Poczinfonis, Mathias Molendinatoris, Nicolaus Orlik. Die Offertorien, Oblagien, den Dreißigſten, die Teſtamentsvollziehungen ſammt allen übrigen Einkünften, deren ſich ehemals die Pfarrer an der S. Marienkirche erfreuten, ſollen von jetzt ab die Vikare genießen.

Der Herzog beſtimmte ferner, daß 2 Procuratoren zum Einſammeln und Vertheilen der Einkünfte gewählt würden, davon ſolle jeder Canonikus 10 Mark erhalten, das Uebrige gemeinſchaftlich vertheilt werden; doch erhielt derjenige, welcher nicht Reſidenz gehalten, von dieſen Diſtributionen nichts. Für Kerzen,

---

[1] Unter König Johann von Böhmen begann die Sitte, ſtädtiſche Anleihen auf Schuldverſchreibungen hin zu machen und die Intereſſen zu zahlen. Solche Anleihen auf Zinſen wurden Verkäufe vom Rathhauſe genannt. Carl **IV.** legaliſirte dies **1361.**

Sacristane und sonstige Kirchendiener werde noch weitere Vorsorge getroffen werden. Zu den Wohnungen, die sich die Prälaten und Stiftsherren aufbauen sollten, wies der Herzog einen geräumigen Platz aus besonderer Gnade an. Der Propst erhielt das bisherige Pfarrhaus mit Zubehör, der Dekan sollte seine Residenz dicht daneben bauen und an dieselben sollten sechs andere Curien folgen. Außer dieser Linie sollten noch 2 Häuser zur rechten Seite und 4 zur linken von der Propstei aufgeführt werden. Für die Vikare wurde ein besonderes Haus auf der andern Seite der S. Marienkirche angewiesen, in welchem sie gemeinschaftlich wohnen und sich einrichten konnten, ohne etwas dafür zu bezahlen.

Der Herzog machte die Prälaten, Canonici und Vikare im Gewissen verbindlich, fleißig für sein und der Seinigen Seelenheil zu beten. In allen Stücken solle dies Collegiatstift sich derselben kirchlichen Freiheiten erfreuen, wie das Collegium an der Cathedrale zu Breslau.

Damit die alte, von den Vorfahren gegründete Collegiatkapelle nicht verwaiset dastehe und des Gottesdienstes ganz entbehre, sollen täglich 1 bis 2 Messen in derselben gelesen und jährlich viermal eine feierliche Prozession zur Verehrung der Reliquien, die sich auf der Burg befinden, dahin gehalten werden.

Schließlich ex16mirt der Herzog alle Stiftsgeistlichen vom weltlichen Gerichte und verheißt ihnen für seine Person und im Namen seiner Nachfolger Schutz gegen alle Widersacher. Er bittet seine Nachfolger mit ihren Angehörigen, diese heilsame Institution zu begünstigen und zu unterstützen, nicht zu unterdrücken, sondern zu fördern. Wer aber verwegen dagegen handle, zeige sich als Feind der höchsten Majestät, als Eindringling in die Güter der seligen glorreichen Jungfrau und solle ein Loos theilen mit Dathan und Abiron, als undankbarer Erbe des Rechtes der Nachfolge beraubt sein und erwarte einen solchen des Himmels Richterspruch.

Dieses herzogliche Schreiben ist unterzeichnet von den Capitularen, Vikaren und vielen Rittern, nämlich von den Prälaten:
Propst Johann von Neuhaus und Dekan Johann Warkacz; den
Canonicis: Clemens von Boguslawitz, Nicolaus Kobir, Johann
von Mosuran, Petrus von Janowitz, Albert von Tworkau, Andreas von Rzethütz, Simon von Pobelnik, Laurentius Lorek, Stanislaus Warkacz, Johann von Zator und Nicolaus von Slehzino;
von der Ritterschaft sind als Zeugen genannt: Wernko, Jakob
Jakubecz von Jaskowitz, Milotha von Czuschkowitz, Jenko und
Andreas von Tworkau, Paul von Zator und Warkacz von
Zwiklitz.

Im Jahre 1498 wird in einer notariellen Verhandlung
Johann „Verkünder des göttlichen Wortes auf der Burg" als
Zeuge genannt.

Um Raum für die Zuhörer zu gewinnen, hatte man vor dem
Eingange der Kirche eine Kapelle gebaut. Die Gebäude wurden
zu Ende des sechszehnten Jahrhundertes in schlechtem Bauftande
gehalten, namentlich wurde das Dach nicht reparirt; die Kapelle
fiel ein, Kirche und Sacriftei erhielten Sprünge, die Altäre senkten
sich. Unter der Kirche war nämlich ein großes Gemach, das aber
nicht gewölbt war. Die Balken waren verfault. Die Commiff-
fion, welche 1594 das Schloß besichtigte, machte den Vorschlag,
das Kirchlein ganz abzutragen. Eine spätere Commission jedoch,
welche das baufällige Schloß nochmals besichtigte, da die bisherigen Pfandinhaber Gebrüder Freiherren von Mettich die Herrschaft
kaufen wollten, hielt dafür, nur die Kapelle abzutragen, die
Balken unter der Kirche hinwegzuräumen und das unterirdische
Gemach durch ein Gewölbe zu schließen.

Bei der Uebergabe der Schloßherrschaft am 29. Juni 1609
verpflichteten sich die Käufer, die desolate Kirche zu renoviren und
der alten Fundation gemäß den Priester in nichts zu schmälern.
Ornat nebst Kelchen und Monstranzen, die früher bei der

Schloßkirche gewesen (worüber die Kammer ein Inventar habe) sollten wieder zurückgestellt werden.

Das Urbar von 1670 erwähnt, daß die Kapelle in Kriegs- zeiten ganz eingegangen und verunsäubert worden, von weiland Georg Graf von Oppersdorf seligen Andenkens aber zur Ehre des allmächtigen Gottes und des hl. Thomas Canterbury restau- rirt, mit Fenstern, Bänken, Oratoriis, Chören und einem schönen Altare renovirt worden. Im Jahre 1687 wurden in derselben ein Türke und eine Türkin getauft; ersterer aus Ofen mit Namen Mahomet erhielt am 2. Februar den Namen Theofil und waren Bernard Graf von Oppersdorf Herr auf Brzezie und Pogrzebin, Wenceslaus von Reisewitz Herr auf Grabowka und Tworkau und dessen Gemahlin Taufzeugen. Die Türkin erhielt nach vorange- gangenem Unterricht am 20. Mai in der Taufe die Namen Bar- bara Antonia Eufrasia, Paten waren außer dem Reisewitzschen Ehepaar der Schloßbesitzer Johann Georg Graf von Oppersdorf.

Im nächsten Jahre copulirte am 29. März der Scholastikus Friedrich Ferdinand Flade in der Schloßkapelle Carl Gabriel von Wegierski mit Benigna Esther Gräfin Praschma. Zeugen: Jo- hann Georg von Oppersdorf und Marianna geb. Reichsgräfin von Hohenems (verm. seit 1681), ferner Bernard von Praschma aus Ujest, Franz von Oppersdorf und dessen Sohn Friedrich aus Mähren. Der Abt Josef Bernard von Strachwitz aus Rauden copulirte am 12. Februar 1713 den Theofil Baron von Trach Hauptmann von Jägerndorf, Erbherrn auf Tworkau, Zittna, Kornitz, Bojanow, Braunsdorf, mit Helene Gräfin Sobeck, Toch- ter des Carl Heinrich Graf Sobeck. Zeugen: Sr. Excellenz der General Graf Welczek und Graf von Tenczin.

Gegen Ende des Jahres 1731 erschien eine kaiserliche Ver- fügung an alle Kirchen Schlesiens, nach welcher sämmtliche von den Fundatoren verliehenen Privilegien innerhalb eines halben Jahres an den kaiserlichen Hof zur Bestätigung eingereicht wer- den sollten, unter Androhung, daß sie keine Giltigkeit haben, wenn sie innerhalb der bezeichneten Frist nicht vorgelegt werden. Der Landeshauptmann machte dem Oberamte und dieses am 26. Juni 1732 dem Kaiser die Anzeige, daß die täglichen heiligen Messen und jährlichen Prozessionen, welche in der Schloßkapelle zu Ehren des hl. Thomas von Canterbury gestiftet wären, unterlassen und dem dortigen Propste verschiedene Einkünfte entzogen und zum gemeinsamen Nutzen der Capitularen verwendet würden. Carl **VI.**, oder vielmehr der oberste Kanzler von Böhmen Franz Ferdinand Graf Kinsky, forderte am 25. August 1733 das königliche Oberamt im Herzogthum Ober- und Niederschlesien auf, von den Kapitularen die Rechtfertigung einzuholen, weshalb sie den Gottesdienst in der Schloßkapelle wider den buchstäblichen Inhalt des Fundationsbriefes unterlassen und darüber einen gutachtlichen Bericht möglichst bald zu erstatten.

Das Oberamt (Franz Anton Graf Schaffgotsch und Lazar von Brunetti) wendete sich am 3. September an das Generalvikariatamt und dieses (Johann Freiherr von Redinchoven und Adam Josef Baron von Keller) am 12. September an das Kapitel zu Ratibor um Auskunft innerhalb 2 Wochen mit Zurücksendung der beifolgenden Schriftstücke.

Unterm 24. November 1733 berichtet nun das Kapitel also: Daß die beiden fundirten Messen seit 200 Jahren nicht mehr in der Schloßkapelle, sondern in der Collegiatkirche gehalten worden, hat seinen Grund darin:

1) Nach Aussterben des plastischen Herzogshauses 1532 fielen die Herzogthümer Oppeln und Ratibor an das Haus Oesterreich als Könige von Böhmen. Später wurde zwar das Schloß Ratibor durch Verkauf vom Fürstenthum getrennt, aber der Kaiser reservirte sich dabei das Patronatsrecht und haben die Erbbesitzer der Herrschaft nur die Kammergüter, nicht aber das Vorrecht der Fundatoren erhalten.

2) die beiden Messen seien nur bei Anwesenheit der Fürsten zu halten gewesen und werden übrigens mit größerem

Nutzen und unter größerer Theilnahme in der Stadtkirche gehalten, die eine um 7 (Matur), die andre um 9 Uhr (Summa).

3) Es ist bekannt, daß die Erbfürstenthümer wiederholt in den Pfandbesitz von Akatholiken gekommen, so an Georg Markgraf von Brandenburg, an Johann Sigismund Bathori und 1622 an Bethlen Gabor.

Unter diesen Fürsten war die Abhaltung von Messen in der Schloßkapelle nicht gestattet, ja man hatte Noth, die Collegiatkirche zu behalten. Als der Custos Valentin Caulonius sich weigerte, dem Magistrat die Schlüssel der Collegiatkirche auszuliefern, warde er von Bewaffneten unter Schlägen an das Schloß-Oder-Wehr geführt und wäre in den Fluß gestürzt worden, wenn nicht der Katholik Herr von Wilczek ihn aus der Todesgefahr befreit hätte. Jene bauten eine hölzerne Kirche hinter der Collegiata auf dem Zbor und beriefen einen Prediger des augsburgischen Bekenntnisses Martin Rexta.

4) Prozessionen sind von 1542 bis 1629 wegen der aufgeregten Verhältnisse gar nicht gefeiert worden, mit Ausnahme der Frohnleichnamsprozession, die unter dem Schutze bewaffneter Bürger und Stiftsunterthanen immerdar gehalten worden. Zur Erinnerung erscheine die Bürgerwehr heute noch bei dieser Prozession bewaffnet.

Gegenwärtig geht die erste Procession zur Burgkapelle (und wird dieses vorher von der Kanzel vermeldet) am Patrocinium des hl. Thomas Cantuariensis am 29. December. Die zweite geht ebendahin am Dinstage in der Bittwoche, die dritte am Vorabende von Johannes dem Täufer nach Ostrog, dessen Kirche bei der Burg liegt. Die vierte, am Feste des hl. Marcell, scheinen unsre Vorfahren zu Ehren des Stadtpatrons eingeführt zu haben; weil aber an diesem Tage Markt, wird die Prozession seit

Jahren nur um den Ring bis zu den Dominikanern gehal=
ten. Damit die Erinnerung an die Stiftung des Bischof
Thomas II. immer frisch bleibe, wird in dem Diöcesankir=
chendirektorium diese Prozession „zum Andenken an die
Stiftung der Collegiata" aufgenommen.

Was die Einkünfte der Propstei betreffe, so seien im 15. und
16. Jahrhunderte überhaupt viele verloren gegangen. Hätten
aber die Pröpste hier wie die Custoden und Scholaster treu aus=
geharrt und sich nicht von ihrer Heerde entfernt, so würden ihre
Einkünfte besser erhalten worden sein.

Der zweite Jahrgang der in Berlin erscheinenden Zeitschrift
für Bauwesen (1852) enthält eine Beschreibung und Zeichnung
der Schloßkapelle, welche gegenwärtig zur Pfarrei Ostrog gehört.
Wir geben hier einen Auszug.

Die Kapelle ist ein Theil des alten Piastenschlosses, welches
in irregulärer Form erbaut, nur noch zum Theil erhalten ist, da
der gegen die Oder gerichtete Flügel eingestürzt ist. Von enorm
starken Mauern, diente das Schloß mehr zur Beste, als zur
Zierde. Die Kapelle, in edlem und reinem germanischen Stile
erbaut, fesselt mit Recht jeden Kunstfreund. Aeußerlich bietet der
Bau, zwischen zwei Seitenwänden eingeklemmt, wenig Erfreuliches,
ein barocker Giebel schließt das Dach an beiden Enden, aber um
so schöner ist das Innere, 37½' lang, 20' breit 44' hoch. Auf
schlanken Säulen und Säulenbündeln ruhend steigen die kühnsten
Kreuzgewölbe empor. 10 Fenster und Fensternischen, 2 große
Fenster an der Hinterwand und 2 kleinere über der Thür theilen
die Wände mit anmuthigen Linien und geben der Kapelle ein
freies, luftiges Ansehen. Links vom Eingange sind zwischen vier
Säulen (je 3 zusammen) 9 Wandnischen neben einander, welche
in einer Höhe von 11 Fuß über dem Boden zur Aufnahme von
Figuren gedient. Sowohl die Profile der Nischen als die der
Säulen, Gewölbe, Gurte und Gehäuse sind von edelster Form.
Die rechte Seite scheint in Folge eines Brandes gelitten zu haben.

Hochaltar und die 2 Seitenaltäre aus Holzschnitzwerk mit einiger Vergoldung sind von keiner besonderen Zier.

Bei dem Brande des Schlosses im Januar 1858 stürzte ein Theil des Gewölbes ein, wurde aber durch den Baumeister Starcke wieder hergestellt und die Kapelle mit einem Thürmchen geschmückt.

## 3. Die Pfarrkirche ad s. Joannem Baptistam in Ostrog.

Die in der Umgebung des Schlosses wohnenden Beamten und Unterthanen besuchten anfangs den Gottesdienst in der Burgkapelle. Da aber die Zahl der Gläubigen zunahm, konnte die Kapelle die Menge der zuströmenden Christen nicht mehr fassen. Zudem war die Veste durch Mauern und Wälle geschützt und der Zugang beschwerlich. Auch gebot die Vorsicht, nicht allen Ankömmlingen Zutritt zu gewähren, da sich unter der Menge leicht ein Feind oder Verräther einschleichen konnte.

Diese Umstände mochten die Herzoge bewogen haben, in der Nähe diesseits und jenseits der Oder einige Kirchen zu errichten. So ward die S. Nicolaikirche in Altendorf und die S. Johanniskirche in Ostrog gebaut. Gemauerte Gotteshäuser wurden damals in der unmittelbaren Nähe eines Schlosses noch nicht geduldet, weil solche dem eindringenden Feinde leicht Schutz gewähren konnten. Daher ist die S. Johanniskirche nur aus Holz aufgeführt. Wann dieselbe errichtet worden, ist unbekannt. Zum erstenmale geschieht ihrer Erwähnung im Jahre 1307. Herzog Lestko nämlich bestätigt am 22. Januar des genannten Jahres die Schenkungen seines Vaters an das Jungfrauenstift und vermehrte dieselben. Zu den 3 Hufen Landes bei der Burg gegen S. Johannis hin gab er ihnen einen zureichenden Platz zur Aufbauung eines Hofes nebst einem daneben liegenden Garten.

Bei dem durch einen Büchsenschuß veranlaßten großen Brande am Georgitage 1574 wurde auch die alte Basilika

S. Johannis in Asche gelegt. Gleiches Schicksal traf die aus den Trümmern erstandene Kirche am 10. September 1637. Der spätere Besitzer der Herrschaft Ratibor Georg Reichsgraf von Oppersdorf ließ das Gotteshaus von Holz wieder aufführen und wurde die Kirche am 7. Sonntage nach Pfingsten (11. Juli) 1649 von dem hochverdienten Suffragan und Administrator des Bisthum Breslau Balthasar Lisch von Hornau Episc. Nicopolitanus in part. consecrirt. Sie hatte 3 Altäre, das Hochaltar und zwei Seitenaltäre. Ersteres ist der hl. Jungfrau und dem hl. Johannes Baptista, das auf der linken Seite zum Namen Jesu, das auf der rechten der hl. Magdalena dedicirt.

Die Copulations- und Taufbücher beginnen mit dem Anfange des siebenzehnten Jahrhunderts und erfahren wir aus denselben, daß ein Canonikus oder Vikar an der Collegiatkirche und zwar meist der Vicedekan den Gottesdienst in Hochamt, Predigt, Katechese an jedem dritten Sonntage verrichtete und als Seelsorger von Ostrog den Titel Sacellan führte. An den Hochfesten wurden Predigt und Katechese erst Nachmittags abgehalten, damit das Landvolk nicht in die Stadt laufe und die Bürger belästige.[1]

Sacellane waren, soweit die Nachrichten gehen:

Simon Reyner 1613.

Johann Ludwig Senbecius aus Oberberg, 1646, wurde am 20. October 1653 Canonikus, Pfarrer in Gleiwitz und † am 17. October 1687.

Jakob Ignaz Nigrin aus Ratibor, 1657—60, wurde Administrator des Kreuzherrenstiftes, Pfarrer in Grotkau und † 1667.

Gregor Alois Wasik, 1660—66, wurde Canonikus, Pfarrer in Lubowitz und Slawikau, wo er 1668 als protonotar apost. starb.

Simon Motloch aus Bogunitz, Vikar 1663, Sacellan 1666 bis 1668, wurde Pfarrer in Bauerwitz und baute die dort vor der Stadt auf dem Wege nach Leobschütz zu liegende S. Josefskapelle.

Laurent Johann Malet, 1668—77.

---

[1] Bericht Walters vom Jahre 1739 im II. Theile der Collegiatstiftsmatrike.

Peter Paul Lorin aus Gleiwitz 1677—1705. Er ließ in Brieg die große Glocke gießen, vermachte die Hälfte seines Vermögens von 2000 rtlr. den Vikaren, die andre Hälfte verschämten Armen.

Mathias Franz Glük, 1705—21.

Thomas Thaddäus Walter, geboren 1690 in Gleiwitz, studirte in Breslau, war ein Liebling des Schloßbesitzer Carl Heinrich Graf Sobeck, wurde 1721 Administrator, 1724 wirklicher Sacellan, ließ 1726 den Thurm und 1730 die Orgel bauen und die Kirche renoviren, wurde 1751 Scholastikus und † 1761.

Josef Jäkel aus Ratibor, 1760—73.

Bonaventura Czyrzowski aus Loslau, 1773—1792, ließ die Kirche malen, die Fenster vergrößern, erwarb 1782 für die Octave des Patrociniums Plenarindulgenz und † am 25. November 1792.

Johann Franz Friedrich am 29. December 1792 zum Pfarrer von S. Johann nominirt war zuerst Franciskaner, dann Canonikus, zeichnete sich als deutscher Kanzelredner aus und starb am 19. August 1794.

Lazar Paritius aus Oppeln, wurde am 12. October 1794 nominirt. Unter ihm wurden Hochaltar und Kanzel restaurirt. Er starb am 5. April 1806, 46 Jahr alt.

Carl Dronke, geb. in Schlawentzütz am 28. November 1766, ordinirt am 19. December 1789, Sacellan von 1806 bis 1811, baute die neue Schule auf, wurde am 15. November 1811 als Pfarrer von Tost investirt und starb daselbst als emeritirter Erzpriester, Schuleninspector, Jubilar und Senior der Diöcese am 22. Mai 1855.

Andreas Kubiczek, geboren am 21. November 1774 zu Bentowitz, studirte in Rauden, Leobschütz und Breslau, kam 1798 als Caplan nach Autischkau, wurde 1805 Vikar in Ratibor, 1811 Sacellan in Ostrog, erkaufte 1815 für 400 rtlr. ein Haus zur Pfarrwohnung, das er 1817 bezog. Er baute auf dem Kirchhofe eine Begräbnißkapelle, in welcher bei Exequien und kirchlichen Feierlichkeiten die hl. Messe gelesen werden kann, vermachte dem Convict für katholische Theologen 1000 rtlr., auf sein Anniversar 200 rtlr., zur Vermehrung der Pfarrbibliothek 100 rtlr., zur Gründung einer Kaplanfundation 500 rtlr., zur Gründung eines Emeritenfonds 300 rtlr., der Schule in Ostrog 100 rtlr., in Plania 50 rtlr. Universalerbe wurde die Kirche zu Ruberswald, die eines eigenen Geistlichen dringend bedurfte.

Kubiczek starb am 7. April 1845 an der Wassersucht und liegt in der von ihm erbauten S. Nepomuk-Kapelle.

Stefan Strzybny, geboren am 16. December 1813 in Köbrowitz, studirte in Leobschütz und Breslau, erhielt am 10. März 1839 die Priesterweihe, wurde Caplan in Bauerwitz, 1840 Caplan in Ratibor, Pfarrer von Ostrog im October 1845 bis 5. April 1848, wo er dem Typhus erlag.

Nicolaus Morawe aus Zottwitz, geboren am 6. December 1813, studirte in Breslau, wurde am 25. Mai 1839 Priester, Caplan und Kreisvikar in Loslau, Lokalist in Dziergowitz, December 1846 Curatus in Ratibor und erhielt 1848 das Dekret als Pfarrer von Ostrog.

Hilfspriester waren:

Commorant: Exconventual Benno Graf, 1811—31.

Commorant: Exconventual Silverius von Samonsky, † am 24. December 1839.

Anton Scharf, emerit. Pfarrer von Markowitz, † am 2. December 1833.

Caplan Carl Rölle aus Dubensko, 1840—45.

Caplan Gottfried Kornek aus Klein-Peiskerau 1849, jetzt Pfarrer in Sadewitz.

Commorant Ignaz Zymny aus Lubowitz, emeritirter Pfarrer von Lubowitz, 1855.

Commorant Paul Ciupke, emeritirter Pfarrer aus Autischkau, starb am 10. April 1855.

Caplan Carl Palitza aus Ratibor, seit 1857.

Zur Pfarrei Ostrog gehörten die Ortschaften: Ostrog, Plania, Bosatz, Ratiborer Neustadt und Propsteigrund. Doch sind nun die beiden letztgenannten als Theile der Stadt abgezweigt.

Da die bisherige Kirche nicht einmal die eigenen Parochianen, vielweniger die zahlreich (namentlich zum Patrocinium) herbeiströmenden Pilger aufnehmen kann, so faßte der gegenwärtige Pfarrer Morawe den kühnen Entschluß, auf einem von dem Stellenbesitzer Jakob Schöpp zum Theil geschenkten, dicht neben der Kirche liegenden Garten im gothischen Stile ein großartiges Gotteshaus aufzuführen. Der Grund wurde dazu am 29. Juni 1856 gelegt und das Werk so rasch gefördert, daß der imposante Bau bereits Herbst 1860 unter Dach gebracht werden konnte. Da Ratibor wegen der wenigen und niedrigen Thürme sich von keiner Seite besonders hervorhebt, so wird der majestätische Bau nach seiner Vollendung der Stadt zur besonderen Zier gereichen. Möge Jeder dieses Ziel durch sein Scherflein fördern.

## 4. Die Kirche unserer lieben Frau, vom Volke „Matka boża" genannt,

wurde aus Dankbarkeit gegen Gott und die Fürsprache der seligsten Jungfrau Maria im Jahre 1432 von einem Ratiborer Bürger in Folge wunderbarer Lebensrettung zunächst von Holz erbaut. Sie wurde der Pfarrei Altendorf unterstellt und wir gedenken ihrer Geschichte hier nur aus dem Grunde, weil sie auf dem Stadtfelde steht. Diese Kirche wird bereits in einer vom Herzog Wenceslaw am 15. Juni 1445 ausgestellten Urkunde bei Beschreibung eines Gartens also erwähnt: „wenn man von der Stadt gehet durch den Neugarten zu unsrer lieben Frauen-Kirche auf dem Felde gelegen, oder gegen Troppau ꝛc."

Zu Anfang des 17. Jahrhundertes war die Kirche baufällig und wurde von dem Custos Valentin Caulonius, der zugleich Pfarrer in Altendorf war, wieder hergestellt. Bischof Carl von Breslau gab unter dem 10. August 1617 dem obengenannten Pfarrer die Erlaubniß in der restaurirten, aber noch nicht consecrirten Kirche auf einem Portatile zu celebriren.

Der Gottesdienst wurde alljährlich 5 Mal, nämlich an den Mittwochen in der Oster- und Pfingstoctave, an den Festen Mariä Heimsuchung, Himmelfahrt und Geburt gefeiert; bisweilen wurde auch außerdem von der Stadt eine Prozession nach der Wallfahrtskirche unternommen und Trauungen in derselben abgehalten. Sie hatte ein Thürmchen und war im Innern geschmückt mit vielen Votivgegenständen, als: silbernen Kronen, Strahlen, Tafeln

Ketten, Ringen, Sternen, Augen, Herzen, Münzen ꝛc. Im Jahre 1726 waren bereits 170 Nummern verzeichnet.

Von 1686 bis 1723 werden 26 Personen aufgezählt, welche in Folge ihres Vertrauens auf die Fürbitte der Mutter Gottes Erleichterung und Heilung gefunden. Die Einnahme bestand im Klingelbeutel, der sehr reichlich ausfiel, in geschenkten Wachslichtern und in einigen Legaten.

Der eifrige Pfarrer Laurentius Klentzka ein Ratiborer Stadtkind beschloß, ein massives Gebäude aufzuführen. Am 19. Juli 1723 wurde die hölzerne Kirche abgetragen, in Pawlau aufgestellt[1] und der Grundstein zur neuen gelegt.

Unter den Wohlthätern zeichneten sich aus: Elisabeth von Rogoißka geb. von Maisiger, Frau auf Lissek und Dzimirz schenkte 160 Klaftern Holz zum Ziegelbrennen. Die Stände der Fürstenthümer Oppeln und Ratibor gaben 100 Glb., die zu Troppau 20, die zu Jägerndorf 12 Glb. Elisabeth Gräfin Gaschin geb. Lobkowitz 100 Guld. Mathias Geldner Kürschner aus Baiern 300 Glb. Anton Graf von Pibo aus Troppau 50 Glb. Eva Klimaßka aus Studzienna 140 Glb. An Eisen lieferte Franz Graf von Tenczin und Graf von Praschma aus Zabrze je 3 Centner, Graf von Vertugo 2 Centner. Die Kranowitzer leisteten Fuhren zu 400 Klaftern, der Abt von Rauden lieferte das Holz billig und der Scholz in Groß‑Peterwitz gab zur Vergoldung der kleinen Altäre 50 flor.

Elias Daniel von Sommerfeld Bischof von Leontopolis in part., der sehr viele Kirchen consecrirte, weihte am 25. September 1736 die beiden Glocken, von denen die größere die Namen Maria, Ludovicus Tolofanus und Allerheiligen, die kleinere Johannes von Nepomuk und Carolus Boromäus führen.

---

[1] Die Jahreszahl der alten Kirche ist noch zu lesen.

## 5. Die Grabkapelle.

Georg Graf von Oppersdorf, Majoratsherr von Oberglogau, Besitzer der Herrschaft Ratibor, der schon 1634 in Oberglogau ein hl. Grab errichtet hatte, erbaute hier 1647 zur Ehre des allmächtigen Gottes und um das Andenken an Christi Leiden zu fördern, einige hundert Schritt vor seinem Schlosse eine Kapelle des hl. Grabes nach der Form und Größe, wie sie bei Jerusalem besteht, und sorgte dafür, daß in derselben alle Monate einmal das hl. Meßopfer dargebracht würde.

Er bat nämlich den Prior Martin und den Convent der Dominikaner, am ersten Freitage eines jeden Monats, oder wenn dies ein Festtag sein sollte, am nächsten Tage in dieser Kapelle zur Erinnerung an das Leiden und Sterben Christi zu celebriren. Der Fundator bestimmte dazu 116⅔ rtlr., die zu 6 pro Cent verzinst 7 rtlr. brachten. 6 rtlr. wurden als Stipendien für den Priester und 1 rtlr. für Wein und Kerzen berechnet. Der Provincial hatte bereits die Genehmigung zur Uebernahme der Verpflichtung ertheilt.

In dem am 22. März 1647 errichteten Vertrage, in welchem außer dem Prior Martin, der Supprior Thomas Laßki, die Fratres Honorius Elsicius, Hilar Sontkowitz, Franz Chrabak, Beichtvater der Jungfrauen, Laurent Sacristan, Hyacinth Markowetz sich unterschrieben, ist ausdrücklich vorbehalten, diese Fundation einer andern Kirche überweisen zu können, wofern sich einige Lässigkeit in der pünktlichen Verrichtung zeigen sollte. Der Weihbischof Balthasar Lisch von Hornau, Administrator des Bisthums wurde gebeten, die Stiftung zu bestätigen und erfolgte die Confirmation am 2. Mai 1652 von Neisse aus. Schon im Jahre 1666 übertrug aber das geistliche Amt die Fundation dem Pfarrer Johann Crocin in Altendorf und seinen Nachfolgern im Amte.

Johann Crocin, Lucas Slanin der 1682 starb und Simon Ottic der 1711 starb, blieben im ungestörten Genusse dieses

Beneficiums. Laurentius Franz Klentzka übernahm am 25. Juni 1711 die Pfarrei Altendorf und Carl Heinrich Freiherr von Sobeck und Rauthen erkaufte den 26. November 1712 Schloß und Herrschaft Ratibor.

Der Pfarrer ließ das Kapital dieser Fundation, wie noch andre Kirchengelder, auf dem Schlosse stehen und stellten von Sobeck nebst seiner Gattin Maximiliana geb. Gräfin von Bertugo am 1. Januar 1713 einen Schuldschein aus. Das gute Verhältniß zwischen Patron und Pfarrer wurde 14 Jahre später getrübt, als Graf Sobeck auf die Jurisdiction über ein Häuschen, das der Kirche gehörte, Anspruch machte.

Während des Prozesses, der sich von 1726 bis 1731 zog, übertrug der Graf die Fundation der hl. Grabeskapelle seinem Liebling, dem Vikar Thabdäus Walter. Klentzka, der eben den Massivbau der Muttergotteskirche ausführte, verzichtete des lieben Friedens wegen auf sein Recht. Die Kapelle und Fundation kam nun unter den Sacellan von Ostrog und ist bis dato dieser Kirche einverleibt geblieben. Im Jahre 1854 wurde sie renovirt und benedicirt. [1]

In der Charwoche wird das hl. Grab prächtig erleuchtet und von vielen Andächtigen besucht.

## 6. Die evangelische Kirche.

Die Erbfürstenthümer Oppeln = Ratibor waren mehrmal im Besitze von Protestanten, nämlich unter Markgraf Georg von Brandenburg (1532—1543), Isabella von Ungarn (1551 bis 1557), Sigismund Bathori von Siebenbürgen 1598 und Bethlen Gabor von 1622 bis 1623. Die Priester blieben dem alten Glauben treu, die Väter der Stadt aber neigten sich dem neuen zu und versuchten einen Prädikanten, dessen Predigt sie 1532

[1] Das Grab ist 8 Fuß lang, 7 Fuß breit und 7 Fuß hoch. Nur gebückten Hauptes gelangt man in dasselbe, denn vor dem Eingange liegt ein im Fußboden befestigter Stein.

mit Begierde hörten und den sie der Reihe nach zum Mahle luden, in die Collegiatkirche einzuführen. Es gelang ihnen aber nicht, da die Stadt zu keiner Pfründe ein Besetzungsrecht hatte. Der furchtbare Brand, der 1546 fast die ganze Stadt verzehrte und die Schlacht bei Mühlberg ließen die Neuerung in den Hintergrund treten.

Obgleich Isabella zugesagt, die katholische Religion im bisherigen Zustande zu belassen, so wurden doch nach dem damals geltenden Satze cujus regio, illius et religio, die Glaubensgenossen der jedesmaligen Fürsten begünstigt. Die Protestanten bauten eine hölzerne Kirche auf dem Zbor, beriefen einen Prediger Martin Rexta und waren 1556 nahe daran, einen polnischen Prediger in der Collegiatkirche einzuführen. Nach dem Abzuge Isabellas änderten sich jedoch die Verhältnisse. Den Katholiken gelang es Mitte December 1607 ein kaiserliches Privilegium zu erhalten, wonach die Lutheraner in Ratibor von bürgerlichen Freiheiten ausgeschlossen wurden.

In dem Kämmereidorfe Brzezie hatte Hans von Reiswitz und Kanderzin auf Silberkopf und Brzezie eigenmächtig einen lutherischen Prediger eingesetzt. Der Magistrat bat den Bischof Johann von Sitsch, einen katholischen Priester für Brzezie anzuordnen. Dieser schrieb als oberster Hauptmann am 29. März 1607 an den von Reiswitz und am 15. März 1608 an den Landeshauptmann der Fürstenthümer Christofer Freiherr von Proskau, den von Reiswitz von einer Handlung abzumahnen, die gegen die Vorschriften des Kaisers und die Jurisdiction des Bischofes verstoße. Auch sein Nachfolger auf dem bischöflichen Stuhle zu Breslau Erzherzog Carl wendete sich, auf ein vom Custos Valentin Caulonius erhaltenes Schreiben, Otmachau am 9. Februar 1610 an den Landeshauptmann, sich der Sache anzunehmen. Da inzwischen der Rath sich gleichfalls um Schutz an den Bischof gewandt, so wiederholte er am 16. Februar 1610 die Weisung. (Magistratsacten).

In der Stadt erkauften sich die Augsburgischen Confessions= verwandten in Folge des zu Prag am 20. September 1609 vom Kaiser ertheilten Majestätbriefes ein Haus, um aus demselben eine Kirche zu machen, und befestigten es mit Waffen (Flinten und Hellebarden).

Da sie aber den Gottesdienst nur in einem Hause hielten, den Prediger (Paul Herda aus Bielitz) eigenmächtig eingeführt und gegen die von Rudolf gegebenen Privilegien gehandelt, so erschien 1616 der bischöfliche Kanzler, stellte einen Soldaten an die Kirche und ließ 20 Protestanten ins Gefängniß führen, in welchem sie 35 Wochen saßen. Den Prädikanten zwang man die Gemächer und Kasten der Kirche aufzuschließen, 1 Kelch, 2 Al= tartücher, 1 Ornat, 4 Chorröcke und die Kirchenagende wurden fortgenommen, die Kirche verschlossen und versiegelt, die Waffen auf dem Rathhause verwahrt, der Prediger mit Weib und Kind eines Morgens durch 60 Soldaten aus der Stadt escortirt, den protestantischen Einwohnern Trauung und Begräbniß, Bürgerrecht und Erlernung der Handwerke untersagt. Der Landeshauptmann hatte eine Commission zur Untersuchung veranstaltet und wählte dazu Katholiken und Protestanten. 6 Personen wurden aus der Stadt, 10 aus den Fürstenthümern verwiesen und mußten einen Revers unterschreiben, das Gebiet nicht mehr zu betreten.[1]

Sie brachten auf dem Fürstentage zu Breslau und dem Landtage zu Oppeln ihre Beschwerden vor. Von den Ständen, die es mit Friedrich von der Pfalz hielten, wurden ihnen am 27. Mai 1619 an Geld 100 rtlr. bewilligt und Schutz verhei= ßen. Aber die Ratiborer drangen durch die Fenster in die Kirche und schnitten das Altarbild aus.

Jene richteten sich wieder mit Kirche und Schule ein und schrieben an Bethlen Gabor sie zu schützen und mit irgend einer

---

[1] Fuchs, Beilage zur Religionsgeschichte der Fürstenthümer Oppeln und Ratibor. (Breslau 1775.) S. 79. Schickfuß, Schlesische Chronik 1, 260.

herzoglichen Fundation, deren sie ganz entbehren, zu unterstützen.
Doch der Siebenbürger regierte nicht lange und durch den Dres=
dener Accord[1]) verloren sie in den Erbfürstenthümern alle
Freiheiten.

In dem 1645 bei der Verpfändung an Polen geschlossenen
Vertrage wurde stipulirt, daß der Pfandbesitzer die katholische Re=
ligion aufrecht erhalte. In einem noch erhaltenen Stadtbuche,
welches von 1663 bis 1668 reicht, wird hervorgehoben, daß nur
Ein Protestant und zwar ein Fremdling aus Crossen hier wohne.
Laut Visitationsprotokoll von 1690 war nur Eine Frau und
einige zugewanderte Gesellen der Augsburgschen Confession zuge=
than.

Nach der Besitznahme Schlesiens durch Preußen kamen einige
evangelische Beamte, Soldaten und Handwerker (namentlich Tuch=
macher aus Bielitz) nach Ratibor und feierten seit 1749 in einem
Saale auf der Hauptwache[2]) den Gottesdienst.

Dieses der Kämmerei zugehörige Haus brannte 1776 nie=
der. Der Gottesdienst wurde jetzt im Sessionszimmer des Rath=
hauses gehalten, das aber so klein war, daß kaum 100 Menschen
darin Platz fanden. Die Civilgemeinde, die im Jahre 1770
schon aus 40 Männern, 33 Frauen, 55 Kindern (26 Knaben
29 Mädchen), 13 Gesellen und 6 Dienstboten, zusammen aus
147 Seelen bestand, wünschte für sich und das Militair ein Bet=
haus zu haben. Baudirector Schultz aus Breslau versprach
1779, aus den Baufonds des Staates der Garnison eine evan=
gelische Kirche aufführen zu lassen und schickte im Herbst den Zim=
mermeister Johann Krummenow aus Löwen, der eben in Neustadt
arbeitete, nach Ratibor. Am 4. November 1779 wurde der
Contract geschlossen, in welchem er sich verpflichtete, für 3100 rtlr.

---

[1]) Lünig's Reichsarchiv pars. spec. I. p. 95.
[2]) Die Hauptwache (jetzt Gastwirth Hilmersche Eckhaus auf dem
Ringe) hieß damals Gemeinhaus, war massiv und hatte 2 Etagen.
Unten war 1 Zimmer für die Offiziere, 1 für die Unteroffiziere und
Gemeine, oben war der Saal.

die Gebäude auf der neuen Gasse (von der Straße etwas einge-
rückt) aufzuführen. Am 12. October war schon der Grundstein
gelegt worden. Feldprediger Wilde, der die Rede hielt, sammelte 164 rtlr. zum Bau, die Haus- und Kirchenkollekte in der
Provinz brachte 237 rtlr. ein. Aber der Bau ging durch die
Schuld des Entrepreneur nur langsam von Statten und wurde
erst 1782 vollendet. Bildhauer Johann Nitsche verfertigte Altar
und Kanzel für 250 rtlr., der Orgelbauer Gottfried Scheffler
aus Brieg (1781) die Orgel für 200 rtlr. Der Feldprediger
hielt Sonntags früh, der Civilprediger Nachmittags den Gottesdienst.

Frau Hauptmann Mariane Dorothea von Rüde geb. Bene-
gust fundirte laut Testament vom 5. April 1783 der Kirche 50 rtlr.,
für deren Zinsen jährlich am Tage der hl. Dorothea eine Bet-
stunde gehalten werden sollte, und Salzcontrolleur Johann Georg
Philipp Wagner mit seiner Gattin Maria geb. Krutisch vermachte
testamentarisch am 11. December 1795 zur Stiftung einer Sil-
vesterpredigt 120 rtlr. Derselbe Wohlthäter gab etwas später
80 rtlr., damit bei dieser Predigt Lichter brennen.

Noch vor Ablauf des Jahrhunderts war schon eine Reparatur der Kirche erforderlich und nachdem diese geschehen, drohten
1815 Bedachung und die Pfeiler der Kirchhofsumzäunung dem
Einsturz.

Die Kirche war bis 1807 mehr Garnisonkirche gewesen, in
welcher während der letzten Zeit der Feldprediger mit dem der
Civilgemeinde einen Sonntag um den andern mit der Predigt
abwechselten; erst in dem genannten Jahre, wo die Stadt von
Militair frei wurde, ging die Kirche an die Civilgemeinde über.

Im Jahre 1811 vermachten die Kammerrath Jäschkeschen
Eheleute 200 rtlr. 1816 hatte die Kirche 965 rtlr. Activa
elocirt und bestand das Vermögen aus 1156 rtlr. Chirurg
Carl Sander vermachte in dem am 24. März 1819 publicirten
Testamente 100 rtlr., damit am Sonntage nach S. Anna seiner

verstorbenen Tochter Anna gedacht und nach der Predigt ein be=
stimmtes Lied gesungen werde.

Im Jahre 1823 wurde das Rectorat von der Predigerstelle
getrennt, für die Kirche ein besonderer Prediger, für die Schule
ein zweiter Lehrer angestellt.

Wegen des auf schlechtem Grund erbauten Gotteshauses war
schon seit einem Jahrzehent das Bedürfniß eines festeren, dauer=
hafteren Gebäudes gefühlt worden. Auf eine Bitte an S. Ma=
stät schenkte Friedrich Wilhelm **III.** vermittelst Cabinetsordre vom
16. Januar 1821 die veröbete Jungfrauenkirche zum hl. Geist.
Außerdem gab der König zur Einrichtung die Summe, für welche
Fiscus das alte Kirchengebäude verkauft.

Die Kirche besaß damals an Kapital 2345 rtlr., die Stadt=
verordneten-Versammlung bewilligte September 1829 den Patro=
natsbeitrag von 682 rtlr. Die Beiträge der Gemeinde waren so
weit gediehen, daß im Frühlinge 1830 der Ausbau der Kirche
und des Thurmes unter Leitung des Königlichen Bauinspektor
Fritsche begonnen werden konnte. Weil aus der früheren Kirche,
auf dem jetzigen Marcellusplatz, Altar und Orgel in das neue
Lokal gebracht wurden, hielt man den Gottesdienst durch 3 Mo=
nate im Prüfungssaale des Gymnasiums.

Endlich brach der erste Adventsonntag (28. November) des
Jahres 1830 an, der Tag, welcher zur Einweihung bestimmt
war. Die Behörden, die protestantischen Schüler des Gymnasium
und die Kinder der Elementarschule versammelten sich im Rath=
hause, wo Pastor Senkel eine Anrede hielt. Hierauf begab sich
der Zug in Prozession unter Glockengeläut nach der neuen Kirche.
Am Eingange übergab der Bauinspector dem Bürgermeister die
Schlüssel und dieser dieselben einem Kirchenvorsteher. Superin=
tendent Handel aus Neisse hielt vom Altare aus die Rede, in
welcher er an die frühere Bestimmung des Gotteshauses erinnernd
zeigte, daß die wichtigsten Epochen des menschlichen Lebens durch
kirchliche Handlungen geweiht und geheiligt werden. Hierauf

folgte die Liturgie und dieser die Predigt, gesprochen vom Pastor Senkel über das Thema: „Worin besteht die wahre Weihe des Gotteshauses?" Das Festmahl wurde im Jaschkeschen Lokale gehalten. Schon damals wurde ein Fonds zur Anschaffung einer Glocke gebildet. [1])

Durch Verhandlung vom 10. Juli 1830 wurden 81 Ortschaften Ratiborer Kreises und laut Vertrag und Bestätigung vom 27. Juni 1831 15 Ortschaften des Koseler Kreises hieher eingepfarrt mit der Bestimmung, daß die Landbewohner bei der Wahl des Pastors keine Stimme haben und nur ¼ dessen an Beiträgen zu Baukosten ꝛc. beitragen, was ein Contribuent der eigentlichen Pfarrgemeinde zahlt.

Der pensionirte Steuereinnehmer Krügel vermachte 1835 testamentarisch der Kirche 200 rtlr., für die neu zu organisirende Anstalt zur Bewahrung des evangelischen Bekenntnisses 200 rtlr.

Am 3. December 1837 wurden 3 angeschaffte Glocken (14 Ctr., 8 Ctr., 4 Ctr.) auf den Kirchthurm gezogen. Sie kosteten 1500 rtlr.

Im April 1842 wurde der Bau der Pastorwohnung in Angriff genommen. Ein mit Schindeln gedecktes Haus auf der Jungfrauengasse wurde abgebrochen und ein massives 2 Etagen hohes Gebäude zur Wohnung des Pastors und Küsters aufgeführt.

Die seit 1841 geordnete Superintendentur Ratibor hat 6 Parochien mit 7 Geistlichen unter sich, nämlich Ratibor, Leobschütz, Neustadt, Mocker, Pommerswitz und Rösnitz.

## Feldprediger:

Falkenthal von 1763.

Wilde 1779, wurde 1789 als Inspector (Senior) nach Bernstadt befördert.

---

1) Schlesische Provinzialblätter Bd. 95. Anhang S. 8—13.

Schliepstein aus Detmold, bisher Garnisonprediger in Spandau, wurde 1789 Feldprediger bei dem von Dalwigschen Regiment bis 1792.

Heinrich Wilhelm Frosch aus Rohrbeck bei Spandau, Sohn des dasigen Predigers, Hauslehrer bei General von Dalwig, wurde 1792 zum Feldprediger des Kürassier-Regiments ernannt und 1807 als Pastor primarius nach Winzig berufen.

### Civilprediger:

Magister Johann August Fischer war in den letzteren Jahren des 7jährigen Krieges Lazarethprediger gewesen, wurde dann Hofmeister bei Herrn von Holly auf Pawlau, 1779 Prediger und Schulrector in Ratibor. Die Kämmerei in dürftigen Umständen gab ihm an Gehalt 60 rtlr. Die Gemeinde verpflichtete sich zu Freitischen. Er starb am 22. Januar 1795. [1]

J. E. Striesche, 1795—1802, in welchem Jahre er am 6. September, 42 Jahr alt, an der Brustkrankheit starb.

Johann Erdmann Janus, 1793 als Rector angestellt, wurde 1803 ordinirter Prediger. Nachdem er sein Amt krankheitshalber niedergelegt und Pension erhalten, fiel nach abgehaltenen Probepredigten die Wahl auf den Candidaten

Emil Cretius zu Nassiedel, der vom Magistrat am 5. März 1824 vocirt, von der Königlichen Regierung am 14. Januar 1825 bestätigt und von Superintendent Handel aus Neisse am 25. Mai installirt wurde. Im September 1828 ging Cretius nach Niederschlesien und ihm folgte

August Senkel, der aber erst am 8. August 1830 durch den obengenannten Superintendenten installirt wurde. Da er den Austritt aus der unirten Landeskirche erklärte und suspendirt wurde, wirkten 2 Missionaire an der Stelle, nämlich Huff und

Ludwig Carl Albert Flotow, Prediger zu Trebschen von 1818 bis 1821, Rector der Schule zu Pleß von 1827—1836,

---

[1] Nekrolog in den Provinzialblättern Bd. 21. S. 195.

Vertreter in Ratibor, erhielt später das Pastorat in Schnellwalde bei Neustadt.

Carl Redlich, Diakon in Steinau, 1837 gewählt, am 14. Januar 1838 durch den Superintendent Handel als Pastor eingeführt, wurde 1841 Superintendent und erhielt am 18. Januar 1856 den rothen Adlerorden 4. Klasse.

Als Diakone, welche zu Hultschin, Katscher und in Bauerwitz Gottesdienst halten, fungirten:

August von Cöln, am 3. October 1852 eingeführt, ist jetzt Pastor in Groß-Glogau.

Robert Strauß, im October 1854 eingeführt, jetzt Pastor in Mühlwitz bei Bernstadt.

Licentiat Heinrich Gideon Bernstein, trat October 1858 sein Amt an und wurde 1860 Pfarrer in Anhalt.

Friedrich Anderson, am 15. April 1860 eingeführt.

Die Stadtgemeinde zählte:

| | | | | | |
|---|---|---|---|---|---|
| 1770 | . | 145 Seelen. | 1844 | . | 1220 Seelen. |
| 1820 | . | 773 „ | 1847 | . | 1399 „ |
| 1823 | . | 791 „ | 1852 | . | 1423 „ |
| 1826 | . | 880 „ | 1855 | . | 1586 „ |
| 1832 | . | 982 „ | 1859 | . | 1547 „ |
| 1839 | . | 1189 „ | | | |

In sämmtlichen 113 zur Parochie gehörigen Ortschaften befinden sich 2400 Seelen.

## 7. Betsaal der altlutherischen Gemeinde.

Nachdem Pastor Senkel 1835 seinen Austritt aus der unirten Landeskirche unwiderruflich erklärt hatte, erfolgte eine Trennung der Gemeinde. Die Separatisten beriefen im Januar 1843 den Candidaten Gaudian und mietheten einen Betsaal in dem auf der Salzgasse gelegenen Böttcher Rietsch'schen Hause. Diese Gemeinde zählt gegenwärtig 54 Seelen.

## 8. Synagoge.

Seite 109 ist erwähnt worden, daß die Juden bereits im 15. Jahrhunderte eine Synagoge in der Stadt hatten, aber bei der allgemeinen Verfolgung auch Ratibor verlassen mußten. In der Oppeln=Ratiborschen Landesordnung vom Jahre 1561 war im Artikel 54 festgesetzt: Kein Herr, Prälat oder Ritter darf ohne Bewilligung des Kaisers Städte oder Dörfer mit Juden be=setzen, den Unterthanen dürfen sie ohne Bewilligung der Grund=herrn kein Geld auf Wucher d. h. auf Interessen leihen. Von einer Mark dürfen wöchentlich nur 2 kleine Heller genommen werden. [1])

Das Toleranz=Impost=Patent wurde am 8. Mai 1713 zu Breslau publicirt. Jeder Jude mußte jährlich, wenn er possessio=nirt war, für sich 1 fl. 30 kr., für seine Frau 45 kr., pro Kind 15 kr., wenn er nicht possessionirt war das Doppelte für sich und seine Frau geben. Außerdem waren sie dem Vermögen nach in 6 Klassen getheilt und mußten 3 bis 18 Gulden, 6 bis 21 Gulden jährliches Toleranzgeld dem Acciseinnehmer gegen einen Legitimationsschein zahlen. [2])

Im Jahre 1729 waren auf der Herrschaft Ratibor David Samson ein Branntweinpächter und Isaak Beer ein Krämer. Die hiesige Kaufmannschaft wurde zwar noch 1736 vom Kaiser Carl VI. dahin privilegirt, daß weder in noch um die Stadt ein Jude aufgenommen werden durfte, doch allmählich fanden sich in Bosatz einige Familien, namentlich aus Zülz ein, und entrich=teten ihre Toleranzgebühren. Später vermehrten sie sich und Salomo Josef baute sich 1784 bereits in der Vorstadt Brunken an. Wie sehr sich die israelitische Genossenschaft bei dem Em=pfange des König Friedrich Wilhelm II. ausgezeichnet, haben wir bereits Seite 240 erwähnt.

[1]) Brachvogel, continuirte Sammlung der Kaiser= und Könige=lichen Privilegien VI, 1720.

[2]) Marperger Schles. Kaufmann. (Breslau 1714.) S 705.

Im Jahre 1791 mußten alle Juden in Schlesien Familiennamen annehmen.

Im Jahre 1798 nahm die Knopfmacherzunft den Michael Reisser, welcher diese Profession erlernt hatte, auf sein Ansuchen in ihre Genossenschaft auf. In Betracht, daß dieses Beispiel um so mehr Belobigung und Aufmunterung verdiente, da nur auf diese Art bei den vielen Zunfteinschränkungen den Juden die Erlernung der Professionen eine nützliche Erwerbsgelegenheit werden konnte, wurde dem Mittel dafür von der Breslauer Kriegs- und Domänenkammer eine Prämie von 25 rtlr. ertheilt und verfügte dieselbe Behörde die Bekanntmachung dessen durch die Provinzialblätter[1]) und an die Gewerbe in allen Städten.

Am 11. März 1812 erhielten die Juden freies Bürgerrecht und hörte das Schutzgeld, welches dem Staate gegen 10,000 rtlr. gebracht, gänzlich auf. In Ratibor erhielten das Bürgerrecht zuerst Nathan Lewy, Salomon Baruch, Bonheim, David Meyer.

Die israelitische Gemeinde, welche bisher eine Privatschule hinter dem ehemaligen Schloßgarten hatte, in der sie auch an den Sabbaten zusammenkamen, kauften vom Tischler Hornung auf der Schuhbankgasse einen Platz zu einer Synagoge, zu der am 9. Juni 1828 der Grundstein gelegt wurde. J. Wolfson hielt die Rede über den 1. Vers des 121. Psalmes: „Ich freue mich, wenn man mir sagt: Lasset uns gehen zum Hause des Herrn." Der Bau wurde nach einer Zeichnung der Königlichen Regierung zu Oppeln ausgeführt.

Ehe hier eine Gemeinde constituirt war, mußten die Leichen zur Beerdigung nach Zülz, Hotzenplotz, Langendorf oder Nikolai, jenachdem die Familie sich zu der einen oder andern Gemeinde hielt, gefahren werden. In Folge einer Amtsblattverfügung vom 24. Mai 1814 errichtete die israelitische Gemeinde einen Begräbnißplatz hinter Altendorf unweit der Leobschützer Straße.

---

[1]) Schl. Provinzialblätter 27. Bd. S. 471.

In Ratibor waren:

| | | | | | | | |
|---|---|---|---|---|---|---|---|
| 1772 | . | 2 | Seelen. | 1824 | . | 261 | Seelen. |
| 1786 | . | 15 | „ | 1826 | . | 380 | „ |
| 1788 | . | 19 | „ | 1831 | . | 478 | „ |
| 1790 | . | 25 | „ | 1837 | . | 580 | „ |
| 1791 | . | 37 | „ | 1840 | . | 713 | „ |
| 1797 | . | 52 | „ | 1847 | . | 777 | „ |
| 1819 | . | 227 | „ | 1852 | . | 957 | „ |
| 1821 | . | 248 | „ | 1859 | . | 1074 | „ |

Zu der seit 1855 constituirten Synagogengemeinde gehören außer der Stadt noch die umliegenden Ortschaften.

Die Gemeinde besteht gegenwärtig aus 1120 Seelen, darunter befinden sich 175 stimmberechtigte Männer. Aus ihnen werden 5 und 2 Stellvertreter zum Vorstande und 12 zu Repräsentanten und 2 zu Stellvertretern gewählt.

Rabbiner war seither: Löwe seit 1828, mit 400 rtlr. Gehalt und Accidenz. Ein Cantor Moritz mit 250 rtlr., zwei Schächter Baß und Lisser mit 300 und 200 rtlr. und ein Synagogendiener Landsberger mit 200 rtlr. angestellt.

Alle beziehen ihre Besoldung aus der Gemeindekasse, die durch Beiträge von den dazu gehörigen Familien zusammengebracht wird und woraus auch die Unterhaltung der Synagoge und des Begräbnißplatzes bestritten wird.

# *II.* Abschnitt.

## Klöster.

---

## 1. Das Dominikanerkloster ad s. Jacobum.

Hyacinth und Czeslav, zwei oberschlesische Heilige aus edler Familie hatten in Rom aus den Händen des hl. Dominikus das Ordenskleid erhalten. Zurückgekehrt wurde Ersterer Prior des im Jahre 1219 zu Crakau von dem Bischofe Iwo gegründeten Klosters. Von hier aus verbreitete sich der Orden in kurzer Zeit nach mehren Richtungen; in Böhmen, Schlesien, Polen, Preußen und Pommern wurden Pflanzstätten gegründet. Wegen ihrer strengen Disciplin und des Eifers im Predigtamte waren die Dominikaner überall sehr beliebt. Auch in Ratibor fanden sie schon früh eine freundliche Aufnahme. Sie begnügten sich anfangs mit einem einfachen Hause. Besonderes Wohlwollen trug der Landesfürst zu ihnen und finden wir 8 Ordenspersonen aus Ratibor an seinem Sterbebette zu Kosel, wo er am 29. October 1246 seinen letzten Willen anfertigen ließ.

Zu den frommen Schenkungen, welche Herzog Miesko II. von Oppeln in seinem Testamente machte, gehörten auch 200 Mark reinen Silbers dem Convente der Predigerbrüder zu Ratibor zum Aufbau ihres Klosters und einer Kirche. Hier wünschte er seine Ruhestätte zu finden. Zu Testamentsvollstreckern wählte der Herzog den Bischof Thomas I. von Breslau und den Prior der Dominikaner.

29 *

Der eigentliche Stiftungsbrief ist erst am 14. April 1258 von seinem Bruder und Nachfolger Wladislav und deren Mutter Viola ausgestellt. Es war eben Kapitel gehalten worden. Eine ansehnliche Versammlung von Rittern, geistlichen und weltlichen Großen hatte sich eingefunden, darunter der Palatin Graf Mrocco von Oppeln, der Notar Godhard, die Grafen und Castellane von Nicolai, Oppeln und Siewierz, der Kämmerer, Truchseß und Fahnenträger, auch Gotschalk der Vogt von Ratibor war zugegen; ebenso der Bischof Thomas I., da dessen Siegel zur Bekräftigung angehängt werden sollte. Der Herzog, erbaut und angezogen von dem edlen Betragen der Ordensbrüder, wies in Erwägung, welcher Nutzen für Fürst und Volk sowohl aus den heiligen Ermahnungen und Predigten, als auch aus dem Beispiele der Dominikaner hervorzugehen vermag, einen zureichenden Raum für Gebäude und Garten an. Der Wasserlauf oder die Mühlbache, welche von Studzienna her mitten durch die Stadt bis zu ihrem Hause fließt, sammt der Mühle und dem Platze um dieselbe, gab er zu ihrem Nutzen und Einkommen.[1]

Damit sowohl in der Kirche als im Schlafsaale auch des Nachts Licht brenne, da sie ja Kinder des Lichtes und Tages sind, so schenkte er ihnen zugleich alles Inselt, welches ihm von den städtischen Fleischbänken gehörte, und beauftragte den Stadtvogt, ihnen wenigstens 16 Stein abzuliefern, wenn der Ertrag nicht größer sein sollte.[2] Bischof Thomas I. consecrirte die Kirche zu Ehren der hl. Jungfrau, der Apostel Jakobus und Johannes, des hl. Marthrer Stanislaus, des hl. Dominikus und aller Heiligen.

Bei der Ausstellung des Stiftungsbriefes für das Kloster Rauden am 21. October 1258 war der Prior Vincentius gegenwärtig.

---

[1] Als man auf dem großen Markte den Grund zum Bau der Landschaft grub, stieß man auf ein Wasserbett und Mühlrad.

[2] So lange das Kloster bestand, speiste die Fleischerzunft die ewige Lampe fleißig mit Unschlitt.

Anfang December 1267 beſtimmte Merborch, die Wittwe des Vogt Heinrich von Neukirch, den Ordensbrüdern teſtamentariſch die Hälfte der Einkünfte von einer Fleiſchbank, damit ſie von dem Ertrage ſich Kerzen, Oblaten und Kohlen anſchaffen könnten. In dieſer Kloſterkirche wurde bei Darbringung des hl. Meßopfers am 27. April 1285 die Excommunikation über Herzog Heinrich **IV.** von Breslau publicirt und im September 1286 wiederholt.

Die Dominikanerklöſter Schleſiens, welche bisher zur römiſchen Provinz gehört hatten, wurden 1294 getrennt und zur neapolitaniſchen geſchlagen. Es zertheilte ſich dieſe 1298 in die polniſche und böhmiſche. Ohne Zweifel erhielt das Kloſter früher und ſpäter mancherlei Geſchenke, da die Dominikaner bei dem Volke beliebt waren; doch ſind die Urkunden aus jener Zeit meiſt verloren gegangen.

Eine bedeutende Perſönlichkeit Ratibors war Peregrin. Wir finden ihn im März 1303 als Prior und Beichtvater des Herzog Przemiſlav. Im Provinzialkapitel zu Crakau wurde er zweimal nach einander als Ordensprovinzial gewählt, welches Amt er von 1305—1313 verwaltete. Johann **XXII.** ſoll ihn 1315 zum Inquiſitor erwählt haben. 1316 finden wir ihn wieder in Ratibor. Er ſchrieb ſchöne Predigten auf die Sonn= und Feſttage des ganzen Jahres und war auch Prior bei S. Adalbert in Breslau. Unter den Chorbildern jenes Kloſters befand ſich noch 1738 unter den übrigen Schriftſtellern dieſes Ordens auch unſer Provinzial mit der Unterſchrift: Peregrin von Ratibor, zweimal Provinzial von Polen und Prior von Breslau.

Im Jahre 1315 war über die Gerechtſame des Kloſters gegenüber der Pfarrei ein Streit entſtanden. Zur friedlichen Beilegung wendete man ſich auf den Rath des Kanzler Friedmann von Proſen und des Archidiakon Magiſter Arnold von Großglogau an den Biſchof Heinrich **I.** mit der Bitte, die Sache zu entſcheiden.

Dieser entschied den Streit in folgender Weise:

1) Der Prior und die Dominikaner dürfen ferner keinen Decem, welcher der Pfarrkirche oder einer andern Kirche gehört, beanspruchen, da sie der Institution ihres Ordens
gemäß keinen Zehnten besitzen dürfen, außer wenn ihnen
von den Geistlichen irgend ein Theil rechtmäßig als Almosen abgetreten wird.

2) Die Dominikaner dürfen keinem Parochianen die letzte
Oelung noch andere Sacramente spenden außer ihren
Ordensmitgliedern und dem Dienstpersonale.

3) Weder der Convent noch die Pfarrgeistlichkeit darf Jemand
veranlassen, bei ihrer Kirche die Grabstätte zu wählen. Es
stehe in dem Belieben eines Jeden, sich in der Pfarr- oder
in der Klosterkirche beerdigen zu lassen.

4) Der kanonische Antheil an Legaten, Opfern und Leichenge-
bühren kommt jedoch, wenn auch die Leiche in der Klosterkirche bestattet wird, dem Pfarrer zu.

5) Weil die Cleriker und Scholaren durch weltliche Gewalt,
unter dem Vorwande der Observanz, genöthigt wurden,
Leichen in die Klosterkirche zu tragen oder zu begleiten und
sie dies nicht gerne thaten, so wird dieser Zwang von nun
ab aufgehoben. Es sei in der ganzen Diöcese nicht gebräuchlich, daß Cleriker und Schüler die Leichen zu einer
andern Kirche, bei welcher sie keinen Dienst versehen,
geleiten.

Unter den Zeugen der in Ujest ausgestellten Urkunde erscheinen auch der Pfarrer Nicolaus von Gobow, Arnold von Kranowitz, Adam von Lytz (Lissek?).

Im September 1355 stellte Kaiser Carl **IV.** dem Kloster
einen Schutzbrief aus. Um das Jahr 1370 besaß der Convent
4 Wiesen, eine größere bei Leng gegen die Oder hin, Grafska
genannt, eine Meile von der Stadt entfernt; eine zweite über
Leng hinaus, Strozna genannt, eine dritte in Bojanow, eine

vierte in Woinowitz bei der Wiese des Pfarrers von Ratibor, welche Stawkus von Woinowitz für den geringen Zins von 4 Groschen und einen fetten Hammel inne hatte.

Am 9. October 1371 consecrirte der Weihbischof von Breslau Dirslaus den Kapitelsort und verlieh denen, welche diese Kapelle andächtig besuchen, 40 Tage Indulgenz. Derselbe Bischof verlegte die Kirchweihe vom Tage des hl. Wenceslaus auf den nächsten Sonntag. Zugleich reconciliirte er den Kirchhof und Kreuzgang bei großer Volksmenge.

Am 28. October 1375 vermachte der Ritter Pasko von Oderberg, das damals Barotswerda[1]) hieß, 30 Mark; das Geld wurde mit 3 Mark vom Rathhause verzinset. Für die Stadtgeschichte ist von besonderer Wichtigkeit, daß damals bereits die Zunft=Aeltesten am städtischen Regimente Theil nahmen. Es saßen damals im Rathe: Nicolaus Messersmett Bürgermeister, Johann Heßynkynth, Nicolaus von Studen, Hanel Falkyl und Henselin Smeysrime Rathmannen.

Am 9. December 1375 bestimmte der Ordensmagister Elias mit Genehmigung des Provinzial der polnischen Provinz Johannes, der gegenwärtig war, daß täglich 2 Brüder an dem vom Herzoge, seiner Gemahlin und dem Erbprinzen gestifteten Altar in der Jungfrauenkirche die hl. Messe celebriren. Ausgesetzt waren: 6 Mark zum Gerstenkauf für die Brauerei, 2 Mark zum Getränk in der Advents= und Fastenzeit und 1 Mark zur Vertheilung unter die Conventsmitglieder bei Anfang der Fastenzeit.

Am 19. Juli 1379 schenkte Herzog Johann I. dem Beichtvater der Jungfrauen Johann, den er auch zu seinem Beichtvater erwählt hatte, ein Haus und einen Garten gegenüber dem Nonnenkloster. [2])

---

[1]) Herzog Przemislav von Teschen verkaufte am 16. Februar 1365 diesem Pasco Barotswerda, Deutsch= und Polnisch=Leuten (zwischen Oderberg und Freistadt) um 40 Mark. Sommersberg I, 730.

[2]) Dieses Haus wurde 1842 zur protestantischen Pfarr= und Küsterwohnung eingerichtet.

Der Bürger Bogon von Kosel kaufte 2 Gärten und Häuser in Neugarten und schenkte sie im August 1379 dem Convent mit der Verpflichtung, am Altare der hl. Jungfrau wöchentlich eine hl. Messe für seine Gattin Gela zu lesen. Der eine Garten brachte 1 Mark Zins und lag in der Twarkgasse in Neugarten, wenn man herausgeht gegen den Schulz Nicolaus zu, der andre Garten brachte 1½ Mark und lag auf der langen Gasse Neugartens von der Twarkgasse rechts nach Studzienna hin, der Zahl nach der achte.

Ritter Pasco von Wisla stiftete am 28. October 1382 eine tägliche Messe am Altare des hl. Dominikus, [1]) an welchem seine Vorfahren ruhen und eine ewige Lampe vor dem Crucifix, indem er 42½ Mark dazu anwies, wovon der Zins (4¼ Mark) dem Rathhause gezahlt wurde. Im Rathe saßen damals: Johann Hesinkind, Rychlin vom Viehmarkt, Johann Bart Fleischer, Nicolaus Gelhaz und Peter Trebner Weber. Peter von Kornitz Provinzial Polens bestätigte die Stiftung.

Wernczko, Schulze von Ekartowitz, kaufte 1386 einen jährlichen Zins von 1 Mark bei dem Bürger Heinrich Wohno, wofür eine Messe für die Seele des Bauer Martin gelesen werden sollte.

Im Jahre 1432 war Johann Lobenstein Prior. Bei ihm hielt sich ein Student Clemens von Oppeln, der in Bologna studirte, auf und schrieb eine Urkunde recht sauber ab.

Vor 1466 baute der Prior Andreas eine Badstube vor dem Stadtthore, welche einen Dukaten und eine halbe Mark kostete. Auch umzäunte er den Kreuzgang mit Brettern und kaufte 4 Pferde, welche 19 Gulden kosteten. Bruder Leonhard Fridrici aus dem Dominikanerkloster zu Breslau malte den Kreuzgang, wofür die Bürger ihn belohnten. [2])

---

[1]) Damals lag der Altar des hl. Dominikus an der Epistelseite des Hochaltars.

[2]) Röpell, Zeitschrift des Vereins für Geschichte und Alterthum Schlesiens. (Bresl. 1858.) II, 256.

Am 5. März 1476 verpflichteten sich Prior Andreas und der Convent, wöchentlich Seelenmessen am Catharinenaltare für Georg und Andreas von Otmuth zu halten, welche 50 ungarische Gulden auf Boleslav im Jägerndorff'schen Bezirk ihnen vermachten. Der jährliche Zins war 5 Gulden.

Aus dem Jahre 1491 hat sich ein Zinsregister erhalten, aus welchem man die damaligen Einkünfte ersehen kann. Die Ordensbrüder bezogen vom Rathhause 6 Mark 5 Flor., vom Herrn Rogowski auf Rogau 6 Mark, vom Herrn von Chgan in Teschen 5 Flor., vom Herrn Rostok 5 Floren. Ferner Häuserzins: von dem Hause bei ihrem Brauhause jährlich 18 Groschen, vom Hause bei dem gemauerten Thore, in dem ein Schuster wohnt, der es aufgebaut, jährlich $7/8$ Mark; das Haus daneben, welches der Zimmermann Mathäus aufgebaut, bringt 33 Groschen, das vierte, in dem ein Schneider wohnt, der es aufgebaut, trägt 1 Gulden weniger 2 Groschen ein. Die Herzogin Magdalena zahlt für geliehene 200 Gulden 5 Gulden dem Kloster, 5 Gulden der Kirche und den Kirchvätern. Herr von Koczur gab 4 Mark, Herr Mosgowietz $2\frac{1}{2}$ Floren Renten. Aus dem Kretscham von Wojnowitz floß 1 Mark, von den Bauern für die Viehweide 6 Groschen, von Babitz $1/4$ Mark wegen des Teiches, von Neugarten $1/2$ Mark wegen des Gartens. Von der Fleischbank des Laurentius 1 Floren, von der des alten Nicolaus $1/2$ Floren, der Zinngießer gibt für den Platz bei dem Brauhause 8 Groschen, Krawarzki von dem Hause neben dem Kloster 1 Mark. Der Goldschmidt für den Laden auf den Klosterplatze 4 Gr.

Herzogin Magdalena genehmigte am 26. Juli 1494 dem Prior Andreas und dem ganzen Convente die Vermiethung von vier auf der Obergasse gelegenen, den Dominikanern zugehörigen Häuser. Die Miether sind nicht verpflichtet, auf das Rathhaus Geschoß zu zahlen, auch von anderen Abgaben an die Stadt werden sie befreit.[1]

[1] 20. Privilegium der Stadt.

Am 3. März 1504 entscheiden Bürgermeister und Rath mit dem Prior Johann Ludwig, daß die Bader bei Strafe von 1 Malter Hafer ihre Bäder wechselweise heizen sollen, damit nicht durch öfteres Heizen des Einen der Andere beeinträchtigt werde.

Herzog Valentin verkaufte am 26. Februar 1508 für 200 ungarische Goldgulden einen Zins von 16 Gulden, der durch den Schulzen von Wojnowitz eingezogen werden sollte. Bischof Johann genehmigte zu Neisse am 26. August 1509, daß an den Festen des hl. Dominikus, Valentin und Laurentius das hl. Sacrament in der Monstranz durch den Kreuzgang und die Verzäunung in Prozession mit feierlichem Gesange getragen und auf dem Altare, wo das Hochamt gehalten wurde, ausgestellt werde; aber es solle durch diese Vergünstigung die Seelsorge in der Collegiat- und Pfarrkirche nicht beeinträchtigt werden.

Im Jahre 1530 erhielt der Prior Thomas von Nicolaus Koczur, dem Besitzer des Dorfes Euboll, vierteljährlich 1 rtlr. 18 gr. für fromme Fürbitten. Matthias Gieraltowski auf Schieronowitz bei Groß-Strehlitz verkaufte am 10. October 1550 für 100 Goldgulden eine Rente von 8 Gulden. Der Magistrat erlaubte am 16. November 1556 gegen Erlegung von 12 Gulden dem Prior Aegydius, das Wasser aus der Fontäne auf dem Ringe durch Röhren in das Brauhaus zu leiten; die Röhren sind aber auf Kosten des Klosters im Stande zu halten. Die Zunftmeister der Fleischergilde Peter Zagiczek und Johann Michalek überließen am 8. Mai 1569 die auf dem Dominikanergrunde erbaute Fleischbank dem Kloster für 3 Gulden zur beliebigen Benutzung.

Das Feuer von 1546 zerstörte auch das Dominikanerkloster. Nach Wiederherstellung desselben waren im Jahre 1573 noch einige Kapellen zu weihen und Bischof Caspar von Logau beauftragte damit den Abt Martin II. von Rauden, der auch die ehemalige Pfarrkirche von Benkowitz consecrirte. Leider brannte im nächsten Jahre alles ab.

Am 8. October 1581 feierten 2 Dominikanerpriester ihre Primiz in Ratibor, **Fr. Alexander** im Kloster der Jungfrauen und **Felix** in der Jakobikirche.[1]) 1593 lieh der Convent der Stadt 150 Gulden und 50 Dukaten auf den Antheil in Brzezie (14 Gulden Zins). 1603 erkaufte der Prior den Garbenzehnten von Bojanow und Benkowitz von Rudolf **II.**

Im Jahre 1607 erklärte der Prior Erasmus Koniuzewski in Crakau, daß die Privilegien des Ratiborer Convents nach der Ordensobservanz auch in Crakau deponirt und afservirt werden. Der Bürger Johann Thoman vermachte 1607 dem Convent 100 Gulden.

Melchior Graf Gaschin, Herr zu Rosenberg und Katscher, vermachte am 24. August 1611 dem Convent 100 rtlr., welche auf Sudoll versichert waren. Für die Zinsen sollte jeden Freitag eine hl. Messe für die gräfliche Familie gelesen werden. Am 28. September 1613 gab Matthias Schmolzer 100 rtlr., damit alle Mittwoche in der Kapelle der hl. Ursula, welche im Kreuzgange war, eine hl. Messe gehalten werde. Am 29. Juni 1615 bewilligte der Bürgermeister Matthias Turczina, zur Austrocknung der an der Oder liegenden Aecker einen Graben zu führen, welcher dicht an den städtischen Grund gränzte. Am 30. October 1616 macht Simon Canabius Pfarrer von Bauerwitz eine Seelenstiftung von 100 schl. Thalern. Die Stadt Gleiwitz zahlte den Zins von 6 rtlr. Am 24. Februar 1632 verkauft Balthasar Kochendorf, Besitzer von Altendorf, dem Prior Matthias Sendecius für 125 rtlr. einen Zins von 7 rtlr. 18 gr. Am 24. Juli desselben Jahres schenkt der Bürgermeister Matthias Sendecius zu besserer Dotation 4 Morgen Land bei der **Matkaboza-Kirche** mit der Verpflichtung wöchentlich eine hl. Messe zu lesen. Die Rosenkranzbrüderschaft erhielt nach dessen Testamente jährlich 6 rtlr.

---

[1]) Collegiatstiftsmatrikel I, 117. Als Merkwürdigkeit ist hinzugefügt, daß am 2. October bereits Sch nee gefallen war.

Am 11. Februar 1642 räumte Kaiser Ferdinand das Wohn=
haus, die Scheuer und Gärten des Vorwerks zu Altendorf dem
Kloster ein, mit der Bedingung, die Steuer und Zinsen zu ent=
richten. Die Bürgerin Catharina Klimaschek schenkte am 24. April
1642 mit Bewilligung ihres Ehemannes Johann Klimaschek dem
Prior Cyprian Uterbowlecz ihren geerbten Garten, der am
Ende von Altendorf lag.

Am 22. März 1647 stiftete Georg Graf Oppersdorf die
Grabkapelle bei dem Schlosse, in welcher alle ersten Freitage des
Monats von den Dominikanern eine hl. Messe gelesen werden
sollte. Der Custos Georg Mathaeldes gab 1651 dem Kloster
500 rtlr. auf hl. Messen. Gleiwitz lieh das Geld. 1659 wurde
der Rosenkranzaltar gestiftet. Georg Bernhard Simon, Ver=
walter des Raudener Stiftshofes, vermachte 1661 dem Convent
100 rtlr., von deren Interessen jährlich 12 hl. Messen gelesen
werden sollten.

Salomon Steinhof verfertigte den Altar von schwarzem
Marmor, welcher von Melchior Ferdinand Graf Gaschin für
200 rtlr. zu seiner Kapelle bestellt worden war. Der Erbe Georg
Adam Graf Gaschin verweigerte die Zahlung, weil die Arbeit
nicht zur Zufriedenheit ausgefallen. Die Wittwe bescheinigte erst
am Ende des Jahres 1665 den Empfang des Geldes, nachdem
eine Verbesserung stattgefunden. Am 8. December 1662 gab
Anna Maria Gräfin von Gaschin nach dem Tode ihres Gemahls
Johann Georg Reichsgraf von Gaschin 1000 schl. Thaler, damit
wöchentlich 2 hl. Messen celebrirt werden.

Am 12. November 1667 wird die Stiftung des Georg
Adam Franz von Gaschin, der 500 rtlr. auf eine wöchentliche
Messe gegeben, bestätigt. Eine Woche später gibt Anna Maria
Wittwe des Nicolaus von Brawanski 400 rtlr., gleichfalls zu
einer wöchentlichen Messe. 1668 gründete der Consul Christian
Leopold Krieger die Lorettokapelle in der Klosterkirche. Am
17. Februar 1683 stellt Georg Adam Reichsgraf von Gaschin

k. k. Rath, wirklicher Kämmerer und oberster Landrichter der Fürs=
stenthümer Oppeln und Ratibor eine Obligation über geliehene
2312 rtlr. aus (à 36 gr.) und verpfändete sein Gut Sakrau.

Die Zahl der Mitglieder der Rosenkranzbruderschaft hatte
sich so vermehrt, daß die Kapelle sie nicht mehr fassen konnte.
Das Marienbild aus derselben wurde daher 1685 über dem
Hochaltare angebracht, wo es sich heut noch befindet.

Prior Nicolaus Jankowski verpachtete 1686 der Wittwe
Brigitte Hon Haus und Garten für 3 rtlr. Diese vermachte
am 14. November 1689 zum Begräbniß 80 rtlr. und einen
Garten in Neugarten; von dem übrigbleibenden Nachlaß sollen
heilige Messen gelesen werden.

Am 21. December 1690 lieh Rosina Susanna von Beeß
geb. von Larisch, Erbfrau auf Elgot und Dzimirz (bei Rybnik),
von dem Prior Alan Sulik 700 rtlr. gegen 42 rtlr. Interessen.

Zwischen den Vikaren und den Dominikanern wurde in
Bezug auf die Begräbnisse folgender Vergleich geschlossen und von
den bischöflichen Commissarien Georg Wilhelm Alois Stablowski
von Kowalowitz Dekan, und Martin Theophil Stephetius Archi=
diakon zu Oppeln am 2. October 1691 bestätigt. Da nach ka=
nonischen Gesetzen jedem Gläubigen frei steht, sich einen kirchlichen
Ort zum Begräbniß auszuwählen, wenn nur das Recht des Or=
dinarius gewahrt wird, so können die Dominikaner das Begräb=
niß in ihrer Kirche weiter behalten, wenn nur das Accidenz der
Pfarrkirche resp. den Vikaren als Seelsorgern nicht entzogen
wird. [1]

Am 1. Januar 1692 legte der Prior Alan Sulik sein Amt
nieder, wurde Vikar im Kloster und verpachtete den zu Altendorf
gelegenen Garten Winnicka nebst dem Häuschen gegen einen Zins
von 5 rtlr. In demselben Jahre fundirte Jakob Spatta 100 rtlr.
auf Messen.

---

[1] Collegiatstiftsmatrikel II, 236.

1702 fundirte Dr. und Rathsmann Gregor Franz Renner 100 rtlr. auf Messen, welche Mittwoch und Freitag in der heiligen Fastenzeit in der S. Annenkapelle, welche beim Eintritt ins Hauptportal links lag, gelesen werden sollen. 1707 vermacht Frau Hedwig Nega 50 rtlr. Auf Befehl des Kaiser Josef und mit Genehmigung des Ordensgeneral Antonius Cloche wurden alle Convente Schlesiens von der polnischen Provinz losgetrennt und der böhmischen zugetheilt.

1707 ist Bernard Michalski aus Krappitz, welcher am 28. October 1686 geboren, am 24. März 1705 das Ordenskleid anzog, Prior. Er war ein gelehrter aber zu nachsichtiger Mann und ließ den Brüdern allen Willen. Oft mußte er weinen, wenn sie muthwillig ihn kränkten. Nach Breslau versetzt und erblindet starb er von der Fallsucht ergriffen am 13. Mai 1732. Er liegt dort in der Crypta der Josefskirche.

Am 22. März 1716 vermachte Scholastikus Andreas Franz Gitzler dem Prior Florian Nawrot 1000 schl. Thlr. (à 24 gr.), damit jährlich ein Anniversarium und wöchentlich eine hl. Messe gefeiert werde. Am 30. Januar legirt Mariane Fucker geborene Rokosch 60 rtlr. der Rosenkranzbruderschaft auf hl. Messen.

Generalprovinzial Thomas Steiner ließ 1721 mit großen Kosten die Orgel bauen. Franz Ludwig Götzke, Gerichtsvogt zu Ratibor, machte sich am 19. August 1724 verbindlich, zur Reparatur der Wasserröhren den sechsten Theil der Kosten mit beitragen zu wollen. Der Rathssenior Jakob Franz Machniti cedirte am 15. December 1727 Haus, Scheuer und Garten in Neugarten, damit nach seinem Tode 12 hl. Messen und ein Anniversar gehalten werden. Der Bürger und Seiler Georg Cetter verpflichtete sich am 10. October 1731, sämmtliche Glockenstricke unentgeltlich zu liefern und bedingte sich freies Geläute, wenn er oder seine Kinder sterben werden. Es wird in dieser Urkunde die Erzbruderschaft des Rosenkranzes der hl. Anna erwähnt.

Bisher hatten am Sonntage in der Frohnleichnamsoctave die Collegiatkirche und die Dominikaner die Prozession auf dem Markte gehalten. Papst Benedict **XIII.**, der in seinem 19. Lebensjahre in den Dominikanerorden getreten war, gestattete diesen Ordensbrüdern, an dem genannten Tage feierliche Umgänge mit dem Sanctissimum zu halten.

Der Prior von Ratibor kam 23. Juni 1732 in das Generalkapitel und ersuchte die Collegiatstiftsherren, die Prozession an dem Sonntage in der Frohnleichnamsoctave auf dem Markte allein abhalten zu dürfen. Diese Vergünstigung wurde ihnen bewilligt, und es begnügte sich die Collegiatkirche, die ohnedies am Feste selbst die Prozession auf dem Markte führte, mit dem Umgange um die Kirche an dem darauf folgenden Sonntage.

Wir kommen jetzt zu zwei Ordensmännern, die sich in literarischer Beziehung ausgezeichnet.

Daniel Sertel, welcher am 12. März 1681 zu Prag geboren, das Ordenskleid am 30. Juli 1699 in Leitmeritz genommen und nach Jahresfrist Profeß geleistet, war zuerst im Kloster zu Troppau böhmischer Prediger, wurde von 1731—34 Prior in Nimburg und von da gegen Ende des Jahres als Prior nach Ratibor berufen. Leider starb er schon am 16. September 1736, als er eben den Provinzial Cajetan Burger von Bauerwitz nach Autischkau begleitete. Die Leiche wurde nach Ratibor gebracht und im Kapitelhause d. h. in der Kapelle der hl. Ursula beigesetzt. Er war in der Geschichte ziemlich bewandert und schrieb während seines hiesigen Aufenthaltes eine Uebersicht der Ordensklöster der böhmischen Provinz, welche der Dominikaner Reginald Nepomuk Grooß in seinen 1738—40 geschriebenen Miscellaneen[1]) auf den ersten 19 Folioseiten mittheilt.

---

[1]) Die Manuscriptensammlung der königlichen Universitätsbibliothek zu Breslau Class. IV. hist. eccl. 220 enthält den etwa 800 Seiten umfassenden Folianten.

Es waren damals in den 28 Conventen und Vikariaten der böhmischen Ordensprovinz 472 Patres und 149 Laienbrüder. Der Ordensgeneral bezog aus Ratibor 1 Gulden, der Ordensprovinzial 7 Gulden 12 kr.

Grooß ist in Hammer bei Ratibor, das damals Nieszba, später Segenberg genannt wurde, zu Anfang des 18. Jahrhunderts geboren, legte am 13. October 1723 in Breslau Profeß ab, kam dann nach Oppeln, später nach Ratibor und am 1. December 1738 nach Teschen. Von diesem Autor besitzen wir eine Beschreibung des Klosters und der Kirche, welche in dem genannten Manuscript Seite 52 bis 60 mitgetheilt ist und im Auszuge also lautet:

Das Dormitorium ist eher eine Höhle als ein Schlafsaal zu nennen. Alles ist von Holz. Nur eine Zelle über der Sacristei, wo die Bibliothek, ist gewölbt; in den übrigen bilden Balken die Decke. Jedoch auch der kleinere Kreuzgang, obgleich wegen der Sprünge und der nahen Mühlbache unsauber, ist gewölbt. Bei dem alten Speisesaale ist die Landstube (Sądnica), in welcher die Landstände tagen und zu welcher der Prior zwei Schlüssel hat. Unter dem Priorat des milden Michalski ließ die Stadt diese Landstube säubern, mit Tuch ausschlagen und wieder staffiren.

Die Kirche ist ziemlich lang und breit; nur fehlt ihr Licht; denn auf der linken Seite des Chores an der Mauer ist kein Fenster offen (obgleich früher große Fenster vorhanden waren), und unter dem Glockenthurm oder in der Lorettokapelle ist wegen des Altares gleichfalls kein Licht, über der Kapelle des hl. Valentin ragt die Decke vor, ebenso bei dem Altare S. Rosa, auch durch den Orgelbau hat die Kirche an Licht verloren.

Altäre sind mit Einschluß des Hochaltares fünfzehn. Der beste ist der des hl. Kreuzes in der Graf Gaschinschen Kapelle. (Unser Autor bemerkt hierbei: Unter den Grafen Oberschlesiens ist dem Landeshauptmann Georg Graf Gaschin an Gütern und Geldbesitz keiner gleich gewesen, denn er besaß Neukirch, Zyrowa, Hultschin, Rosenberg, Wyssoka, Woischnik, Bodzanowitz, Katscher, Czlenskowitz, welches alles Dominien sind.) Das Altar ist aus schwarzem und weißen Marmor, die Statuen (Christus, Maria, Johannes) aus Alabaster. An diesem Altare wird Freitags die Kreuzpartikel, welche das Kloster besitzt, zum Küssen gereicht. Das Familienwappen ist vor den Stufen des Altares in Erz gegossen und über demselben aus Holz mit einem Helm dargestellt.

Das Rosenkranzaltar stellt die Geschlechtsfolge der Patriarchen dar. Das Marienbild, lieblich anzuschauen, ist aus Rom hergebracht. Es wird vom Volke um so mehr verehrt, da es nur an Sonn= und Festtagen und Sonnabends bei der Messe und Litanei geöffnet wird. Die hl. Jungfrau hat ein ganz silbernes Kleid und mehre Votivsachen hängen von beiden Seiten herab. Die Rosenkranzbruderschaft hat schönes Silbergeräth.

Der Altar des hl. Dominikus wird besonders an den Dienstagen sehr geehrt, an welchem großer Zudrang von Beichtleuten. Auch dieser hat wie gleichfalls der Scapuliraltar mehre Votivgegenstände. Die Reliquien der hl. Rosa von Lima und der hl. Anna geben von ihrem Alter Kunde (spirant vetustatem.)

Unter dem letzten Fenster des Musikchors ist der Altar des hl. Hyacinth, welchen Serbecius, ein Sprößling der Familie des Heiligen, errichten ließ.

Den Altar des hl. Nepomuk ließ der Secretair der Fürstenthümer Johann Georg Soder, als er in den Adelstand erhoben wurde, errichten. Die drei Anfangsbuchstaben J. G. S. sind oben unter der Bildschnitzerei zu sehen. Unter der Lorettoglocke ist ein kleines Bild durch die Munificenz des Consul Krieger beschafft.

Was der Kirche weiter fehlt, ist ein guter Fußboden; denn nur im Chor und Presbyterium bis zum Altare des hl. Johannes von Nepomuk ist das Pflaster von Quadersteinen.

30

Die Decke ist zu sehr herabgelassen. Die Vorfahren fürchteten nämlich, die Kraft der Seitenwände würde nicht zureichen, jene zu tragen, und auch jetzt noch wird bei hohem Wasserstand der Oder (besonders beim Wachsen und Fallen) eine Erderschütterung in allen Kirchen, besonders in den Klöstern der Dominikaner und Dominikanerinnen bemerkt; es zittern nämlich die Anker zum Schrecken der Zuschauer.

Wäre das Altar neu, so würde es einen bessern Anblick gewähren. Ausweißung und Ziegeldach wäre wünschenswerth; denn das Gerüst der Kirche ist hoch und würde sie, wäre das Dach mit Mauersteinen gedeckt, die Stadt zieren. Von Alterthümern ist nur zu sehen:

1) in der Kreuzkapelle der Grabstein des Hans von Gaschin,
2) an der linken Seite des Chors bei dem Hochaltar gegen die Sacristei hin ein Krieger, der aber nicht ganz gesehen werden kann, es soll das Grabmal eines gewissen Brawanski sein, es hat im Wappen grade Flüsse aber nicht so schräg wie die der Familie Lubomirski. Darüber, auch an der linken Seite des Chores — sieht man das Wappen der Familie von Jarocki, eine gekrönte Jungfrau die auf dem Bären sitzt. (Anna Jarotzka verehelichte Gaschin machte eine Fundation).

Außer der Gaschinschen Gruft ist eine bei dem Rosenkranzaltare und eine in der S. Valentinkapelle, die der bürgerlichen Familie Gitzler gehört, von denen Rosalie sich eben im Jungfrauenkloster befindet, welche am 6. Juli 1728 als Subpriorin das zweite Mal Profeß ablegte und erst 20. August 1741 starb. Von dieser Familie hat das Kloster viele Fundationen.

So weit der ebenso naive als interessante Bericht unsers Landsmannes Grooß.

1743 vermachte Johann Roß, Pfarrer von Walkendorf, 100 rtlr. auf 8 hl. Messen und Anna Scholz geb. Jugger 100 Gld. auf 6 hl. Messen. 1747 ließ die S. Annenbruderschaft dem Herrn E. W. von Eicke und seiner Gattin Marie Magdalena geb. von Salisch eine Summe.

1749 waren folgende Ordensbrüder im Kloster:

**Patres**
> Thomas Burger Prior, 45 Jahr alt, aus Jägerndorf.
>
> Barnabas Heinisch Supprior und Frühprediger, 35 Jahr alt, aus Ratibor.
>
> Dalmatius Hanuschek Cantor, 34 Jahr, aus Ratibor.
>
> Ludwig Welczek Beichtvater der Jungfrauen, 37 Jahr, aus Groß-Kunzitz.
>
> Fabian Frank Kaplan, 38 Jahr, aus Italien.
>
> David Poppe Cellarius, 33 „ „ Jägerndorf.
>
> Josef Retzborn Obersacristan, 30 Jahr, aus Kaiserswaldau.
>
> Philipp Mönisch Kaplan, 29 Jahr, aus Arnau.
>
> Florian Fiebler Wochner, 32 „ „ Freudenthal.

**Fratres**
> Ceslaus Nowak Sammler, 58 Jahr, aus Bauerwitz.
>
> Gabriel Pitrasch „ 56 „ „ Ratibor.
>
> Hermengild Schwarz Koch, 26 „ „ Brünn.
>
> Gotfried Cibota Refectorar, 29 „ „ Teschen.

Der apostolische Notar Ignaz Anton Zablatzki Justiziar und Rathsverwandter und dessen Bruder Andreas machten 1750 eine Fundation von 100 rh. Gulden für ihre Familie. Die Dominikaner sollten 4 hl. Messen am privilegirten Altare in der Collegiatkirche und 3 in ihrer Klosterkirche lesen.

1753 fundirte Josef Krömer 100 rh. Gld. auf 8 hl. Messen. Auf Befehl des Königs von Preußen wurde im nächsten Jahre Schlesien von der böhmischen Provinz getrennt und erhielten die Dominikaner von jetzt ab nicht mehr Provinzialminister, sondern nur „Provinzialvikare der Congregation des hl. Ceslaus."

Der Bildhauer Anton Weißmann aus Frideck baute 1755 für 120 Gulden einen Altar von 4 Säulen mit 2 Statuen. Der Altar war 27' hoch, 16' breit. Am 21. September 17 9 vermachte Susanne Schwenzerin geb. Hanuschek 150 Gulden, von

30 *

deren Zinfen 7 hl. Meffen bei dem S. Vincenz=Altare, das damals noch auf der Evangelienfeite am Hochaltare stand, gelefen
werden follten. Am 6. Septemper 1760 legirte Georg Franz
Hanufchel 150 Gulden auf polnische Faftenpredigten.

Am 8. September 1792 ernannte der Ordensgeneral in
Rom Balthafar von Quinones den Serafin Schubert zum Præ-
dicator generalis in Ratibor. Der Convent in Breslau exami-
nirte den Defignirten und beförderte ihn für die Kanzel unferes
Klofters. Den Studiengang eines Dominikaners kann man aus
den Aufzeichnungen des Paul Himler erkennen. Er fagt:

Am 6. September 1729 erblickte ich (zu Troppau) das Licht der
Welt. Von 1742 bis 1752 lernte ich die Humaniora, die thomifti-
fche Philofophie zu Troppau unter Edmund Müller und Sigismund
Walz. 1751 am 18. September trat ich in den Orden, legte ein
Jahr fpäter Profeß ab zu Großglogau unter dem Prior Michaelis,
Supprior Herbricht und Novizenmeifter Johann Creuzer, dann reifte
ich nach Breslau, feierte 1754 am 13. Juni die Primiz, legte 1756
am 25. Auguft das erfte Examen zur Befähigung Beicht zu hören ab
und erhielt am nächften Tage die bifchöfliche Erlaubniß dazu mit
der facultas absolvendi 12 pers. ab hæresi et apostosia. 1757 am
7. December fiel ich zu Breslau in die damals graffirende Krankheit,
welche aus dem Convent 14 Brüder hinweggraffte. 1758 am 18. April
wurde ich Lector, am 19. September Gefährte des Generalvikar Johann Richter. 1760 am 10. September legte ich das zweite und 1761
am 12. Auguft das dritte Beichtexamen ab. 1662 am 13. April convertirte ich den Johann Georg Kilfch aus Heldau in Siebenbürgen,
am 12. September den Johann Benjamin Schulz aus Großglogau.
Am 19. April wurde ich vom Secretariat nach Breslau abgerufen,
am 4. Mai kam ich aus Frankenftein nach Breslau zurück und wurde
Inspector fundi, am 28. Mai wurde ich Vikar des Prior zu Breslau
und Magifter der Converfen, am 8. Auguft wurde ich in die Bru-
derfchaft der fchmerzhaften Mutter eingefchrieben, am 26. October
erhielt ich die Erlaubniß legendi libros prohibitos. 1763 am 6. Mai
wurde ich Ordensprediger bei S. Jofef in Breslau. 1764 am
18. April legte ich den königlichen Eid ab. 1766 am 8. September
wurde ich Lector der Philofophie und Novizenmeifter. 1768 am

9. November Lector in der Moral und Beichtvater bei den barmherzigen Brüdern. 1769 am 9. September Magister studentium. 1770
am 25. August baccalaureus. 1771 am 2. März dispensirt vom
Convent zu Teschen nach Breslau. 1774 am 6. Juli Magister der
Theologie. 1775 am 2. Mai Prior in Breslau. 1778 am 22. October erhielt ich die Erlaubniß zur Aushilfe in ein anderes Kloster
zu gehen. 1780 am 10. Juni die bischöfliche Erlaubniß Nonnen zu
absolviren, am 29. Juni übernahm ich das Beichtvateramt der Jungfrauen in Ratibor. 1797 am 21. October convertirte ich Amalie
von Scharowetz.

P. Paul Himler starb am 22. Januar 1804 im Kloster zu
Ratibor plötzlich am Schlage, im Alter von 75 Jahren.

Am 16. December 1794 verkaufte der Prior Norbert Tauch
100 Stück Eichen aus dem Walde Orzeschkow an den Kaufmann
Wolf für 1311 rtlr.

1799 waren im Kloster:

Jakob Frentzel Prior, aus Bensch, aufgenommen 1781 am
    4. Januar, jetzt 42 Jahr alt.

Paul Himler Beichtvater der Jungfrauen, aus Troppau, auf-
    genommen 1751 am 10. September, jetzt 70 Jahr alt.

Philipp Baldermann Promotor, aus Ratibor, aufgenommen
    1741 am 19. August, jetzt 73 Jahr alt.

Leopold Klanitza Subprior, aus Ratibor, aufgenommen 1767
    am 3. August, jetzt 62 Jahr alt.

Franz Lenoir aus Clermont, aufgenommen 1772 am 19. Sep-
    tember, jetzt 47 Jahr alt.

Gaudentius Schüller Prediger, aus Kösel (Ermland), aufge-
    nommen 1784 am 10. März, jetzt 43 Jahr alt.

Hyacinth Oppolski Prediger aus Ratibor, aufgenommen 1786
    am 4. October, jetzt 35 Jahr alt.

Fortunatus Matuschek Procurator, aus Gleiwitz, aufgenommen
    1794 am 3. Januar, jetzt 28 Jahr alt.

Carinus Lerch aus Iglau, aufgenommen 1750 am 30. Juni,
    jetzt 77 Jahr alt.

Silvester Klanitza Sacristan, aus Ratibor, aufgenommen 1784 am 6. März, jetzt 56 Jahr alt.

Balthasar Hansel Sammler, aus Wernersdorf, aufgenommen 1788 am 21. Februar, jetzt 42 Jahr alt.

Valentin Jascula Sammler, aufgenommen 1797, jetzt 28 Jahr alt.

Der Prior Bonaventura Wutschel aus Neisse, 35 Jahr alt, verkaufte dem Uhrmacher Franz Kranzfelder ein Stück Garten für 211⅓ rtlr. Pächter des Vorwerks in Altendorf war Josef Tlach 1809.

Die letzten Dominikaner starben in Ratibor, indem sie in der Stadt und Umgegend in der Seelsorge Aushilfe leisteten. P. Fortunatus Matuschek wurde Commorant in Altendorf und † 1843. Als Beichtvater der Jungfrauen kam er immer noch in die Dominikanerkirche, um deren Bekenntniß abzunehmen. Carinus Lerch † 94 Jahr alt am 28. April 1812 im Corpus Christi-Hospitale. Ferdinand Schubert † 1813 am 18. März, 62 Jahr alt. Xaver Tlach † 1818 am 11. December, 57 Jahr alt. Sylvester Klanitza † am 26. December 1820. Valentin Jasculla † 1829 am 10. Juli, 55 Jahr alt. Michael Grundey, letzter Prior † 1828 am 13. November.

Der Convent besaß an Vermögen:

| | | |
|---|---:|---:|
| An Kapitalien . . . . | 13,479 flor. | = kr. |
| S. Rosa- und Scapulirbruderschaft . | 510 — | = — |
| S. Annabruderschaft . . . | 100 — | = — |
| Pacht eines Vorwerks . . | 200 — | = — |
| Vom Zoll . . . . | 87 — | 12 — |
| Meßstipendien von den Jungfrauen . | 160 — | = — |
| Vorwerk in Bojanow . . . | 10 — | = — |
| Zins von den Unterthanen . . | 44 — | 10 — |
| Summa | 14,590 flor. | 22 kr. |

Nach der Säcularisation wurde das Geschoß, das die Dominikaner seit 1494 von den 4 Häusern der Oberstraße bezogen, zur herrschaftlichen Rentkasse bezahlt. Die Klosterkirche wurde zur Curatialkirche erhoben und wird die Predigt in derselben in polnischer Sprache gehalten. Wenceslaus Figura und Cajetan Dolański verwalteten zuerst die Seelsorge in dieser Kirche, welche von 1822—23 durch Beiträge der Bürgerschaft und des Patrons renovirt wurde, wobei das ehemalige Schindelbach in ein massives verwandelt, das Thürmchen mit Blech gedeckt und mit einem Blitzableiter versehen wurde. Damals wurde das Klostergebäude, die beiden Kapellen S. Anna und Valentin und der Kreuzgang mit der S. Ursulakapelle abgebrochen und der Platz zum Exercierplatz für das Militair gegeben.

Bei einer späteren Restauration der Kirche (September 1839) wurden die kolossalen Grabdenkmäler der Ritter Paul und David Petrowitz Charwat vor der Communionbank versenkt!

Gegenwärtig hat die recht freundliche Kirche:

1) den Hochaltar zum hl. Jakobus,
2) den Altar des hl. Hyacinth (Josef),
3) den Lorettoaltar in der gleichnamigen Kapelle,
4) Scapuliraltar in der Rosenkranzkapelle,
5) S. Dominici (Mariä Empfängniß),
6) Michael,
7) Rosa von Lima (Antonius),
8) Vincent Ferreri (S. Anna),
9) Kreuzaltar in der gleichnamigen Kapelle,
10) Johannes von Nepomuk,
11) 14 Nothhelfer, neuerdings staffirt.

Die Orgel wurde 1857 neugebaut.

Patron der Curatialkirche, zu welcher außer der Stadt keine Ortschaften eingepfarrt sind, ist Se. Durchlaucht der Herzog von Rattbor.

Prioren waren:

1258 Vincentius. 1267 Martin. 1286 Ulrich. 1303 Peregrin. 1315 Andreas. 1343 Johannes. 1375 und 79 Wenceslaus. 1382 und 1386 Leopold, Inquisitor Polens. 1432 Johann Lobenstein

lector theol., Andreas Swyathel, später Lector in Crakau circa
1460. 1466 und 76 Andreas. 1491 und 94 Andreas. 1504 Johann
Ludwig. 1530 Thomas. 1556 Aegydius. 1560 Isidor. 1607 Erasmus Koniußewski. 1632 Mathias Sendecius. 1638 Erasmus Nie-
stawski. 1642 Cyprian Uterbowiecz. 1647 Martin. 1649 Melchior
Sobiczewski. 1661 Benedect Piegielska. 1665 Ceslaus Lencisius.
1667 und 1668 Johann Pisarski. 1680 Nicolaus Pipau. 1686
Nicolaus Jankowski. 1690—91 Alan Sulik geboren am 9. März 1648
in Ratibor, nahm am 31. Juli 1665 das Ordenskleid und † 1717
am 15. October. 1692 Erasmus Swyntkowitz. 1701 Josef Sob-
kowski. 1707 Florian Straßinski. 1710 und 1729 Bernard Michalski geboren in Krappitz am 28. October 1686, nahm am 24. März
1705 das Ordensgewand und starb am 13. Mai 1732 zu Breslau.
1716 und 1718 Florian Nawrat geboren in Ratibor am 20. Februar
1668, legte am 14. März 1691 Profeß ab, war 1713 Beichtvater der
Jungfrauen und † am 15. April 1735, 1713 und 1724 Athanasius
Latocki geboren in Crakau am 12. November 1660, that Profeß am
am 29. Mai 1678, 1732 Supprior, † am 6. December 1737. 1732
Alexius Regenbauer hatte am 24. Juli 1705 Profeß in Breslau abgelegt und war dann nach Olmütz gekommen. 1735—36 Daniel
Sertel, geboren zu Prag am 12. März 1681, † am 16. September
1736. 1736—38 Ceslaus Danquart geboren in Neiße am 25. Juli
1690, nahm am 30. Januar 1710 das Ordenskleid, kam nach Teschen. 1744—47 Thomas Pompe geboren in Patschkau am 8. Februar 1692, legte Profeß ab am 13. September 1711. 1749 bis
Ende April 1753 Thomas Burger aus Jägerndorf, geboren am
1. Mai 1705, Profeß am 24. August 1721. 1753—56 Hyacinth Flor
aus Troppau, geboren am 6. November 1697, Profeß am 13. August
1717. 1757 Brosla. 1759—60 und 1774—75 Barnabas Heinrich
oder Heinisch, geboren in Ratibor 1714, aufgenommen 1731. 1766
und 1770 Vincentius Hunter. 1776 Nicolaus Perathoner. 1777
Gregor Langer. 1783—84 Adam Fortunatus. 1786—87 Leopold
Klanitza, auch 1797 und 1798, dann von 1801—3 Supprior, starb
1814 am 15. Mai, 77 Jahr alt. 1778—79 Peregrin Spitzer. 1788
Bernard Korgiel. 1789 Philipp Balbermann. 1792 Martin Steuer.
1793—94 Norbert Tauch. 1799 Jakob Fränzel. 1802—3 Adalbert
Czech aus Oppeln. 1804—6 Bonaventura Wutschel aus Neiße geboren 1769. Michael Grunbej, letzter Prior, † in Ratibor am
13. November 1829 am Schlagfluß im Alter von 68 Jahren.

Als Curati fungirten an dieser Kirche:

1817—25 Bernard Weisser.

1825—31 Mathias Krettek, † als Generalvikar und Dombdechant in Culm.

1831—37 Franz Heide, jetzt fürstbischöflicher Commissar ꝛc.

1837—46 Eduard Poppe, Erzpriester und Pfarrer in Neustadt.

December 1846—48 Nicolaus Morawe, Pfarrer in Ostrog.

1848—52 Hermann Hauptstock, Seminardirector in Graudenz.

1852—57 Wilhelm Strzybny, Schulen=Inspector und Pfarrer in Altendorf.

Franz Siemko seit 1857.

## 2. Das Stift der Kreuzherren ad s. s. Petrum et Paulum und das Hospital ad s. Nicolaum.

Der Orden der Hüter des allerheiligsten Grabes des Herrn in Jerusalem nahm sich der Pflege der Siechen und Kranken an. Papst Honorius III., der für die kräftige Wiederaufnahme der Kreuzzüge thätig war, bestätigte die Ordensbesitzungen in Polen, Böhmen, Ungarn und Schlesien. Papst Urban IV., ehemals Patriarch von Jerusalem und apostolischer Legat bei dem Kreuz= heere im Morgenlande, erlaubte den Mitgliedern der Congregation, ein doppeltes rothes Kreuz auf der linken Seite der schwarzen Kleidung zu tragen. Es war von rothem Sammt und mit Gold umstickt. Daher wurden sie Kreuziger, Kreuzträger, später Kreuz= herren genannt.

Walter, Vogt in Ujest, vermachte 1226 dieser Congregation eine ansehnliche Schenkung von Grundstücken und Gerechtsamen zur Gründung eines Hospitals in Neisse und Bischof Laurentius bestätigte dies. Sein Nachfolger Thomas I. stellte dasselbe 1238 dem Kloster der Kreuzherren in Miechow (6 Meilen nördlich von Crakau) unter, das schon 1153 von Jaxa, der mit Heinrich von Sandomir eine Pilgerfahrt nach Jerusalem unternommen, gegrün= det worden war.

Herzog Przemislab von Ratibor gründete am 1. August 1295 in der eben angelegten Odervorstadt, dicht am Ufer des Flusses das Hospital S. Nicolai für 10 betagte Personen. Wir geben hier einen Auszug aus dem Stiftungsbriefe.

Der Herzog sagt: Da wir auf Erden keine bleibende Stätte haben, sondern die zukünftige suchen, gebührt es sich, durch Almosen und andere guten Werke sich auf das Gericht vorzubereiten. Gestützt auf die Worte des Evangeliums, in welchen Christus zukünftiges Erbarmen, verheißt: „Seelig sind die Barmherzigen, denn sie werden Barmherzigkeit erlangen" (Matth. 5.), ferner im Hinblick auf die Worte, die er bei dem jüngsten Gerichte zu den auf der Linken stehenden sagen wird: „ich war hungrig und ihr habt mich nicht gespeiset, ich war ein Fremdling und ihr habt mich nicht beherbergt, ich war krank und ihr habt mich nicht besucht," endlich um zu denen gezählt zu werden, welchen der Herr ewiges Leben verheißt, wenn sie ihn in den Armen und Kranken pflegen, errichten Wir mit Rath und Beihilfe Unserer Mitbürger bei der Stadt Ratibor am Ufer der Oder ein Hospital, damit alle Nothleidenden, welche sich sonst nicht helfen können, durch Liebeswerke und Wir dereinst mit ewiger Ruhe erfreut werden. Und weil bisweilen das, was von den Vorfahren fromm gegründet worden, von den Nachkommen vernichtet wird und was von den Vätern im Liebeseifer begonnen worden, durch die Trägheit oder Böswilligkeit der Kinder unvollendet bleibt, so ernennen Wir, um solchem Unheil zu begegnen, Unsern Hofkaplan Heinrich, Propst zu Miechow und deren Nachfolger. zu Vollstreckern der frommen Stiftung. Bischof Johann **III.** bestätigte am 24. Juli 1296 die Errichtung des Hospitals. Die Kirche, welche dazu gebaut wurde, war den hl. Aposteln Petrus und Paulus geweiht.

Am 8. September 1302 überwies Przemislav 6 Hufen Acker in Rudnik und das Patronatsrecht der Kirche ad S. Catharinam daselbst sammt allen Einkünften dem Hospitale, was Bischof Heinrich **I.** zu Neisse am 23. März 1303 bestätigte. Damals war Reuczon Propst. Außer dem Vorwerk Rudnik gehörte ihnen auch die Obervorstadt.

In geistlicher Beziehung war dem Stift die Fischergasse einzgepfarrt. Miesko **III.** und Przemislav hatten dem Stadtschulz Tilo Erlaubniß ertheilt, eine Mühle auf dem Wege nach Teschen zu bauen. Die Gattin des Letzteren schenkte auf den Wunsch des Sterbenden am 8. April 1307 von dieser Mühle einen jährlichen Zins von 52 Scheffeln Korn dem Hospitale.

Am 14. Februar 1317 schenkte Lestko eine Mühle mit drei Gängen bei der S. Nicolaikirche und befreite sie von allen Abgaben. Nur sollte sie dem Pfarrer von Altendorf die bisherigen 3 Mark jährlich weiter zahlen.

Anfang Juli 1337 hatte Hanko Parwa dem Opecko, Sohn des Arnold Tasse, eine halbe Fleischbank verkauft mit der Bedingung, davon dem Hospitale als Zins 1 Stein Unschlitt zu geben. Im Jahre 1343 wird Thilo Propst des Hospitals bei Ratibor unter den Zeugen eines Transsumpts genannt. [1]) 1375 ist Johannes Propst.

Nachdem Schlesien in politischer Beziehung sich zu Böhmen hielt, stellten sich auch die Propsteien Neisse, Frankenstein, Reichenbach und Ratibor dem Propste von Zderas in Prag unter. Es geschah dies im Jahre 1334. Die Bestätigung vom Bischof Przecislav erfolgte am 6. Februar 1357, die vom Papste Innocenz **VII.** im Jahre 1405. Die schlesischen Ordensleute durften nicht in böhmische Hospitäler geschickt werden und umgekehrt. Bei Erledigung der Propstei in Neisse wählten die Rectoren von Frankenstein, Reichenbach und Ratibor einen neuen Propst. Die Besetzung der Pfründe in Ratibor stand dem Propste in Neisse zu. Im Jahre 1338 wird Rudolf Spitalmeister, neben ihm Johann Kunski und Lorenz Senkwitz Kreuzherren genannt. Es ist wahrscheinlich derselbe Rudolf de Prussia, den Alexius Fuchß in seinem Cataloge der Neisser Kreuzherren nennt. Im December 1391 machte Canonikus Nicolaus quondam Bertoldi eine

---

[1]) **Wattenbach, Cod. dipl. Sil. II, 149.**

Altarstiftung von 62 Mark, wovon 6¼ Mark Zins aus Loslau gezahlt wurden. Damals war Rudolf Rector des Hospitals.[1]

Am 27. October 1404 gestattete Herzogin Anna, die Wittwe Johann I. mit ihren Söhnen Johann und Nicolaus das Vorwerk Rudnik, welches aus 6 Hufen bestand, auf Bauerngüter auszusetzen und erließen alle Abgaben. Damals war Mathias Willuski Propst.

Im Jahre 1416 verkaufte Jonako von Tworkau 6¼ Mark Zinsen auf dem Bürgerfelde von Ratibor. In einer Urkunde des Collegiatstifts vom Jahre 1445 werden Johann Meltzer von Grotkau als Prior und Paul von Ziegenhals als Bruder des hl. Grabes von dem Hause zu Jerusalem aus dem Hospital der Siechen in der Vorstadt Ratibor genannt. 1463 war Gregor Propst und Johann dessen Bruder. [2]

Im Jahre 1467 Dienstag nach Lichtmeß kaufte das Stift von Herzog Johann dem Jüngeren 2 Mark Zins, die der Stadtrath zu zahlen hatte. Damals war Johann Wassermann Propst. Ihm folgten 1489 Laurentius Grebig, Mathias; bis 1513 war Johann Kozel Propst. Ihm folgte Hellebrand und diesem wieder Johann Ruel von 1516 bis 1547. Im Jahre 1532 hatte er eine Streitsache mit dem Stadtrathe.

Herzog Valentin bestätigte 1519 sämmtliche Besitzungen und Privilegien des Klosters und bewilligte, daß von jedem Wagen Marktholz 1 Scheit dem Hospital und Propste zugestellt würden.

In den vom Kaiser 1560 bestätigten Artikeln der Fleischerzunft wird bestimmt, daß dasjenige Fleisch, welches noch auf dem Freimarkte gefunden wird, sobald Sonnabends die große Glocke die Vesper eingeläutet, ins Hospital genommen werde. Damals folgten in kurzer Zeitfrist: Martin, Mathias Rugen, Laurentius Grün 1561, Mattheus 1562, George Etharel 1563, Michael Müller 1565; Martin Möller trat 1567 sein Amt an, war

---

[1] Stenzel II, 389.
[2] Matrikel der Colleg. I, 15.

aber kein Oekonom und ungehorsam, weßhalb ihn der Bischof Caspar nach Neisse abführen ließ. Administrator wurde der deutsche Prediger an der Collegiatkirche Nicolaus Temer. Georg Rohonowski 1584, Georg Frentzel 1594. Der Custos Sebastian Tiessowski starb 1605.

Im Jahre 1602 baten die Dominikaner um Ueberlassung der Propstei. 1605 ist Michael Möller Propst. 1606 wird der Curatus Martin Kirstein Administrator. Im Jahre 1613 erhielt Laurentius Gollasch die Propstei und nahm 1623 einen Substituten. Auch damals war es Observanz, daß wenn die Bauern Holz zum Verkauf in die Stadt brachten, 1 Scheit für das Hospital abgelegt werden mußte. Der Propst starb 1633.

1627 wurde Johann Wechmann, Scholastikus und Curatus an der Collegiatkirche, Inhaber der Propstei. Im Jahre 1631 am 26. October schenkte der Kaiser auf Bitten des Propstes zu Neisse 700 rtlr. zum Bau der Kirche und des Hospitals, welche bei dem Mansfeldschen Einfalle aus Besorgniß, daß die Stadt sich nicht wehren könnte, wenn das massive Gebäude da stände, von den kaiserlichen Truppen abgebrochen worden waren.

Am 30. Juni 1632 wurde das Propsteivorwerk zu Rudnik an Wilhelm Kappel verkauft. 1660 kaufte es Justinus Lorin, 1666 Christian Franz Foltek für 1200 rtlr., endlich wurde es 1689 von Propst Hellmann um 815 rtlr. zurückgekauft. Das neuerbaute Hospital und das übrige bereits herbeigeschaffte Bauholz wurden 1637 bei der Feuersbrunst vernichtet.

Mathias Stephan Posonaj von Lampatsch, ein Ungar, war Propst bis 24. März 1638, wo er nach Neisse promovirt wurde. Altersschwach resignirte er, kehrte im Juli 1641 nach Ratibor zurück und starb hierselbst am 17. Juni 1647. Administrator war inzwischen seit 1638 der Scholastikus Andreas Cornel von Harling. Laut Urbar von 1642 zahlte Graf von Oppersdorf an das Hospital an baarem Gelde 39 rtlr. 24 gr., außerdem lieferte er 26 (große) Scheffel Korn.

Im Mai 1651 nennt sich Christof Temmer Provisor des Stiftes. Nach ihm wurde Franz Carl Rentwig aus Edelstein, der zu Prag den Ordenshabit genommen und 1643 die Priesterweihe erhalten, Administrator in Ratibor und 1652 am 19. Juli als Propst investirt. Dieser baute die Propstei mit Collektengeldern, die er auf einer Reise nach Wien gesammelt, von Grund auf, ebenso die Kirche. Letztere war von Holz, 33 Ellen lang und 18 Ellen breit.

Von 1652 an wurde es Gebrauch, bei Eintritt ins Hospital 10 Thaler schlesisch zu entrichten, wovon die Hälfte an das Kloster fiel, die Hälfte zu Begräbnißkosten entrichtet wurde.

Am 21. September 1654 stellte der Magistrat ein Zeugniß aus, daß der wohlehrwürdige, in Gott andächtige und gelehrte Herr Franz Carl Rentwig Magister der Philosophie protonotarius des hl. römischen Stuhles, die in unruhiger Zeit dem Stifte entfernten Güter mühsam wieder erworben. Am 2. Juli 1658 kaufte er 4 Wiesen neben den Hospitalwiesen gelegen.[1] Er wird im Jahre 1664 Propst in Reichenbach, Reisse und Ratibor genannt und starb 1667.

Der Administrator Jakob Nigrin, Vikar an der Collegiatkirche, welcher 1664 Kreuzherr war, starb 1667. Ferdinand Melner starb am 22. März 1677. Sein Nachfolger Johann Hradeckl wurde Custos in Reisse, wo er am 22. Juli 1681 starb. Johann Georg Alexius Conradt ein Böhme aus Landskron und Pfarrer von Blauden, ließ das Amt in Ratibor durch einen Stellvertreter verwalten und wurde 1680 Propst in Reisse.

Der Propsteiverwalter Franz Climastus zeigte dem Landeshauptmann Franz Eusebius Graf von Oppersdorf das von Kaiser Carl V. bestätigte Privilegium des Herzog Valentin, wonach Jedermann, welcher eine Fuhre Holz zum Verkauf in die Stadt führt, verbunden sei, von solchem 1 Scheit den Armen ins Hospital

---

[1] Für diese 4 Wiesen gab die Stadt laut Kämmereirechnung von 1743 2 rtlr. 16 sgr. Zins.

zu verabreichen und ersuchte ihn gleich seinen Vorgängern Andreas von Raschütz und Friedrich Graf von Oppersdorf dies Privilegium durch öffentliche Bekanntmachung zu schützen, da sich jetzt Manche dieser Pflicht entziehen und statt eines Scheites nur ein kleines Stück gaben. Graf Oppersdorf in Erwägung, daß es pflichtmäßig sei, solche Begnadigung aufrecht zu erhalten, gab im April 1680 ein Patent, das Hospital in seinen Gerechtigkeiten nicht zu stören, sondern von jeder zum Markte bringenden Fuhre Holz 1 Scheit abzugeben. Diese in böhmischer Sprache ausgefertigte Urkunde hing bis zum Jahre 1812 unter dem Dache des Hospitals. Die Hospitalitinnen sprachen jedoch alle mit Holz Vorüberfahrenden um die Gabe an. Wer mitleidig war, gab den Antheil. Als aber das Holz im Preise stieg und die Heizung durch Kohlenfeuerung ersetzt wurde, verringerte sich die Einnahme des Hospitals.

Mattheus Ignaz Czeppan war ein frommer Priester, der überall betend gesehen wurde. Am 13. März 1687 verweigert er die Annahme von Currenden. Nach vierjähriger Amtsführung tauschte er mit seinem Nachfolger, wurde Pfarrer in Groß = Tinz und starb den 29. Januar 1692. Mattheus Franz Hellmann hatte in Neisse Profeß abgelegt, wurde Propst in Ratibor und hielt sehr oft deutsche Predigten. Am 23. September 1688 kam vom bischöflichen Official der Befehl, die Predigten, wie es immer gewesen, in polnischer Sprache zu halten, die Currenden anzunehmen, beim Convent zu erscheinen und die Visitation des Erzpriesters zu gestatten. Aber letztere Punkte wurden verweigert, indem man sich auf die Privilegien berief. Unser Propst begab sich bald darauf nach Reichenbach, wo er 1694 am 7. Juni starb. 1690 war Josef Menzig Sacellan oder Vikar des Propstes.

Unter Hellmann vermachte Gottfried Bernard Schalscha von Ehrenfeld auf Silberkopf, wo er eine Kapelle gebaut, 1000 Gulden zu Seelenmessen, welches Geld zur Einlösung des Vorwerks Rudnik verwendet wurde. Im Hospitale wurden damals 9 arme

Frauen und eine Köchin unterhalten. Die Einkünfte betrugen 114 rtlr. Davon erhielt der Propst 26 rtlr., die Armen erhielten wöchentlich 3 mal Fleisch. Damals gehörten 17 Häuser zur Seelsorge des Propstes. Die Predigt wurde nur am Patrocinium gehalten, zwei Choralisten celebrirten aber Sonn= und Feiertags.

Franz Climasius Pfarrer in Dittmerau wurde Propst und hatte viel Streit mit dem Gutsherrn, der sein Vieh eintreiben ließ. Er starb am 17. Februar 1699 und wird von ihm besonders hervorgehoben, daß er der Frömmigkeit sehr ergeben war. Sein Nachfolger Narchß Kyn gefiel sich in der Stellung nicht und resignirte schon nach einem Vierteljahre. Dagegen blieb Johann Friedrich Steinmann 14 Jahre hindurch Propst; er war am 19. October 1699 im Generalkapitel zu Neisse. Auch dieser hatte mit dem Besitzer von Rudnik viel Streit wegen des Viehes. Die Pfarräcker nämlich lagen zerstreut, so daß jeden Augenblick das Vieh den herrschaftlichen Boden betrat und dann sofort gepfändet wurde. Endlich brachte man 1701 den Acker durch Tausch in einen Complex an der Brzesnitzer und Niedaner Weggränze, doch mußte sich der Propst mit schlechterem Boden begnügen. Steinmann ließ das Vorwerk und 4 Häuschen aufbauen, besorgte zinnerne Schüsseln und Teller, sowie auch silberne Löffel; er wurde nach Ablauf von 14 Jahren Propst zu Zderas in Prag und starb daselbst am 15. Mai 1721. Sein Nachfolger Philipp Franz Sedlatzki starb um 2 Uhr Morgens den 6. März 1719, erst 32 Jahr alt.

Nicolaus Franz Sphra war 1703 Sacellan, 1715 Administrator und 1720 Propst geworden. Schon unter seinem Vorgänger war Rudnik von den Ständen der Steuer unterworfen worden, so sehr auch der Propst dagegen recurrirte, da es Hospitalgut sei. Sphra dagegen erlangte durch wiederholte Bitten, daß es 1722 aus dem Contributions=Cataster gelöscht wurde. Er wird noch 1729 genannt. Sein Nachfolger Narciß Lux starb am 7. April 1741.

Valentin Dismas Jakobides aus Peiskretscham, der 1729 bereits Vikar hier gewesen, wurde 1741 Administrator, baute das Hospital von Grund auf, restaurirte die Scheuer und Schüttboden und wurde den 16. November 1751 nach Neisse befördert.

Die zur Einrichtung des neuen Steuer-Catasters im Ratiborer Kreise verordneten Commissare J. W. von Lepin, Soja und Bauer setzten dem Propst für den 16. September 1743 einen Termin fest, in welchem er alle Hebungen des Hospitals angeben solle. Derselbe erklärte, durch die Kriege seien die Mühle bei S. Nicolaus, 4 Hufen Acker auf dem Stadtfelde, 15 Gärten, Ehrungen, Zinsen und Dienste von dem Vorwerk hinter S. Nicolaus verloren gegangen. Jetzt habe das Spital nur Riessa in Ostrog und den Hospitalgarten auf der Neustadt, in welchem 2 Scheffel 11 Metzen ausgesäet werden; ferner erhebe es von Altendorf und dem Wallgraben 1 rtlr. 16 sgr., von einem Walde, der zu Wiesen gemacht worden, 40 rtlr. 16 sgr., aus dem Rentamte Korn, Fleisch, Bier, Topfgeld und Bäckerlohn.

Jakob Bollk aus Osterwitz war Propst bis 1753. Sein Nachfolger Stanislaus Ehrenberger zu Zwitlan 1703 geboren, wird 1750 Präses der Bruderschaft des hl. Grabes genannt und starb am 20. October 1768. (1766 war Felix Wotke Exhortator bei der hl. Grabkapelle an den Monatssonntagen.) Peter Josef Hentschel starb am 30. Januar 1773. Johann Nepomuk Czucher aus Tarnowitz war 1754 am 17. November in Neisse eingekleidet worden, hatte 1 Jahr später Profeß abgelegt, in Olmütz am 15. April 1759 die Priesterweihe erhalten und wurde Wirthschaftsinspektor in Kunzendorf. Am 16. März 1773 nach Ratibor befördert, wurde er am 15. Juli 1778 canonisch nach Neisse erwählt, am 25. Juli von König Friedrich II. bestätigt und im nächsten Monate zu Breslau infulirt. Er gewann den Prozeß in Bezug auf den Brückenbau über die Oder, so daß der Propst keinen Beitrag zu geben brauchte. Peter Paul Creutzer 1781. Von ihm gilt das Wort: „der Miethling flieht und verläßt die Schafe." Im genannten Jahre waren Franz Jurczyk und Johann Elias Raubau Vikare. Vom Jahre 1787 bis 1789 war Franz Jurczyk Administrator. 1795 war Simon Seiffert Vikar und im nächsten Jahre Curatus in Rudnik und Silberkopf. Franz Schneider seit 1794, gewann 1799 den Prozeß gegen den Gutsbesitzer von Rudnik Friedrich Heinrich Carl von der Marwitz, der das Gut von den Adlersfeldschen Erben 1797 gekauft, aber als Protestant die 26 Scheffel Roggen und Hafer (großes Maaß) nicht geben wollte. Die Abgabe wurde durch richterliche Sentenz nicht als Decem, sondern als Reallast des Besitzers von Rudnik ausgesprochen.

Am 30. März 1809 starb zu Ratibor Franz Schneider des Ordens der regulirten Chorherren des hl. Grabes zu Jerusalem mit dem doppelten rothen Kreuze, durch Böhmen, Mähren und Schlesien General, ad ss. Petrum & Paulum zu Reisse und Ratibor Propst, im Alter von 57 Jahren.

Der letzte Propst war Longin Josef Gitzler, der schon 1796 Vikar und Nachmittagsprediger war, in Rudnik am 1. März 1820 starb und sich durch sein schönes Testament verewigte.

Der jedesmalige Propst des Kreuzherrenstiftes war zugleich Pfarrer von Rudnik und Silberkopf. Am ersteren Orte befindet sich eine Kirche ad s. Catharinam, welche schon 1302 erwähnt wird, am zweiten war nur eine Kapelle. Nach der Aufhebung des Stiftes wurde die Pfarrei Rudnik dotirt und ist der Herzog von Ratibor Patron.

Die Specialsäcularisations = Commission Oberlandesgerichts-Referendar Lange und Noltel erhielten am 22. August 1813 den Auftrag die Kirche der Kreuzpropstei zu schließen, was am 13. September erfolgte. Von den Kirchengeräthen kam der größte Theil nach Rudnik, einiges fiel an die Pfarrkirche der Stadt, anderes ging nach Breslau zur Unterstützung armer Kirchen in Nieder-schlesien. Der Pfarrer Rink in Groß = Zyglin erhielt 4 Meßge-wänder. An Gold und Silber übernahm die Commission ein

Ciborium, zwei Kelche, eine Krankenpatena und eine Büchse zu den hl. Oelen.

Bei der Kreuzpropsteikirche befand sich ein eigner Kirch=hof. Nach der Säcularisation ging die Seelsorge dieses Stadt=theiles auf die in Ostrog gelegene S. Johanniskirche über und finden seither die Beerdigungen der in diesem Theile der Ober=vorstadt Verstorbenen auf dem Kirchhofe zu Ostrog statt.

Die Kirche ad ss. Petrum & Paulum wurde 1823, das Hospital 1857 abgetragen, und ist jetzt an deren Stelle ein freier Platz.

Ueber das Hospital folgen die weiteren Nachrichten im IV. Abschnitte.

## 3. Das Kloster der Dominikanerinnen, oder das fürstliche Jungfrauenstift zum hl. Geiste.

Ratibor hatte zu Ende des 13. Jahrhunderts bereits ein Collegiatstift und 2 Mönchsklöster. Für diejenigen Jungfrauen und Wittwen, welche von der Welt abgeschieden, dem Herrn zu dienen verlangten, fehlte es hier noch an Gelegenheit, während das Herzogthum Breslau seit 1203 in dem Cisterciensernonnen=kloster zu Trebnitz, und seit 1242 in dem Clarenstift zu Breslau, das Herzogthum Oppeln aber in dem 1228 von Rybnik nach Czarnowanz verlegten Prämonstratenserkloster hinreichende Asyle bot.

Herzog Przemislav, der seinen frommen Sinn in der Für=sorge gegen Kranke durch die Stiftung eines Hospitals, das er den Kreuzherren übergab, bereits an den Tag gelegt, schuf ein Institut, in welchem durch mehr als 5 Jahrhunderte ein großer Theil der Landestöchter unter Leitung gottgeweihter Jungfrauen ihre religiöse und sittliche Bildung erhielten.

In Folge eines Gelübdes, das Przemislav Gott und der hl. Jungfrau gemacht, erschien er am 1. October 1299 kurz vor

31 *

Tische im Refectorium des Dominikanerklosters (in welchem der Provinzial Zbislav aus Crakau eben Ordenskapitel hielt) und erklärte vor der zahlreichen Versammlung, in welcher sich auch weltliche Personen befanden, daß er für das unter Aufsicht der Dominikaner zu begründende Jungfrauenstift einen Platz in der Stadt, die Cunosmühle in der Neustadt und das Dorf Ottitz schenke. Sein Protonotar Johannes verkündete der Versammlung feierlich diese Dotirung und der Herzog überreichte dem Provinzial Zbislav als Pfand und Symbol dieser Schenkung seine Kopfbedeckung, welche dieser seinerseits in Empfang nahm, ohne daß ein Einspruch erfolgte.

Der Platz zur Gründung des Klosters wurde genau bezeichnet. Die Breite solle sich erstrecken von dem Altendorfer Thore bis zum Oderufer, an welchem die Stadtmauer sich befindet, die Länge aber, von jenem Thore an in der Richtung auf die S. Jakobikirche zu, 116 Ellen, nämlich bis zur Hälfte der Hofstätte des Archidiakon Stefan von Oppeln, der den Platz den Nonnen bereits bestimmt habe.

Am 10. Juni 1301 schenkte der Herzog dem Bürger Thilo eine Wiese zwischen den alten und neuen Gärten in der Gegend der Wasserleitung jenseits der Stadt mit der Bedingung, den Dominikanerinnen einen jährlichen Zins von 4 Scot zu zahlen. Die eigentliche Stiftungsurkunde wurde erst am 9. April 1306 ausgestellt. Przemislav bestätigt in derselben die früheren Schenkungen:

Als Klosterplatz den ganzen innerhalb der oben bezeichneten Gränzen enthaltenen Raum mit Ausnahme der Straße zwischen dem Klosterplatze und den Stadtgebäuden; er erlaubt den Conventualen zugleich, wenn sie am Wasser hin einige Häuser aufbauen wollten, dies zu thun. Für Ruhe und Sicherheit sorgte der Stifter durch folgende Bestimmungen: Zwischen dem Kloster und der Stadtmauer soll weder Weg noch Durchgang sein, sondern das Kloster solle auf dieser einen Seite sich mit der Stadtmauer verbinden. Wer die Gränzen des Klosters beeinträchtige, sich Belästigungen oder Unziemlichkeiten erlaube, zahlt 30 Mark Silber dem Herzoge und hat außerdem dem Convente Genugthuung zu leisten; wer nicht zahlungsfähig ist, erleidet Gefängnißstrafe. Das auf dem „blanken Felde" bei Ratibor nach Troppau zu liegende Dorf Ottitz mit 30 kleinen Hufen. Die Cunomühle mit 4 Gängen auf der Oder in der Neustadt, von der Brücke ab einen Ballistenwurf entfernt. Eine andere Mühle mit 2 Gängen gleichfalls in der Neustadt zwischen der vorgenannten Mühle und der Altstadt bei dem die Neustadt begrenzenden Wall im Mühlgraben gelegen. Es dürfe keine neue Mühle, weder oberhalb noch unterhalb, zum Nachtheil des Stiftes angelegt werden. 4 Mühlensteine aus dem Steinbruche (bei Rybnik), für den Klostertisch 2 Freifischer in der Oder, 4 Fleischbänke (und zwar die letzten auf die Straße zu, wo das Getreide verkauft wird) zur Lieferung von Inselt für die Lampe und 2 Brodbänke.

Der Herzog befreite zugleich das Stift von allen fürstlichen und städtischen Lasten, verlieh allen ihren Besitzungen die vollste Immunität und deutsches Recht. Das Grundstück überwies er seiner Tochter, die in das Kloster treten würde, zur Aussteuer.

Es war dies das Testament des Herzogs, der bald darauf starb. Er beschwört in dieser Urkunde seine Erben und Landeskinder bei der Liebe Christi, ihm in Förderung seines letzten Willens ihre Treue zu beweisen; wer dagegen handle, werde mit Judas dem Verräther ein Loos theilen. Es umstanden den Sterbenden: Pfarrer Johann von Loslau, der Arzt Magister Johann, die Ritter: Castellan Stoygnew von Ratibor, Landrichter Thomas, Rudger von Griba, Jakob von Langa, Belislav und Vogt Bedrich von Sohrau; die Bürger Ratibors Stadtvögte: Thilo und Johann, Janussius Maczikonis, Hermann Isoldi, Ludwig und sein Bruder Thilo, Hermann von Sohrau, die Junker: Wrochslab, Sohn des Dobessius, Aegydius von Dubensko, Imram Sohn des Landrichter Thomas und Nicolaus Sohn des Gallus von Ebemir.

Schließlich wünschte er, daß das Kloster den hl. Geist, S. Michael, die hl. Apostel Petrus und Paulus, Johannes den Evangelisten, Anna und Agnes zu Schutzpatronen habe.

Sein Sohn und Nachfolger Lestko bestätigte schon am 22. Januar 1307 mit Einwilligung und auf den Rath seines Oheims und Vormundes Herzog Miesco von Teschen die väterliche Stiftung und fügte neue Schenkungen und Vorrechte hinzu, nämlich zu den 3 Hufen Landes bei der Burg in der Richtung auf die Kirche des hl. Johannes zu, einen genügenden Platz zur Erbauung eines Vorwerks nebst einem Garten. Knechte und Mägde auf den Vorwerken sollten vom weltlichen Gerichte exemt sein.

Prinzessin Ofca, die Schwester Lestkos, trat am 9. April 1313 ins Kloster und nahm den Schleier. [1] Als Mitgabe vermachte er ihr das Vorwerk Proschowitz mit allem Zubehör von Wiesen, Gärten, Acker und Wald, wie es Cuncho und die Wittwe des Thilo besessen; 2 Fischer können daselbst wohnen und in der Oder ober- und unterhalb Ratibors für den Klostertisch fischen. Nach dem Tode der Ofca soll Proschowitz ans Kloster fallen. Würde der Herzog ohne Erben zu hinterlassen sterben, so solle seine Schwester die 4 Dörfer: Markowitz, Lissek, Pogrzebin und Lubom besitzen und diese dann nach ihrem Tode an das Kloster

---

[1] Ein Gemälde, das seit der Säcularisation in der polnischen Kapelle der Pfarrkirche hängt, stellt die Einkleidung dar. Links erblickt man den Altar des hl. Dominikus, auf den Stufen stehen drei Ordenspriester, vor ihnen kniet Eufemia in weißem Gewande, ein schwarzer Gürtel umgibt den schlanken Leib, der Priester hängt ihr das Scapulir um die Schulter. Neben ihr auf dem Fußboden liegen die Abzeichen der irdischen Herrlichkeit, die sie von sich gelegt: ein prächtiges Gewand, Frauenschmuck, Krone, Ring und ein blauer Reichsapfel. Die Angehörigen sind zugegen und bilden die Mittelgruppe des Gemäldes, auf der rechten Seite erblickt man die Verwandten sammt der Dienerschaft. In den Wolken verkünden musicirende Engel ihre Freude über die Himmelsbraut. — Das Kloster lag dem Schlosse gegenüber und war von diesem nur durch die Oder getrennt, die überdieß, wie ein alter Graben noch unlängst zeigte, bis ans Kloster ging.

fasten. Diese Dörfer befreite er von allen Diensten und Abga=
ben. Ferner schenkte er 12 Malter in der an der Stadtmauer
gelegenen Mühle und zwar 5 Malter vom Weizenmalze,
5 Malter Roggen und 2 Malter Weizen, die aber nach ihrem
Tode sämmtlich an die Herrschaft zurückfallen sollten. Auch wies
der Herzog seiner Schwester den ganzen Zins in der Tuchverkauf=
kammer und in den Kammern der Krämer, den Zins von den
neuen Gärten vor der Stadt (mit Ausschluß der Gärten des
Freischulzen und derer des Herrn Oswald) an. Dieser Zins
solle nach Ofcas Tode gleichfalls an das Herzogthum zurückfallen.
Unter demselben Datum [1]) vermachte er ihr das Eigenthumsrecht
von zwei herzoglichen Brodbänken, welche nach der Straße zu
liegen, die von der Pfarrkirche nach Altendorf führt.

Am Tage vorher ließ der Herzog den Erbvogt Werner und
die Rathmannen der Stadt: Oswald, Gothard, Herman Ifaldis,
Wigand Ottonis, Seidelmann von Katscher mit der gesammten
Bürgerschaft geloben, daß sie nach seinem Tode Niemandem huldigen
würden, der nicht zuvor die Besitzungen und Einkünfte des Fräu=
lein Ofca und des Klosters zum hl. Geist urkundlich garantirt
hätte.

Ofca selbst kaufte 1316 vier Fleischbänke in Sohrau von
dem Abt Nicolaus von Rauden.

Da der Ruf weiblicher Züchtigkeit sehr zart ist, so daß er
selbst bei geringer Verletzung nicht mehr ganz hergestellt werden
kann, gab Ritter Imram, nachdem ihm die Gattin gestorben, seine
beiden Töchter nach dem Rathe seiner Freunde und Beistimmung
jener Kinder selbst ins Kloster und schenkte ihnen am 19. Juli
1316 zur Mitgift das halbe Dorf Bogunitz, wie es die Straße,
die von Ratibor nach Rauden führt, durchschneidet. Der Vater

---

[1]) Letztere Urkunde mit dem ziemlich gut erhaltenen großen
Siegel des Herzog Lestko befindet sich im rathhäuslichen Archive.
Lestko steht vor seiner Burg, die zwei gothische durch eine Brücke
verbundene Thürme hat, und ein Genius hält den Helm über ihn.

steht für seinen Sohn Otto, der die andere Hälfte des Dorfes erhielt, gut, daß er deßhalb das Kloster nicht belästigen werde.

Zum Kirchenbau war es indeß immer noch nicht gekommen, denn am 25. Februar 1317 vertauschten Johann von Kornitz mit seinem Sohne Mischko und ein Ratiborer Bürger einen Theil ihrer Grundstücke mit einem Theil des ehemals dazu bestimmten Bauplatzes; jener genehmigte, daß die erste Straße links, wenn man von Altendorf in die Stadt gehe, zum Klosterplatze zugefügt werde, so daß die Länge jetzt 206 Ellen, die Breite 53½ Elle (wie sie die Gewandschneider damals zu brauchen pflegten) enthielt.

Am 17. März desselben Jahres verkaufte Bogusca, die Tochter des Jeschko von Kornitz und Gattin des Thomaslaus von Czernitz, ihr Erbtheil in Bogunitz.

Johannes Mackonis, ein angesehener Bürger in Ratibor, der in einer Menge herzoglicher Urkunden als Zeuge erscheint, schenkte vor seinem Tode die Scholtiseien in Rudnik und Silberkopf dem Kloster. Es gehörten dazu 15½ Hufen in Rudnik, 4 Gärten mit ebensoviel Gärtnern, und ein fünfter mit einer Curie als Residenz des Schulzen, der Krug, 2 Fischhälter, 1 Mühle, wie auch der dritte Theil von den Gerichtsgefällen aus beiden Dörfern. Am 21. Januar 1319 bestätigte Lestko die Schenkung und eximirte die Jungfrauen von der Pflicht, mit einem Bogenschützen zur Landesvertheidigung zu dienen.[1]

Die Rathmannen Hermann Isaldis, der ehemalige Vogt Wigand, Sifrid Salzkretscham, Peregrin Cristani und Lupold, sammt den Schöffen, nämlich Thilo von Holoschwitz, Dytuschko, der ehemalige Stadtvogt Werner, Conrad von Ostrau, Zunftmeister Peter, Reichkramer Heinmann und Johann Martini bezeugten am 4. November 1321, daß ihr Mitbürger, der ehemalige

---

[1] Eine vom Collegiatstift vidimirte Abschrift dieser wichtigen, bisher noch unbekannten Urkunde, befindet sich in der herzoglichen Kammer-Registratur. Ebendaselbst ist auch ein altes Verzeichniß sämmtlicher Urkunden, Acten, Schuldverschreibungen rc. des Klosters.

Stadtvogt Werner und dessen Schwiegersohn Heinrich von Grau=
den mit Einwilligung der Familienglieder 3 Hufen in Ottitz den
Jungfrauen verkauft haben.

Im Jahre 1331 trat Clara von Linau ins Kloster und
brachte reiche Mitgift zu. Ihre Brüder Otto, Thure und Jesco
schenkten nämlich 3 Mark Zins in Bieskau bei Neukirch. Zu
gleicher Zeit kaufte das Stift an dem genannten Orte noch
8½ Mark Zins.

Am 24. Juni 1331 bekundeten die Rathmannen Thtusso,
Arnold von Rybnik, Thczko Libkindi, Theodor von Katscher, Hein=
mann von Zauditz und die Schöffen: Hermann Jsalbi, Nicolaus
von Auschwitz, daß der reiche Theodorich Schuster einen Garten
in der breiten Straße auf dem Altendorfer Grunde dem Stifte
als Mitgabe seiner Tochter Christine schenkte.

Die Bürgerin Gertrud vermachte 1333 einen Garten und
eine Bäckerbank testamentarisch. In demselben Jahre bestätigte
Benedict XI. die Befreiung des Klosters von Steuern, Decem
und Abgaben.

Canonikus Petrus, Pfarrer in Rybnik und Erbeling in Ben=
kotwitz, schenkte von seinem väterlichen Erbtheile eine Freihufe seiner
Nichte Veronika im Jungfrauenkloster, was Leßko am 29. Sep=
tember 1334 bestätigte. An demselben Tage, nämlich am Feste
des hl. Michael, confecrirte Bischof Nanker auf Bitten des Her=
zogs die Kirche zum hl. Geist und beschenkte das Kloster mit dem
Feldzehnten in Benkowitz, Silberkopf, Sudoll und Kornowatz.
Die Urkunde darüber ist jedoch erst am 1. Juni 1335 zu Bres=
lau ausgestellt.

Der Convent kaufte am 3. Februar 1337 (herzoglich)
Elgot für 60 Mark Prager Groschen von Jsolba, Wittwe des
Peter Stral, und deren Söhnen Fredko und Peschko. Der Hof=
richter Deczko nahm den Kaufkontrakt auf. Noch in demselben
Monate kaufte der Convent auch das im Leobschützer Kreise ge=
legene Dorf Zauchwitz (sucha Psinna d. h. trockne Psinna),

mit dem Vorwerk von 4 Hufen vom Herzoge Nicolaus für
300 Mark Prager Groschen mährischer Zahl (d. h. à 64 gr.)
Nicolaus erließ den Waldzins, nur das Gebüsch bei dem Dorfe
behielt er sich zur Jagd vor.

Am 21. September 1338 erkaufte das Kloster den zweiten
Antheil der Wittwe Isolda und ihrer Kinder von herzoglich Elgot
für 100 Mark Prager Groschen.

Damals waren mehre Prinzessinnen im Kloster, zum Theil
zur Erziehung, zum Theil als Ordensschwestern. So hatte Her=
zog Nicolaus von Troppau die 3 Töchter, welche ihm Anna, die
Schwester Eufemias geboren, nämlich Agnes, Anna und Elisabeth
ins Kloster nach Ratibor gegeben. Anna vermählte sich mit Bur=
chard Graf von Maidburg und Hardeck und übergab 1354 ihre
in dieser Ehe geborene Tochter Elisabeth gleichfalls den leitenden
Händen der Nonnen. Auch Anna, die Tochter des Herzog Semo=
vit von Masovien war hier, ebenso Elenza, die Schwester des
Herzog Wladislav von Kosel. Letzterer genehmigte am 8. Juli
1339, daß der Convent das in seinem Herzogthum gelegene
Autischkau von Conrad Stosch auf Rogau und die Hälfte von
Warmuntau kaufen könne, welcher Kauf am 13. October für
400 Mark erfolgte.

Einen bedeutenden Erwerb machte das Kloster im August
1340. Die deutschen Ordensritter: Heinrich von Plumnau und
dessen Bruder Jesco verkauften nämlich Bauerwitz mit 3 Dör=
fern: Zilchowitz, Tschirmkau und Elglau für 650 Mark Prager
Groschen mährischer Zahl den drei Töchtern des Herzog Nicolaus
und deren Tante Eufemia. Einige Tage später bestätigte Herzog
Nicolaus diesen Kauf und befreite die Güter von allen Lasten bis
auf die herkömmlichen und 15 schwere Mark für einen Roßdienst,
erließ aber 14 Jahre später auf Bitten seiner zwei Töchter die
15 Mark für den Roßdienst.

Nicolaus verkaufte am 2. Februar 1343 sein herzogliches
Recht und 20½ Zinshufen in Benkowitz für 220 Mark. Einen

andern Antheil an Benkowitz erkaufte das Stift 8 Jahre später. Aus einer am 8. Juni 1343 ausgestellten Urkunde erfahren wir, daß im Kloster strenge Clausur war; nur durch ein vergittertes Fenster sprachen die Nonnen mit denen, welche zum Besuch kamen. Papst Clemens **VI.** bestätigte am 2. Juli 1345 dem Kloster den Besitz sämmtlicher Güter und nahm es in seinen Schutz.

Schwester Anna, eine Verwandte des verstorbenen Pfarrer Heinrich von Protzan erhielt 1346 einige von ihm vermachte Bücher. Damals war Gertrud Priorin; ihre Mutter im Katharinenkloster zu Breslau war früher hier Priorin gewesen.

Eufemia kaufte am 8. Mai 1352 den Rest von Bieskau, nämlich 4 Hufen um 20 schwere Mark. Weil die Einkünfte des Klosters wegen des unruhigen Zustandes im Lande zur Unterhaltung des Conventes nicht ausreichten, so schenkte Bischof Przecislav zu Otmachau am 13. Januar 1354 die Feldzehnten von Klein-Grauden. Am 12. Februar 1356 schenkten mit herzoglicher Genehmigung der Erbvogt zu Ratibor Nicolaus und dessen Schwestern Isentrud und Catharina dem Kloster 4 Mark Zins von Sohrau, welchen schon ihr Ahne Jakobus erblich besessen, nebst allem übrigen Gelde, das Schwester Margareth ins Kloster gebracht.

Nachdem Eufemia 45 Jahre segensreich gewirkt, fühlte sie ihr Ende nahe. Mit dankbarem Herzen übersah sie nochmals die Güter, mit denen Gott sie gesegnet; und wie sie ihr ganzes Leben nächst Gott dem Stifte gewidmet, so erfüllte die Sorge für dasselbe ihre ganze Seele in der Nähe der Stunde, in welcher sie aus dem schwesterlichen Vereine in einen höheren Kreis treten sollte. Am 8. December 1358 Nachmittags machte sie ihr Testament in Gegenwart der beiden Herzoge Nicolaus und Johann, des Ritters Heinrich Hoberg, des Dominikanerprovinzial Petrus, des Beichtvaters des Jungfrauenstiftes Johann, des Notar Peter Gotfridi, Pfarrer in Altendorf und des Protonotar Franz, Pfarrer von Gräz. Als Haupterben wurden Agnes und Elisabeth bestimmt,

diese erhielten die 4 Dörfer Liffek, Pogrzebin, Lubom und Markowitz mit den Vorwerken, Mühlen, Fischereien, Wiesen und Waldungen; ferner Bojanow, Bauerwitz sammt den 3 dazugehörigen
Ortschaften; aus Sohrau von jeder der 10 Fleischbänke jährlich
4½ Stein reines Inselt; in Ratibor von jedem Gewandschneider
jährlich 1 Mark, von jedem Reichskrämer 8 Scot, von jeder
Hufe vor der Stadt 6 Scot Zins, aus Neugarten 9 poln. Mark
und 9 Scot; von den Häusern auf der breiten Straße und am
Walle 1 Schock Groschen nebst Allem, was in Proschowitz ist.
An den vorstehenden Einkünften sollte Anna von der Masau gleichen
Antheil haben.   Bieskau erhalten Elisabeth und Agnes allein.
Halb Zauchwitz, Autischkau, Warmuntau und Vorwerk Mosurau
mit dem Patronatsrecht wird der Elisabeth allein zugewiesen.
Werde Anna die übrigen Prinzessinnen überleben, so solle sie die-
ses Alles erben und dann in dem Falle, daß Herzog Johann eine
Tochter erhielte, die in das Kloster treten möchte (geschah nicht),
es mit dieser theilen.   Nach deren Tode aber solle Alles an das
Stift fallen.

Endlich befahl sie, daß die Dominikaner von den Einkünften
aus Autischkau 10 Mark jährlich erhalten sollen, wofür der jedesmalige Prior täglich 4 Ordenspriester zur Feier der hl. Messe in
die Kirche zum hl. Geiste schicken solle.   Auch die geistlichen Schwestern sollen für das verstorbene Fürstenhaus beten und andere
gute Werke üben.

Auf dem Siegel, das Eufemia dem von Peter Gotfridi in
notarieller Form niedergeschriebenen Testamente anhängen ließ, ist
die hl. Jungfrau Maria und vor ihr eine betende Gestalt zu
sehen.   Die Umschrift lautet: Siegel der Schwester Ofca des
Predigerordens.

Eufemia starb erst am 17. Januar 1359.   Ihre Gebeine
wurden in der Kapelle des hl. Dominikus beigesetzt und alljährlich am 17. Januar bis zur Säcularisation Exequien gehalten.

Das Andenken an die fromme Wohlthäterin erhielt sich durch Wort und Bild bis auf den heutigen Tag.

Als Herzog Johann I. sich 1361 mit der Prinzeffin Anna von Glogau vermählte, zog sich deffen Hofmeifterin Kunigunde von der Mafau in das Stift zurück und vermachte ihre Einkünfte aus Ofterwitz bei Troppau und 2 Mark Zins in Czybanz theils der Herzogin Anna von der Mafau, theils den armen fiechen Schweftern im Klofter.

Am 25. Mai 1361, als eben der neue Stadtrath gewählt worden war, bezeugten die Confuln Reinczko, Nicolaus Metzner, Nicolaus Stanislai, Sifrid von Rudnik, Johann Sohn des Paulus und die Schöffen: Johann Koch, Menzel, Nicolaus von Studzienna, Nicolaus Meſſerſchmidt, Nicolaus Luſche, Nicolaus Grutzkegel, Martin Librot, daß der Erbvogt Nicolaus mit feinem Sohne Stefan ein außerhalb der Stadt, neben der Wittwe des Nicolaus Czulz gelegenes Haus ſammt allem hinter dem Garten gelegenen Acker dem Dominikaner Jesco zu Händen der Jungfrauen für 30 Mark Prager Groſchen verkauft. Es war dies das ſpätere Vorwerk vor dem großen Thore.

Die Rathmannen Johann Heſinkint, Nicolaus von Stauden (ſo hieß Studzienna deutſch), Henſelin Eccuſſli, Nicolaus Lauſche mit dem Schöffen Nicolaus Gruczkegil, Henſelin Emysryme, Andreas Linificis (Leinweber), Nicolaus Stanowitz, Henſelin Heſſe, Nicolaus Gelhor, Bartin Librot und die übrigen Zunftmeiſter, von den Fleiſchern: Henſelin Waltheri und Mathias Kowirwitz, Schuſtern: Jekel Peter Turkow, Schneidern: Andreas Nicolaus, Webern: Peter Stephani und Niczko Keymolt, Bäckern: Andreas Werdirherre und Henſelin Swybdnicz, Sälzer: Niczko Prolokutoris und Mathias Dawecz verkauften einen Zins von 11 Mark in Neugarten von den Gärten in Altendorf dem Convente auf Wiederkauf. Herzog Johann I. beſtätigte den Kauf am 11. November 1368. Mit dieſer Urkunde gingen etwas ſpäter der Proconful Johann Neukirchen, der Notar Johann Odirberg, der

Dominikaner Peter Blümil als Provisor des Nonnenklosters[1] nach Otmachau und erhielten am 9. Februar 1370 vom Bischof Przecislav die Confirmation. Unter den Zeugen der letzteren befindet sich auch der Canonikus Bertold aus Ratibor.[2]

Der Convent erlitt um diese Zeit von einigen Gewalthabern Beeinträchtigungen an Gütern und Gerechtigkeiten und wendete sich brieflich an den päpstlichen Legaten Johann, Patriarch von Jerusalem, der sich eben in Breslau aufhielt. Dieser schützte die Stiftsgüter durch Bedrohung mit dem Banne und beauftragte am 11. März 1372 den Archidiakon von Oppeln mit der Ausführung dieser Sentenz.

Herzog Johann I., seine Gemahlin Anna und deren etwa 13 Jahr alter Sohn Johannes stifteten am 16. Juni 1375 in der S. Johanniskirche des Klosters einen Altar zu Ehren der hl. Dreieinigkeit, der hl. Apostel Petrus und Paulus, der hl. Maria Magdalena und Hedwig und widmeten dazu den bisher selbst bezogenen Häuserzins (von jedem Herde einen Groschen). Auch der Erbvogt Gotze cedirt seinen Antheil. Die Rathmannen sollen diesen Schoß einsammeln. Täglich bei Aufgang der Sonne sollen 2 Seelenmessen für die fürstlichen Vorfahren gelesen werden, die Jungfrauen an den Quatemberzeiten die Vigilien an der Grabkapelle halten und bei dem Tages darauf folgenden Todtenamte singen; die übrigen Messen können im Kloster celebrirt werden. Das Dotationsinstrument wurde an den Bischof abgesendet, nachdem die Dominikaner von ihrem Provinzial Elias bereits die Erlaubniß zur Uebernahme der Fundation erhalten. Als letzterer am 9. December nach Ratibor kam, wurde ein Vertrag geschlossen, in welchem die Jungfrauen sich verpflichteten, von diesem

---

[1] Peter Blümil wird 1379 sogar Propst des Jungfrauenstiftes genannt.

[2] Die Urkunde, welche sich im Magistratsarchive befindet, ist hier ausführlicher mitgetheilt, da sie der Cod. dipl. Sil. nicht aufgenommen.

Häuserzins jährlich 9 Mark den Dominikanern für die Haltung der Messen zu zahlen.

Die Mühle am Stadtgraben vor der Stadt bei der Oder wollte der Herzog zu einer Walkmühle einrichten, und tauschte sie deshalb 1377 gegen eine jährliche Abgabe von 4 Malter Korn um, welche die Hubener auf dem Stadtfelde dem Kloster geben sollten. Statt des Roggens können sie auch das Doppelte an Hafer geben.

Der Convent, welcher vor 30 Jahren den Decem in Grauden zum Geschenk erhalten, ließ 1381 durch den Offizial Nicolaus von Friberg und den Notar des Klosters Peter, Sohn des Heinrich von Ohlau, eine Verpflichtung des Erbherrn von Grauden Conrad von Haugwitz zur Entrichtung des Feldzehnten aufnehmen.

In demselben Jahre kaufte Schwester Elisabeth von Crakau in Neugarten 6 Gärten, welche später an den Convent fallen sollten. Die Gärten sind genau beschrieben.

Wenn man aus der Stadt zu dem neuen Thore in die lange Gasse geht

a. links in der Waldgasse:

1) für 5½ Mark von Heinrich Habirdorf, ½ Morgen, Zins 15 Scot,
2) „ 10 „ „ Hans Gotfrid, 1 Morgen, Zins 1½ Mark,
3) „ 7 „ „ Peter Schmidt, ¾ „ „ ¾ „
4) „ 12⅜ „ „ Reichel Schneider, 1½ „ „ 1 Schock gr.

b. rechts in der langen Gasse:

5) für 5 Mark von Nicolaus Meier ½ Morgen, Zins ½ Mark.

c. In Proschowitz bei dem Hopfengarten:

6) für 3½ Mark von Johann Pauker, Zins 10 Scot.

Das der Urkunde angehängte Conventssiegel stellt Gott Vater vor, der ein Crucifix hält; die Umschrift lautet: Siegel der Schwestern vom Predigerorden in Ratibor. Unterschrieben sind auch der Ortsrichter und die Schöffen von Neugarten.

Im nächsten Jahre kaufte Priorin Osca von ihrem Bruder Herbord von Katscher 10 Mark Zins in Peterwitz. Dessen Schwestertochter Catharina war damals auch im Kloster.

Die Prinzessinnen und Nonnen Agnes und Anna und der Priester Wenceslaus in Bauerwitz stifteten in der dortigen Pfarrkirche den Erasmusaltar für einen jährlichen Zins von 6 Mark, welchen Markgraf Jodocus von Brandenburg als Gebieter Mährens in Jägerndorf am 16. März 1403 bestätigt.

Aus dem Testamente der Eufemia geht hervor, daß die Tuchmacher schon vor einem halben Jahrhunderte jährlich 1 Mark an das Kloster zinsten. Die Verpflichtung wurde am 25. Juni 1404 erneuert. „Die Gewandschneider und Kammerherren" nämlich erschienen vor den Rathmannen, Vögten und Schöffen und gelobten jeder besonders von seiner Kaufkammer 1 Mark Zins dem Convent für alle Zeit zu zahlen.

Jetzt tritt in den Nachrichten eine kleine Pause ein. Die Prinzessinnen waren gestorben und die Herzoge wandten ihre Aufmerksamkeit mehr dem Collegiatstifte zu. Inzwischen wurden Ottitz, Bojanow und Proschowitz als heimgefallene Appanagen eingezogen. Kaiser Sigismund, der nach Breslau gekommen war, um über die Urheber eines daselbst vor 2 Jahren stattgefundenen Aufruhrs strenges Gericht zu halten, bestätigte am 28. Januar 1420 die Privilegien des Jungfrauenstiftes, besonders von Bauerwitz. Der Raubritter Nicolaus Zedlitz, genannt Alzenau, nahm dem Stifte 1421 die Dörfer Zauchwitz, Bieskau und Osterwitz mit Gewalt weg und verkaufte sie. Der päpstliche Auditor Hartung von Cappel verschaffte den Jungfrauen zwar 1443 das Eigenthum wieder, indeß erfreuten sie sich nur kurze Zeit des wieder erlangten Besitzes.

Wir haben in der politischen Geschichte bereits gesehen, wie die Söhne des Herzog Johann II., nämlich Wenceslaus und Nicolaus, 1437 das Herzogthum Ratibor theilten und die Nachkommen derselben das klein gewordene Gebiet nochmals zerstückelten.

Nicolaus von Rybnik und Jägerndorf suchte sich durch Klostergüter zu bereichern und nahm dem Stifte Bauerwitz und 6 Dörfer. Dessen Söhne Johann der Aeltere und Wenzel erpreßten 1461 von den Stiftsunterthanen 40 Mark. Die von geistlichen Richtern verurtheilten Herzoge appellirten nach Rom. Es gab einen langen Prozeß, der erst 1467 zu Gunsten des Klosters entschieden wurde. Aber nur allmählig erholte sich das Stift von den Bedrückungen.

Am 25. Juli 1450 verkaufte dasselbe seinem Kretschmer Stanislaus Baron zu Benkowitz eine hinter der Pfinnabrücke gelegene Wiese, Okrulice (Rundebene) genannt, für den Zins von 1 Gulden und 5 Hammeln und 1479 befreite Herzog Johann III. einen Stiftsacker daselbst von allen herzoglichen Diensten und Fuhren.

In diese Zeit fällt ein Streit zwischen der Stadt und dem Kloster, dessen Einzelheiten uns fehlen. Letztres hatte eine Mühle, „Hengelmühle" genannt, zur Benutzung und zahlte dafür 5 Mark. Die Mühle ging ein und der Rath verlangte die 5 Mark für die Benutzung von 11 Fleischbänken. Das Stift verweigerte die Zahlung und behauptete, sie hätten diesen Zins für die Mühle gegeben; da diese nunmehr wüst liege, seien sie auch nicht mehr verpflichtet, das Geld zu entrichten. Herzog Wenzel aber entschied am 5. April 1451, daß die Jungfrauen verbunden seien, der Stadt den seitherigen Zins von 5 Mark Groschen für 11 Fleischbänke zu entrichten und nicht berechtigt seien, diesen Zins zu verweigern, als sei er für die Hengelmühle gegeben worden. Indeß erließ die Stadt auf Fürbitte des Herzogs diesen Zins auf ein Jahr.[1]

Derselbe Herzog bestätigte am 8. März 1456 die 6 Gärten in Neugarten mit Ausnahme des in der Waldgasse gelegenen

---

[1] 17. Privilegium. Laut einer Rechnung von 1587 zinsten noch damals die Jungfrauen der Stadt 6 glb. 24 kr., was genau 5 Mark ausmacht.

(den der Schloßhauptmann Johann Dolanski von Jejkowitz gekauft) für welchen er den Zins in Altendorf überweiset.

Im nächsten Jahre wird Machna Tochter des Johann von
Dobischau erwähnt, die wahrscheinlich die spätere Priorin Margareth ist. Sie erhielt von dem genannten Gute 1½ Mark Zins
und von Paulwitz 1 Mark auf Lebenszeit.

In Bezug auf den Zehnten von Klein-Grauden war ein
Rechtsstreit vorgefallen. Durch die Ritter Nicolaus Zwierzhna
von Lanczow, Johann Clema von Elgot, Georg Perzyna von
Peterwitz und den herzoglichen Schreiber Christof Tiachowski
wurde die Sache dahin ausgetragen, daß Hans Larisch von Rimsdorf als Besitzer in Zukunft den Zehnt unverweigerlich geben
solle. Der Hauptmann von Oberschlesien Johann Bielik von
Kornitz publicirte zu Kosel am 8. April 1488 diesen Vergleich.

Am 21. Juni desselben Jahres gestattete der hier anwesende
päpstliche Nuntius Johann Anthonius, welcher eine Beihilfe zum
Türkenkriege einsammelte, dem Convente für die empfangenen Beiträge einen Beichtvater zu wählen, der die ausgedehntesten Voll-
machten haben solle. Am Frohnleichnamsfeste und durch die
Oktave könne vor der Messe und Vesper eine Prozession innerhalb des Klosters durch den Kreuzgang gehalten werden, um die
Indulgenz zu erlangen. 3 Jahre später finden wir die Priorin
Anna und die Jungfrau Machna Brziezinka in einem freundschaft-
lichen Vergleiche mit Waniek Crzinczski (Wenzel von Czerwientzitz)
über die Teichufer zwischen Bogunitz und Gurek.

Herzog Johann **III.** schenkte am 18. Februar 1493 kurz
vor seinem Tode zu seinem Seelenheile dem Kloster in der Mühle
alle Nutzungen, welche ihm von ihrem Malze zukamen, so oft sie
zu eignem Gebrauche brauen würden, ferner all sein Recht an
Benkowitz, Zawade und Elgot, so daß die Bewohner dieser Dörfer frei sein sollen von allen fürstlichen Abgaben, die nunmehr dem
Kloster zu leisten sind. Dafür verpflichteten sich die Jungfrauen

an allen Quatemberzeiten für das Herzogshaus die Vigilien zu halten und zum Todtenamte zu singen.

Die Gebrüder Johann und Peter von Brzezie verkauften für 70 Gulden ihr Oberrecht über Bogunitz den Klosterfrauen Agnes Pelkowna, ihrer Schwester Hedwig von Brzezie und der Christine Essuffowna. Nach deren Tode solle es an den Convent fallen. Herzogin Magdalena bestätigte mit ihrem Sohne Nicolaus den Kauf am 21. April 1499.

Georg von Schellenberg auf Jägerndorf und seine Gemahlin Barbara machten gewaltsame Eingriffe in das Klostergut Bauerwitz und wurden 1503 vom Convent vor die Zaude geladen. [1])

Am 4. Mai 1513 ertheilte der Cardinal Leonhard den älteren Nonnen die Erlaubniß, auf ihre Stiftsgüter gehen zu können, um wirthschaftliche Anordnungen zu treffen. Herzog Valentin verkaufte am 22. November 1519 für 160 ungarische Gulden der Jungfrau Hedwig Brzeska von Brzezie einen Zins von 13 Gulden, die der Landrichter zu geben hat.

Kaiser Ferdinand I. bestätigte am 23. December 1541 einen Vergleich zwischen den Dominien Benkowitz und Tworkau, zufolge dessen letzteres durch des ersteren Grund das Wasser in seinen Teich für einen Zins von 6 rtlr. leiten könne.

Die Priorin Anna Filnosowna und der Convent verkauften am 23. Februar 1556 einen Garten in Benkowitz für 30 Glb. Der Provinzial gab 1560 dem Prior Isidor die Vollmacht, sich zu bemühen, das verkaufte Gut Rudnik dem Stifte wieder zuzueignen. 2 Jahre später eximirte Kaiser Ferdinand I. das Stift von allen Steuern.

Bei dem großen Brande von 1574 waren Kirche und Kloster ein Raub der Flammen geworden. Der Convent bat den Kaiser, das nothwendige Bauholz zu gestatten, die Steuern auf

---

[1]) Schriften der hist.-stat. Section (Brünn 1856). IX, 138.

ein Jahr zu erlaffen und mit barem Gelde zu Hilfe zu kommen. Die Breslauer Kammer erwiederte am 1. September 1574: die Holzung könne der Wildbahn wegen nicht wohl geschehen, auch sei ihnen aus der Heide des Stiftes Rauben und vom Ratiborer Hauptmanne bereits etwas gereicht worden; eine Geldbeihilfe sei bei den schweren Ausgaben nicht zu gewähren, aus den umliegenden Ortschaften und aus ihren eignen Stiftsdörfern würden sie wol in Fuhren und sonstiger Hilfe ansehnliche Unterstützung finden. Schon 1594 lieferte das Kloster selbst zum Schloß- und Mühlbau das von der kaiserlichen Kammer verlangte Holz, nämlich 60 Eichenstämme.

Am 28. Juni 1580 gestattete Papst Gregor **XIII.** mit Beistimmung des Provinzialpriors, daß auch nichtadlige Jungfrauen Profeß ablegen dürften. Rudolf **II.** bestätigte am 3. Mai 1581 alle Besitzungen und Privilegien des Stiftes und schrieb 1598 an den Herzog Carl von Münsterberg, die dem Convente abgenommenen Güter sofort zu restituiren.

Am 8. December 1603 kaufte das Stift das auf 1316 rtlr. taxirte Kammergut Kornowatz für 1700 rtlr. à 36 gr. Damals baute das Kloster die Pfinnamühle und drangen die Commiffare wiederholt auf Abschaffung derselben, da der Herrschaft dadurch Eintrag geschähe. Doch wahrte das Stift unter Ermuthigung der ehemaligen Priorin ihr Eigenthum. [1]

Die Priorin Helena Ocieslawin von Copenitz ließ 1623 das Bild der seligen Eufemia, welches heut in der polnischen Kapelle hängt, anfertigen. Am 10. September 1637 verbrannten Kirche und Kloster. Im 30jährigen Kriege verarmte das Stift dergestalt, daß die Nonnen Gott dankten, wenn ihnen Soldatenfrauen aus Erbarmen etwas Brod zur Klosterpforte brachten.

Maria Ludovika, Königin von Polen und Pfandbesitzerin der Fürstenthümer Oppeln und Ratibor, bestätigte am 13. November 1659,

---

[1] Archiv der Schlef. Kammer vom Jahre 1611.

daß der Convent für 1200 rtlr. von den von Holyschen Erben den Twardawer Antheil von Adamowitz, und am 30. August 1660, daß derselbe von Wenzel von Larisch auf Rimbsdorf dessen Antheil an Adamowitz für 1700 rtlr. gekauft.

Zwischen dem Convent und der Stadtcommune war am 6. September 1653 folgender Vergleich geschlossen und 1665 bestätigt worden: Nach der Behauptung der Jungfrauen war die Stadt verpflichtet:

1) von denjenigen Häusern, welche vom großen Thore anfangend nach der S. Jakobikirche hin links der Straße und am Kirchhofe der Jungfrauen lagen, einen Zins an das Kloster zu entrichten.

2) 6 Dukaten Interessen für ein Darlehn von 100 Dukaten aus dem Jahre 1567,

3) 11 Mark laut Stiftung des Bischof Przezislav vom Jahre 1368,

4) 10 Mark von einer dergleichen von 1370,

5) 6 rtlr. Fundationszinsen von einer Stiftung aus dem Jahre 1550 zu bezahlen.

Ferner hätten die Fleischer von 6 Bänken, die Bäcker von 3 Brodbänken und die Schneider 1 Mark zu zinsen.

Die Jungfrauen gaben nun im Vergleiche alle Forderungen mit Ausnahme der Zinsen sub 2 und sub 5 auf; die Stadt versprach Zahlung der übrigen und gestattete aus nachbarlicher Zuneigung dem Kloster die Ableitung eines Wasserrohrs aus der Cisterne auf der Fleischergasse, wofür das Kloster ein gesungenes Amt am 5. Februar für die Stadtcommune abhalten zu lassen versprach.

Die Stadt Sohrau war in Folge des 30jährigen Krieges und mehrer Feuersbrünste, namentlich einer im Jahre 1661, verarmt. Der jährlich zu zahlende Zins war größer, als ihre Einnahme betrug. Unser Stift hatte eine Forderung von 162 rtlr. 18 gr. rückständiger Interessen. Der Mandatar schenkte ohne

Erlaubniß des Klosters aus Erbarmen die ganze Schuldsumme. Bischof Sebastian ernannte 1665 den verdienstvollen Abt Andreas Samuel Pospel von Rauden, die Sache zu vergleichen. Es gelang ihm, für den Convent 93 rtlr. zu erlangen, womit beide Theile zufrieden waren.[1])

Der Convent gab 1671 auf Ersuchen der Schloßherrschaft 20 Fuhren Reißholz zur Reparatur des Oderwehres. 1674 gab der Prior des Dominikanerklosters einigen Jungfrauen den Erlaubnißschein, nach Wien fahren zu dürfen. In der Steueransage war das Stift mit 12,246 rtlr. verzeichnet. 1682 kaufte es den Smeskalschen Antheil in Bauerwitz für 2150 rtlr.

Am 8. Juni 1684 copulirte der Propst von Bolatitz Hirschmenzel den kaiserlichen Generallieutenant von Görtz mit Eleonore Sedmiratzka in der Klosterkirche zum hl. Geist. Zeugen waren Grafen Ferdinand und Rudolf Gaschin, Johann Gela Stiftshauptmann.

Aus dem Visitationsprotokolle vom Jahre 1690 erfahren wir, daß in der Kirche eine besondere, von dieser abgeschlossene Kapelle mit einem Altare sich befand, in welcher die Jungfrauen die hl. Communion empfingen. An einem anderen durch ein Gitter abgeschlossenen Orte in der Kirche beichteten sie. Bei dem Eintritt ins Kloster durch die stets verschlossene Thür sah man rechts einen Raum, der gegen das Kloster zu vergittert war, dort wurden die Rechnungen abgelegt; links war das Sprachzimmer, dessen innere Hälfte von der äußeren durch Gitter abgeschlossen war, so daß die Jungfrauen innerhalb, die Besucher außerhalb des Cancells standen.

Im Jahre 1698, in welchem drei Theile der Stadt und sogar das nahe Haus des Beichtvaters verbrannten, blieb die Kapelle des hl. Dominikus, in welcher die Leiche der seligen Eufemia ruhte, wie auch ihr Bild von den Flammen verschont.

---

[1]) Potthast, Geschichte Raudens S. 85.

Eva Angela von Larisch vermachte 1701 bei ihrer Profeß=
ablegung 300 rtlr. zur Vergoldung des Hochaltares, 400 rtlr.
den Dominikanern auf hl. Messen und 300 rtlr. den Franzis=
kanern zum Kirchenbau. Das Stift, welches bisher zur polni=
schen Provinz gehört, wurde 1707 der böhmischen einverleibt.

Die durch vortreffliche Eigenschaften ausgezeichnete Aebtissin
Bernarda in Trebnitz, welche 1789 starb, hatte ihre Erziehung
in Ratibor von 1710—1720 genossen. Sie war die Tochter
des Rudolf Paczinski von Tenczin und der Franziska geb. von
Schweinichen, geboren am 24. December 1706 und hieß mit
ihrem Taufnamen Franziska.

Kaiser Carl **VI.** gab bei seiner Anwesenheit in Gräz am
29. Juni 1728 die Erlaubniß Kornowatz gegen Gaschowitz zu
vertauschen, welches Johann Christof von Larisch auf Rimsdorf
inne hatte. Am 2. August 1734 verlieh Clemens **XII.** und am
12. November 1742 Benedict **XIV.** der Kirche Indulgenzen.

Nach dem Tode der Priorin Augustine von Fragstein beauf=
tragte die Kriegs= und Domainenkammer Breslau den 2. März
1744 den Landrath Carl Josef von Schimonski auf Brzesnitz,
der Wahl der neuen Priorin beizuwohnen, zu welcher auch der
Cardinal und Fürstbischof Philipp Graf von Sinzendorf einen
Wahlcommissar ernannt hätte. Aber der Auftrag kam zu spät.
Der Landrath berichtete bereits am 5. März, daß die neue Wahl
den Ordensstatuten gemäß schon bald nach dem Tode der Vor=
gängerin, nämlich am 27. Februar in Gegenwart des Priors,
Suppriors und bischöflichen Commissars Custos von Mazurek statt=
gefunden, und werde die Bestätigung vom Ordensprovinzial bereits
erwartet. Die Kammer erwiederte am 10. März, wie sie nicht
gemeint sei, dieser Wahl statt zu geben und verlangte Bericht,
wie der Wahlact in früherer Zeit stattgefunden. von Schimonski
meldet schon unterm 15. März: Bisher sei folgender Modus
gewesen: Bald nach dem Tode einer Priorin haben die Jungfrauen
mit Zuziehung des Priors einen Tag zur Wahl festgesetzt, sei

dieser dann gekommen, so haben dieselben in Gegenwart des Priors, Suppriors und Beichtvaters und noch zweier Ordensbrüder so lange consultirt, bis 12 Stimmen auf eine Person gefallen, eine solche sei dann Vorsteherin des Stiftes auf 3 Jahre geworden. Früher wäre kein bischöflicher Commissar bei der Wahl gewesen, erst nach dem Tode der Josefa Zatzwilikowska im vorigen Jahre sei der hiesige Custos Anton von Mazurek zugezogen worden. Weder die politische, noch die Kammerinstanz habe sich bisher in das Wahlgeschäft gemischt, da ja die Vorsteherin nicht auf Lebenszeit, sondern nur auf 3 Jahre gewählt werde. Man beruhigte sich mit dieser Erklärung. Im Jahre 1745 mußte das Kloster an österreichische und preußische Truppen Fourage und Geldabgaben liefern.

Die Jungfrauen, welche in Bronken eine Brauerei hatten, durften nur zum Hausbedarf, für ihre Offizianten und das Gesindepersonal brauen und erhielten am 10. September 1746 ein Inhibitorium, Bier vereinzelt auszuschenken. In demselben Jahre lief eine Amtsverordnung ein, Ausländerinnen in den Orden nicht aufzunehmen, auch solle eine Specification aller geistlichen Schwestern an das Königliche Amt eingereicht werden.

Wir theilen hier die Liste aus dem Jahre 1747 mit.

Martina Skal von Groß = Elgot, Priorin, † 1752 am 27. Februar.

Innocentia von Wallis, Suppriorin, † 1763 am 12. Januar.

Eufemia Kozlowska von Kozlow, Sacristanin.

Leopoldine Skal von Groß = Elgot, Vikarin, † 1752 am 6. März.

Angela Rogowska von Kornitz, Depositarin, † 1768 am 13. December.

Veronika Holy von Ponietschütz, Kellermeisterin, † 1772 am 20. Juli.

Ernestine Näsin von Obischau, Schreiberin, † 1768 am 11. April.

Ofanna Fenßlin von Baumgarten, Consiliarin, † 1752 am
    10. April.

Dominika Suchodolska von Waltersdorf, Consiliarin, † 1778
    am 25. Mai.

Magdalena Rogoiska von Rogosnik, Consiliarin, † 1763 am
    21. März.

Febronia Niewiadomska von Niewiadom, Cantorin.

Therese Rostecka von Goldmansdorf, Novizenmeisterin, † 1763
    am 28. Juni.

Johanna Swietlich von Gzessau, Pförtnerin, † 1773 am
    23. April.

Catharina Strachwitz von Groß-Suchan, Prokuratorin.

Libwina Wislar von Uschitz, Krankenwärterin.

Antonia Walis von Großgrauden, Kuchelmeisterin.

Hyacintha Schweinich von Kolbnitz, Pförtnerin.

Vincentia Appelhausen von St. Velten, Pförtnerin.

Cajetana Mitrowska von Mitrowitz, Chorschwester.

Constanze Maubeuge von Maubeuge, Chorschwester, † 1750
    am 15. December.

Bernarda Michalska, Chorschwester.

Raymunda Appelhausen von St. Velten, Chorschwester.

Rosa Maubeuge von Maubeuge, Chorschwester.

Josefa Schweinich von Kolbnitz,     dto.

Augustine Miskowska von Miskowitz, † 1770 am 7. November.

Amalie Iluk von Iosonowitz, Chorschwester.

Caroline Schimonska von Schimona, Novizin.

Eleonore Schimonska von Schimona, † 1773 am 1. October.

Juliane Kallanowska von Kallanow, Laienschwester, † 1768
    am 28. Januar.

Anna Neugebauer, Laienschwester.

Die jungen Fräulein, welche sich zur Erziehung im Kloster
aufhielten, suchte Friedrich der Große aus dem Stifte zu entfernen,
damit sie nicht Veranlassung fänden, in den Orden einzutreten.

Am 26. August 1766 erschien ein Edict des Inhalts, die in den Klöstern zur Erziehung aufgenommenen Kinder mit dem 15. Jahre unter Strafe von 50 rtlr. zu entlassen. Der Bürgermeister mußte der Domainenkammer ein Verzeichniß der Kostgängerinnen nach Alter und Stand ausfertigen.

Derselbe schrieb alle Pensionairinnen auf, die alten und die jungen. Die Specificirung der älteren Damen verdroß die Kammer, uns aber ist das Verzeichniß ein schätzbarer Beitrag zur Adelsgeschichte Oberschlesiens, da wir in demselben vielen Mitgliedern angesehener Familien begegnen.

1) Sabina, verwittwete Oberst von Maubeuge, geb. von Duchs, aus Deutsch-Wette bei Neisse, 76 Jahr alt.

2) Eleonore von Laskowska, geb. von Gusnar aus Goldmannsdorf bei Pleß, 67 Jahr alt.

3) Johanna von Görtz, geb. von Trach, aus Rzezütz bei Kosel, 53 Jahr.

4) Charlotte von Bujakowska, geb. von Gusnar, aus Goldmannsdorf, 60 Jahr.

5) Eleonore von Schweinichen, geb. von Rochowska, bei Ratibor, 60 Jahr.

6) Bernarda Gräfin von Henkel aus Oberglogau, 77 Jahr, † am 12. October 1766.

7) Maria Amalie Gräfin von Sobeck auf Kornitz, Tochter Sr. Excellenz des Felix Graf Sobeck auf Ratibor und Rauthen, 18 Jahr.

8) Ernestine Gräfin von Sobeck auf Kornitz, Tochter Seiner Excellenz des Felix Graf Sobeck auf Ratibor und Rauthen, 17 Jahr.

9) Anna Helena von Ziemietzka von Sobow bei Lublinitz, 56 Jahr.

10) Josefa ⎱ von Röhr aus Immel in Ungarn ⎰ 33 Jahr.
11) Mar. Antonia ⎰ von Röhr aus Immel in Ungarn ⎱ 24 Jahr.

12) Caroline Kaminecka v. Engelshausen aus Proßnitz, 24 Jahr.

13) Clara von Hannekart aus Gläsendorf bei Neiſſe, 32 Jahr.

14) Maria Caroline von Fragſtein, Tochter eines kaiſerlichen Rittmeiſters aus Ungarn, 48 Jahr.

15) Eleonore von Fragſtein, Tochter eines kaiſerlichen Rittmeiſters aus Ungarn, 44 Jahr.

16) Barbara von Lariſch aus Tſcheidt, 35 Jahr.

17) Antonie Franziska von Brochem aus Radlin, 18 Jahr.

18) Joſefa von Zborowska aus Nieder=Schwirklan, 14 Jahr.

19) Antonie ⎫ von Bujakowska aus Broslawitz, ⎰ 15 Jahr.
20) Mar. Joſefa ⎭ { 11 Jahr.

21) Engelberta von Görtz aus Hotzenplotz, 29 Jahr.

22) Mariane von Zarska aus Polen, 18 Jahr.

23) Marie Joſefa von Schalſcha aus Sauerwitz, 16 Jahr.

24) Marie Joſefa von Schimonska aus Bogutſchütz, 11 Jahr.

25) Eleonore von Wallis aus Comorn, 53 Jahr.

26) Jakobine von Hannemann aus Moſchkau, 55 Jahr.

27) Maria Anna von Tluk aus Radlin, 54 Jahr.

28) Mariane von Hoſchek aus Altendorf, 55 Jahr.

Es war dies eine ſtattliche Verſammlung, für das damalige Ratibor von Bedeutung, gleichwol mußte ein Theil die gaſtliche Herberge verlaſſen, nur die Gräfinnen von Sobeck konnten bleiben.

Im ſiebenjährigen Kriege hatte das Stift, um Steuern und Lieferungen zu bezahlen, 22,924 Gulden aufgenommen.

Im Jahre 1769 waren 25 geiſtliche Jungfrauen, 1 Candidatin, 16 Koſtgängerinen, 15 Mägde, theils für den Convent, theils für die älteren Koſtgängerinnen und 6 Mägde für die weltlichen Fräulein im Stifte. Die Kammer befahl am 15. Juli 1769 dem Kloſter, einen Wirthſchaftshauptmann anzuſtellen und zu ſalariren, der die Generalaufſicht über die ganzen Stiftsgüter und das Rechnungsweſen zu beſorgen habe. Aus demſelben Jahre iſt uns auch eine Rechnung über Einnahme und Ausgabe erhalten.

**Einnahme:**

**1) an beständigen Gefällen**

| | Grundzinsen | | | Hühner | Werth | | Eierzinsen | | | Spinngeld | | | | Summa | | |
|---|---|---|---|---|---|---|---|---|---|---|---|---|---|---|---|---|
| | T | Ngr | hlr. | Stück | T | Ngr | Schock | T | Ngr | Stück | Zappel | T | Ngr | T | Ngr | Pf |
| Benkowitz | 312 | 13 | 1 | 180 | 12 | | 15 | 3 | | 62 | 6 | 12 | 15 | 339 | 28 | 1 |
| Zawada | 126 | 7 | 10 | | | | | | | 20 | 4 | 4 | | 130 | 7 | 10 |
| Abamowitz | 40 | 6 | | | | | | | | 11 | | 2 | 6 | 42 | 6 | |
| Pogunitz | 40 | 18 | | | | | | | | 9 | | 1 | 24 | 42 | 18 | |
| Elgot | 9 | 18 | | | | | | | | 10 | | 2 | | 11 | 18 | |
| Bauerwitz | 284 | 11 | 4 | 190 | 12 | 20 | 9 11/15 | 1 | 27 | | | | | 298 | 28 | 4 |
| Dießlau | 50 | 10 | | 77 | 5 | 4 | | | | | | | | 55 | 14 | |
| Zauchwitz | 92 | 17 | | 124 | 8 | 8 | | | | | | | | 100 | 25 | |
| Züßkowitz | 109 | 10 | | | | | | | | | | | | 109 | 10 | |
| Cjirnkow | 70 | 21 | 2 | 89 | 5 | 8 | 4 1/2 | | 27 | | | | | 70 | 21 | 2 |
| Osterwitz | 87 | 20 | | | | | | | | | | | | 93 | 25 | |
| Giglau | 61 | 16 | 9 | | | | | | | | | | | 61 | 16 | |
| Drachen | 54 | 11 | | | | | | | | | | | | 54 | 11 | |
| | | | | | | | | | | | | | Summa | 1411 | | 2 |

(Geschäftswiese und Kartoffeln sind verpachtet.)

Transport 1411 rtlr. 1 fgr. 2 pf.

| | | | | | |
|---|---|---|---|---|---|
| 2) An Zinsen | 420 | — | ⸗ | — | ⸗ | — |
| 3) An Pacht von Bauerwitz, Autischkau und Gaschowitz | 2786 | — | 20 | — | ⸗ | — |
| 4) An Vorwerken: Bronnek, Ottitz | 426 | — | 17 | — | ⸗ | — |
| Benkowitz | 724 | — | 25 | — | 6 | — |
| Adamowitz | 293 | — | 21 | — | 7½ | — |
| Bogunitz | 320 | — | 23 | — | ⸗ | — |
| Bieskau | 1043 | — | 24 | — | ⸗ | — |
| 5) Müllerzins | 28 | — | 15 | — | ⸗ | — |
| 6) Zinsgetreide | 186 | — | 22 | — | ⸗ | — |
| 7) Brettmühlenertrag (Adamowitz) | 320 | — | ⸗ | — | ⸗ | — |
| 8) Teichnutzung | 196 | — | 13 | — | 4 | — |
| 9) Brauurbarnutzung | 1000 | — | ⸗ | — | ⸗ | — |
| 10) Branntweinurbarnutzung | 1221 | — | 10 | — | ⸗ | — |
| 11) Forstertrag | 141 | — | ⸗ | — | ⸗ | — |

Summa 10,521 rtlr. 12 fgr. 7½ pf.

## Ausgabe:

| | | | |
|---|---|---|---|
| Contributionen im Ratiborer Kreise | 2400 rtlr. | ⸗ | fgr. |
| „ „ Leobschützer „ | 1134 | — | 28 | — |
| Königliche Accise | 300 | — | ⸗ | — |
| Passiva | 2800 | — | ⸗ | — |
| Consumtion (Unterhalt des Stiftes) | 2125 | — | 10 | — |
| An Salar[1]) | 1023 | — | 8 | — |
| (Schaf-)Salz | 200 | — | ⸗ | — |
| Hopfen | 50 | — | ⸗ | — |
| Baugeld | 150 | — | ⸗ | — |

Summa 10,183 rtlr. 16 fgr.

---

[1]) Oberamtmann 160 rtlr. 10 fgr., Wirthschaftsbeamter 60 rtlr. 20 fgr., Justiziar 40 rtlr., Revident 60 rtlr., Stiftsmusici 50 rtlr., Schornsteinfeger 10 rtlr., Röhrmeister 10 rtlr., Schaffer, Schäfer, Schmidt, Brauer, Brenner, Ziergärtner ꝛc.

Die Kammer beauftragte den Landrath und den Prälaten von Rauden, behufs Verbesserung des Wirthschaftszustandes des Jungfrauenstiftes einen besseren Etat zu formiren. Diese stellten nach Untersuchung der Güter die Einnahme auf . 11,210 rtlr.,

die Ausgabe auf . 10,210 rtlr.,

so daß 1000 rtlr. zur Abzahlung geliehener Capitalien jährlich erübrigt wurden. Damals baute das Kloster eine mit Ziegeln gedeckte Tuchfabrik vor dem großen Thore.

Am 31. October 1772 trafen Anna verwittwete Czornberg geb. von Mletzko und ihre Tochter Nepomucena mit dem Stifte ein Uebereinkommen, wonach dieses für die unentgeltliche Aufnahme der Tochter und Schwester Anna, im Fall die Mutter vor der Tochter stirbt, 100 rtlr. sogleich, das übrige Vermögen aber nach deren Tode an das Stift kommen soll. In demselben Jahre ver= kaufte der Convent die Neuhöfer Vorwerksäcker für 6560 Gulden an die Gemeinde zu Knispel.

1781 waren folgende Jungfrauen im Kloster:

Hyacintha von Schweinichen, 72 Jahr alt, Profeß seit 50 Jahr.

Cajetana von Mittrowska, 60 „ „ „ „ 43 „

Rajmunde von Appelhausen, 63 „ „ „ „ 40 „
          † 1796 im März.

Rosa von Maubeuge, 60 „ „ „ „ 39 „

Josefa von Schweinichen, 58 „ „ „ „ 35 „

Amalie von Tluck, 55 „ „ „ „ 34 „

Ludovika von Nässe, 49 „ „ „ „ 30 „
          † 1814 am 25. Januar.

Pauline Frank, 47 Jahr alt, Profeß seit 30 Jahr, † 1792 am 6. Januar.

Agnes von Wallis, 49 Jahr alt, Profeß seit 30 Jahr, † 1807 am 20. Juli.

Serafine von Rohowska, 47 Jahr alt, Profeß seit 27 Jahr,

Franziska von Bujakowska, 45 „ „ „ „ 26 „
          † am 6. Februar 1809, Jubilar, 75 Jahr 10 Monat.

Rosalie von Rohowska, 41 Jahr alt, Profeß seit 24 Jahr,
    † 1804 am 8. November.

Gabriele Seichter,        42 Jahr    "    "    " 24    "

Eufemia von Rohowska         "    " 11    "

Therese von Schimonska.

Augustine von Hornberg, † 1817 am 1. Februar, 68 Jahr
       alt; etwas später erscheint

Dominika Gräfin Ballestrem, † 1792 im Februar.

    Am 28. Februar 1788 machte die Kostgängerin Maria
Barbara von Larisch ihr Testament. Sie bestimmte:

Zum Begräbniß und Exequien    .    .    . 200 Gulden,

Ihrer Schwester Maria Josefa von Lippin    . 400    "

     "      "      "    Eleonore von Gusnar   100    "

Ihrem Bruder Johann von Larisch    .    . 100    "

Den geistlichen Jungfrauen zur Vertheilung   . 500    "

Außerdem den Nonnen Ludovika von Näsin,
     Gabriele Seichert, Vincentia Stibler,
     jeder 30 Gulden extra    .    .    .   90    "

Den Dominikanern auf hl. Messen    .    . 100    "

   "   Franziskanern   "   "   "    .    . 100    "

   "      "      auf dem Annaberge, auf
     hl. Messen .    .    .    . 100    "

Auf Lichter der Klosterkirche    .    . 200    "

Der Kirche in Ostrog    .    .    .    . 33    "

Jedem der Hospitäler 5 Gulden    .    . 20    "

Den Hausarmen zur Vertheilung   .    . 200    "

Ihre Silbersachen zu einem Ciborium für eine arme Kirche.

    Nach dem Forstregulativ vom 26. März 1788 sollten auch
die Forsten der Stifte und Klöster nach dem Vorbilde der Do=
mainenforsten zu einem ordentlichen Haushalte eingerichtet, geo=
metrisch aufgenommen, abgeschätzt, in Schläge gebracht und danach
bewirthschaftet werden. Zu dieser Einrichtung war den geistlichen
Körperschaften in Oberschlesien eine Frist von 6 Jahren verstattet

worden. Unfer Stift, deffen Forften namentlich durch die Vor-
werkspächter sehr gelichtet waren, ließ die Waldungen zu Adamowitz,
Bogunitz, Benkowitz und Gaschowitz 1793—94 durch den Feld-
meffer Tieltsch aufnehmen und dann durch drei sachverständige
Forftmänner tagiren. Bei Benkowitz war ein Eichwald von
1775 Morgen, aber es ftanden nur noch 801 alte Eichen dort;
der Erlenbruch hatte 156, das Weidenstrauchwerk an der Oder
186 Morgen.

1793 am 15. December ftarb Erdmann von Porębski, der
Benkowitz gepachtet. Pächter Miketta vermählte sich am 28. November 1797 mit Antonie, der älteften Tochter des von Porębski.
Zum Aufbau des Kirchdaches und Thurmes der am grünen Don-
nerftage 1794 abgebrannten Kirche zu Benkowitz gab das Kloster
achthundert Thaler. Das Stift feierte am 14. October 1806 mit
großer Solennität das 500 jährige Jubiläum. Bald follte die
Stunde der Auflösung schlagen. Am 19. April 1809 wurde
die letzte Priorin gewählt, Eufemia von Rohowska. Damals
waren 12 Jungfrauen im Kloster, das die Dörfer: Adamowitz,
Autischkau, Benkowitz, Bogunitz, Elgot, Gaschowitz, Warmunthau,
Zawada, Ofterwitz, Bieskau, Zauchwitz, Tschirmkau, Elgbom, Zilchowitz und die Stadt Bauerwitz befaß.

Die Kirche, in welcher alljährlich am Sonntage nach dem
Fefte der hl. Margareth (13. Juli) das Kirchweihfeft gefeiert
wurde, befaß 11 Altäre: 1) das Hochaltar zur hl. Jungfrau,
2) das der hl. Rosa, 3) des hl. Josef, 4) des hl. Rosenkranzes,
5) des hl. Kreuzes, 6) des hl. Johannes von Nepomuk, 7) des
hl. Dominikus in der gleichnamigen Kapelle, 8) der hl. Apostel
Simon und Juda, 9) des Leibens Chrifti, 10) der hl. Thecla,
11) des hl. Vincent. Auf dem Chore der Jungfrauen war auch
ein Altar mit einem Muttergottesbilde. An Kirchenparamenten
waren 58 Meßgewänder vorhanden.

Ende 1812 wurden Reliquien, Kaseln und andere Kirchen-
geräthschaften ins Priefterhaus nach Neiffe geschickt. Mehres wurde

an Kirchen königlichen Patronats geschenkt, anderes nach dem Tag=
werthe verkauft, so das Hochaltar für 30 rtlr. nach Woinowitz,
das Altar S. Theclae für 2 rtlr. nach Woinowitz, die Altäre
S. Rosae und S. Josefi für 10 rtlr. nach Twardawa, der Altar
S. S. Simonis und Judae für 8 rtlr. nach Gotschalkowitz. Die
Glocken nebst Thurmuhr wurden im Juli 1814 an den Canoni=
kus Daniel Krüger nach Breslau abgesendet.

In den Befreiungskriegen dienten die weiten Räume zum
Lazareth, in welchem viel von der Kirchenwäsche verbraucht wurde.
Später wurden sie bestimmt, das Gymnasium aufzunehmen. Ein
Umbau war dazu erforderlich. Die Kapelle des hl. Dominikus
wurde niedergerissen, die Gebeine der seligen Eufemia, die in einer
Gruft unter dieser Kapelle ruhten, wurden erhoben und am 11. Mai
1821 in Prozession unter Glockengeläut nach der katholischen
Pfarrkirche übertragen. Die Geistlichkeit, die noch lebenden Stifts=
damen, der Magistrat und eine große Menge Volkes begleiteten
den feierlichen Zug. Dann wurde das alte Gebäude abgetragen
und die neue Lehranstalt errichtet. Die letzten Ueberreste wurden
erst 1827 niedergerissen, die Stiftskirche der protestantischen Ge=
meinde überlassen, das gegenüberliegende Haus des Beichtvaters
der Jungfrauen 1842 zur Prediger= und Küsterwohnung einge=
richtet.

Als letzte der Klosterjungfrauen starben Vincentia Stiller
1820 am 19. September, 64 Jahr alt; Rosa Ruske 1827 am
18. April, 61 Jahr alt; Aloisia von Larisch zu Ratibor am
13. April 1835 im Alter von 67 Jahren, Innocentia von Fal=
kenstein am 6. Juni 1840 im Alter von 87 Jahren und Catha=
rina Peukert am 5. December 1843, 66 Jahr alt.

Priorinnen:

1343 Eufemia. 1346 Gertrud. 1375—87 Eufemia Walter von
Katscher. 1450 Catharina von Schönwald. 1456 Wychna. 1488
Margareth. 1491 Anna. 1556 Anna Filnosowna. 1580 Magda=
lena Dczikowna. 1600—2 Catharina Osinska. 1623 Helene Dcies=
lavin von Kopenitz. 1643—53 Catharina Koczynska von Kornitz.

1657 Anna Dominika Tilgner von Schwampit. 1682 Barbara Ro=
salie Tamfalkowna von Tamfeld. 1688 Hyacintha Eleonore Hoffel
von Belk. 1689—1701 Anna Dominika Tilgner von Krampit, † am
14. April 1701. 1692—93 Constantia Skal von Groß=Elgot, † 1710
am 22. November. 1695 Ursula Logau von Bracht (Braldt), † 1714
am 2. October. 1705 Maria Egyptiaca Paskowna, † 1708 am
26. März. 1708 Eufrasia Holkowska, † 1709 am 20. Februar.
1710—11 Hyacintha Hoskin von Belk. 1712—14 Rosa Sawlowska
von Grimalow, † 1730 am 5. Juli. 1715—18 Magdalena Janu=
schowska von Wissehrab. 1719—21 Hyacintha Hoffel von Belk, †
1723 am 16. August. 1722—24. Franziska Gelarin von Rauteneck,
† 1740 am 14. März. 1724—27 und 1737—39 Cäcilie Räfin von
Obischau, † 1747 am 7. Mai. 1727—29 Rosalie Gitzler. 1731 bis
1736 Benedicta Mittrowska Baroneß von Mittrowitz und Nemischl,
† 1739 am 6. Juli. 1740—43 Josefa Zotschwilichowska von Zawitz,
† 1743 am 29. Januar. 1744—49 Martina Skalin von Groß=Elgot,
† 1752 am 27. Februar. 1750—53 Junocentia von Wallis, † 1763
am 12. Januar. 1753—58 Ernestine Räfin von Obischau, † 1768
am 11. April. 1760—62 Therese Rostkowna von Bzia, † 1763 am
28. Juni. 1763—66 Maria Johanna Schwietlik von Gzeffau, †
1773 am 23. April. 1766—68 Maria Angela Rohowska von Kornitz,
† 1768 am 13. December. 1769—72 Rosa Maubeuge von Polonek,
† 1796 im März. 1772—78 Josefa Schweinichen von Kolbnitz. 1778
bis 1784 Pauline von Francken. 1784—87 und 1794—97 Amalie
von Tluck. 1789—92 Agnes von Wallis, † 1817 am 20. Juli,
87 Jahr alt. 1809 Eufemia von Rohowska.

Stiftshauptleute über die Unterthanen des Klosters waren:
1609 Johann Klein von Falkenberg.
1669 Wenceslaus von Holly.
1694 Johann Siela.
1710—18 Georg Josef Ezesch.
1719—31 Georg Ernst von Räfe.
1731—42 Georg Ferdinand von Holly auf Ponientschütz und
Soschnischowitz.
1743—56 Franz von Zünnenbourg.
1757—66 Carl von Krensfeldt.
1667 Carl Friedrich Franz Stiftskanzler.
1794 Peter Bolik, † 1819 am 17. October, 59 Jahr alt.
Carl Tanstrzik, † 1813 am 7. Juni.

## 4. Das Franziskanerkloster. [1])

Nachdem schon in der Umgegend, nämlich 1434 in Kosel,
1448 in Leobschütz, 1451—53 in Troppau, 1473 in Oppeln,
1476 in Teschen bereits Klöster dieses Ordens vorhanden waren,
wurde auch in Ratibor eine solche Pflanzstätte begründet, und
zwar erst zu Ende des 15. Jahrhunderts. An einem geräumigen
und bequemen Platze auf dem rechten Oderufer vor dem Schlosse,
in dem heutigen Bosatz, welcher Ort seinen Namen von bosak[2])
Barfüsser erhalten, stand Kirche und Kloster dem hl. Wenceslaus und der hl. Hedwig geweiht, und wurde die neue Stiftung von den Capitularen am 1. September 1491 in dem Provinzialkapitel, das unter dem Provinzialvikar Paul von Lemberg
in Neisse gehalten wurde, aufgenommen.

Je nach der milderen oder strengeren Observanz der Regeln
des hl. Ordensstifters führten die Franziskaner besondere Bezeich-
nungen, die in Ratibor nannten sich Reformaten und gehörten
wie die in den obengenannten Orten (außer Oppeln) zur böhmischen Provinz, während die Franziskaner in Gleiwitz und Leschnitz sich Conventualen nannten, (gemeinschaftliches Besitzthum besaßen) und zur polnischen Provinz gerechnet wurden.

Der Convent in Ratibor bestand nicht lange, denn schon am
23. Juli 1519 früh um 2 Uhr verzehrte eine heftige Feuersbrunst Kloster und Kirche, das Haus des herzoglichen Kanzler
Sigismund Wiskota und mehre Häuschen nach der S. Johanniskirche zu. Auch das Schloß war von Gefahr bedroht. Bei
diesem Brande wurden viele Urkunden des Kloster Rauben

---

[1]) Quellen: 1 Fascikel aus der Magistrats-Registratur über
die Einführung der Ordensbrüder, in Nucleus Minoriticus von Seb.
Wrbczanski (Prag 1740 fol. 376—98) meist abgedruckt. Außerdem
mehre Nekrologe dieses Ordens auf der Universitätsbibliothek und mehre
Manuscripte aus dem Kloster zu Ratibor im Provinzialarchive.

[2]) Auch in Teschen heißt heute noch der Platz in der Freistädter
Vorstadt, wo das Franziskanerkloster bis ins 16. Jahrhundert gestanden, Bossak.

[3]) Collegiatstiftsmatrikel S. 43.

vernichtet. Der Abt Nicolaus nämlich wollte, nachdem schon mehre bei einem früheren Brande verloren gegangen, die noch übrigen vom Herzog Valentin bestätigen lassen und dieser hatte sie dem Kanz-ler zur Revision gegeben, welche nun gleichfalls vernichtet wurden. Länger als 100 Jahr unterblieb die Erneuerung des Klosters.

Die Franziskaner zum hl. Kreuz in Gleiwitz hatten inzwi-schen das Recht erhalten, in Ratibor Almosen zu sammeln. Der Prälat Scobonius interessirte sich für diese Ordensbrüder und versprach ihnen seine Hilfe bei der Gründung eines Tochterstiftes in Ratibor. Die Stadt war gleichfalls geneigt, ihnen einen Platz zu bewilligen, aber der Hauptgönner starb schon 1660; ebenso starb zur selben Zeit ein großer Theil der Ordensbrüder, so daß es zur Besetzung des neuen Stiftes an Brüdern fehlte, da das Mutterkloster Niemand fortschicken konnte.

Einige Jahre später schrieb der Präses des Klosters zu Troppau in Bezug auf An= und Aufnahme des Ordens in Ratibor, da die böhmische Provinz hier bereits früher ein Kloster und somit richtig begründete Befugniß habe, gegen die Aufnahme von Ordensbrüdern, die zur polnischen Provinz gehören, zu pro-testiren. Zugleich wies er darauf hin, wie es besser sei, solche Ordenspersonen zu wählen, die zu demselben kaiserlichen Gebiete gehören. Die Stadt, welche diesen Grund zunächst weniger beach-tete und der es einerlei sein mochte, zu welcher Provinz die Auf-zunehmenden gehören, ging auf die Bitte ein, wünschte aber, daß man wegen der schweren Zeitverhältnisse mit der Einrichtung so lange warte, bis sich ein Fundator fände. Anfangs Mai 1678 versprach man in Troppau, die Baukosten des Klosters zu tragen, und der Convent ad s. s. Aegidium & Bernardinum zu Leobschütz, der gleichfalls zur böhmischen Provinz gehörte und unter Troppau stand, reichte 1680 ein Memoriale um Wohnung und einstweilige Accomodation ein.

Inzwischen war in Gleiwitz die Zahl der Ordensmitglieder gewachsen, unter welchen auch mehre Deutsche und Ratiborer

Stadtkinder sich befanden; zudem fand sich ein Wohlthäter, der sich als Fundator anbot. Deßhalb wandte sich im November 1680 der Convent von Gleiwitz mit der Bitte an den hiesigen Magistrat um Aufnahme in der Stadt, damit sie im Weinberge des Herrn zur Vermehrung der Ehre Gottes, zur Erbauung und Wohlfahrt des Nächsten in Beobachtung ihrer Ordenspflichten würdige Früchte bringen könnten.

Die Landstände der Fürstenthümer Oppeln und Ratibor traten in derselben Zeit zusammen, und die Petenten versäumten nicht, dieselben um gütige Verwendung bei dem Magistrate zu bitten, damit die Stadt ihnen einen Platz zur Erbauung des Klosters gewähre. In Folge dessen bat am 22. November der Landesausschuß (Albrecht Leopold von Paczinski) das Landesamt um die gewünschte Intervention für die Bittsteller. Georg von Welczek schrieb gleich am nächsten Tage an den Magistrat, derselbe möge in Erwägung, daß die beabsichtigte Stiftung den Nutzen der Stadt, die Vermehrung des Gottesdienstes und die Ehre des Höchsten bezwecke, die Bewilligung ertheilen und unterstützte das Gesuch durch freundliche Empfehlung. Bürgermeister und Rathmannen erklärten am 25. November, daß der größte Theil der Commune nicht abgeneigt sei, die Franziskaner aufzunehmen, wenn ihr Fundator sich zunächst in Bezug auf den Platz (bei der Collegiatkirche oder auf dem Zbor) und die Grundstückslasten mit der Commune gesetzt haben werde.

Als der Minister der böhmischen Provinz Johann Evangelist Fritsch erfuhr, welche Aussichten die Polen hatten, kam er selbst nach Ratibor, erinnerte an das ehemalige Versprechen, erneuerte seine Bitte, die strengeren Ordensbrüder seiner Provinz zu wählen, drohte widrigenfalls sich höheren Orts Recht zu suchen und überreichte am 14. Januar 1681 eine Protestation, wenn man Fremde in seinem geistlichen Gebiete aufnehme. Der Magistrat erwiederte sofort am 18. Januar, daß bereits der größte Theil der Commune die Einwilligung zu Gunsten der Polen gegeben, daß dies nicht mehr rückgängig zu machen sei und daß es bei diesem Beschluße schon bleiben müße.

Einen solchen Bescheid hatte P. Fritsch nicht erwartet. Er hoffte zum wenigsten, daß man die Angelegenheit in statu quo laßen und zuwarten werde, bis die beiden Convente ihre Sache vor den höchsten Gerichtshof bringen und die Entscheidung eingetroffen sein werde; er bat daher am 21. Januar von Troppau aus, der Magistrat wolle dem widerstrebenden Theile der Gemeinde die Rechtsverhältniße getreu darstellen, und es werde nicht fehlen, daß sie für ihn stimmen werden. Aber es fanden sich noch andere Gegner.

Die Dominikaner sahen ihre Rivalen nicht gern und verwahrten sich am 5. Mai 1681 gegen deren Annahme überhaupt. Das Collegiatstift hatte schon am 11. März 1681 gemeldet, daß die Aufnahme von Franziskanern entbehrlich, da man über Mangel an Predigten und Verwaltung der Seelsorge seit längerer Zeit nicht mehr Klage gehört, selbst nicht bei der letzten bischöflichen Visitation. Wegen Zulauf des Volkes zu den neuen Ordensbrüdern würde nicht blos die Pfarreinnahme in Bezug auf den Klingelbeutel, worin der Kirche Haupteinnahme bestehe, sondern auch die Vikare am Offertorium Einbuße erleiden, wodurch die stola taxæ erhöht, die Bürgerschaft also beschwert werden müßte. Der zum Bauplatze bestimmte Zbor sei der Stadtgemeinde entzogen, weil er durch Begräbniße ein kirchlicher Ort geworden und der Pfarrkirche incorporirt sei. Schließlich wird empfohlen, wenn man gleichwohl Ordensbrüder aufnehmen wolle, das Augenmerk lieber auf Leobschütz, weil zur böhmischen Provinz gehörig, zu richten als auf Gleiwitz, zumal der Kaiser schon lange die Absicht hege, in seinen Erbländern die Abhängigkeit der Klöster vom polnischen Reiche aufzuheben.

Bald darauf kam der Guardian Pater Stefan Urbanides Quabe aus Gleiwitz (früher Provinzial) auf seiner Reise nach Wien hier durch und brachte ein Empfehlungsschreiben des Georg von Welczek, welcher den Magistrat ersuchte, die Polen bei dem Kaiser zu empfehlen, damit sie die kaiserliche Bestätigung um so sicherer erlangen möchten.

Am 14. März erschienen noch zwei Conventualen aus Gleiwitz. Die Väter der Stadt wurden zusammenberufen und jene urgirten mündlich und schriftlich ihre Angelegenheit. Doch diesmal erhielten sie keine besondere Verheißung. Der Magistrat schildert vielmehr in einem Schreiben an den Kaiser vom 20. März genau den ganzen Hergang und stellt es demselben anheim, zu bestimmen, welche Ordensbrüder sie annehmen sollen.

Inzwischen hatte Leopold I. bereits de dato Linz den 15. März auf Veranlassung eines Schreibens des Provinzial Fritsch sich in Breslau erkundigt, welche Bewandtniß es mit der Einführung der Polen habe, wer dieses Werk angefangen und trotz der Reclamation der halben Stadt begünstigt habe. Mit der Einführung der Polen solle auf weiteren Bescheid gewartet werden. Das Oberamt von Schlesien meldet diese Verfügung am 26. März dem Amte der Fürstenthümer Oppeln und Ratibor, und Franz Eusebius Reichsgraf von Oppersdorf dem Magistrate. Gelegen kam daher die Bitte des Guardian von Leobschütz Norbert Reinold, der im Namen seines Provinzials das Gesuch beim Magistrat erneuert, die Ordensbrüder der böhmischen Provinz aufzunehmen und die zu Gleiwitz abzuweisen, welche zwar ihre lieben Brüder, aber Kinder einer andern Provinz seien.

Stefan Urbanides, der nach Wien gegangen war, erhielt am 5. Mai 1681 vom kaiserlichen Kanzler Hartwig Graf von Nostiz den Auftrag, sich nicht länger aufzuhalten, sondern sich in seiner Angelegenheit an das Oberamt nach Breslau zu wenden, wohin die Sache zur nochmaligen Discussion gegeben worden sei. Das war schon ein Fingerzeig, auf welche Seite sich die Wagschale neigen werde. Das stärkste Gewicht langte aus Rom an. Dort kam am 26. Juli 1682 die Angelegenheit zum Vortrage. Den Böhmen wurde, weil der Convent zu Ratibor ehemals in deren Provinz aufgenommen, wegen Feuersbrunst veröbet und wegen ungünstiger Verhältniffe daselbst nicht wiederhergestellt worden, mithin Böhmen noch im Besitzstande sei, das Recht zugestanden, ihr Stift zu erneuern. Auch auf dem Generalkapitel zu Toledo kam die Sache zum Vortrage. Der dort erwählte Ordensgeneral Peter Marinus Sormann von Mailand trug später seinem Delegaten Bernard Sannig auf, den Minister der polnischen Provinz mit Verlust des Amtes, die Ordensgeistlichen mit Excommunikation zu strafen, wenn sie von ihrem Ansinnen, das die böhmische Provinz beeinträchtige, nicht abständen. Außer den beiden Conventen in Gleiwitz und auf dem S. Annaberge dürfe kein anderer Ort Schlesiens der polnischen Provinz zugehören. (Rom 26. Juli 1682). Auch der Protector des Ordens am apostolischen Stuhle Cardinal Alderan (Cibo) Bischof von Tusculum hatte am 3. October 1682 die Polen scharf verwarnt. Ein ähnliches Dekret erließ Peter Marinus Sormann selbst aus Rom am 13. April 1683. Die Polen hofften, ihr König Johann Sobieski werde sich beim Kaiser für ihren Provinzial verwenden.

Inzwischen hatte Juliane Constantia verwittwete Freiin von Wengerska geb. Reichsgräfin von Herberstein, Freiin zu Neuburg und Guttenhag, Herrin auf Lankowitz, Erbfrau auf Rybnik und der Güter Brzezie und Pogrzebin, Gott zu Ehren und aus Vorliebe für den seraphischen Orden der Reformaten der böhmischen Provinz ihre zwei Freihäuser (zwischen Jakob Gitzler's und Christian Haßloch's Häusern gelegen) sammt Gerechtigkeiten, die sie von Bernhard Reichsgraf von Oppersdorf rechtmäßig erkauft, geschenkt für den Fall, daß dem Orden erlaubt würde, Kloster und Kirche in Ratibor zu bauen. Sie erklärte sich auch einverstanden, wenn beide Häuser mit einem anderen bequemeren Orte vertauscht würden. Als Bedingung machte sich die Geberin aus, daß für sie und die ganze Familie schon zu ihren Lebzeiten und auch nach ihrem Tode eifrig gebetet werde. Die Schenkung ist

Schloß Sauerwitz den 30. October 1682 ausgestellt. Die Gräfin bevollmächtigte Rybnik den 16. Februar 1683 ihren Wirthschafts= verwalter zu Brzezie Paul Waßina, die Häuser zu übergeben.

Der hiesige Magistrat schrieb am 12. Juli 1684 an die Franziskaner in Gleiwitz, ihm mittheilen zu wollen, ob sie jetzt in Folge der erhaltenen Warnungsdekrete freiwillig zurücktreten. Der Guardian war zu einer Versammlung nach Stobnitz (12 Mei= len nordöstlich von Crakau) abgereist. Ludwig Kamiensk beant= wortete das Schreiben, sprach seinen Dank für alle Beweise er= haltener Liebe aus und bat um einige Geduld, da der Convent in Abwesenheit des Guardians keine Vollmacht hätte, eine katego= rische Entscheidung zu geben. Am 26. August erfolgte endlich von Stefan Urbanides die verlangte Erklärung, die ein schönes Zeugniß vom Klostergehorsam gibt, er sagt: Das uns vom Ma= gistrate geschenkte Wohlwollen wird bei uns in steter Erinnerung fortleben; dieselbe Gesinnung, mit der wir dankbar die Wohltha= ten empfangen haben, bleibt uns fernerhin noch; eingetretene Ver= hältnisse hindern die Ausführung unseres Vorhabens, besonders die Verbote unseres Beschützers des Cardinals, wie auch des Ordensgenerals. Gleichwie wir diese mit gebührender Verehrung aufgenommen, ebenso wollen wir nicht das Geringste dagegen unternehmen. Nichtsdestoweniger werden wir zu gelegener Zeit unsere Sache dem römischen Stuhle vorlegen, der uns gewiß geneigtes Ohr schenken wird. Inzwischen möge uns das Termi= niren in Ratibor gestattet bleiben, welches Almosen unser Convent in den Fürstenthümern Oppeln und Ratibor, ehe diese von der polnischen Provinz getrennt wurden, immer friedlich übte; auch nach der Trennung blieb uns bereits seit 60 Jahren diese Wohlthat.

Der Provinzial Bernard Sannig[1]) suchte jetzt persönlich die kaiserliche Genehmigung nach. Es war inzwischen ein kaiserlicher

---

[1]) Bernard Sannig war aus Neisse gebürtig, schrieb mehre Werke z. B. die Schule der Philosophie, das kanonische Recht, ein Rituale Franciscanum, manuale Minoriticum und starb am 10. Sep= tember 1704 zu Znaym.

Kanzler gewählt worden (Franz Graf Kinski), der sich erst vollständig informiren mußte. Am 28. October 1684 gelangte von
Wien die Weisung an das königliche Oberamt, den Magistrat
und die übrigen Interessenten des gemeinnützigen Werkes durch
den Landeshauptmann der Fürstenthümer vernehmen zu lassen und
darüber zu berichten. Bei dem schleppenden Geschäftsgange ver-
strich darüber geraume Zeit; denn der Instanzenzug ging von
Wien nach Breslau, von da nach Oberglogau, von dort nach
Ratibor, von hier nach Leobschütz oder Troppau und so zurück.
Inzwischen hatte Innocenz XI. am 19. Januar 1685 die drei
Dekrete des Sannig, Marinus und Cybo confirmirt. Mitte April
1686 erfolgte die kaiserliche Resolution, die Minoriten der böhmischen Provinz mit Ausschließung der Polen aufzunehmen; nur
der Zeitpunkt der Einführung wurde noch in suspenso gelassen, bis alle etwaigen Beschwerden beseitigt wären. Franz
Eusebius Graf Oppersdorf berichtet dies d. d. Oberglogau den
19. Juni 1686 dem Magistrate, damit die Schwierigkeiten nach
und nach gehoben würden. Der Provinzial Sannig versprach am
10. August von Prag aus dem Magistrate, alles vermeiden zu
wollen, was der Stadt zur Beschwerde gereichen könnte, sie hätten
bereits Grund und Boden, auch hätten sich zur Beihilfe des
Baues einige angesehene Wohlthäter erboten.

Am 24. August 1686 kaufte Johann Christof Giela, der
apostolische Syndikus des Franziskanerordens, von Isolda Gräfin
Praschma geb. Gräfin von Oppersdorf einen Garten in Bronek
für 1000 rtlr. zur Erbauung einer Kirche und Kloster; 500 rtlr.
wurden bei der Uebergabe gezahlt (am Tage vorher hatte Sannig
971 Gulden zum Kaufe dieses Platzes geschickt), die andere Hälfte
sollte zu Martini entrichtet werden. Der, auch von den Vor-
mündern (Johann Bernard Graf Praschma Freiherr von Bilkau,
Erbherr der Herrschaft Ujest und Rybultau, und Johann Bernard
junior Graf Praschma Herr auf Schwirklan) unterschriebene
Kaufbrief wurde 5 Tage später vom Grundherrn Franz Eusebius

Graf von Oppersdorf ratificirt. Letzterer schenkte zugleich den Gartenzins von 5 schlesischen Thalern mit Rücksicht auf das fromme Werk dem Kloster gänzlich, so daß Niemand fortan diesen Zins ins Schloß fordern dürfe. Bernard Sannig überreichte am 24. September und 4. October dieses Dokument, ferner die Schenkung der beiden Häuser der von Wengerska und einen am 6. September vom Magistrate ausgestellten Consens dem Kaiser. Einen besonderen Gönner bei Hofe hatte der Orden an dem kaiserlichen Geheimsekretair Dr. Ignaz von Tamm aus Reisse, einem Landsmanne und Freunde des Provinzial Bernard Sannig.

Endlich kam von Wien d. d. 20. November die definitive kaiserliche Genehmigung, welche von Breslau am 10. December weiter gemeldet wurde, mit dem Befehl an den Landeshauptmann, die Einführung nunmehr vorzunehmen. Doch waren noch nicht alle Hindernisse besiegt, die Dominikaner wendeten sich, wiewohl fruchtlos, an den Bischof und Papst. Leopold schrieb aus Laxenburg am 11. Mai 1687 ans Oberamt den Klosterbau im Sommer zu fördern. Dieses ernannte als Commissarien die Herren Johann Georg und Johann Bernard Grafen von Oppersdorf. Das bischöfliche Amt aber seinerseits Reisse den 16. August 1687 den Custos Franz Johann von Fluschke und Canonikus Gregor Temer.

Als nun der zur Einführung bestimmte 26. August nahete, begaben sich der Provinzial Pater Amand in Begleitung des P. Evangelista Fritsch nach Ratibor, um zuvor noch einige Dispositionen zu treffen, namentlich mit den Dominikanern und dem Collegiatkapitel ein Uebereinkommen zu schließen.

Am 26. August 1687 wurde folgender Vergleich unterzeichnet: Die Franziskaner enthalten sich von der Spendung der hl. Sacramente an die Parochianen, besonders der österlichen Communion und der hl. Oelung ohne Wissen und Genehmigung des Curatus; sie werden zu den öffentlichen Prozessionen auf eine Tages vorher erhaltene Insinuation in der Collegiatkirche erscheinen, mit den Uebrigen zugleich aufbrechen und dahin zurückkehren, keine

Parochianen in der Klosterkirche beerdigen, wenn nicht die Begräb-
nißgebühren an die Pfarrkirche bezahlt sind, an Sonn- und Festtagen erst dann predigen, wenn die Predigt in der Collegiatkirche
beendet ist (nach 9 Uhr), mit Ausnahme hoher Feste als Weihnachten, Charfreitag, Ostern, Himmelfahrt, Pfingsten, Frohnleichnam,
Mariä Himmelfahrt, Kirchweih der Collegiata und anderer für das
öffentliche Wohl zu haltenden Feierlichkeiten, wo sie Nachmittags
predigen wollen.

In Allem wollen sie sich so verhalten, daß das gute Einvernehmen mit dem Kapitel nicht gestört werde und hoffen auch
ihrerseits, in ruhigem Besitz und Uebung ihrer vom Papste erhaltenen Privilegien zu bleiben.

Jetzt begann die Feierlichkeit. Der Scholastikus Friedrich
Flade hielt in der Collegiatkirche in Gegenwart der Commissare,
eines großen Theiles vom Abel und einer bedeutenden Volksmenge
ein Votivamt zum hl. Geist für einen glücklichen Erfolg, auf dieselbe Intention celebrirten gleichzeitig mehre Franziskaner Evangelist
Fritsch, Johann Capistran Mittelmiller (der erster Vorsteher in
Ratibor wurde), Mauritius Semela und Casimir Walter. Hierauf
begab sich der Zug unter Pauken und Trompeten nach Bronken.
Johann Georg Graf Oppersdorf verlas die Dekrete und fragte
mit kräftiger Stimme, ob Jemand etwas einzuwenden habe. Dieselbe Frage stellte der bischöfliche Commissar und es versicherte im
Namen des Magistrats der Consul Jakob Wilhelm Olitori, wie
auch der Dominikanerconvent, die Befehle des Kaisers zu verehren
und in Allem sich denselben zu unterwerfen. Der genannte Graf
gratulirte jetzt dem P. Spiritual und übergab ihm die Schlüssel,
wonach der Provinzial die Dankrede hielt. Pauken und Trompeten schmetterten freudig während des Mahles, welches daselbst
der liberale Graf hatte bereiten lassen.

Johann Capistran Mittelmiller errichtete einstweilen auf dem
von Graf Praschma erkauften Platze eine hölzerne Kapelle, in
welcher von 1687 bis 1694 der Gottesdienst gefeiert wurde. Da

die Franziskaner jetzt einen anderen Platz hatten, so verkauften sie am 24. März 1688 die von der Frau von Wengerska geschenkten 2 Häuser an die Stadt für 400 rh. Gulden. Der Kaufcontract wurde durch den Landeshauptmann Franz Eusebius Graf von Oppersdorf in Oppeln am 28. Februar 1689 bestätigt. Inzwischen wurde das Material zum Neubau gesammelt. Baumeister Giacomo Brascha (aus Italien) und Syndikus Johann Christof Giela schlossen am 2. December 1688 einen Vertrag: Der Baumeister verpflichtete sich für 5000 Glb. rh. und 15 Centner Eisen das Kloster 59 Ellen lang und 53 Ellen breit, die Kirche 60 Ellen lang, 31 Ellen breit, 23 Ellen hoch zu bauen. Dem Zimmermeister Georg Vesper zu Troppau wurden am 23. Mai 1689 950 Gulden rh. bewilligt.

Am 1. Mai 1689 wurde nach einem feierlichen Hochamte durch den Abt von Rauden Josef Franz Herink der Grundstein zum Kloster gelegt. Es verherrlichten die Feier durch ihre Gegenwart die beiden Grafen von Oppersdorf und Johann Friedrich Freiherr von Kotulin und Krzischkowitz, die Ordensmänner Ludwig Zwinner, Epifan Piller, Valerian Hartz, Casimir Walter, Lucas Paschke, Urban Khellner, Capistran Mittelmiller.

Zum Bau des Conventualhauses schenkte der Abt sofort 100 Gulden, George Leopold von Welczek, Erbherr auf Rudnik († 17. December 1703) 200 rtlr. Das Meiste aber that der bereits genannte Baron von Kotulinski, wie aus folgender Obligation hervorgeht:

Ich Johann Friedrich Kotulinski, Freiherr von Kotulin und Krzischkowitz, Erbherr in Lohnitz, Pstronzna, Rzuchow und Boronow, kaiserlicher Rath, Gerichtsbeisitzer im Herzogthum Teschen, Hauptmann des Lublinitzer Kreises bin entschlossen in Erwägung, daß ich von Gottes Güte mit vielen Wohlthaten überhäuft worden und mich dafür dankbar zu erweisen habe, ein Denkmal dieser Dankbarkeit zu errichten, um für irdische Schätze himmlische einzutauschen.

Alles Bauholz, Ziegeln, Kalk, Eisen und Glas werde ich liefern, zur Bezahlung der Arbeiter setze ich 3500 Glb. rh. aus, meine Erben und Nachkommen, welche Lohnitz, Pstronzna, Krzischkowitz und Rzuchow besitzen, verpflichte ich, den Franziskanern jährlich an Bier 18 Faß oder 54 Eimer (Urnen), an Mittelkarpfen 3 Schock, an Hechten 2 Schock, an Speisefischen 1 Zuber, für die Küche 10 Hammel, Roggen 8, Gerste 4, Hirse 2, Erbsen 1 Scheffel, an Holz 35 Klaftern zu liefern. Sollte davon Etwas in natura nicht verabfolgt werden können, so sollen meine Nachkommen es in Geld ersetzen, die Urne Bier auf 1 Gulden, das Schock Karpfen und Hechte auf 5 Gulden, die Weißfische auf 2 Gulden, jeden Hammel auf 1 Gulden 12 kr. und jede Klafter Holz zu 12 kr. gerechnet.

Die Ordensbrüder wurden dafür vom Fundator verpflichtet, jeden Montag für die Familie von Kotulinski, jeden Mittwoch für die Seelen im Reinigungsorte, jeden Freitag für die Seele des Stifters allein, jeden Sonnabend für dessen Eltern und Verwandte das hl. Meßopfer (im Ganzen jährlich 208 Messen) darzubringen; das Begräbniß den Descendenten der Familie in der Crypta der Klosterkirche zu gestatten und zu erlauben, daß Fundator eine Kapelle und Gruft als Erbbegräbniß seiner Seitenverwandten in der Kirche errichte und mit seinem Wappen ziere. In dieser Kapelle werden die Ordensbrüder an den Quatembermittwochen 1 Nocturn mit den laudes und dem Requiem choraliter halten.

Diese am 8. Mai 1690 in Lohnitz ausgestellte Stiftungsurkunde wurde dreifach ausgefertigt, ein Exemplar zur bischöflichen Bestätigung nach Neisse, das zweite an das Amt der Fürstenthümer Oppeln und Ratibor und das dritte in das böhmische Provinzialarchiv gesendet.

Am 17. Juli 1692 consecrirte der Augustiner-Propst Ignaz Johann Gebel aus Fulnek die beiden Glocken, deren größere den Namen S. Wenceslaus und Schutzengel, die kleinere den Namen Maria erhielt.

Das 1692 vollendete Klostergebäude hatte 29 Zellen, 2 Gast- und 2 Krankenzimmer. Seit 1694 wurde der Gottesdienst bereits im Presbyterium der neuen Kirche gehalten.

Am 6. October 1697 legte der neue Abt von Rauden Bernard Lorenz Czernek den Grundstein zur Kirche.

Am 24. Juli 1699 consecrirte der Weihbischof Johann Jakob Brunetti das Hochaltar zu Ehren des hl. Wenceslaus und des Schutzengels. Die Kanzel besorgte 1702 Franz Josef Graf von Oppersdorf Hauptmann der Fürstenthümer Schweidnitz und Jauer. Die durch einen Troppauer für 300 rtlr. gebaute Orgel wurde 1706 eingeweiht; Cistercienser und Dominikaner celebrirten friedlich in dem Gotteshause, als der Abt von Rauden gegen Ende des Jahres die Clausur einweihte.

Weihbischof Anton Ignaz Müntzer kam am $\frac{25.}{31.}$ Juli 170$\frac{7}{9}$ geladen vom Guardian, aus Oberglogau herüber und consecrirte das Gotteshaus und 2 Altäre, nämlich das des hl. Kreuzes und der unbefleckten Empfängniß, am nächsten Tage consecrirte er noch 3 Altäre das des hl. Franziskus, Anton von Padua und das der hl. Barbara, das letzte hatte Johanna Gräfin Colonna geb. Gallasch errichten lassen. Das Kirchweihfest wurde alljährlich am Sonntage vor S. Jakobi gehalten.

Seit dem 1. November 1708 wurden auch polnische Predigten an den Nachmittagen der Sonn- und Festtage gehalten. Der Accise-Revisor Anton Gayer gründete 1725 das Johannes Nepomuk-Altar; etwas später wurde der Kreuzweg errichtet.

Am 8. Mai 1734 consecrirte der Weihbischof Elias Daniel von Sommersfeld 3 altaria portatilia nämlich eins für das Krankenzimmer, das andere für den Kleinchor und das dritte für das Johannes Nepomuk-Altar.

Am 20. März 1741 legte der preußische General Heinrich August Freiherr von la Motte Fouqué 40 Husaren in das Kloster. Damals hatte der Convent, der aus 27 Brüdern bestand, eine Tuchweberei zu eigenem Gebrauche angelegt.

Bei dem Aufenthalt Friedrich des Großen in Ratibor Ende Juli 1743, war die Suite des Königs im Franziskanerkloster einquartirt.

Im Jahre 1746 waren folgende Ordensbrüder: Sebastian Graßer Guardian, Ludwig Vogt Vikar, Cölian Gläsel deutscher Sonntagsprediger, Gabriel Kupka polnischer Sonntagsprediger, Philibert Geisler deutscher Festtagsprediger, Ansbert Oblonczek polnischer Festtagsprediger, Felician Bohennek Jubilar, Norbert Kotters († 1750 am 13. September), Bonaventura Plaskuda († 1764 am 4. April), Constantin Kania, Johann Evangelist Schinolt, Gregor Sahornicki Beichtväter; Fidelis Tusche Sammler, Thaddäus Ettrich Organist († 1750 am 22. October), Leopold Schenk Pförtner († 1764 am 23. October), Claudian Rener Beichtvater († 1771 am 6. April), Christian Piwko Sammler, Expedit Hoffmann Sammler, Attilan Scheida Organist, Januar Schmeltzer Sacristan.

Auf königlichen Befehl und mit Einstimmung des Bischofes Philipp Gobhard Graf Schaffgotsch wurden am 20. Januar 1755 alle 10 Convente Schlesiens von der böhmischen Provinz getrennt und zu einer distincten Provinz unter dem Titel der heiligen Hedwig erhoben. Der erste Provinzialvikar war Zephirin Panwitz lector theol. und Guardian in Neisse, † 1759 am 13. October, ihm folgte 1761 am 15. October Philemon Klein in Ratibor, der am 1. Juli 1765 starb. Von 1759 ab wurden Fastenpredigten gehalten.

Am grünen Donnerstage (den 3. April) 1760 speiste der österreichische General Gideon Freiherr von Laudon im Kloster, wurde hier von den Prälaten des Collegiatstiftes und von dem Prior des Dominikanerklosters begrüßt und schenkte bei dem Fortgange 1 Louisd'or. Auf königlichen Befehl vom 19. Januar 1756 mußte eine jährliche Consignationstabelle sämmtlicher Ordenspersonen eingesendet werden. Im Franziskanerkloster zu Ratibor waren 1764:

| Ordensname | Zuname | Taufname | Stand | Alter Jahr | Geburtsort | Domizil | Todesjahr |
|---|---|---|---|---|---|---|---|
| Wilibald | Trampiſch | Andreas | Guardian | 39 | Breitenau | Wilten | 1784 14. März Glaz. |
| Patritius | Galli | Franz | Cuſtos und Inſpector der Tuchmacher | 63 | Ratibor | Kremſier | 1769 25. Juni in Ratibor. |
| Robert | Kaffler | Ignaz | Vikar | 50 | Neudorf | Wilten | |
| Servatius | Liebig | Ignaz | Magister juniorum | 46 | Meinerz | Triebau | |
| Johnus | Otto | Leopold | Sonntagprediger | 54 | Reiſſe | Liegnitz | |
| Matthäus | Krawitia | Johann | Sonntagprediger | 36 | Rauden | Liegnitz | |
| Rufinus | Flach | Johann | Praeses Conferentium | 35 | Ratibor | Triebau | 1794 28. Novmbr. |
| Feliciſſimus | Baran | Caspar | Prediger, Lector der Philosophie und freien Künste. | 67 | Zawada | Leobſchütz | 1766 13. Juli. |
| Leopold | Scholl | Wenceslaus | Prediger | 63 | Reiſſe | Liegnitz | 1704 23. October. |
| Bernard | Langer | Joſef | Prediger | 60 | Reiſſe | | 1765 8. März. |
| Chriſtian | Wiwko | Georg | Sacriſtan | 51 | Ratibor | | 1776 27. Septmbr. |
| Baſilides | Schindler | Anton | Choraliſt | 45 | Glaz | | |
| Aurel | Plaiſke | Joſef | Choraliſt | 35 | Hertwigswalde | Liegnitz | 1808 20. September in Ratibor, als Senior der Provinz, |
| Benedict | Fengler | Anton | Feſtprediger | 35 | Gierſdorf | Triebau | |
| Jacob | Neumann | Carl | Sammler | 34 | Trautenau | Liegnitz | |
| Laurent | Peter | Franz | Choraliſt | 34 | Grunwald | Liegnitz | |
| Dominik | Machera | Georg | Feſtprediger | 30 | Mecznitz | Glaz | 1791 6. September in Ratibor. |

Außerdem waren 8 Laienbrüder im Kloster als Tuchmacher, Sammler, Koch, Schneider, Tischler, darunter 2 aus Ratibor, nämlich Jodocus Quasigroch Koch, 46 Jahr alt, Ludovitus Schimek Schneider, 24 Jahr alt.

Im Jahre 1788 wurde ein **Brauhaus** gebaut.

Da die alte Kanzel bereits von Würmern zernagt war, so daß Niemand dieselbe mehr besteigen durfte, beschaffte Josefa Gräfin Gaschin 1801 eine neue Kanzel.

### Verzeichniß der Guardiane:

Auch bei den Franziskanern war der Obere im Kloster nur auf kurze Zeit Vorstand und übernahm derselbe dann wieder die Leitung eines andern Klosters.

1)  Joh. Capristan Mittelmiller 1683—85 in Leobschütz, 1700 in Triebau, † 1729 am 13. Mai zu Arnau als Jubilar.
2)  Adalbert Hönel seit dem 8. October 1696, † zu Arnau am 14. Februar 1717.
3)  Mauritius Semela aus Kosel, geboren 1640, war 1679 in Namslau, Hoffaplan des Landeshauptmann, Guardian 1701 in Ratibor, † 1716 am 21. Februar.
4)  1702 Johann Evang. Zuckmantel, † zu Heindorf als Jubilar 1736 am 7. September.
5)  1703—6 Johann Lorenz wurde Diffinitor und Redner, lieferte eine Beschreibung der Wunder und der Andacht zu den vierzehn Nothhelfern.
6)  1707 und 1713 Andreas Barteczko (auch Parteczko) aus Ratibor, war ein vorzüglicher Redner, kam 1715 nach Namslau, wurde zweimal Diffinitor und gekrönter kaiserlicher Dichter, Visitator der polnischen Provinz, General-Commissar und starb 1739 am 11. April in Breslau als Jubilar.
7)  Matthäus Waldschock 1710—13, starb zu Breslau 1733 am 19. März.
8)  Cornel Scheibler 1715.
9)  Benedict Labussik 1714 in Troppau, 1718 hier, † am 22. November 1741 in Namslau, Jubilar.
10)  Modest Jurcziczka 1716 in Brünn, 1720 hier, 1729 in Znaim, † in Bechin 1741 am 13. October als Diffinitor.

11) Jovita Legutke 1719 in Jauer, 1721 hier, 1730 in Znaim, † 1746 am 12. September in Goldberg.

12) Vincent Köpf, 1717 in Leobschütz, 1724 hier, starb 1729 am 26. November in Brünn.

13) Julius Bittner 1726 hier, 1733 in Groß-Glogau, † zu Triebau am 28. November 1740.

14) Guido Scheinpflug 1727 hier, starb zu Caabana 1742 am 22. December.

15) Adjutus Pfeiffer 1731 hier, † zu Breslau 1754 am 18. Februar als Diffinitor und General-Commissar von Polen.

16) Anaclet Kegkhudt 1723 in Brünn, 1730 in Troppau, 1732 hier, † in Bechin 1734 am 26. April.

17) Wenceslaus Füssel 1733 hier, 1739 in Brünn, 1745 in Troppau, † 1763 am 27. December in Arnau, als Jubilar.

18) Stefan Zelenka 1720 in Ottitz, 1734 hier, † in Neuhaus am 20. August 1750, als Jubilar.

19) Rudolf Patzelt 1735 hier, † 1746 am 14. März zu Tarnau.

20) Amand Kraus hier 1737, 1741 in Troppau, 1742 in Olmütz, † zu Troppau 1752 am 17. December, als Diffinitor.

21) Chrysostom Bonczola 1739 hier, kam 1741 nach Namslau, wo er 1743 am 17. December starb.

22) Gregor Zahornicki 1740, † 1748 am 31. December.

23) Bonav. Abelt 1741, † in Troppau 1749 am 14. März.

24) Sebastian Grasser 1743 am 4. September und 1751, † hier am 6. October 1759 als Diffinitor.

25) Ludwig Vogt lector theol. 1746.

26) Stefan Tobischek 1750, † 1761 am 16. Februar.

27) Serafin Fiedler 1753, † 1766 am 28. April zu Glogau.

28) Cölestin Hein 1755, † 1763 am 7. October zu Glogau.

29) Josef Groß 1757, † zu Glatz am 22. August 1770 als Custos und Commissar. generalis.

30) Anastasius Wrzesniak 1760, † 1762 am 30. Mai, ein eifriger Redner.

31) Vigilius Duba 1762—64, war 4 mal Diffinitor, 3 mal Custos, 3 mal General-Visitator, Jubilar, † 1800 am 16. April zu Ratibor.

32) Servatius Liebig 1765—66.

33) Montanus Meixner 1769—71.

34) Johann a Facundo Kluger 1773—74, † 1776 am 24. December.

35) Dominikus Machera 1775, † 1791 am 6. September zu Ratibor.

36) Laurent Pawliczek 1776—77, 1789—91, † 1808 am 10. Mai in Namslau.

37) Julius Tlach 1778—79, 1786—87, Magister der Novizen, diffin. hab., † 1794 am 28. November.

38) Urban Urbani 1779—80.

39) Franz Fiedler 1782.

40) Herman Rösner 1784.

41) Bernardin Schimaiczek lector philos. 1792, 1797 1803—4, † zu Ratibor 1812 am 18. Februar.

42) Clemens Heen 1796.

43) Wenceslaus Figura 1799—1800, 1809—10.

44) Aloysius Pallhorn 1801.

45) Paul Pietsch vom 23. August 1801—2.

46) Christian Winkler 1806.

Der letzte Guardian trug also den Namen des Schutzpatrons der Klosterkirche. Das Siegel des Convents zeigte das Bild des hl. Wenceslaus, von 2 Engeln umgeben, mit der Umschrift: Sigill. Conv. Ratib. Ord. Min. S. Franc. Reform.

Am 18. December 1810 hob der Stadt= und Gerichtsdirector Johann Friedrich Wenzel als königlicher Commissar das Kloster auf. Die Säcularisationscommission wohnte im Kloster. Von den übrigen letzten Conventualen sind nur einige Namen bekannt, nämlich Hilarius Schimonski deutscher Prediger, † am 29. September 1811, Cajetan Dolański, geboren 1770, polnischer Prediger, starb als Pfarrer von Wojnowitz am 1. Januar 1845, Bernardin Schimaiczek lector phil., † am 18. Februar 1812, 75 Jahr alt.

Das Hochaltar zum heiligen Wenceslaus hatte 2 Thüren, 4 Säulen und 6 große Figuren, es kam mit den 3 Altären des S. Johannes von Nepomuk, S. Franziskus, der S. Barbara und 6 Leuchtern nach Jästrzemb, das S. Antonialtar in die Marien= kapelle der Pfarrkirche; Kreuzwegbilder, die Kanzel, Monstranz und das Mariä Empfängnißaltar in die Curatialkirche; Altendorf kaufte das Kreuzaltar für 10 rtlr., 66 Meßgewänder und 8 Pluviale erhielten benachbarte Kirchen, 7 Meßgewänder erhielt die Curatialkirche, 10 kamen nach Jastrzemb. Die Kirchenwäsche wurde ins Lazareth genommen. Die beiden Glocken und 6 Stück zinnerne Altarleuchter wurden im August 1814 für die abgebrannte Kirche zu Chrumczütz abgesendet.

Die herrliche Kirche wurde erst spät abgetragen, das Klostergebäude diente schon 1813 als Lazareth, wurde dann Magazin und zu Miethswohnungen benutzt und 1819—1823 als Gymnasium, dann wieder als Lazareth eingerichtet. Vom Klostergarten wurden im Jahre 1823 circa 120 ☐ Ruthen zur Erbauung und Behöfung des Zeughauses abgeschnitten; den übrigen Theil des Gartens verkaufte Fiscus zum Schwarzviehmarkt.

# *III.* Abschnitt.

## Schulen.

---

### 1. Katholische Elementarschule.

Wohin immer das Christenthum seine beleuchtenden und wärmenden Strahlen sendete, wurden auch für die Jugend Bildungsanstalten gegründet. Hatte doch der göttliche Kinderfreund zarte Theilnahme für die lieben Kleinen eingehaucht. In unserem Vaterlande wurden schon frühzeitig nicht blos bei Collegiatstiften und Klöstern, sondern auch an Pfarrkirchen Schulen angelegt. Erzbischof Fulko von Gnesen ermunterte zu letzterem schon 1237 durch ein besonderes Mandat, indem er allen Pfarrern in der ganzen Diöcese auftrug, zur Ehre Gottes und ihrer Kirchen Schulen einzurichten. Das Bisthum Breslau stand damals unter dem Erzbisthum Gnesen und es ist anzunehmen, daß der Befehl auch diesseits stattgefunden.

Aus dem Anfange des nächsten Jahrhunderts haben wir sichere Zeugnisse, daß Ratibor bereits eine bedeutende Schule hatte, in welcher nicht blos Kinder, sondern sogar Scholaren Unterricht empfingen. Zunächst erfahren wir aus dem Formelbuche Arnolds von Proczan [1]), daß ein gewisser Johann, Sohn eines Bürgers aus Ratibor Namens Werner, die Schule an der Pfarrkirche leitete. Bischof Heinrich I. (1301—19) hatte aus einem uns unbekannten Grunde unter Strafe der Excommunikation

---

[1]) Eigenthum der Königsberger Universitäts-Bibliothek.

1) dem Magister brieflich verboten, sein Rectoramt gegen den Willen des Bischofes und des Pfarrers fortzusetzen und 2) den Scholaren untersagt, dessen Schule zu besuchen und seine Lectionen zu hören.

Unser Johann hielt sich buchstäblich an die erhaltene Weisung, gab die bisherige Stellung an der Pfarrschule auf, errichtete aber bei dem 1295 angelegten Kreuzherrenstifte eine neue Lehranstalt zum Nachtheil der bereits bestehenden Schule an der Pfarrkirche und verleitete die wenigen Scholaren, die sich um ihn sammelten, zur Nichtbeachtung des bischöflichen Verbotes. Heinrich, nach dem Beispiel des Apostels bereit, jeden Ungehorsam zu ahnden, erklärte nun den Magister und dessen Schüler als excommunicirt und gebot bei Strafe der Suspension, diese Sentenz zu verkünden, den Hospitalvorsteher und dessen Ordensbrüder zu ermahnen, keine Schule bei ihrem Stifte zu halten bei Strafe des Interdicts und der Irregularität.

Der Herzog bat den Bischof, den Ratiborer Bürgern zu gestatten, ihr Recht auf Einweisung eines Schulmeisters nachzuweisen. Der Bischof müsse aber Richter in Oppeln ernennen und zuvor das durch Absetzung des Johann gethane Unrecht (als ob dadurch die Bürger ihres Rechtsbesitzes beraubt worden) abstellen. Aber der Bischof erwiederte: Die Pfarrer haben das Recht, wo Schulen sind, die Magister einzusetzen. Wollen die Bürger prozessiren und ist ihnen die Curie unbequem, so gebe er ihnen Richter in Neisse, wo wegen seiner häufigen Anwesenheit viele Rechtsgelehrte sind.

Der weitere Verlauf ist uns unbekannt und kann nur die Vermuthung aufgestellt werden, daß ein für alle Theile befriedigender Vergleich stattgefunden, da unser Magister derselbe „Johannes von Ratibor" zu sein scheint, der 1318 als Notar des Bischof Heinrich auftritt. [1]

---

[1] **Wattenbach, Cod. dipl. Sil. II, 31.**

In dem von demselben Bischofe zu Ujest am 8. April 1315 geschlossenen Vergleiche zwischen den Dominikanern und dem Pfarrer Ghseler von Ratibor werden Geistliche und Scholaren genannt, die durch Laien gezwungen seien, Leichen zur Klosterkirche zu begleiten, was der Bischof als einen weder in seinem Bisthum noch in Polen (er meint das Erzbisthum Gnesen) üblichen Gebrauch abstellt, da die Geistlichen und Scholaren nur in ihrer eigenen Kirche Dienste zu leisten brauchen.[1]

Als Pfarrer Peter 1351 für den Verkauf eines Kirchengartens und den Ankauf eines anderen die bischöfliche Bestätigung nachsuchte, übertrug er die Vollmacht dem Schulrector Nicolaus, der sich persönlich nach Otmachau begab. Bei Fundation der Frohnleichnamskapelle in der Pfarrkirche (1379) wurde dem Rector ½ Mark und ebensoviel seinen Gehilfen ausgesetzt, weil sie alle Mittwoche die Vespern und Donnerstags zum Hochamt singen mußten. Im Jahre 1423 erhielt das Collegiatstift einen Scholastikus, dem die Aufsicht und Leitung der Schule besonders oblag. In demselben Stifte wurde 1460 von dem Canonikus Clemens Tatzel und dem Pfarrer Salomon das Salve regina fundirt, welches der Rector und die Scholaren täglich sangen und dafür 3 Mark jährlich (an den Quatembern) erhielten. Für zwei Anniversarien in der Dominikanerklosterkirche ad s. Jacobum bezog der Rector 1 Floren.[2]

Bei Dotirung des S. Marcellusaltar in der an die Collegiatkirche vor kurzem angebauten polnischen Kapelle 1479 wurde gleichfalls dem Schulrector und den Scholaren für zwei Anniversarien 1 Goldgulden ausgesetzt.

Laut Stadtrechnung von 1587 erhielt vom Magistrate der Collaborator in der Schule 8 rtlr., der Cantor 4 rtlr. 24 gr.,

---

[1] Wattenbach, Cod. dipl. Sil. II, 124.
[2] Collegiatstiftsmatrikel II, 199.

der Organist 8 rtlr., die armen Schüler auf Bücher 6 rtlr. (den Thaler zu 36 gr. gerechnet.)

In der Quatemberwoche nach Fastnacht 1602 wurde Andreas Martiniades, sonst Sartoris genannt (ein Ratiborer Stadtkind), wegen seiner Leichtfertigkeit und seiner mit den Handwerkern gehabten Unruhen sammt seinem Bruder Jakob vom Posten entfernt. Um freiere Zügel zu haben, versuchte der Abgesetzte eine andere Schule in der Stadt zu gründen, aber der Stadtrath (Bartholomäus Sokol, Johann Czyganek, Melchior Ferber, Georg Preiß und Georg Helebrandt) trat am 29. März 1602 solchem Gebahren entgegen und decretirte, daß außer der Pfarrschule keine andere errichtet werden dürfe. Damals hatte der Schulrector folgende Einkünfte: Vom Collegiatstifte 22 Gulden, vom Rathhause 4 glb., von allen Kindern mit Ausnahme der Bettelkinder Vierteljahrgeld, aus der Fundation des Zigota 1 glb., eine Bedenkung an den Festen des hl. Burchard und S. Stefani, Festivalien mit dem Cantor und dem Adjuvanten zugleich, Holz von den Kindern, Accidenz von den Leichenbegängnissen, je nachdem er ein guter Sänger; für den Gesang bei dem Rorate, den er bei den Klosterjungfrauen mit den Kindern abhält: 2 Viertel Korn und 2 Thaler schl. (die Kinder erhalten 12 gr. und 2 Wagen Holz), nach dem letzten Rorate 2 Hühner, Salz, Gewürz und 2 Weißbrode; Ruthengeld von den Knaben nach Gewohnheit. Alle Donnerstage ist frei.

Im Jahre 1607 übernahm das Rectorat ein gelehrter und ausgezeichneter Mann, Magister der freien Künste, Mathias Sendecius. Dieser Gelehrte hatte sich am 20. November 1605 mit Maria der Tochter des Senator Bartholomäus Sokol verehlicht und wohnten der Trauung viele angesehene Personen, unter anderen die Schloßherren Grafen Balthasar und George Mettich bei. Da ihm die Gattin starb, vermählte er sich mit Agnes der Tochter des Stadtmüller Andreas Temer am 7. October 1612. Organist war Elias Lizawa.

Der Beneficiat des Kreuzaltares Thomas Cancer baccal., ein Mähre aus Goj, fundirte am 9. April 1620 pro adolescentibus scholæ 150 rtlr., zum Figuralgesange der Passion an den Mittwochen und Freitagen der Fastenzeit 50 rtlr. für den Rector und die Schüler, für das Mahl, welches am Gründonnerstage durch den Schulrector den Domherrn, Vicaren, Schuldienern und armen Schülern, die an diesem Tage gemeinschaftlich die hl. Communion empfangen, 100 rtlr., dem Schulkantor (Thomas Kossiol) 50 rtlr., damit er sammt den Kindern alle Dienstage nach dem Hochamt ein Lied mit der Antiphona Salvator mundi singe.

Der Custos Johann Karzel († 1631) fundirte 2 Gehilfen (Abstanten) zur Unterstützung der Vikare bei den kanonischen Tagzeiten. Die ersten waren Georg Magnus und Martin. Eine neue Schule scheint trotz des Verbotes gegründet worden zu sein, denn im Generalkapitel am 15. Juni 1648 wurde beantragt, darauf zu dringen, daß die neue deutsche Schule gemäß des Senatsbeschlusses von 1602 aufgehoben werde.

Am 19. October 1637 verehelichte sich der hiesige Schulrector Georg Horzicki aus Gleiwitz mit der Wittwe Maria Latocha. Der ganze Magistrat (Proconsul Jakob Olitor, Melchior Hampel, Caspar Kriger, Paul Temer) wohnte der Trauung bei. Aus einer Kämmerei-Rechnung von 1645 geht hervor, daß dem Schulrector am Grünen Donnerstage 1 rtlr. verehrt wurde, die Armen zu speisen. 1642 ist Michael Herbst aus Ujest Schulkollege und Magister Valentin Schultz aus Rosenberg interimistischer Schulrector, 1648 Georg Lombski aus Sohrau Organist.

In Folge einer Generalvisitation des Collegiatstiftes wurde vom Bischof Carl Ferdinand Neisse den 10. Mai 1653 dem Magistrat bewilligt, auf seine Kosten Jemanden in der Schule zu halten, der die Jugend in der deutschen Sprache und im Rechnen unterrichte, so jedoch, daß er dem gewöhnlichen Schulrector (Johann Marcus) in Bezug auf die Jurisdiction unterworfen bleibe. Der

Magistrat sei zu mahnen, daß dem Einsturz drohende Schulhaus innerhalb eines Jahres aus dem Fundament zu erbauen.[1])

Im Jahre 1661 beschloß das Kapitel, den Magistrat anzugehen, die deutsche Schule laut Decret des Bischof Carl Ferdinand (der zugleich Pfandinhaber von Oppeln und Ratibor gewesen) und laut Senatsbeschluß von 1602 abzuschaffen. Würde den Beschlüssen nicht Folge geleistet, so sollte der Senat bei dem Amte angezeigt werden.

Das Kapitel ermuntert 1664 den Cantor Martin Kalus, in seinem Amte fleißig zu sein und wie es von Alters her üblich gewesen, die Kinder von 12 bis 1 Uhr im Gesange zu unterrichten; Diejenigen, welche des Chorgesanges fähig sind, sollen die bei den Prozessionen vorkommenden Responsorien aufgeschrieben haben. Der Schulgehilfe Michael Herbst soll sich vom Trinken und nächtlichen Herumschwärmen enthalten, weil er sich dadurch oft die Heiserkeit zuziehe und für das Chor untauglich werde.

Der als Schulrector aufgenommene Johann Markus unterrichtete anfangs die Jugend ziemlich fleißig, als er aber ein seinen Kindern erblich zugefallenes Haus bewohnte, in welchem auch Ferdinand Leopold Graf von Oppersdorf logirte, ergab er sich dem Trunke und vernachlässigte seine Berufspflichten. In Folge dessen wurde er abgesetzt und Anton Stetzki, geboren in Gleiwitz, der zu Olmütz Philosophie absolvirt hatte, als Stellvertreter angenommen. Da jener Tumult erregte, den Grafen und dessen Dienerschaft bedrohte, so wurde er verklagt und sollte ins Gefängniß abgeführt werden. Er bewaffnete sich mit dem Pallasch, um sich zur Wehr zu setzen, doch wurde er festgenommen und gebunden abgeführt. Da er indeß sonst nichts begangen, so entließ man ihn nach einigen Tagen, verwahrte jedoch den Pallasch auf dem Rathhause. Das geschah 1665. [2])

---

[1]) Dieses am 21. Juni 1653 präsentirte Actenstück ist im Magistratsarchive noch vorhanden.

[2]) Ratiborer Stadtbuch im Privatbesitz des Canonikus Dr. Heide.

Auf Veranlassung des Kapitels wurde am 20. December 1668 vor dem Magistrat ein Vergleich geschlossen, der uns einen Einblick in das gesellige Leben der Stadt gewährt: Alle Festibalien oder Geburtstagsgeschenke kommen dem Rector und den Scholar-Collegen zu; zu den Ständchen, welche den Prälaten, Rathsherren und vornehmen Fremden gebracht werden, wird jedoch der Stadtpfeifer mit den Feldtrompeten und Pauken zugelassen und erhält die Hälfte des Honorars. Aber bei den Ständchen der Gattinnen der Rathsherren und übrigen Honoratioren bedient er sich nur der Zugposaune und begnügt sich mit dem dritten Theile; andere Bürger, bei welchen eine Serenade mit Pauken nicht stattfindet, geben das Trinkgeld nur dem Rector und den Scholaren. Werden Hochämter mit Begleitung von Pauken und Trompeten bestellt, so erhält der Rector mit den Scholaren zwei Theile, der Pfeifer den dritten. Letzterer darf sich zu fremden Musicis des Gewinnes wegen nicht allein gesellen, sondern soll den Vortheil seiner Genossen im Auge behalten und so wechselseitig. Bei außerordentlichen Intraden mit Posaunen, z. B. bei Aufnahme der Jungfrauen in den Orden, wobei keine Vocalmusik, hat der Pfeifer allein das Accidenz; findet aber das Hochamt ohne Pfeifer statt, so erhalten nur Rector und Scholaren ihr verdientes Accidenz. Da das Einkommen für die von den Prälaten oder Vikaren abgehaltenen Hochämter gering ist, so wird es erst später vertheilt und erhält der Pfeifer den dritten Theil. Bei Todtenämtern ohne Posaune erhält dieser nichts. Zweimal im Jahre, nämlich am Feste S. Burchardi und S. Stefani, empfängt der Rector eine Recordation. Die Baßzugposaune ist zu brauchen, damit die Diskantisten in ihrem Tone bleiben können. Bei solchen Hochzeiten, bei welchen keine Posaune gebraucht wird, läßt der Rector dem Stadtpfeifer den vierten Theil zu, wo Pauken und Trompeten, den fünften Theil ebenso bei Gastmählern und Verlobungen.[1]

---

[1] Collegiatstiftsmatrikel II.

Der Organist hielt sein Neujahr am Feste der unschuldigen Kinder, der Pfeifer am Neujahrstage selbst.

Bei dem Generalkapitel im December 1684 machte der Custos den Vorschlag, ob es nicht gefalle, anstatt des Gehilfen Georg Pukowetz, welcher zum Theil wegen Ausübung seines Handwerks, zum Theil durch Verwaltung des Schöppenstuhls nicht immer mit dem rechten Fleiße seinen Pflichten im Unterrichte der Jugend obliegen könne, den Franz Friedrich, hinterlassenen Sohn des ehemaligen hiesigen Cantors, welcher musikalisch sei und eine gute Hand schreibe, anzunehmen. Es wurde beschlossen, daß die beiden Prälaten, denen die Inspection der Schulen und des Chores eigenthümlich obliege, nämlich der Scholastikus und Cantor besagten Georg Pukowetz zu ununterbrochner Pflichterfüllung anhalten sollen, widrigenfalls er wegen Unvereinbarkeit der übrigen Geschäfte mit dem Lehrfache in Bezug auf die Zeit den sich zur Stelle Meldenden zum Nachfolger erhalten würde. Am 26. Juni 1684 vermählte sich Rector Johann Stetzki mit Agnes Mroßyk. 1685 ist Andreas Ottik Organist. 1689 machte der Scholastikus Friedrich Ferdinand Flade eine Fundation, aus welcher der Rector jährlich 4 rtlr. bezog.

Bei der canonischen Visitation 1690 wurde auch die Schule revidirt. Rector war noch Johann Anton Stetzki aus Gleiwitz, bereits 25 Jahr im Amte. Er hatte die Jugend im Gottesdienste, in guten Sitten und in den Anfangsgründen der Grammatik zu unterrichten, ferner im Chore zu erscheinen und die Schule zu leiten. Seine Einkünfte betrugen 25 rtlr. vom Kapitel, 4 rtlr. von der Stadt, aus der Zygotaschen Fundation erhielt er 2 rtlr. 18 gr., von der Schuhmacherzunft 1 Mark, aus der Fundation des Gregor Czelatko (1670) 8 sgr., aus der Kapitelkasse 16 sgr., das Accidenz von den Schulkindern kam ihm allein zu.

Der Cantor Salomon Johann Dudach aus Zülz hatte in Olmütz die Philosophie absolvirt und war seit 1680 angestellt. Sein Amt war, den Chor in den Metten, Conventualmessen und

Vespern zu leiten, wofür er vom Capitel 15 rtlr., ebensoviel aus einigen Fundationen und von der Bruderschaft 6 rtlr. erhielt und verpflichtet war, die Jugend im Gesange zu unterrichten. Beide hatten außerdem einige Stolaccidenzien.

Der Organist Andreas Ottik aus Ratibor muß an den festis dupl. et maj. zur Vesper, den Metten und Messen die Orgel spielen und erhält vom Kapitel 15 rtlr., 3 Scheffel Korn, vom Rathhause 16 rtlr., 3 Scheffel Roggen, aus den Fundationen 16 rtlr.

Die beiden Abstanten haben im Chore bei den Horen und Messen zu helfen und den Rector im Schulunterricht zu unterstützen. Ihr Gehalt beträgt je 36 rtlr.

Im Schulhause (dessen sertum tectum der Magistrat unterhält) wohnen Rector, Cantor und die zwei Gehilfen. Die Schule besuchten damals 70 Knaben, zum Theil deutscher, zum Theil polnischer Zunge. In der angestellten Prüfung zeigten sich die Kinder talentvoll und gelehrig und bedauerten die Visitatoren nur, daß man der Schuljugend nicht genug Sorgfalt schenken könne; die Lehrer selbst beklagten sich, mit dem Chordienst überbürdet zu sein, so daß sie den Unterricht, der doch der Kirche und dem öffentlichen Wohle zum Besten gereiche, wider Willen bisweilen aussetzen müßten. Dem Scholastikus wurde aufgetragen: einen Plan zu entwerfen, wonach der ganze Katechismus sowohl in der Kirche, als auch in der Schule jährlich durchgegangen werde, Scholaren und Lehrer in 3 Klassen zu theilen, und zwar so, daß in der untersten das Lesen, in der mittleren Deklination und Conjugation, und in der obersten Ausarbeitungen (argumenta componere) zu machen gelehret wird; jeden Monat wenigstens einmal die Schule zu besuchen und jährlich bei Beginn der Fastenzeit die Versetzung vorzunehmen.

Das Schulamt in Ostrog vertrat damals ein Scholar, der jährlich 1 rtlr. und etwas Accidenz von Begräbnissen erhielt. Es fehlte dort an einem Hause sowohl für den Lehrer als Geistlichen,

doch ist das Dorf von der Stadt kaum einen Steinwurf ent=
fernt.[1]) In Altendorf wird die Schule schon 1620 genannt, in
Lubom ein Scholar 1646.

1710 war Jakob Brosla Organist. 1715—17 war Ignaz
Balhon Rector und Notar des Kapitels. Am 12. December 1718
bewarb sich der Adjuvant oder Choralist Ignaz Brosla um das
erledigte Rectorat. Das Kapitel verlieh ihm den Posten mit
Rücksicht auf seinen treuen 17jährigen Dienst im bisherigen Amte.
Der Scholastikus installirte ihn und empfahl ihm Eifer im Be=
rufe und vor allem fleißige Sorgfalt für die Jugend. An seine
Stelle wurde Anton Mrosek aufgenommen. Der Dechant Wilhelm
von Angelis hatte den Jakob Burian auf seine Kosten „das Or=
gelschlagen" lernen lassen, unter der Bedingung ihm lebenslänglich
zu dienen, worüber der Organist 1727 ein Zeugniß ausstellte.

Im Mai 1729 wurden dem Schulrector zur besseren Su=
stentation 10 rtlr. als Remuneration vom Kapitel gezahlt. Aber
schon im nächsten Jahre hatte letzteres Veranlassung, demselben
wie den Gehilfen größeren Fleiß im Unterricht der Jugend zu
empfehlen.

Zu dem unter dem Titel „Vermögenssteuer" 1735 dem Kaiser
vom Kapitel gemachten Geschenke von 66 rtlr. schl. und 15 gr.
trugen bei: Der Schulrector 21 gr., der Schulcantor 22 gr.
6 hllr., der erste Adjuvant 19 gr. 6 hllr., der zweite Adjuvant
18 gr. Die Unterrichtsstunden waren früh von 6 bis 10 Uhr,
Nachmittags von 12 bis 3 Uhr.

Am 2. März 1737 starb der Rector Ludwig Grabowski.
Der Magistrat präsentirte als Nachfolger Georg Anton Zembal,

---

[1]) In Oberglogau waren damals 50 Schulkinder in zwei
Klassen, welche im Lesen, in der Grammatik, Arithmetik und im
deutschen Stil unterrichtet wurden. Für beide letzteren Unterrichtsge=
genstände zahlte der Magistrat 20 rtlr., von der Kirche erhielt der
Schulrector 80 rtlr., von jedem Schüler vierteljährlich 4 Böhmen.
Doch mußte er den Adjuvanten 12 rtlr. abgeben. Diese Schule hatte
bereits ein Legat von 109 rtlr., während die zu Ratibor noch nichts
besaß. Visitationsprotokoll von 1690.

bisher Cantor von Miſtiz. Auch ihm empfahl das Kapitel die
Sorge für die Schule und geſtattete den Choraliſten, für den
Unterricht der Jugend nach alter Gewohnheit den dritten Theil
zu nehmen. Ignaz Franz Brosla war damals erſter Abſtant,
der zweite Paul Andreas Brunowski war in ſeiner Kindheit
Diskantiſt geweſen und jetzt ſeit 14 Jahren Choraliſt. Der ſeit
25 Jahren angeſtellte Schulcantor Johann Joſef Schreiber wurde
erinnert, die Scholaren von 12 bis 1 gemäß der Sendecianiſchen
Fundation im Choralgeſange fleißiger zu üben. Zembal ſtarb
1742. Laut Kämmereirechnung von 1743 erhielt von der Stadt
der Schulrector 14 rtlr., der Cantor die Hälfte, der Organiſt
25 rtlr., die Choraliſten 6⅔ rtlr., der Glöckner 9 rtlr. 21 gr. 3 pf.

Am 3. Juli 1744 wurde im Generalkapitel beſchloſſen,
einige Stellen zu caſſiren, um aus den Erſparniſſen die Steuern
zahlen zu können. Der Cantor, der erſte Schulgehilfe und der
Glöckner ſollten ihres Dienſtes entbunden werden, damit von ihrem
Gehalte und dem Quatembergelde, welche beide Summen aus
der Stiftskaſſe gezahlt wurden, einige Beihilfe gewonnen werde.
Doch ſollte der Dienſt dadurch nicht leiden, ſondern der Organiſt
Jakob Burian, da er zugleich guter Sänger, ſollte auch das
Glöckneramt übernehmen, im Chore mitſingen und ſich mit dem
Accidenz für das Geläute begnügen; dem Rector und den Chora=
liſten ſollten nur die Einkünfte von den Begräbniſſen, aber nichts
aus der Kaſſe zukommen.

Nachmittags wurden die Betheiligten: Rector Paul Bru=
nowski, Cantor Johann Schreiber, erſter Adjuvant Ignaz Brosla,
zweiter Adjuvant Franz Balbermann und Organiſt Jakob Burian
gerufen und ihnen der gefaßte Beſchluß mitgetheilt. Dieſe aber,
beſeelt von Vaterlandsliebe und Ergebenheit gegen die Kirche, ihre
Mutter, erboten ſich, ihr Amt umſonſt zu bekleiden, nur baten ſie
ſich die Einkünfte von den Fundationalien aus, die ja nicht aus
der Kapitelkaſſe flöſſen, was ihnen auch gewährt wurde. — Eine
Nachricht aus dem Jahre 1749 lautet: Der Rector inſtruirt die

Jugend in den Anfangsgründen der lateinischen Sprache, der Cantor täglich 2 Stunden im Gesange, die Choralisten in der deutschen und polnischen Sprache. Der Rector Paul Brunowski bezieht 35 rtlr. 4 gr., ferner sein Quartal= und Marktgeld, je= nachdem er es mit den Eltern abmacht, im Winter wird ihm Holz zum Theil angefahren, zum Theil von den Kindern gebracht. Der Organist Jakob Burian erhält 58 rtlr. 27 gr., vom Magi= strat und dem Kapitel je 3 Viertel Roggen, von der Gemeinde 4 Wagen Holz. Der ältere Choralist Ignaz Brosla 36 rtlr. 29 gr., der jüngere Josef Foitzik ebensoviel.

Der Stadtpfeifer Josef Tremla wird von der Stadt salarirt und erhält mit seinen Gehilfen, die er unterhalten muß, 125 rtlr. schlesisch, aus der Kirchenkasse für die Frohnleichnamsfeier 1 glb.

. Am 1. December 1751 wurde im Generalkapitel dem Prälat Scholastikus Thomas Walter die Schule ans Herz gelegt. Er sei gemäß seines Amtes verpflichtet, nicht blos alle Wochen die Schule zu besuchen, sondern auch die Kinder zu examiniren, ob sie Fortschritte gemacht und in dem Katechismus genügend unter= richtet worden; wenn er darin einen Mangel finde, solle er es dem Kapitel melden.

1755 ist Brunowski Schulrector, neben ihm wird Johann Lehnard deutscher Schulmeister genannt. Drei Jahre später ist Josef Theiner Rector, Jakob Burian noch Organist. Während des 7jährigen Krieges war die Schule schlecht bestellt. Mehre Eltern schickten daher ihre Kinder nach Leobschütz, wo die Fran= ziskaner am 11. August 1751 von Friedrich II. die Erlaubniß erhalten hatten, ein Gymnasium zu errichten. Am 21. Juni 1759 resignirte Theiner das Rectorat und ging nach Oberglogau.

Eine Verbesserung des Schulwesens trat durch den Augustiner= Abt Johann Ignaz von Felbiger in Sagan ein, der den Plan der Realschule zu Berlin in den Schulen seines Stiftes zur Aus= führung brachte. Minister Ernst Wilhelm von Schlabrendorf veranlaßte den Abt, den für die Saganer Schule abgefaßten

Entwurf auf sämmtliche Schulen in Schlesien einzurichten und fertigte diesen dann der Königlichen Kammer zu. Dieselbe erließ an das bischöfliche Vikariatamt ein Dekret, laut dessen Schulmeister-Seminarien angelegt, jeder neue Pfarrer zur Bestreitung dieser Kosten das erste Quartal seiner Revenuen bezahlen und gehalten sein sollte, sich in den Seminarien zur gehörigen Besorgung der Schulen tauglich zu machen, so lange, bis die Seminarien zu Stande kämen, nach Sagan gehen, daselbst mit der verbesserten Lehrart sich bekannt machen und sich darüber durch ein Zeugniß des Abtes ausweisen. Den Candidaten des geistlichen Standes wurde letzteres gleichfalls befohlen, und sollte ohne jenes Attest Niemand die Priesterweihe erhalten!

Nun eilte alles nach Sagan. Innerhalb der nächsten zehn Monate empfingen daselbst 175 Personen aus dem Priester- und Schulstande die gewünschte Belehrung. Auch aus Ratibor wurden 1765 zwei Schulkandidaten Johann Peter und Johann Josef Stopler zur Erlernung der neuen Informationsmethode abgesendet und wurden für sie monatlich 40 rtlr. Sustentationsgelder gezahlt.

Inzwischen war der Weihbischof von Breslau Johann Moritz von Strachwitz bemüht gewesen, die Errichtung von Seminarien vorzubereiten. Als solche Schulen, in welchen Lehrer gebildet werden sollten, waren ausersehen: die Domschule in Breslau, die Cistercienserklosterschulen Leubus, Grüssau und Rauden, die Schulen zu Ratibor und Glaz. Jede dieser Schulen, welche „Seminarien" genannt wurden, solle tüchtige Lehrer und einen Director haben.

Friedrich der Große drang auf Anlegung deutscher Schulen. In Folge einer Currende des Landrath Johann Heinrich von Wrochem auf Dolendzin vom 4. October 1764 zahlte der Magistrat dem Schulmeister zu Stubzienna $18\frac{1}{10}$ rtlr., dem zu Brzezie $23\frac{1}{2}$ rtlr. Gehalt, und werden diese Schulen ausdrücklich deutsche genannt!

Als nun jene beiden Docenten von Sagan zurückkehrten, wurde das Seminar in Ratibor eröffnet und einstweilen in der

alten Stadtschule angelegt. Von nun an wurde Schulgeld ent=
richtet. Jeder Lehrer erhielt außerdem vom Vicariatamte 40 rtlr.
Es wurde die Erwartung ausgesprochen: „daß der umwohnende
Adel, der bisher Informatoren gehalten, die Kinder in diese
Schule geben werde, da solche schon nach kurzer Zeit als geschickte
Subjecte im königlichen Militair= oder Civildienste untergebracht
werden würden!" Der Abt Felbiger besuchte 1766 die von
seinen Schülern begründeten Anstalten, kam auch nach Ratibor und
ernannte ein Curatorium für die Lehrer. Director wurde ein
Vikar. Die Hoffnungen waren sehr hoch geschraubt, aber was
konnte man von Treibhauspflanzen erwarten? Die Docenten
wurden mit Bewilligung des Abtes schon 1769 amovirt und an
ihre Stelle traten wieder Rector Anton Praffol und Cantor Josef
Foitzik. Ob diese inzwischen in Sagan gewesen, erhellt nicht aus
den Acten, doch nennen sich Lazar Paritius 1789 und etwas
später auch Vikar Johann Zolondek „Seminardirector." Felbiger
wurde 1774 als Oberdirector des deutschen Schulwesens nach
Wien berufen und starb 1788 als Propst des Collegiatstiftes zu
Preßburg. Anton Praffol wurde 1781 pensionirt und starb im
Corporis Christi-Hospitale am 20. Juli 1796.

Im Jahre 1780 wurde das neue Schulgebäude aufgeführt
und im nächsten Jahre Johann Müller als Cantor und Schul=
college angestellt. Acht Jahre später erscheint er als Rector und
Christian Knauer als Cantor, Franz Böhm als Organist. Johann
Müller starb am 1. Januar 1794 im Alter von 40 Jahren.
Die verwittwete Kaufmann Mariane Maday vermachte in ihrem
am 23. Juni 1800 publicirten Testamente 20 rtlr. zu Prämien
für fleißige Schüler. Im Jahre 1802 waren 142 Schulkinder
unter dem Rector Christian Knauer und Cantor Franz Hoffmann.
Jedes Kind zahlte von nun ab wöchentlich 1 gr., während die
der ersten Klasse bisher nur 6 hllr. gegeben.

Da der Dienst in der Kirche die Schule beeinträchtigte, so
wurde 1804 eine Aenderung dahin getroffen, daß der Rector

35 *

Knauer nur den Kirchendienst behielt und für die Schule ein be=
sonderer Lehrer angestellt wurde; es war Ignaz Weidlich, der
1777 in Hausdorf geboren, seine Ausbildung auf dem Seminar
zu Glaz erhielt, durch 44 Jahre in unermüdlicher Thätigkeit an
der hiesigen Elementarschule wirkte, das rasche Emporblühen för=
derte, im Jahre 1844 sein 50jähriges Amtsjubiläum feierte und
am 14. März 1860 in die ewige Ruhe einging.

Franz Hoffmann behielt beide Posten als Lehrer und Cantor,
mußte aber auf eigene Kosten einen Abjuvanten für das kirchliche
Amt halten; indeß trat nach einigen Monaten wieder das frühere
Verhältniß ein.

Weidlich hatte damals in der I. Klasse 64 Kinder vom Civil,

|  |  |  | 2 | „ | „ | Militair, |
|---|---|---|---|---|---|---|
| Hoffmann hatte in der | II. | „ | 126 | „ | „ | Civil, |
|  |  |  | 10 | „ | „ | Militair, |

Summa 202 Schulkinder.

Christof Knauer † als Chorrector am 6. Mai 1807 im
Alter von 59 Jahren.    1814 waren 203 Kinder, 68 in der
obern, 135 in der untern Klasse.    Der emeritirte Apotheker Johann
Friedrich Winkler, der am 16. Juli 1817 starb, vermachte in
dem am 22. Juli 1817 publicirten Testamente 200 rtlr.

Am 1. October 1818 wurde ein dritter Lehrer angestellt.
Bei der Schulprüfung des nächsten Jahres waren 220 Kinder.
Der Cantor und zweite Lehrer Franz Hoffmann starb am 9. Fe=
bruar 1823, im Alter von 55 Jahren.    Der ehemalige Vikar,
Curatus Bernard Weisser, welcher am 23. April 1825 an der
Wassersucht starb, legirte der Schule 100 rtlr. zu Prämien.

Im Jahre 1825 wurde das Schulgeld aufgehoben und
bezogen die Lehrer ihr Gehalt in monatlichen Raten aus der
Kämmereikasse.    Die katholische Schule besaß damals ein Kapital
von 320 rtlr. und aus der Senbecianischen Fundation jährlich
8 rtlr. Interessen.

Am 1. April 1826 wurde Stiebler als vierter Lehrer mit 120 rtlr. Gehalt und eine Industrielehrerin Pawlinska mit 60 rtlr. Gehalt angestellt. Letztere gab 40 Mädchen der ärmeren Klasse unentgeldlichen Unterricht im Nähen und Stricken. Zu gleicher Zeit wurde eine Trennung der Geschlechter in den zwei oberen Klassen vorgenommen. 130 Mädchen schieden aus und bildeten eine Abtheilung für sich unter Leitung des Lehrer Gallisch, während Rector Weiblich die erste, Mischke die zweite Knaben= klasse leiteten. In der unteren Klasse des Lehrer Stiebler blieben noch Mädchen und Knaben (zusammen 140) ungetrennt.

Auf Grund des Kirchendotationsetats erhielten die Choroffi= zianten aus der Kirchenkasse folgenden Gehalt: Der Schulrector 55 rtlr., der Cantor und Organist je 66 rtlr. Die ersten beiden beziehen außerdem von den Begräbnissen den dritten Theil der Stolgebühren.

Der Neubau eines städtischen Schulgebäudes war schon ein lang gefühltes Bedürfniß. Die Commune beschloß in demselben zugleich die evangelische Schule aufzunehmen und kaufte für 1200 rtlr. das neben der Schule gelegene Vikariengebäude nebst Hofraum und den Platz des ehemaligen Beinhauses. Am 4. Mai 1829 wurde der Grundstein gelegt. Plan und Ausführung ge= bühren dem Bauinspector Tschech. Die Baukosten von 18,312 rtlr. 9 sgr. wurden aus dem Communalfonds bestritten. Die Ein= weihung fand am 18. October 1830 statt. Um 8 Uhr ver= sammelten sich die Geladenen im Rathhaussaale. Pastor Senkel hielt daselbst eine Rede. Hierauf ging der Zug in die Pfarr= kirche, woselbst nach einer vom Curatus und Schulen=Inspector Mathias Krettek gehaltenen Predigt ein feierliches Hochamt mit Tedeum angestimmt wurde. Auf dem Neumarkt angekommen, nahm Prälat Zolondek die Weihe des Hauses vor, worauf die Uebergabe der Schlüssel und die Einführung der Schuljugend in die für sie bestimmten Klassen erfolgte. Ein Festmahl beschloß die Tagesfeier, zu der auch der Chefpräsident der Oppelner

Regierung Baron von Hippel erschienen war. Das Schulgebäude, in einfachem Stil, aber mit großen Räumlichkeiten, gewährt einen freundlichen Anblick. Es hat 2 Haupteingänge, 3 Stockwerke und gewölbte Souterains, ist 140' lang, 50' tief, und erhält von 3 Seiten vollständiges Licht. Der Examinationssaal fehlt.

Im Jahre 1831 waren bereits 522 Schulkinder, nämlich 282 Knaben und 240 Mädchen, die von 6 Lehrern unterrichtet wurden. 1834 waren 714 Schulkinder, von denen 382 Knaben in 4 Klassen und 332 Mädchen in 3 Klassen vertheilt waren. Schulen-Inspector Franz Heide gründete für die reiferen Kinder eine Lesebibliothek von solchen Büchern, welche die Geisteskräfte entwickeln und das Herz bilden. Für die Lehrer selbst wurde 1835 gleichfalls eine Bibliothek angelegt. Zum Unterrichte in der Obstbaumzucht wies der Magistrat einen Platz zu einer Baumschule an, in welchem ein Lehrer den reiferen Knaben die nöthige Anweisung gab. [1])

Im April 1836 wurde eine achte Klasse angelegt. Kaufmann Max Albrecht, der am 14. October 1840 als Deputirter für Oppeln und Ratibor den Huldigungseid in Berlin geleistet und im December 1842 als Commercienrath ernannt wurde, schenkte die aus Staatskassen bezahlten Reisekosten und Diäten per 277⅓ rtlr. mit ⅔ den 9 Klassen der katholischen und mit ⅓ den 3 Klassen der evangelischen städtischen Elementarschule zur beliebigen Verwendung. Die Stadtverordneten beschlossen, diese Schenkung bis zur runden Summe zu erhöhen und die Zinsen der in Staatspapieren anzulegenden 300 rtlr. zur Beschaffung von Prämien zu verwenden.

---

[1]) Der 103. Band der Provinzialblätter S. 34—42 enthält einen Aufsatz von p. Heide über das Schulwesen in Oberschlesien mit besonderer Beziehung auf den Kreis Ratibor. Es wird in demselben namentlich auf die stattlichen Schulhäuser gegenüber der ärmlichen meist hölzernen Kirchen, auf die Baumschulen, auf die Fortbildung der Lehrer durch Benutzung der Kreisbibliothek und durch die Conferenzen hingewiesen.

In den eben genannten 9 Klassen waren im Jahre 1841 bereits 810 Kinder, eine zehnte Klasse wurde etwas später errichtet. Da aber die Schülerzahl sich so bedeutend mehrte, daß die vorhandenen 10 Klassen nicht mehr ausreichten, so beschloß die Stadtverordnetenversammlung auf Anregung des Magistrats und der Schuldeputation für April 1850 die Formirung einer eilften Klasse und die Anstellung eines Lehrers mit 120 rtlr. Gehalt. Der Strumpfstrickermeister Johann Bonczala, welcher am 29. September 1851 starb, vermachte 200 rtlr. zur Bekleidung elternloser Kinder aus beiden christlichen Confessionen.

Unter Vorsitz des Regierungs- und Schulrathes Bernard Bogedain aus Oppeln im Beisein des Seminariendirector Julius Jüttner aus Oberglogau fand am 26. October 1854 eine Generalconferenz der Lehrer des Kreises statt. Versammlungen üben einen wohlthätigen und günstigen Einfluß auf die Belebung und Erfrischung des Lehrerstandes.

Nachdem die Errichtung einer gehobenen Knabenklasse sich als vortheilhaft herausgestellt, trat am 1. September 1857 eine zweite ins Leben.

Seit April 1860 sind 6 Elementarknabenklassen und zwei gehobene Klassen, in letzteren werden 127 Schüler von 4 Lehrern unterrichtet und für höhere Gewerbe oder wenigstens für die Quarta des Gymnasiums befähigt. Einheimische bezahlen für die Realien 10 sgr., Auswärtige 20 sgr. monatlich. Außerdem sind 6 Mädchenklassen. Die Zahl der Schüler betrug 1859 in vierzehn Klassen 1098. Fremde Schüler bezahlen 15 sgr. monatliches Schulgeld. Die Schule besitzt ein Capital von 750 rtlr.

1859 Einnahme:

Miethe und Capitalzinsen . . 127 rtlr. 15 sgr. – pf.
Strafgelder und Schulgelder von
    fremden Kindern . . 941 — 2 — 6 —
Außerordentliche Einnahme . . 10 — 3 — 2 —

**Ausgabe:**

| | | | |
|---|---|---|---|
| Gehalt für 13 Lehrer | 3115 rtlr. | = sgr. | = pf. |
| Remuneration und Pension | 214 — | = — | = — |
| Unterrichtsmittel | 218 — | 12 — | 1 — |
| Prämien | 58 — | = — | = — |
| Inventar | 45 — | 19 — | = — |

Die Stadtcommune gab einen Zuschuß von 2554 rtlr. 5 sgr. 5. pf.

Kreisschulen-Inspectoren waren:

Johann Zolonbek von 1801—1825.
Mathias Krettek bis 1831.
Franz Heibe bis 1850.
Carl Poppek bis 1857.
Wilhelm Strzybny seit 1857.

In der Vorstadt Neugarten besuchen die katholische Schule 145 Kinder, welche von 2 Lehrern unterrichtet werden.

## 2. Evangelische Elementarschule.

Nach der Besitznahme Schlesiens durch Preußen fanden sich einige Protestanten in Ratibor ein, und es wurde 1755 für deren Kinder eine Schule errichtet, welcher der Garnisonspräceptor Gottlieb Hahn vorstand. Er starb am 21. October 1781.

Im Jahre 1779, in welchem der Grundstein zur evangelischen Kirche gelegt worden, ward neben dem Garnisonsprediger noch ein Civilprediger zugleich als Schulrector in der Person des Johann August Fischer angestellt. [1]

Der Magistrat, der aus der Kämmereikasse dem Pastor 60 rtlr., dem Lehrer 21 rtlr. 22 sgr. jährlich zahlte, ertheilte 1781 folgende Instruction: Magister Johann August Fischer als Rector ertheilt den größeren Kindern Unterricht in der Religion, Geographie und lateinischen Sprache von 8 bis 10 Uhr, im Französischen von 3 bis 4 Uhr; Schulhalter und Organist

---

[1] Provinzialblätter B. 21. S. 53, 195. Anh. 94. 351. Anh. 108—114.

Friedrich Benjamin Meyer unterweiset die kleine Klasse von 7 bis 10 und 1 bis 3 Uhr im Buchstabiren, Lesen, Rechnen, Schreiben, Katechismus. Es war ihm ein Zimmer in der ehemaligen Spinn=schule eingerichtet worden. Damals waren 26 Schulkinder aus der Stadt und 14 aus der Garnison und brachte das Schulgeld 30 rtlr. ein.

Man beabsichtigte, neben der evangelischen Kirche ein Pre=diger= und Schulhaus aufzubauen. Es wurde am 18. Juli 1785 eine Collecte für den Schulbaufonds ausgeschrieben, die 271 rtlr. 27 sgr. eintrug; eine zweite Collecte (1788) für Kirche und Schule brachte 206 rtlr. 18 sgr., wovon die Hälfte zur Schule verwendet werden sollte.

Der Schulrector und ordinirte Prediger Johann August Fischer war 1792 schon so schwach, daß er seinen Pflichten nicht mehr nachkommen konnte. Es sollte seine Stelle nicht blos durch einen kräftigeren Schulmann ersetzt werden, sondern man entwarf große Pläne. General von Dalwig wünschte am liebsten die Errichtung eines Gymnasiums, Minister von Hoym begnügte sich mit einer höheren Realschule, in welcher der Religionsunterricht (da die Stadt und Umgegend katholisch), von einigen Vikaren ertheilt werden sollte. Einstweilen wurde ein hoffnungsvoller Pädagoge, der Candidat der Theologie Johann Erdmann Janus aus dem Breslauer Stadtschullehrer=Seminar angestellt und die Schule Ostern 1793 in 2 Klassen getheilt. In der zweiten Klasse sollte der Organist und Schulhalter Meyer nach gemachtem Cursus in dem Landschullehrer=Seminar zu Breslau unterrichten.[1]

Janus erhielt 40 rtlr. aus der Kämmerei, 60 rtlr. aus der Domainenkasse und 60 rtlr. aus dem Schulfonds. Die Gemeinde sicherte ihm auf 2 Jahr die Quartiermiethe zu. Aus der „hohen Schule" wurde nichts; Janus klagt sogar (1795), daß er nur 8 Kinder habe, von denen 2 schon das 15. Jahr erreicht, also nächstens ausscheiden werden.

[1] Schlesische Provinzialblätter 17. Bd. 467.

Da die Anstalt manches zu wünschen übrig ließ, so machten am 26. August 1796 der Prediger E. Striesche,[1] Rector Janus und Regimentsprediger H. W. Frosch (letzterer als Rector der Garnisonschule), dem Magistrate einen Vorschlag zur Verbesserung der Schule. Derselbe solle nämlich den Friedrich Benjamin Meyer, der nebenbei größeren Kindern Privatunterricht ertheile und diese dadurch vom wirklichen Schulbesuch abhalte, wie auch den Candidat Willich anweisen, ihre ganze Kraft der öffentlichen Anstalt zuzuwenden.

Bis 1810 erhielt die Stadt einen Zuschuß aus der Garnisonschulkasse. Im genannten Jahre unterrichtete Rector Janus, der 1803 zugleich Prediger geworden, 10 Kinder aus der Stadt und 6 aus der Garnison, während in der zweiten Klasse Cantor Meyer 96 Kindern Unterricht ertheilte, von denen 8 Knaben und 22 Mädchen zur Garnison gehörten.

Der Salzcontrolleur Georg Philipp Wagner vermachte in seinem am 17. Juli 1811 publicirten Testamente 120 rtlr., für deren Zinsen Bibeln, Gesang- und Lesebücher als Prämien bei der Schulprüfung vertheilt werden sollten. Für denselben Zweck vermachte Apotheker Winkler 1817 zweihundert Thaler.

Meyer starb am 1. März 1816. Nachdem Controlleur Kremser einige Zeit die Schule versehen, wurde als Schulcantor Gottlieb Krause am 1. Februar 1817 angestellt und da dieser August 1819 starb, trat Gottlieb Röhnelt am 1. April 1820 ein. Durch die Pensionirung des Janus rückte Röhnelt am 1. Mai 1824 zur ersten Lehrerstelle herauf und behielt die Cantorstelle bei. An seine Stelle trat Carl Gottlieb Thomas aus Langwaltersdorf. Röhnelt starb im September 1825 und hatte im März 1826 zum Nachfolger Jäkel.

---

[1] Striesche, bisher Candidat und Hauslehrer bei dem Kammerherrn von Ponikau, war December 1795 als Prediger nach Ratibor berufen worden.

Inzwischen war das bisherige Schulhaus für 2000 rtlr. verkauft worden und es wurde das Haus des ehemaligen Beicht= vaters der Jungfrauen, welches der Commune zur Einrichtuug der Elementarschule geschenkt worden war, 1821 zur Schule und Wohnung der Lehrer eingerichtet und am 9. Januar 1822 be= zogen. — Da das Lokal für die katholische Schule neugebaut werden mußte, beschlossen die städtischen Behörden, ein Gebäude für beide Confessionen aufzuführen. Demnach wurden 1830 die beiden Klassen in das neuerbaute Schulhaus auf dem Neumarkte aufgenommen. Damals waren 121 Knaben, 93 Mädchen, im Ganzen 214 Schulkinder. 1833 waren in der oberen Klasse 89, in der untern 116, im Ganzen 205 Kinder.

Am 1. October 1835 wurde ein dritter Lehrer angestellt. In diesen 3 Klassen unterrichteten im Jahre 1841 drei Lehrer 243 Kinder. 1860 lautet die Liste:

I. Klasse 48 Knaben, 55 Mädchen, zusammen 103 Kinder,
II.   „   42   „   47   „       „     89   „
III.   „   23   „   28   „       „     51   „

113 Knaben, 130 Mädchen, zusammen 243 Kinder, die aber, wie man sieht, nach den Geschlechtern noch nicht in getrennten Klassen sind.

Im April 1860 wurde der neuberufene Rector Hartisch durch den Superintendent Redlich in sein Amt als Lehrer der Oberklasse eingeführt.

Von den Fundationen des Commercienrath Albrecht und des Strumpfstricker Johann Bonczala ist schon Rede gewesen und besitzt die Schule somit ein Kapital von 713 rtlr. 10 sgr.

Einnahme 1859:

| | | | |
|---|---|---|---|
| Miethe und Kapitalzinsen . . | 57 rtlr. | = sgr. | = pf. |
| Schulgeld der Auswärtigen und | | | |
| Strafgeld . . . | 133 — | 5 — | = — |
| Zuschuß aus der Staatskasse . | 220 — | = — | = — |
| Außerordentliche Einnahme . | 1 — | 24 — | 1 — |

Ausgabe:

| | | |
|---|---|---|
| Lehrergehalt | 800 rtlr. | = sgr. = pf. |
| Unterrichtsmittel | 50 — | 9 — = — |
| Prämien | 7 — | 27 — = — |
| Inventar | 1 — | 25 — 6 — |

Die Stadt leistete einen Zuschuß von 448 rtlr. 5 sgr. 11 pf.

## 3. Das Königliche evangelische Gymnasium.

Die Verlegung des Oberlandesgerichts von Brieg nach Ratibor 1817 hatte die gebildeten Familien am hiesigen Orte so sehr vermehrt, daß die Einrichtung einer höhern Lehranstalt nothwendig wurde. Da die übrigen Gymnasien Oberschlesiens (in Neisse, Leobschütz, Gleiwitz und Oppeln) katholisch, so wurde für gut befunden, am hiesigen Orte ein evangelisches zu errichten und einen besonderen Religionslehrer für katholische Schüler anzustellen. Die Gründung der neuen Lehranstalt wurde besonders von den Mitgliedern des Oberlandesgerichts und namentlich von dem Ober-Landes-Gerichts-Rath Scheller, Sohn des verdienten in Brieg 1803 gestorbenen Rector Emanuel Johann Gerhard Scheller betrieben. Friedrich Wilhelm **III.** bestimmte durch eine Kabinetsordre vom 5. Juni 1817 zur Unterhaltung des zu errichtenden Gymnasiums jährlich die Summe von 2500 rtlr. aus der Staatskasse und schenkte derselben das Gebäude des ehemaligen Jungfrauenklosters zum hl. Geist. Ehe jedoch dasselbe niedergerissen und seinem Zwecke entsprechend wieder aufgebaut werden konnte, benutzte man das zur Aufnahme eingerichtete ehemalige Franziskanerkloster. Den 2. Juni 1819 wurde die neue Lehranstalt mit 91 Schülern im Beisein der Königlichen Commissarien, Consistorialrath und Professor Dr. Wachler aus Breslau und Regierungsrath Manteufel aus Oppeln durch einen feierlichen Actus eingeweiht.[1] Die Lehrstunden begannen am nächstfolgenden Tage.

[1] Linge's Schulschriften (Breslau 1828).

Da die Anstalt anfangs nur auf die vier oberen Klassen berechnet war, so wurden auch nur 6 ordentliche Lehrer angestellt. Im Herbste 1819 wurde die erste Prüfung gehalten. Die Zahl der Schüler betrug bereits 200 und mußte eine fünfte Klasse errichtet werden. Ostern 1822 wurden die ersten Abiturienten entlassen.

Inzwischen wurde an dem Neubau rüstig fortgearbeitet. Der Staat gab zur Ausführung eine beträchtliche Summe, die Stadt lieferte sämmtliche Mauerziegeln und zahlte 1500 rtlr. baar, ließ den angesammelten Schutt wegführen, den Platz ebnen und einen Theil der Stadtmauer, welcher die untern Lehrzimmer verdunkelte, abtragen. Am 7. Januar 1824 war die Einweihung des neuen Lokales, welcher der Regierungs= und Consistorialrath Johann Samuel Richter aus Oppeln als königlicher Commissar beiwohnte.

Das Gymnasium enthielt 6 geräumige Lehrzimmer, 1 Zimmer für die Bibliothek (später 2), 1 Examinationssaal, außerdem Wohnung für den Director, drei Lehrer und den Pedell. Später und namentlich in der neuesten Zeit hat die Zunahme der Schüler die Theilung mehrerer Klassen nöthig gemacht und demnach auch große Veränderungen in den Räumlichkeiten zur Folge gehabt. So wurden z. B. in die bisherige Conrector=Wohnung die beiden Bibliotheken verlegt. Der Klostergarten ist dem jedesmaligen Director zugewiesen.

Das Gymnasium besitzt 3 Bibliotheken:

1) eine größere, rein wissenschaftliche hauptsächlich zum Gebrauche der Lehrer. Zur Begründung wurden für die ersten beiden Jahre je 200 rtlr. und später 100 rtlr. zur etatsmäßigen Verwendung gestellt. Auf Veranlassung des Königlichen Consistoriums wurden 1820/1 375 rtlr. als außerordentliche Unterstützung angewiesen. Außerdem über= schickte das oberschlesische Fürstenthumlandschafts=Collegium gleich anfangs ein Geschenk von 200 rtlr. und blieb ein beständiger Gönner der Anstalt, welche es alljährlich beschenkte.

Aus der Stiftsbibliothek von Rauden wurden 1823 die Bücherschränke und 53 Bände übermacht.

2) Die kleine Bibliothek ist bestimmt, arme Schüler mit Büchern zu versehen. Sie verdankt ihre Begründung und Vermehrung seit 1825 den Freunden der Anstalt und den Beiträgen der Schüler, welche bei dem Aufsteigen in eine höhere Klasse 15 sgr. zahlen. Von den 100 rtlr., welche die erste Bibliothek bezieht, werden 20 rtlr. dieser zweiten gegeben. [1]

3) Die deutsche Lesebibliothek, zur belehrenden Unterhaltung, wurde schon 1819 vom damaligen Oberlehrer Kinzel gegründet. Auch die übrigen Lehrer liehen oder schenkten aus ihrer Privatbibliothek Bücher. Später wurde jeder Schüler zu einem monatlichen Beitrage von 2½ sgr. verpflichtet. Auf Verordnung des Königlichen Consistorii wurden 1819 dieser Bibliothek 75 rtlr. und 2 Jahre später 100 rtlr. angewiesen.

Die ersten Bücher wurden von Gönnern der Anstalt und ihren Lehrern geschenkt. Im Januar 1822 übernahm der jetzige Conrector König die Verwaltung dieser Bibliothek, die bald an Umfang zunahm, obgleich sie keine andern Fonds hatte, als das rege erhaltene Interesse der Schüler, die sich zu freiwilligen monatlichen Geldbeiträgen bereit finden ließen. Um die Rechnungen für die Gymnasial - Kassen - Verwaltung zu vereinfachen, wurden diese Geldbeiträge, die sich zuletzt weit über 100 rtlr. beliefen, mit der Schulkasse vereinigt, so zwar daß die Schüler keine Beiträge mehr zur Bibliothekskasse, aber um so viel mehr Schulgeld vierteljährlich zahlten; im Etat jedoch wurden nach einem gemachten Durchschnitte jährlich zur Erhaltung und Vermehrung dieser Bibliothek 123 rtlr. ausgesetzt. So blieb es bis in die neueste

---

[1] Diese Bibliothek existirt in dieser Weise als eine besondere Abtheilung schon seit einigen Jahren nicht mehr.

Zeit, als auf Vorschlag des Director **Dr. Paſſow** eine hohe Be=
hörde dieſe Summe auf 50 rtlr. herabſetzte!

Die 3 Bibliotheken welche 1829 bereits über 3000 Bände,
1833 ſchon 4015 Bände zählten, ſind gegenwärtig auf 8296 Bände
gediehen.

Auch die übrigen Sammlungen erfreuten ſich einer regen
Theilnahme. Zur Mineralienſammlung legte **Kinzel** den
Grund, das hohe Miniſterium und Freunde von nah und fern
vermehrten durch Geſchenke die Sammlung, welche 1831 bereits
1936, 1845 ſchon 2711 Nummern zählte. Die Pflanzen=
ſammlung legte Oberlehrer **Johann Auguſt Kelch** († 26. Auguſt
1859) an und erweiterte ſie unter großen Aufopferungen. 1833
waren 2222 Species Pflanzen und 947 Species Sämereien,
1845 4430 Species Pflanzen, 1181 Species Sämereien. Die
Conchilienſammlung unter Leitung des Conrector **König** iſt zwar
nicht groß, enthält aber manche gute und ſeltene Sachen. Das
zoologiſche Muſeum iſt 1828 von den Oberlehrern **Kelch** und
**König** begründet. Eine unter den Schülern zu dieſem Zwecke
angeſtellte Sammlung von 44 rtlr. wurde zu Ankauf von
195 ausgeſtopften Vögeln und 5 Säugethieren verwendet. 1832
bis 1845 beſaß ſie 399 Stück. Leider iſt dieſe einſt ſo ſchöne
Sammlung ihrer Auflöſung nahe, da ſie an einem ungünſtigen
Orte aufgeſtellt und die etatsmäßige Summe von 15 rtlr. jährlich
auf 6 rtlr. herabgeſetzt iſt. Auf das phyſikaliſche Kabinet
können jährlich 15 rtlr. verwendet werden. Der geographiſche
Apparat, für welchen jährlich 20 rtlr. verwendet werden, beſtand
1831 aus 239 Stücken und enthielt 1845 314 Nummern. Die
6 rtlr., die anfangs auf den muſikaliſchen Apparat ausgeſetzt
waren, ſind auf 24 rtlr. erhöht. 1824 bewilligte das hohe Mi=
niſterium 150 rtlr. zu Ankauf eines Flügels. Die Münz=
ſammlung enthält größtentheils römiſche Münzen, welche in der
Umgegend gefunden wurden, 1831 waren 609, 1845 896 Stück.
Die Kunſt= und Alterthumsſammlung, welche allmählich

wuchs, erhielt in neuester Zeit von Baron von Rothschild eine ägyptische Mumie nebst den dazu gehörigen Särgen. Der Zeichen= und kalligraphische Apparat, vom Zeichenlehrer Schäffer gebildet, zählte 1831 schon 3015 Stück und können 6 rtlr. etatsmäßig verwendet werden.

Friedrich Wilhelm **III.** bewilligte mittelst Kabinetsordre vom 27. December 1829 dem Gymnasium einen jährlichen Zuschuß von 600 rtlr., wodurch die Errichtung einer sechsten Klasse möglich wurde. Eine Verfügung des Provinzial=Schul=Collegiums vom 15. December 1833 hob die bisherige Gymnasialschul=Commission auf und ernannte an deren Stelle den Geheimen Justizrath Scheller zum Commissarius perpetuus. Dieser um das Gymnasium hochverdiente Mann schied 1846 seines hohen Alters wegen aus dem Verbande und starb 13. October 1848. Die Stelle wurde nicht wieder besetzt.

Der vom Lehrer Kelch durch den Ertrag einiger Concerte begründete Prämienfonds erhielt am 18. April 1834 die Genehmigung des Provinzial=Schul=Collegiums, wurde vom Stadt= ältesten Frank durch einen Staatsschuldschein von 100 rtlr., von einem Justizbeamten durch einen schlesischen Pfandbrief über 50 rtlr. vermehrt und hat gegenwärtig 400 rtlr. Kapital.

Nachdem das Königliche Ministerium durch Rescript vom 7. Februar 1844 die Turnübungen eingeführt, verweilte Professor Dr. Maßmann auf seiner Durchreise (von 8. bis 10. October) einige Tage in Ratibor, um Einleitungen zur Anlegung eines Turnplatzes zu treffen. Se. Durchlaucht der Herzog gewährte bereitwilligst als Platz die 84 ☐Ruthen betragende Mühl= grabenparcelle. Den Unterricht ertheilte Lehrer G. Lippelt, welcher sich unter Rödelius in Breslau 6 Wochen ausgebildet. Am 8. September 1852 wurde dem Gymnasiallehrer Max Kinzel und dem bisherigen Turnlehrer Lippelt der Turnunterricht gemein= schaftlich übertragen. Für diejenigen Schüler, welche die pol= nische Sprache erlernen wollten, eröffnete 1846 Kaplan Eugen

Biernatzki in 2 wöchentlichen Stunden Gelegenheit. Die Zunahme der Frequenz machte 1852 die Theilung der **IV.** und 1853 die der **III.** nothwendig, so wie Ostern 1861 die der **II.**, daß jetzt 9 in allen Lehrstunden getrennte Klassen bestehen.

Der Minister von Raumer ordnete unter dem 5. September 1854 an, daß das Lehrcollegium fortan aus dem Director, 8 ordentlichen Lehrern, dem evangelischen und katholischen Religionslehrer und 2 wissenschaftlichen Hilfslehrern bestehen solle. Der Staatszuschuß wurde auf 3800 rtlr. erhöht. Michaelis 1856 trat auf höhere Anordnung und unter Bewilligung der erforderlichen Geldmittel aus Staatsfonds der Unterricht in der polnischen Sprache ins Leben, welchen der Curatus Strzybny übernahm, die Kapläne Schäfer und Berczik fortsetzten.

Die Stipendien aus der Cardinal Melchior von Diepenbrockschen Stiftung für künftige Theologen, welche die polnische Sprache erlernen, wurden am 11. März 1857 an 2 Primaner und 3 Secundaner das erste Mal ausgetheilt. Der Etat des Gymnasiums beträgt 6080 rtlr.

Am 11. März 1861 befanden sich in den 6 Klassen

114 evangelische

207 katholische

90 mosaische

---

Zus. 411 Gymnasiasten.

Gegenwärtig lehren an dem hiesigen Gymnasium:

Professor **Dr. Gustav Wagner**, Director, hier seit 1859.

Prorector Friedrich Wilhelm Gustav **Keller**, hier seit 1841.

| | |
|---|---|
| Conrector **König**, | „  „  1821. |
| Oberlehrer **Fülle**, | „  „  1841. |
| Oberlehrer Robert Julius **Reichardt**, | „  „  1842. |
| **Max Kinzel**, 2. ordentlicher Lehrer, | „  „  1852. |
| Joh. Gottl. Wilhelm **Wolff**, 3. orb. Lehrer, | „  „  1853. |
| Carl Friedrich **Menzel**, 4. „  „ | „  „  1857. |
| **Dr. Berthold Levinson**, 5. „  „ | „  „  1859. |
| **Polte**, 6. „  „  „  „  1861. | |

Dr. Werkmeister, wissenschaftlicher Hilfslehrer, hier seit 1861.

Gustav Lippelt, 7. ordentlicher Lehrer, hier seit 1860.

Superint. Carl Redlich, evang. Religionslehrer, hier seit 1839.

Dr. Arno Friedrich Wilhelm Grimm, katholischer Religions=
lehrer, hier seit 1860.

Kaplan Berczik, polnischer Sprachlehrer, hier seit 1860.

Premierlieutenant Schäffer, Zeichenlehrer.

Directoren waren:

Dr. Carl Linge, ging 1828 nach Hirschberg.

Dr. Eduard Hänisch, Oberlehrer seit 2. Juni 1819, Director
seit 1828, † am 16. Februar 1843.

Dr. Friedrich Mehlhorn, seit 8. Juli 1841 Prorector, Director
von 1846 bis zu seinem Tode am 20. März 1852.

Dr. Sommerbrodt, am 29. August 1853 ernannt und am
11. October eingeführt, ging schon Ostern 1854 nach Anclam.

Das Directorat verwaltete anfangs Dr. Guttmann, seit Mi=
chaeli 1854 Professor Dr. W. A. Passow. Letzterer wurde am
21. April 1855 als Director ernannt und am 4. Juli eingeführt,
ging aber September 1858 nach Thorn.

Professor Dr. G. H. Wagner, bisher Prorector in Anclam,
übernahm die Leitung des hiesigen Gymnasiums am 5. October 1858
und wurde am 12. April 1859 als Director feierlich eingeführt.

Katholische Religionslehrer:

Mathias Krettek 1819—25, s. S. 473.

Dr. August Hübner vom 10. October 1825 bis 1826 ist
Pfarrer in Köppernig.

Franz Heide vom 8. März 1826 bis 1832, s. S. 414.

Eduard Poppe von Ostern 1832 bis 16. September 1838,
jetzt Erzpriester und Pfarrer in Neustadt.

Heinrich Strauß von October 1838 bis Ostern 1847, begrün=
dete eine Krankenkasse und ist gegenwärtig Erzpriester und Schul=
Inspector in Rosenberg.

Licent. Carl Gotschlich vom 9. August 1847 bis 1851, ist
Religionslehrer in Neisse.

Licent. Paul Storch vom 4. April 1851 bis 1858 ist Spi=
ritual des Alumnates in Breslau.

Licent. August Valentin Thienel 1858—60 (wegen Krankheit
einige Zeit vertreten durch Cölestin Hnizdill), ist Kaplan in Neisse.

Dr. Friedrich Wilhelm Arno Grimm aus Breslau, seit dem 23. Juni 1860.

Evangelische Religionslehrer:

Pastor August Senkel seit Michaeli 1829 bis 1835.
Superintendent Carl Redlich seit 7. October 1839.

## 4. Jüdische Gemeindeschule.

Nach dem Gesetze vom 23. Juli 1847 können jüdische Gemeinden nicht genöthigt werden, eigene Schulen zu errichten, sondern sind nur verpflichtet, für den Religionsunterricht ihrer Kinder zu sorgen. Es ist nur eine jüdische concessionirte Privatschule hier vorhanden. Dieselbe enthält 2 Klassen mit 87 Kindern. Es unterrichten darin die israelitischen Lehrer Wachsmann, der von der Judengemeinde einen jährlichen Zuschuß erhält, und Thilo, welcher von ersterem aus eigenen Mitteln bezahlt wird.

## 5. Privatschulen. [1])

Da in der Pfarrschule nur Elementarunterricht ertheilt wurde, so errichteten am 1. Juli 1810 die beiden Vikare an dem Collegiatstift Lodzik und Weißer auf eigene Kosten eine Privatlehranstalt, in welcher vorzüglich die lateinische und französische Sprache gelehrt wurde. Das Schulgeld betrug monatlich 3 rtlr. Die Lehranstalt hatte zwar den besten Fortgang, aber die Säcularisation gab auch ihr indirect den Todesstoß.

Im Jahre 1825 erhielt Carl Renat Swidom von der Königlichen Regierung die Erlaubniß zur Errichtung einer Privatlehranstalt für Kinder aus den gebildeten Ständen und trat dieselbe am 1. April 1826 ins Leben. Im Jahre 1830 waren in derselben 18 Knaben, 26 Mädchen.

---

[1]) Die schlesischen Provinzialblätter vom Jahre 1787 (5. Band S. 167) berichten, daß der Candidat Lehnert ein kleines Institut eingerichtet, wo Kinder das Lesen, Schreiben, Rechnen, Geographie, Naturgeschichte, Religion, Geschichte und Sprachen lernen können. 12 Kinder aus der Stadt nahmen an dem Unterrichte Theil. Doch scheint die Lehranstalt nicht von Dauer gewesen zu sein, wenigstens schweigen spätere Schulnachrichten darüber ganz.

Swidom starb am 21. November 1831 an der Cholera. Die Anstalt wurde aber fortgesetzt, indem Gymnasiallehrer König und Lehrer Reissinger in den Wissenschaften und Wittwe Swidom geb. Bramer in den weiblichen Arbeiten Unterricht ertheilten. 1839 hatte die Swidomsche Anstalt 74 Zöglinge. Anfang October 1849 übernahm Fräulein Klopsch, später verehelichte Rudolf die Privatschule, in welcher 1858 80 Schülerinnen (42 protestantische, 4 katholische, 34 jüdische) sich befanden, die von 4 Lehrern und 4 Lehrerinnen in 4 Klassen unterrichtet wurden. Die Anstalt besitzt ein Kapital von 120 rthlr. und leistete die Stadt im genannten Jahre einen Zuschuß von 91 rthlr. 9 sgr. 8 pf.

Die Töchterschule der Madame Grosgeau und Tschirsch, dirigirt vom katholischen Lehrer Kowal, welche 1830 13 Mädchen und 1839 noch 54 Kinder zählte, wurde am 1. September 1845 geschlossen.

Die höhere Töchterschule unter Leitung der Vorsteherin Mathilde Trautmann begann mit Genehmigung der Königlichen Regierung ihren Lehrcursus am 2. November 1857 und zählt gegenwärtig 51 Schülerinnen (40 katholische, 3 protestantische, 8 jüdische), die von 5 Lehrern und 4 Lehrerinnen in 4 Klassen unterrichtet werden.

Die Vorbereitungsschule der Madame Borchard, am 1. Juli 1854 gegründet, hat 2 Lehrerinnen für 4 katholische, 4 protestantische und 10 israelitische Mädchen.

Die Handwerkerfortbildungsanstalt besteht seit 1851 und erhielt vom Handelsministerium am 24. October 1852 einen vollständigen physikalischen Apparat im Werthe von 285 rthlr. und im November 1859 das kostbare und umfangreiche Inventar der 1852 aufgelösten Gewerbeschule[1]) Oppelns. Gegenwärtig besuchen

---

[1]) Die Anstalt in Oppeln war am 1. März 1826 eröffnet worden.

die Anstalt 400 Schüler, welche mit Einschluß der den Religions=
unterricht ertheilenden Geistlichen von 13 Lehrern in 5 Klassen
unterrichtet werden. Der Unterricht erstreckt sich auf die bürger=
lichen Rechnungsarten, schriftliche Aufsätze, deren Stoff aus dem
Handwerkerleben genommen ist, Technologie, Geographie, Physik,
Geometrie und Zeichnen. Die Stadt giebt einen Zuschuß von
30 rtlr. Präses des Vorstandes ist der Beigeordnete Josef
Grenzberger.

Die städtische Industrieschule für arme Kinder zum Stricken-
und Nähenlernen wird von 80 Schülerinnen besucht, welche eine
Lehrerin mit ihrer Tochter unterrichtet.

# *IV.* Abschnitt.

## Wohlthätigkeitsanstalten.

Ueber Siechenhäuser für Aussätzige und Hospitäler zum hl. Geiste, die sich im Mittelalter fast in allen Städten von einiger Bedeutung finden, haben wir für Ratibor nicht die geringste Kunde. Nur im Jahre 1480 wird ein städtisches Hospital erwähnt, welches Bürgermeister und Rath in ihrem Schutz haben und es besorgen. Der Propst Paul an der Collegiatkirche schenkte nämlich zu seinem Seelenheile sein Dorf Adamowitz mit der Bestimmung, daß der Bürgermeister dasselbe für die armen Leute im Spitale verwalte und dieselben anhalte, für die Stifter zu beten. Für die Mühe solle der Verwalter jährlich 4 Mark Ratiborer Heller haben und ½ Mark dem Schreiber geben. Die Einkünfte sollen nicht blos auf Nahrung, sondern auch auf Kleidung, Betten ꝛc. verwendet werden. Herzog Johann **III.** bestätigte am 18. Februar 1480 diese Schenkung und bestimmte, daß das Dorf von dem Hospitale nie getrennt werden dürfe. Um mit seiner Gemahlin Magdalena Antheil an den Verdiensten zu haben, befreite er das Dorf von allen Lasten und Steuern, die nunmehr dem Hospitale selbst zu Gute kommen sollen.

Zehn Jahre später verkaufte Bürgermeister Mathias Whyzel mit Genehmigung des Herzogs dies Spitalgut zum Nutzen der armen Leute an Bartholomäus Zbarze von Kobelwitz und Raschütz für 290 ungarische Gulden. [1]

---

[1] **Wattenbach**, Cod. dipl. Sil. 11, 200, 209.

# 1.  Das Hospital für arme Frauen ad s. Lazarum

ist 1622 gemeinschaftlich vom Kapitel und Magistrat (de consilio et industria Cap. et Mag.) außerhalb des neuen Thores [1] errichtet worden.  Der erste Wohlthäter war Jacob Kaj, der 1622 sein am Wege gelegenes Grundstück mit dem dabei gelegenen Garten zur Errichtung eines Hospitales schenkte, und zur Dotirung anwies.  Dieser Munificenz ahmten nach

der Bürger Adam Korbel, der 1625 seine große Wiese vermachte, [2]

der Canonikus Adam Cocinius, der 1635 im Testamente 6 Gulden gewährte,

der Bürger Johann Solich, welcher 5 Fischhälter schenkte,

der Custos Georg Mathäides, der 25 schl. Thaler 1649 hergab,

der Custos Andreas Sendecius, der 1679 eine Kapelle bauen ließ, in welcher alle Quatember von einem Vikar celebrirt wurde und seinen Garten (zwischen dem Lazareth und dem Temerschen Garten) dem Spitale incorporirte.

An diesem Hospitale sind weltliche Probisoren angestellt, welche Rechnung legen, die dann vom Kapitel und Magistrat revidirt werden. [3]

Aus den Akten des Magistrates, welche nur bis 1744 zurückgehen, ist zu ersehen, daß den 10 Hospitalitinnen außer freier Wohnung gewährt worden:

An Kleidung jährlich ein Paar Schuhe, alle 3 Jahre eine schwarze Kappe, und alle 5 Jahre einen blauen Mantel mit weißem Schilde und schwarzem Kragen.

---

[1] Das Hospital stand ursprünglich auf der Stelle, wo heut der römische Kaiser steht.

[2] Die Wiese ist durch die Oder theils weggerissen, theils versandet.

[3] Collegiatstiftsmatrikel II, 505.

**An Kost erhielt**

jede einzelne monatlich 12 sgr. Brodgeld, quartaliter 1 rtlr.
2 sgr. 1½ hllr. auf Butter, Salz ꝛc.

Alle zusammen im October { auf Kraut    6 rtlr. 12 sgr.
                  „   1 Schwein 6 — 12 —

zu Weihnachten {   „    Striezel    = — 16 —
               „    Fische       = — 20 —

                                14 rtlr. = sgr.

im Ganzen also 104 rtlr. zusammen, oder jede einzelne 10 rtlr.
14 sgr. 6 hllr., exclusive Kleidung und Wohnung.

Sie sind verpflichtet alle Morgen, Mittage und Abende für
die Wohlthäter des Hospitals den Rosenkranz zu beten. 1780
betrug die Jahreseinnahme 200 rtlr. und wurden davon acht
weibliche Arme unterhalten.

Von den späteren Wohlthätern sind hervorzuheben:

Am 28. Februar 1788 Maria Barbara von Larisch 3⅓ rtlr.
   „   15. März 1796 Peter Schedelmeier    .    90   —
   „   27. December 1815 Oberamtmann Pawera   100   —
   „   20. Januar 1820 Kaufmann Bernhard Cecola   6⅔ —
   „   25. Februar 1840 Fräulein Fanny Schander   50   —

Da die Gegend zu sumpfig, wurde 1804 ein gemauertes
Hospitalgebäude nebst Thürmchen westlich erbaut. Auf dem Kirchhofe des S. Lazari-Hospitals wurden die Leichen der Stadtbewohner von 1807 bis zum 4. November 1832 bestattet.

Auch jetzt noch erhalten 10 arme alte Bürgerfrauen freie
Wohnung mit Beheizung, Beleuchtung in gemeinsamem Saale
und ein kleines Schlafkabinet, in Krankheitsfällen ärztliche Hilfe
und Medikamente, alle drei Jahre nothdürftige Kleidung und
täglich jede Person 3 sgr. auf Verpflegung.

Das Hospital besaß 1690 500 rtlr., 1818 2894 rtlr.,
1830 schon 3746 rtlr. und 1859 7647 rtlr. Die Einnahme
ist gegenwärtig 732, die Ausgabe 650 rtlr.

## 2. Das Hospital für arme Männer ad s. Corpus-Christi auf der Salzgasse.

Der kaiserliche Obristwachtmeister Johann Christof Brosla, ein Ratiborer Stadtkind, vermachte in seinem Testamente vom 4. Juli 1643 zur Erbauung eines Hospitals für 5 Männer eine goldene Kette im Werthe von 200 Kronen nebst einer Carosse, außerdem zur Unterhaltung dieser Personen, wozu zunächst verarmte Bürger aus seiner Familie zu nehmen sind, 2000 Gulden à 30 Groschen à 6 weiße Pfenninge.

Das Collegiatkapitel deponirte bereits am 4. Juli 1643 das Geld auf dem Rathhause, welches 120 rh. Gulden Zins zahlte. Am 10. Mai 1653 überließ Bischof Carl Ferdinand eine Bestimmung über die Aufsicht des Hospitals. Die vom Kapitel und Magistrat gewählten Provisoren sollten nur solche Personen aufnehmen, denen beide Behörden die Genehmigung zum Eintritt gegeben.

Am 29. November 1654 wurden die ersten Personen aufgenommen. Sie erhielten Wohnung, Heizung, Naturalien und. Kleidung. An Naturalien 38 rtlr. Brodgeld, 36⅔ rtlr. auf Butter, Salz, Erbsen, 2⅚ rtlr. auf Bier, 5 rtlr. auf 1 Schwein, 1⅗ rtlr. auf Kraut, 1½ rtlr. auf Striezel, Fische, Backobst. An Kleidung jährlich 1 Paar Schuhe, 2 Hemden, alle 5 Jahre einen blauen, mit Schild versehenen Mantel. Später wurden statt der Naturalien jedem täglich 3 kr. gereicht.

Die Hospitaliten wohnten früh der Conventualmesse und Nachmittag den Vespern in der Collegiata bei. Daheim beteten sie früh und Abends Litaneien.

Eine Corpus Christi-Kirche bestand in Ratibor schon vor 1489, denn in der Beschreibung des damaligen Brandes wird erwähnt, daß das Feuer in der Brauerei ausbrach, den kleinen Ring ergriff und die Tuchwebergasse bis zur Corpus Christi-Kirche in Asche legte. Bei der noch größeren Feuersbrunst am

Georgitage 1574 war diese gleichfalls vernichtet worden. Im Generalkapitel 1591 wurde beschlossen, die Basilika ad Corpus Christi auf dem alten Platze wieder aufzubauen und zwar von dem Almosen, welches die Kirchväter zu diesem Zweck gesammelt; auch wollten die Stiftsherrn darauf sehen, daß irgend eine Fundation dahin besorgt werde, die aber zum Collegiatkapitel gehöre.

Indeß konnte man sich von dem Brandunglücke nur schwer erholen und in der Generalversammlung des nächsten Jahres drang das Collegium nochmals auf den Bau, wozu die Kirchväter vom Kapitel 30 Gulden erhalten hatten.

Es mag indeß nur eine kleine (hölzerne) Kapelle geworden sein, denn unter diesem Namen wird sie bezeichnet, als die Administratoren des Bisthums (Sebastian Rostok 2c.) dem Custos Andreas Scodonius die Vollmacht ertheilten, die Frohnleichnamskapelle, welche durch die Ungunst der Zeitverhältnisse vernachläßigt worden war, zu reconciliren. Die Wiedereinweihung fand am 28. Mai 1657 als am Frohnleichnamsfeste statt.[1]

Es fanden sich auch hier viele Wohlthäter:

Am 1. Mai 1666 gab Melchior Ferdinand Graf Gaschin 125 rtlr.

| | |
|---|---:|
| 1678 Senator Abraham Anton Mosler zu Bier für das Osterfest . . . . | 50 — |
| 1679 Custos Andreas Franz Sendecius . . | 12 — |
| 1679 Canonikus Daniel Dominik Rotter . | 20 — |
| Canonikus Wenceslaus Leopold Sochatius . . | 12 — |

Im Jahre 1690 befanden sich bereits 6 Arme in dem Hause. Die Hospitalkirche ad Corpus Christi wurde durch den Brand 31. Mai 1698 in Asche gelegt.

Der Eifer zur Unterstützung war allgemein: Olitori schenkte ein Bild. Canonikus Sochatius testamentarisch 1702 zu einem Altare 125 rtlr.; Abt Bernard von Rauden in demselben Jahre 1 Centner Eisen. 1703 Johann Welczek Freiherr von Groß-

---

[1] Matrikel I, 233 und Rechnungsbuch des Corporis Christi-Stiftes.

Dubensko, Herr auf Laband 3 Scheffel Kalk. Freiherr von Trach auf Althammer Eisen. 1704 Canonikus Georg Tonitz einen Kelch. Die Dominikanerinnen Margaretha Twardawa zur Glocke 23 rtlr., Victoria Bielik einige Kirchenwäsche. Der Pfarrer Thomas Theofil Koch zu Schmograu ein Portatile. Die Leute aus Altendorf führten Ziegeln herbei. Aus der Gallianischen Fundation am 10. December 1705 erhielt das Hospital 266⅔ rtlr.

In dem Kirchlein celebrirte der Scholastikus monatlich einmal und erhielt aus der Hospitalkasse 8 rtlr. jährlich. Am Frohnleichnamsfeste wurde früh um 5 Uhr feierlicher Gottesdienst gehalten. Das Fundationsgeld von 2000 Gulden lieh am 17. Februar 1723 Gottlieb Trach Herr von Bürckau, Erbherr der Güter Bransdorf, Kornitz und Tworkau. Dieses Kapital stand noch 1750 in Tworkau.

Der unverehelichte Gürtler Jakob Mraz vermachte 1739 600 rtlr. Davon sollte nach seinem Tode dessen Bruder Laurent 100 rtlr. als Erbtheil, die Franziskaner 100 rtlr. als Meßfundation erhalten, die übrigen 400 rtlr. angelegt werden. Der Zins von 100 rtlr. soll durch Laurent Mraz jährlich den Armen ausgetheilt worden. Für die Zinsen der übrigen 300 rtlr. soll dieser Bruder Laurent im Hospitale erhalten werden. Nach dessen Tode soll wieder einer aus der Familie Mraz durch das Kapitel und den Magistrat aufgenommen werden, so lange als der Stamm besteht. Nach Erlöschen der Verwandtschaft ist nach Norm der Broslianischen Fundation zu wählen. Das Kapital von 400 rtlr. wurde an den Grafen von Lichnowski auf Grabowka geliehen. [1]

Bei dem in der Nacht des 31. Juli 1776 ausgebrochenen Feuer wurde auch die Kapelle und das Hospital Corporis Christi in Asche gelegt, aber bald wieder (1778) neu aufgebaut.

Am 28. Februar 1788 vermachte Jungfrau Maria Barbara von Larisch 5 Gulden. Der Kaufmann Franz Pschiholtz,

---

[1] Matric. II, ad annum 1739.

welcher am 8. Januar 1789 starb, vermachte 2 Tage vor seinem Tode testamentarisch 350 Gulden. Für die Zinsen von 50 Gulden sollten alljährlich einige Messen gelesen werden, von den Zinsen der 300 Gulden sollte jeder Hospitalit in Ostern und Weihnachten je 15 sgr. erhalten und dafür an jedem ersten Donnerstag im Monate eine Litanei oder den Rosenkranz beten. Der Rest ist zur Erhaltung des Gebäudes bestimmt.

Peter Schedelmeier vermachte am 15. März 1796 55 rtlr. mit Verpflichtung zu einem monatlichen Gebet für den Stifter.

Die verwittwete Accise- und Zoll-Inspector Clara Poinsot geb. Kolbe, welche im Jungfrauenkloster als Pensionärin lebte, vermachte am 11. December 1799 in dem Testamente, das am 12. Januar 1803 publicirt wurde, 200 Gulden und sollen die Hospitaliten an ihrem Grabe die lauretanische Litanei beten.

Der Wirthschaftsburggraf Johann Schwantzer am 16. November 1813 500 Gulden mit der Verpflichtung täglicher Fürbitte für die Familie. Am 27. December 1815 der Oberamtmann und Gutspächter Pawera 100 rtlr. Für die Zinsen sollen die Hospitaliten wöchentlich einmal den Rosenkranz für den Erblasser beten.

Der Stadtchirurg Carl Sander gab August 1819 50 rtlr. Die Hospitaliten sollen dafür an der Station des hl. Johannes von Nepomuk in der Octave dieses Heiligen beten. Die Kapelle war an dem Hause des Gartenbesitzer Haroski und sollte dieser die Kapelle erhalten, während der Octave mit Blumen schmücken und mit Kerzen versehen.

Kaufmann Bernhard Cecola vermachte auch diesem Hospitale wie den beiden andern 1820 6⅔ rtlr. Josefa verehelichte Maler Meyer geb. Sobczik aus Peiskretscham, dotirte für das Stift am 23. Februar 1844 mit 25 rtlr. Die verwittwete Schuhmacher Josefa Schneider geb. Lukas bestimmte im Testamente, welches am 22. April 1850 veröffentlicht wurde, 100 rtlr. Auch zum Pfarrkirchenbaufonds gab sie 50 rtlr.

Der Landschaftscalculator Carl Hofrichter, der am 19. Januar 1853 starb, gab auch diesem Hospitale 50 rtlr. und sollen die Hospitaliten alle Mittwoche die Litanei zum Leiden Christi in der Pfarrkirche beten.

Auch jetzt noch finden 5 alte arme Bürger der Stadt freie Wohnung, Heizung, Beleuchtung, ärztliche Pflege, Medicamente, nothdürftige Kleidung und pro Person täglich 3 sgr. Verpflegung. Eine Stelle ist jedoch unbesetzt, weil sich Niemand dazu meldet.

Das Institut, welches 1818 erst 3057 rtlr., 1830 schon 3353 rtlr. Kapital hatte, besitzt gegenwärtig ein Vermögen von 5343 rtlr. Wenn man die Kapitalssumme mit jenen der früheren Zeit vergleicht, so stellt sich eine bedeutende Vermehrung auch bei diesem Hospitale heraus, ein Umstand der neben dem Wohlthätigkeitssinne der Stadtbewohner auch die vorzügliche Verwaltung dieses Institutes beweist.

## 3. Das Hospital S. Nicolai

1295 von Herzog Przemislaw gegründet, eng verbunden mit der Kreuzpropstei S. Peter und Paul, blieb nach der Säcularisation dieses Stiftes fort bestehen. Zehn arme Frauen aus der Stadt und Umgegend erhielten vom Schloßdominium an Naturalien die 52 Scheffel Roggen, welche der Stadtvogt Thilo 1307 fundirt hatte und statt der bisherigen Victualien an Geld 29 rtlr. 11 sgr. 2 pf. Rentmeister Mathias Fehlisch übernahm gegen eine kleine Entschädigung die Verwaltung des Hospitals, welches 1812 erst 100 rtlr., 1822 bereits 507 rtlr., 1845 schon 3139 rtlr., 1856 5558 rtlr. Fonds besaß. Dieses Kapital war nämlich durch die Aufnahmegelder neuer Hospitalitinnen (à 8 rtlr.) durch billigen Kauf des Getreides (die Regierung vergütete für die 52 Scheffel 133⅓ rtlr.) durch Vermächtnisse (Oberamtmann Pawera gab 1815 100 rtlr., Andreas Kubiczel Pfarrer in Ostrog 20 rtlr.) gewachsen.

Da die Straße sehr beengt und das Hospital sehr baufällig war, wurde in der Odervorstadt auf dem Fischereigrunde ein neues Haus 38' lang 32' tief gebaut und die Hospitalitinnen in dasselbe 1856 übersiedelt. Der Bau kostete 2977 rtlr. Trotzdem besitzt das Hospital unter dem Vorstande des Buchhalter Franz Wallaschek gegenwärtig 3382 rtlr. Die Holzgerechtsame ist durch die Verlegung des Hospitals ganz sistirt.

## 4. Krankenhaus.

Schon zu Ende des vorigen Jahrhundertes vermachte Fräulein Josefa Franziska Köhler ein Grundstück, für dessen Benutzung 100 Gulden für ein zu gründendes Krankenhaus, das Uebrige auf hl. Messen verwendet werden sollte. Die Schenkung wurde später abgelöst gegen baar Geld, nämlich gegen 1333⅓ rtlr.

Die verwittwete General-Accise-Zoll-Inspector Clara Poinsot geb. Kolbe gab laut Testament, publicirt am 12. Januar 1803, zur Errichtung eines Krankenhauses respective zur Krankenpflege 1666⅔ rtlr.

Nachdem Kaufmann Franz Bernard Bordollo und dessen Schwester Johanna verehelichte Galli († erst am 30. Juni 1835) 1803 neben dem neuen Thore nahe an der Stadtmauer einen Grund nebst hübschem Garten für 180 rtlr. erkauft und geschenkt, wurde sofort der Bau in Angriff genommen und ein zweistöckiges massives Krankenhaus für einen Kostenbetrag von 2600 rtlr. aufgeführt, in dessen oberen Etage 12, in der unteren 6 Kranke untergebracht werden konnten.

Josefa Placius geb. Schmer vermachte 1806 testamentarisch ein Ackerstück von 10 Scheffel Aussaat hinter dem Franziskaner-garten und 100 rtlr. Der 70 Jahr alte Handlungsdiener Lorenz Deinla († am 1. August 1813) seinen ganzen Nachlaß von circa 1000 rtlr. mit der Bestimmung, daß von einem Theile der Zinsen arme kranke Kaufleute und Handlungsdiener verpflegt und von dem anderen Theile wöchentlich eine hl. Messe celebrirt werde.

Der Gutspächter Anton Pawera setzte laut des 1816 im Januar publicirten Testamentes das Krankenhaus zu Universalerben ein. Der Verwalter des Instituts aber banquerottirte und wurden kaum 500 rtlr. gerettet.

Außerdem vermachten dem Krankenhause 1817 am 12. November Bäckermeister Heinrich Stefan 133⅓ rtlr. Anna Wagner 200 rtlr. Der Oberlandesgerichtsrath Bolik 300 oder 170 rtlr. Die Gutsbesitzer Hergesellschen Erben 100 rtlr. 1819 im August der Stadtchirurg Carl Sander 50 rtlr. Regierungsrath Mathes Werner und dessen Frau 66⅔ rtlr. 1821 am 19. November Josefa von Schweinichen geb. von Raschütz 400 rtlr. Frau Geheime Justizräthin Flögel geb. Cecola 50 rtlr. 1827 Schloßrentmeister Clement 10 rtlr. Commercienrath Max Albrecht 100 rtlr. 1830 Catharina Oppolska 66⅔ rtlr. Commercienrath Bernhard Cecola ein Stück Acker der Pascheke und 100 rtlr. 1852 am 29. März der Landschaftscalculator Carl Hofrichter 50 rtlr.

In diesem Krankenhause werden der Stiftungsurkunde gemäß ganz arme verlassene Kranke aus der Stadt aufgenommen; es zahlen aber außerdem Dienstboten, Gesellen und Lehrlinge Beiträge, um in Krankheitsfällen unentgeltliche Kur und Pflege zu finden. Ebenso werden auch von Seiten der Stadt Zuschüsse geleistet, um jene Kranken, für deren Verpflegung zu sorgen ihr obliegt, darin unterzubringen.

Nachdem Kaufmann Bordollo senior das Institut durch 20 Jahre allein verwaltet, wurde am 1. April 1823 eine eigne Deputation zur Verwaltung vom Magistrat erwählt.

Der pensionirte Regierungs- und Medicinalrath Johann Werner schenkte im August 1829 zur Erbauung eines Thürmchens 100 rtlr., er starb am 18. September desselben Jahres.

Durch Berufung barmherziger Schwestern (15. Februar 1850) konnte das Krankenhaus erst wahrhaft ein Zufluchtsort der Leidenden, eine Stätte des Segens werden. Das Krankenhaus zu Beuthen hatte bereits Schwestern aus dem Orden des heiligen

Vincenz von Paul und der hiesige Magistrat erklärte sich bereit, zwei Schwestern nach Ratibor zu berufen. Da jedoch nach der Regel des Ordensstifters nie weniger als 3 Schwestern in einem Hause sein sollen, so haben sich mehre Wohlthäter entschlossen, den Unterhalt der dritten Schwester aufzubringen. Zu diesem Zwecke wurden am 29. November 1852 bei der Fundationskasse der katholischen Pfarrkirche 2000 rtlr. deponirt. Da jedoch diese Ordensregel nicht gestattet, alle Rothleidenden ohne Unterschied der Krankheit zu pflegen, so wurden im Jahre 1858 drei Schwestern von der Congregation des hl. Carolus Borromäus aus dem Mutterhause zu Neisse berufen, welchen die Ordensregel in Bezug auf die Art der Krankheit keine Beschränkung in der Pflege vorschreibt. Zwei Schwestern werden von der Stadt, die dritte durch eine besondere Stiftung und die vierte vom Kloster erhalten.

Behufs Vergrößerung des Instituts wurde 1. April 1855 das Suchysche Haus um 1450 rtlr. angekauft. Am 1. Juli 1856 erfreute sich das Krankenhaus des Besuches des Fürstbischofes Heinrich von Breslau.

Im Jahre 1859 wurden 380 Kranke verpflegt, außerdem erhielten 904 Kranke außerhalb der Anstalt, aber für Rechnung derselben unentgeltlich ärztliche Behandlung und freie Medicamente.

Einnahme . . . 2134 rtlr.
Ausgabe . . . 2391 rtlr.

In dem Krankenhause ist eine besondere Kapelle, in welcher celebrirt wird, eingerichtet worden.

Die ärztliche Behandlung besorgt als Institutsarzt gegenwärtig Dr. Eduard Langer für das geringe Honorar von 50 rtlr. An Vermögen besitzt das Krankenhaus ein Kapital von 7974 rtlr., ein Haus und einige Aecker. An das still und einsam gelegene Gebäude stößt ein freundlicher Obst- und Gemüsegarten, in welchem Reconvalescenten promeniren können.

## 5. Das Frank'sche Waisenhaus oder das Amalienstift.

Der Apotheker, Rathsherr und Stadtälteste Josef Frank stiftete zum Gedächtnisse seiner früh verstorbenen Tochter Amalie, die am 4. November 1834 starb, eine Waisenanstalt für 4 Bürgerkinder. In derselben sollten nicht blos von beiden christlichen Confessionen wirkliche Waisen, sondern auch arme Bürgerkinder Aufnahme und Pflege finden.

Knaben bleiben daselbst bis sie fähig sind, in die Lehre zu gehen, Mädchen, bis sie in einen Dienst treten können, und erhalten in der Anstalt, deren Waisenvater katholisch sein und mit den Zöglingen dem Requiem für Amalie Frank, welches alljährlich am 4. November gehalten wird, beiwohnen muß, Kost, Kleidung und Pflege.

Der Stifter schenkte nicht blos ein dem Zweck angemessenes Haus №. 266, sondern kaufte ein anderes daranstoßendes №. 278 hinzu, schenkte außerdem ein Kapital von 50 rtlr. baar und verpflichtete sich, alljährlich 100 rtlr. zur Institutskasse zu zahlen. Ein andrer Wohlthäter ließ gleichzeitig durch den Pfarrer Heide 60 rtlr. als Geschenk zukommen.

Am 4. November 1836 am Gedächtnißtage Amaliens, wurde das neuerbaute massive Haus, welches 12 Stuben enthält und eine Zinkbedachung trägt, feierlich eingeweiht.

Am 6. Juli 1837 erfolgte die allerhöchste Bestätigung der Anstalt.

Statt des früher versprochenen jährlichen Beitrages von 100 rtlr. gab der Stifter am 4. Juli 1839 ein baares Kapital von 2426 rtlr. 20 sgr. und baute im nächsten Jahre ein Hinterhaus für 600 rtlr.

Es fanden sich bald noch andere Wohlthäter, dieses gemeinnützigen Institutes. So testirte am 25. Februar 1840 Fanny Schander 100 rtlr., die verwittwete Schuhmacher Josefa Schneider

37

geb. Lukas am 22. April 1850 die bedeutende Summe von 200 rtlr., ebensoviel gab der am 29. September 1851 verstorbene Strumpfstrickermeister Johann Bonczolla; am 29. März 1852 vermachte der Landschaftscalculator Carl Hofrichter laut des am 27. Januar 1853 publicirten Testamentes 100 rtlr. und Johanna Ducat 1854 am 21. Februar 50 rtlr.

Der Stifter und die Stadt beschlossen im Juni 1853: Die in der Anstalt erzogenen Knaben erhalten bei der Freisprechung als Gesellen 30 rtlr. zur Kleidung, die Mädchen aber, falls sie heirathen oder in einen geistlichen Orden treten, 50 rtlr. zur Ausstattung. Diese Summe darf n u r j e n e n bei der Freisprechung oder zur Ausstattung gegeben werden, die 3 Jahre im Stifte waren (Magistrat kann 1 Jahr dispensiren) und sich auch später brav und unbescholten geführt.

Für den Mädchenausstattungsfonds sind 1000 rtlr. besonders fundirt. Werden die Zinsen von 50 rtlr. nicht verwendet, so fließen sie zum Waisenhausfonds.

Gegenwärtig sind 4 Knaben und 2 Mädchen unter Leitung eines sehr tüchtigen Waisenvaters im Institut, das 5272 rtlr. Kapital hat und an Hausmiethe jährlich 176 rtlr. gewinnt.

Auf Verpflegung werden jährlich 190 rtlr., auf Bekleidung 42 rtlr., auf Beheizung 5 rtlr., auf Utensilien 12 rtlr., zu kirchlichen Abgaben 4 rtlr. 10 sgr. verwendet.

# 6. Taubstummen= Lehr= und Erziehungs=Anstalt.

Bei der sich mehrenden Zahl unglücklicher Taubstummen und bei der Unzulänglichkeit des in Breslau zur Aufnahme solcher Individuen bestehenden Institutes, stellte sich das Bedürfniß heraus, an mehren Orten der Provinz und namentlich in Oberschlesien noch einige gleichartige Anstalten zu errichten. In Ratibor wurde durch das thätige Bemühen einiger Menschenfreunde auf Anregung des verdienstvollen Dr. med. und Gutsbesitzer Carl Kuh schon am 23. April 1835 ein kleines Kapital für diesen Zweck zusammengebracht.

Auf Grund weiterer Beiträge konnte schon Mai 1836 die Anstalt mit 4 Zöglingen eröffnet werden, zu denen im Laufe des Jahres noch 5 Schüler hinzutraten. Ein Beschluß des fünften schles. Provinzial-Landtages überwies dem Institute 1000 rtlr. zur Erziehung von 10 Zöglingen. Nachdem man zuerst in einem gemietheten Lokale, dann durch 3 Jahre in dem Frank'schen Waisenhause, und hierauf wieder in gemietheten Räumen sich niedergelassen; wurde 1841 in Neugarten, Wallstraße № 86, ein eignes Gebäude für 4400 rtlr. erworben. Zur Berichtigung des Kaufgeldes wurden 2400 rtlr. als königliches Gnadengeschenk bewilligt. 2 Jahre später wurde die Zahl der ständischen Freistellen auf 20 vermehrt. Nach Erwerbung des Hauses und Vermehrung der Zöglinge war die Anstellung eines zweiten Lehrers und einer Hausmutter nothwendig. Ende Februar 1859 waren 26 Zöglinge in der Anstalt, 12 männliche und 14 weibliche, von denen 1 Knabe und 3 Mädchen nur die Schule besuchen. Im Laufe des genannten Jahres wurden ausgegeben 2460 rtlr., so daß auf einen Zögling durchschnittlich 87 rtlr. 26 sgr. kommen. Damals zählte der Regierungsbezirk Oppeln 767 Taubstumme, darunter 164 im bildungsfähigen Alter.

Manche Verbesserungen traten in der häuslichen Einrichtung ein. Die Zöglinge erhielten gußeiserne Bettstellen, waldwollene Matratzen, wollene Lagerdecken, gleichförmige Kleidung. Der Hofraum wurde zu einem bequemen Spielplatz erweitert, in welchem auch Turnübungen stattfinden. Die ehemalige Methode, wobei die Gebehrdensprache bei der Verständigung die Hauptrolle spielte, wird nur noch bei den jüngsten Schülern während des Religionsunterrichtes angewendet. Gegenwärtig werden 26 Taubstummen unterrichtet, von denen 22 in der Anstalt Wohnung und Beköstigung finden.

37 *

Das Gesammtvermögen der Anstalt besteht aus 10000 rtlr., die Verwaltungscommission unter Vorsitz des Strafanstalts = Inspector Laue aus 5 Mitgliedern; Commercienrath Albrecht läßt sich die Geschäfte der ständischen Verwaltungscommission angelegen sein. Als Hauptlehrer fungirten Weinhold von Mai 1836 bis zu seinem Tode am 15. Juli 1852, Rode bis 1. October 1860, wo er nach Erfurt ging, Robert Roth, der zuletzt Taubstummenlehrer in Prag gewesen. Als zweiter Lehrer traten an A. Steuer 1853, Robert Roth 1. Juli 1854, K. Arlt 15. Juli 1857, Franz Kretschmer am 1. November 1858.

# Dritter Theil.

———~~~~~———

# I. Abschnitt.

## Naturbeschaffenheit.

———

Der Kreis Ratibor grenzt im Norden an die Kreise Kosel und Gleiwitz; im Osten an den Kreis Rybnik; im Süden an österreichisch Schlesien, Antheil Teschen, an Mähren und wieder an österreichisch Schlesien, Antheil Troppau; im Westen an den Kreis Leobschütz. Eine natürliche Grenze gegen das österreichische Gebiet bilden die Olsa, Oder und Oppa. Der Flächeninhalt des Kreises beträgt 15/73 □ Meilen. Seine größte Längenausdehnung und zwar von Norden nach Süden in der Richtung von Jakobswalde nach Hoschialkowitz beträgt 6½ Meile, die Breitenausdehnung von Westen nach Osten in der Richtung Odersch bis Groß = Gorzhtz 5⅛ Meilen. Der Kreis liegt auf beiden Seiten der Oder, welche ihn bei dem Dorfe Olsau betritt und bei Raba wieder verläßt.

Er bildet einen Theil der oberschlesischen Hochebene und liegt durchschnittlich 800′ über der Ostsee. Ratibor selbst liegt ungefähr 600′ hoch. Der höchste Punkt des Kreises ist der Bobrowniksberg bei Hultschin 1050′, mit einer Fernsicht, welche jene von der mehr besuchten Landecke bei Koblau übertrifft, weil man von ihm aus nicht allein die mährisch = schlesischen Karpaten oder Beskiden, sondern auch das ganze Gesenke und das reizende Oppa = thal über Troppau hinaus bis nach Jägerndorf übersieht. Für manchen Leser dürfte es nicht uninteressant sein, diejenigen höchsten Punkte der Beskiden, welche man aus dem Oderthale bei Ratibor, noch schöner aber von der „Aussicht" bei Brzezie übersieht, namentlich kennen zu lernen.

Zur rechten Hand tritt als der höchste Ausläufer der Bes=
kidenkette der Radhost (3560'), an dessen südlichem Fuße das
freundliche Badeörtchen Roznau liegt, ins Gesichtsfeld. Er bildet
einen langen Bergrücken, dessen Conturen für den Beschauer mit
denen einer höheren Bergkuppe der Knihina (3970') zusammen
zu fallen scheinen. Die Knihina fällt auf der linken Seite ziem=
lich steil ab und zwischen ihr und der Lissa hora (4180') erblickt
man den Smrk, nach neuern Messungen 4225', also höher als
die bisher für den höchsten Punkt der Beskiden gehaltene Lissa.
Links von der Lissa präsentirt sich der Trawno (3790'). Durch
die neben dem Trawno liegende breite Thalfurche der Olsa, sieht
man bei sehr günstiger Witterung über den Jablunkapaß hinaus
den schon tiefer in Ungarn liegenden und zur Tatragruppe gehören=
den Kriwan. Links von dem Jablunkapasse gerade in der Rich=
tung über Teschen liegen Czantory (3135'), Rowniza (2785')
und die Bielitzer Berge. Zwischen Czantory und Rowniza liegt
Ustron und darüber, wegen größerer Ferne unbedeutend erscheinend,
die Barania (3670').

Bewässert wird der Ratiborer Kreis durch die Oder und
ihre Nebenflüsse Olsa, Ruda, Oppa und Zinna, wovon die ersten
beiden auf der rechten und die letzten auf der linken Seite liegen.
Eine systematische Regelung des Oderlaufes hat erst seit einiger
Zeit durch mehrere Durchstiche zwischen Odrau und Riebotschau
stattgefunden.

Das Gefälle der Oder von Oderberg bis Ratibor beträgt
ungefähr 8—9' auf die Meile. Die rechte Oderseite ist meist
mit Wald bedeckt und weniger fruchtbar als die linke, welche da=
gegen unbedeutend bewaldet ist, aber ganz vortrefflichen Ackerboden
nachweist. Im ganzen Kreise sind gegen 50,000 Morgen mit
Wald bedeckt. Ganz unkulturfähigen Boden hat der Kreis nur
etwa 1800 Morgen. Große Fischereien sind bei Grabowka ober=
halb und bei Nendza unterhalb Ratibor. Als Merkwürdigkeit
verdient noch angeführt zu werden, daß das vor einer Reihe von

Jahren auf der Schillersdorfer Herrschaft aus Frankreich einge-
führte wilde Kaninchen (lapin) sich derart vermehrt hat, daß es
unmöglich geworden, dasselbe auszurotten. Ein meilenweiter Landstrich um Schillersdorf und Hatsch wird durch diese verwilderten
Kaninchen in der Agrikultur beeinträchtigt.

Obschon der Ratiborer Kreis der südlichste Schlesiens ist, so
ist sein Klima doch ein verhältnißmäßig rauhes, was seine Begründung darin findet, daß sowohl die Beskiden als auch das
Gesenke durch ihre bis über 4000' hohen Berge die warmen
Südwinde nicht blos aufhalten, sondern auch bedeutend abkühlen;
andererseits aber das flache Land nach Norden und Osten den
rauhen Winden offen steht. Die mittlere jährliche Temperatur der
Luft ergiebt sich für den ganzen Kreis aus Vergleichung der Angaben von den Stationen Leobschütz, Troppau, Oderberg und
Ratibor auf 6,₅° R. Frühling und Sommer treten hier etwa
2 Wochen später ein als im nahen mährischen Tieflande, indeß ist
die Sommerwärme intensiv genug, denn sie übersteigt häufig plus
20 bis 22° R. Die jährliche Temperaturschwankung stellt sich
im Durchschnitt auf 42° R. Die Menge des jährlichen Nieder-
schlages oder die Regenmenge beträgt 21—22 Par. Zoll. Was
die Windrichtungen anbelangt, so findet man die West- und Nord-
westrichtung vorherrschend.

Die geognostischen Verhältnisse des Ratiborer Kreises sind
nicht complicirt, nur wenige Formationen sind hier vertreten und
festes Gestein steht nur an wenigen Stellen an, z. B. bei Hultschin und bei Köberwitz.

Alluvium als jüngste bis in die Gegenwart reichende Bil-
dungen auf der Erdoberfläche, wohin die Bildung von Torf, die
fortdauernde Veränderung der Ufer und Betten der Flüsse und
Bäche, welche Geschiebe, Sand und Lehm aus älteren Formationen
mit sich fortführen, endlich die fortschreitende Verwitterung des
festen Gesteins und seine allmählige Verwandlung in Dammerde,
gehören, finden wir hauptsächlich in den Thälern und Niederungen,

namentlich im Oderthal. Sehr viele Geschiebe im Oberbette lassen sich als durch die Olsa zugeführte Diorite und Diabase der Teschner Grünsteinformation erkennen.

Das Diluvium, vorherrschend aus feinem Sande, stellenweise aus grobem Kiese, auch aus Lehm und Thon bestehend, bedeckt den größten Theil des Kreises. Höchst interessant sind die nur allein dieser Formation angehörigen, in den Thälern und auf Hochflächen einzeln und zerstreut umherliegenden erratischen Blöcke oder nordischen Findlinge, die seit Jahrhunderten fast ausschließlich das Material zur Straßenpflasterung der Städte geliefert haben. Man findet da Steine von sehr verschiedener Größe, vom Sandkorne bis zum Gewicht von mehreren Centnern. Ebenso mannigfaltig ist auch ihre Beschaffenheit; es sind darunter silurische, manchesmal jurassische Gesteine, die vorwiegende Menge bilden aber in den meisten Fällen krystallinische Gebirgsarten, wie Granit und Glimmerschiefer, namentlich aber wunderschöne Syenite. Einige von ihnen sind scharfkantig, andere mehr oder minder abgerundet.

Umfassende Untersuchungen haben ergeben, daß mit diesen aus Norwegen und Schweden stammenden Findlingen das ganze norddeutsche und das sarmatische Tiefland gleichsam besäet sind. Nach Süden hin läßt sich dieses Gebiet begrenzen durch eine Linie, welche von Wesel in die Gegend von Hannover läuft, sich dann südlich bis unterhalb Leipzig herabzieht, über Liegnitz und Neisse bis nach österreichisch Schlesien in die Nähe von Troppau hineinreicht, und dann durch Galizien, Polen und Rußland bis an die Petschora stößt. Im grauesten Alterthume bildete man aus diesen Blöcken die Hünnenbetten, und die größten von ihnen, meist auf kleinen Anhöhen gelegen, tragen oft noch die Spuren ihrer Verwendung zu den heiligen Gebräuchen der Druiden. Das Mittelalter baute aus ihnen seine Vesten und Kirchen und was von großen und schönen Granitblöcken bis heut im nördlichen Deutschland noch übrig geblieben ist, wird aufgesucht und liefert den Stoff zu manchem schönen Kunstwerke, wie z. B. die viel bewunderte geschliffene Granitschale vor dem Museum in Berlin, von 1500 Centner Schwere und 22′ im Durchmesser, aus einem solchen Findlingsblocke aus der Gegend von Fürstenwalde in der Mark gearbeitet ist. Die Beantwortung der Frage, wie so viele und darunter so riesenhafte Felsstücke aus Skandinavien über die Ostsee zu uns gelangt sind, hat den älteren Geognosten viel Kopfzerbrechen verursacht, ist aber gegenwärtig mit ziemlicher Sicherheit geschehen. Das ganze Gebiet der nordischen Findlinge in Europa war in vorgeschichtlicher Zeit der Grund eines Meeres, das man auch Diluvialmeer genannt hat. Auf diesem Meere umherfluthende Gletscher der schwedischen und finnischen Berge führten auf ihren Schultern diese Felsstücke in südlichere Breiten, wo die Steine nach Schmelzung des Eises auf den Meeresboden sanken, nach dessen Trockenlegung sie wieder an das Tageslicht kamen.

Die Diluvialschichten des Ratiborer Kreises haben auch in anderer Beziehung interessante und der Wissenschaft förderliche Seiten. Man hat nämlich wiederholt nach Hochwasser im Bette der Oder, auch bei den neuerdings ausgeführten Oderdurchstichen, ferner in den Lehm= und Sandgruben der Seidel'schen Ziegelei neben dem israelitischen Begräbnißplatze Ueberbleibsel von zwei ausgestorbenen Thierarten gefunden, deren Verwandte heutzutage wärmere Landstriche bewohnen. Es sind dies: das Mammuth (Elephas primigenius) und das Rhashorn mit getheilter Nase (Rhinoceros dichorhinus). Von ersterem hat man schon sehr viele Kauzähne von über Fußlänge, ferner Stoßzähne von ungeheuern Dimensionen und auch Knochen gefunden. In Schlesien kennt man außer um Ratibor noch viele Fundorte fossiler Mammuthreste: z. B. bei Neisse, in der Oder bei Brieg und Breslau, bei Canth, Liegnitz und Sprottau.

Die dem Alter nach dem Diluvium folgende und von ihm bedeckte Tertiärformation hat im Ratiborer Kreise eine bedeutende Mächtigkeit. Sie besteht aus grauem Thon, Mergel und

Sand mit Einlagerungen von Eisenstein, z. B. der Raseneisen-stein bei Kobila; oder mit Braunkohle, wie sie nur ein einziges Mal im Jahre 1859 bei Anlegung eines Brunnens in der Seidel'schen Ziegelei in bedeutender Tiefe aufgefunden worden. Das Lager war etwa 2' mächtig und führte eine zwar mehr erdige, jedoch aber vollständig spaltbare und viele Pflanzenreste enthaltende und sehr gut brennende Braunkohle. Außer Pflanzen-stengeln fanden sich darin auch gut erhaltene aber hohle Samen-körner und auch Insektenflügel vor.

Das erst seit zwei Jahren aufgeschlossene Gyps- und Mergellager bei Zauditz gehört ebenfalls dieser tertiären For-mation an und ist für eine marine Bildung, wie der ganze übrige oberschlesische Gyps, zu halten. Nur an wenigen Stellen sind im Ratiborer Kreise fossile Leitconchylien gefunden worden, durch welche unzweifelhaft das Alter der Schichten bestimmt werden konnte. So steht am Weinberge bei Hultschin eine bedeutende tertiäre Ablagerung neben Grauwacke an, die sehr reich an Ver-steinerungen ist, namentlich an Ostreen und Turbinolien. Vor mehreren Jahren wurden bei Schreibersdorf (zwischen Ratibor und Troppau) bei Grabung eines Brunnens Conchylienreste in einer aschgrauen Tegelablagerung gefunden, die mit denen des Wiener Beckens übereinstimmen, wonach diese Schicht als der nördlichste Theil der großen miocänen Tegelablagerungen von Mähren, österreichisch Schlesien und Galizien zu betrachten ist. Gelegenheit, sich von der Mächtigkeit der tertiären Ablagerungen im Ratiborer Kreise zu überzeugen, hat man erst einmal gehabt.

Zur Aufsuchung von Steinsalz wurden vor einer Reihe von Jahren bei Gorschütz an der Oppa für fiscalische Rechnung Bohr-versuche ausgeführt, womit man eine Tiefe von 506' erreichte, ohne noch die Tertiärschichten durchstoßen zu haben.

Die tertiären Ablagerungen mögen wohl unter Ratibor eine Mächtigkeit von 500 bis 600' haben, was auch auf dem von

Carnall'schen Gebirgsdurchschnitt zur geognostischen Karte von
Oberschlesien angedeutet ist.

Von älteren Formationen sind im Kreise nur die Stein=
kohlenformation und der noch ältere flötzleere Sandstein
vertreten.

Das Steinkohlengebirge steht an der Oder unterhalb
der Landecke in der Art zu Tage, daß man mit Recht behaupten
darf, dies sei der geognostisch=interessanteste und auch instruktivste
Punkt ganz Schlesiens. Man hat dort einen großartigen Durch=
schnitt des Kohlengebirges vor sich und erblickt gegen 30 ausge=
hende Kohlenflötze von steil aufgerichteter Stellung, deren Streichen
ein paralleles ist, deren Fall aber nach verschiedenen Richtungen
geht. Die in der Nähe liegenden combinirten Hultschiner Koh=
lengruben bei Petrzkowitz und Koblau liefern vom Stollenflötz
Back= oder Fettkohle und von Grube Therese anthracitische Sin=
terkohle. Aus 100 Theilen der ersteren Kohle gewann man dem
Gewicht nach 86,9 ℔ Coaks, wovon 84,8 ℔ reine Kohle und
2,1 ℔ Asche waren. Diese Backkohle übertrifft sonach die Kohle
aller Länder Europas. Sie wird um ihrer Eigenschaften willen
neben der Zabrzer Backkohle am liebsten in Schmiedewerkstätten
benutzt. Es unterliegt keinem Zweifel, daß die Hultschiner Gruben
nicht allein mit den Ostrauer in Mähren, sondern auch mit unsern
oberschlesischen in großer Tiefe zusammenhängen. van Carnall's
Gebirgsdurchschnitt deutet dies ja auch an. Der Kohlensandstein
von der Landecke ähnelt sehr der Grauwacke von Hoschialkowitz.
Diese Grauwacke, vermuthlich dem Alter nach das nächstliegende
des Kohlengebirges und wegen seiner Conformität mit dem Mill-
stonegrit der Engländer flötzleerer Sandstein zu bezeichnen, steht
von Hoschialkowitz bis zum Weinberge bei Hultschin längs der
Oppa zu Tage. Mehrere Sandsteinbrüche in dieser Gegend lie=
fern dauerhaften Sandstein zu Werkstücken.

Noch ältere Formationen sind im Kreise nirgends bekannt.

Schließlich muß noch eines Eruptivgebildes, nämlich eines Basaltdurchbruchs im Kreise Erwähnung geschehen. Dieser Punkt liegt zwischen Köberwitz und Schreibersdorf und ist seit vorigem Jahr bekannt. Seit Kurzem wird dort Basalt gebrochen und zwar auf Veranlassung des Königlichen Landrathamts in Ratibor und ist somit für Kreis-Chausseebauten das vortrefflichste Material gewonnen worden. Bisher bezog der Ratiborer Kreis seinen Basaltbedarf aus Bieskau im Leobschützer Kreise. In mineralogischer und geognostischer Beziehung ist der Köberwitzer Basalt noch dadurch interessant, weil er sich in den verschiedensten Stadien der Verwitterung vorfindet und demnach sekundäre Mineralbildungen enthält. [1]

Die Stadt Ratibor, in Urkunden auch Rathibor, Rathybor, Razibor, Ratipor, Rathor, Rathwor, Ratburg, polnisch Macibórz, mährisch immer nur Ratiboŕ genannt, liegt unter 35° 49′ 22″ Ostlänge und 50° 1′ 45′ Nordbreite am linken Ufer der Oder, deren Gefälle von Oderberg bis Ratibor 49′ 6″ 4‴, von hier bis Kosel 35′ 5″ 5‴ beträgt. Die Stadt lag ursprünglich tiefer als gegenwärtig, da an der Nord-West-Seite des Ringes in der Nähe der Dominikanerkirche ein Mühlgraben ging, der in die Oder hinablief (S. 452). Die Erhöhung ist dadurch entstanden, daß man die Wohnungen auf den Schutt der Brandstätten aufführte.

Die Oder, welche von ihrer Quelle bis hieher bereits die Ostrawitza, Olsa und Oppa aufgenommen, rechts oberhalb durch einen Wiesenbach die Plinz, links unterhalb der Stadt durch die Psinna verstärkt wird, ist für größere Kähne schon schiffbar.

Die Oderbrücke war früher 189 Ellen lang, da sie nicht im rechten Winkel zur Strömung stand, sondern schon vom Ende der Odergasse schräg über den Fluß nach Bosatz führte. Erst 1795, als der starke Eisgang am 13. und 14. Februar ein

---

[1] Vorstehende Skizze zur Naturkunde des Kreises verdanken wir der freundlichen Mittheilung des Lehrer Porske in Ratibor.

Drittel der Brücke und 2 Eisböcke völlig weggerissen und den übrigen
Theil bedeutend beschädigt, wurde sie an der gegenwärtigen Stelle
300' lang und 20' breit für 7300 rtlr. erbaut, wozu die Kriegs=
und Domänenkammer ein königliches Gnadengeschenk von 6000 rtlr.
anwies. Zu den Hauptbauten 1747, 1752, 1768, 1781 und
1789 hatte auch der Koseler und Leobschützer Kreis Fuhren stellen
müssen. In neuerer Zeit waren 1810, 1829, 1831, 1842,
1861 Hauptreparaturen erforderlich und wurde die Brückenbahn
4 Fuß niedriger gelegt, da sich der Wasserspiegel seit Cassirung
des Wehres 1814 um fast 8 Fuß gesenkt. (S. 316).

Eine andere für die Eisenbahn gebaute Oberbrücke ist 333'
lang und 23' hoch. Ueber die Psinna führen 2 Brücken: eine
vor dem großen Thore zwischen der großen Vorstadt und Bron=
ken und eine hinter Neugarten: über die Plinz führt nur ein
Steg in Plania.

Ratibor liegt in einem sehr anmuthigen Thale und ist rings=
um von Hügelland umgeben, das nur nach Süd=Osten und Norden
einige Ebenen bildet. Das Oderthal, kaum eine halbe Meile
breit und 4 Meilen lang, entfaltet eine reiche Wiesenflur. Den
Thalrand nach Osten begränzt eine malerisch=ansteigende Hügelkette,
an den nach Westen lehnen sich die Vorhöhen des schlesisch=mäh=
rischen Gesenkes.

Die Entfernung Ratibors von der Hauptstadt betrug
nach dem ältesten Lebensbeschreiber der hl. Hedwig 20 polnische
Meilen,[1] noch vor einigen Decennien, als der Postkurs über
Leobschütz, Neustadt, Neisse, Grotkau und Ohlau ging, 22¾ Meilen.
Der Schienenweg, über Kosel und Oppeln, reducirte die Strecke
auf nur 20,₆ Meilen.

Die Stadtmauer, nach Innen 6 nach Außen 12' hoch,
welche durch fast 600 Jahre gestanden und mit Vertheidigungs=
thürmen versehen war, ist zum Theil schon schadhaft zum Theil

_____

[1] Stenzel's Script. Rer. Sil. (Breslau 1839) II, 84.

beseitigt, namentlich bei Anlage der Eisenbahn, wo nach S. O. am Zbor eine Straße zum Bahnhofe durchbrochen wurde. Die Mauer ist 4 bis 5 Fuß dick, das Innere derselben aber (circa 3 Fuß breit) mit Bauschutt ausgefüllt. Die Mauerthürme und Ausfallthüren sind schon nach den Befreiungskriegen abgetragen worden; am längsten stand der Thurm über dem Oberthore, welcher erst 1828 abgebrochen wurde und selbst in seiner Hinfälligkeit noch Spuren dauerhafter und kunstvoller Bauart an sich trug. Der die Stadtmauer umgebende Wall ist bereits nach dem 7jährigen Kriege abgetragen und der Wallgraben, der sich der Befestigung wegen rings um die Mauer zog, zugeschüttet worden. Letzterer war ziemlich tief und muß, nach den bei Bauten vorgenommenen Ausgrabungen zu schließen, gegen 12' betragen haben. Ein Ueberbleibsel des Walles diente bis 1828 zum Schutz der Schußlinie bei dem ehemaligen Schießhause und wurde erst nach Verlegung desselben zugeschüttet.

Eigentliche Thore, als Befestigungen gedacht, bestehen hier nicht mehr, da die früheren Thurmthöre in der Stadtmauer, weil dem Verfall nahe, niedergerissen wurden. Dagegen bestehen der hier geltenden Mahl= und Schlachtsteuer wegen einige 8' hohe, starke Lattenthore zwischen gemauerten Pfeilern behufs der Steuercontrolle nämlich

1) gegen N. W. W. das große Thor, früher am Ende der langen Gasse, seit 1857 am Ende der großen Vorstadt. Es führt zu den Straßen nach Kosel, Oberglogau, Katscher und über Bauerwitz nach Leobschütz.

2) gegen N. N. O. das Oberthor, früher am Ende der Obergasse zwischen dem Prinzen von Preußen nnd der Lapczinskischen Besitzung, jetzt am Ende der Obervorstadt auf der Oderbrücke. Es führt zu den Straßen nach Loslau, Rybnik und Gleiwitz.

3) im S. das neue Thor am Ende der neuen Gasse neben dem Königl. Appellationsgerichte, an welches sich Neugarten

unmittelbar anschließt; es führt zu den Straßen nach Troppau, Kranowitz und Oderberg.

4) im S. O. das **Bahnhofsthor** am Zborplatze.

5) im W. das **Wasserthor** am Ende der Salzgasse am städtischen Waisenhause, ist nur an Jahrmärkten offen.

Ratibor gränzt gegen Norden und Osten an die Oder, gegen Süden an die Dörfer Studzienna und Ottitz, gegen Westen an Altendorf und Proschowitz. Die beiden letztgenannten Dörfer wie die jenseits der Brücke liegenden Bosatz, Ostrog und Plania schließen sich an die Stadt und ihre Vorstädte so unmittelbar an, daß man sie leicht für Fortsetzungen der letzteren halten kann. Durch dieselben erhält der Hauptort eine nicht unbedeutende Ausdehnung nach zwei Seiten.

Die Stadt selbst, welche sich nach Außen nicht sehr hervorhebt, da die 3 Kirchthürme niedrig sind, ist im Innern hell und freundlich; sie hat 9 öffentliche Plätze (unter denen der mit einer hohen Bildsäule der hl. Jungfrau geschmückte Ring, der mit einer Statue des hl. Johann von Nepomuk gezierte Neumarkt und der Marcellusplatz die größten sind), 33 Straßen, von denen die Lange-, die Oder- und die Neuestraße die bedeutendsten sind; vom großen Markte laufen außerdem aus: die Fleischer-, Jungfrauen-, Dominikaner- und Domstraße, welche letztere in die elegante Bahnhofsstraße mündet. Die Häuser sind fast sämmtlich massiv, die Straßen mit vortrefflichem Granit gepflastert. Die Beleuchtung geschieht seit 1858. durch Gas, dessen Fabrikgebäude 70' breit, 84' lang und Betriebsgebäude 40' lang 30' tief mit Schiefer gedeckt vor dem Bahnhofsthore an der Oder liegen. Die Nähe der auf der rechten Oderseite befindlichen Wälder und Kohlengruben erleichtert die Beschaffung des Brennmaterials. Die Bewässerung der Stadt geschieht durch eine Quellwasser-Röhrenleitung von den Brzezier Bergen her (unter der Chaussée ½ Meile weit) und durch eine Wasserkunst, die an der Psinna steht. Außer 8 Hauptcisternen führen noch 6 andere Cisternen

38

mit 6 Nebenleitungen, sowie mehre Brunnen und Pumpen der Stadt das nöthige Wasser zu. 3 Cisternen sind von Marmor, die übrigen von Holz über 3' tief und mit Eisenreifen umgeben. Oeffentliche Uhren sind auf dem Rathhause, der katholischen und evangelischen Kirche, dem Bahnhofsgebäude und der Strafanstalt.

Der Flächenraum der zum Stadtbezirke gehörigen Grundstücke beträgt 91½ Morgen, der der Gärten 76¾ Morgen zusammen 168¼ Morgen. Der Flächenraum der zur Stadt gehörigen Grundstücke beträgt an Ackerland 505, an Wiesen 308 Morgen.

Städtische Grundstücke sind außerdem:

Das Kämmereigut Brzezie, ½ Meile von der Stadt, gränzt nördlich an die Feldmark Pogrzebin, westlich an die von Niebotschau, südlich gegen Plania, östlich gegen die Feldmark von Ostrog und Kobilla. Das Gut bestand ursprünglich aus zwei Antheilen, von denen der eine 1727, der andere schon früher (S. 213 und 459) erworben wurde. Die Kirche, ehemals Mutterkirche (S. 81), war schon 1610 Filiale von Pogrzebin und übte bereits 1776 Fiscus die Patronatsrechte aus. Das Gut enthält an Unland circa 13, an Acker 890, an Wiesen 290 Morgen, zusammen 1192½ Morgen und war zuletzt (bis 1. Juni 1861) an den Gutsbesitzer Rudolf Miketta für 2176 rtlr. verpachtet; an Forsten circa 500 Morgen, den die Stadt in eigner Bewirthschaftung hatte und der 1857 gegen 170 rtlr. Ertrag lieferte; 6 isolirt gelegene Areale von 33 Morgen werden besonders verpachtet; an Gebäuden: die Brzezier Wirthschaftsgebäude, die Hegerwohnung und das 1841 der leichteren Bewirthschaftung wegen östlich vom Dorfe erbaute Vorwerk Jagelnia; an Renten: 10,000 Rentenbriefe, auf die Leobschütz = Ratiborer Chaussée verwendet, bringen circa 100 rtlr. Neuerdings liegen 5000 rtlr. Rentenbriefe im Depositum; an nutzbaren Rechten: die Jagdpacht für zwei Jagdbezirke bringt 12 rtlr., den dritten benutzt der Pächter, den vierten die Gemeinde.

Das Kämmereigut Plania. Der 1290 von Przemislav geschenkte Wald wurde auf der nach Rybnik führenden Straße schon früh gelichtet. Bürger legten dort allmählig Gärten an, die sich zu Wohnungen erweiterten. So entstand das Dorf, welches 1758 56 Feuerstätten mit 235 Seelen, 1844 aber 161 Häuser mit 1237 Einwohnern zählte. Das Areal ist der Gemeinde Plania (1820) für 24,000 rtlr. verkauft worden. Die Stadt als Gutsherrschaft besitzt außer den Dominialrechten nur noch einige Nutzungen.

Die Rodeländer. Der obengenannte Stadtwald zwischen Plania und Przezie bis nach Niebotschau sich erstreckend, wurde, nachdem er schon früher stark gelichtet worden, 1824 vollends eingeschlagen, gerodet und in Acker verwandelt. Das Holzgeld wurde nebst dem für das Planiaer Areal erhaltenen Kaufgelde zum Neubau des Garnisonstalles, des Rathhauses und der Schule verwendet. Verpachtet sind circa 776 Morgen in 4 Parcellen für 2469½ rtlr., die Fischerei für 10⅙ rtlr., die Jagd für 22½ rtlr.

Die Aecker der ehemaligen Ziegelei. Die Stadt besaß schon in früherer Zeit eine Ziegelei hinter Neugarten bei der Matka Boża-Kirche. Da sie jedoch nicht rentirte und die Gebäulichkeiten schon schlecht waren, so wurden letztere 1856 zum Abbruch verkauft und der Flächeninhalt (18 Morgen) für 60 rtlr. verpachtet.

Der Halaminka-Acker am Ende Neugartens zwischen der Strafanstalt und Chaussée gehörte zu dem ehemaligen Kämmereidorfe Studzienna. Als dieses 1819 verkauft wurde, behielt sich die Stadt 6 Morgen 17 ☐Ruthen vor und kaufte 1852 einen Streifen Hutung von 99 Ruthen hinzu. Dieser Acker ist für 66 rtlr. verpachtet.

Die Viehweidehutung neben der Matka Boża-Kirche, zwischen den Feldern von Neugarten, Studzienna und Altendorf belegen, enthält 50 Morgen Acker. Diese Stücke waren ursprünglich

38 *

Hutung und war das Obereigenthum bereits durch ein Erkenntniß vom 9. November 1780 der Stadt zugesprochen. Auf Grund der Verjährung aber erstritt die Gemeinde Neugarten ein ausschließliches Nutzungsrecht gegen einen jährlichen Zins von 1⅓ rtlr.

Der Pelkansche Garten. In der Schuhbankgasse neben dem Garnisonstalle innerhalb der Stadtmauer stand ein schlechtes Haus nebst Hof und Garten, welche Besitzung die Stadt 1840 für 2000 rtlr. kaufte, das Haus bis 1852 vermiethete und dann niederriß, um die Stelle dem öffentlichen Platze zuzuschlagen. Der Rest des Gartens ist für 10⅔ rtlr. vermiethet. Ebenso wurde das auf der Bahnhofstraße gelegene Mohrsche Haus 1854 zur Verbreitung der Wallstraße erkauft und 1860 niedergerissen.

Der Propsteigarten. In der Odervorstadt dicht am Ufer befand sich die Kreuzherren-Propstei nebst einem herzoglichen Hospitale. Diese Besitzungen wurden bei der Säcularisation zum Fideicommiß des Herzog von Ratibor zugeschlagen (S. 315). Am 19. März 1855 wurde folgendes Abkommen getroffen: „Der Herzog überläßt der Stadt den Propsteigarten mit dem Gebäude und Hofe für 2250 rtlr. und soll das Geld von der künftig zu erhaltenden Holzberechtigung - Ablösungssumme abgezogen werden, die Stadt aber gewährt den Bauplatz zu einem neuen Hospitale unentgeltlich." Die Stadt kaufte nun Neustadt Nr. 21 für 240 rtlr. eine Stelle für das herzogliche Hospital, ließ das alte Gebäude abbrechen und in einen freien Platz umschaffen. Der Garten, einstweilen für 16½ rtlr. verpachtet, soll zur Verbreitung der Präsidentengasse und zu einem Bauplatze verwendet werden.

Der Garnisonstallplatz. Der Königliche Militairfiscus überließ 1837 der Stadt den Grund und Boden des ehemaligen (abgebrochenen) Dominikanerklosters und Gartens, nachdem die Stadt bereits 16 Jahre früher einen Stall erbaut hatte. Die Benutzung des Stalles, des davor liegenden Reitplatzes und des dahinter liegenden Düngerplatzes steht dem Fiscus zu. Die Stadt benutzt den Platz zur Aufbewahrung ihrer Bauutensilien und eine schmale Zufahrt zum Schüttboden.

Den ehemaligen Franziskanerklostergarten hinter dem Königlichen Zeughause und Lazarethe an der Pfinna (3 Morgen 160 ☐Ruthen) kaufte die Stadt November 1844 für 1125 rtlr. vom Königlichen Fiscus zum Viehmarkt.

Der Cholerakirchhof. Der Fleischer Cips verkaufte von dem seiner Fleischbank Nr. 15 naturaliter zugewiesenen Antheile an den Fleischerwiesen 105 ☐Ruthen Grund für 135 rtlr. der Stadt behufs Einrichtung einer Begrägnißstätte für die 1831 an der Cholera Gestorbenen. Der gerichtliche Vertrag wurde erst im nächsten Jahre am 13. Mai ausgefertigt. Dieser Kirchhof kann gesetzlich erst 1871 frei genutzt werden, ist bis dahin als Gräserei zu verwenden und für 2⅔ rtlr. verpachtet.

Kleinere Grundstücke und Rasenflecke, welche von dem zur Eisenbahnanlage erkauften Grund und Boden übrig blieben, werden als Promenade benutzt.

### Städtische Gebäude ohne Grundstücke:

Das Rathhaus. Im Jahre 1825 wurde das alte massive aber baufällige Rathhaus abgetragen und an seine Stelle auf Kosten der Stadt für 19,043 rtlr. ein neues erbaut. Der Grundstein wurde am 14. Mai Nachmittags gelegt. Einstweilen wurde das Bureau im unteren Geschoß der Packhofsniederlage untergebracht. December 1826 wurde das neue Gebäude vom Magistrat bezogen, nachdem kurz vorher das Stadtgericht die für dasselbe bestimmten Lokalien eingenommen. Es liegt am Ringe und der oberen Zborstraße als Eckgebäude und besteht aus einem Haupt- und einem Seitengebäude. Ersteres hat am Ringe eine Front von 69', eine Tiefe von 71'; die Front des Nebengebäudes beträgt 76', die Tiefe 28'. Beide Gebäude sind gemauert und mit Flachwerk bedeckt. Im Hofe ist eine Holzremise 68' lang 10' tief, in Fachwerk gemauert und mit Ziegeln bedacht.

Das Hauptgebäude ist 3 Etagen hoch und enthält parterre nach dem Ringe zu: Die Polizeibureaustube mit einem Vorhause und das Bureau des Bürgermeisters; nach hinten zu die Registratur, die ganz gewölbte, feuersichere städtische Kämmereikasse und ein kleines Stübchen für die Kanzlei. Unter dem parterre sind durchgehend sehr schöne Kellergewölbe, die zum Theil vermiethet werden. Im **II.** Stock ist 1 Saal und 2 Stuben nach dem Ringe hin, sowie 2 größere und 1 kleineres Zimmer nach dem Zbor hin. Diese Etage ist dem Kreisgerichte vermiethet. Im **III.** Stock ist 1 Saal und 2 Stuben nach dem Ringe hin und 1 großer Saal nach dem Zbor zu. Jener Saal ist für 75 rtlr. dem Kreisgerichte vermiethet. Unter dem Dache befindet sich auf einem steinernen Untersatze die Stadtuhr, umgeben von dem preußischen, schlesischen und städtischen Wappen. Der preußische Adler obenauf mit ausgebreiteten Flügeln ist in Kupferblech getrieben und sind Krone und Schnabel stark vergoldet.

Das **Seitengebäude** enthält parterre die Polizeiwachtstube mit 1 Arrestlokal, das ganz gewölbte städtische Kassendepositum und die Wohnung zweier Beamten (à 1 Stube mit Cabinet). Die **II.** Etage 3 Stuben, die Leihamtslokale (3 Piecen) und Wohnung eines Beamten. 3 Stuben und die Beamtenwohnung dieser Etage sind nebst dem obenerwähnten **II.** Stock des Hauptgebäudes für 150 rtlr. dem Kreis-Gericht vermiethet. Das Dach hat wie jenes mit Brettern verschlagene Kammern. Das Rathhaus ist mit 15000 rtlr. gegen Feuer versichert.

Das **Mühlwaagehaus.** Bis zum Ende des vorigen Jahrhunderts war die Stadtwaage unter dem Rathhause. Zur bequemeren Spedition wurde dann am Jaschkeschen Garten ein Häuschen errichtet, welches bis zum Aufhören der Stadtmauth als Waagehaus diente und jetzt an einen Unterbeamten für 10 rtlr. vermiethet wird. Es ist mit 200 rtlr. gegen Feuer versichert.

Der **Geräth- und Spritzenschuppen** am Zborplatze ist 1817 aus Fachwerk gebaut, mit Flachwerk gedeckt, innerhalb durch

Lattenverschläge in Abtheilungen gebracht, deren jede einen beson=
deren Eingang nach dem Platze hat. Es befinden sich in dem=
selben die 4 städtischen Spritzen nebst 10 Wasserwagen und
Feuerlöschgeräthe. Der Schuppen 85' lang 18' tief ist mit
400 rtlr. versichert.

Der Baudenschuppen, ganz gemauert, mit Flachwerk,
82' lang 35' tief, enthält zwei Abtheilungen, von denen die
eine zur Aufbewahrung der städtischen Marktbauden, die andere
für städtische Bauutensilien dient. Er liegt auf dem Wallgarten
Nr. 69 und ist mit 1500 rtlr. versichert

Der Garnisonstall 1821 in 3 Flügeln von je 161—165'
Länge und je 41' Tiefe massiv, jedoch nicht gewölbt, auf Kosten
der Stadt erbaut. Das mit Flachwerk gedeckte Gebäude liegt
hinter den Häusern der Obergasse neben der Dominikanerkirche
und hat zwischen seinen 3 Flügeln einen Reitplatz (S. 258); die
Stadt bezieht dafür den königlichen Servis mit ¼ rtlr. monat=
lich pro Pferd und den Dünger, der ungefähr 500 rtlr. jährlichen
Ertrag gibt. Da die Stadt jedoch die Utensilien, Beleuchtung
Unterhaltung des Stalles zu beschaffen hat, nimmt sie nicht ein=
mal die Zinsen des Anlagekapitals ein und muß Zuschuß leisten.
Die Feuerversicherung beträgt 15,000 rtlr.

Das Chausséezollhaus in Plania, im Sommer 1845
dicht am Eisenbahnübergange erbaut, 33½' lang und ebenso breit,
ist mit Ausnahme einer Dachstube an den Zollpächter überlassen.

# II. Abschnitt.

## Bevölkerungsverhältnisse und volkswirthschaftlicher Zustand.

Statistiken sind erst neueren Ursprungs. Angaben der Volks= zahl früherer Jahrhunderte fehlen ganz. Wir haben (S. 72 und 80) versucht, das Minimum der Häuserzahl zu ermitteln. (Die Zahl 2880 ist auf die Hälfte zu reduciren, da die Mark 48 gr., der Groschen nur 6 pf. hatte). Nehmen wir hinzu, daß die Stadt seit Ende des 13. Jahrhundertes herzogliche Residenz war, 1 Collegiat= und 1 Kreuzherrenstift und 2 Klöster hatte, daß 1326 schon 36 Fleischer hier wohnten, so ergibt sich die Bedeut= samkeit des Ortes. Durch Feuersbrünste und andere Calamitäten im 16. Jahrhunderte nahm die Einwohnerzahl ab und stieg erst unter Preußischer Herrschaft. Aus nachfolgender Liste ersehen wir die Bevölkerung in stetem Wachsen fortschreitend. Diese Zunahme gründet sich besonders auf die Verlegung der Oberschlesischen Für= stenthums=Landschaft (1807) und des Oberlandesgerichtes (1817) hieher, ferner auf die Errichtung eines Gymnasiums (1819), die Anlage der Eisenbahn (1844), Strafanstalt (1851) und in neue= ster Zeit auf die Vereinigung des Dorfes Neugarten mit der Stadt.

Ratibor zählte Einwohner:

| | | | | | |
|---|---|---|---|---|---|
| 1749 . | 1564 | 1772 . | 2530 | 1782 . | 2677 |
| 1750 . | 1577 | 1775 . | 2572 | 1783 . | 2850 |
| 1754 . | 2412 | 1780 . | 2603 | 1784 . | 2915 |
| 1765 . | 2410 | 1781 . | 2659 | 1786 . | 2940 |

| | | | | | |
|---|---|---|---|---|---|
| 1787 | . 3272 | 1810 | . 3693 | 1832 | . 5805 |
| 1788 | . 3736 | 1811 | . 3840 | 1833 | . 5870 |
| 1790 | . 3596 | 1812 | . 3514 | 1835 | . 6288 |
| 1791[1]) | . 2905 | 1813 | . 3221 | 1836 | . 6338 |
| 1793 | . 2924 | 1814 | . 3338 | 1837 | . 6558 |
| 1794 | . 3015 | 1815 | . 3398 | 1838 | . 6594 |
| 1795 | . 3081 | 1816 | . 3511 | 1839 | . 6639 |
| 1796 | . 2999 | 1817 | . 3858 | 1840 | . 7022 |
| 1797 | . 3021 | 1818 | . 4655 | 1842 | . 7102 |
| 1798 | . 2956 | 1819 | . 4786 | 1843 | . 7424 |
| 1799 | . 3034 | 1820 | . 4765 | 1845 | . 8019 |
| 1801 | . 3058 | 1821 | . 4823 | 1848 | . 8124 |
| 1802 | . 3109 | 1822 | . 4872 | 1849 | . 8499 |
| 1804 | . 3106 | 1824 | . 4902 | 1852 | . 9384 |
| 1805 | . 3156 | 1825 | . 5315 | 1855 | . 9962 |
| 1806 | . 3200 | 1826 | . 5360 | 1859 | . 10231 |
| 1807 | . 3254 | 1827 | . 5291 | 1861 | . 11488 |
| 1808 | . 3345 | 1828 | . 5641 | | |
| 1809 | . 3683 | 1831 | . 5760 | | |

**Militairische Bevölkerung.** Als der Preußische Adler seine Schwingen über Schlesien breitete, erhielt Ratibor einen Theil des Dumoulinschen Infanterie-Regiments in Garnison. Später besetzten Oesterreicher die Stadt. 1760 waren Croaten hier und soll General von Laudon (S. Franziskanerkloster) in der großen Apotheke (Oesterreich) einquartiert gewesen sein. Nach dem 7 jährigen Kriege bis 1806 lag hier der Stab und 4 Compagnien vom Kürassierregimente. Demselben stand durch 33 Jahre als Chef vor der Held von Torgau Georg Ludwig von Dalwig, ein Günstling Friedrich des Großen, von dem er den schwarzen Adlerorden erhielt. von Dalwig war nicht blos für die Untergebenen ein humaner Vorgesetzter, sondern auch ein wackerer Bürgerfreund und ist sein Andenken in der Stadt noch nicht erloschen. (S. 244).

---

[1] von jetzt ab excl. Militair.

Nach Abzug der Franzosen (S. 249) rückte zuerst Ritt=
meister von Wißowski mit seinem Freicorps hier ein, dann kam
die dritte Eskadron des 4. Husaren=Regiments unter Rittmeister
von Kuffka, 1809 die erste Eskadron unter Rittmeister von Köhler.
In demselben Jahre nahm der Regimentscommandeur Obrist Graf
von Ziethen hier Quartier. Die erste Eskadron blieb bis zum
Ausmarsch nach Rußland in Garnison, Rittmeister von Hippel
mit der Depot=Eskadron blieb bis 1815, die im December ein=
rückende 3. Eskadron des 12. Husaren=Regiments bis Mai 1817.
(S. 255.)

Gegenwärtig sind hier in Garnison: Seit November 1821
die dritte Eskadron des 2. schlesischen Ulanen=Regiments, Chef
Rittmeister Conrad von Paczeński (ein geborener Ratiborer); seit
1823 der Stab und Stamm vom 3. Bataillon des 1. oberschle=
sischen Landwehr=Regiments (Nr. 22.) unter Commando des
Major von Hautcharmoy; seit 1860 der Stab und das Füsilier=
bataillon des 3. oberschlesischen Infanterie=Regiments (Nr. 62.)
Regiments=Commandeur ist Obrist von Kaphengst, Bataillons=
Commandeur des Füsilier=Bataillons Major von Winkler, etats=
mäßiger Stabsoffizier Major von Fehrentheil. Hauptleute: Frei=
herr von Lynker, von Prittwitz, von Hauenschild, Strempel. Außer=
dem ist hier ein Gensd'armes=Offizier der 6. Brigade Hauptmann
von Plocki nebst 1 Wachtmeister und 2 Gensd'armen stationirt.
Der Einquartirungszuschuß der Commune beträgt 3,300 rtlr.

Gebäude für das Militair sind: 1) das Landwehrzeug=
haus vor dem großen Thore, 1823 auf einen Theil des ehema=
ligen Franziskanerklostergarten auf königliche Kosten erbaut; 2) das
Garnisonlazareth, früher auf der Jungferngasse, wurde zu der=
selben Zeit in das Franziskanerkloster verlegt; 3) eine bedeckte
Reitbahn für die Ulaneneskadron befindet sich im östlichen Theile
der Stadt; 4) die ganz massiv erbaute Hauptwacht mit drei
Arrestlokalen und der Wachtstube befindet sich auf dem Ringe;
5) der Garnisonstall (S. 599); 6) das Pulvermagazin

wurde 1827 auf Kosten des Militairfiscus vor dem großen Thore auf Altendorfer Grunde durch den Bau-Inspector Fritsch erbaut.

Nach den Stadttheilen berechnet wohnen

in der innern Stadt    mit 325 Hausnummern  . 5319 Seelen

„  „  großen Vorstadt  „   61  
„  „  Oder-Vorstadt   „   91  }  „   . 4724  „  
„  „  Neuen-Vorstadt  „   59  
„  „  Vorstadt Neugarten 101  „   . 1445  „  

zusammen 11488 Seelen.

Der Confession nach besitzt die Stadt incl. Neugarten 8848 katholische, 1727 evangelische (incl. 54 altlutherische) und 1111 israelitische Seelen, doch gehen davon 198 mit dem Planiaer Antheil ausgeschiedene Seelen ab.

## Populationsliste für 1860.

| | Geburten | | Ehen | Todesfälle | |
|---|---|---|---|---|---|
| | männl. | weibl. | | männl. | weibl. |
| bei der kathol. Gemeinde | 128 | 128 | 75 | 80 | 88 |
| „ „ evang. „ | 26 | 24 | 6 | 16 | 17 |
| „ „ altluth. „ | 2 | 1 | — | 1 | — |
| „ „ israel. „ | 21 | 15 | 8 | 13 | 7 |
| Summa | 177 | 168 | 89 | 110 | 112 |

Die Bevölkerung, welche ursprünglich slavisch gewesen, wurde im 13. Jahrhundert durch Einwanderung gewerbtreibender Deutschen germanisirt. Diese Germanisirung wurde durch den innigen Anschluß unserer Herzoge Nicolaus, Johann I. und Johann II. an die Könige von Böhmen, Johann von Luxenburg, Kaiser Carl IV., König Wenzel ziemlich vollständig durchgeführt. Später lehnte man sich wieder an Polen und das slavische Element erhielt den Vorzug. Jetzt schrieb Alles mährisch, sprach polnisch und kleidete sich deutsch. Die erste Urkunde in mährischer Sprache datirt vom Jahre 1457. Nicht blos die Gerichtsverhandlungen,

sondern sämmtliche Schriftstücke Rechnungen, Quittungen, Kirchen=
bücher, Correspondenzen sind bis zur preußischen Herrschaft in
mährischer Sprache abgefaßt.

Unter dem Scepter Preußens erhielt die deutsche Sprache
das Uebergewicht und nur ein geringer Theil der Bevölkerung spricht
noch polnisch; merkwürdig ist es übrigens, daß während die Bevölke=
rung Zuwachs von Fremden erhält, die sich hier ansiedeln, die Ein=
heimischen ihr Glück in der Ferne zu suchen scheinen. Vergeblich
sieht sich der Bürger nach Namen um, die in früheren Jahrhun=
derten einen Klang hatten, und selbst von solchen Gewerbtreibenden,
deren Beruf in der Familie zu bleiben pflegt, finden sich nur wenige
der in den Listen vor 100 Jahren verzeichneten Namen wieder.

In den früheren Jahrhunderten gab es nach Ausweis der
Urbarien nur wenige Einlieger und Miether. Der Adel wohnte
in den sogenannten Land= oder Freihäusern, der Klerus in seinen
Residenzen und Klöstern, die Bürger in ihren eigenen Häusern.
Gegenwärtig wohnen vom Adel nur einige Beamte und Pensio=
naire hierselbst, die Geistlichkeit in eigenen Amtswohnungen. Ratibor,
das 1749 erst 298, 1755 nur 303 (meist einstöckige), 1828 schon
471 Häuser hatte, zählt gegenwärtig 637 Häuser, von denen
289 zwei= und mehrstöckig sind. Es wohnen hier 400 Beamten,
117 Kaufleute litt. A., 165 Gewerbetreibende mit Gewerbeschein,
349 Gewerbsteuerfreie, 25 Pensionaire, 570 Mann Militair,
100 Ackerbesitzer.

Da die Stadt nur 505 Morgen Ackerland, die Vorstadt
Neugarten circa 1000 Morgen Feldmark besitzt und die ganze
Ackerwirthschaft an etwa 100 Personen vertheilt ist, so kann hier
von einem vorherrschendem Wirthschaftssysteme nicht Rede sein.
An Viehstand befinden sich im städtischen Bezirke 170 Pferde,
140 Stück Rindvieh, 7 Ziegen, 145 Schweine, in Neugarten
20 Pferde, 75 Stück Rindvieh, 3 Schafe, 6 Ziegen, 12 Schweine.

Die Fischerei ist unbedeutend, weil Fischerordnung und
Schongesetze fehlen und die Stadt keine Teiche mehr besitzt. Die

Oder liefert Karpfen, Hechte, Barmen, Aale, Lachse und Welse. Die großen Teiche der benachbarten Ortschaften liefern den Bedarf. Die Jagd im städtischen Reviere beschränkt sich meist nur auf Hasen und Rebhühner.

Als Gewerbtreibende gewinnen ihre Waaren

a. aus Mineralstoffen 1 Büchsenmacher, 2 Färber, 2 Gelbgießer mit 3 Gesellen 6 Lehrlingen; 6 Glaser mit 2 G.; 4 Gold= und Silberarbeiter mit 2 G. 2 L.; 6 Grobschmiede mit 33 G. 8 L., 1 Gürtler, 12 Klemptner mit 5 G. 10 L., 2 Kupferschmiede mit 6 G. 3 L., 2 Lakirer, 6 Maurer mit 7 G., 1 Mechanikus, 1 Messerschmidt, 6 Maler mit 7 G., 3 Nadler, 2 Nagelschmiede, 2 Schieferdecker mit 3 G., 18 Schlosser mit 64 G. 32 L., 6 Seifensieder mit 1 G., 1 Sporer, 5 Töpfer mit 4 G., 6 Uhrmacher mit 1 G. 2 L., 1 Zeugschmidt, 2 Zinngießer, 2 Steinmetze mit 1 G.

b. aus Stoffen des Pflanzenreiches: 15 Bäcker mit 10 G. 23 L., 13 Böttcher mit 12 G. 11 L., 6 Brauer mit 4 G., 9 Buchbinder mit 2 G. 6 L., 11 Conditoren und Pfefferküchler 10 G. 8 L., 9 Drechsler 8 G. 3 L., 2 Instrumentenbauer mit 2 G. 5 L., 1 Müller, 8 Posamentier und Knopfmacher mit 2 L., 59 Schneider und Corsettmacher mit 51 G. 23 L., 3 Seiler mit 3 G. 1 L., 4 Stellmacher mit 16 G. 3 L., 6 Tapezierer mit 4 G. 1 L., 43 Tischler mit 42 G. 51 L., 30 Weber, 3 Zimmerleute mit 3 G. 4 L., 9 Gärtner mit 12 G.

c. aus Stoffen des Thierreiches: 27 Fleischer mit 13 G. 4 L., 2 Handschuhmacher mit 2 G. 3 L., 3 Hutmacher mit 3 G. 2 L., 2 Kammmacher, 20 Kürschner 15 G. 11 L., 11 Riemer, Sattler und Taschner mit 8 G. 3 L., 6 Gerber mit 7 G. 1 L., 1 Bürstenbinder mit 4 L., 137 Leinenspinner, 109 Schuhmacher mit 70 G. 56 L., Strumpfwirker mit 47 G., 3 Tuchmacher, 1 Tuchscherer mit 2 G.

Außerdem sind noch 9 Barbiere mit 18 G.

Ratibor hat 23 Innungen: 16 Kürschner, Handschuhmacher, Beutler; 8 Gerber; 61 Schuh= und Pantoffelmacher; 10 Sattler, Riemer, Taschner, Tapezierer; 32 Schneider; 18 Tuchmacher und Tuchbereiter; 30 Weber; 14 Strumpfwirker, Posamentierer, Knopfmacher; 4 Hutmacher und Färber; 6 Seiler und Reifschläger; 8 Buchbinder; 20 Fleischer; 29 Bäcker; Pfefferküchler, Conditor; 33 Tischler, Instrumentenbauer; 24 Stellmacher, Rademacher, Böttcher; 18 Schlosser, Büchsenmacher, Sporer, Feilhauer; 12 Schmiede; 22 Klemptner, Kupferschmiede, Nadler, Gürtler, Goldarbeiter, Gelb= und Zinngießer, Glaser; 31 Brauer, 12 Maler und Lakirer; 12 Drechsler und Kammmacher; 12 Maurer, Zimmerleute, Schieferdecker; 47 Müller, 1858 gegründet. Eine Schornsteinfegerinnung ist im Entstehen begriffen. Viele Gewerbetreibende sind nicht Innungsmitglieder. Außerdem befinden sich hier 3 Militair=, 8 Civilärzte, 2 Apotheker, 2 Buchhändler, 2 Buch= und 2 Steindruckereien.

## Fabriken. [1])

Die Pfinnamühle, eine seit uralter Zeit mit Wasserkraft getriebene Mehlmühle, gehört den Kaufleuten Gebrüder Doms und beschäftigt 14 Personen.

Die Arakfabrik, denselben Gebrüder Doms gehörig, besteht seit 1842, beschäftigt 3 Personen und producirt jährlich 80 Eimer, (wird eingehen).

Die Schnupftabakfabrik des Josef Doms seit 1832 beschäftigt 5 Personen, producirt circa 3000 Centner im Werthe von 40,000 rtlr. Die Blätter werden in der hiesigen amerikanischen Wassermühle gemahlen und der Tabak in einem besonderen Fabrikgebäude gebeizt und zubereitet.

---

[1]) Die S. 264 erwähnte Zuckerraffinerie kam nicht zur Ausführung, und wurde das dazu bereits gekaufte Grundstück an die Wilhelmsbahn verkauft.

Die Essigfabrik des Polko auf kaltem Wege producirt 320 Oxhoft, die des Heimann Ring, seit 1852, producirt 150 Oxhoft.

Die Dampfölmühle des Haberkorn besteht seit 1843. Drei hydraulische Pressen werden durch ein 4 Pferdekraft starkes Locomobile von 14 Arbeitern betrieben und liefern 1500 Centner. Haberkorn verkaufte April 1858 die Oelfabrik an Kaufmann Schlesinger.

Die Walkmühle gehört dem Dominium, ist zur Benutzung der Tuchmacher und Weißgerber gestellt und enthält eine Walke mit 4 Tuch= und 1 Lederstampfe. Darin ist noch seit 1840 die Hottewitzsche Tuch=Appretur=Preß= und Scheer=Anstalt durch eine vom Pfinnawasser betriebene Maschine, mit welcher 2 Arbeiter 2880 Ellen Tuch appretiren.

Die Glashütte von Greiner, 1858 in Betrieb gesetzt, hat 1 Schmelzofen mit 7 Muffeln, 4 Kühlofen und 1 Streckofen und beschäftigt 20 Arbeiter.

Die Cigarrenfabrik, 1849 von Kaufmann Polko gegründet, ging 1856 an Kaufmann Niepelt und später an Kaufmann Reiners aus Bremen über und beschäftigt 29 Strafgefangene.

Die Eisenbahn=Wagenbaufabrik der Wilhelmsbahn seit August 1856 wird mit Dampf betrieben und beschäftigt 30 bis 40 Arbeiter. Die Maschine hat 16 Pferdekraft. In der Maschinenwerkstatt der Wilhelmsbahn werden die Locomotiven und Tender reparirt, sowie alle für den Bahnbau und die Unterhaltung der Wasserstationen und Gebäude nöthigen Utensilien von 78 Arbeitern gefertigt.

Die Gasanstalt 1857 begründet gehört der Magdeburger Gas=Actien=Gesellschaft.

In Brzezie ist eine Dampfmühle für Getreide 1830 und eine für Oel von Kaufmann Doms 1850 begründet.

Die Wollspinnerei des Hoburek in der Neustadt seit 1839 durch eine 2 Pferdekraft starke Locomobile betrieben, pro=

ducirt 120 Centner Wollgarn für 1240 rtlr. und beschäftigt 8 Arbeiter.

Die Königliche Strafanstalts = Wollweberei auf zwei Tuchstühlen lieferte mit 4 Arbeitern 100 Stück rohe Tuche; die Flachsspinnerei auf 40 einfachen Handspinnrädern mit 40 Arbeitern lieferte 250 Stück Flachsgarn; die Leinweberei mit 14 Arbeitern auf 10 Stühlen; die Wollspinnerei auf 30 Handwollenspinnrädern; die Plüschweberei auf 114 Stühlen mit 130 Leuten, seit 1856; die Damastweberei auf 30 Stühlen mit 47 Leuten, seit 12. September 1857; die Kuhhaarspinnerei, Leistengarnfabrikation, 150 Centner, 60 Arbeiter seit 1856. Ein Theil dieser Industriezweige wird nur zeitweise betrieben.

Bierbrauereien. Fülbier seit 1810 liefert 1830 Tonnen. Braun (ehemals Stadtbrauerei) liefert 1200 Tonnen, Zobel seit 1822, liefert 72 Tonnen, Simon Schlesinger seit 1826, liefert 120 Tonnen, Ender seit 1843, liefert 1000 Tonnen, Marcus Hausmann seit 1846, liefert 2200 Tonnen. Sie liefern gute Biere, die abwechselnd mehr oder weniger weniger beliebt sind.

Die Branntweinbrennerei des Zobel lieferte jährlich 40 Eimer Spiritus, steht aber jetzt. Die Destilliranstalt des Polko, ohne Dampf, seit 1836, circa 2400 Eimer Spiritus; die des Heymann Ring, ohne Dampf, seit 1852, 200 Eimer Liqueur; die des Elias Lustig, seit 1853, Destillirapparat ohne Dampf, 30 Eimer; die des Königsberger, seit 1842, circa 60 Eimer.

Von dem ehemaligen hier blühenden Handel ist S. 86, 168, 226 Rede gewesen. Wir fügen noch hinzu: Die hier durchgehenden Waaren wurden von den Accisebeamten revidirt und vom städtischen Waagemeister zum Besten der Kämmereirevenuen gewogen. Die Waaren wurden nächst der Salzniederlage ab= und eingeladen, wofür pro Kahn 16 sgr. dem Schloßdominium gezahlt wurde. Das Stabholz wurde jenseits der Pfinna im Garten des Müllers oder jenseits der Oder auf dem Schloßgrunde aufgesetzt und verladen. Kupfer ging Anfang des 18. Jahrhunderts viel durch. Im Jahre 1798 war ein ungewöhnlich starker Transport ungarischer Produkte. Statt der französischen Weine ließ man wegen Unsicherheit der Seefahrt und wegen der hohen Preise sich jetzt ungarische Weine kommen. Im Mai 1798 verschifften Gebrüder Selbstherr aus Breslau hier 10,000 Eimer Ungarwein. Der Reichsritter von Schweikart sendete sogar eine ungeheuere Quantität Ungarwein stromabwärts über Stettin nach Petersburg. Es wurden in demselben Monate am Platze an den Kaufmann Zerboni nach Breslau 600 Centner Tabakblätter, 300 Centner Antimonium verladen und zwar auf 1 Kahn je 100 Centner à 16 sgr., was ein schönes Frachtlohn war. Im Juli 1798 kamen 8 Lastwagen mit ungarischen Tabakblättern an. (Damals war die Tabaksadministration aufgehoben.)

Alte Kaufleute erzählen, daß Tausende von Centnern wöchentlich verladen wurden. Noch vor einigen Jahrzehnten lagen bisweilen mehr als 100 Schiffe gleichzeitig vor Anker, die Ladung brachten und weiter schafften.

Ein einziger Wasserassekuranz - Agent für Getreide, welches von hier aus stromabwärts gesendet wurde, assekurirte (die übrigen nicht gerechnet) 1839 5280 Wispel Weizen, 1127 Wispel Roggen, 698 Wispel Gerste, 568 Wispel Hafer, 380 Wispel Rapps; 1843 3967 Wispel Weizen, 1736 Wispel Roggen, 474 Wispel Gerste, 685 Wispel Hafer, 674 Wispel Rapps. Auch waren die Verladungen von Ungarwein, Tabaksblätter, Antimonium, Knoppen bedeutend. Die Oderversandung und die Bahn (letztere hatte 1852 über 2 Millionen, 1853 über 3 Millionen, 1855 über 6 Millionen Centner Fracht) entzog der Stadt den früheren Verkehr und ist nur durch Regulirung der Oder und Herabsetzung der Bahnfrachtpreise Abhilfe zu erwarten.

Jahrmärkte werden in Ratibor 5 gehalten, nämlich Dienstag nach Marcelli (16. Januar) uralt, vor Lätare 1630 eingeführt, nach Frohnleichnam uralt, nach Bartholomäi 1586 eingeführt, nach Martini 1376 eingeführt, jedesmal 2 Tage, den ersten Tag mit einem Viehmarkte verbunden. Montags vorher ist Vormarkt, an welchem Getreide, Flachs, Hanf und Schwarzvieh zum Verkauf aussteht. Wollmärkte sind zwei (1750 bewilligt), nämlich Ende Mai und October, beide jedoch unbedeutend. Wochenmarkt wird seit Jahrhunderten jeden Donnerstag gehalten. Ausnahmen machen Feiertage, an welchen dann der Markt 1 Tag früher fällt. Diese Wochenmärkte sind hier sehr bedeutend; die Hauptzufuhr besteht in Getreide, Grünzeug, Holz, Kohlen ꝛc. Mit dem Wochenmarkte ist ein ebenfalls sehr bedeutender Schwarzviehmarkt verbunden.

War in den vorigen Jahrhunderten über schlechte Wege oft geklagt worden, so ist für deren Verbesserung in neuester Zeit viel geschehen. An Chausséen laufen von Ratibor aus:

Die Chaussée über Lucasine nach Rybnik, die bis Budzin schon 1805 bestand und erst 1849 weitergeführt wurde. Bis Lucasine ist sie städtisch, dann weiter fiscalisch.

Die Kreis-Chaussée in der Richtung über Zauditz nach Troppau 1845—1850 gegründet.

Die Kreis-Chaussée nach Katscher und Leobschütz über Domshöhe und Peterwitz, 1852—1855 ausgeführt.

Die Unterhaltung der Kreis-Chaussée über Groß-Peterwitz nach der Leobschützer Gränze (3280 Ruthen lang), wie auch der über Zauditz bis zur Landesgränze zwischen Klingelbeutel und Troppau (6790 Ruthen Länge) liegt dem Kreise Ratibor ob, wogegen die Communalstraße über Lucasine bis Budzin auf Rybnik zu (1910 Ruthen) der Stadtcommune obliegt.

Außerdem besteht hier die Wilhelms-Bahn, welche die Breslau-Crakauer Bahn mit der von Wien nach Crakau führenden Ferdinands-Nordbahn verbindet. Sie überschreitet bei Ratibor auf einer besonderen Stromüberbrückung die Oder und liegt der Bahnhof an einem für den Verkehr sehr günstigem Orte, nämlich zwischen der Oder und der Stadt.

Die Bahn beginnt bei Kanderzin, läuft am rechten Ufer der Oder in geringer Entfernung hin, überschreitet bei Ratibor auf einer 333' langen 23' hohen Brücke die Oder, geht dann am linken Ufer fort und mündet bei Oderberg in die nach Wien führende Kaiser-Ferdinand-Nordbahn ein. Die Strecke von Kosel bis Ratibor (4,25 Meilen) wurde am 1. Januar 1846, bis Preußisch-Oderberg am 1. Mai 1847 dem Betriebe übergeben und der unmittelbare Anschluß an die Kaiser-Ferdinand-Nordbahn am 1. September 1848 erreicht. Die ganze Länge beträgt 7,66 Meilen.

Eine Zweigbahn davon führt über Bauerwitz nach Leob=schütz, 5 Meilen, am 1. October 1856 dem Betriebe übergeben.

Eine andere Zweigbahn von der Station Rendza (1,2 Meile von Ratibor) seit 1. Januar 1855, über Rybnik nach Nicolai, Idahütte, Kattowitz, 10 Meilen.

Die Wilhelmsbahn mit ihren Zweigbahnen, ursprünglich eine Privateisenbahn, ist in Folge der Kabinetsordre vom 4. Mai 1857 der Verwaltung der Königlichen Direction der Wilhelmsbahn zu Ratibor übergeben worden. Das Anlagekapital betrug 1860 8½ Millionen Thaler.

Die Telegraphenlinie zwischen Wien und Breslau wurde September 1849 eröffnet. War bisher der Telegraph nur dem Eisenbahndienst gewidmet, so wurde 1858 die Benutzung dem Publikum eröffnet.

Der landwirthschaftliche Verein des Ratiborer und Rybniker Kreises im März 1837 gestiftet, zeichnet sich durch Pferde=rennen und Thierschaufeste aus, hat 53 Mitglieder und einen Lesezirkel, in welchem ökonomische und technische Journale circu=liren. Vorsitzender ist Seine Durchlaucht Victor Herzog von Ratibor. Sekretair von Wiese Justizrath und Generaldirektor, Rendant Doms Kaufmann.

Der Gartenbauverein, 1856 gegründet, veranstaltet jährlich eine Blumen=, Frucht= und Gemüseausstellung und ist der einzige Verein dieser Art bisher in Oberschlesien. Der Verein zählt 86 Mitglieder und hält jährlich 6 Sitzungen. Präses ist der Prorektor Keller.

Gibt es auch keinen Gewerbeverein mehr, so können wir doch füglich die Gesellenvereine hier anreihen, welche, da die religiöse und sittliche Ausbildung nur vom kirchlichen Standpunkt aus gefördert werden kann, nach der Confession geschieden sind.

Der katholische Gesellenverein am 8. Mai 1855 gegründet hat als Versammlungsort den Oberstock im Gastwirth Klugeschen ehemals Schwarzschen Hause. In den Sitzungen werden die Vereinssachen besprochen, Vorträge, Zeichnen und Gesangübungen gehalten. Die Bibliothek zählt bereits 252 Bände. Die laufende Zahl der Mitglieder betrug bisher 351, die stetige 51. Außerdem zählt der Verein, dessen Präsens Kaplan August Berczik ist, 40 Ehrenmitglieder.

Der evangelische Gesellenverein gestiftet am 19. April 1857 hat durchschnittlich 20 Personen zu Mitgliedern. Vorstand ist Superintendent Redlich, Schulvorsteher Rudolf, Tischlermeister Lüthge und 2 Gesellen, welche wechseln.

Die Schützengesellschaft. Was im Mittelalter die Turniere für Fürsten und Adel gewesen, das waren die Schießübungen für die Bürger. Jene hielten mit Lanze und Schwert ritterliche Lustkämpfe zu Fuß und Roß, diese schossen mit der Armbrust und nach Erfindung des Pulvers mit den Büchsen nach der Scheibe. Für beide Sieger war ein Preis ausgesetzt, beide Theile übten sich in denjenigen Waffen, deren sie sich im Kriege zu bedienen hatten, zu beiden Festen strömte das schaulustige Volk zahlreich hinaus. Grade in Schlesien begegnen uns die ersten Schützengesellschaften. Zu Schweidnitz finden wir schon 1286 ein gemeinschaftliches Armbrustschießen, zu Breslau 1401 das Büchsenschießen. Bischof Rudolf ertheilte 1466 der Bruderschaft Indulgenz. [1])

---

[1]) Kundmann, Berühmte Schlesier in Münzen. (Bresl. 1738.) S. 425.

Während die Einführung des Schießpulvers die bis dahin gewöhnliche Rüstung der Ritter unnütz machte und die bisherige Art der Kriegsführung veränderte, die ritterlichen Lustkämpfe also ihr Ende fanden, dauerten die Schießübungen fort, um die Bürger in der Vertheidigung ihrer Stadt geschickt zu machen. Kaiser Ferdinand I. befahl in der Türkengefahr 1566 das festliche Scheiben= und Vogelschießen den Bürgern als nothwendige Waffenübung und hat sich das Königsschießen bis auf den heutigen Tag 'erhalten.

Auch in Ratibor war sicher damals schon das „Königs= und Kränzelschießen" in Uebung, doch fehlen die Details, da außer einigen Urkunden sich keine Magistratsakten aus jener Zeit erhalten haben. Die erste Erwähnung der Schützengilde datirt aus dem Jahre 1620. Wer Schützenkönig wurde, mußte ein Kleinod, meist ein silbernes Schild geben, welches der Kette angehängt wurde, die der Schützenkönig bei dem Aus= und Einzuge trug und die dann im rathhäuslichen Depositorium aufbewahrt wurde. Damals hatte ein Bäcker den ersten Preis erlangt und verehrte dessen Zunft ein 2 Loth schweres silbernes Schild der Schützengilde.

Vom Jahre 1628 bis 1665 finden wir eine lange Pause, weil der 30jährige Krieg und dessen Folgen alle Lustbarkeiten zerstört hatte. Auch wegen der Feuersbrunst von 1698, bei welcher das Schließhaus eingeäschert worden, wurde während der beiden nächsten Jahre kein Schießen gehalten. Im Jahre 1712 verehrte Simon Franz Michalski Dr. der Medicin und Philosophie als Schützenkönig ein 12 Loth schweres silbernes Schild mit dem Brustbilde Kaiser Carl VI. Damals waren bereits 21 Pfund Silber an der Kette. Man beschloß 1723, von 18 älteren Stücken (die 166 Loth wogen) ein silbernes Crucifix und Schreibzeug für den Magistrat anfertigen zu lassen.

Im Sommer wurde nicht blos das Königsschießen auf der Plania gehalten, sondern außerdem auch im Schießzwinger öfters um Prämien nach der Scheibe geschossen. Viele Fremde fanden sich ein, welche dem unschuldigen Vergnügen zuschauten und an Speis und Trank nicht wenig consumirten. Der jedesmalige Schützenkönig erhielt eine freie Bierporzabka zum Brauen und wurde ihm der Zwinger (am großen Thore beim Ausgange zur rechten Hand) zur freien Benutzung überlassen. Er war außerdem, weil er auf das Traktament der vornehmen Anwesenden viel verwenden mußte, das Jahr hindurch von allen bürgerlichen Abgaben und städtischen Lasten befreit.

Daß durch die drei Tage ziemlich stark geschmauset und pokulirt wurde, ergibt sich aus einer Rechnung vom 1. Juli 1738, wonach an 100 Gulden für Speisen und Getränke aus dem Stadtsäckel bezahlt wurden. [1]

In Folge der Kriegsunruhen des Jahres 1741 schlief die Sitte des Königsschießens ein, da die Schießgewehre der Bürgerschaft abgenommen wurden und traurige Verhältnisse eintraten. Die Schützenkleinodien wurden im nächsten Jahre wegen der Einquartirung durch 6 Wintermonate nach vorangegangener Taxation mit Bewilligung des Bürgerausschusses verkauft und nahm sie Rudolf Kolbe für 339 Gulden 58 Kreuzer an sich. Das Geld zog das städtische Rentamt ein. Indeß schaffte man sich allmälich wieder Büchsen an und bemühte sich, das Schießen im Zwinger wieder einzuführen. Mehre Bürger, namentlich die aus Italien angesiedelten Kaufleute Antonio Toscano, Carlo Rossi,

---

[1] Da die Rechnung zugleich einen interessanten Beitrag für die damaligen Preise darbietet, so folgt hier die Specification:

| | | | | | flor. | | kr. |
|---|---|---|---|---|---|---|---|
| Vor 3 Kälberne Viertel | . | . | . | . | 1 flor. | . | kr. |
| „ einen Rindernen Brathen | . | . | . | . | : | — | 36 — |
| „ ein Indianer | . | . | . | . | 1 | — | 12 — |
| „ zwey Haasen | . | . | . | . | : | — | 54 — |
| „ zwey Schuncken | . | . | . | . | 1 | — | 30 — |
| „ 50 Stück Hünel | . | . | . | . | 2 | — | : |
| „ Speck und Butter | . | . | . | . | : | — | 30 — |
| „ Kuchen dem Moczigemba | . | . | . | . | : | — | 48 — |
| „ Baumöl, Essig und Kaß | . | . | . | . | : | — | 30 — |
| Vors Brodt | . | . | . | . | . | : | — | 36 — |
| „ Salz | . | . | . | . | . | : | — | 12 — |
| Der Köchin | . | . | . | . | . | : | — | 36 — |

Johann Borbollo und andere Eingeborene Johann Carl Schwanzer, Franz Albrecht Mocigemba, Josef Ambrosius Kremer, Franz Ignaz Rinke rc. ersuchten am 11. März 1751 den Magistrat, bei der Königlichen Kriegs= und Domainenkammer dahin zu wirken, daß das Königschießen wieder eingeführt und die gewöhnliche Unter= stützung ihnen zu Theil werde, da jenes sowohl im Interesse des Königs liege, als auch zum Wohle der Stadt beitrage. Ihr Gesuch wurde Breslau den 21. Juni bewilligt, jedoch dürfe ein Adjutum aus der Steuerkasse nicht eher gereicht werden, als bis die Kämmerei sich in bessern Umständen befinden werde; nur der= jenige, der die Prämie davonträgt, solle vom Nahrungsservis für das Jahr befreit sein. Der Bescheid wurde Freitag nach Trini= tatis ausgefertigt, Pfingsten war bereits vorüber; ehe er in die Hände der Betheiligten kam, mochte wol der Juni bereits zurück= gelegt sein. Wahrscheinlich also feierte Ratibor das erste Königs= schießen unter Preußischer Herrschaft erst Pfingsten 1752, welches Fest auf den 21. Mai fiel.

| | flor. | kr. |
|---|---|---|
| Vor 15 Töpfe Wein der Frau Schwanzerin | 24 | |
| „ 24 „ „ dem Herrn Götzke | 38 | 24 |
| Denen Schützen=Meistern, Stadt=Pfeifer und Fourir=Schützen | 5 | 6 |
| Dem Herrn Johann Jäckel vor 1 Topf | 1 | 36 |
| „ Wachtmeister sein Gewöhnliches | 1 | 30 |
| Denen Corporalen | 1 | 36 |
| Dem Wachtmeister durch 3 Tage 6 Quart Wein | 2 | 24 |
| Denen Corporalen 2 Töpfe Wein | 3 | 12 |
| Dem Nachtwächter 1 Topf „ | 1 | 36 |
| Vor Bier, welches die Wächter unter dem Rath= hause bei Einführung des Schützenkönigs ausgetrunken | | 24 |
| Dem Kunstpfeifer | 4 | |
| Denen Tambours | 1 | 12 |
| Vor eine seidne Schnur zu denen Schildern | | 25 |
| Summa | 95 flor. | 49 kr. |

Eine andere Weinrechnung, welche Maria Magdalena Kolbin 1740 ausstellte, weist nach, daß der Magistrat bei Ausführung des Schützenkönigs 6 Quart à 8 sgr., der Kunstpfeifer 4 Quart öster= reichischen à 12 kr. verbraucht; auf der Plania wurden 30 Töpfe rc., im Ganzen für 43 flor. 36 kr. an Wein consumirt.

Die Gesellschaft bat unterm 4. September des nächsten Jahres, daß die von der Kämmerei wieder eingelösten Kleinodien ihr zurückgegeben und 2 Vierporzadten ihr bewilligt werden. Der Stadtkretscham in der Vorstadt Brunken (welcher wegen restirenden Zinsen der Kämmerei anheimfiel) sei so baufällig, daß er trotz jahrelanger Ausbietung von Niemandem, ja nicht einmal umsonst übernommen werde. Es erwachse dadurch nicht blos der Vorstadt ein Nachtheil, sondern auch die Accise habe einen Ausfall. Die Schützengesellschaft wolle diesen Kretscham zum Nutzen und zur Zier der Stadt wie auch zur Bequemlichkeit der Reisenden wieder aufbauen, wenn ihr die Silberbatzen oder das dafür gelöste Geld gewährt werden. Zum Bau sollten aus dem Stadtwalde die nöthigen eichenen Schwellen und aus der Stadtziegelei die erforderlichen Mauersteine unentgeltlich gegeben werden. Nach zehnjähriger Befreiung vom Grundzins wollten sie dann 10 rtlr. jährlich geben, das Bier sollte aus der Stadt genommen, der Branntwein aber dort gebrannt und davon der Stadt ein jährlicher Zins von 4 rtlr. gezahlt werden. Der Magistrat unterstützte diese Bitte der Schützengesellschaft mit einigen Einschränkungen. Sie wurden aber abschläglich beschieden, weil bei der Verkaufsverhandlung der Schützenmeister auch im Bürger = Ausschusse gewesen und der Verkauf zum Besten der ganzen Bürgerschaft also einschließlich der Schützengilde geschehen.

Im siebenjährigen Kriege trat wieder eine Pause ein und wurde erst im Mai 1766 das Königsschießen wieder aufgenommen. Die Kämmerei schoß zu den Unkosten 10 rtlr. vor und bat nachträglich um Bestätigung. Die Königliche Kammer aber erwiederte Breslau den 29. März 1767, wie es ihr zum äußersten Mißfallen gereiche, daß Magistrat ohne Rücksicht auf die armseligen Verhältnisse, die notorische Dürftigkeit und die Schuldenlast der Stadtkämmerei solche Ausgaben machen könne; das Geld solle wieder der Kasse zurückgestellt werden.

Jetzt wurde ein Regulativ in 17 Artikeln in Bezug auf die gute Ordnung, die Geschenke und Kosten entworfen und am 25. Juni 1767 die königliche Bestätigung nachgesucht. Die vier Schützenmeister Johann Friedrich Wendt, Josef Alscher, Apotheker Kratochwil und Preuß erschienen vor dem Magistrat und legten vor dem Director Johann Sternemann, Proconsul von Jänisch und Kämmerer Ferdinand Oswald folgenden Eid ab: Ich N. N. schwöre zu Gott dem Allmächtigen, der allerseligsten und ohne Makel der Erbsünde empfangenen Mutter Gottes, Jungfrau Maria und allen Heiligen, daß ich den von der löblichen Schützengesellschaft aufgesetzten Artikeln in allen Stücken auf das Genaueste nachkommen, besonders aber den bei dem Königsschießen vorfallen könnenden Unordnungen zu steuern mich bestreben werde, mich auch bei meinem Schützenmeisteramte treulich und alles gebührenden Fleißes verhalten will, wie es einem ehrliebenden Manne und Schützenmeister zusteht. So wahr, als mir Gott helfe, die hochgebenedeite Jungfrau Maria und alle Heiligen. Amen.

Im Jahre 1806 mußten die Bürgerschützen ihre Gewehre an die Festung Kosel abliefern und erhielten nur 5 rtlr. für das Stück. Am 31. October 1810 befahl der König, daß in allen Städten des Preußischen Staates ein Schützenverband bestehe. In Ratibor trat derselbe 1811 durch den Königlichen Kommissar, Kriegs- und Steuerrath Schüller ins Leben, und wurde damals das noch jetzt bestehende Königsschild nebst Kette und die beiden Marschallschilder angeschafft; auch uniformirte sich die Gilde 1812 auf Grund jener Kabinetsordre und bildete die erste Compagnie der Bürgergarde. Als 1815 die Gegend zwischen Rybnik und Loslau unsicher war, erhielt die Schützengesellschaft den Befehl, die Räuberbande aufzuheben, was sie auch ausführte. Die Bürgergarde wurde jetzt wieder aufgelöst.

Die Gilde verkaufte 1824 einen Theil des an der Stadtmauer gelegenen Schützenzwingers und, nachdem der Bau des Oberlandesgerichts beendet war, auch den übrigen Theil, weil das

Gebäude in der Schußlinie lag. Dafür nun kaufte man am 13. Mai 1825 einige Grundstücke vor dem neuen Thore im S. S. O. der Stadt am alten Doctordamme für 1600 rtlr., errichtete darauf das Schießhaus, dessen Bau 1828 beendet wurde und 4500 rtlr. kostete und richtete für 400 rtlr. die Schießstätte ein, die mit Kirschbäumen bepflanzt und zu einer schönen Gartenpartie umgewandelt wurde. Das Schießhaus ist 76' lang, 43' tief und hat 2 Etagen; parterre ist 1 Billard-zimmer ꝛc., oben ein großer Tanzsaal mit 3 Nebenzimmern.

Da das Institut nicht die verdiente Theilnahme fand, so erließ die Compagnie am 26. Juli 1830 einen Aufruf an die Beamten und Mitbürger, sich dieser Corporation anzuschließen, Uniformirung oder Begleitung bei dem Ein- und Ausmarsch wurde von den Theilnehmern nicht verlangt; nur wer König oder Ritter werde und die mit dieser Würde verbundene Medaille annehmen und tragen wolle, sei verpflichtet, sich zu uniformiren. Offiziere können in ihrer Uniform die Schützenkompagnie begleiten.

Das jährliche Königsschließen wurde am 3. August als am Geburtstage Friedrich Wilhelm **III.** abgehalten. Die Schützen wohnten zunächst dem feierlichen Hochamte bei, das mit solenner Figuralmusik in der Pfarrkirche abgehalten wurde und hielten am Abende das Königsmahl im Schießhause.

Am 8. Juni 1838 verkaufte die Gesellschaft das Schießhaus mit den dazu gehörigen Grundstücken an die Commune für 3100 rtlr. und bedingte sich nur die Benutzung der zum Schießen erforderlichen Räumlichkeiten. 1840 erhielt die Gilde die Huldi-gungsmedaille von Friedrich Wilhelm **IV.** Im Jahre 1845 gründete die Gesellschaft einen Sterbeverein, der 1851 bereits 122 Mitglieder und 320 rtlr. Kapital hatte.

Durch Kabinetsordre vom 14. Juni 1847 wurde ein Statut der Gesellschaft zur Schlichtung von Ehrensachen unter den Mit-gliedern bestätigt, nach welchem kein Mitglied ein anderes wegen Injurien bei dem ordentlichen Richter verklagen und der Richter

die Klage instruiren darf, bevor dasselbe nicht die Hilfe des Ehren=
gerichtes zur Schlichtung der Angelegenheit angerufen und sich bei
Erfolglosigkeit durch ein Attest ausgewiesen.  Am 12. September
1848 verehrte der Appellations=Gerichtsrath Georg von Tepper=
Laski eine silberne Medaille mit dem Brustbilde Friedrich Wil=
helm III.  In demselben Jahre wurde eine neue Uniformirung
angenommen und die Schützengilde mit der Bürgerwehr vereinigt,
doch blieb sie selbstständig und übernahm öfters die Wachen bei
den Wahltagen.

Am 12. und 13. September 1852 feierte die Schützenge=
sellschaft das hundertjährige Fest ihres Bestehens unter preußischem
Scepter, wozu die Stadtverordneten=Versammlung 100 rtlr. und
der Vorsitzende des Verwaltungsrathes Kaufmann und Rathsherr
Theodor Phyrkosch eine silberne Denkmünze (welche auf einer Seite
das Standbild des Königs Friedrich Wilhelm in Berlin und auf
der andern Seite dessen Brustbild enthält) verehrten.  Der Ver=
waltungsrath der Schützengilde wird alljährlich gewählt.  Im
Herbst 1860 kaufte die Schützengesellschaft das Schleßhaus von
der Stadt zurück.

Die Freimaurerloge, genannt Friedrich Wilhelm zur
Gerechtigkeit, wurde am 23. April 1835 eingeweiht.  Medicinal=
rath Dr. Wendt aus Breslau hatte sich mit mehren Gästen zur
Feier eingefunden.  Das Lokal der Gesellschaft befindet sich auf
der Niederwallstraße.

Die Resource, welche seit 1822 besteht und sich im Prin=
zen von Preußen versammelt, erhielt 1860 Corporationsrechte und
steht gegenwärtig unter Direction des Appellations=Gerichtsrath
Georg von Tepper=Laski, Kaufmann Heinrich Doms und Major
von Winkler.  In dem täglich geöffneten Gesellschaftslokale werden
bisweilen besondere Abendunterhaltungen, Concerte und Bälle ver=
anstaltet. [1])

---

[1]) Von den mancherlei Gesellschaften, die einige Zeit bestanden
und im Laufe der Zeit untergingen, sei hier nur die wichtigste

Vereine, nach Confessionen geschieden, sind: Der Pius=
verein seit 1848, versammelt sich zu belehrenden Vorträgen alle
14 Tage; der Gustav Adolf=Zweigverein, der Missions=
verein, der Zionsverein (Filiale von Kaiserswerth seit 1858)
fördern Unterstützung auswärtiger Glaubensgenossen. Der (jü=
dische) kaufmännische Verein, genehmigt 28. October 1857
hat Berathung kaufmännischer Interessen neben Förderung der
Geselligkeit zum Zwecke. Die jungen Leute des Kaufmannstandes
bildeten Herbst 1860 einen Verein zur Ausbildung durch wissen=
schaftliche Vorträge und zu Abendunterhaltungen.

Wir müssen hier die Vergnügungsorte des Publikums im
Allgemeinen anschließen. Das Keilsche Bad, die Schloßbrauerei,
der Volksgarten bei Ender, Auditor's Garten, Hausmann, Fülbier
werden fleißig besucht. Belohnende Ausflüge in die nächste Um=
gebung sind die Aussicht als höchster Punkt der Brzezier Berge,
der Lustort Lucasine an der Loslauer Chaussée, von den Be=
gründern, 2 Offizieren a. D. Namens Lucas, also genannt. Die
Domshöhe, der Park in Tworkau, Krzizanowitz und
Schillersdorf, die Landecke an der Mündung der Ostrawitza
in die Oder, 300' über derselben. Die Kolonie Sanssouci
wird von den mittleren Volksklassen frequentirt. Kobers Apo=
theke bietet eine Trinkanstalt für kohlensauere Wässer, Sanders
Badeanstalt gewährt auch Dampf= und Douchebäder.

---

genannt, das Bürger=Casino, dessen Statuten 1836 bestätigt
wurden. Diese Gesellschaft bezweckte durch ihre Vereinigung allge=
meine Geselligkeit unter den verschiedenen Klassen des gebildeten Pu=
blikums zu vermitteln und durch Vergnügen und Unterhaltung Erho=
lung zu bieten. Die im September 1857 erneuerte Casinogesellschaft
wurde am 3. November 1859 von den Mitgliedern aufgelöst und der
Kassenbestand von 10 rtlr. zur Vertheilung an Arme überwiesen.

# III. Abschnitt.
## Verfassungs- und Verwaltungsverhältnisse.

---

## Staatsbehörden.

Das Königliche Appellationsgericht. Das Oberlandesgericht, vormals Oberamt zu Brieg, wurde laut Kabinetsordre vom
12. Juni 1816 am 1. October 1817 nach Ratibor verlegt.
(Schon Ende Mai 1813 war der größte Theil der Beamten
hieher gezogen, um ihre Geschäfte ruhiger als in Brieg zu bear-
beiten). Der Bezirk dieser obersten Justizbehörde Oberschlesiens
umfaßte den ganzen Regierungsbezirk Oppeln mit Ausschluß des
Kreuzburger Kreises. Das Oberlandesgericht zerfiel in 2 Senate.
Das Collegium zählte damals 2 Präsidenten, 16 Obergerichts-
Räthe, 25 Obergerichts-Assessoren, hierzu kamen 25 Oberlandes-
gerichts-Referendare, 17 Oberlandesgerichts-Auskultatoren, außerdem 15 Kreis-Justizräthe.

Von 1817 bis 1826 dienten die Häuser Nr. 251—253
auf der neuen Gasse zum Amtslokale. Nachdem Regierungsrath
Krause im December 1822 am neuen Thore einen Bauplatz
ausgemittelt, wurde von 1823—1825 ein besonderes Gebäude
aufgeführt und 28. April 1826 eingeweiht und bezogen. Die
gesammten Kosten (innere Einrichtung, Löschapparat) betrugen
51,019 rtlr. 11 sgr. 10 pf. Das Gebäude befand sich eigentlich schon auf vorstädtischem Grunde, wurde aber durch eine aufgeführte Mauer in den Stadtbezirk gezogen. Es enthält außer
dem Souterain, in welchem der Hausknecht seine Wohnung hat,
im Erdgeschoß 4 Kassenzimmer, 2 Zimmer für den Kastellan,

1 Anmeldungsstube, 1 Zimmer für das Archiv, 4 Registratur=
zimmer; im Mittelstock: Das Sessionszimmer, das Präsidenten=
zimmer, 1 Zimmer für das Kanzleidirectorium und die Bibliothek,
2 Commissionszimmer, 1 Zimmer für das Sekretariat, 1 Zimmer
für die Proceßregistratur, 1 für das Journal, 2 für den Boten=
meister und die Boten; im Oberstock: 1 Zimmer für die Calku=
latur, 1 Zimmer für die Kanzlei, 2 Arrestzimmer, 1 Pfandkam=
mer und Räume zur Unterbringung reponirter Akten.

Durch Vertrag vom 17. März 1845 (bestätigt durch ein
Rescript vom 27. December 1845) ist auf Grund der Kabinets=
ordre vom 15. April 1842 zwischen der Stadtgemeinde und dem
Justizfiscus ein Abkommen dahin getroffen worden, daß die Stadt=
gemeinde von der subsidiarischen Verhaftung für die Lasten der
Criminalgerichtsbarkeit in Betreff der Jurisdiction der Stadt (ein=
schließlich Brzezie und Plania) gegen einen jährlichen Beitrag
von 200 rtlr. befreit sein solle. Außerdem zahlt die Commune
seit 1756 5 rtlr. für den Stockmeister (früher nach Neustadt,)
an das Inquisitoriat.

Durch die Verordnung von 2. Januar 1849 und das Ge=
setz vom 26. April 1851 wurde die Privatgerichtsbarkeit
der Standesherren, Rittergüter und Städte beseitigt und die Aus=
übung der Gerichtsbarkeit überall königlichen Gerichtsbehörden
übertragen. Aus dem Oberlandesgericht wurde ein Appella=
tionsgericht formirt. Zum Departement desselben gehören
16 Kreisgerichte mit 1,077,095 Seelen, von denen 4 Schwurge=
richte (Ratibor, Oppeln, Gleiwitz, Neisse) sind, mit 2 Präsiden=
ten, 17 Appellationsgerichts-Räthen, 1 Hilfsrichter sowie 1 Ober=
Staatsanwalt und 1 Gehilfen desselben, 35 Unterbeamten,
Boten re. Im Departement sind 1860 von 766 Schiedsmän=
nern 30,727 Streitsachen verhandelt worden. Verglichen wurden
im Kreise Ratibor durch 48 Schiedsmänner 1334 Sachen
(Wagner allein stiftete 129 Vergleiche). Chefpräsidenten waren:
v. Falkenhausen, v. Manteuffel, Kuhn, Sack, Wentzel, Burchard.

Das Königliche Kreisgericht zu Ratibor mit der Gerichts-commission zu Hultschin umfaßt den Kreis Ratibor und ist zugleich Schwurgericht für die Kreise Ratibor, Kosel, Leobschütz und Rybnik. Die erste Schwurgerichtssitzung begann October 1849. Im Jahre 1858 wurden 28 Sitzungstage abgehalten. Das Gericht hat 1 Director (Philipp), 13 Kreisrichter, 4 Hilfsrichter, 1 Staats-anwalt, sowie 52 Unterbeamte und Boten.

9 Rechtsanwälte sind bei vorstehenden Gerichten zugleich berechtigt. Dazu gehört

das Inquisitoriat oder Gefangenhaus des Königlichen Kreisgerichts, dessen großartiger Bau nordwestlich vom Oberlan-desgerichte im Sommer 1837 begann, am 7. Juni 1839 unter Dach gebracht und am 1. September 1842 vollendet wurde. Es war ursprünglich nur auf 80 Detinirte berechnet, wurde aber bald dreifach überlegt.

Die Königliche Strafanstalt bei Ratibor. Um der Ueberfüllung der in der Strafanstalt zu Brieg detinirten Gefan-genen zu begegnen, wurde schon zu Ende der dreißiger Jahre die Errichtung einer besonderen Anstalt für Oberschlesien als noth-wendig erachtet. Nachdem durch Kabinetsordre vom 8. December 1840 und 13. August 1841 die allerhöchste Genehmigung ertheilt worden war, eine Strafanstalt bei Ratibor auf den sogenannten Morgenstücken zu erbauen, stellte die Königliche Regierung von 1842—1845 für den Ankauf von 41 Morgen 102 ☐Ruthen zum Bauplatze, zur Anlage der Wege und Kanäle, wie auch zum Betriebe der Feldwirthschaft 10,410 rtlr. 12 sgr. 2 pf., zur Ableitung des Wassers für 54 Ruthen 81 rtlr., zur Feldwirth-schaft für 27 Morgen von der Altendorfer Feldmark 4,650 rtlr. und am 14. Juli 1852 zum Ankauf von Grundstücken (12 Mor-gen 57 ☐Ruthen vom Müller Iwrdy) 3800 rtlr. zur Disposition.

Bis zum Jahre 1851 waren vom Königlichen Bauinspector Linke in gothischem Stile bereits aufgeführt: 3 pensilvanische Ge-fängnißflügel (380 Zellen) mit Souterains (12 Schlafsäle für

168 Mann), ein Verwaltungsgebäude, 2 Auburnsche[1]) Gefäng=
nißflügel à 66 Zellen, 1 Thorhaus mit Schirrkammer und Sou=
terain, 2 Gebäude mit 6 Wohnungen für Oberbeamte und
6 Gebäude mit 18 Wohnungen für Unterbeamte. Hierauf erfolgte
der Neubau von 2 Gebäuden für Aufsichtsbeamte, jedes zu
7 Wohnungen, von 2 großen Remisen, Spritzenschuppen, Leichen=
kammer, Eisgrube, Begräbnißplatz.

Die erste Belegung mit Gefangenen erfolgte am 28. August
1851, indem 200 Mann aus Brieg in die hiesige Anstalt trans=
locirt wurden, dann erfolgte die Aufnahme von Gefangenen aus
dem Gefängnisse des hiesigen Appellationsgerichtes. Am 18. Fe=
bruar 1853 war die auf 700 Köpfe berechnete Anstalt vollstän=
dig besetzt. Nachdem der Director der Strafanstalt zu Brieg
von Rönsch die ersten Einrichtungen getroffen, trat der bisherige
Stadtvogtei=Inspector Waldemar von Drygalski aus Berlin am
21. October 1851 sein Amt als Director an.

Das Beamtenpersonal und dessen Besoldung wurde durch
Verfügung des Königlichen Ministerium des Innern de dato
24. November 1852 normirt. Ersteres besteht aus dem Director,
3 Inspectoren, von denen einer als Rendant fungirt, 1 katholi=
schen Geistlichen, 1 Anstaltsarzt, 1 Bureaugehilfen (Secretair),
1 katholischen Lehrer, der zugleich als Organist und Küster fun=
girt, 1 Hausvater, 1 Oberaufseher, 2 Werkmeister, 36 Aufseher,
1 Maschinenmeister nebst Gehilfen.

Die hiesige Strafanstalt ist ausschließlich für die zur Zucht=
hausstrafe verurtheilten Gefangenen männlichen Geschlechts und
katholischer Religion. Zur Sicherheit der Anstalt besetzte ein
vom Königl. General=Commando VI. Armeekorps alldreimonatlich

---

[1]) Nach dem Auburnschen (Neuyork'schen) Systeme müssen die
Sträflinge bei Tage gemeinschaftlich aber schweigend arbeiten, so daß
sie nur für die Nacht getrennt werden; nach dem pensylvanischen
(Philadelphischen) System findet aber die gänzliche Isolirung bei
Tag und Nacht statt.

nach Ratibor entsendetes Militairwachtcommando aus dem 22. und 23. Infanterie=Regiment gebildet täglich die Anstaltswache mit 1 Unteroffizier, 1 Gefreiten, 1 Spielmann und 24 Gemeinen. Außer einem Posten vor dem Gewehr, welcher zur Sicherung der Wache selbst gegen etwaigen gewaltsamen Angriff derselben steht, stellte dieselbe keinerlei Wachtposten zur Bewachung der innerhalb der Anstalt detinirten Gefangenen aus, vielmehr wurden diese Kräfte nur als Patrouille zur Hut der in der Nähe der Anstalt außerhalb der Ringmauer beschäftigten Gefangenen verwendet und respective zur Verhütung eines etwaigen gemeinsamen Ausbruches der am Tage en masse in der Anstalt versammelten Gefangenen benutzt. Wegen Entweichung zweier der gefährlichsten Verbrecher modificirte der gegenwärtige Director den Wachtdienst, indem er die Anstaltshöfe mit Wachtposten besetzte.

Die Strafanstalt beschäftigt sich mit Wollweberei (Rohtuch), Plüsch=, Damast= und Leinweberei, Flachsspinnerei, desgleichen mit Kuhgarnspinnerei und Cigarrenfabrikation. 48 Morgen Ackerland werden von den Detinirten bearbeitet, außerdem beschäftigen sich in den Sommermonaten circa 200 Mann, die sich gut geführt und deren Strafzeit zu Ende geht, damit sie bei Eintritt in die Freiheit im Stande sind, ihren Lebensunterhalt sich zu erwerben. Die Beschäftigung der Gefangenen im Freien hat in moralischer, sanitätischer und finanzieller Beziehung bedeutende Vortheile. Aus der Zahl der Gefangenen wird ein Chor von Feuerlöschmannschaft zur Hilfe bei Feuersgefahr sowohl in der Anstalt selbst, als auch in der Stadt und Umgegend unterwiesen.

Director der Anstalt ist seit dem 1. August 1860 Haupt=mann Augustin Stefan aus Breslau, nachdem Waldemar von Drygalski nach Naugard versetzt worden.

Seelsorger waren:

Johann Kleinert aus Groß=Strehlitz, Lokalist in Koschentin, 1851—1852.

**40**

Herrmann Schwenzner aus Rakau 1852, starb am 4. September 1855.

Josef Myslywiec aus Gleiwitz, Pfarrer in Groß-Grauden, 1855—1857.

Eduard Klemann aus Ratibor seit 1857.

Außer dem Director und Seelsorger fungiren 39 Beamte. Bei der Zählung im Jahre 1858 waren 686 Gefangene.

Das Königliche Landrathsamt. Schlesien wurde nach der Besitznahme durch Preußen in 48 Kreise getheilt, und jedem Kreise durch das Patent vom 22. December 1741 ein Landrath vorgesetzt, welchem 1 Marschcommissar, 2 Kreisdeputirte, 1 Kreisphysikus, 1 Steuereinnehmer, einige Landdragoner und Kreistaxatoren beigegeben wurden. Die Dragoner machten die Anordnungen des Landraths dem Kreise bekannt und assistirten bei der Einnahme der Steuern. Die Taxatoren nahmen die Taxe der Grundstücke, des Schadens bei Frost, Hagel, Mißwachs ꝛc. auf und wurden auf Diäten angewiesen. Eine ausführliche Dienstinstruction erhielten die Landräthe am 17. März 1778.

Bei Gelegenheit der Errichtung der Regierung zu Oppeln 1816 erhielt der Kreis Ratibor eine andere Begränzung. Bis dahin gehörte der größte Theil des Koseler Kreises zu Ratibor, während die Gegend nach Loslau zum Plesser und der mährische Antheil nach Leobschütz gehörten. Es wurde jetzt ein Kreissekretair angestellt. Der erste war Friedrich Exner vom 20. December 1817 an.

Landräthe waren:

Carl Josef von Schimonski auf Brzeźnitz, vom 19. Februar 1743 bis 3. April 1758; er starb als Landschafts-Director am 11. August 1766.

Carl Erdmann von Lichnowski auf Groß- und Klein-Elgot, Chrost, Silberkopf, Kotzeberg, von 4. März 1759, bis 27. Januar 1763, war auch zugleich Landrath des Koseler Kreises und starb Februar 1769. [1]

---

[1] Als Ratibor im 7jährigen Kriege auf kurze Zeit wieder in österreichische Hände kam, wurden Magistrat und Landrath abgesetzt

Johann Heinrich von Wrochem Erbherr auf Dolendzin und Reptau, geb. am 12. Juni 1735 zu Czerwenzütz, studirte in Oels und Halle, vermählte sich 1759 mit Beate Helene von Marklowska († 14. Januar 1800), war Landrath vom 13. Juni 1765 bis 1798 und starb 2. December 1807.[1]

Gottlob von Wrochem auf Pschow, ältester Sohn des Vorgängers, von 1798 bis zu seinem Tode am 16. Juni 1816.

Lieutenant Gottlieb von Wrochem auf Pschow, Poniow und Ribultau von 1816—1838. Nach dessen Tode wurde Stellvertreter

Louis von Reichenbach bis 1842.

Carl Adalbert Wichura, seit Mitte März 1842.

Wilhelm von Wrochem auf Brzesnitz, der das Amt wiederholt verwaltet, † am 11. Januar 1861.

Oscar von Elsner auf Adelsdorf (Löwenberg), vom 28. Juli 1851 bis 12. Mai 1855, wurde Minister des Fürstenthums Schwarzburg-Sondershausen.

Eugen von Selchow auf Ponientschütz wurde, nachdem er am 22. November 1852 das Amt vertretungsweise übernommen, am 20. Juni 1855 als Landrath gewählt und als solcher am 5. December ernannt.

Das Königliche Kreisphysikat für den Kreis Ratibor.

Kreisphysici waren:

Johann Ernst Sander, vom 26. Februar 1743 bis 2. Juli 1767.

Kratochwil, † zu Rauden am 8. Januar 1794.

Johann Werner, seit 27. December 1793, † 18. September 1829.

Dr. Ferdinand Hohlfeld, Sanitätsrath 1817—1859 (starb 17. April 1859, 69 Jahr alt).

Dr. Louis Heer, seit 16. Juni 1859.

Das Königliche Haupt-Steuer-Amt für den Kreis Ratibor und einen Theil der Kreise Leobschütz und Rybnik mit 28 Beamten und 4 Thoreinnehmern. von Tschirschki Steuerrath.

---

und nennt sich Josef von Lippa von Mai 1760 bis Januar 1761 der kaiserl. Majestät verordnete Landrath des Ratiborer (Plesser und Gleiwitzer) Kreises.

[1] Provinzialblätter B. 46, S. 566, und B. 47, Anh. 5.

König Friedrich Wilhelm **III.** verlieh der Stadt die Packhofsberechtigung, welche bei der zum Handelsplatz sich eignenden Lage der Stadt (indem die Oder hier schiffbar wird und Ratibor nahe an der österreichischen Gränze liegt) von hoher Wichtigkeit ist. Es wurde dabei der Kaufmannschaft zur Pflicht gemacht, einen Packhof nach den gesetzlichen Bestimmungen zu erbauen. Trotz mehrjähriger Verhandlungen kam unter der Corporation keine Einigkeit über die Einrichtung zu Stande, weßhalb zuletzt die Kaufleute Albrecht, Doms und Cecola, um die Stadt der Packhofsgerechtigkeit nicht ganz verlustig gehen zu lassen, sich allein zu diesem Zwecke verbanden, auf gemeinschaftliche Kosten einen Platz erkauften und nicht nur ein geräumiges, ganz massives Waaren-Niederlagsgebäude, sondern auch ein separates Geschäftsgebäude für das Königliche Haupt = Steuer = Amt erbauten. Am 8. Juli 1828 wurde dazu der Grundstein am Zwingerplatze gelegt. Die unter dem ganzen Amtsgebäude befindlichen Keller gehören zur Niederlage, auch ist an der hinteren Seite des Magazins noch ein besonderes Wächterhaus erbaut und der Holzplatz mit einer Mauer umgeben. Es ist dadurch der Stadt ein gesetzliches Vorrecht begründet, dessen sich nur wenige Städte der Monarchie zu erfreuen haben.

Unter dem Hauptsteueramte zu Ratibor stehen die Nebenzollämter zu Hultschin, Klingelbeutel, Preußisch = und Oesterreichisch = Oderberg, Tropplowitz, Bleischwitz = Jägerndorf, Golkowitz und 3 Untersteuerämter Katscher, Loslau und Rybnik.

Die Salzfactorei. Der oft erwähnte Mühlgraben lag zwischen dem Jungfrauenstift und der Oder, mit welcher er eine Insel bildete. Neben demselben führte in der Nähe des Wehres eine Brücke, weiterhin stand am Festlande eine Mühle, schräg über auf der Inselseite die Wasserkunst. Im Garten des Müllers war schon in alter Zeit die Salzniederlage, deren Reparatur im Jahre 1714 S. 210 erwähnt worden.

Am 14. Februar 1735 kaufte die Salzadministration (Johann Anton Pino von Friedenthal Erbherr der Herrschaft Stremplowitz und Johann Friedrich Aust von Woitzenfeld) vom Schloßbesitzer Carl Grafen Sobeck für 600 rh. Gulden (à 60 kr.) und 50 Ct. Banksalz diesen Garten und den Grund, auf dem die Stallung und das Wächterhäuschen stand, um nach deren Cassirung eine neue Salzniederlage aufzuführen. In dem am 18. September 1739 ausgestellten Vergleiche wurden nähere Bestimmungen über die Gränzen getroffen. Erst jetzt scheint das Magazin gebaut worden zu sein; es ist 308' lang, 50' breit, 15½' hoch, zweimal verriegelt von Bindwerk, mit Bohlenholz ausgesetzt, das Dach mit Schindeln belegt, die Schwellen untermauert. Später wurden angebaut a) auf der hintern Seite ein großer mit Schleppdach versehener Schoppen 151' lang, 21½' breit, 7' hoch; b) auf der andern Seite ein kleiner Schoppen 36' lang, 4' breit, 9' hoch; c) ein Utensilienschoppen 19' lang, 11' breit.

Das Steinsalz, welches von Pleß, ehemals über Tarnowitz nach Niederschlesien ging, wurde zur Ersparniß von Transportkosten über Ratibor spedirt. Zu Ende des vorigen Jahrhunderts wurden jährlich über 25,000 Centner verladen. Im Frühjahr 1798, als in Niederschlesien großer Mangel an Steinsalz war, durften die Schiffer nur Salz laden, und die Schleusse bei Kosel wurde für solche gesperrt, die Kaufmannswaaren als Fracht führten.

Salzfaktoren waren: 1742 Ferdinand Josef Weiß, 1756 Müller, von Gruttschreiber; 1780 Gottlieb Schmid, seit 1792 von Murr, 1819 von Mützell, 1841 von Mechow, Wilhelm Schultz. Ein Controlleur wurde später dem Faktor beigesellt, Schmid, Georg Philipp Wagner, † 1811, Dagner. Beiden Offizianten gehörte der Garten zwischen Salzmagazin und dem Mühlgraben, 160 ☐ Ruthen enthaltend.

Die Salzfaktorei, welche bisher unter der Domainenkammer stand, wurde 1830 mit dem Hauptsteueramte verbunden. Außer dem Salz, welches nach Kätscher geht, wird hier jährlich für mehr als 95,000 rtlr. verkauft.

Die Königliche Kreissteuerkasse. Jontenz Kreissteuer-Einnehmer.

Das Königliche Postamt 1. Klasse mit 1 Vorstand (Post-Inspector Fritsch), 2 Secretairen (Stock, Elselt), und 23 Unterbeamten.

Die Königliche Departements-Bau-Inspection für die Kreise Ratibor, Leobschütz, Pleß und Rybnik mit 1 Beamten, der zugleich die Königliche Departements-Prüfungs-Commission für Bauhandwerker (seit April 1846) für die Kreise Ratibor und Rybnik leitet, deren Präses der Bürgermeister ist.

Die Oberschlesische Fürstenthumslandschaft. Durch den siebenjährigen Krieg und die Münzverringerungen waren viele Grundherren mit Schulden beladen und außer Stande, ihre Güter zu bewirthschaften. Es entstanden eine Menge Concurs-prozesse. Der Justizminister Carmer ordnete das Hypotheken-wesen, schuf Juli 1770 ein landschaftliches Creditsystem und errichtete zur Hebung der Cultur die ökonomische Gesellschaft.

Sämmtliche Stände traten zusammen, um durch gemein-schaftliche Verbürgung den Credit zu erhalten. Zunächst wurde in Breslau unter Vorsitz des Ministers ein Landschaftscollegium und eine Leihkasse errichtet, wozu der König ein Anlagekapital zu 2 % gab und Schuldverschreibungen auf Pergament (Pfand-briefe) ausgefertigt. Die verschuldeten Besitzer erhielten auf ihre Güter Geldvorschüsse und Credit bis auf die Hälfte des Werthes und die Landschaft Sicherheit, da sie berechtigt ist, die verpfän-deten Güter, wenn die Zinsen nicht richtig abgeführt werden, durch Sequester verwalten zu lassen. Dadurch wurde dem Wu-cher vorgebeugt und milde Stiftungen hatten Gelegenheit ihre Kapitalien sicher unterzubringen. Die Zinsen betrugen Anfangs für die Schuldner 5 pro Cent, fielen aber bald wegen Zufluß des Kapitals.

Nach den Bestimmungen vom 29. August 1760 erstreckte sich der Wirkungskreis der oberschlesischen Landschaft auf die Fürstenthümer Oppeln-Ratibor, den Kreis Leobschütz, die Standesherrschaften Pleß, Beuthen, Loslau und die Fürstenthümer Troppau und Jägerndorf diesseits der Oppa. Die oberschlesische Fürstenthumslandschaft hatte zunächst ihren Sitz in Kosel. Da ihre Thätigkeit aber durch die Belagerung der Festung[1] gehemmt wurde, kam sie nach Ratibor. Zuerst hielt sie ihre Sitzungen in dem Hause Nr. 114 auf der Jungfrauengasse, 1808 aber in dem Hause Nr. 3 am Markte, von 1809 an in den an sich gekauften Häusern Nr. 251 bis 253 auf der neuen Gasse.

Um die Verlegung des Oberlandesgerichts von Brieg nach Ratibor zu fördern, schenkten die oberschlesischen Stände diese 3 Häuser zum Geschäftslokale desselben und die Landschaft hielt ihre Sitzungen einstweilen auf der langen Gasse Nr. 48, bis der Bau eines eignen Landschaftshauses (Markt Nr. 4) vollendet war. Der Grundstein zu letzterem wurde 1817 gelegt und 1819 die ersten Sitzungen in demselben gehalten. 1817 wurde mit der Landschaft auch die Schlesische Privatlandfeuersocietät verbunden.

Die Räume des auf dem Ringe gelegenen Gebäudes wurden allmählich zu klein und die Landschaft erkaufte 1856 den Haroskeschen Platz an der Wallstraße bei der Bahn zum Neubau eines Geschäftshauses. Der Bauplatz beträgt 5 Morgen 61 ☐Ruthen. Die Länge des vom Privatarchitekt Franke aus Neiße im italienischen Stile aufgeführten Gebäudes, das ein Rechteck bildet und die Hauptfront nach Südost hat, beträgt 137½', die Breite desselben 112½'. Am 1. Juni 1859 wurden die Geschäftsbureaus aus der alten Landschaft in das neue Gebäude verlegt. Es enthält 3 Stockwerke: im Souterain die Wohnung für den

---

[1] Die Festung Kosel wurde von den feindlichen Truppen der Baiern 1807 vom 23. Januar an blokirt, vom 4. Februar bis Juli beschossen, hielt sich aber unter dem braven Commandanten Oberst von Neumann († 18. April) und Oberst von Puttkammer.

Kastellan, Haushälter und Wächter, parterre die Amtszimmer, die Rendanten- und Secretariatswohnung; in der I. Etage die Amts-wohnung des jedesmaligen Landschafts-Directors, eines Syndici und das Sessionszimmer; in der II. Etage ist die Wohnung eines Syndici und der 12 Landesältesten, die zur Zeit des Jo-hanni- und Weihnachtstermines hier erscheinen. Unter dem flachen Dache sind Bedientenwohnungen. Um das Gebäude befinden sich Parkanlagen.

Die Stände haben alle 3 Jahre einen Landschafts-Director aus ihrer Mitte zu erwählen. Außer dem Director sind noch 13 Beamte.

Directoren waren:

Carl Gottlieb von Larisch auf Hilbersdorf, 1770.

Carl Joseph von Schimonski auf Brzesnitz, Königlicher Landrath, 1773.

Erdmann Gustav Graf Henckel von Donnersmark auf Neudeck, 1777.

Anton Reichsgraf von Gaschin auf Zyrowa, 1786.

Johann von Schipp auf Steblau, 1792.

Johann Carl von Schimonsky auf Wyssocka, 1798.

George Heinrich von Tschirsky auf Schönwitz, Königl. Justiz- und Landrath, 1804.

Moritz von Strachwitz auf Jastrzemb, Königlicher Justizrath, 1807.

Joseph Adam Freiherr von Gruttschreiber auf Wiegschütz, Königlicher Regierungs- und Landrath, 1819.

Johann Gottlob Freiherr von Reiswitz, Königlicher Oberst-lieutenant auf Wendrin, 1824.

Hans Freiherr von Seherr-Thoß auf Cujau, Königl. Land-rath, 1848.

Alexander Graf Balleftrem auf Nicoline, 1854.

Adolph von Tieschowitz, Königl. Geheimer Regierungsrath auf Brzezinka, seit 6. December 1859.

Die Königliche Eisenbahn-Direction der Wilhelms-Bahn mit 2 Dirigenten und 119 Beamten. Dittmer Königl. Landrath, Vorsitzender, Oberbeck technisches Mitglied.

Nachdem das Empfangsgebäude und die Maschinenwerkstätten aufgeführt waren, wurde ein mit Schiefer gedecktes Verwaltungs=gebäude 120′ lang, wovon der Mitteltheil 72′, jeder der beiden Flügel 24′ einnehmen, gebaut.

Im Jahre 1859 wurden 135,687, im Jahre 1860 aber 179,211 Personen befördert. Die Einnahme stieg von 59,528 rtlr. auf 68,443 rtlr. Auch der Güterverkehr steigerte sich, namentlich durch die Getreidetransporte aus Ungarn nach Breslau und Stettin von August bis October. Dagegen gingen die Kohlen=transporte von 4 Million auf $3\frac{1}{2}$ Million Centner herab. Die Einnahme betrug 505,611 rtlr., die Ausgabe 380,999 rtlr.

Postbriefgegenstände kamen 1860 an 261,742 Stück, Paquete ohne deklarirten Werth 30,524, mit deklarirten Werth 20,358, Gesammtwerth 3,130,023 rtlr. und war die Steigerung dieses Verkehrs gegen das Vorjahr gleichfalls bedeutend.

Die Telegraphenstation mit 3 Beamten. (S. 611).

Das Königliche Gymnasium mit 1 Director, 13 Lehrern, (s. S. 556).

Der Kreisthierarzt Schwaneberger.

Der Bühnenmeister Gorzolka.

## Städtische Behörden.

Die Organisation der städtischen Verwaltung anlangend, besteht der Magistrat aus 12 Mitgliedern, nämlich dem Bürger=meister Semprich, dem Beigeordneten Grenzberger, dem Stadtältesten Adamowski und den Senatoren Kern, Riedinger, Renouard de Biville, Gube, Starke, Schwuchow, Pyrkosch, Kneusel, Doms. Die Stadtverordneten=Versammlung besteht aus 36 Mitgliedern. Vorsitzender: Commercienrath Max Albrecht. Deputationen zur Leitung specieller städtischer Angelegenheiten sind 21 vorhanden, nämlich die Abgabe= und Einquartirungs=Deputation mit 23 Mitgliedern, die Aichungs=Commission (seit 1818) mit 6, die Armen = Deputation mit 20, die Bau = Deputation mit 9,

die Beleuchtungs=Deputation mit 9, die Chaussée=Deputation mit
7, die Feuerlösch=Deputation mit 16, die Finanz= und Kassen=
Deputation mit 7, die Forst=Deputation mit 7, die Garnisonstall=
Deputation mit 4, die Krankenhaus=Deputation mit 10, das
Leihamts=Curatorium mit 2, die Oekonomie=Deputation mit 8,
die Patronats=Commission mit 3, der Rechnungsabnahme=Ausschuß
mit 10, die Sanitäts=Commission mit 10, die Schul=Deputation
mit 12, die Sparkassen=Deputation mit 4, die Straßenreinigungs=
und Promenaden=Deputation mit 6, die Waisenhaus=Deputation
mit 4, die Wasserleitungs=Deputation mit 6 Mitgliedern. 5 Be=
zirksvorsteher und 3 Hospitalvorsteher stehen der Verwaltung zur
Verfügung. An Unterbeamten besitzt die Stadt 18 Beamte und
14 Nachtwächter.

Der Magistrat hält alle Freitage eine ordentliche Sitzung
und bei wichtigen Sachen außerordentliche Berathungen. Die
Stadtverordneten=Versammlung ist monatlich einmal, in besonderen
Fällen öfters zur Berathung vereint. Größere Deputationen
halten monatlich wenigstens eine Berathung.

Gerechtsame. Vor Allem besitzen die Bürger hiesiger
Stadt innerhalb der Ringmauern das Recht auf Bauholz für
ihre Gebäude und durch 14 Tage im Jahre Brennholz aus den
herzoglichen Forsten zu fahren, wenn sie eigene Pferde besitzen.
Bisher hatte die Stadt in Bezug auf öffentliche Gebäude gleich=
falls die Bauholzberechtigung, dieses Recht aber ist 1. October
1859 gegen ein Kapital von 11,250 rtlr. abgelöst. Nach Kassi=
rung des Wehres, Mühlgrabens und der Wasserkunst verpflichtete
sich das Dominium Schloß Ratibor durch einen Rezeß vom
21. Juli 1814, 8 Cisternen mit Wasser zu speisen und zwar
4 mit Quell= und 4 mit Flußwasser. Der Durchmesser eines
jeden Wasserstrahles soll ¾ Zoll rh. betragen. Die Stadt zahlt
dafür 200 rtlr.

Die Doctordammbenutzung. Die Eisenbahn cassirte
einen Theil des alten Doctordammes und legte einen neuen bei

weitem längeren an, dessen Eigenthum und Unterhaltung der Bahn zufällt, während die Stadt das Recht zur Benutzung zu Spaziergängen und die Pflicht für Unterhaltung des Planums und der Pflanzungen hat.

Die Eisenbahn, welche durch Anlagen die Vorfluth hemmte, hat die Pflicht, dieselbe bei dem Güterschuppen nach der Oder hin, falls es nöthig ist, herzustellen.

Gewerbeberechtigung. Es waren früher 4 ausschließliche Gewerbeberechtigungen in Ratibor, die der Fleischer, Bäcker, Pfefferküchler und Schuhmacher. Es durfte nämlich innerhalb der Bannmeile keiner das Gewerbe betreiben, als die städtischen 40 Schuh=, 26 Bäcker=, 36 Fleischer=, 2 Pfefferkuchenbankberechtigten. Die Schuhbank= und Bäckerbank=Berechtigten sind seit 2 Jahren vollständig abgelöst, die Pfefferküchler werden innerhalb 5, die Fleischer innerhalb 20 Jahren abgelöst sein.

Renten und Zinsen. Geschoßgeld. Nach dem Privilegium des Herzog Johann hat die Stadt das Recht, von jeder Besitzung ein Geschoßgeld zu erheben und zwar nach dem Umfange der Besitzung innerhalb der Stadt nicht unter 1 rthr. und außerhalb derselben nicht unter 16 sgr. jährlich. Dieses Recht, das Geschoßgeld zu erheben, hat sich die Stadt in dem am 23. August 1837 mit dem Königlichen Fiscus abgeschlossenen Mauth= rc. Ablösungsverträge § 12 ausdrücklich vorbehalten. Die Einnahme betrug 1860 816 rtlr. 25 sgr. 4 pf.

Grundzinsen werden von den städtischen Wiesen und Aeckern entrichtet und sind meist schon in den Urkäufen stipulirt oder durch spätere Anerkenntnisse festgesetzt.

Erbpachtzinsen. Der Besitzer der Apotheke zum weißen Engel Heinrich Stefan schenkte in seinem am 29. Januar 1788 publicirten Testamente die Apotheke der Stadt unter der Bedingung, daß a) diese alljährlich 36 hl. Messen für die Stefansche und Gallatische Familie lesen lassen, b) die Apotheke stets den Namen: Stefanische Stadtapotheke zum weißen Engel fortführen und c) am Frohnleichnam die Altaraufstellung stets am Fenster nach dem Ringe zu gestattet werde.

Die Stadtcommune gab diese Apotheke in Erbpacht. In dem Vertrage vom 9. Juni 1810 mit Richter, wurde ein Erbstandsgeld von 5065 rtlr. und ein jährlicher unablösbarer Erbpachtzins von 200 rtlr. zugesichert. Der Erbpächter übernahm die Verpflichtungen des Testaments. Nach Richter erwarb die Apotheke 1817 Bernhard, 1820 Skeyde. Dieser überließ sie 1849 an seinen Sohn, welcher sie 1857 an Kober verkaufte.

Seit 1622 besaß die Stadt das Brauhaus Nr. 195—197 und den Braururbar. Am 30. März 1827 verkaufte sie das Areal für 2000 rtlr. und einen jährlichen Zins von 100 rtlr.; später wurden von dem Zins 11 rtlr. 6 sgr. abgelöst und durch Receß vom 9. Mai 1837 gelöscht, so daß er jetzt noch 88 rtlr. 24 sgr. beträgt. Gegenwärtig ist Braun Besitzer dieser Brauerei.

Bei dem Verkauf des Rittergutes Studzienna 1819 verpflichtete sich von Jarocki außer der Kaufsumme von 22,500 rtlr. noch einen Zins von 50 rtlr. statt Laudemien 2c. an die Stadt zu zahlen. Dieser Zins ist nicht nur auf dem Rittergute eingetragen, sondern durch Urtel des Kreisgerichtes, Appellationsgerichts und Geheimen Ober-Tribunals 1853 unzweifelhaft festgestellt.

Endlich zahlen noch die Gemeinden Lissek, Pschow, Lubom, Pogrzebin und Kornowatz einen jährlichen Brückenzins in Getreide, zusammen 48 Scheffel 2 Metzen Hafer. Dieser Getreidezins, von welchem 1532 im Urbar und 1603 in einer Urkunde Rudolfs Rede ist, mochte als Entgeltung für die Verpflichtung der Spanndienste bei Brücken- und Wegebauten eingeführt worden sein. Es sind diese Zinsen an den Pächter des Kämmereigutes Brzezie mit verpachtet.

**Nutzbare Rechte. Marktgefälle.** Nach den alten Urbarien ist für in die Stadt zum Markt gebrachte Waaren eine nach Gegenständen bestimmte Abgabe bezahlt worden. Ein Tarif über Marktrechtgefälle-Erhebung datirt erst seit 1780. Sieben Jahre später wurden auch von Hanf, Victualien, Kalk, Fischen, Grünzeug Gefälle erhoben. Im Jahre 1809 brachte dieses Recht bei täglicher Erhebung 222 rtlr. ein. Ein neuer Tarif, der von 1810 bis 1851 Geltung hatte, wurde im letztgenannten Jahre wieder ausgearbeitet und von der Königlichen Regierung am 25. November 1851 genehmigt. Aber, vom Ministerium als unzweckmäßig angefochten, wurde auf Grund der Gewerbeordnung ein andrer gefertigt, der am 8. April 1856 die Genehmigung des Handels= und Finanzministeriums erhielt. Die Marktgefälle wurden meistbietend verpachtet und brachten vor dem Jahre 1850 etwa 200 rtlr. Gegenwärtig sind sie für 1200 rtlr. verpachtet.

**Marktbaudengefälle.** Nach der Kämmereirechnung von 1644 besaß die Stadt schon damals hölzerne Bauden, die sie an Jahrmärkten gegen bestimmte Gefälle aufstellte und zur Benutzung lieh. Der Tarif vom 20. Juni 1819 hat heut noch Geltung. Diese Gefälle waren meist verpachtet und lieferten zuletzt 215 rtlr. jährlich.

**Waageamtsgefälle.** Die Stadt besitzt seit alter Zeit eine Waage, für deren Gebrauch gewisse Gefälle erhoben wurden. Sie stand unter dem Rathhause und wurde verpachtet. 1532 hielt sie ein Tuchscheerer. Da aber 1802 Pächter sich verschiedene Betrügereien zu Schulden kommen ließ, so wurde derselbe auf Anordnung der Kriegs= und Domainenkammer entlassen und es wurde die Verwaltung den Kämmereikassen = Beamten übergeben, die auch gegenwärtig noch die Wiegung vornehmen und die Gefälle erheben. Seitdem jeder Kaufmann eine Waage besitzt und für Geld wiegt, (seit Post= und Eisenbahnverwaltung dies that) hat der Tarif aufgehört und es wird vom Wiegen überhaupt nur noch erhoben: bei Wolle pro Centner $3\frac{2}{3}$ sgr., bei anderen Kaufmannsgütern pro Centner 2 sgr. Der Ertrag ist daher sehr gering und betrug zuletzt 44 rtlr.

**Aichungsamtsgefälle.** Seit der 16. Mai 1816 eingeführten Maaß= und Gewichtsordnung hat Magistrat gegen

Empfang der gesetzlich zustehenden Gebühren das Aichen der öffentlichen Maaße und Gewichte zu besorgen und die geschehene richtige Aichung derselben in den öffentlichen Lokalen der Kaufleute und Gewerbetreibenden zu überwachen. Zu diesem Zwecke ist ein Sachverständiger vereidet. Dieser nimmt die Recherchen und die Aichung mit Zuziehung einer besonderen Deputation resp. unter Controlle vor und bezieht eine Tantieme. Aichungsbeamte ist gegenwärtig Gürtler Schwarz.

Jagdgefälle. Die Jagd auf der städtischen Feldmark ist schon über 100 Jahr verpachtet gewesen. Da kein Ackerbesitzer einen geschlossenen Ackercomplex von 300 Morgen hat, so ist die Jagd auch heut noch im Ganzen für 39 rtlr. verpachtet.

Fischereigefälle. Die wilde Fischerei in der Oder, in soweit diese das städtische und das Terrain des Kämmereigutes Plania berührt, wurde früher gar nicht benutzt. Erst seit 1843 ist sie verpachtet und bringt gegenwärtig gegen 15 rtlr.

Die Straßenkothpacht betrug zuletzt 137 rtlr. 15 sgr.

Die Viehauftreibegefällepacht incl. Schank 338 rtlr.

Chausséegefälle. Der Weg von der Stadt bis zu den Brzezier Anhöhen zieht sich durch tiefgelegene, der Oderüberschwemmung ausgesetzte Wiesen. Diese Grundstücke, fast jedes Jahr mehrmal überschwemmt, sind meist naß. Der Weg war natürlich fast immer grundlos und kaum zu befahren. So oft die Stadt mit bedeutender Kreishilfe ihn renovirte, wurde er doch sofort wieder schlecht. Daher beantragte sie schon im Jahre 1786 bei der Kriegs= und Domainenkammer einen Wegezoll und der Landrath befürwortete 1791, 1796 und 1801 denselben wiederholt, aber stets vergeblich.

Bei einer bedeutenden Reparatur im Jahre 1802 wurden behufs besserer Wasserdurchlassung durch den Straßendamm statt der bestehenden 2 Brücken 5 dergleichen angelegt. Jetzt beantragten Stadt und Kreis von Neuem einen Wegezoll. Im Januar 1805 stellte die Kriegs= und Domainenkammer einen Zoll in Aussicht, wenn die Straße gut hergestellt würde, worauf die Stadt den Straßenbau im Sommer völlig beendete. An Weihnachten wurde die Anlage eines halbmeiligen Zolles genehmigt, die Stadt aber verlangte einen ganzmeiligen. Letzterer wurde erst am 17. März 1808 genehmigt. Die Einnahme sollte aber nur zur Unterhaltung der Chaussée verwendet werden.

Seit October 1808 wurde nach einem noch jetzt geltenden Tarif der Zoll in für den Zollpächter gemietheten Lokalien bezogen und brachte durchschnittlich 800 rtlr. jährlich. Im Jahre 1842 verlangte die Königliche Regierung, daß die Stadt ein eignes Chausséezollhaus errichte. Jetzt sind die Gefälle für jährlich 1802 rtlr. verpachtet.

Die Stadt hat das freie Nutzungsrecht für sich und ihre Hausbesitzer auf der Sandbank der Eisenbahn.

Gewerbesteuer und Feuersocietät zieht die Stadt für Fiscus ein und bezieht 4 pro Cent Tantieme, was eine Einnahme von 200—300 rtlr. gewährt.

Die Kämmereirechnung pro 1859 schloß mit einer Einnahme von 41,255 rtlr. und einer Ausgabe von 35,712 rtlr., so daß am 1. Januar 1860 ein Bestand von 5,543 rtlr. verblieb, worunter jedoch 2,000 rtlr. Schulden excl. der Reste per 1900 rtlr. Die städtischen Schulden, welche Anfang 1860 an 21,050 rtlr. betrugen, wurden im Laufe des Jahres bedeutend vermindert und betrugen am Ende nur noch 19,600 rtlr.

An Steuern ꝛc. wurden 1859 bezahlt:

| | |
|---|---:|
| an Mahl- und Schlachtsteuer . . . . . | 13,413 rtlr. |
| „ Gewerbesteuer. . . . . . . . | 4,756 — |
| „ Kreiscommunalabgaben . .· . . . | 2,161 — |
| „ Communalabgaben und Realservis . | 15,810 — |
| „ Mahlsteuerdrittel, Mahl- und Schlachtsteuerzuschlag . . . . . . . | 6,395 — |
| „ Königliche Einkommensteuer . . . · | 3,375 — |

so daß in Summa 45,995 rtlr.

Steuern bezahlt werden müssen, was bei der damaligen Bevölkerung von 10,231 Seelen pro Kopf fast 4½ rtlr. ergibt.

Prozeß-, Criminal- und gerichtliche Statistik. Bei dem hiesigen Kreisgerichte ausschließlich Hultschin kamen im Jahre 1860 vor: Bagatellprozesse 5015, Injurienprozesse 343, Mandatssachen 78, summarische Prozesse 721, Concurssachen 9, erbschaftliche Liquidationsprozesse 1, Prioritätssachen 19, Subhastationsprozesse 113, Ehesachen 7, besondere Prozesse 25, Schwurgerichtssachen 83, Deputation für Strafsachen 568, Polizeisachen 339, Holzdiebstähle 627, Vormundschaften 4967, Nachlaßsachen 128, Hypothekenfolien 17230, Handlungen der freiwilligen Gerichtsbarkeit 1683, Depositalmassen 2357.

Anlangend die Polizeigerichtsbarkeit, so hat diese die Stadt und wird dieselbe vom Bürgermeister und in Vertretung vom Beigeordneten verwaltet. Außerdem ist beim Königlichen Kreisgerichte eine Abtheilung für Strafsachen resp. Polizei-Uebertretungen, wobei 1 Richter mit 2 Aktuarien und dem Kreis-Polizei-Anwalt fungiren.

Armenpflege. Die Mildthätigkeit hat ihre Wurzel in der christlichen Charitas. Unterstützung der Hilfsbedürftigen finden wir früh schon auch in unserer Stadt. Die Klöster versorgten wöchentlich die Armen mit Nahrung, mehre Stiftungen bei dem Collegiatkapitel hatten die Bekleidung der Armen zum Zweck, (so fundirte Canonikus Johann Kappel und Mathias Schmolzer eine Summe, von deren Interessen [21 rtlr.] Tuch beschafft wurde. Der Viecdechant Peter Lorin fundirte 1707 allein 2590 rtlr. für Arme). Auch in der Kämmereirechnung von 1644 begegnet uns als Ausgabe an jährlichen Almosen 3 rtlr. 33 gr. 6 hllr. Seitens des Magistrates wurde 1747 der Anfang zu einer Armenkasse gemacht. Es wurden Strafgelder zu diesem Zwecke bestimmt, Sparbüchsen an der Kirche ausgestellt, wöchentliche Collecten bei der Bürgerschaft gehalten und ein Antheil vom Accis- und Zollamte floß von nun an der Armenkasse zu. 1750 wurde das Almosen bei der Servisanlage gesammelt und monatlich über 20 rtlr. aufgebracht, womit 40 Personen verpflegt wurden. Die beiden Armenpfleger Zablatzki und Schachtenhofer führten das Rechnungswesen. Von den Hospitälern, dem Kranken- und Waisenhause und der Taubstummenanstalt ist bereits Rede gewesen und es erübrigt nur noch, die übrigen wohlthätigen Stiftungen aufzuzählen, welche von der Stadt verwaltet werden.

Die Sendecianische Geldstiftung für Studirende. Der in Gleiwitz geborene Bürgermeister Mathias Sendecius fundirte 5000 schl. rtlr. und legte das Kapital bei der Stadtkämmerei in Gleiwitz an mit der Bestimmung, daß für die 300 rtlr. Interessen 9 arme Bürgersöhne und zwar je 3 aus Ratibor, Gleiwitz und Nicolai in dem Jesuitencollegium, das eben damals in Troppau errichtet werden sollte, Wohnung, Wäsche und anständigen Unterhalt fänden. Sollte sich in Nicolai die zureichende Anzahl von Studenten nicht finden, so sind sie aus Gleiwitz zu suppliren. Sie übernehmen sämmtlich die Verpflichtung, für die Seele des Fundators und dessen ganze Familie zu beten. Die ersten Alumnen wurden 1653 aus der Familie Sendecius (die den Vorzug hatte) aufgenommen. Die Präsentation hatte der Scholastikus und Magistrat. Die Interessen, welche in der Fastenzeit und zu S. Bartholomäi entrichtet werden sollten, wurden aber nur säumig gezahlt, namentlich in den Jahren 1672 und 1673, weshalb der Landeshauptmann Franz Eusebius Graf von Oppersdorf Exekution verhängte, die 1686 und 1687 wiederholt wurde. Wegen ungünstiger Zeitverhältnisse wurden 1725 die Zinsen von 6 auf 3 pro Cent reducirt aber gleichwohl nicht bezahlt, so daß keine Studenten unterhalten werden konnten.

Auf Ansuchen der Stadt Gleiwitz vom 30. April 1740 wurde beschlossen, durch 12 Jahre statt 3 Alumnen nur Einen ins Seminar zu schicken und wollten sie die 5000 rtlr. mit 4 pro Cent verinteressiren. Die Kämmerei zu Gleiwitz machte aber 1755 Banquerot und die Fundation wurde auf die Hälfte herabgesetzt.

41

Da seit Besitznahme Schlesiens durch Preußen das Studium im Auslande verboten wurde, verfügte die Königliche Kammer, daß die Zinsen zum Besten der Schüler in Gleiwitz, Ratibor und Nikolai verwendet werden sollten und hat die Kämmerei von Gleiwitz seit 1768 die jährlichen Zinsen per 40 rtlr. bis dato richtig gezahlt. Dies Geld ist 1780 auch zum Wiederaufbau der katholischen Schule verwendet worden, indem man damit das Baukapital, welches Kaufmann Wolf hergab, allmählig (bis Ende 1797) abstieß. Gegenwärtig erhalten 1 oder 2 arme auf Inlandsuniversitäten studirende Theologen, die mit dem Zeugniß der Reife versehen sein müssen, die Zinsen (40 rtlr.)

Der Protonotar des Collegiatstifts Josef Waclawik stiftete 1758 eine Fundation, zu Folge deren bei den Franziskanern 60 hl. Messen gelesen und in der Fastenzeit Mittwoch eine polnische, Donnerstag eine deutsche Predigt gehalten werden sollten. Zur Belohnung des Convents setzte er ein Kapital von 2000 glb. aus, welches Franz Max von Görtz auf Czernitz und Sczyrbitz ihm schuldete. Das Kapital wurde auf das Gut Luckow transferirt und im Hypothekenbuche mit dem Bemerken intabulirt, daß von den Zinsen die Franziskaner 30 rtlr., die Hausarmen 23⅓ rtlr. erhalten sollen.

Frau Kaufmann Mariana Frey geb. Urbani, welche am 16. November 1790 starb, vermachte in ihrem am 23. November veröffentlichten Testamente 50 Gulden Zins, welcher auf dem jetzigen Traubeschen Hause Langegasse Nr. 25 haftet. Der Besitzer hat an den 3 Tagen vor Aschermittwoch das Geld hilfsbedürftigen Armen zu vertheilen und dem Magistrat den Nachweis zu liefern.

Frau General-Accise-Zoll-Inspector Clara Poinsot geb. Kolbe vermachte 1799 ein Kapital von 2045 (oder 2075) rtlr., von dessen Zinsen à 4 pro Cent die Hälfte zur Ausstattung armer Bürgertöchter (à 10 rtlr.) die andere Hälfte zur Bekleidung armer Handwerkslehrlinge beim Freisprechen verwendet werden sollten. Sie starb am 13. Januar 1803 in einem Alter von 70 Jahren.

Josefa Gräfin Gaschin 1000 rtlr. Laut des am 21. Juli 1807 publicirten Testamentes sollte das Kapital zu Weihnachten halb an adelige und halb an bürgerliche Hausarme vertheilt werden. Der Fonds wurde erst 1840 flüssig und werden die Zinsen alljährlich zu Weihnachten vertheilt.

Der Salzkassenkontrolleur Georg Philipp Wagner, der am 16. Juli 1811 im Alter von 72 Jahren starb, vermachte am 26. Februar 1811 testamentarisch $806\frac{2}{3}$ rtlr. Die Zinsen per $40\frac{1}{3}$ rtlr. werden jährlich an 6 katholische und 6 evangelische Hausarme auf Vorschlag der Ortsgeistlichen beider Confessionen zu Weihnachten vertheilt.

Der Stadtchirurg Carl Sander vermachte 1819 eine Summe von 50 rtlr. Die Zinsen sollten am Sonntage nach dem S. Annafeste von der städtischen Armendeputation an arme evangelische Leute, die dem Gottesdienste beizuwohnen haben, vertheilt werden.

Der Landgraf von Hessen-Rothenburg, Herzog von Ratibor schenkte November 1820 200 rtlr. der Armenkasse.

Frau Mariane von Raczek, welche 11. October 1827 starb, schenkte 20 rtlr.

1830 Mattheus Krzenstek 10 rtlr.

Frau Gutsbesitzer Therese Hergesell geb. Pampach schenkte 100 rtlr. mit der Bestimmung, daß an ihrem Sterbetage (starb 27. Februar 1831) alljährlich 5 rtlr. einer hiesigen unterstützungsbedürftigen Bürgerwittwe gegeben werden.

Am 30. März 1831 schenkte Kaufmann Max Albrecht 100 rtlr.

Johanna verwittwete Galli geb. Bordollo vermachte in einem Codicill am 31. Juli 1835 den Armen 50 Gulden und ihre Kleider.

Steuereinnehmer Krügel 200 rtlr.

verwittwete Postmeister Deuth am 20. Mai 1839 testamentarisch 30 rtlr.

Anton Abrahamczik im Jahre 1846 10 rtlr.

Der ehemalige Gutsbesitzer Olschowski gab 1847 dreihundert rtlr. Die Zinsen sollen jährlich am 7. September als am Sterbetage seiner Gattin an Hausarme vertheilt werden.

Therese Bierling geb. Wollny gab 1850 50 Gulden.

Josefa verwittwete Schuhmacher Schneider geb. Lukas, die am 30. März 1850 starb, wies im Testamente 100 rtlr. an, deren Zinsen alte lahme oder blinde Bürgersleute an ihrem Sterbetage erhalten sollen.

Die Geheime Justizräthin Aloysia Flögel geb. Cecola vermachte 1850 100 rtlr., deren Zinsen am hl. Weihnachtsabende an Arme vertheilt werden.

Kaufmann Josef Doms († 18. August 1853) vermachte testamentarisch am 14. Juli 1853 1000 rtlr. zu einem Unterstützungsfonds für 2 arme bürgerliche Bräute, die guten Rufes sind und Männer guten Rufes ehelichen als Ausstattung, und 500 rtlr. für arbeitsunfähige oder altersschwache Arme ohne Unterschied des Glaubens. Die Personen bestimmt der Aelteste der Domsschen Familie.

Der Handwerker-Prämien-Fonds per 100 rtlr., von einem Handwerkervorschußvereine gebildet, hat den Zweck, die Zinsen demjenigen zufließen zu lassen, der das beste Meisterstück liefert. (Mehre angeführte kleinere Posten waren zur augenblicklichen Vertheilung bestimmt.) Das übrige vorgenannte Kapital von 6834⅓ rtlr. gibt 342¹/₁₂ rtlr. Zinsen. Außerdem besitzt die Armenkasse noch 1485 rtlr. Kapital. Die Unterstützungen im

Jahre 1858 waren bedeutend, denn sie erreichten die Höhe von 3760 rtlr.

Auch mehre Privatvereine unterstützen die Armenpflege. Es gehören dazu besonders

Der Vincenzverein, gegründet December 1849 zur Unterstützung armer Bewohner ohne Unterschied des Glaubens. Unterstützt wurden 1860 84 Familien, 2 Kinder, 1 Lehrling, 54 Schulmädchen. Einnahme 1860 952 rtlr., Ausgabe 884 rtlr. Präses ist Curatus Franz Siemko. Der Verein zählt 82 thätige Mitglieder, 195 Theilnehmer, die Geldbeiträge zahlen und 9 Ehrenmitglieder. Mit diesem Verein ist eine Mädcheninbustrieschule verbunden, in welcher 2 Lehrerinnen 54 Schülerinnen Unterricht in weiblichen Handarbeiten durch 6 Stunden wöchentlich ertheilen.

Der evangelische Verein zur Unterstützung armer hiesiger Protestanten.

Der Waisenunterstützungsverein für Israeliten.

Der Frauenverein, am 1. März 1830 durch die Frau des Chefpräsidenten Kuhn geb. Meckel von Hemsbach gegründet, besaß 1844 schon 1 Staatsschuldschein von 500 rtlr. 1859 betrug: die Einnahme an laufenden Beiträgen 100 rtlr., Ertrag einer Ausspielung 102 rtlr. Ausgegeben wurden für Kost, Medikamente und Arzt 188 rtlr.

Der Unterstützungsverein hiesiger Kaufmannsbiener, vom Oberpräsidium am 25. September 1822 genehmigt, hat den Zweck hilfsbebürftige, sowohl reisende, als am Orte besindliche Handlungs-Commis zu unterstützen. Auch Kaufleute, die durch unglückliche Zufälle in die traurige Lage versetzt sind, um Hilfe ansprechen zu müssen, werden von diesem Institute unterstützt. Jedes Mitglied zahlt einen jährlichen Beitrag von mindestens 2 Thaler. Alljährlich findet unter Vorsitz des aus der Kaufmannschaft gewählten Institutdirectors eine Versammlung

ſtatt, bei welcher von den 3 Vorſtehern in Gegenwart eines Ma-
giſtratmitgliedes Rechnung gelegt wird.

Ende December 1846 hatte der Verein, aus 21 Mitgliedern
beſtehend, bereits 1400 rtlr. Kapital, 1853 1725 rtlr. und be-
ſitzt gegenwärtig aus 25 Mitgliedern beſtehend 2000 rtlr. Kapital
und 51 rtlr. baar.

Unterſtützt wurden im Jahre 1860 95 Handlungscommis
und 12 Kaufleute. Das Inſtitut regte die Gründung einer Fort-
bildungsſchule für Handlungslehrlinge an, die am 1. October 1861
ins Leben tritt und wozu das Inſtitut 25 rtlr. jährlich beiſteuert.

Directoren waren: Johann Max Albrecht bis 1831,
C. W. Bordollo bis 1834, Anton Scotti bis 1836, Bernhard
Cecola bis 1855, Heinrich Doms. Die erſten Vorſteher waren
C. F. Tileſius, Johann Wilhelm Tauſewald und Anton Schwarz.

Der Verein zur Rettung verwahrloſter Kinder ent-
ſtand 1846. Da ſich mit der Zunahme der Schlechtigkeit die
Gemeinbelaſt fühlbar mehrte und ſolchem Uebel ſchon im Keime
entgegenzuwirken nothwendig, ſo wendete ſich am 7. März 1840
Bürgermeiſter Jonas an den Magiſtrat nach Glatz, wo ſich ein
Verein für verwahrloſte Kinder bereits conſtituirt hatte mit der
Bitte um Mittheilung der Statuten.

Der durch die Bemühung des Superintendent Redlich zu-
ſammengetretene Verein erließ am 25. Februar 1846 Statuten
und erhielt am 1. Mai deſſelben Jahres die lokalpolizeiliche Genehmigung, wählte Vorſteher und begann ſeine Thätigkeit. Es
wurden mehr als 300 rtlr. jährlicher Beiträge zugeſichert. Kinder,
deren Eltern unſittlich leben, in Strafanſtalten ſich befinden, arm
geſtorben oder verſchollen, wurden für ein monatliches Koſtgeld
von $2\frac{1}{2}$ rtlr. in Familien gleicher Confeſſion gegeben, um zu
arbeitſamen ehrlichen Menſchen erzogen zu werden. Seit Stiftung des Vereins, der jeden Monat Conferenzen hielt, bis Februar
1860 wurden 39 Zöglinge aufgenommen und verpflegt. Einige

protestantische Kinder sind im Waisenhause zu Warschowitz. Der Verein zählt 300 Mitglieder, welche im letzten Jahre 256 rtlr. beitrugen und besitzt 265 rtlr. Kapital.

Der Bezirks-Verein für Besserung der Strafgefangenen und der aus den Strafanstalten entlassenen Verbrecher, unter Leitung des Canonikus Dr. Heide, im Jahre 1853 gegründet, hat bisher 328 entlassenen Gefangenen Unterstützung durch Vermittlung von Arbeit, Anschaffung von Arbeitsgeräth, Kleidung und Vorschüssen angedeihen lassen. Einnahme 1860 war 295 rtlr., Ausgabe 205 rtlr. Kapital 600 rtlr.

Gesellenkassen. Zwar fanden sich, wie anderwärts so auch hier für einzelne Handwerkszweige bereits Gesellenverbrüderungen, welche durch gemeinschaftliche Herberge und den freigewählten Altgesellen verbunden waren, doch besaßen sie weder Statuten noch Corporationsrechte. Die Beiträge wurden meist auf Lustbarkeiten verwendet, die Herberge bot Gelegenheit zu Trinkgelagen. Man suchte daher diese Verbrüderungen zu organisiren. In Folge der Verordnung vom 9. Februar 1849 und des Gesetzes vom 3. April 1854 bildeten sich auch in Ratibor 19 Gesellen-Kranken-, Begräbniß- und Unterstützungs-Kassen mit Corporationsrechten und erhielten 1857 und 1858 Bestätigung, nämlich die der Schuhmacher, Schneider, Klemptner, Tischler, Schlosser, Sattler, Schmiede, Bauhandwerker, Tuchmacher, Strumpfstricker, Posamentierer und Seiler, Weber, Maler und Lakirer, Gerber, Seifensieder, Hutmacher und Färber, Kürschner und Handschuhmacher, Böttcher, Stellmacher und Korbmacher, Töpfer, Drechsler und Kammmacher, Bäcker und Pfefferküchler, Fleischer, Müller im Kreise.

Zwei allgemeine Sterbekassenvereine. Der eine 1830 gestiftet, besteht nur aus 100 Mitgliedern, zahlt bei jedem Todesfalle eines Mitgliedes 1 rtlr., wofür die Verwandten des Verstorbenen 100 rtlr. erhalten. Der zweite 1840 gestiftet, ließ seine Statuten 1847 erweitern.

Hieher ist auch zu rechnen die Sparkasse, welche, am 1. Juli 1845 errichtet, in Oberschlesien nächst der zu Reisse die größte Ausdehnung erreichte. Sie gewährt 3⅓ pro Cent Zinsen und gibt der armen Klasse Gelegenheit, Ersparnisse sofort zinsbar anzulegen. Nicht blos die Stadt, sondern auch die umliegenden Dörfer können an dieser Wohlthat theilnehmen. Für treue Verwaltung und Sicherheit haftet die Commune.

Am 1. Januar 1860 hatte sie ein Einlagekapital von 21,637 rtlr. 1859 gingen ein 7754 rtlr. und wurden zurückgezahlt 6165 rtlr.

Das Leihamt lieh in demselben Jahre gegen Pfand aus 18,302 rtlr. und erhielt zurück 17,257 rtlr. An Zinsen und Verwaltungskosten gingen ein 1001 rtlr., dagegen wurden ausgegeben 913 rtlr., so daß ein Ueberschuß von 88 rtlr. erzielt wurde, während nur ein Betriebsfonds von 4410 rtlr. in Umlauf war. Ende 1859 waren noch für 7498 rtlr. Pfänder vorhanden.

Der Wohlthätigkeitssinn zeigt sich besonders an Weihnachten im schönsten Lichte. Die Zinsen der milden Stiftungen, die Gaben der Privatvereine, die Unterstützung einzelner lebender Wohlthäter an Lebensmitteln für Erwachsene und die Weihnachtsgeschenke an Kinder lassen wohl keinen Armen ohne Freude ausgehen. Theilweise von Almosen leben 624, lediglich von Almosen 344 Arme.

Die städtischen Feuerlöschgeräthe bestehen aus 3 Spritzen, einer kleineren trag- und fahrbaren Handspritze, 11 großen Wasserkübeln, 1500 Fuß Schläuchen und den sonstigen nöthigen Utensilien. Außerdem hat das Appellationsgericht, die Königliche Strafanstalt und die Eisenbahn-Verwaltung besondere Spritzen.

Ein Feuerlösch- und Rettungsverein, am 16. Mai 1858 gestiftet und unter Leitung des Kaufmann Ferdinand Speil zweckmäßig organisirt, zählte 1859 schon 200 Mitglieder. Auf Vereinskosten wurde 1859 ein 3 Etagen hohes Gebäude behufs

der Uebungen errichtet. Der Verein feiert jährlich sein Stiftungs=
fest früh durch feierlichen Gottesdienst, nachmittags durch Uebun=
gen, abends durch einen Ball.

Die meisten hiesigen Gebäude sind noch in der städtischen
Probincial=Feuer=Societät versichert; biele jedoch auch in Privat=
societäten, deren 11 hier concessionirt sind und Agenten haben.

Durch den Schornsteinfegermeister Heidrich werden alle Feu=
erungen im Winter allmonatlich, im Sommer vierteljährlich (bei
starker Feuerung auch öfter) gefegt.

# *IV.* Abschnitt.

## Alterthümer, Sammlungen und Literatur.

———

Die Statue der unbefleckten Empfängniß Mariä auf dem Ringe ist die schönste Zier der Stadt und verdankt ihren Ursprung der gräflichen Familie von Gaschin, welche auch anderweitig ihren frommen Sinn bekundet hatte. Laut Tradition soll die 1715 in hiesiger Gegend grassirende Pest die Veranlassung zur Errichtung des Monumentes gewesen sein.

Georg Adam Franz Reichsgraf von Gaschin, Freiherr von Rosenberg, Herr auf Wosnik, Polnisch-Neukirch, Zyrowa (bei Groß-Strehlitz), Bobschanowitz (bei Rosenberg), Freistadt (bei Teschen) und Katscher vermählte sich erstens mit einer Gräfin von Saurau und dann mit Maria Elisabeth, Tochter des obersten Kanzlers von Böhmen, Poppel von Lobkowitz und Eisenberg, die vorher mit Adam Franz Mathias Graf Trautmannsdorf verehelicht war. Die Wittwe starb am 29. October 1724 und hatte in ihrem Testamente unter Anderem Folgendes verordnet:

„Mein lieber Sohn Carl Ludwig kann das Haus in Ratibor (später das Gallische, jetzt das Domsche Eckhaus) verkaufen oder gegen den erlegten Werth selbst behalten, doch soll er in beiden Fällen verbunden sein, für das Kaufpretium oder dessen Aequivalent eine Statue von Stein zu Ehren der unbefleckten Empfängniß Marias auf dem Ringe, wo ihm der Magistrat einen bequemen Ort anweisen wird, erbauen zu lassen, von dem übrigen Kapital aber sollen für die Interessen an allen Sonntagen und

Marienfesten mit Beiwohnung eines Priesters von der Collegiatkirche solenne Litaneien von unsrer lieben Frau mit dem gewöhnlichen Schlußgebete durch die Schul= und Kirchendiener gefeiert
und sowohl diese Statue in gutem Bau erhalten als auch die
Geistlichen und Musici bezahlt werden."

Wegen Errichtung dieser Statue wurde am 21. September
1725 zwischen Carl Ludwig Graf von Gaschin, Herrn von Rosenberg auf Reichwaldau, Freistadt, Wronin und Katscher und
dem Magistrate folgende Verabredung getroffen. Von den vom
Grafen auf dem Rathhause deponirten 1200 Gulden sollen nach
Vorschrift des letzten Willens Ihrer Excellenz der Gräfin Maria
Isabella 700 genommen, sicher angelegt und von den Interessen
die kirchliche Fundation bestritten werden. Da die Summe von
500 glb. für die Erbauung einer Statue zu gering ist, so hat
sich der Graf verpflichtet, zum nächsten Georgitermin noch 400 glb.
beizutragen. Magistrat übernimmt alle Baufuhren, die Besorgung
der Materialien, der Handlanger, Maler und des Goldschmidts.
Die Licenz zur Erbauung und Einweihung, wie auch die
Bestätigung der Fundation, will der Graf von dem bischöflichen
Amte auf eigne Kosten auswirken.

Schon am nächsten Tage wurde ein Contrakt zwischen dem
Magistrate und dem Bildhauer Johann Melchior Oestreich geschlossen; der Bildhauer verpflichtet sich eine Statue der unbefleckten Empfängniß nebst den 3 Figuren der hl. Schutzpatrone
Florian, Sebastian und Marcellus sammt den 3 untern Engeln
mit Wappenschildern und den drei oberen ganzen Engeln, mit den
übrigen an den 3 Ecken und den auf dem Gewölk hängenden
Engelköpfen, das Postament und 3 mittlere Schrankfäulen, 21 Ellen
hoch, zu fertigen. Der Magistrat verspricht 600 rtlr., wofür
der Bildhauer zugleich die Steine, die Steinbrecher und Stein-
metzer zu bezahlen hat. Magistrat will durch eigene Fuhren das
Material aus dem Oczischower Steinbruche an Ort und Stelle
bringen, die Handlanger geben, Ziegel, Kalk und Eisen beschaffen.

Das Haus wurde am 3. September 1731 vom Accis-Revisor Anton Heinrich Geyer für 2000 Gulden erkauft. Der Erbe gab laut Kämmereirechnung von 1731 1200 Gulden und die Bürgerschaft schoß durch Collekte 500 rtlr. zu.

Die Console, 12 Fuß hoch, bildet ein Dreieck und erinnert an die Rococcozeit. Auf den vorlaufenden Spitzen des Obertheils der Console sind die 3 Heiligen, der hl. Sebastian als Schutzpatron gegen die Pest, der hl. Florian mit dem feuerlöschenden Eimer als Schutzpatron gegen Feuersgefahr und der hl. Marcellus mit der Keule als Schutzpatron der Stadt. Die Wolkensäule ist 17 Fuß hoch, ganz oben ist die Hauptstatue in mehr als Lebensgröße. Maria strebt auf Wolken zum Himmel auf, hat auf dem Haupte eine Krone mit 12 Sternen und den Mond unter ihren Füßen. (Offenbarung Johannis 12, 1.)

Die Statue hat 3 Inschriften in lateinischem Lapidarstil, die sich auf das Testament beziehen. Nach Westen: Ultimæ voluntatis sententia erigi et fundari præcepit illustrissima Domina Maria Elisabetha Comitissa de Gaschin nata de Popel-Lobkowitz. (Durch die letzte Willenserklärung ließ [dies] die hochgeborene Frau Maria Elisabeth Gräfin von Gaschin errichten und begründen.)

Nach Osten: PIa dILeCtae MatrIs IVssa fILIo pIe eXeqVente illustrissimo Domino Carolo Ludovico S. R. J. Comite de Gaschin nobili Domino de Rosenberg, hereditario Domino in Reichwald, Freistadt, Wronin et Katscher. In den großen Lapidarbuchstaben der ersten 7 Worte ist die Jahreszahl 1727 enthalten. Das Ganze heißt: Den frommen Willen der geliebten Mutter vollzog kindlich gehorsamst ihr Sohn, Carl Ludwig Reichsgraf von Gaschin, edler Herr von Rosenberg, Erbherr auf Reichwald ꝛc.

Die Inschrift nach Süden: Genitrici Salvatoris labis originalis prorsus nesciae Sanctisque Marcello Papae, Sebastiano et Floriano drückt aus, wem zu Ehren die Statue errichtet worden, nämlich der ohne Erbsünde empfangenen Mutter des Erlösers und den heiligen Marcellus Papst, Sebastian und Florian.

Noch vor Ablauf des Jahrhunderts war die Statue einer Reparatur bedürftig, denn Graf von Gaschin meldet aus Polnisch-Neukirch am 8. Juli 1791 dem Magistrat die Absicht, den Bildhauer Nitsche aus Troppau (derselbe hatte auch das Altar in der evangelischen Kirche gebaut) zu beauftragen, die Statue in Stand zu setzen. Ob dies in Ausführung gekommen, erhellt nicht aus den Akten. Es scheint kaum etwas geschehen zu sein, da etwas später ein Stück von einem eisernen Gitter und eine Seitenpyramide auf dem Rathhause aufbewahrt wurden. Verkäufer von alten Kleidern umlagerten die Statue.

Am 29. August 1817 meldet der Senator Franz Bernhard Bordollo dem Graf Franz von Gaschin anf Polnisch-Neukirch, daß der Magistrat ihm als Senior übertragen, die Reparatur zu bewerkstelligen, da jetzt, wo das Oberlandesgericht her versetzt wird, in der Stadt Alles in guten Stand gesetzt werden soll, und bittet sich eine Conferenz aus.

Es nahte die hundertjährige Stiftungsfeier. Der Magistrat, ausgehend von dem Gedanken, daß das ehrwürdige Denkmal seit fast 100 Jahren ein Gegenstand frommer Verehrung, eine Zierde der Stadt, für deren Einwohner ein theures Andenken der frommen Gesinnung ihrer Voreltern sei, welche dies Werk in der festen Zuversicht gegründet, daß ihre Nachkommen von gleichem Gefühl beseelt, es nicht untergehen lassen werden, beschloß, sich nochmals an die Mitbürger mit der Bitte um Beiträge zu wenden, um der Statue ein der Würde des Gegenstandes angemessenes Gewand zu geben. Er selbst ging mit gutem Beispiele voran und zahlte 32 rtlr., die Stadtverordneten $14\frac{2}{3}$ rtlr., Graf Gaschin auf Kochanietz 12 rtlr., das Personal des Oberlandesgerichts $21\frac{5}{6}$ rtlr. Es wurde die Statue durch einen neuen Oelanstrich und Vergoldung erneut, mit Eisengittern aus Gleiwitz und drei Laternenträgern versehen. Auf Betrieb des Prälaten Zolondek

und des Bürgermeister Jonas wurde seit 1828 bei der Frohnleichnamsprozession ein Altar an dieser Stelle errichtet.

Die Statue bedurfte indeß einer baldigen Renovirung. Die
Baudeputation schlug am 5. Mai 1850 eine neue Sammlung
unter den Einwohnern vor, wurde aber abschläglich beschieden.
Am 10. Mai bewilligten die Stadtverordneten außer den im vorigen Jahre zur Instandsetzung gewährten 100 rtlr. noch eine
Summe von 200 rtlr., welche aus dem disponibeln Mahl- und
Schlachtsteuerdrittel gedeckt werden sollte. Der Bildhauer Ferdinand Weicht übernahm es, die Stellen wo der Stein roh geworden
zu ciseliren, die Schäden auszubessern, die Statue abzuputzen, mit
Firniß anzustreichen und an den betreffenden Stellen zu vergol-
den, überhaupt dieselbe in der Art herzustellen, wie solche ursprünglich aus der Hand des Baumeisters hervorgegangen. Am
10. September 1850 meldete die Baudeputation die Vollendung
des Werkes, und daß die Renovation befriedigend ausgefallen.
Diese Reparatur kostete der Stadt 277 rtlr. Die Renovirung
ist auf der Westseite der Statue mit dem Namen des Bildhauers
eingegraben. 1855 war das Geländer schadhaft und erfuhr eine
Ausbesserung.

Die Statue des hl. Johannes von Nepomuk. Auf
dem Neumarkte wurde früher der Roß-, Rind- und Schwarzviehmarkt gehalten. Nachdem derselbe am 16. Juni 1818 nach dem
Schießzwinger verlegt worden war, wurde der Platz gepflastert
und erhielt durch Aufstellung eines Monumentes eine besondere
Zierde. Prälat Zolondek nämlich ließ eine Statue, die ursprünglich im Hofe des Jungfrauenklosters gestanden, renoviren und auf
dem Neumarkte aufstellen. Sie wurde am 16. August 1818
eingeweiht. Am Postamente sind 2 Stufen. Die Statue selbst
ist mit Gold ausstaffirt, mit Engeln und Arabesken geschmückt.
Sie bedurfte jedoch schon 1838 einer Instandsetzung. Bürgermeister Jonas bat um Beiträge und erhielt 24½ rtlr., womit
Maler Neumann für die Erneuerung dieser und zugleich der

Statue vor dem großen Thore bezahlt wurde. Ferdinand Weicht übernahm 1851 auch die Renovation dieses Monumentes. Zur Deckung der Kosten gewährte die Stadtverordneten-Versammlung 25 rtlr. und eine andere Summe für das nächste Jahr. Für kleinere Reparaturen der beiden vorstehenden Statuen sind jährlich 100 rtlr. im Etat ausgesetzt.

Eine schöne Statue desselben Heiligen errichtete Carl Heinrich Graf Sobeck und seine Gemahlin Maximiliana geb. Gräfin Verdugo im Jahre 1733 auf dem freien Platze vor der Kamienitza. (S. 311.)

Eine dritte Johannisstatue an dem Bürger-Lapczinskischen Garten, gegenüber dem Gasthof zum Prinzen von Preußen, stand früher am neuen Thore auf einem Hügel mit Linden umgeben, mußte aber bei dem Neubau des Thorschreiberhauses (der in Folge der Einschließung des Oberlandesgerichtsgebäudes in den engeren Stadtbereich nothwendig wurde) weggenommen werden und stand bis 1829 in der Marcelluskapelle der Pfarrkirche. In letztgenanntem Jahre wurde sie auf Kosten des Bäckermeister Lapczinski vor seinem Garten an der Oderstraße aufgestellt und fundirte derselbe zur Erhaltung 100 rtlr.

Eine vierte Johannesstatue, wiewohl nur von Holz, befindet sich vor dem großen Thore.

Eine fünfte Johannesstatue steht in Neugarten an der Psinna.

Eine sechste Johannesstatue in der Oberwallstraße, neben der Landschaft an dem Hause des Schneider Haroski.

Die 21' hohe gemauerte Denksäule in Altendorf zur Erinnerung an die Versöhnung Herzog Heinrich IV. mit Bischof Thomas II. ist schon S. 51 erwähnt.

Die S. 389 beschriebene Monstranz in Form eines Thurmes in rein gothischem Stile, ist in Bezug auf Kirchenschmuck eins der vorzüglichsten Kunstdenkmäler Deutschlands.

Auf dem Rathhause befinden sich gegenwärtig noch mehre alte Schwerter und Hellebarden, so wie ein sehr altes Gewehr

(Donnerbüchse) und 2 Schilder. Nach den Inventarienverzeichnissen gab es zu Anfang dieses Jahrhunderts noch mehre Alterthümer. Am meisten zu bedauern ist der Verlust der Portraits der Ratiborer Herzoge und der Pestschriften, welche letztere in einem besonderen Kasten aufbewahrt wurden. Ein Ratiborer Viertel, als Mustermaß in Stein gehauen mit der Jahreszahl 1689 im Flur des Rathhauses, ist noch erhalten.

Vereine für Kunst gibt es in Ratibor zwei, nämlich: Der Gesangverein Cäcilia, gestiftet am 10. Januar 1857, gegenwärtig aus 48 Mitgliedern bestehend, hat die Pflege der ernsten klassischen Musik zum Zwecke, tritt wöchentlich zweimal im Gymnasialsaale zu Gesangübungen zusammen und veranstaltet jährlich wenigstens eine größere und zwei kleinere Aufführungen. Mit großem Beifall wurden aufgenommen 1857 die Jahreszeiten von Haydn, 1858 Meeresstille und glückliche Fahrt von Beethoven und Symphonie-Cantate von Mendelsohn, 1859 Elias von Mendelsohn, die sieben Schläfer von Löwe, 1860 Christus am Oelberge von Beethoven. Die Direction zerfällt in die musikalische und die technische. Erstere befindet sich in den Händen des Gymnasiallehrer Lippelt, letztere wird gegenwärtig verwaltet von Referendar Simon als Cassirer und Schriftführer, Maurermeister Benke und Lehrer Fiegler.

Die Liedertafel, ein Verein zur Pflege des Männergesanges und der gemüthlichen geselligen Unterhaltung, ist von dem weiland Gymnasiallehrer Kelch am 23. October 1834 gegründet, tritt alle 14 Tage zusammen und erfreut sich (gegenwärtig 32 Mitglieder zählend) unter Leitung des Chor = Rector Besta, der erst vor Kurzem dem Gymnasiallehrer Lippelt als Dirigent folgte, einer lebhaften Theilnahme.

Schließlich reihen wir hier die oberschlesische Musikgesellschaft an, welche im Januar 1846 von Labus aus Liegnitz hier gegründet, durch ihre Concerte die Stadt und Umgebung erfreute, auf den Kunstreisen sich einen Ruf erwarb und gegenwärtig aus 17 Mann bestehend unter Leitung des Director Richter mit der seit 1860 eingeführten Regiments-Musik wetteifert.

In Betreff der topographischen Literatur sind die Anmerkungen schon Fingerzeige gewesen. Die Nachrichten, welche die schlesischen Chronisten Curaeus, Schickfuß, Henel, Lucä, Pancratius, Cunrad über Ratibor geben, sind dürftig und zum Theil widersprechend. Etwas mehr bietet Zimmermann im 3. Bande seiner Beiträge zur Beschreibung von Schlesien (Brieg 1784). Einen weiteren Versuch über die Geschichte Ratibors lieferte Gromann im Oberschlesischen Anzeiger, doch ist außer einem S. 23 angegebenen Fragmente trotz aller Nachforschungen nicht gelungen, etwas mehr aufzufinden und können wir nicht einmal das Urtheil, welches Kubiczek im Diöcesanblatte über den Verfasser gab, bestätigen. Dr. Linge gab in seinen Schulschriften (Breslau 1828) einige Beiträge über die in Oberschlesien gefundenen Münzen, über die Stiftung des hiesigen Jungfrauenklosters und über die Verdienste Friedrich Wilhelm III. um die geistige Bildung der Oberschlesier. Mit dem Jahre 1830 erwachte ein reger Forschergeist. Dr. Pinzger edirte in Ledeburs Archive für die Geschichtskunde des Preußischen Staates B. II. einige ältere Urkunden. Heide gab in 3 Jahrgängen der Zeitschrift Eunomia eine Geschichte Oberschlesiens bis z. J. 1290, in welcher auf die bis dahin bekannt gewordenen Urkunden zurückgegangen ist und lieferte in den schlesischen Provinzialblättern 1833 p. 401 und 499 schätzenswerthe Beiträge zur Geschichte Oberschlesiens, in welchen er eine 1832, p. 526 mitgetheilte Schilderung des Lucas Holsten zurückweist und interessante Notizen über die Kulturgeschichte des Herzogthums anknüpft. Die Urkundensammlung zur Geschichte des Ursprungs der Städte von Tschoppe und Stenzel enthält mehre die Stadt und Umgegend betreffende Urkunden. Letzterer versuchte in den Jahresberichten 1837 S. 116 und 1838 S. 141 die Genealogie der Herzoge Oberschlesiens festzustellen und brachte

42

in seiner Geschichte des Bisthum Breslau Licht in einen bisher
dunkelen Vorgang. Die Schriften der historisch-statistischen Section
Mährens enthalten manche wichtige Aufsätze. Endlich sind Sommersberg's Rer. script., Böhme's Beiträge, Boczek's Codex dipl.
Moraviæ und Wattenbach's Codex dipl. Silesiæ, letztere beide
mit instructiven Registern versehen, eine ergiebige Fundgrube für
die Specialgeschichte.

Von den Sagen, die im Munde des Volkes circuliren,
knüpft sich nur eine an unsere Stadt. Ein Schmiedegeselle Namens Passek war einst auf der Wanderschaft und befand sich
eben in einer Stadt Oesterreichs, als man einen Verbrecher zum
Galgen führte. Der Delinquent wollte den Umstehenden ein
Geheimniß eröffnen, daß er sonst mit ins Grab nähme und fragte,
ob nicht Jemand aus Ratibor da sei, dem die Mittheilung zum
großen Vortheile gereichen würde. Da sprang unser Passek vor
und vernahm die Kunde: Im Stadtwalde zu Ratibor sind drei
Eichen, kenntlich an metallenen Reifen um den hohlen Stamm.
In denselben liegen Schätze begraben. Von dem Gelde sollen
kirchliche und städtische Gebäude aufgeführt werden. Passek eilt
heim, findet die Stellen und baut die polnische Kapelle (circa 1430),
das Rathhaus und das ehemalige Cecolasche Haus. Noch zu
Anfang dieses Jahrhunderts (so erzählt als Augenzeuge ein Müt-
terchen, das damals bei Cecola gedient) waren in dem Hause
3 Gruben, die nie geschlossen werden durften. An der Thür-
schwelle saß bisweilen in der Abenddämmerung eine Gestalt, welche
die mit einem Bierkruge Vorbeigehenden um einen Labetrunk an-
sprach, wirklich trank und sich mit den Worten bedankte: „Sagt
nur, Kowol Passek ist es gewesen!" (Das Schmiedewappen befindet sich in der polnischen Kapelle).

Bibliotheken. Größere Bibliotheken besitzt das Gymnasium (8296 Bände), das Appellationsgericht (3156 B.), der
Magistrat (719 B.), die Landschaft, die herzogliche Kammer, das

Königliche Kreisgericht und das Archiv des ehemaligen Collegiat=
stiftes. — Leih= und Lesebibliotheken sind 3 in der Stadt
und zwar die der Buchhändler Thiele, Dr. Wichura und des
Landschaftssecretair Spötter.

Situationspläne gibt es von Barwig über die ganze
Stadt aus dem Jahre 1843, ein Stadtplan von Augustini aus
dem Jahre 1835 (eine Copie hiervon von Worke); 1 Plan der
Vorstadt Bronken 1839 vom Conducteur Mier, 1 Plan über die
Anlagen vor dem Bahnhofe von Wollenhaupt. Außerdem befin=
den sich hier mehre Karten und Pläne von einzelnen Stadttheilen,
vom Oderstrom, mehre Nivellements=, Forst= und Situationspläne
von den städtischen Ackerstücken.

# Nachträge.

Seite 3. Wie Ratibor, so war auch Kosel ursprünglich ein Personenname. In dem Leben des hl. Methodius begegnet uns 868 ein Kozel als Beherrscher Pannoviens.

S. 4, Zeile 2. Ratibor, der vierte Sohn des Herzog Mestwin von Pomerellen, gebot in der Mitte des 13. Jahrhunderts über das Gebiet Belgard an der Leba. Th. Hirsch, Pomerellische Studien (Königsberg 1853) S. 27.

S. 34. Wladislav überließ 1254 einem Manne von gutem Rufe Namens Heinrich in Hoffnung auf künftigen Nutzen seine Stadt Beuthen zur Aussetzung nach deutschem Rechte erblich mit 140 Hufen flämischen Maaßes und das nahe Dorf Lagiewnik, für ihn die sechste Hufe frei von Zins, Zehnt und anderen Lasten; Heinrich erhält Mühlen, Fleischbänke und den dritten Pfenning vom Gericht, die Ansiedler haben 6 Freijahre, zahlen aber Feldzehnten, später 1 Vierdung pro Hufe. Reg. s. Wenceslai.

S. 48. Miesco bestätigt 1287 die Schenkung eines Stück Landes an die Kirche zu Nicolai. Lateinische Originalurkunde im Archive zu Pleß.

S. 74. Nach Lestkos Tode machten die Piastenherzoge Wladislav von Beuthen, Kasimir von Teschen, Boleslaus von Falkenberg, Bolko von Oppeln, Albrecht von Strehlitz und Johann von Auschwitz nach polnischem Rechte Anspruch auf das erledigte Herzogthum. König Johann aber bewies, daß es nach dem

Lehnsrechte dem Nicolaus zukomme und legte den Streit am 13. Januar 1337 zu Breslau bei. **Reg. s. Wenceslai und Pelzel Leben Carl IV.** S. 72.

S. 76. Am 15. Februar 1346 verleiht Nicolaus dem Zdenko von Turkow Vorwerk und Dorf Odrau an der Ober, **Reg. s. Wenceslai.**

S. 76. Im Frühlinge 1346 reiste König Johann mit seinem Sohne und unserem Herzoge nach Avignon zum Papste. Nachdem Carl am 11. Juli in Rense zum römischen Könige erwählt worden, schickte er eine Gesandtschaft, an deren Spitze Erzbischof Ernst von Prag und unser Herzog sich befanden an Clemens **VI.** mit der Nachricht von dieser Wahl. Sie kehrten Anfang August zurück. Im October 1347 treffen wir Nicolaus in Regensburg, am 21. November in Nürnberg, im April des nächsten Jahres bei der Stiftung der Universität Prag, im Februar 1350 in der Lausitz, im Jahre 1355 auf dem Römerzuge, 1356 auf dem Reichstage zu Nürnberg. Von nun an finden wir Prinz Johann, der bereits 1355 den Titel Herzog von Troppau führt, in der Umgebung des Kaisers. **Pelzel** S. 485—573. Nicolaus selbst scheint sich jetzt dem kaiserlichen Hofe fern gehalten zu haben, erst 1361 kam er nach Prag, wo ihm Carl am 21. August aus Gerechtigkeitsliebe den Besitz von Zuckmantel und Edelstein bestätigt. **Pelzel** Seite 697. Schon am 30. Januar 1366 hatte Carl den Herzog Johann belehnt und zugleich die Abtretung bestätigt, welche Herzog Wenzel von Oppeln ihm des Fürstenthum Troppau's wegen gethan; am 22. December verordnete dann der Kaiser, daß die 4 Brüder das Herzogthum in 4 Theile theilen und einer von den andern erben durfte. (Pelzel 785.) Da aber der Streit wegen der Theilung fortdauerte, so berieth sich der Kaiser zc. und gab dem Johann das Herzogthum Ratibor allein. Carl **IV.** Herzog, Ludwig von Brieg und Przemko von Teschen theilten am 28. Februar

1367 das Herzogthum Troppau zwischen Johann und Nicolaus. **Reg. s. Wenceslai fol. 69.**

S. 80. In dem Majestätsbriefe, welchen der Kaiser am 31. Mai 1367 dem Erzstift Trier ausstellte, ist auch unser Herzog als Zeuge unterschrieben. ab Hontheim hist. dipl. Trevir. II. 265.

S. 88. Aus dem Jahre 1415 haben wir eine Notiz, die einen kleinen Einblick in die damalige Rechtspflege gewährt. Czettris nämlich hatte einen Rechtsbrief über Pschow. Der Landrichter Jeschko Poske von Gedlaw und die Mannen, die zur Zeit auf der Bank gesessen: Milotha von Krzhzanowitz, Jesco Scheliga von Rzuchow, Mikunder von Jeskowitz, Wiersbenta von Ponientschütz, Kosil Pauz zu Holberg, Mrocke von Slawikau, Hans von Populow, Pawlik von Czerwenzütz, Merten von Pobiehof, Mikos von Silberkopf und Schembar von Klein-Goritz überhörten am 1. Tage Klage und Antwort. Da aber Cettritz weder am 2., 3., 4., 5. noch 6. Tage erschien, sprachen die Richter aus, daß der Herzog alle Macht über ihn erstanden; es wurde der Brief über Pschow vernichtet, damit er keine Geltung mehr habe. **Reg. s. Wenceslai 15, b.**

S. 89. Kaiser Sigismund belehnte 1422 Johann mit Stadt und Schloß Jägerndorf. Walther Sil. dipl. II, 364.

S. 92. Am 25. April 1435 geben Nicolaus und Wenceslaus dem Sobek Bielik von Oderberg und dessen Bruder Mathias für treue Dienste das Dorf und Gut Olsau, doch soll im großen Walde Jagd, Holzung und Bienenzucht für das Schloß Ratibor vorbehalten bleiben. **Reg. s. Wenceslai f. 613.**

S. 95. Helena bestätigte Sonntag nach Bartholomäi 1448 das Privilegium der Vogtei zu Berun, den dortigen Zoll und die Badstube in Sohrau. Deutsche Urkunde in Pleß.

S. 95. 1453 und 1454 erschien Wenceslav auf dem Landtage zu Jägerndorf. Schriften der historisch-statistischen Sect. Mährens IX, 137.

S. 102. Wenzel gelobte am 6. Juni 1473 auf dem Felde bei Sohrau dem polnischen Kanzler Jacob von Dubna, ihm die auf Sohrau verwendeten Kosten zu erstatten, wenn es nach der Entscheidung des Königs von Polen ihm zufällt. Registrum s. Wenceslai 49. Mathias nahm dem Herzoge Wenzel die Herrschaft Pleß mit Schwerte ab und verpfändete sie am 16. December 1474 um 20,000 Dukaten dem Herzoge Heinrich von Münsterberg, dieser trat sie aber 1478 seinem Bruder Victorin gegen Collin in Böhmen ab. Urkunde in Pleß.

S. 103. Peter Abt von Rauden, die Mannen des Herzogthums und Stadt Ratibor gelobten am 23. Februar 1479, nach dem Tode des Herzogs Niemandem zu huldigen als den Herzogen von Oppeln, mit Vorbehalt ihrer Gelübde für Magdalena. Reg. s. Wenceslai 485 b.

S. 103. Hans der Jüngere verschrieb am 11. September 1482 seiner Gemahlin außer ihrem Witthum 2000 fl. auf Lubom und Syrin zu freiem Eigenthum nach seinem Tode. Registrum s. Wenceslai 67.

S. 103. 1489 galt 1 Modius Roggen 4 gr. Weizen 8 gr., ein Topf (olla) Wein 3 gr. Kirchenrechnungen.

S. 103. Johann Strzalka von Rohow verkaufte am 4. September 1492 dem Herzoge das Dorf Belschnitz für 380 fl., wie er es von Jakob Dluhoß gekauft. Reg. s. Wenceslai 59 und 62.

S. 106. Die Wittwe Barbara Frau zu Jägerndorf verkaufte am 21. Februar 1497 Tost an das Herzogthum Oppeln. Reg. s. Wenc. 301.

S. 106. Nicolaus und Johann gestatteten am 1. Mai 1497 die Anlage eines Schmiedewerkes zu Liebekau (Althammer) und schenkte ¼ ☐ Meile Land, um dort ein neues Dorf zu erbauen, nebst allen Hoheitsrechten an den Schmiedemeister Heinrich und dessen Nachkommen. Deutsche Urkunde im Archive zu Pleß. Es ist dies die älteste Nachricht von Eisenhütten in der Gegend.

S. 106. Dieselben Herzoge bekannten am 16. Juli 1501, daß ihre Eltern 10,200 ungarische Gulden an Herzog Hans von Oppeln schulden. Sie übernehmen nebst ihrem unmündigen Bruder Valentin die Verpflichtung und versprachen einen neuen Schuldbrief und gute Bürgen zu stellen. Reg. s. Wenc. 498.

S. 107. Barbara und Georg von Schellenberg geben 1506 am 25. Februar all ihr Recht auf Landecke, Hultschin und Kranowitz den 3 Herzogen von Ratibor. Reg. s. Wenc. 65.

S. 150. Der durch seine Adelsgeschichte berühmte Bartholomäus Paprocki, welcher 1606 und 1607 in Urbanowitz bei Hans Oberwolf von Niederstradam den größten Theil seines „schlesischen Stammbuchs" ausgearbeitet, hielt sich im letztgenannten Jahre auch einige Zeit in Ratibor auf. Schriften der historisch-statistischen Section 6, 247.

S. 159. Johann Christof Pruskowski, welcher Geheimer Rath und Kämmerer des Erzherzog Carl geworden, † 19. September 1625.

S. 166. Das Ereigniß mit den Walachen fand am 29. Juli 1643 statt.

S. 171. Der Landeshauptmann Franz Graf Straznitz, Freiherr von Magnis, Herr auf Sokolnicz, Generalfeldmarschall-lieutenant, Mährischer und Königlicher Polnischer Kämmerer, wird noch 9. Juli 1647 genannt.

S. 173. Ambrosius Malder, geb. am 24. November 1654 zu Ratibor, wurde Prämonstratenser in Hradisch, Dr. theol. und schrieb Vitae et fata confratrum Gradicensium (starker Folioband), histor. var. Canon. grad. stat. complexa (9 Bände, Stiftsdiarien) und starb 20. December 1706. Historisch-statistische Section, 6. Heft.

S. 173. 1655 und 1656 war Georg Graf Hoditz Landeshauptmann unserer Fürstenthümer.

S. 203. Daß sich die von dem Woiwoden Wladislav von Dänhof geführte Ritterschaar aus dem Pomerellischen Hinterlande unter den Begleitern Sobieski's auf dem Befreiungszuge für die Christenheit befunden, bezeugt auch Th. Hirsch in seinen Pom. Studien S. 2.

S. 219. Der Gränzreceß zwischen Preußen und Oesterreich, wonach ersteres 641 Meilen von Schlesien erhielt und letzteres 102 Meilen behielt, wurde zu Ratibor am 6. Dezember 1741 errichtet. Büschings Magazin 10, 477.

S. 234. Am 5. März wurden von dem Lieutenant von Göppelt, vom Wernerschen Husarenregiment, gewaltsam 3 Mann (Schmeer, Marcian und Kionke) weggenommen. Am 15. März früh um 5 Uhr sind gegen 1100 Mann k. k. Truppen, wobei etwas Husaren und Dragoner gewesen, von Oderberg nach Ratibor gekommen, wobei ihnen etliche braune Husaren und Pferdeknechte, die Accisekasse, wie auch die Contributionskasse mit 6000 rtlr., ebenso der Equipagewagen und die Pferde des Lieutenant von Göppelt in die Hände gefallen. Am 28. Mai Nachmittag in der 3. Stunde ist das hier gestandene Corps der Croaten, wie auch die hier gelegene k. k. leichte Cavallerie nebst allen Offizieren von hier ab gegen Troppau marchiret. Am 29. Mai Termin zur Absetzung des alten und Introduzirung des neuen Magistrates. Schreibkalender von 1760 zum Gebrauch des damaligen Magistrats.

S. 246. Zu den hohen Militairpersonen, die hier innerhalb einiger Wochen starben, ist auch der pensionirte Oberstlieutenant von Paczenski zu rechnen, der am 27. Juli 1801, 68 Jahr alt, starb.

S. 273. 1373 erscheint Nicolaus Goczonis als Capitaneus.

S. 331. 1373 ist Nicolaus von Tinez, Pfarrer von Ratibor und Protonotar der Curie, Zeuge der Erneuerung einer Güterbestätigung für Pasco von Barutswerde. Reg. s. Wenceslai 35.

S. 343. Canonicus Peter Beyer und Peter Albrecht Pfarrer von Lubowitz vermachten zu eigenem und der Ihrigen Seelenheile

14 flor. jährlichen Zins in dem Städtchen Kranowitz zu einem 1. Ministerium auf dem Altare Mariä Himmelfahrt, Magdalena, Elisabeth, Hedwig, Lazar und Gertrud in der Collegiata. Der Administrator des Bisthum Lic. Johann Düster bestätigte am 22. März 1457 die Fundation, laut welcher wöchentlich 2 Messen gelesen werden sollten. Ritter Johann Rotenburg von Katscher Lehnsmann des Herzogs von Ratibor schenkte einen Zins von 10 Mark in Ratibor zur Stiftung eines 1. Ministerium auf dem am Thurme gelegenen Altare Johann Evangelist und Stanislaus, welches Benefiz Clemens Raschütz erhielt, der wöchentlich zu 3 Messen verpflichtet wurde. Die Administratoren bestätigten dies am 18. October 1458.

S. 344. Die Bruderschaft der Wollenweber fundirte, daß alle Vierteljahre für die aus der Bruderschaft Gestorbenen durch den Schulrector und seinen Scholaren gesungen werde eine heilige Messe, bei welcher wo möglich alle Mitglieder zum Opfer gehen und dieses den Vikaren gehören solle. Der Rector erhält aus dieser Fundation alle Quatember 3½ Glb., der Glöckner, der zur Messe lautet, 3 Gulden als Salar. Jodokus bestätigte diese Einrichtung Reisse den 21. Juni 1466. Incorporationsbuch der Bischöfe fol. 166.

S. 349. Der Kanzler Christoph Tiachowski vermachte der Kirche seine Fleischbank zu 2 Seelenmessen. Magdalena und Nicolaus bestätigten 1497 Mittwochs vor Frohnleichnam die Schenkung. Urkunde in der Zunftlade bei Fleischermeister Franz Klamka.

S. 358. Die 3 Fleischbänke, welche für den vierten Canonikus gestiftet waren (S. 424) kauften die Zunftältesten Laurent Horczycz, Peter Gawlianow und Peter Zagiczek vom Kapitel für 17 Dukaten Dienstag nach Martini 1555 zurück. Eine von den Fleischbänken, welche, wenn man von der langen Gasse nach der Fleischergasse geht, rechts als die siebente liegt, soll dem Zagiczek

und dessen Erben verbleiben. Transsumt in der Lade des Flei=
schermeister Klamka.

S. 408. Johann Ludwig Sendecius, Dr. theol. et. phil.
Senior, Erzpriester in Gleiwitz, war Canonikus von 1653 bis
zu seinem Tode am 19. October 1686.

S. 418. Der Weihbischof Franz Rottwitz (Episc. Canti-
censis) starb laut Nekrolog von Heinrichau am 22. April.

S. 470. Am 24. August 1811 war der Königl. Staats=
rath von Schmetting hier, um wegen der Curatialkirche zu ver=
handeln. Die Pfarrei=Organisations=Commission trug auf deren
Dotation an und Fiscus genehmigte 926 rtlr., nämlich 650 rtlr.
für Besoldung zweier Geistlichen, 109⅓ rtlr. des Kirchendieners
und das übrige auf Anschaffung von Kirchenbedürfnissen. Die
Curatialkirche ist 188 rh. Fuß lang, der vordere Theil 96 und
der hintere 92 Fuß lang.

S. 472. Jakobus Zuhrski erscheint 1602 als Prior.

Druck von J. J. Riedinger in Ratibor.

# Berichtigungen.

Seite   4 Zeile 18 lese man 1108 statt 1106 vergleiche S. 272.

—   11  :  11 1190 stammt aus unsicherer Quelle.

—   25  :  31 fehlt erinnern.

—   42  :  16 lese man für statt vor.

—   46  :  24  :  :  1306 statt 1307.

—   72  :  4  :  :  1440  :  2880.

—  167  :  10  :  :   353  :   583. vergl. Böhme II, 98.

—  169  :  7  :  :  6200  :  62,000.

—  214 in der Anmerkung muß es Miscelanea und Nr. 220 heißen.

—  225 Zeile 13 lese man Conventus statt Convectus.

—  245  :  7  :  :  1798 statt 1796.

—  311  :  24  :  :  7. Januar statt März.

—  367  :  24  :  :  25. statt 8. November.

—  382  :  21  :  :  zu statt zum.

—  394  :  18  :  :  Großglogau statt Oberglogau.

—  395  :  17  :  :  Cantersdorf statt Cautersdorf.

—  398  :  2  :  :  1649 statt 1650.

—  412  :  20  :  :  welchen statt welchem.

—  419  :  26  :  :  $3\frac{1}{2}$ Mark von den Fleischbänken statt von $3\frac{1}{2}$ Fleischbänken.

—  428  :  26 lese man Bransdorf statt Braunsdorf.

—  435 letzte Zeile lese man Gotteshaus statt Gotterhaus.

—  470 Zeile  8 zu ergänzen ist 1806.

—  515  :  28 lese man nucleus statt nuclens.

9 781294 488835